Mitteilungen

über den

45. Allgemeinen Genossenschaftstag

des Allgemeinen Verbandes

der auf Selbsthilfe beruhenden

Deutschen Erwerbs- und Wirtschaftsgenossenschaften, e. V.

zu

Breslau

vom 24. bis 27. August 1904.

Herausgegeben im Auftrage des Allgemeinen Verbandes

von

Dr. Hans Crüger,

Anwalt des Allgemeinen Verbandes Deutscher Erwerbs- und Wirtschaftsgenossenschaften, e. V.

Berlin 1904

Kommissionsverlag von J. Guttentag

W. Lützowstraße 107/108.

Inhalts-Verzeichnis.

Berichtigungen.

Auf S. 75 muß es in dem Antrag unter V heißen: statt „Antrag des Anwalts 2c.", „Antrag des Gesamtausschusses 2c."

Auf S. 372 muß es heißen: Verband Pfälzischer **Erwerbs- und Wirtschaftsgenossenschaften.**

Ferner kommt Herr G. Curschmann-Kirchheimbolanden als Revisor für den genannten Verband in Fortfall.

Verzeichnis der Redner.

I.

Bericht

über den

fünfundvierzigsten Allgemeinen Genossenschaftstag des Allgemeinen Verbandes der auf Selbsthilfe beruhenden deutschen Erwerbs- und Wirtschaftsgenossenschaften.

Der fünfundvierzigste Allgemeine Genossenschaftstag des Allgemeinen Verbandes der auf Selbsthilfe beruhenden deutschen Erwerbs- und Wirtschaftsgenossenschaften wurde am 24., 25., 26. und 27. August 1904 in Breslau abgehalten; es wohnten demselben bei: Der Anwalt des Allgemeinen Verbandes der deutschen Erwerbs- und Wirtschaftsgenossenschaften, Herr Dr. H. Crüger, die Herren Gerichtsassessor Hauß und O. Ibscher vom Allgemeinen Verband, sowie die nachstehend aufgeführten Vertreter von 28 Unterverbänden, 214 Kreditgenossenschaften, 31 Konsumvereinen, 7 Baugenossenschaften, 2 Produktivgenossenschaften, 3 gewerblichen Rohstoffgenossenschaften, 1 Werkgenossenschaft und 1 Abfuhrgenossenschaft.

Die Gesamtzahl der Teilnehmer am 45. Allgemeinen Genossenschaftstag betrug 660 Personen.

A. Unterverbände.

1. Bayerischer Genossenschaftsverband. — Herr F. X. Proebst aus München.
2. Verband der Kreditvereine zu Berlin. — Herr E. Plonz aus Berlin.
3. Konsumvereinsverband von Brandenburg, Pommern und angrenzender Landesteile. — Herr A. Krüger aus Berlin.
4. Verband der Baugenossenschaften Deutschlands. — Herr P. Berthold aus Blumenthal (Hannover).
5. Verband Hessischer Vorschuß- und Kreditvereine. — Herr Dr. Harnier aus Cassel.
6. Verband der Kreditgenossenschaften der Lausitz und der benachbarten Landesteile. — Herr O. Zademach aus Guben.
7. Verband der Konsumvereine der Lausitz und der angrenzenden Provinzen und Landesteile. — Herr A. Jordan aus Görlitz.

8. Verband der Erwerbs- und Wirtschaftsgenossenschaften im Regierungsbezirk Magdeburg, Herzogtum Braunschweig und der Provinz Hannover. — Herr P. Feldheim aus Burg bei Magdeburg.
9. Verband der Erwerbs- und Wirtschaftsgenossenschaften am Mittelrhein. — Herr Dr. Alberti aus Wiesbaden.
10. Verband der Norddeutschen Erwerbs- und Wirtschaftsgenossenschaften. — Herr W. Stech aus Neustrelitz.
11. Verband der Nordwestdeutschen Erwerbs- und Wirtschaftsgenossenschaften. — Herr J. F. Wischmann aus Heide i. Holst.
12. Verband der Oberbadischen Erwerbs- und Wirtschaftsgenossenschaften. — Herr J. Stadler aus Jestetten.
13. Verband der Ost- und Westpreußischen Erwerbs- und Wirtschaftsgenossenschaften. — Herr Wolski aus Allenstein.
14. Verband Pfälzischer Kreditgenossenschaften. — Herr Gebhart aus Zweibrücken und Herr A. D. Conrad aus Speyer.
15. Verband der Vorschuß- und Kreditvereine von Pommern und den Grenzkreisen der Mark Brandenburg. — Herr J. Kurz aus Stettin.
16. Verband der deutschen Erwerbs- und Wirtschaftsgenossenschaften der Provinz Posen. — Herr Lewinsohn aus Nakel.
17. Verband der Kreditgenossenschaften von Rheinland, Westfalen, Lippe und Waldeck. — Herr Prof. Dr. Hindorf aus Ruhrort.
18. Verband Rheinisch-Westfälischer Konsumvereine. — Herr E. Nolte aus Lüdenscheid.
19. Verband der Vorschußvereine in der Provinz Sachsen und dem Herzogtum Anhalt. — Herr E. Hartung aus Merseburg.
20. Verband der Konsumvereine der Provinz Sachsen und der angrenzenden Provinzen und Staaten. — Herr G. Oppermann aus Magdeburg.
21. Verband Sächsischer Erwerbs- und Wirtschaftsgenossenschaften. — Herr Aug. Fr. Hüfner aus Chemnitz.
22. Verband der Erwerbs- und Wirtschaftsgenossenschaften Schlesiens. — Herr C. Neugebauer aus Breslau.
23. Verband der Konsumvereine der Provinz Schlesien. — Herr P. Kletke aus Breslau.
24. Verband der Erwerbs- und Wirtschaftsgenossenschaften der Provinzen Starkenburg und Oberhessen. — Herr Ph. Stein aus Darmstadt.
25. Verband der Konsumvereine in Bayern, Württemberg und Baden. — Herr O. Feierabend aus München.
26. Verband Thüringischer Vorschußvereine. — Herr Dr. Meng aus Meiningen.
27. Verband der Unterbadischen Kreditgenossenschaften. -- Herr Wilh. Finckh aus Karlsruhe.
28. Verband der Kreditgenossenschaften von West-Brandenburg und den angrenzenden Landesteilen. — Herr Karl Blell aus Brandenburg a. H.

B. Kreditgenossenschaften.

1. Achern, Vorschußverein Achern, e. G. m. u. H. — Herr Josef Hund.
2. Allenstein, Allensteiner Vorschußverein, e. G. m. u. H. — Herr F. Schumann.
3. Altona, Kreditverein. — Herr H. Knoop (Herren C. Meier, W. Mohrmann, Chr. Mundt, O. Sommer, C. Stephan).
4. Augsburg, Landwirtschaftlicher Kreditverein Augsburg, e. G. m. u. H. — Herr Alfred Samm (Herr E. Buxbaum).
5. Baden-Baden, Vorschußverein Baden, e. G. m. u. H. — Herr Franz Zabler.
6. Bad Nauheim, Spar- und Vorschußverein, e. G. m. u. H. — Herr H. Stoll.
7. Bahn, Vorschußverein zu Bahn, e. G. m. u. H. — Herr Kuhfuß.
8. Bauerwitz, Vorschußverein zu Bauerwitz, e. G. m. u. H. — Herr J. Stanjek (Herren J. Felbier, J. Kossoleck, Jgn. Mosler).
9. Bergen a. Rügen, Vorschußverein zu Bergen, e. G. m. u. H. — Herr F. Lübky.
10. Berlin, Kreditverein der Friedrichstadt, e. G. m. u. H. — Herr Hugo Jäger (Herr L. Lohde).
11. Berlin, Spar- und Kreditverein „Nordost", e. G. m. b. H. — Herr A. Basigkow (Herr E. Albrecht).
12. Berlin, Genossenschaftsbank „Moabit", e. G. m. b. H. — Herr L. Stüben (Herr E. Lentz).
13. Berlin, Louisenstädtische Bank, e. G. m. b. H. — Herr W. Prippenow (Herren P. Reschke, Max Boehme).
14. Berlin, Bankverein „Gesundbrunnen", e. G. m. b. H. — Herr P. Schmidt (Herr C. Joerß).
15. Berlin, Genossenschaftsbank des nördlichen Stadtviertels, e. G. m. u. H. — Herr L. Kaske (Herr E. Winkler).
16. Berlin, Spar- und Kreditverein ehemaliger Kampfgenossen, e. G. m. b. H. — Herr F. Müller.
17. Berlin, Bank für Handel und Gewerbe, e. G. m. b. H. — Herr R. Rossow (Herr Franz Wendt).
18. Berlin, Kreditverein der Oranienburger Vorstadt, e. G. m. b. H. — Herr G. Linke.
19. Berlin, Genossenschaftsbank Berliner Restaurateure, e. G. m. u. H. — Herr F. Schönicke (Herren Otto Vogel, J. Paterka).
20. Berlin, Kreditverein des Spandauer Stadtviertels, e. G. m. u. H. — Herr Ulrich Geiß (Herren Hermann Sandrock, Hesterbeck).
21. Berlin, Spar- und Vorschußverein zu Berlin, e. G. m. b. H. — Herr Gg. Wachner.
22. Berlin, Genossenschaftsbank der Prenzlauer Torstadtteile, e. G. m. b. H. — Herr Hildebrand.
23. Berlin, Dresdner Bank (Genoss.-Abt.) — Herr Dr. Meißner.

24. Bernstadt i. Schles., Vorschußverein, e. G. m. b. H. — Herr R. Weiß (Herren H. Sturtz, H. Wald, M. Scheurich und weitere 7 Mitglieder).
25. Biedenkopf, Volksbank, e. G. m. u. H. — Herr K. Kilian.
26. Blankenburg a. Harz, Vorschuß- und Sparverein, e. G. m. u. H. — Herr Michelmann.
27. Bockenheim b. Frankfurt, Bockenheimer Volksbank, e. G. m. b. H. — Herr David Lott (Herren Th. Meller, A. Loewenthal).
28. Boppard, Bopparder Kreditverein, e. G. m. u. H. — Herr E. Bonath.
29. Boxberg, Vorschußverein zu Boxberg, e. G. m. u. H. — Herr G. Jäger.
30. Bramstedt, i. Holst. Kreditverein, e. G. m. u. H. — Herr G. Freudenthal.
31. Brandenburg a. H., Brandenburger Bankverein, e. G. m. b. H. — Herr H. Leopold (Herren Otto Bode, C. Wiemann).
32. Breslau, Vorschußverein zu Breslau, e. G. m. b. H. — Herr G. Goehlich (Herren G. Kopisch, L. Mugdan, M. Kessel und weitere 12 Mitglieder).
33. Breslau, Breslauer Volksbank, e. G. m. b. H. — Herr B. Dziekan (Herren H. Scholz, R. Stiller, A. Rudolph und weitere 15 Mitglieder).
34. Brieg, Vorschußverein zu Brieg, e. G. m. u. H. — Herr H. Spieske (Herren H. Zech, Carl Korn, J. Baumann, F. Dierke und weitere 7 Mitglieder).
35. Bromberg, Vorschußverein, e. G. m. u. H. — Herr W. Herbert.
36. Burg b. Magdeburg, Spar- und Gewerbebank zu Burg, e. G. m. b. H. — Herr Paul Heyser.
37. Bützow, Vorschußverein zu Bützow, e. G. m. u. H. — Herr C. Herbst.
38. Canth, Vorschußverein, e. G. m. u. H. — Herr D. Jauernig (Herren R. Vogt, A. Burkert).
39. Cassel, Kreditverein zu Cassel, e. G. m. b. H. — Herr F. Henkel (Herren L. Lompe, C. Ruetz und weitere 4 Mitglieder).
40. Chemnitz, Spar- und Kreditverein, e. G. m. u. H. — Herr H. Rokohl (Herren E. Meißner, G. Flemming).
41. Coblenz, Coblenzer Volksbank, e. G. m. u. H. — Herr F. W. Bux (Herren G. Exleben, N. Kievel).
42. Cöpenick, Vorschußverein, e. G. m. b. H. — Herr E. Buwert (Herr B. Thiele).
43. Cöpenick, Kreditverein, e. G. m. u. H. — Herr Paul Stöcker (Herren R. Winkelmann, A. Seidel).
44. Cosel, Vorschußverein, e. G. m. u. H. — Herr L. Spitz (Herren Schubert, Abt und weitere 7 Mitglieder).
45. Cosel, Hypotheken-Versicherungs- und Tilgungsverein. — Herr A. Krolik.

46. Crossen, Vorschußverein zu Crossen, e. G. m. u. H. — Herr H. Börner.
47. Danzig, Vorschußverein, e. G. m. b. H. — Herr A. Fey (Herren Th. Wilda, F. Montzka).
48. Darmstadt, Darmstädter Volksbank, e. G. m. b. H. — Herr Ph. Hillgärtner (Herren Gg. Chackwort, G. Roth, J. Nohl).
49. Delitzsch, Vorschußverein zu Delitzsch, e. G. m. u. H. — Herr Emil Scholz.
50. Dommitzsch, Vorschußverein zu Dommitzsch, e. G. m. u. H. — Herr C. O. Lautzsch.
51. Dobrzyca, Vorschußverein, e. G. m. u. H. — Herr Brandenburger.
52. Eberswalde, Eberswalder Kreditbank, e. G. m. b. H. — Herr Hopf.
53. Edenkoben, Volksbank Edenkoben, e. G. m. u. H. — Herr Flacho.
54. Eisenach, Kreditbank Eisenach, Akt.-Ges. — Herr Vollborn.
55. Erfurt, Erfurter Vorschußbank, e. G. m. b. H. — Herr H. Döhner (Herr A. Müller).
56. Forst i. L., Kreditkassenverein zu Forst, e. G. m. u. H. — Herr O. Fiedler.
57. Frankfurt a. M., Dresdner Bank. — Herr Baron von Steiger (Herr Malz).
58. Frankfurt a. M., Frankfurter Gewerbekasse, e. G. m. b. H. — Herr A. Huber (Herr H. Encke).
59. Frankfurt a. O., Vereinsbank, e. G. m. b. H. — Herr G. Clamann (Herr O. Schmidt).
60. Freyburg a. Unstr., Vorschußverein zu Freyburg, e. G. m. b. H. — Herr E. Brückner.
61. Friedberg i. Hess., Vorschuß- und Kreditverein, e. G. m. u. H. — Herr Jean Dörr.
62. Friedland, Bez. Breslau, Vorschußverein, e. G. m. b. H. — Herr R. Springer (Herren F. Elsner, H. Lilge, H. Walter und weitere 6 Mitglieder).
63. Friedrichsberg b. Berlin, Vorschußverein zu Lichtenberg-Friedrichsberg, e. G. m. u. H. — Herr P. Wagenknecht (Herr W. Sommer).
64. Friedrichshagen, Kreditbank Friedrichshagen, e. G. m. b. H. — Herr Ed. Lindenberg.
65. Gera, Reuß, Gewerbebank, e. G. m. u. H. — Herr K. Haase (Herren E. Fahr, R. Sattler).
66. Gießen, Gewerbebank zu Gießen, e. G. m. u. H. — Herr Carl Loos.
67. Glauchau, Glauchauer Spar- und Kreditbank, e. G. m. b. H. — Herr Th. Neugebauer.
68. Gleiwitz, Vorschußverein, e. G. m. b. H. — Herr H. Schoedon (Herren H. Lary, M. Franzock, Blumenthal und weitere 10 Mitglieder).

69. Glogau, Vorschußverein zu Glogau, e. G. m. u. H. — Herr P. Klose.
70. Gnoien i. M., Vorschußverein zu Gnoien, e. G. m. u. H. — Herr Stahr.
71. Gollnow, Kreditverein, e. G. m. u. H. — Herr H. Voigt.
72. Gotha, Gewerbe- und Landwirtschaftsbank, e. G. m. b. H. — Herr E. Kayser (Herr F. Blume).
73. Greifswald, Vorschußverein, e. G. m. u. H. — Herr Albonico sen.
74. Groß-Lichterfelde, Groß-Lichterfelder Spar- und Darlehnskasse, e. G. m. b. H. — Herr C. Schulze (Herren W. Stähr, H. Fischer).
75. Groß-Neundorf, Vorschußverein zu Groß-Neundorf, e. G. m. b. H. — Herr P. Strietzel (Herren A. Beier, F. Puff und weitere 4 Mitglieder).
76. Groß-Strehlitz, Vorschußverein, e. G. m. b. H. — Herr Herden (Herren R. Müller, Stef. Bulla).
77. Grottkau, Vorschußverein, e. G. m. u. H. — Herr E. Doiwa (Herren A. Olbricht, A. Kalbe, T. Hartmann und weitere 7 Mitglieder).
78. Guben, Vorschußverein zu Guben, e. G. m. b. H. — Herr Zademach.
79. Gumbinnen, Vorschußverein zu Gumbinnen, e. G. m. u. H. — Herr Paul Rainer.
80. Guttentag, Vorschußverein, e. G. m. b. H. — Herr M. S. Tichauer (Herr C. Pusch).
81. Hachenburg, Vorschußverein, e. G. m. u. H. — Herr Keßler.
82. Hanau, Hanauer Kreditverein, e. G. m. u. H. — Herr Pierre Lamy.
83. Hannover, Vorschußvereinsbank, e. G. m. b. H. — Herr A. Ronne (Herren Aug. Thürnau, J. Fusch).
84. Hannover, Gewerbebank zu Hannover, e. G. m. b. H. — Herr A. Renke (Herren F. Barlsen, H. Diedrich).
85. Hattersheim, Vorschußverein, e. G. m. u. H. — Herr Jacob Heislitz.
86. Havelberg, Vorschußverein zu Havelberg, e. G. m. b. H. — Herr E. Gutschmidt.
87. Heide i. Holst., Heider Volksbank, e. G. m. u. H. — Herr A. Guth.
88. Heidelberg, Heidelberger Volksbank, e. G. m. b. H. — Herr Dr. med. Ullrich (Herr J. Brunn).
89. Heidelberg, Gewerbebank, e. G. m. u. H. — Herr M. Schweikart.
90. Heilsberg a. P., Vorschußverein, e. G. m. u. H. — Herr B. Markowitz (Herr A. Wolff).
91. Heppenheim a. B., Vorschuß- und Kreditverein, e. G. m. u. H. — Herr M. Schmidt.
92. Hersfeld, Vorschußverein zu Hersfeld, e. G. m. u. H. — Herr Chr. Hettler.

93. Hirschberg, Vorschußverein zu Hirschberg, e. G. m. b. H. — Herr H. Beer (Herren J. Timm, E. Neumann, F. Winkler).
94. Höchst a. Main, Vorschußverein, e. G. m. u. H. — Herr Joh. Grob (Herren C. Kaysser, J. Wiesner).
95. Jena, Gewerbe- und Landwirtschaftsbank, e. G. m. u. H. — Herr Heuzeroth.
96. Insterburg, Vorschußverein zu Insterburg, e. G. m. u. H. — Herr E. Anbuhl (Herr H. Rose).
97. Kalkberge, Vorschußverein zu Kalkberge-Rüdersdorf, e. G. m. b. H. — Herr Lübkes.
98. Kandern, Gewerbebank Kandern, e. G. m. u. H. — Herr E. Berner.
99. Karlsruhe, Vereinsbank, e. G. m. u. H. — Herr K. Weber (Herren A. Wilser, K. Markthaler).
100. Kattowitz, Spar- und Handelsbank, e. G. m. b. H. — Herr M. Fröhlich (Herren Pohlmann, S. Loebinger, G. Scherner).
101. Kaukehmen, Kreditgesellschaft, e. G. m. u. H. — Herr Lau.
102. Königsberg i. Pr., Kreditgesellschaft, e. G. m. u. H. — Herr C. Fleischhauer (Herr Braun).
103. Konstanz, Vorschußverein Konstanz, e. G. m. u. H. — Herr F. Schneider.
104. Kosten, Vorschußverein, e. G. m. b. H. — Herr H. Steinhirt (Herren Herold, N. Bick, St. Mizgalski).
105. Krappitz, Vorschußverein zu Krappitz, e. G. m. b. H. — Herr P. Kottlors (Herren K. Kimmel, O. Hoffmann).
106. Kremmen, Havelländischer Spar- und Vorschußverein, e. G. m. u. H. — Herr Krumnow.
107. Kreuzburg, Vorschußverein, e. G. m. b. H. — Herr Heintze (Herren Koch und Sachs).
108. Kreuznach, Kreuznacher Volksbank, e. G. m. b. H. — Herr P. Weinreis (Herren Phil. Baum, K. Frorath).
109. Krotoschin, Vorschußverein, e. G. m. u. H. — Herr E. Seidel (Herr G. Müller).
110. Kyritz, Vorschuß- und Sparverein, e. G. m. u. H. — Herr H. Fricke.
111. Laage i. M., Vorschußverein zu Laage — Herr Hermann Müller.
112. Landsberg a. W., Landsberger Kreditverein, e. G. m. b. H. — Herr H. Peters (Herr O. Krischker).
113. Langenschwalbach, Vorschuß- und Kreditverein zu Langenschwalbach, e. G. m. u. H. — Herr G. Becker.
114. Lauban, Vereinsbank, e. G. m. b. H. — Herr H. Opitz (Herr J. Müller).
115. Lauscha i. Th., Spar- und Vorschußverein Lauscha, e. G. m. u. H. — Herr K. Bräutigam.
116. Leipzig, Kreditbank, Akt.-Ges. — Herr Dr. F. C. Helm.

117. Leipzig-Reudnitz, Spar- und Vorschußverein, e. G. m. u. H. — Herr O. Mühlner (Herr Ed. Zieger).
118. Liegnitz, Vorschußverein zu Liegnitz, e. G. m. b. H. — Herr J. Hoheisel.
119. Liegnitz, Kreditverein zu Liegnitz, e. G. m. u. H. — Herr H. Wilde (Herren Helfrich, Leder, Konetzny).
120. Limburg, Vorschußverein zu Limburg, e. G. m. u. H. — Herr G. Horn (Herr F. Auer).
121. Lissa i. P., Vorschußverein, e. G. m. u. H. — Herr Th. Liebelt (Herren A. Schmüdicke, S. Ansorge).
122. Lobenstein, Spar- und Vorschußverein, e. G. m. b. H. — Herr Karl Keim.
123. Löwen, Vorschußverein zu Löwen, e. G. m. u. G. — Herr Dr. Basset (Herren Müller, Berger, Loewy und weitere 6 Mitglieder).
124. Lübben, Vorschußverein zu Lübben, e. G. m. u. H. — Herr Pasternack (Herr Driemel).
125. Lublinitz, Vorschußverein zu Lublinitz, e. G. m. u. H. — Herr H. Schlesinger (Herr Tiemann).
126. Meiningen, Vorschußverein, e. G. m u. H. — Herr H. Schmidt (Herren Beltzig, Otto Storaudt, G. Wagner).
127. Mehlis, Spar- und Vorschußverein zu Mehlis, e. G. m. u. H. — Herr E. Philipp.
128. Meyenburg, Vorschußverein zu Meyenburg, e. G. m. u. H. — Herr Gehrandt.
129. Mittel-Schreibendorf, Kredit-, Spar- und Konsumverein, e. G. m. u. H. — Herr Scholz (Herr Anlauf).
130. Mrotschen, Vorschuß- und Sparkassenverein zu Mrotschen, e. G. m. u. H. — Herr Otto Doerck (Herr J. Timm).
131. München, Münchener Industriebank, e. G. m. b. H. — Herr W. André (Herren W. Burri, Chr. Schörg, J. Greil).
132. Münsterberg, Vorschußverein zu Münsterberg, e. G. m. b. H. — Herr Ad. Hübner (Herren C. Teich, O. Haunschild, J. Günther).
133. Nakel, Spar- und Vorschußverein, e. G. m. b. H. — Herr Riedel (Herren A. Gremczynski, R. Wersche).
134. Namslau, Vorschußverein zu Namslau, e. G. m. b. H. — Herr W. Hoffmann (Herren R. Frey, R. Weber).
135. Naumburg a. Qu., Vorschußverein zu Naumburg, e. G. m. b. H. — Herr O. Knebel (Herren J. Kindler, G. Klamt, W. Fiedler, L. Jarisch, E. Winkler).
136. Neisse, Vorschußverein zu Neisse, e. G. m. b. H. — Herr H. Niklas (Herren E. Fricke, P. Michalke, Jos. Diebitsch und weitere 9 Mitglieder).
137. Neumark i. Westpr., Vorschußverein, e. G. m. u. H. — Herr J. Schlesinger (Herr A. Liedke).
138. Neumünster, Gewerbebank Neumünster, e. G. m. b. H. — Herr W. Springe.

139. Neusalz a. O., Vorschußverein, e. G. m. u. H. — Herr Klenner (Herr F. Wachtel).
140. Neustadt a. H., Neustadter Volksbank, e. G. m. u. H. — Herr Joh. Steuer.
141. Neu-Weißensee, Genossenschaftsbank für Neu-Weißensee und Umgegend, e. G. m. u. H. — Herr W. A. Büttner (Herr J. Pfannenstein).
142. Niebüll, Kreditverein, e. G. m. u. H. — Herr L. Dethleffen.
143. Nimptsch, Vorschußverein, e. G. m. b. H. — Herr Friedrich.
144. Oels, Vorschußverein zu Oels, e. G. m. b. H. — Herr T. Herrmann (Herren M. Neugebauer, H. Franz, A. Lewek, O. Arndt und weitere 12 Mitglieder).
145. Offenbach a. Main, Bankverein, e. G. m. u. H. — Herr C. Drehwald.
146. Offenburg, Vorschußverein, e. G. m. u. H. — Herr G. Weick.
147. Ohlau, Vorschußverein, e. G. m. b. H. — Herr P. Hanke (Herren Wolff, Buchwald, Weinert und weitere 8 Mitglieder).
148. Ohrdruf, Gewerbebank zu Ohrdruf, e. G. m. u. H. — Herr M. Spindler.
149. Oppenheim a. Rh., Spar- und Kreditverein, e. G. m. b. H. — Herr H. Matthes.
150. Oppeln, Vorschußverein zu Oppeln, e. G. m. b. H. — Herr R. Hattwich (Herr R. Burghardt).
151. Ostrowo, Vorschußverein zu Ostrowo, e. G. m. u. H. — Herr Hayn (Herren E. Friedländer, L. Littau).
152. Ottmachau, Vorschußverein, e. G. m. b. H. — Herr P. Graber. (Herren E. Kriegisch, A. Wicke, J. Nitsche).
153. Parchwitz, Vorschußverein zu Parchwitz, e. G. m. u. H. — Herr B. Dietrich.
154. Passau, Passauer Handwerker-Kreditgenossenschaft, e. G. m. b. H. — Herr H. Bauer.
155. Penkun i. Pomm., Vorschußverein, e. G. m. u. H. — Herr B. Stegemann.
156. Pfungstadt, Vorschuß- und Kreditverein, e. G. m. u. H. — Herr H. Schulz I.
157. Pillkallen, Vorschußverein, e. G. m. u. H. — Herr R. Braesicke (Herr H. Schroeder).
158. Polkwitz, Vorschußverein, e. G. m. u. H. — Herr E. Schinck (Herr O. Scholz).
159. Posen, Posener Kreditverein, e. G. m. u. H. — Herr Ad. Simon (Herren M. Aschheim, L. Bleistein).
160. Querfurt, Vorschußverein, e. G. m. b. H. — Herr E. Kathert.
161. Rastatt, Vorschußverein, e. G. m. u. H. — Herr K. Wenk.
162. Reichenbach i. Schles., Vorschußverein, e. G. m. b. H. — Herr A. Gottwald (Herren J. Schmidt, R. Schmidt, J. Püschel).
163. Reinickendorf, Genossenschaftsbank, e. G. m. b. H. — Herr G. Stoff.

164. Rheinsberg, Vorschuß- und Sparverein, e. G. m. b. H. — Herr Th. Teßner.
165. Rixdorf, Rixdorfer Vorschußverein, e. G. m. b. H. — Herr Bürckner (Herren Wilschke, Kaließ).
166. Rostock, Vorschußverein, e. G. m. b. H. — Herr R. Schulz (Herr F. Wecker).
167. Rotenburg a. F., Vorschußverein, e. G. m. u. H. — Herr Ph. Schmidt.
168. Rothenburg o. d. T., Vorschußverein, e. G. m. b. H. — Herr C. E. Heer.
169. Salzwedel, Vorschußverein zu Salzwedel, e. G. m. b. H. — Herr Rehfeld.
170. Salzungen, Spar- und Vorschußverein, e. G. m. u. H. — Herr H. Bachmann.
171. Sorau N/L., Kredit- und Diskontoverein, e. G. m. b. H. — Herr C. Rothkopf (Herr E. Schoenberg).
172. Speyer, Speyerer Volksbank, e. G. m. b. H. — Herr J. Lorenzen.
173. Spremberg N/L., Kredit- und Sparbank, e. G. m. u. H. — Herr P. Jeicke (Herr Fritz Krünegel).
174. Swinemünde, Vorschußverein zu Swinemünde, e. G. m. u. H. — Herr B. Fritzsche (Herr C. Srocka).
175. Schalkau, Spar- und Vorschußverein, e. G. m. u. H. — Herr F. Albrecht.
176. Schneidemühl, Vorschußverein zu Schneidemühl, e. G. m. u. H. — Herr Nieske.
177. Schöneberg, Schöneberger Genossenschaftsbank, e. G. m. b. H. — Herr H. Haenschke.
178. Schweidnitz, Vorschußverein zu Schweidnitz, e. G. m. u. H. — Herr H. Thomas (Herren G. Hornig, R. Kropiwoda, A. Sebrantke).
179. Stade, Spar- und Vorschußverein, e. G. m. u. H. — Herr H. Dankers (Herren C. Jarek, Baacke).
180. Stargard i. M., Vorschußverein zu Stargard, e. G. m. u. H. — Herr G. Becker.
181. Steinau a. O., Vorschußverein zu Steinau, e. G. m. u. H. — Herr F. Gohlke.
182. Stendal, Vorschußverein zu Stendal, e. G. m. u. H. — Herr Kakerbeck.
183. Stendal, Kredit- und Sparverein, e. G. m. u. H. — Herr Aug. Neumann (Herr B. Hinze).
184. Stettin, Stettiner Bank, e. G. m. b. H. — Herr J. C. Hauschulz (Herren C. A. Teschendorf, Th. Siemon).
185. Stralsund, Kreditverein zu Stralsund, e. G. m. u. H. — Herr Rob. Meyer.
186. Strehlen, Vorschußverein und Sparkasse zu Strehlen, e. G. m. u. H. — Herr F. Buresch (Herren G. Müller, O. Ulm, O. Neumann).

187. Striegau, Vorschußverein zu Striegau, e. G. m. b. H. — Herr O. Pollack (Herr Brienitzer).
188. Tangermünde, Vorschußverein, e. G. m. u. H. — Herr Gust. Pieper.
189. Tarnowitz, Vorschußverein, e. G. m. u. H. — Herr G. Sobanja (Herren P. Schubert, Jaros und 4 weitere Mitglieder).
190. Tessin i. M., Vorschußverein zu Tessin, e. G. m. u. H. — Herr G. Spenz.
191. Thorn, Vorschußverein, e. G. m. u. H. — Herr Max Mallon.
192. Tilsit, Vorschußverein, e. G. m. u. H. — Herr Gustav Ekkert (Herr Ed. Ritter).
193. Trarbach, Trarbacher Volksbank, e. G. m. u. H. — Herr Castendyck.
194. Usingen, Vorschußverein zu Usingen, e. G. m. u. H. — Herr L. Deinsbach.
195. Voigtsdorf, Spar- und Vorschußverein zu Voigtsdorf, e. G. m. b. H. — Herr E. Hoffmann (Herren H. Häring, H. Scharf, J. Renner).
196. Waldenburg, Vorschußverein zu Waldenburg, e. G. m. u. H. — Herr A. Schael (Herren Alde, Klopstech und weitere 3 Mitglieder).
197. Wansen, Volksbank, e. G. m. b. H. — Herr A. Biehler.
198. Wartenburg i. Ostpr., Vorschuß- und Darlehnsverein, e. G. m. u. H. — Herr Lueck.
199. Weimar, Vorschuß- und Sparverein, e. G. m. u. H. — Herr R. Fricke (Herren R. Partzsch, G. Sieckmann).
200. Wendisch-Buchholz, Vorschußkasse, e. G. m. u. H. — Herr Scherff.
201. Westerland a. Sylt, Sylter Kreditverein in Westerland, e. G. m. u. H. — Herr J. Jansen (Herr M. Hansen).
202. Wiesbaden, Vorschußverein zu Wiesbaden, e. G. m. u. H. — Herr C. Hild (Herren E. Hirsch, L. D. Jung. J. C. Keisser und weitere 5 Mitglieder.
203. Wiesbaden, Allgemeiner Vorschuß- und Sparkassenverein, e. G. m. b. H. — Herr H. Meis (Herren C. Röthert, W. Horn, Ph. Hasselbach, W. Reitz).
204. Bad Wildungen, Vorschuß- und Sparverein zu Niederwildungen, e. G. m. u. H. — Herr Radke.
205. Winnweiler, Vorschußverein zu Winnweiler, e. G. m. u. H. — Herr Jos. Kremp.
206. Wittenberge, Vorschußverein, e. G. m. u. H. — Herr Emil Wiglow.
207. Wünschelburg, Vorschußverein, e. G. m. u. H. — Herr J. Riesel.
208. Wüstegiersdorf, Vorschußverein, e. G. m. b. H. — Herr P. Buergel.
209. Zell a. H., Gewerbebank Zell a. H., e. G. m. u. H. — Herr E. Reibel.
210. Zeulenroda, Vorschußverein, e. G. m. b. H. — Herr Schmidt.

211. Zobten a. B., Vorschußverein zu Zobten, e. G. m. u. H. — Herr Glatzel (Herren P. Krause, Fischer, Franz).
212. Züllichau, Vorschußverein zu Züllichau, e. G. m. u. H. — Herr A. Kittel.
213. Zülz, Vorschuß- und Sparverein, e. G. m. b. H. — Herr Dr. V. Reichelt.
214. Zweibrücken, Volksbank Zweibrücken, e. G. m. u. H. — Herr Gebhart.

C. Konsumvereine.

1. Berlin, Konsumverein „Vorsicht", e. G. m. b. H. — Herr Stephan.
2. Berlin, Konsumverein „Biene". — Herr Aug. Krüger.
3. Blankenburg a. H., Konsumverein Blankenburg, e. G. m. b. H. Herr Jul. Thiel.
4. Borsigwerk, Konsum- und Sparverein Borsigwerk, e. G. m. b. H. — Herr Jacob (Herren Dissars, Pechtel).
5. Breslau, Breslauer Konsumverein, Herr Welck (Herren Kletke, Geisler, Dr. Immerwahr und viele Mitglieder).
6. Breslau, Konsum- und Sparverein zu Breslau, e. G. m. b. H. — Herr M. Mundry.
7. Burg, Konsumverein zu Burg, e. G. m. b. H. — Herr C. Ahlert.
8. Clausthal, Clausthal-Zellerfelder Konsumverein, e. G. m. b. H. — Herr Sauerbrey.
9. Gleiwitz, Konsumverein Gleiwitz, e. G. m. b. H. — Herr Wonneberger (Herr Thomas).
10. Görlitz, Konsumverein zu Görlitz, e. G. m. b. H. — Herr Schubert (Herren M. Büttner, Martin, Schneider).
11. Gütersloh, Konsumverein Gütersloh und Umgegend, e. G. m. b. H. — Herr W. Wörmann.
12. Hohenlohehütte, Konsumverein Hohenlohehütte, e. G. m. b. H. — Herr A. Puschmann (Herren O. Komorek, G. Winkler, R. Hildebrandt).
13. Holzminden, Konsumverein zu Holzminden, e. G. m. b. H. — Herr Mittmann.
14. Immenstadt, Konsum- und Sparverein Immenstadt-Blaichach-Sonthofen, e. G. m. b. H. — Herr E. Spindler.
15. Kalkberge, Konsumverein Tiefbau, e. G. m. b. H. — Herr G. Moritz.
16. Karlsruhe, Lebensbedürfnisverein Karlsruhe, e. G. m. b. H. — Herr Fr. Maucher (Herr C. Kirsch).
17. Kattowitz, Konsumverein Kattowitz, e. G. m. b. H. — Herr Steller.
18. Laurahütte, Konsum- und Sparverein Laurahütte, e. G. m. b. H. — Herr Stephan (Herren May, Rutsch).
19. Lüdenscheid, Lüdenscheider Konsumverein, e. G. m. b. H. — Herr Carl Müller.

20. **Michalkowitz**, Konsumverein Michalkowitz, e. G. m. b. H. — Herr Schweinitz.
21. Muskau, Konsumverein zu Muskau und Umgegend, e. G. m. b. H. — Herr G. Rhein.
22. München, Konsumverein München, e. G. m. b. H. — Herr Ad. Brecht (Herr Ant. Hergt).
23. **Osterfeld**, Konsumverein, e. G. m. b. H. — Herr Siebert.
24. **Pforzheim**, Konsumverein Pforzheim, e. G. m. b. H. — Herr E. Hischmann (Herr C. Gruner).
25. **Senftenberg**, Konsumverein, e. G. m. b. H. — Herr Ad. Kaiser.
26. Sommerfeld, Konsumverein zu Sommerfeld, e. G. m. u. H. — Herr R. Knorr (Herr Gutsell).
27. Schafstädt, Konsumverein, e. G. m. b. H. — Herr K. Teichmann.
28. Scharley, Konsumverein Scharley, e. G. m. u. H. — Herr H. Regehly (Herr O. Bredella).
29. **Tiefenfurt**, Konsumverein, e. G. m. u. H. — Herr Ed. Milke.
30. Torgau, Allgemeiner Konsumverein für Torgau und Umgegend, e. G. m. b. H. — Herr B. Hoffmann.
31. **Wittenberg**, Konsumverein, e. G. m. b. H. — Herr Wagner.

D. Baugenossenschaften.

1. **Berlin**, Berliner Baugenossenschaft, e. G. m. b. H. — Herr E. Syring (Herr Th. Rabethge).
2. **Düsseldorf**, Staatseisenbahner-Bauverein, e. G. m. b. H. — Herr Schmitz.
3. **Erfurt**, Erste Erfurter Baugenossenschaft für Arbeiter und Beamte, e. G. m. b. H. — Herr Kretzschmar.
4. **Falkenberg**, Baugenossenschaft für die Beamten und Arbeiter der Staatseisenbahnverwaltung zu Falkenberg, e. G. m. b. H. — Herr Lewien.
5. **München**, Baugenossenschaft München, e. G. m. u. H. — Herr Jos. Keßler (Herr Joh. Paulus).
6. **Wilhelmsburg** a. E., Eisenbahn-Bauverein, e. G. m. b. H. — Herr Korallus.
7. Wittenberge, Bau- und Sparverein von Eisenbahnbediensteten, e. G. m. b. H. — Herr R. Hein (Herren Aug. Kruse, H. Wolfes),

E. Produktivgenossenschaften.

1. **Breslau**, Breslauer Genossenschafts-Buchdruckerei, e. G. m. b. H. — Herr W. Grüttner (Herren O. Zuchold, A. Reichelt, Ed. Spreer und weitere 7 Mitglieder).
2. **Hannover**, Vereinsbuchdruckerei zu Hannover, e. G. m. b. H. — Herr G. Klapproth.

F. Rohstoffgenossenschaften.

1. **Darmstadt**, Rohstoffverein der Schuhmacher, e. G. m. u. H. — Herr B. Kochhafen.

2. **Gleiwitz**, Schuhmacher-Rohstoffverein für Gleiwitz und Umgegend, e. G. m. b. H. — Herr A. Seibt.
3. **Görlitz**, Schuhmacher-Rohstoffgenossenschaft, e. G. m. b. H. — Herr P. Hartmann.

G. Werkgenossenschaften.

1. **Festenberg**, Festenberger Holzindustrieverein, e. G. m. b. H. — Herr H. Richter.

H. Sonstige Genossenschaften.

1. **Schweidnitz**, Abfuhrgenossenschaft Schweidnitz, e. G. m. b. H. — Herr Paul Bayer (Herren C. Boy, G. Flittner).

Von den betreffenden Unterverbänden waren die nachstehend genannten **Verbandsrevisoren** anwesend:

1. Herr Rinow aus Allenstein, Revisor des Verbandes der Ost- und Westpreußischen Erwerbs- und Wirtschaftsgenossenschaften.
2. Herr Soerensen aus Berlin, Revisor des Verbandes der Norddeutschen Erwerbs- und Wirtschaftsgenossenschaften, des Verbandes der Vorschuß- und Kreditvereine von Pommern und den Grenzkreisen der Mark Brandenburg, des Verbandes der Kreditgenossenschaften von West-Brandenburg und den angrenzenden Landesteilen, des Verbandes der Kreditvereine zu Berlin, des Verbandes der Vorschußvereine in der Provinz Sachsen und dem Herzogtum Anhalt.

3.—7. Die Herren Louis Spitz aus Cosel, Max Scholz aus Oels (Schles.), Paul Förster aus Friedland (Bez. Breslau), Hoffmüller und Trautvetter aus Breslau, Revisoren des Verbandes der Erwerbs- und Wirtschaftsgenossenschaften Schlesiens.

8. Herr Edwin Rüdiger aus Chemnitz, Revisor des Verbandes Sächsischer Erwerbs- und Wirtschaftsgenossenschaften.
9. Herr Dörr aus Friedberg in Hessen, Revisor des Verbandes Hessischer Vorschuß- und Kreditvereine.
10. Herr E. Kuckuck aus Meiningen, Revisor des Verbandes der Baugenossenschaften Deutschlands, des Verbandes der Fränkischen Vorschuß- und Kreditgenossenschaften, des Verbandes Thüringischer Vorschußvereine, des Verbandes der deutschen Erwerbs- und Wirtschaftsgenossenschaften der Provinz Posen.
11. Herr Dr. Schneider aus Potsdam, Revisor des Verbandes der Kreditvereine zu Berlin, des Verbandes der Baugenossenschaften Deutschlands, des Verbandes der Kreditgenossenschaften der Lausitz und der benachbarten Landesteile, des Verbandes der Konsumvereine der Lausitz und der angrenzenden Provinzen und Landesteile, des Verbandes der Nordwestdeutschen Erwerbs- und Wirtschaftsgenossenschaften, des Verbandes der Konsumvereine der Provinz Schlesien.

12. Herr J. Lorenzen aus Speyer, Revisor des Verbandes Pfälzischer Kreditgenossenschaften.
13. Herr K. Schumacher aus Stuttgart,*) Revisor des Verbandes der Unterbadischen Kreditgenossenschaften, des Verbandes der Oberbadischen Erwerbs- und Wirtschaftsgenossenschaften.
14. Herr G. Seibert aus Wiesbaden, Revisor des Verbandes der Erwerbs- und Wirtschaftsgenossenschaften am Mittelrhein, des Verbandes der Baugenossenschaften Deutschlands.
15. Herr Scheidt aus Hannover, Revisor des Verbandes der Baugenossenschaften Deutschlands.
16./17. Die Herren Rechnungsrat Redslob aus Halle und W. Stürmer aus Clausthal, Revisoren des Verbandes der Konsumvereine der Provinz Sachsen und der angrenzenden Provinzen und Staaten.
18. Herr K. Michelmann aus Blankenburg a. H., Revisor des Verbandes der Erwerbs- und Wirtschaftsgenossenschaften im Regierungsbezirk Magdeburg, Herzogtum Braunschweig und der Provinz Hannover, des Verbandes der Baugenossenschaften Deutschlands, des Verbandes der Kreditgenossenschaften von Rheinland, Westfalen, Lippe und Waldeck, des Verbandes Rheinisch-Westfälischer Konsumvereine.
19. Herr W. André aus München, Revisor des Bayerischen Genossenschaftsverbandes.

Den Verhandlungen wohnten ferner bei:

Herr Wrabetz, Reichsratsabgeordneter, Anwalt des Allgemeinen Verbandes der Deutschen Genossenschaften in Österreich.
Herr Henry W. Wolff, Vorsitzender des Internationalen Genossenschaftsverbandes, aus London.
Herr J. C. Gray, Generalsekretär, \} Vertreter der Cooperative Union
Herr D. Mc. Innes, \} Limited, aus Manchester.
Herr von Bartsch, Geheimer Regierungsrat, Vertreter des Königlich Preußischen Ministeriums für Handel und Gewerbe, aus Berlin.
Herr Dr. Holtz, Regierungsrat, Vertreter des Königlich Preußischen Ministeriums für Landwirtschaft, Domänen und Forsten, aus Berlin.
Herr Dr. Cuny, Regierungsrat, Vertreter des Königlich Preußischen Ministeriums der öffentlichen Arbeiten, aus Berlin.
Herr Bosch, Geheimer expedierender Sekretär (Ministerium der öffentlichen Arbeiten), aus Berlin.
Herr Graf von Zedlitz-Trützschler, Exzellenz, Königlicher Staatsminister und Oberpräsident der Provinz Schlesien.
Herr Schimmelpfennig, Ober-Regierungsrat, aus Breslau.
Herr Friedrich, Regierungsrat, Vertreter des Königlichen Regierungs-Präsidenten, aus Breslau.
Herr Fehse, Kaiserlicher Bank-Assessor, Vertreter des Reichsbankdirektoriums Berlin und der Reichsbankhauptstelle Breslau.

---

*) Auch als Gast anwesend.

Herr Dr. Heßberger, Geheimer Finanzrat, von der Preußischen Central-Genossenschafts-Kasse, aus Berlin.
Herr Mager, Kgl. Bankinspektor, von der Preußischen Central-Genossenschafts-Kasse, aus Berlin.
Herr Muehl, Bürgermeister der Stadt Breslau.
Herr Dr. Theod. Koerner, Sanitätsrat, Stadtverordneten-Vorsteher-Stellvertreter, aus Breslau.
Herr Freiherr v. Richthofen, Landeshauptmann von Schlesien, aus Breslau.
Herr Graf von Pückler-Burghauß-Schloß Friedland O/S., Landesältester, als Vertreter der Landwirtschaftskammer für die Provinz Schlesien.
Herr Ph. Moriz-Eichborn, Geheimer Kommerzienrat, Präsident der Handelskammer, aus Breslau.
Herr Richard Graf, } Vertreter der Handwerkskammer
Herr Paul Rische, } zu Frankfurt a/O.
Herr Herm. Lohr, Gewerbeschul-Vorstand, aus Mosbach i/Baden.
Herr Schumacher, Revisor des Revisionsverbandes der Württembergischen Kreditgenossenschaften, aus Stuttgart.
Herr Daum, Verbandsdirektor des Verbandes ländlicher Genossenschaften Raiffeisenscher Organisation für die Provinz Schlesien, aus Breslau.
Herr E. A. Olshausen, Verbandsdirektor des Provinzialverbandes schlesischer landwirtschaftlicher Genossenschaften, aus Breslau.
Herr Völkers, Direktor der Provinzial-Genossenschaftskasse für Schlesien, e. G. m. b. H., aus Breslau.
Herr Scheibe, Direktor der Provinzial-Genossenschaftskasse für Schlesien, e. G. m. b. H., aus Breslau.
Herr Schönfeldt, Rechtsanwalt, Syndikus des Provinzial-Genossenschaftsverbandes für Schlesien, aus Breslau.
Herr Magiera, Direktor der Schlesischen Centralbank, e. G. m. b. H., aus Breslau.
Herr F. Thorwart, Direktor, Frankfurt a/M.
Herr Maul, Landschaftsrat, Insterburg, Direktor } des Verbandes landwirtschaftlicher Genossenschaften
Herr Guttzeit, Insterburg, Revisor } für Ostpreußen.
Herr Loewenberg, Oberlandesgerichts-Senatspräsident, aus Breslau.
Herr Hermann, Eisenbahn-Direktions-Präsident, aus Breslau.
Herr Möhlis, Justizrat und Notar, aus Breslau.
Herr H. Richter, städtischer Gartendirektor aus Breslau.

Als Stenograph fungierte Herr Reichstagsstenograph Steuer aus Berlin.

Die **Vorversammlung** wurde am 23. August 1904, abends 8¼ Uhr, von Herrn Verbandsdirektor Neugebauer mit einer Ansprache eröffnet. Nachdem im Namen des Breslauer Ortsausschusses

Herr Verbandsdirektor Stadtältester Kletke die Teilnehmer am 45. Allgemeinen Genossenschaftstage begrüßt hatte, wurde zur Feststellung der Präsenzliste geschritten.

Das Bureau des 45. Allgemeinen Genossenschaftstages wurde wie folgt gebildet:

a. für die gemeinsamen Verhandlungen.

1. Herr Königlicher Rat F. X. Proebst (München), Direktor des Bayerischen Genossenschaftsverbandes, Vorsitzender des Engeren und des Gesamtausschusses — Vorsitzender des 45. Allgemeinen Genossenschaftstages;
2. Herr Justizrat Dr. Alberti (Wiesbaden), Direktor des Verbandes der Erwerbs- und Wirtschaftsgenossenschaften am Mittelrhein — 1. Stellvertreter des Vorsitzenden;
3. Herr C. Neugebauer (Breslau), Direktor des Verbandes der Erwerbs- und Wirtschaftsgenossenschaften Schlesiens — 2. Stellvertreter des Vorsitzenden;

b. für die Verhandlungen der Kreditgenossenschaften.

4. Herr Justizrat Wolski (Allenstein), Direktor des Verbandes der Ost- und Westpreußischen Erwerbs- und Wirtschaftsgenossenschaften — Vorsitzender.
5. Herr Wilh. Finckh (Karlsruhe), Direktor des Verbandes der Unterbadischen Erwerbs- und Wirtschaftsgenossenschaften — Stellvertreter des Vorsitzenden.

c. für die Verhandlungen der Konsumvereine.

6. Herr G. Oppermann (Magdeburg), Direktor des Verbandes der Konsumvereine der Provinz Sachsen und der angrenzenden Provinzen und Staaten — Vorsitzender.
7. Herr Stadtältester Kletke (Breslau), Direktor des Verbandes der Konsumvereine der Provinz Schlesien — Stellvertreter des Vorsitzenden.

d. für die Verhandlungen der Baugenossenschaften.

8. Herr Landrat P. Berthold (Blumenthal), Direktor des Verbandes der Baugenossenschaften Deutschlands — Vorsitzender.
9. Herr Magistratsrat O. Feierabend (München), Direktor des Verbandes der Konsumvereine in Bayern, Württemberg und Baden — Stellvertreter des Vorsitzenden.

e. für die Verhandlungen der Verbandsrevisoren.

10. Herr Verbandsdirektor Justizrat Wolski (Allenstein) — Vorsitzender.
11. Herr Wilh. Finckh (Karlsruhe), Direktor des Verbandes der Unterbadischen Erwerbs- und Wirtschaftsgenossenschaften — Stellvertreter des Vorsitzenden.

Zu Schriftführern wurden bestellt:

Herr Assessor Hauß (Charlottenburg),
Herr Bürgermeister Hopf (Eberswalde),
Herr Kaufmann Reche (Breslau).

Hierauf trug Anwalt Dr. Crüger der Versammlung die im Druck bereits vorliegende Tagesordnung vor.

Rechtsanwalt Springe (Neumünster) beantragte:

Den Antrag des Verbandes der Vorschußvereine von Pommern und den Grenzkreisen der Mark Brandenburg, betreffend das Aufgehen der Deutschen Genossenschafts-Bank in die Dresdner Bank, nicht in den „Verhandlungen der Kreditgenossenschaften", sondern in der „Hauptversammlung" zur Sprache zu bringen.

Anwalt Dr. Crüger und Verbandsdirektor Kurz-Stettin (als Referent) erklärten sich damit einverstanden, und soll der genannte Antrag in der ersten Hauptversammlung zur Verhandlung kommen.

Die Tagesordnung für den 45. Allgemeinen Genossenschaftstag wurde nunmehr mit der vorstehenden Änderung wie folgt festgesetzt:

Gemeinsame Angelegenheiten aller Genossenschaften.

I. Bericht des Anwalts.

Ia. Antrag des Verbandes der Vorschuß- und Kreditvereine von Pommern und den Grenzkreisen der Mark Brandenburg:

Der Deutsche Genossenschaftstag nimmt Kenntnis von der Vereinigung der Deutschen Genossenschafts-Bank Soergel, Parrisius & Co., A.-G., mit der Dresdner Bank.

Er spricht die Erwartung aus, daß die Dresdner Bank die Aufgaben, welche ihr als Nachfolgerin der Deutschen Genossenschafts-Bank im Genossenschaftswesen gestellt und von ihr übernommen worden sind, dauernd erfüllen wird.

Berichterstatter: Verbandsdirektor J. Kurz-Stettin.

II. Antrag des Vorschußvereins zu Wiesbaden, e. G. m. u. H.:

Der Deutsche Genossenschaftstag legt Verwahrung ein gegen alle Maßnahmen, die geeignet sind, den Kreditgenossenschaften die Annahme fremder Gelder zu erschweren oder gar unmöglich zu machen.

Insbesondere würde er, wie schon in dem Verbote des Sparkassenbetriebs unter der Bezeichnung Sparkasse, eine schwere Gefahr für die Kreditgenossenschaften und damit für unser ganzes Wirtschaftsleben erblicken

a) in der Einführung des Scherlschen Prämiensparsystems;

b) in der Heranziehung der Reichspost zur Einsammlung der Sparbeträge;

c) in der gesetzlichen Begrenzung der von den Kreditgenossenschaften anzunehmenden Spardepositen.

Berichterstatter: Verbandsdirektor Justizrat Dr. Alberti-Wiesbaden.

III. Bericht über die Hilfskasse — die Ruhegehaltskasse — die Witwen- und Waisen-Pensionskasse deutscher Erwerbs- und Wirtschaftsgenossenschaften. — Berichterstatter: Direktor Jäger-Berlin.

IV. Wahlen von drei Mitgliedern in den Vorstand der Hilfskasse nach dem Statut § 8 der Hilfskasse.

(Auf dem Allgemeinen Genossenschaftstag in Danzig waren gewählt die Herren Jordan, Neugebauer, Kurz.)

V. Antrag des Anwalts betreffend Änderung des Statuts des Allgemeinen Verbandes zum Zweck der Eintragung des Allgemeinen Verbandes in das Vereinsregister:

1. Der Allgemeine Genossenschaftstag wolle beschließen:

Das Statut des Allgemeinen Verbandes wird wie folgt abgeändert:

1. Die Überschrift des Statuts soll lauten:

Statut des Allgemeinen Verbandes der auf Selbsthilfe beruhenden deutschen Erwerbs- und Wirtschaftsgenossenschaften vom .. August 1904.

2. § 1 erhält folgende Fassung:

Der Verein führt den Namen „Allgemeiner Verband der auf Selbsthilfe beruhenden deutschen Erwerbs- und Wirtschaftsgenossenschaften".

Sein Sitz ist Berlin.

Seine Wirksamkeit erstreckt sich über das ganze Deutsche Reich.

Der Verein soll ins Vereinsregister eingetragen werden.

3a. Die Einleitung zu § 2 soll lauten:

Zweck des Vereins ist, unter Ausschluß jeglichen wirtschaftschaftlichen Geschäftsbetriebes . . . .

b. Ziffer d des § 2 soll fortfallen.

4a. In § 15 wird zwischen Absatz 2 und 3 folgende Bestimmung eingeschoben: „Er ist Vorstand und gesetzlicher Vertreter des Vereins im Sinne des § 26 B.G.B."

b. Die Einleitung des Absatz 3 soll lauten:

Seine Obliegenheiten sind: . . . . .

5a. Hinter den § 40 ist einzuschieben:

§ 40a. Zur Wahl des Vorstandes für die Hauptversammlungen des Allgemeinen Genossenschaftstages, zur endgültigen Festsetzung der Tagesordnung, sowie zur Erledigung sonstiger Förmlichkeiten findet vor Beginn der Hauptversammlungen eine Vorversammlung statt.

Der Vorsitzende des Gesamtausschusses eröffnet und leitet die Vorversammlung und ernennt zwei oder mehrere Schriftführer für die Vorversammlung.

§ 40b. Der Vorstand der Hauptversammlungen wird gebildet aus einem Vorsitzenden, einem oder mehreren Stellvertretern des Vorsitzenden, zwei oder mehr Schriftführern.

Wählbar zum Vorsitzenden oder zu Stellvertretern sind nur die anwesenden Mitglieder von Genossenschaften des Allgemeinen Verbandes.

b. § 41 erhält folgende Fassung:

Über Beratungen und Beschlüsse des Allgemeinen Genossenschaftstages ist von den Schriftführern ein Protokoll aufzunehmen; jedes Protokoll ist von dem Vorsitzenden und einem Schriftführer zu unterzeichnen.

6. § 50 erhält folgende Fassung:

Im Falle der Auflösung des Vereins fällt sein Vermögen an die Hilfskasse deutscher Erwerbs- und Wirtschaftsgenossenschaften.

2. Wahl des Vorstandes des Vereins.

VI. Beschluß über die Aufnahme von Aktiengesellschaften in den Allgemeinen Verband nach § 4 des Statuts des Allgemeinen Verbandes.

VII. Bericht über die Prüfung der Jahresrechnung, Beschlußfassung über die Anerkennung derselben und Erteilung der Entlastung. — Berichterstatter: Verbandsdirektor W. Finckh-Karlsruhe.

VIII. Bericht über die Einnahmen und Ausgaben für das Jahr 1905. — Berichterstatter: Verbandsdirektor W. Finckh-Karlsruhe.

IX. Ausschluß von Genossenschaften.

X. Antrag des Anwalts:

Der Allgemeine Genossenschaftstag nimmt Kenntnis von der Entscheidung des Reichsgerichts vom 11. Januar 1904 betreffend die Veröffentlichung des Mitgliederbestandes am Jahresschluß nach Maßgabe des § 33 des Reichsgesetzes betreffend die Erwerbs- und Wirtschaftsgenossenschaften und empfiehlt den Genossenschaften in Zukunft bei der Veröffentlichung des Mitgliederbestandes folgenden Grundsatz zu beachten:

Bei Angabe des Bestandes der Mitglieder, die am Jahresschlusse der Genossenschaft angehören, sind auch die ausgeschiedenen Mitglieder nicht mitzuzählen, deren Ausscheiden erst „zum Schlusse" des Geschäftsjahres, §§ 65, 67, 68, oder, wie es in § 77 für den Fall des Todes heißt, „mit dem Schlusse" des Geschäftsjahres erfolgt ist.

Berichterstatter: Verbandsdirektor Justizrat Wolski-Allenstein.

XI. Antrag des Anwalts:

Gleich wie der Allgemeine Genossenschaftstag zu München 1892, wolle der Allgemeine Genossenschaftstag beschließen: den Genossenschaften des Allgemeinen Verbandes wird empfohlen, bei Gründung und Leitung von Rohstoff-, Werk- und Magazingenossenschaften mit Rat und Tat behilflich zu sein, wobei folgende Grundsätze zu beachten sind:

a) Bei der Gründung ist die Bedürfnisfrage und die Lebensfähigkeit zu prüfen, und nur wenn diese Fragen aller Voraussicht nach bejaht werden können, ist zur Gründung zu schreiten.

b) Es ist nach erfolgter Gründung darauf hinzuwirken, daß namentlich bei Rohstoff-, bei Ein- und Verkaufsgenossenschaften anfänglich der Geschäftsbetrieb innerhalb der durch die tatsächlichen Verhältnisse bedingten Grenzen gehalten wird und erst allmählich Hand in Hand mit dem Wachsen des eigenen Betriebskapitals einen immer größeren Umfang annimmt.

c) Das Prinzip der Barzahlung ist als eine der wesentlichsten Grundlagen der Handwerkergenossenschaften zu betrachten und durchzuführen.

d) Die einzelnen Genossenschaftsarten sind namentlich bei der Gründung streng auseinanderzuhalten.

e) Stets ist zu beachten, daß diese Genossenschaften niemals ihren Geschäftsbetrieb auf die Aufgaben einer Kreditgenossenschaft erstrecken dürfen.

Berichterstatter: Verbandsrevisor Karl Schumacher-Stuttgart.

XII. Antrag des Verbandes rheinisch-westfälischer Konsumvereine:

Der Allgemeine Genossenschaftstag muß dringend dagegen Verwahrung einlegen, daß die Behörden den Konsumvereinen dadurch Schwierigkeiten bereiten, daß sie ihren Beamten die Beteiligung direkt oder indirekt untersagen. Der Allgemeine Genossenschaftstag protestiert daher gegen den Erlaß des preußischen Eisenbahnministers vom 29. Juni 1904, soweit er ein derartiges Verbot enthält, und kann denselben umsoweniger billigen, als Handwerkergenossenschaften und landwirtschaftliche Genossenschaften, ohne Rücksicht auf die etwa dem Klein- und Zwischenhandel dadurch erwachsenden Schädigungen, sich sogar der finanziellen Förderung von staatlicher Seite zu erfreuen haben.

Berichterstatter: Verbandsdirektor E. Nolte-Lüdenscheid.

XIII. Vortrag: Das Genossenschaftswesen im Lichte der Vertretung von Handwerk, Landwirtschaft und Handel. — Berichterstatter: Der Anwalt.

XIV. a) Bericht des Vorsitzenden des Engeren Ausschusses, Proebst-München, über die Tätigkeit des Engeren Ausschusses;

b) Wahlen von zwei Mitgliedern in den Engeren Ausschuß an Stelle der ausscheidenden Mitglieder.

(Nach dem Turnus scheiden aus Herr Oppermann, Herr Jordan.)

XV. Beschlußfassung über den Ort des nächsten Genossenschaftstages.

Angelegenheiten der Kreditgenossenschaften.

I. Antrag des Anwalts.

In Erwägung, daß die Kreditgenossenschaften unter Berücksichtigung des Beschlusses des Allgemeinen Genossenschaftstages zu Kreuznach (1902) die Gewährung von Kautionskredit vielfach unter ihre Geschäftszweige aufgenommen haben, dabei jedoch nicht überall bei den Behörden das erwartete Entgegenkommen finden,

richtet der Allgemeine Genossenschaftstag an die Behörden das Ersuchen, die Kreditgenossenschaften zu unterstützen in ihrem Bestreben, durch Gewährung von Kautionskredit Handel- und Gewerbetreibenden die Beteiligung an Submissionen und die Bestellung von Kautionen zu erleichtern.

Berichterstatter: Der Anwalt.

(Punkt II ist als Punkt Ia in die „Gemeinsamen Angelegenheiten usw." übernommen.)

III. Vortrag: Die Zinspolitik der Kreditgenossenschaften. — Berichterstatter: Direktor Thorwart-Frankfurt a/M.

IV. Antrag der Genossenschaftsbank „Moabit" zu Berlin, e. G. m. b. H.:

Da der Vertrieb von Kellerwechseln bei der gewerbsmäßigen großen Ausdehnung, die er in den letzten Jahren gewonnen, eine außerordentliche Gefahr für die Genossenschaften bedeutet, und es notwendig erscheint, diesem gemeingefährlichen Treiben überall entgegenzutreten, um die Kreditvereine nach Möglichkeit vor Schaden zu bewahren, so erklärt der Allgemeine Genossenschaftstag:

Es ist dringend nötig, daß sich alle Kreditgenossenschaften des Allgemeinen Verbandes der zur Erreichung dieses Zweckes zu schaffenden Zentralstelle anschließen, die alle Nachrichten, die ihr über den Austausch und Bezug von Kellerwechseln bekannt werden, an die Interessenten weiter gelangen läßt.

Andererseits ist erforderlich, daß die Kreditvereine ihrerseits alle Tatsachen, die über Entstehung, Austausch und Bezug von derartigen Wechseln zu ihrer Kenntnis gelangen, der Zentralstelle mitteilen und alle Anfragen nach dieser Richtung hin sofort und rückhaltlos beantworten.

Berichterstatter: Direktor Lorenz Stüben-Berlin.

V. Antrag des Anwalts:

Der Allgemeine Genossenschaftstag warnt die Kreditgenossenschaften aufs dringendste vor einer Überschreitung der von der Generalversammlung gezogenen Kreditgrenze und empfiehlt unter Hinweis auf den Beschluß des Allgemeinen Genossenschaftstages zu Gotha (1894) betreffend die Festsetzung der Kreditgrenze, diese im richtigen Verhältnis zur Vermögenslage der Genossenschaft zu halten.

Berichterstatter: Direktor E. Wiglow-Wittenberge.

VI. Antrag des Anwalts:

In Erwägung, daß die Beleihung von Wertpapieren ohne Börsenkurs für die Volksbanken mit ernsten Unzuträglichkeiten und sogar mit Gefahren verbunden ist, weil

1. die Volksbanken bei Nichterfüllung der Verbindlichkeiten des Schuldners nur durch öffentliche Versteigerung des Pfandes aus demselben Befriedigung suchen können;
2. für die Festsetzung der Beleihungsgrenze solcher Wertpapiere ein zuverlässiger Maßstab fehlt, und deshalb dem Vorstand vorbehalten bleiben muß, nach seinem Ermessen diese Grenze zu bestimmen und auch — je nach den Umständen —, während das Geschäft schwebt, enger zu ziehen, was die Bankleitung leicht einem ungerechten Verdacht aussetzt, ohne doch die Bank selbst überall wirksam vor Verlusten zu schützen;

empfiehlt der Allgemeine Genossenschaftstag, bei solchen Lombardgeschäften, wenn sie nicht ganz vermieden werden können, die äußerste Vorsicht, insbesondere fortgesetzte Überwachung des inneren Wertes der fraglichen Wertpapiere.

Berichterstatter: Verbandsrevisor Dr. Schneider-Potsdam.

Angelegenheiten der Konsumvereine.

I. Antrag des Breslauer Konsumvereins:

Der Allgemeine Genossenschaftstag empfiehlt den Konsumvereinen bei der Revision der Lagerbestände und bei der Feststellung von Unterlagen für die Aufstellung der Bilanz die nachstehenden Grundsätze zu beobachten:

I. Bestandsrevision und -aufnahme.

Zweck der Aufnahme.

§ 1. Die unangemeldete (außerordentliche) Aufnahme der Lagerbestände hat den Zweck, den Lagerhalter bezüglich seiner Geschäftsführung zu kontrollieren. Die angemeldete (ordentliche) Aufnahme bezweckt außer dieser Kontrolle und der Abrechnung mit dem Lagerhalter noch die Feststellung des Inventurwertes der Lagerbestände für den Rechnungsabschluß.

Arten der Bestandsaufnahmen.

§ 2. Die im Laufe des Geschäftsjahres vorzunehmenden Prüfungen der Markenbestände müssen immer auf Grund einer unangemeldeten Aufnahme erfolgen.

Da ein Markenmanko nur dadurch entstehen kann, daß der Lagerhalter Marken abhanden kommen läßt, oder solche über die Höhe des rückgewährberechtigten Erlöses hinaus verausgabt, oder zu wenig Erlös an die Kasse abführt, muß, sofern die Markenaufnahme einen größeren Fehlbetrag ergibt, stets unverzüglich eine unangemeldete Warenaufnahme vorgenommen werden. Letztere ist dagegen bei einem erheblichen Markenplus nicht erforderlich, zumal der Lagerhalter auf diesen keinerlei Ansprüche hat.

Ein etwaiges Markenmanko ist bei der im § 16 vorgesehenen Abrechnung zu berücksichtigen, und zwar ist für die Wertberechnung desselben immer der Prozentsatz der vorjährigen Rückgewähr maßgebend, was — wie jeder andere Grundsatz dieser Abrechnung — vertraglich festzulegen ist.

§ 3. Auch ist die Vollrevision, zu der außer der Ermittelung der Kassen- und Markenbestände die Feststellung des Waren- und Fastagenbestandes gehört, wenn irgend tunlich, unangemeldet vorzunehmen. Bei derselben finden etwaige Außenstände, sofern die Lagerhalter zu deren Gewährung ermächtigt waren, geeignete Berücksichtigung.

§ 4. Die ordentliche, zum Zwecke der Inventur stattfindende Aufnahme aller Lagerbestände erstreckt sich auch auf die Utensilien und Geschäftsgeräte.

§ 5. Bei Übergabe des Lagers an den Lagerhalter, die beim Personalwechsel auch als unangemeldete Aufnahme behandelt werden kann, ist immer eine spezielle Aufnahme der Utensilien und Geschäftsgeräte erforderlich. Letztere geschieht an der Hand des Inventarverzeichnisses.

Auf diesem ist das Vorhandensein und die Übernahme der Utensilien zu bescheinigen.

Vorbereitung der Aufnahmen.

§ 6. Sämtliche Bestandsaufnahmen sind vom Vorstande zu veranlassen, vorzubereiten und unter Mitwirkung von Vorstands- bezw. Aufsichtsrats-Mitgliedern, oder von anderen Beauftragten der Vereinsverwaltung in Gegenwart und unter Mitwirkung des Lagerhalters oder einer von ihm bevollmächtigten Person auszuführen.

§ 7. Das Aufnahme-Verzeichnis muß mit Rubriken versehen sein, die eine schnelle Einrückung der Warenmengen erleichtern. Dasselbe ist in zwei und bei Übergabe des Lagers an einen anderen Lagerhalter in drei Exemplaren zu führen. Die Führung des zweiten bezw. dritten Exemplares ist Sache der Lagerhalter.

§ 8. Diesem Verzeichnis ist eine Liste des Taragewichts der noch nicht entleerten Originalfastagen beizufügen. Auch müssen zur Vermeidung von zeitraubenden Umschüttungen oder Umfüllungen sämtliche Schubkasten und sonstige Warenbehälter mit deutlicher Auszeichnung ihrer Tara versehen sein.

Ebenso müssen Meßstäbe und Alkoholometer zur Stelle sein.

Ausführung der Aufnahmen.

§ 9. Alle Aufnahmen müssen tunlichst ununterbrochen und in ständiger Anwesenheit beider Parteien oder deren Vertreter erfolgen. Der Warenverkauf während derselben ist unstatthaft.

§ 10. Sowohl bei unangemeldeten als auch bei angemeldeten Revisionen der Bestände ist zuerst immer die Höhe des Kassenbestandes einschl. etwaiger Beläge über vom Lagerhalter im Auftrage des Vorstandes geleistete Zahlungen zu ermitteln.

Hieran schließt sich die Aufnahme der Markenbestände.

§ 11. Die Warenaufnahme selbst darf sich nicht allein auf die Menge beschränken, sondern muß sich auch auf die Qualitäten (bei Spirituosen auf den Alkoholgehalt usw.) und Preisansätze der Warengattungen erstrecken.

Solche Waren, welche durch vorschriftswidrige Lagerung bezw. Behandlung gelitten haben, dürfen nur mit einem entsprechenden Werte aufgenommen werden.

Die Warenaufnahme muß nicht nach der Ordnung der Inventurliste, sondern einzig und allein nach der Reihenfolge des Standortes oder der Lagerung im Lokale erfolgen.

Im übrigen ist darauf zu halten:

1. daß bei der Aufnahme tunlichst nur solche Personen mitwirken, welche als zuverlässig erprobt sind;
2. daß der Leiter der Aufnahme oder die mit dieser betrauten Personen ihre Tätigkeit sowohl auf die Feststellung der Mengen, als auch auf deren richtige Niederschrift und Reihenfolge der Waren richten;
3. daß der Protokollführer (in der Regel der Leiter der Aufnahme), durch Ansagen der Menge und des Preises die richtige Eintragung konstatiert, bevor zur Aufnahme der folgenden Warengattung geschritten wird;
4. daß das in manchen großen Manufaktur- und Posamentier-Warenlägern erforderliche Vorarbeiten, welches in dem zeitraubenden Feststellen der Meter- oder Stückzahl weniger wertvoller Artikel besteht, in Gegenwart eines Vorstandsvertreters geschieht und während der Aufnahme selbst durch häufige Stichproben kontrolliert wird;
5. daß ein derartiges Vorarbeiten nur gestattet wird, wenn dasselbe unmittelbar vor Beginn der Aufnahme erfolgt und wenn es von Personen ausgeführt wird, die unbedingt sicher arbeiten und denen auf Grund häufiger Stichproben der Anspruch auf größte Zuverlässigkeit gebührt;
6. daß bezügl. der Bezeichnung der Warenmengen Einheitlichkeit herrscht, sodaß beispielweise nicht Kilogramm **und** Pfund, nicht Meter **und** Elle, nicht Achtel **und** Zehntel im Aufnahme-Verzeichnis vorkommen;
7. daß nach Schluß der Aufnahme eine Vergleichung der Verzeichnisse in betreff der Mengen und Preise vorgenommen und die Richtigkeit durch Unterschrift des Lagerhalters sowie des Leiters anerkannt wird.

§ 12. Der Wert der vorgefundenen Warenbestände zu den Verkaufspreisen und die Summe der Markenvorräte müssen stets auf schnellste Weise, eventuell unter Verwendung zuverlässiger Hilfskräfte festgestellt werden.

Die Ergebnisse der Revision.

§ 13. Tritt ein größeres Manko hervor, so hat bald nach dessen Deckung eine unangemeldete Revision des Markenbestandes oder noch besser eine nochmalige Vollrevision (§ 3) stattzufinden, um festzustellen, ob das Manko aus den Mitteln des Lagerhalters oder aus dem Warenerlöse des Vereins gedeckt worden ist.

§ 14. Bei wiederholtem Vorkommen von solchen Differenzen, die nach Ansicht des Vorstandes auf unsorgfältige Amtsführung des Lagerhalters zurückzuführen sind, darf die Amtsenthebung des Lagerhalters nicht aufgeschoben werden. Der Dienstvertrag des Letzteren muß deshalb die Bestimmung enthalten, daß bei jeder derartigen Differenz die sofortige Entlassung des Lagerhalters verfügt, auch daß zu jeder Zeit vom Vorstande eine Bestandsrevision angeordnet werden kann.

§ 15. Jedes ermittelte Manko ist vom Lagerhalter sogleich bar zu decken, damit die Kaution unberührt bleibt. Überschüsse bleiben Vereinseigentum.

Sofern jedoch dem Lagerhalter ein Teil des in der Regel erst durch Gewährung der Mankovergütung entstandenen Überschusses vertragsmäßig zusteht, darf dieser niemals die Höhe der gewährten Mankovergütung übersteigen, zumal eine derartige Zuwendung an den Lagerhalter dem eigentlichen Wesen der Mankovergütung überhaupt nicht entspricht. Die Begleichung solcher Zuwendung darf immer erst bei der nächsten Bestandsrevision und Abrechnung des betreffenden Lagers erfolgen.

II. Die aus der Bestandsaufnahme hervorgehenden Unterlagen für die Aufstellung der Bilanz.

Abrechnung mit dem Lagerhalter.

§ 16. Ist das Ergebnis der seitens des Aufsichtsrates auszuführenden Revision der bis zum Tage der Bestandsaufnahme stattgefundenen Be- und Entlastungen des Lagerhalters berücksichtigt und die Richtigkeit des Wertes der vorgefundenen Bestände ebenso festgestellt, so wird zur Abrechnung mit dem Lagerhalter geschritten. Bei dieser sind die vertragsmäßig zugesicherten Vergütungen zu berücksichtigen und zu verbuchen, worauf nach schriftlicher Anerkennung der Richtigkeit des Rechnungsabschlusses seitens des Lagerhalters gemäß § 15 die Ausgleichung der zwischen dem Soll- und dem Istbestande bestehenden Differenz erfolgt. Dies geschieht durch Barzahlung oder — sofern das Kassenbuch für die betreffende Geschäftsperiode bereits abgeschlossen ist — zunächst durch Be- oder Entlastung des persönlichen oder eventuell des Kautions-Kontos des Lagerhalters.

Ermittelung des Inventurwertes der Warenbestände.

§ 17. Der Inventurwert der Warenbestände wird stets nach erfolgter Ablieferung und Gutschrift des gesamten beim Lagerhalter vorgefundenen Kassenbestandes auf Grund einer ordentlichen Bestandsaufnahme (§ 1) nach folgenden Grundsätzen ermittelt: Es werden die Bezugspreise in Ansatz gebracht. Haben diese jedoch bis zum Inventurtage einen Rückgang erfahren, so werden dieselben entsprechend niedriger bewertet. Letzteres gilt auch für zu langsam fortgehende oder durch lange Lagerung minderwertig gewordene Warengattungen. Seit dem letzten Bezuge etwa eingetretene Preiserhöhungen finden keine Berücksichtigung.

Feststellung des Utensilienwertes für die Bilanz.

§ 18. Für die Mobilien, Geschäftsgeräte, Maschinen usw., welche gemäß § 4 einer Aufnahme und Begutachtung unterliegen, kommt der Buchwert des letztjährigen Abschlusses zuzüglich der während des Geschäftsjahres stattgefundenen Aufwendung für Neuanschaffungen und abzüglich des Erlöses etwaiger Verkäufe und des etwa durch Brand, Diebstahl usw. an Utensilien entstandenen Verlustes, sowie der in den Satzungen vorgesehenen Abschreibungen für Abnutzung in Ansatz.

Die Kosten für Beschaffung solcher Gegenstände, die voraussichtlich in wenigen Jahren einer Erneuerung bedürfen und die Instandhaltungskosten für Utensilien sind nicht auf Utensilien-, sondern auf Verwaltungskonto zu verbuchen.

Ermittelung der für die Verteilung des Überschusses in Betracht kommenden Markensumme.

§ 19. Bei dieser Ermittelung ist zunächst festzustellen und zu unterscheiden ob der Verein auf sämtliche Waren Marken gewährt oder nicht, und diese gleichwertig sind; ferner

ob für den Nachweis der Höhe des Warenbezuges, den die Vereinsmitglieder entweder durch Einreichung von Gegenmarken oder durch Einschreib-(Quittungs-)bücher erbringen, eine bestimmte Frist besteht, nach deren Ablauf die Geltendmachung des Rückgewähranspruches unzulässig ist, oder

ob die Einreichung von Gegenmarken bis zu einem bestimmten Termine nicht vorgeschrieben ist, und es daher vorkommen kann, daß das Mitglied die in mehreren Geschäftsjahren angesammelten Marken auf einmal einreicht.

Diejenigen Vereine, welche nicht auf sämtliche Waren Gegenmarken ausgeben, werden weder eine zweckmäßige Kontrolle über die vom Lagerhalter verwalteten Markenbestände (§ 2) ausüben, noch die Summe der rückgewährberechtigten Marken auf Grund des Verkaufserlöses feststellen können, sondern sie werden sich — und das gilt auch von denjenigen Vereinen, die neben vollwertigen Gegenmarken nicht vollwertige ausgeben — immer darauf beschränken müssen, die Summe der beim Verteilen des Überschusses zu berücksichtigenden Marken auf Grund der an die Lagerhalter abgegebenen und bei der Inventur vorgefundenen Marken zu ermitteln.

Diejenigen Vereine, welche auf alle Waren Marken gewähren, sind dagegen in der Lage, nicht nur die Geschäftsführung des Lagerhalters durch die Markenaufnahme (§ 2) zu kontrollieren und ihn für etwa fehlende Marken haftbar zu machen, sondern auch die beim Abschluß erforderliche Summe der rückgewährberechtigten Marken auf Grund des Verkaufserlöses festzustellen.

Letzteres geschieht, indem von der Gesamtsumme des Verkaufserlöses die Einnahme für etwa vom Lagerhalter verkaufte leere Fastagen und die etwa zuviel nachgewiesenen Marken (Markenüberschuß) in Abzug gebracht, dagegen die bei der Inventur dem Lagerhalter fehlenden und von ihm zu ersetzenden Marken hinzugerechnet werden.

Bei jeder der beiden Arten der Feststellung der rückgewährberechtigten Markensumme ist daher ausgeschlossen, lediglich die Summe der von den Mitgliedern eingereichten Gegenmarken als Unterlage für die Verteilung des aus der Bilanz hervorgehenden Überschusses gelten zu lassen, vielmehr muß immer auch der auf die von den Mitgliedern etwa zu wenig eingereichten Gegenmarken entfallende Rückgewährbetrag mindestens fürs nächste Jahr zurückgestellt werden.

Berichterstatter: Direktor Welck-Breslau.

II. Antrag des Anwalts:

Der Allgemeine Genossenschaftstag empfiehlt den Konsumvereinen die Volksversicherung nach Maßgabe der Bedingungen des zwischen dem Allgemeinen Verbande und dem Allgemeinen deutschen Versicherungs-Verein in Stuttgart abgeschlossenen Vertrages den Mitgliedern bekannt zu geben und unter den Mitgliedern für die Volksversicherung zu wirken.

Berichterstatter: Der Anwalt.

III. Antrag des Anwalts:

Der Allgemeine Genossenschaftstag beschließt in Ergänzung des Beschlusses des Allgemeinen Vereinstages zu Karlsruhe (1885)*) betreffend die bei der Manko-Gewährung zu beobachtenden Grundsätze:

---

*) Der Beschluß des Allgemeinen Vereinstages zu Karlsruhe lautet:

„Da eine Mankostatistik von Wert nur zu ermöglichen ist, wenn die Konsumvereine bei Ermittelung der durch Einwiegen, Einmessen, Austrocknen usw. entstehenden Mankos nach gleichen Grundsätzen handeln, so wird den Konsumvereinen dringend empfohlen, folgendes gleichmäßige Verfahren zu beobachten:

1. Ein Anspruch auf Mankovergütung ist nur zulässig bei den nach Gewicht und nach Gemäß zu verkaufenden Waren.

1. Das zulässige Manko kann zwar nach den besonderen Verhältnissen der Vereine verschieden hoch sein, doch sollte dasselbe über 1% des mankoberechtigten Warenausganges in der Regel nicht hinausgehen.
2. Zu widerraten ist, durch höheres Gehalt die Mankogewährung zu ersetzen.
3. Der Lagerhalter hat keinen Anspruch auf Auszahlung des die Höhe des Mankos nicht erreichenden Betrages; auch soll ein erzielter Überschuß nicht auf ein späteres oder früheres Manko verrechnet werden.

Berichterstatter: Direktor Brecht-München.

IV. Vortrag über die rationelle Brotversorgung. — Berichterstatter: Direktor Welck-Breslau.

Angelegenheiten der Baugenossenschaften.

I. Antrag der Ersten Erfurter Baugenossenschaft für Arbeiter und Beamte zu Erfurt, e. G. m. b. H.:

In Erwägung, daß für die gesunde Entwicklung der Baugenossenschaften die Ansammlung eines entsprechend hohen eigenen Vermögens von der größten Bedeutung ist, empfiehlt der Allgemeine Genossenschaftstag den Baugenossenschaften, dahin zu wirken, daß das eigene Vermögen mindestens bis zu 15% der fremden Betriebsmittel angesammelt wird. Dieses Verhältnis wird für eine gesunde Grundlage als normal bezeichnet.

Berichterstatter: Verbandsrevisor Kuckuck-Meiningen.

II. Vortrag über ländlichen Arbeiter-Wohnungsbau und Baugenossenschaften. — Berichterstatter: Verbandsdirektor Landrat Berthold-Blumenthal.

III. Vortrag über Amortisationshypotheken und deren Wert für Baugenossenschaften. — Berichterstatter: Verbandsrevisor Michelmann-Blankenburg a/H.

IV. Antrag des Spar- und Bauvereins Blumenthal, e. G. m. b. H. zu Blumenthal:

Der Allgemeine Genossenschaftstag empfiehlt den Baugenossenschaften, welche die von ihnen errichteten Gebäude in das Eigentum von Mitgliedern übergehen lassen und zu diesem Zweck mit den Hauserwerbern Miet- und Kauf-Verträge abschließen, diesen Geschäftszweig in der Bilanz und dem Geschäftsbericht nach folgenden Grundsätzen zur Darstellung zu bringen:

1. Die Erwerbshäuser sind, soweit über dieselben schon Erwerbsverträge abgeschlossen sind, gesondert unter den Aktiven in der Bilanz aufzuführen, und zwar zu dem von den Genossen zu zahlenden Erwerbspreise.
2. Die Anzahlungen der Erwerber sind unter geeigneter Bezeichnung, z. B. „Hauserwerbskonto“, „Amortisation der Hauserwerber“ unter den Passiven aufzuführen.

Zählwaren jeder Art sind von der Mankovergütung auszuschließen und von den Wiege- und Meßwaren getrennt auf den Lagerkonten zu verbuchen.

2. Für die Wiegewaren ist der Lagerhalter nach festzustellendem Eingangsnettogewicht zu belasten; ebenso ist die Ware beim Verkauf netto zu verwiegen.
3. Für alle Wiege- und Meßwaren ist ein nach Prozenten vom Umsatz festzustellendes Durchschnittsmanko zuzulassen.
4. Dieses zulässige Manko kann zwar nach den besonderen Verhältnissen der Vereine ein verschieden hohes sein, doch sollte dasselbe über 1½% des mankoberechtigten Warenausgangs nicht hinausgehen.
5. Das über die vertragsmäßig festgestellte Grenze hinausgehende, auf Grund einer Inventur berechnete Manko hat der Lagerhalter zu ersetzen.
6. Lagerhalter, welche die Mankogrenze wiederholt und erheblich überschreiten, sollten trotz Ersatzgewährung nicht im Dienst belassen werden.“

3. In der Bilanz oder im Geschäftsbericht ist zum Ausdruck zu bringen:
   a) welche Erhöhung der unter 1 erwähnte Posten der Aktivseite durch Neuabschluß von Verträgen und der unter 2 erwähnte Posten der Passivseite durch Zahlungen im letzten Geschäftsjahre erfahren hat,
   b) welche Verminderung bei den Posten zu 1 und 2 durch Bewirkung der Auflassungen und durch Aufhebung von Erwerbsverträgen eingetreten ist.
4. Der Geschäftsbericht soll angeben:
   a) den Verkaufspreis der bisher von der Genossenschaft an die Mitglieder aufgelassenen Erwerbshäuser,
   b) die Summe der von den Mitgliedern bei der Auflassung übernommenen Hypotheken,
   c) den Betrag, für den die Genossenschaft hinsichtlich der unter 2 erwähnten Hypotheken noch als persönliche Schuldnerin haftet.

Berichterstatter: Verbandsrevisor Michelmann-Blankenburg a/H.

V. Antrag des Anwalts:

Der Allgemeine Genossenschaftstag wolle beschließen:

In engbegrenztem Umfange — d. h. mit Beschränkung auf die Mitglieder und einen Höchstbetrag für die Spareinleger von je etwa $^1/_4$ des bezw. der übernommenen Geschäftsanteile — erscheint der Sparkassenverkehr zwar ungefährlich, wenn geräumige Rückzahlungsfristen ausbedungen und mindestens ein Drittel des Gesamtbetrages der Spareinlagen in leicht realisierbarer Weise angelegt wird, indessen bringt ein so beschränkter Sparkassenverkehr den Baugenossenschaften keine nennenswerten Vorteile.

Namentlich sollten die von den Landesversicherungsanstalten ausreichend finanzierten Baugenossenschaften die Einführung des begrenzten Sparkassenverkehrs nur dann erwägen, wenn es den Genossen in der Tat an einer anderen passenden Gelegenheit zur Anlegung ihrer kleinen Ersparnisse fehlt.

Als Sparkassenverkehr ist nicht aufzufassen die verzinsliche Annahme von à conto-Zahlungen auf die später fälligen Beträge für Mieten und Abträge.

Berichterstatter: Verbandsrevisor G. Seibert-Wiesbaden und Verbandsrevisor Scheidt-Hannover.

Zur Verhandlung kamen:

In der **ersten Hauptversammlung** am Mittwoch, den 24. August 1904, von 9$^1/_4$ Uhr vormittags bis 12$^3/_4$ Uhr nachmittags: Aus den gemeinsamen Angelegenheiten aller Genossenschaften: Punkt I, Ia, III, IV, V, VI der Tagesordnung.

In der **zweiten Hauptversammlung** am Donnerstag, den 25. August 1904, von 9$^1/_4$ Uhr vormittags bis 1$^1/_2$ Uhr nachmittags: Fortsetzung der gemeinsamen Angelegenheiten aller Genossenschaften: Punkt II, XI, VII, VIII der Tagesordnung.

In der Sitzung am Donnerstag, den 25. August 1904 von 2$^1/_4$ Uhr bis 4$^3/_4$ Uhr nachmittags: Aus den Angelegenheiten der Baugenossenschaften: Punkt V, II.

(Die Punkte IV und I wurden einer von der Versammlung eingesetzten Kommission zur Vorberatung überwiesen. — Punkt III soll zunächst auf dem Unterverbandstag der Baugenossenschaften beraten werden.)

In der Sitzung am Freitag, den 26. August 1904, von 9¼ Uhr vormittags bis 12¾ Uhr nachmittags: Aus den Angelegenheiten der Kreditgenossenschaften: Punkt III, I, IV, V, VI.

(Punkt II wurde durch die Vorversammlung bei Festsetzung der Tagesordnung in die „gemeinsamen Angelegenheiten“ als Punkt Ia hinübergenommen.)

In der Sitzung am Freitag, den 26. August 1904, von 2¼ Uhr bis 5 Uhr nachmittags: Aus den Angelegenheiten der Konsumvereine: Punkt I, II, III, IV.

In der **dritten Hauptversammlung** am Sonnabend, den 27. August 1904, von 9½ Uhr bis 11¾ Uhr vormittags: Fortsetzung der gemeinsamen Angelegenheiten aller Genossenschaften: Punkt X, XII, XIII, XIV, XV.

Punkt IX der gemeinsamen Angelegenheiten — Ausschluß von Genossenschaften — wurde in der ersten Hauptversammlung von der Tagesordnung abgesetzt.

Der 45. Allgemeine Genossenschaftstag wurde um 11¾ Uhr vormittags geschlossen.

Die auf dem Allgemeinen Genossenschaftstag gefaßten Beschlüsse sind in den in Nr. 36 der „Blätter für Genossenschaftswesen“ von 1904 veröffentlichten Protokollen des Genossenschaftstages enthalten — im Abschnitt III dieser „Mitteilungen“ findet sich eine Zusammenstellung derselben.

Die Verbandsrevisoren waren am Mittwoch, den 24. August, nachmittags, zu einer besonderen Versammlung einberufen. Im Abschnitt IV der vorliegenden „Mitteilungen“ ist der Bericht über diese Sonderversammlung abgedruckt.

II.

Auszug

aus den

Verhandlungen bei dem fünfundvierzigsten Genossenschaftstage des Allgemeinen Verbandes der deutschen Erwerbs- und Wirtschaftsgenossenschaften zu Breslau.

Erste Hauptversammlung am Mittwoch den 24. August 1904.

Vorsitzender: F. X. Proebst (München).

Schriftführer: { Assessor Hauß (Charlottenburg).
Bürgermeister Hopf (Eberswalde).

Eröffnung: 9 Uhr 15 Minuten.

Vorsitzender **F. X. Proebst** (München): Hochgeehrte Versammlung! Die gestrige Vorversammlung hat wieder, in diesem Jahre zum zehntenmale, mir den ehrenvollen Auftrag erteilt, die Hauptversammlung des 45. Allgemeinen Genossenschaftstages der deutschen Erwerbs- und Wirtschaftsgenossenschaften zu leiten. Wohl bewußt, welche Auszeichnung mir damit zuteil wird, bin ich mir auch nur zu klar darüber, daß die Kräfte des altgewordenen Mannes für diese Aufgabe nicht mehr zureichen, und muß deshalb gleich von vornherein nach allen Richtungen für jeden Fehler, der unterlaufen wird, um Entschuldigung bitten.

Meine hochverehrten Herren! Die vornehmste Verpflichtung, die dem Vorsitzenden des Allgemeinen Genossenschaftstages obliegt, ist die herzliche, innige Begrüßung aller Teilnehmer, unserer lieben Genossen aus der Nähe und Ferne, der Breslauer Bürgerschaft und der unsere Versammlung in seltenem Maße auszeichnenden Korona von Ehrengästen. Ich habe eine Liste der hochverehrten Ehrengäste hier; aber ich kann für deren Vollständigkeit natürlich keine Bürgschaft übernehmen. Da es für die sämtlichen Teilnehmer vom höchsten Interesse sein wird, zu erfahren, durch welche Besuche wir ausgezeichnet sind, erlaube ich mir, zunächst zu verlesen, was mir vorliegt, und bitte dann, falls weitere Ehrengäste hier sind, die nicht verlesen wurden, die Namen nachträglich bekanntzugeben. Hier verzeichnet sind:

Herr von Bartsch, Geheimer Regierungsrat, Vertreter des Königlich Preußischen Ministeriums für Handel und Gewerbe, aus Berlin.
Herr Dr. Holtz, Regierungsrat, Vertreter des Königlich Preußischen Ministeriums für Landwirtschaft, Domänen und Forsten, aus Berlin.
Herr Dr. Cuny, Regierungsrat, Vertreter des Königlich Preußischen Ministeriums der öffentlichen Arbeiten, aus Berlin.
Herr Bosch, Geheimer expedierender Sekretär (vom Ministerium der öffentlichen Arbeiten), aus Berlin.
Herr Schimmelpfennig, Ober-Regierungsrat, als Vertreter des Herrn Oberpräsidenten der Provinz Schlesien (der heute am persönlichen Erscheinen verhindert ist).
Herr Friedrich, Regierungsrat, Vertreter des Königlichen Regierungs-Präsidenten, aus Breslau.
Herr Fehse, Kaiserlicher Bank-Assessor, Vertreter des Reichsbankdirektoriums Berlin und der Reichsbankhauptstelle Breslau.
Herr Dr. Heßberger, Geheimer Finanzrat, von der Preußischen Central-Genossenschafts-Kasse, aus Berlin.
Herr Mager, Kgl. Bankinspektor, von der Preußischen Central-Genossenschafts-Kasse, aus Berlin.
Herr Muehl, Bürgermeister der Stadt Breslau.
Herr Dr. Theodor Koerner, Sanitätsrat, Stadtverordneten-Vorsteher-Stellvertreter, aus Breslau.
Herr Freiherr von Richthofen, Landeshauptmann von Schlesien.
Herr Graf von Pückler-Burghauß-Schloß Friedland O/S., Landesältester, als Vertreter der Landwirtschaftskammer für die Provinz Schlesien.
Herr Ph. Moriz-Eichborn, Geheimer Kommerzienrat, Präsident der Handelskammer, aus Breslau.
Herr Richard Graf, }
Herr Paul Rische, } Vertreter der Handwerkskammer zu Frankfurt a/O.
Herr Herm. Lohr, Gewerbeschul-Vorstand, aus Mosbach i/Baden.
Herr Schumacher, Revisor des Revisions-Verbandes der Württembergischen Kreditgenossenschaften, aus Stuttgart.
Herr Daum, Verbandsdirektor des Verbandes ländlicher Genossenschaften Raiffeisenscher Organisation für die Provinz Schlesien, aus Breslau.
Herr E. A. Olshausen, Verbandsdirektor des Provinzialverbandes schlesischer landwirtschaftlicher Genossenschaften, aus Breslau.
Herr Völkers, Direktor der Provinzial-Genossenschaftskasse für Schlesien, e. G. m. b. H., aus Breslau.
Herr Scheibe, Direktor der Provinzial-Genossenschaftskasse für Schlesien, e. G. m. b. H., aus Breslau.
Herr Schönfeldt, Rechtsanwalt, Syndikus des Provinzial-Genossenschaftsverbandes für Schlesien, aus Breslau.
Herr Magiera, Direktor der Schlesischen Centralbank, e. G. m. b. H., aus Breslau.

Herr F. Thorwart, Direktor, Frankfurt a/M.

Herr Maul, Landschaftsrat, Insterburg, Direktor | des Verbandes landwirtschaftlicher Genossenschaften für Ostpreußen.
Herr Guttzeit, Insterburg, Revisor | des Verbandes landwirtschaftlicher Genossenschaften für Ostpreußen.

Herr Loewenberg, Oberlandesgerichts-Senatspräsident, aus Breslau.
Herr Hermann, Eisenbahn-Direktions-Präsident, aus Breslau.
Herr Möhlis, Justizrat und Notar, aus Breslau.
Herr H. Richter, städtischer Garten-Direktor, aus Breslau.

Zunächst heiße ich alle diese Herren noch einmal von ganzem Herzen willkommen, beifügend, daß es uns selbstverständlich zur vollsten Befriedigung gereicht, wenn Sie an unseren Verhandlungen lebhaftes Interesse nehmen, und noch mehr zur Befriedigung gereichen wird, wenn diese Verhandlungen auch Ihren Wünschen und Erwartungen entsprechen, was wir hoffen wollen.

Ich habe weiter zu begrüßen als Vertreter einer uns längst befreundeten Körperschaft, den Präsidenten des Internationalen Genossenschaftsverbandes, Herrn Henry W. Wolff aus London. Es werden weitere Gäste aus England in den nächsten Tagen noch zu erwarten sein. Ebenso hoffe ich, daß ein lieber Freund und Mitarbeiter auf genossenschaftlichem Gebiete, der Anwalt des deutsch-österreichischen Genossenschaftsverbandes, Herr Reichsratsabgeordneter Wrabetz aus Wien, noch eintreffen wird.

Nun, meine hochverehrten Herren, wenn wir auch in großer Anzahl unsere lieben Genossen und Mitarbeiter hier versammelt sehen, wie seit einer ziemlich langen Reihe von Jahren, so ist es auch in diesem Jahre wieder der Fall, daß wir einige liebgewordene Freunde leider heute und für immer vermissen müssen. Im letzten Jahre hat der Tod aus den Reihen der hervorragenden Genossenschafter wieder mehrere Männer entrissen, so einen, den Sie alle jahrelang, soweit Sie frühere Genossenschaftstage besuchten, als eine Eiche zu betrachten gewohnt waren, von der Sie niemals geglaubt hätten, wie wir es im engsten Kreise nie geglaubt haben, daß ein so früher Tod sie dahinraffen würde, unseren edlen Freund Eduard Moras aus Ruhrort; so ferner den Direktor des Starkenburger Verbandes, Herrn Adam Geminder aus Darmstadt. Was die beiden Männer für das deutsche Genossenschaftswesen in ihrer Stellung als Vorstände ihrer heimatlichen Vereine wie ihrer Verbände und in unserer großen Vereinigung geleistet haben, das wird die Geschichte des Genossenschaftswesens in Ehren verzeichnen. Wir aber bewahren ihnen stets ein treues, dankbares Gedenken.

Aber auch andere Männer, die viele von Ihnen noch in bester Erinnerung haben werden, sind in diesem Jahre dahingegangen: so der um unsere Versammlung in Danzig ganz besonders hochverdiente Vorsitzende des dortigen Ortsausschusses, Herr Bernhard Krug aus Danzig, und ein insbesondere um das schlesische Genossenschaftswesen seit vielen Jahren hervorragend verdienter Mann, Herr Kranz aus

Wüstegiersdorf. Auch ihnen ist unsere freundliche und dankbare Erinnerung unter allen Umständen gesichert.

Da wir in Breslau versammelt sind, darf ich wohl in unsere Geschäfte nicht eintreten, ohne eines schweren Verlustes zu gedenken, den zwar nicht im letzten, aber im vorvorletzten Jahre das deutsche Genossenschaftswesen erlitten hat durch den Tod unseres lieben Freundes Klinkert von hier. Er war uns allen, ich möchte sagen, ans Herz gewachsen, er hätte ganz gewiß mit der größten Freudigkeit an den Vorbereitungen dieser unserer hiesigen Versammlung in erster Reihe als führende Kraft mitgearbeitet, wenn es ihm vergönnt gewesen wäre, noch länger zu wirken. Eine Abordnung des Gesamtausschusses hat vorgestern an seinem Grabe einen Kranz niedergelegt als Zeichen unserer dauernden Erinnerung und Freundschaft.

Meine Herren, wenn man daran geht, den 45. Allgemeinen Genossenschaftstag zu eröffnen, ist die Versuchung ganz gewaltig, einen Blick zu werfen auf die Geschichte, auf die Entwicklung der allgemeinen Vereins- und Genossenschaftstage. Ich muß dieser Versuchung widerstehen; denn wenn auch noch so kurz gefaßt, würde eine solche historische Skizze unserer an und für sich knapp bemessenen Zeit für die Geschäfte viel zu viel Abtrag tun. Aber einige kurze Erinnerungen werden Sie mir ohne Zweifel gleichwohl gestatten.

Es sei nur flüchtig erwähnt, daß im Jahre 1859 in Weimar der erste Allgemeine Vereinstag der deutschen Genossenschaften stattfand, damals besucht von der bescheidenen Anzahl von 29 Vereinen, die durch 38 Abgeordnete vertreten waren — daß vor genau 40 Jahren im Jahre 1864 in Mainz der fünfte Vereinstag stattfand und daß damals die Arbeiterwohnungsfrage und die Frage der gemeinsamen Werkstattbetriebskräfte und Magazine für die Handwerker bereits den Gegenstand der Beratung und Beschlußfassung bildete. Es ist ja gar häufig im letzten Jahrzehnt da und dort beim Wiederaufgreifen dieser Fragen beinahe der Anspruch gemacht worden, als seien das neu erfundene Themen. Sie sehen aus dieser flüchtigen Mitteilung, daß die deutschen Genossenschaften schon vor mehr als einem Menschenalter ganz ernstlich auch auf diesem Gebiete das Wohl ihrer Mitbürger ins Auge faßten. — Im Jahre 1872 waren wir zum erstenmale hier im schönen Breslau versammelt. Wenn ich die Mitteilungen über jenen allgemeinen Vereinstag, den 13. in der historischen Reihe, flüchtig überschaue, so begegnen mir eine Reihe von Namen, die, obschon ihre Träger seit längerer oder kürzerer Zeit dahingeschieden sind, im deutschen Genossenschaftswesen immer noch mit vollen Ehren genannt werden und wohl für alle Zukunft werden genannt werden. Ich darf — dies wird nicht zuviel Zeit in Anspruch nehmen — einige dieser Namen von ganz besonders hervorragender Bedeutung hier wohl erwähnen: selbstverständlich an der Spitze unseren unvergeßlichen Meister Schulze-Delitzsch, unseren vortrefflichen und unersetzlichen Vorsitzenden Bürgermeister Nizze aus Ribnitz, den hochverdienten Ludolf Parisius, den Gründer der deutschen Genossenschaftsbank Alwin Soergel und an diese anreihend in alphabetischer Folge, Männer wie Astroth, Augustin, Bauer-Chemnitz, Bertram, Bichtler, Herz, unseren lieben, lieben Freund Hopf, Huch, Hupfeld, Dr. Knecht, den humorvollen Breslauer Laßwitz, Maul, Neumann, Oelsner, Pohl, Preußner, Schenck, Schwedler, Sieburger, Strauch, Stromeier, Trabert. Viele, viele Herren sitzen hier versammelt, die diese Männer nicht mehr gekannt haben, aber in dem kleineren Kreise der Senioren wird der eine oder andere dieser Namen schöne, ich darf wohl sagen, unvergeßliche Erinnerungen wachgerufen haben. Es sind ihrer aber auch noch eine kleine Anzahl am Leben, die hier am Allgemeinen Vereinstage teilnahmen, und von diesen darf ich als um das Genossenschaftswesen besonders verdient erwähnen: Regierungsrat Müller aus Gotha, Regierungsrat Schippel aus Meiningen, Schirrmeister aus Konstanz, Schreiber aus Görlitz, Bürgermeister Dr. Schultze aus Greifswald und, ich glaube ihn als Senior des deutschen Genossenschaftswesens bezeichnen zu dürfen, den wackeren, weitaus den meisten von Ihnen liebgewordenen und wohlbekannten Magistratsassessor und Stadtältesten Troitzsch in Delitzsch. Diesem Senior hat der Engere Ausschuß am Sonntag einen freundschaftlichen Gruß in seine Heimat gesandt. Hier anwesend sind von den damaligen Teilnehmern nur noch drei: Herr Oppermann aus Magdeburg, Herr Dr. Schneider aus Potsdam und meine Wenigkeit.

Meine Herren, auf diesem Breslauer Allgemeinen Vereinstage, der stattfand noch unter den Nachklängen des Sieges und des Friedens der Jahre 1870/71, unter dem stolzen Bewußtsein, daß die deutsche Einheit errungen, die deutsche Manneskraft neu entflammt und entfacht war, unter dem Eindruck, daß auch das wirtschaftliche Leben eine ganz neue Richtung einzuschlagen habe — da hat unser Meister Schulze-Delitzsch schon seine warnende Stimme erhoben und, was einen mächtigen Widerklang in den Herzen aller seiner Hörer fand — ich darf die wenigen Worte wohl verlesen — erklärt:

„Es war keine Kunst, bei Beginn des Jahres die Krisis, die uns in dem Überfluß an Kapital droht, und die gefährlicher ist als die durch Mangel an Kapital herbeigeführte, vorherzusagen; behalten wir aber auch weiterhin ein offenes Auge dafür; denn es ist eine alte Wahrheit, daß der Mensch den Überfluß schwerer erträgt als den Mangel. Die Gefahr unserer sozialen Lage liegt in der Amassierung des Kapitals in wenigen Händen; ihr gegenüber hat sich die Genossenschaftsbewegung, indem sie den unbemittelten Volksklassen das Kapital dienstbar machte, als praktisches Gegenmittel bewährt. Lassen wir uns daher auch ferner nicht durch den gewaltigen Zufluß des Kapitals auf die entgegengesetzte Bahn des Mammonismus ablenken. Wie es uns gelungen ist, den kreditwürdigen Menschen kreditfähig zu machen, so bleiben wir uns auch für die Zukunft bewußt, daß gerade hierin unsere Aufgabe besteht gegenüber dem Schwindel, der sich in die wirtschaftliche Entwicklung hineingedrängt hat. In wenigen Jahren werden wir unausbleiblich den Rückschlag erleben, der eine viel gefährlichere Verkehrskrisis über uns bringen wird als alle Kriege des letzten Jahrzehnts. Wir wollen in den Genossenschaften ein Damm sein, der gegen augenblicklichen Kapitalüberfluß standhält, und wollen uns von dem rechten Wege solider Entwicklung nicht abbringen lassen."

Meine Herren! Wenn man sich erinnert, daß das vor 32 Jahren gesprochen wurde, so muß man dem Geiste des Mannes, der es aussprach, wahre und warme Huldigung darbringen.

Im Jahre 1894, vor 10 Jahren — ich will, um Ihre Geduld nicht zu sehr in Anspruch zu nehmen, einen kühnen Sprung machen — waren wir in Gotha versammelt. Damals stand der Allgemeine Genossenschaftstag unter trüben Anzeichen; wir hatten aber die Freude, zum erstenmale auswärtige Gäste, drei Abgesandte aus England, willkommen zu heißen, die uns die Grüße einer Million dortiger Genossenschafter überbrachten. Im nächsten Jahre, meine Herren — wenn ich nun nicht so kühn weiter springe wie vorhin, so darf ich vielleicht es entschuldigen mit einer rein persönlichen Rücksicht — im nächsten Jahre in Augsburg war es zum erstenmal, daß mir die Ehre zuteil wurde, die Versammlung des Allgemeinen Genossenschaftstages zu leiten, nachdem unser hochverdienter Bürgermeister Nizze nicht weiter seines Alters und seiner Krankheit wegen sich der Aufgabe unterziehen konnte. Damals durfte ich in meiner Begrüßungsrede sagen: Was wir wollen, es ist ausgesprochen in dem Antrage des Engeren Ausschusses:

„Aufgabe und Ziel der Genossenschaft ist es, die Einzelkräfte in dem wirtschaftlichen Organismus des Staates zu sammeln und zu wirtschaftlichen Gesamtkräften zu verbinden, die Mitglieder zu Fleiß, Ordnung und Sparsamkeit zu erziehen, durch Besserung der wirtschaftlichen Lage für immer weitere Teile des Volkes den Boden für deren geistige und sittliche Hebung zu schaffen."

So der Antrag des Engeren Ausschusses, der damals einstimmig zum Beschluß erhoben wurde unter Verzicht auf jede Debatte. Das Verdienst dafür gebührt in allererster Reihe unserem hochverdienten Herrn Anwalt, der damals als Sekretär des früheren Anwalts in ganz vorzüglichen Ausführungen den Antrag begründete. Und daß der Antrag einstimmig angenommen wurde, ohne jede Debatte, das ist das Verdienst eines wackeren alten Breslauers, des Herrn Stadtältesten Kopisch. Was diese Erklärung damals sagte, das ist auch heute noch der Grundgedanke aller unserer Bestrebungen, ist auch heute noch unser Ziel und unsere Aufgabe, die wir fest im Auge behalten und mit aller Kraft verfolgen und verteidigen werden, treu den Lehren unseres Meisters, zum Wohle des ganzen deutschen Volkes, zum Heile des geliebten deutschen Vaterlandes. In diesem Sinne wollen wir die Arbeiten des 45. Allgemeinen Genossenschaftstages, den ich hiermit eröffne, beginnen.

(Lebhafter Beifall.)

Geheimer Regierungsrat **von Bartsch** (Berlin), Vertreter des Königlich Preußischen Ministeriums für Handel und Gewerbe: Meine Herren, der Herr Minister für Handel und Gewerbe, der heute zufällig aus anderer Veranlassung in dieser Stadt weilt, hat mich heute Morgen beauftragt, Sie beim Eintreten in Ihre Beratungen im Namen der Königlichen Staatsregierung und im Namen der hier vertretenen Berliner Behörden herzlichst willkommen zu heißen und Ihnen seine besten Wünsche für den Verlauf der Versammlung zu übermitteln. Ich persönlich folge diesem Auftrage und der Entsendung zu diesem Kongreß um so lieber, als mir dadurch von neuem Veranlassung gegeben wird, mit den Vertretern des Genossenschaftswesens persönlich Fühlung zu nehmen und die angenehmen Eindrücke und Beziehungen zu erneuern, die ich nun schon auf einer ganzen Reihe gleichartiger Kongresse gewonnen habe.

Meine Herren, man begegnet ja in weiten Kreisen vielfach der Auffassung, daß zwischen den Bestrebungen des Allgemeinen Verbandes und zwischen der Tätigkeit der Staatsregierung auf diesem Gebiete ein tiefgehender Gegensatz bestehe. Meine Herren, wir sind der Auffassung, daß diese Ansicht in keiner Weise zutrifft. Die Staatsregierung stellt ihrerseits bei der Förderung des Genossenschaftswesens — das möchte ich besonders betonen — das Prinzip voran: Selbsthilfe, Selbstverantwortlichkeit. Wir sind auch der Meinung, daß diese beiden Grundpfeiler des Genossenschaftswesens obenan gestellt werden und das ganze Genossenschaftswesen stützen müssen. Freilich kann sich die Staatsregierung nicht in allen Fällen der Notwendigkeit entziehen, den wirtschaftlich Schwachen helfend beizuspringen, sie in den Sattel zu setzen, damit sie reiten lernen. Sollte nun in diesem Kreise die Ansicht herrschen, daß auf diesem Gebiete zwischen uns Meinungsverschiedenheiten bestehen, nun gut, es sei! Dann wollen wir aber hier nicht diese Meinungsverschiedenheiten betonen, sondern die außerordentlich vielen Punkte, in denen wir gemeinsam denken und gemeinsam fühlen auf dem Gebiete des Genossenschaftswesens, und das um so mehr, als es hier — das darf ich besonders hervorheben — keine politischen Gegensätze gibt. Sie haben durch die Tat bewiesen, daß dieser Grundsatz bei Ihnen nicht bloß auf dem Papier steht, sondern daß Sie gegebenenfalls auch bereit sind, die nötigen Schlußfolgerungen daraus zu ziehen.

Nun, meine Herren, die Königliche Staatsregierung begleitet die Verhandlungen dieses Kongresses wie überhaupt die Tätigkeit des Allgemeinen Verbandes mit lebhafter Sympathie. Wir hoffen — ich bin ermächtigt, das auszusprechen — daß die reichen Erfahrungen, die in diesem Verbande vertreten sind, die hohe Intelligenz, mit der er geleitet wird, und der lebendige genossenschaftliche Sinn und Geist, der den Verband in allen Dezennien ausgezeichnet hat, sich je länger je mehr zum Besten des Genossenschaftswesens fruchtbar erweisen wird, dessen Wohl uns allen in gleicher Weise am Herzen liegt.

(Lebhafter Beifall.)

Oberregierungsrat **Schimmelpfennig** (Breslau): Geehrte Herren! Seine Exzellenz der Herr Oberpräsident der Provinz Schlesien hat mich beauftragt, Ihnen den Ausdruck seines Bedauerns zu übermitteln, daß er Ihren heutigen Verhandlungen nicht beiwohnen kann. Der unverhoffte Besuch des Herrn Handelsministers in Breslau hat es in letzter Stunde verhindert, daß er seiner ursprünglichen Absicht gemäß bei Ihnen erscheint. Im Auftrage des Herrn Oberpräsidenten habe ich die Ehre, Sie im Namen der Provinz Schlesien an hiesiger Stätte zu begrüßen. Es wird Ihnen, meine Herren, nicht unbekannt sein, mit welch regem Interesse der Herr Oberpräsident allen wirtschaftlichen Bestrebungen folgt, welche auf dem Prinzip der Selbsthilfe und des genossenschaftlichen Zusammenschlusses aufgebaut sind. In diesem Sinne begrüßt er es mit Freude und Genugtuung, daß die Tagung Ihres Verbandes in diesem Jahre auf schlesischem Boden stattfindet, auf dem die genossenschaftlichen Bestrebungen bereits ein reiches Feld segensreicher Betätigung gefunden haben. In diesem Sinne überbringe ich Ihnen seine herzlichen Wünsche für Ihre Arbeiten, von denen er wie wir alle hoffen, daß sie dem wirtschaftlichen Gedeihen der Provinz wie dem gesamten Vaterlande zum Segen gereichen werden. Ich heiße Sie nochmals willkommen auf schlesischem Boden.

(Beifall.)

Bürgermeister **Muehl** (Breslau): Meine hochverehrten Herren! Im Namen der städtischen Behörden von Breslau habe ich die Ehre, den 45. Genossenschaftstag in unseren Mauern herzlich willkommen zu heißen. Etwa 55 Jahre sind es her, als Schulze-Delitzsch in seiner Vaterstadt die erste Genossenschaft ins Leben rief, und wie sehr der Keim, den er damals gelegt hat, sich im Laufe der Zeit entwickelt hat, haben Sie vorhin aus den Worten des Herrn Vorsitzenden entnommen. Die Entwicklung, welche das Genossenschaftswesen nahm, wurde ja durch die stattliche Gesetzgebung in einen Rahmen gekleidet, in dem es sich weiter entwickeln konnte, indem es die Formen annahm und annehmen konnte, unter denen es gegenwärtig besteht. Eine weitere materielle Staatshilfe haben die Erwerbs- und Wirtschaftsgenossenschaften nicht beansprucht. Die mächtige Ausbreitung über ganz Deutschland ist der Beweis dafür gewesen, wie richtig der Grundgedanke von Schulze-Delitzsch gewesen ist, aus eigener Kraft zu arbeiten und dem Großkapital die Vereinigung der Einzelkräfte gegenüberzustellen. Fehlschläge haben ja auch nicht gemangelt. Die Überschätzung der einzelnen Kräfte von Genossenschaften, der Mangel an weiser Selbstbeschränkung in dieser Beziehung hat ja manche trüben Erfahrungen auch auf diesem Gebiete gezeitigt. Aber an den Erfahrungen lernt Jeder, der Einzelne und die Gesamtheit, und ich hoffe, daß die Beratungen, die Sie dieses Mal nun wieder in unseren Mauern pflegen, in richtiger Erkenntnis des Zwecks der Genossenschaften zum Wohle des gesamten Genossenschaftswesens und damit des deutschen Volkes ausschlagen werden. (Beifall.)

Kaiserlicher Bankassessor **Fehse** (Breslau): Es ist mir, sehr geehrte Herren, die Ehre zuteil geworden, Sie im Auftrage der Reichsbankverwaltung in Berlin und namens der hiesigen Reichsbank-hauptstelle zu begrüßen und Ihnen eine gedeihliche Durchführung Ihrer Beratungen auf Ihrem 45. Allgemeinen Genossenschaftstage zu wünschen. Gleichzeitig habe ich Grüße zu übermitteln von dem ersten Vorstandsbeamten Herrn Bankdirektor Mannowsky, welcher zu seinem Bedauern durch eine Badereise verhindert ist, Ihren Verhandlungen beizuwohnen. Daß die Reichsbank, meine Herren, mit Ihren genossenschaftlichen Bestrebungen aufs wärmste sympathisiert, dürfte Ihnen bekannt sein und braucht von mir nicht erst besonders versichert zu werden, verfolgen Sie doch vielfach in Ihren Organen dieselben Zwecke wie die Reichsbank. Was dieser im großen zur Aufgabe gestellt worden ist: im ganzen Deutschen Reiche die Zahlungsausgleichung zu erleichtern, den Kredit zu pflegen und Handel und Industrie zu fördern, das, meine Herren, erreichen Sie mit Ihrer segensreichen Tätigkeit bei dem wirtschaftlichen Mittelstande bis herab zum kleinen Handwerker. Mögen Ihre Bestrebungen, treu den soliden Grundsätzen Ihres Altmeisters Schulze-Delitzsch, auch fernerhin für das Genossenschaftswesen, zur Förderung von Erwerb und Wirtschaft, von bestem Erfolge begleitet sein.

(Beifall.)

Landesältester Graf **von Pückler-Burghauß** (Schloß Friedland, Oberschlesien), Vertreter der Landwirtschaftskammer für die Provinz Schlesien: Meine Herren, gestatten Sie mir namens der schlesischen Landwirtschaftskammer, die mich hierher als ihren Vertreter gesandt hat, Ihnen ein kurzes Wort des Dankes zu sagen für die freundliche Einladung zu Ihren Verhandlungen, indem ich noch meinen persönlichen Dank hinzufüge, daß es mir gestattet ist, Ihren interessanten und lehrreichen Verhandlungen beiwohnen zu dürfen.

Meine Herren, die schlesischen Landwirte, die in den letzten Jahren durch die elementaren Gewalten arg gelitten haben, sind sich ganz besonders der Segnungen bewußt und haben sie reichlich an sich erfahren, die auf dem Gebiete des Genossenschaftswesens ihnen in dem letzten Jahrzehnt zuteil geworden sind. Ich kann Ihnen versichern, daß es ein Gefühl des Dankes ist gegen den Begründer Ihres Verbandes, der die Herzen auch unserer Berufsgenossen bewegt, und daß es mir eine Freude ist, anknüpfend an die Worte Ihres Herrn Vorsitzenden, dem bahnbrechenden Begründer auf dem Gebiete des Genossenschaftswesens den Zoll des Dankes auszusprechen.

(Bravo!)

In diesem Sinne heiße ich Sie namens der schlesischen Landwirtschaftskammer nochmals herzlich willkommen.

(Lebhafter Beifall.)

Baron **von Steiger** (Frankfurt a/M.), Vertreter der Dresdner Bank: Hochgeehrte Herren! Als Vorstandsmitglied der Dresdner

Bank, welche heute zum erstenmal die Ehre hat, in Ihrer Versammlung vertreten zu sein, gestatte ich mir, Ihnen im Namen der Direktion deren beste Grüße zu übermitteln.

Durch den Übergang der Geschäfte der früheren Deutschen Genossenschafts-Bank Soergel, Parrisius & Co., A. G. auf das durch mich hier vertretene Institut sieht sich letzteres vor eine neue große Aufgabe gestellt und dürfen Sie die volle Überzeugung haben, daß sich die Dresdner Bank dieser Aufgabe in jeder Hinsicht gewachsen zeigen und alles aufbieten wird, um den an sie herantretenden begründeten Ansprüchen in weitestem Maße gerecht zu werden.

Durch ein ausgedehntes Netz von Filialen im In- und Auslande, sowie zahlreiche übrige sich über die ganze Welt erstreckende Verbindungen und eine dem großen Geschäftsumfange angepaßte Organisation ist die Dresdner Bank in den Stand gesetzt, den Genossenschaften neue, und zum Teil sehr erhebliche Vorteile zu bieten.

Durch die Ernennung kompetenter und bei den Genossenschaften einflußreichster Persönlichkeiten zu Genossenschaftsbeiräten, sowie durch die Kreierung von besonderen Genossenschaftsabteilungen, deren Zahl nach Bedarf und Möglichkeit noch eine Vermehrung erfahren kann, hat die Dresdner Bank Organe geschaffen, welche es ihr ermöglichen, mit den Genossenschaften in engster Fühlung und über deren Bedürfnisse und Wünsche stets unterrichtet zu bleiben.

Unter solchen Umständen darf ich wohl der sicheren Erwartung Raum geben, daß die intimen Beziehungen der Genossenschaften zur Dresdner Bank die größtmögliche Ausdehnung gewinnen und sich auch fernerhin angenehm und beiderseits nutzbringend gestalten werden.

(Beifall.)

Geheimer Kommerzienrat **Moriz-Eichborn**, Präsident der Handelskammer Breslau: Sehr geehrte Herren! Gestatten Sie mir, Sie auch im Namen der Breslauer Handelskammer bei Ihrer diesmaligen Tagung aufs wärmste zu begrüßen. Wie Ihnen allen bekannt ist, steht die heutige Zeit in wirtschaftlicher Beziehung unter dem Zeichen des Kapitalismus, und die Signatur des Erwerbslebens heißt: großer Umsatz bei kleinem Gewinn. Der Einzelne, der, mag er noch so tüchtig sein, nicht über hinreichende Mittel verfügt, ist gezwungen, das gegen früher bedeutend gewachsene Betriebskapital sich auf möglichst billige Weise zu verschaffen, wenn er sich in seinem Vorwärtskommen nicht gehindert sehen, wenn er überhaupt existenzfähig bleiben will. Durch genossenschaftlichen Zusammenschluß hat er hierbei eine große Erleichterung erfahren, und so ist auch das Genossenschaftswesen für den gewerblichen und kaufmännischen Mittelstand zu einem hochbedeutsamen Faktor geworden. Wenn die Tätigkeit der Handelskammer auch auf einem anderen Gebiete liegt, als dem der Genossenschaft, und ihre Beziehungen zu einander nur lockere sind, insofern, als einzelne der in Ihrem Verbande enthaltenen Vereinigungen dem großen Kreise der durch die Breslauer Handelskammer vertretenen

Kaufmannschaft angehören, so streben doch beide, wenn auch auf verschiedenen Wegen, demselben Ziele zu, nämlich dem Wirtschaftsleben des Einzelnen wie der Gesamtheit zu dienen und seine Entwicklung zu fördern. In diesem Sinne wünsche ich auch namens der Breslauer Kaufmannschaft Ihren Verhandlungen in der alten Handelsstadt Breslau einen zufriedenstellenden und ersprießlichen Verlauf.

(Beifall.)

Pastor **Olshausen** (Breslau), Verbandsdirektor des Provinzial-Verbandes schlesischer landwirtschaftlicher Genossenschaften: Meine Herren, im Namen und im Auftrage des Provinzial-Verbandes schlesischer landwirtschaftlicher Genossenschaften habe ich Ihnen unsern herzlichen Dank für Ihre freundliche Einladung zu diesem Ihrem 45. Genossenschaftstage zu überbringen. Es ist ja eine gang und gäbe, leider wohl zu tief eingewurzelte Anschauung, daß Divergenzen und Differenzen zwischen dem Genossenschaftswesen, wie Sie es in Ihrem Verbande vertreten, und wie ich es im Provinzial-Verband schlesischer landwirtschaftlicher Genossenschaften vertreten darf, vorhanden sein müssen. Daß solche Divergenzen und Differenzen vorkommen, das kann uns — so fasse ich es auf — nur gegenseitig dienen, indem wir durch gegenseitig geübte Kritik und durch das, was wir von den anderen an Arbeitsleistung sehen, voneinander und miteinander lernen.

Meine Herren, ich möchte, wenn ich Ihnen einen reichen Erfolg für Ihre Tagung wünsche, meinen Wunsch dahin zusammenfassen, daß bei allen sonstigen Abweichungen in der Richtung und bei allen sonstigen verschiedenen Straßen, die wir gehen, wir doch an einem festhalten: das Ziel ist uns gemeinsam, die wirtschaftliche Stärkung und genossenschaftliche Durchbildung unseres gesamten deutschen Volkes. „Jeder sehe, wie ers treibe, jeder sehe, wo er bleibe", und so wünsche ich, daß je länger je mehr Ihre Arbeiten in Ihrem hervorragenden Verbande und unsere Arbeiten in dem Verbande der landwirtschaftlichen Genossenschaften nicht mehr angesehen werden mögen als ein Widereinander, sondern als ein Nebeneinander und dadurch als ein Miteinander zum Wohl des Großen und Ganzen unseres teuren geliebten Vaterlandes.

(Lebhafter Beifall.)

Henry W. Wolff (London), Vorsitzender des Internationalen Genossenschaftsverbandes: Meine Herren, ich habe heute wie vor drei Jahren die Ehre, in doppelter Rolle vor Ihnen zu erscheinen. Ihre alten Kampf- und Arbeitsgenossen im britischen Verbande schicken neben mir noch zwei Vertreter, die in der inneren britischen Bewegung eine bedeutendere Rolle spielen als ich. Aber einmal sind sie noch nicht da, und zweitens sind wir noch nicht beim Volapük angekommen, und sie haben gemeint, es würde besser sein, jemanden mit ihrer Vertretung zu beauftragen, der sich in Ihrer Sprache ausdrücken kann. Ich brauche nicht auf das lange und freundschaftliche Verhältnis hinzuweisen, welches zwischen Ihrem Verbande und dem unseren besteht. Daß sich die beiden Verbände hier und in England verschieden entwickelt haben, darf Sie nicht wundernehmen, weil die Umstände ja hier und dort so gar anders liegen. Das Bankwesen hat sich bei uns früher und allgemeiner ausgebildet als bei Ihnen; und die Reformgesetze in den 30er und 40er Jahren haben unserm Mittelstande so viel geholfen, daß er zum mindesten nicht glaubt, der Genossenschaften so gar dringend zu bedürfen, während die Arbeiterschaft ihrer Hilfe ungeheuer bedarf. Aber es kommt nicht so sehr darauf an, **wer** die Genossenschaften betreibt, als **wie** man sie betreibt, und, in dieser Beziehung meine ich, stehen wir auf absolut demselben Boden wie Sie. Ich will hier nur zwei Punkte hervorheben. Wir wollen beide uns selber helfen, ohne andere zu schädigen; wir verlassen uns auf die Selbsthilfe und verschmähen die Staatshilfe; wir wollen sie nicht haben, weil wir glauben, daß Gift darin ist. Der genossenschaftliche Geist hätte sich bei uns niemals so prächtig ausbilden können, wenn wir uns nicht ganz allein auf die Selbsthilfe verlassen hätten. Es ist von unserer „Million" Genossenschafter gesprochen worden. Aus der einen Million sind mittlerweile zwei Millionen geworden. Wir sind zu einer bedeutenden Macht in dem wirtschaftlichen und sozialen Leben Englands herangewachsen. Weiter ist es uns wie Ihnen ein Prinzip, daß, wo wir etwas tun, wir auch etwas **schaffen**; wir suchen nicht ein Manna, welches vom Himmel niederfällt, d. h. von anderen Steuerzahlern gezahlt wird. Wollen wir ernten, so erwerben wir auch erst den Boden selbst und machen ihn urbar, ackern und düngen ihn, und das Land und die Früchte sollen uns bleiben. Wir streben nach steter Vermehrung des Eigenkapitals. Das sind unsere Grundsätze, und ich kann Ihnen versichern, daß sie dieselben bleiben werden.

Wenn wir einen kleinen Gram haben, so ist es dieser, daß Sie nicht so häufig sich bei uns vertreten lassen, wie wir uns bei Ihnen. Ich weiß nicht, ob der Herr Anwalt sich etwa hat von gewissen Anglophoben bekehren lassen, oder ob ihm eine Kabelkorrespondenz weisgemacht hat, daß bei uns Kannibalen ohne Maulkörbe herumlaufen, welche fremde Genossenschafter verspeisen.

(Heiterkeit.)

Ich kann Ihnen versichern, daß das nicht richtig ist. Wir haben sogar einen eigenen Minister für die Maulkörbe.

(Heiterkeit.)

Daß ist unser Landwirtschaftsminister, der dieses selbst erklärt hat. Da wir noch nicht bei der agrarischen Subventionspolitik angekommen sind, so kann er, wenn er nicht Vieheinfuhrverbote gegen unbequeme Nachbarländer erläßt — natürlich aus rein veterinärpolizeilichen Rücksichten — seine ungeteilte Aufmerksamkeit dem Maulkorbwesen zuwenden. Ich kann Ihnen auch versichern, daß, wenn Vertreter von Ihnen zu uns kommen sollten, sie sich keiner anderen Repressalien zu gewärtigen haben, als eines ernstlichen Versuches, die großen Freundlichkeiten, die Sie uns hier erweisen, Ihnen zu erwidern.

Ein Wort noch als Vertreter des Internationalen Verbandes, welchem zwei der Herren, die hier an diesem Tische sitzen, angehören, deren wertvolle Hilfe ich jedenfalls für den nächsten Kongreß, der demnächst in Budapest stattfinden soll, in Anspruch nehme. Bei Begründung des Internationalen Verbandes hat man uns gesagt, wir werden das genossenschaftliche Millennium dadurch nicht herbeiführen. Das wollen wir auch nicht. Wir gehen indessen in umgekehrter Richtung einem gleich ersehnlichen Ziel entgegen. In 14 Tagen werden in Budapest vielleicht manche urteilen, daß wir bei dem Turmbau zu Babel angelangt sind, wenn da Ungarn, Russen, Polen, Ruthenen, Griechen, Bulgaren, Kroaten, Serben usw. zusammenkommen und durcheinander reden — ja, es soll auch vielleicht ein Hindu kommen — neben den untergeordneten Völkern des Westens, nämlich England, Deutschland, Amerika usw.

(Heiterkeit.)

Ja, es mag in der Tat an den Turmbau von Babel erinnern. Aber nicht weit hinter diesem folgt — wir schreiten ja in umgekehrter Richtung vor — das Paradies. In der Tat, ich glaube, daß wir auf dem Kongreß in Budapest große Erfolge erreichen werden. Denn es soll da der ganze Osten zusammenkommen, um von uns die Genossenschaft zu lernen. Er weiß noch nicht recht, wie er es damit anfangen soll; und da kommt er zum Westen, um sich Belehrung zu holen. Schon das ist eine Errungenschaft im Osten. Aber auch im Westen erringt der Internationale Verband Erfolge. Auf der Ausstellung in St. Louis hat ganz kürzlich ein Kongreß stattgefunden, dessen Vorsitzender, ein Mitglied unseres Zentralausschusses, von unserm Wirken gesprochen hat. Das hat die Leute dort dermaßen interessiert, daß sie ihre Absicht ausgesprochen haben, die Genossenschaft ernstlich in die Hand zu nehmen. Sie wissen, die Genossenschaft ist in den Vereinigten Staaten noch ein wunder Punkt. Es besteht so gar viel angeblich Genossenschaftliches. Aber was es taugt, das weiß kein Mensch. Indessen jetzt soll vorwärts gearbeitet werden. Die Amerikaner sagen: „wenn die ausgemergelte, ausgenutzte alte Welt

(Heiterkeit.)

derartiges leisten kann, so können wir mit unserm tatkräftigen Willen noch viel mehr erreichen.“ Ich bitte Sie, in Anknüpfung an die Worte von Schulze-Delitzsch, die der Herr Vorsitzende verlesen hat, zu bedenken, was die Genossenschaft in den Vereinigten Staaten zu bedeuten hat. Sie ist der Besieger des übertriebenen Kapitalismus, vor ihr müssen die Trusts weichen. Und sie bildet das einzige Mittel zu ihrer Besiegung.

Also im äußeren machen wir Fortschritte. Allein wir haben auch noch eine innere Mission. Wir suchen die Kräfte des Genossenschaftswesens auf einen Punkt zusammenzubringen, wo eine Genossenschaft die andere belehren kann. So haben wir es mit der Baugenossenschaft gehalten, die wir in England gern einführen wollen. Da haben wir uns vor zwei Jahren ein Referat von Herrn Landrat Berthold erbeten, das große Aufmerksamkeit auf sich gezogen hat und gewiß gute Früchte tragen wird. So wird es auch in Budapest gehen. Wir wollen alles Genossenschaftliche zusammenbringen, um es zu stärken, um es durch gegenseitigen Einfluß zu bessern. Wir suchen nicht die Genossenschaften voneinander zu trennen. Es gibt gewiß in der Genossenschaft noch viel Schlechtes, aber wir vertrauen auf den Einfluß des bestehenden Guten, welches mit der Zeit das Fehlerhafte durch sein Beispiel umbilden soll. Wenn wir so einen großen Teig zurechtmachen und dann den Schulze-Delitzsch'schen Sauerteig hineinbringen, so wird ein gutes Gebäck daraus, welches nicht nur für die Entwicklung eines einzigen Landes, sondern für die ganze Welt von größter Bedeutung werden muß. Weil ich zu diesem Resultat auf Sie rechne, so wünsche ich umsomehr Ihrem Verbandstage einen gedeihlichen Erfolg, und ich sage Ihnen meinen besten Dank für Ihren freundlichen Empfang.

(Lebhafter Beifall.)

Stadtältester **Kopisch** (Breslau): Hochverehrte Versammlung! Sehr geehrter Herr Präsident! Der großen herzlichen Freude, Sie, meine Herren, die Vertreter der Erwerbs- und Wirtschaftsgenossenschaften aus allen deutschen Landen, diesmal in Breslau begrüßen zu dürfen und dem Wunsche, daß es Ihnen, nachdem Sie in den verflossenen Jahren anderwärts viel Schöneres gesehen haben, gleichwohl auch in Breslau ein wenig gefallen möge, haben wir bereits am gestrigen Abend und soeben wieder Ausdruck gegeben. Gestatten Sie mir, im Anschluß an diese Freude und diesen Wunsch eine Bitte an Sie zu richten, die Bitte, daß es Ihnen gefallen möge, von uns, den Breslauer Genossenschaftern, zur Erinnerung an den hier verlebten Genossenschaftstag ein bescheidenes Erinnerungszeichen als freundschaftliche Widmung entgegennehmen zu wollen. — Was für den Landesfürsten das Zepter, für den Feldherrn sein Schwert und für den Orchesterdirigenten sein Taktstock — das ist für jede parlamentarische Versammlung die Glocke des Präsidenten. Und da haben denn wir, die wir traditionell unsere Verbandstage zu besuchen pflegen, die schmerzliche Erfahrung machen müssen, daß sehr oft die schönste Harmonie unserer Verhandlungen und die vortrefflichsten Reden beeinträchtigt wurden durch die Disharmonie und den heiseren Klang einer ad hoc herbeigeschafften, minderwertigen, recht profanen Nebenzwecken dienenden Präsidentenglocke. Wir meinten daher, daß es an der Zeit sei, diesem schwer empfundenen Übelstand Abhilfe zu schaffen und stiften diese im Glanz edlen Metalls hier erscheinende Präsidentenglocke von edlem Ton dem Allgemeinen Verbande deutscher Erwerbs- und Wirtschaftsgenossenschaften zu dessen Eigentum als unser Vermächtnis. Im Jahre 1863, also vor nun 41 Jahren, haben unsere

Genossenschaften einen silbernen Pokal geschaffen mit der Bestimmung, daß derselbe voll deutschen Weines alljährlich in froher Tafelrunde bei unserm Festmahl zirkulieren und geleert werden möge zu Ehren und zum Andenken an unsern verewigten Altmeister Schulze-Delitzsch. Wir wünschen, daß diese Glocke jenen Pokal fortan begleiten möge auf seiner Wanderschaft zu den Genossenschaftstagen des deutschen Vaterlandes.

Sehr geehrter Herr Präsident! Indem ich Ihnen hiermit diese Glocke überreiche, ist es mein herzlicher Wunsch, und hierbei weiß ich mich in voller Übereinstimmung mit jedem einzelnen Teilnehmer dieser Versammlung — daß es Ihnen vergönnt sein und gefallen möge, noch recht lange Jahre an dieser Stelle Ihres Amtes zu walten zu Ihrer eigenen Genugtuung, zur Freude Ihrer zahlreichen Freunde und Verehrer, zum Wohl und zum Segen der deutschen Genossenschaften. Schwingen Sie in Gestalt dieser Glocke getreu deren Inschrift Ihr Zepter suaviter in modo, fortiter in re, mild in der Form, stark in der Sache, wie bisher.

Wir haben hierorts eines unserer genossenschaftlichen Gebäude geschmückt mit dem Wahrspruch unseres Schulze-Delitzsch: Die Genossenschaft ist der Friede! Ich nehme für diese Glocke Bezug auf den Inhalt eines uns allen bekannten herrlichen vaterländischen Gedichtes: „Konkordia soll ihr Name sein. Zur Eintracht, zu herzinnigem Vereine versammle sie die liebende Gemeine" — der deutschen Genossenschafter — und wenn fortan hier und anderwärts der Ton der Glocke — vivos voco — unsere Getreuen zur Versammlung einladen wird, dann wünschen wir, um mit den Schlußworten jenes Gedichtes zu enden, daß der Ruf dieser Breslauer Glocke:

„Freude dieser Stadt bedeute,
Friede sei ihr erst Geläute!"

(Lebhafter Beifall.)

Vorsitzender **F. X. Proebst** (München): Meine hochverehrten, lieben Genossen aus Breslau! Tief gerührt, persönlich wie im Namen des Allgemeinen Verbandes, vermag ich nur in wenigen Worten den innigsten, aufrichtigsten Dank für diesen neuen Beweis von Liebe, Freundschaft und Wohlwollen auszusprechen. Meine Hand wird diese Glocke nicht oft mehr berühren, aber sie soll, um Kleines mit Großem zu vergleichen, gleich dem kostbaren Humpen, der Jahr um Jahr unser Festmahl ziert und schmückt, wandern von deutscher Stadt zu deutscher Stadt und soll — das ist mein innigster Wunsch — in kräftigeren Händen künftighin nur das Geläute des Friedens verkünden. Also nochmals aufrichtigen und herzlichen Dank!

Im Namen der ganzen Versammlung darf ich wohl den innigsten Dank auch Ihnen, hochverehrte Ehrengäste, aussprechen und Sie bitten, diesen unseren Dank den Behörden und Kollegien, von denen Sie abgeordnet sind, gütigst zu übermitteln.

Ich möchte nur noch bemerken, daß eine große Anzahl von Einladungen, die sowohl von seiten des Ortsausschusses als auch von seiten der Anwaltschaft ergangen waren, durch freundliche Entschuldigungsschreiben mit Begrüßungen erwidert wurden. Es ist nicht möglich, die ganze Menge von derartigen Schreiben zu verlesen; aber aus einem derselben dürfte es Sie wohl interessieren, einen Satz entgegenzunehmen. Der frühere Oberpräsident der Provinz Schlesien, Herr Fürst zu Hatzfeld, entschuldigt ebenfalls sein Fernbleiben und bemerkt:

„Gern hätte ich auch mein Interesse an Ihren Bestrebungen persönlich betätigt. Daran verhindert zu sein, bedauere ich umsomehr, je lauter und öfter in der heutigen Zeit der die Schaffenskraft des einzelnen Individuums gar zu leicht beeinträchtigende Ruf nach Staatshilfe ertönt, wogegen der Wert der genossenschaftlichen Selbsthilfe vielfach nicht genügend geschätzt wird."

(Zustimmung.)

Wir treten nunmehr in unsere Tagesordnung ein. Erster Gegenstand derselben ist:

I. Bericht des Anwalts.

Anwalt **Dr. Crüger** (Charlottenburg): Meine Herren! Wie in früheren Jahren ist es meine Absicht, auch bei dem diesjährigen Bericht mich nicht darauf zu beschränken, Ihnen einen Überblick zu geben über die Geschäftsresultate der Genossenschaften im Allgemeinen Deutschen Genossenschaftsverbande und etwa Kritik daran zu üben, Ratschläge für die Organisation, für die Vervollkommnung der Geschäftszweige zu erteilen — das alles ist meiner Ansicht nach mehr oder weniger Sache der Unterverbandstage. Mir wird es vielmehr auch in diesem Jahre wieder obliegen, Ihnen einen Überblick zu bieten über die Vorgänge auf dem gesamten Gebiete der deutschen Genossenschaftsbewegung, einen Ausblick aber auch gleichzeitig in die zukünftige Gestaltung des deutschen Genossenschaftswesens. Dabei, meine Herren, werde ich wiederholt Gelegenheit haben, an die außerordentlich sympathischen Worte, mit denen uns Herr Geheimrat v. Bartsch begrüßt hat, anzuknüpfen.

Meine Herren! Die Beziehungen des Allgemeinen Genossenschaftsverbandes zu den Regierungen sind stets eigenartige und einzigartige gewesen. Wenn einst eine wirkliche Geschichte des deutschen Genossenschaftswesens geschrieben wird — geschichtliche Darstellungen des Genossenschaftswesens sind in den letzten Jahren in Hülle und Fülle erschienen, aber es hat keine auch nur im entferntesten den Anspruch darauf, als eine objektive Betrachtung der Geschichte des Genossenschaftswesens angesehen zu werden — wenn also einmal wirklich eine Geschichte des deutschen Genossenschaftswesens geschrieben wird, so werden in derselben zweifellos die Beziehungen des Allgemeinen Verbandes zu den Regierungen eine besondere

Würdigung finden. Ich weiß sehr wohl, daß, wenn die Herren Vertreter der Regierungen zu uns kommen, sie nicht bei uns einen Lobgesang erwarten auf das deutsche Genossenschaftswesen, einen Lobgesang vor allem auf alles, was die Regierungen zu Nutz und Frommen des deutschen Genossenschaftswesens getan haben, tun und tun werden, sondern daß sie hierherkommen in der Überzeugung, ein offenes Wort der Kritik zu hören, und daß diese Kritik geübt wird im Interesse der gesunden und soliden Entwicklung des deutschen Genossenschaftswesens.

(Bravo!)

Meine Herren! Noch in anderer Beziehung nehmen die Vertreter der Regierungen auf unseren Genossenschaftstagen eine besondere Stellung ein. Sie wohnen einem Kongresse bei, von dem sie im voraus wissen, daß hier keine Sonderwünsche an die Regierungen gerichtet werden, daß sie hier keine Klagen zu hören bekommen über Notlage und Mißstände, daß ihnen keine finanziellen Wünsche unterbreitet werden, sondern daß sie hier einer Tagung beiwohnen, die auf dem Boden der Selbsthilfe ruht, die von der Regierung wohl erwartet, daß sie dem Genossenschaftswesen das allergrößte Wohlwollen entgegenbringt, daß sie aber nicht in die Entwicklung des Genossenschaftswesens eingreift und damit zu einer künstlichen Förderung desselben beiträgt.

(Sehr richtig!)

Meine Herren, die Fragen, die in das deutsche Genossenschaftswesen hineinspielen, häufen sich von Jahr zu Jahr. Es ist dies ja natürlich: je mannigfaltiger das Genossenschaftswesen sich gestaltet, desto intimer gestalten sich die Beziehungen des Genossenschaftswesens zu den verschiedensten Fragen unserer politischen und wirtschaftlichen Entwicklung. Dazu kommt noch eins, daß man in vielen Kreisen heute glaubt, mit der genossenschaftlichen Organisation nicht mehr und nicht weniger wie alles erreichen zu können, daß die genossenschaftliche Organisation gewissermaßen als das Allheilmittel hingestellt wird zur Lösung der verschiedensten Fragen, nicht bloß wirtschaftlicher Natur, sondern auch Fragen, die auf politischem Gebiete liegen, auf die später einzugehen ich mir noch vorbehalte.

Meine Herren! Die Berichterstattung, wie sie von mir seit Jahren geübt worden ist, ist in der Regel später Gegenstand der Besprechung und der Kritik in Genossenschaftskreisen geworden. Das ist das gute Recht jener Kreise, ebenso wie wir für uns das Recht in Anspruch nehmen, Kritik an dem zu üben, was auf dem Gebiete des Genossenschafswesens uns verfehlt erscheint. Wir tagen auch nicht unter Ausschluß der Öffentlichkeit, im Gegenteil, wir wünschen, daß die Verhandlungen in den weitesten Kreisen bekannt werden. Wir respektieren unsere Gegner, die offen mit uns streiten, wir bedauern es aber, wenn uns Gegner entgegentreten, die uns nicht mißverstehen, sondern die uns zweifellos absichtlich nicht verstehen wollen. Wenn z. B. im Anschluß an die von uns an dem landwirtschaftlichen Genossenschaftswesen geübte Kritik die Behauptung verbreitet ist, wir seien Gegner der landwirtschaftlichen Genossenschaften, so liegt dem eine Verdrehung der Kritik zugrunde. Gerade mit Rücksicht auf Angriffe solcher Art, hat es mich ganz besonders sympathisch berührt, daß wir heute Gelegenheit gehabt haben, von berufenen Vertretern landwirtschaftlicher Genossenschaften anerkennenswerte Worte über unsere Organisation zu hören, und ich wünsche, daß diese Worte Beachtung finden in allen Kreisen der landwirtschaftlichen Genossenschaften.

(Bravo!)

Es hat Jahrzehnte gedauert, bis wir die Anerkennung erreicht haben, daß die Schulze-Delitzsch'schen Genossenschaften neben den ausgesprochen ländlichen Darlehnskassen als ein berechtigter Faktor bei der Befriedigung des Kreditbedürfnisses der Landwirtschaft zu betrachten sind. Heute wird die Bedeutung unserer genossenschaftlichen, wirtschaftlichen Grundsätze für die Landwirtschaft wohl allgemein gewürdigt — abgesehen von jenen Kreisen, denen unsere Kritik unbequem ist und die dieselbe nicht anders abwehren können, als dadurch, daß sie glauben machen wollen, wir seien Gegner der landwirtschaftlichen Genossenschaften.

Um so bedauerlicher ist es, daß von berufenen Vertretungen des Handwerks heut die von uns vertretenen wirtschaftlichen Grundsätze bei den Handwerkern verdächtigt werden. Ich würde einfach mit Schweigen über derartige Angriffe hinweggehen, denn wir sind an solche Angriffe gewöhnt; aber hier handelt es sich um Angriffe, die ich lebhaft im Interesse des Handwerks selbst bedauere. Würden jene Angriffe von einer x-beliebigen Stelle herzuleiten sein, könnte es uns gleichgiltig sein. Ich sehe aber in den Handwerkskammern die berufenen Vertreter des Handwerks. Die Kammern geben Jahresberichte heraus und wenn in denselben sich Ausführungen über unsere genossenschaftlichen Bestrebungen finden, die bestimmt und geeignet sind, in den Kreisen der Handwerker Mißtrauen gegen uns zu wecken, dann ist es die Pflicht unserer Allgemeinen Genossenschaftstage, davon Kenntnis zu nehmen und diese Ausführungen niedriger zu hängen. Vor mir liegt der Jahresbericht der Handwerkskammer für Oberbayern für das Jahr 1902. Darin findet sich folgende Stelle: es erklärt die Kammer, daß sie

„den Anschluß an den Deutschen Verband den Handwerkern nicht empfehlen könne, an einen Verband, dessen Anwalt grundsätzlich die Staatshilfe verpöne, an einen Verband, dessen Anwalt den Handwerkergenossenschaften jede Zukunft abspreche. Bei den Handwerkergenossenschaften handle es sich nicht bloß um Geldinteressen, sondern um die Fortführung des Gedankens des Genossenschaftswesens im Handwerk. Hierfür seien aber die Leiter des Deutschen Verbandes nicht. Diese hängen mehr an der Großindustrie als am Kleingewerbe."

Ich möchte wissen, wo ich einmal dem Handwerk jede Zukunft abgesprochen habe! Im Gegenteil, solange ich die Ehre habe, im Dienste des Allgemeinen Verbandes zu stehen, habe ich jede Gelegenheit benutzt, die Handwerker auf die große wirtschaftliche Bedeutung der Genossenschaften hinzuweisen und wie ich glaube, mit großem Erfolg. Die Leitung der Handwerkskammer für Oberbayern hat ihr erstes Aufklärungsmaterial über das Genossenschaftswesen von uns eingeholt!

(Sehr richtig!)

Eine Widerlegung jenes Angriffes ist zweifellos überflüssig. Es genügt, derartige Angriffe niedriger zu hängen.

(Sehr richtig!)

Ich möchte im übrigen dem Verfasser dieses Berichtes empfehlen, sich in Verbindung zu setzen mit seinem Kollegen von der Pfälzischen Handwerkskammer. Dann würde er wahrscheinlich sein durch Sachkenntnis nicht getrübtes Urteil nach jeder Richtung hin verbessern können; denn die Pfälzische Handwerkskammer steht auf ganz entgegengesetztem Boden, bei derselben finden wir volles Verständnis für unsere Bestrebungen.

Meine Herren, man ist ja niemals sehr wählerisch gewesen in den Angriffen gegen uns, und mit Bedauern habe ich auch in den letzten Jahren wiederholt hinnehmen müssen, daß, wenn ich an dieser oder jener Einrichtung Kritik übte, mir das gerade nicht sehr freundliche Wort „Denunziant" entgegengehalten wurde. Das muß man eben hinnehmen und darf sich in der ehrlichen Kritik nicht beirren lassen. Es war aber — und das gereicht mir zum Trost — immer so. Wenn ich z. B. nur an die Interpellation Schulze-Delitzsch im Deutschen Reichstag im Jahre 1876 denke! Damals handelte es sich darum, daß der Deutsche Reichstag Stellung nehmen sollte zu der Frage, ob Genossenschaften Mitglieder von Genossenschaften werden könnten. Schulze-Delitzsch interpellierte im Reichstag deswegen, weil er solche Genossenschaftsbildungen für gesetzwidrig erachtete; und die Entgegnung Delbrücks hatte zur Folge, daß die Gerichte derartige Eintragungen ablehnten. Wie wurde nicht Schulze-Delitzsch damals wegen jener Interpellation angegriffen! Sie können fragen, weswegen ich gerade auf jene Geschichte von 1876 zurückgreife. Aus einem sehr einfachen Grunde: man hat in der letzten Zeit bei einer Agitation, die nach der Fusion der Deutschen Genossenschafts-Bank mit der Dresdner Bank für Verbandskassen eingesetzt hat, wiederholt auf Schulze-Delitzsch Bezug genommen und ihn als Gewährsmann angeführt, der für derartige Kassen gewesen sei und heute noch sein würde. Ich habe nun auf jene Interpellation von 1876 hingewiesen, weil in ihr klar zum Ausdruck kommt, daß Schulze-Delitzsch ein Gegner der Zentralisierung von Genossenschaften gewesen ist.

Meine Herren! Recht erwünscht wäre es, wenn die Nervosität, die heute in gewissen Lagern über die Kritik herrscht, die von uns an einzelnen Genossenschaftsbestrebungen geübt wird, etwas abnehmen würde. Man ist wirklich allzu empfindlich gegen unsere Kritik, zumal ich für uns in Anspruch nehmen darf, daß diese Kritik durchaus sachlicher Natur ist. Es gilt dies vor allen Dingen von verschiedenen landwirtschaftlichen Genossenschaftsverbänden. Ich kann es freilich verstehen, wenn man heute dort etwas nervös geworden ist, denn immer mehr zeigt sich in der Praxis, wie zutreffend unsere Kritik ist, und dazu kommt noch, daß unter den landwirtschaftlichen Genossenschaftsverbänden ein erbitterter Kampf herrscht. Da erscheint z. B. die Pommersche Landwirtschaftskammer und drückt dem Reichsverbande den Stempel auf, er wäre der allein seligmachende Verband für die landwirtschaftlichen Kreise; und die Landwirtschaftskammer in Kassel will nicht zurückstehen, sie nimmt den Neuwieder Verband und drückt ihm den Stempel als des allein seligmachenden auf. Derartige Kämpfe sind auf das lebhafteste zu bedauern, wenn sie auch häufig genug auf erklärliche Ursachen zurückzuführen sind.

Meine Herren! Die heutige Entwicklung des Genossenschaftswesens, Vorgänge der letzten Zeit auf dem Gebiete des Genossenschaftswesens, sollten eigentlich die Genossenschaftsverbände zusammenführen zu gemeinschaftlichen Abwehrmaßregeln gegen gemeinsame Gegner! Es drängen sich in das Genossenschaftswesen, wenn ich so sagen darf, Fremdkörper hinein, die Genossenschaften werden für Bestrebungen engagiert, die an und für sich mit der Genossenschaft nichts zu tun haben. Jede Verquickung mit derartigen Fragen kann für die Genossenschaft nur verderblich werden. Ich habe nach dem Tode des Verbandsanwalts Heller in den „Blättern für Genossenschaftswesen" darüber berichtet, wie die „Germania" ausgesprochen habe, der Nachfolger von Heller müsse ein Katholik sein, hierauf hätten die Raiffeisen-Kassen einen gewissen Anspruch, weil unter den Verbandsdirektoren des Neuwieder Verbandes nicht die genügende Anzahl Katholiken wären. Das heißt die Parität in das Genossenschaftswesen hineintragen; und ich brauche wohl hier nicht auszuführen, welche Gefahren das mit sich bringen muß.

(Sehr richtig!)

Ich kann beim besten Willen nicht einsehen, was der Glaube des Anwalts eines Genossenschaftsverbandes zu tun hat mit seiner Amtstätigkeit, wenn man nicht von ihm verlangt, daß er **als Anwalt** des Genossenschaftsverbandes noch andere Aufgaben zu erfüllen hat, als seiner Amtstätigkeit nachzugehen. Man hat dem Allgemeinen Verbande durch lange Jahre hindurch den Vorwurf gemacht, er wäre die Hochburg der Fortschrittspartei; ganz mit Unrecht, denn Schulze-Delitzsch hat unbeugsam daran festgehalten, daß jede Politik unserem Verbande fernblieb. Und wäre dies Schulze-Delitzsch nicht gelungen, es würde der Allgemeine Verband ganz gewiß nicht alle die wechselvollen Strömungen überstanden haben.

Meine Herren! Unser Allgemeiner Verband firmiert als der Allgemeine Verband Deutscher Erwerbs- und Wirtschaftsgenossenschaften. Der Allgemeine Genossenschaftsverband hat bereits bestanden, als es noch kein Deutsches Reich gab, und Schulze-Delitzsch hat stets darauf hingewiesen, daß dem Allgemeinen Verband auch die Aufgabe zufiele, ein deutscher, ein nationaler Faktor zu sein. Wir haben in Posen einen Unterverband des Allgemeinen Genossenschaftsverbandes, der firmiert als der Verband der Deutschen Erwerbs- und Wirtschaftsgenossenschaften in der Provinz Posen. Als jener Verband gegründet wurde, hat Schulze-Delitzsch Pate gestanden und betont, wie man von dem Verbande erwarte, daß er ein Stützpunkt des Deutschtums und ein deutscher Kulturträger in der Provinz Posen werden solle. Und ich glaube, daß die deutschen Genossenschaften jenes Verbandes auch vollauf jenen Ansprüchen, die Schulze-Delitzsch an sie gestellt hat, gerecht geworden sind.

Wie liegen nun heute die Verhältnisse? Ich komme und muß dabei auf eine Frage zu sprechen kommen, die zu erörtern vielleicht nicht ganz leicht und einfach ist. Ich darf aber wohl von vornherein für mich in Anspruch nehmen, daß meine Ausführungen keinerlei Mißverständnis hervorrufen, daß ich eben nur als Anwalt des Deutschen Genossenschaftsverbandes hier spreche. Ich frage: was soll es bedeuten, wenn unter der Firma „Deutscher Hilfsverein" eine eingetragene Genossenschaft ins Leben gerufen wird? Vor mir liegt eine Notiz aus dem „Reichsanzeiger", in der es heißt:

„Deutscher Hilfsverein des Kreises Neidenburg, Sitz Soldau, Eingetragene Genossenschaft mit beschränkter Haftpflicht. Gegenstand des Unternehmens ist Stärkung des Deutschtums in Stadt und Land und die Förderung der wirtschaftlichen Verhältnisse der Mitglieder."

Die Genossenschaft durfte ja gar nicht eingetragen werden, das ist eine Genossenschaft, die außerhalb des § 1 des Genossenschaftsgesetzes steht; es ist eine Genossenschaft, gegen die unter Umständen andere Bestimmungen des Genossenschaftsgesetzes angewendet werden müssen.

(Sehr richtig!)

Was soll man dazu sagen, wenn eine Genossenschaft im Bromberger Bezirk ihr Statut abändert und eine Bestimmung aufnimmt: „Jedes Mitglied hat sich als königstreuer Preuße und deutscher Mann zu betätigen."

(Heiterkeit.)

Der Heuchelei wird damit Vorschub geleistet.

(Sehr richtig!)

Denn wie will man einen kreditsuchenden Mann auf Herz und Nieren prüfen, ob er ein königstreuer Mann ist! Soll man ihn ein Glaubensbekenntnis ablegen lassen? Wenn die Not bei ihm groß ist, wird er das Glaubensbekenntnis ablegen,

(Sehr richtig!)

und wird man ihm dann den Kredit kündigen, wenn man gefunden hat, daß er damals den Vorstand angelogen hat? Mit derartigen Gründungen — ich bin außerstande, zu untersuchen, inwieweit Behörden dahinterstehen — gefährdet man im höchsten Maße das Genossenschaftswesen.

(Sehr richtig!)

Ich muß leider feststellen, daß in die deutschen Genossenschaften der Nationalitätenkampf hineingetragen ist.

Wir haben es auf unserm Genossenschaftstage — ich wiederhole es — nicht mit Politik zu tun. Uns ist jeglicher Politiker in unserer Genossenschaft recht und willkommen, vorausgesetzt nur, daß der Vertreter der betreffenden politischen Richtung ein echter und wahrer Genossenschafter ist und daß er nicht sucht, die Genossenschaft in den Dienst der Politik zu stellen. Aber wir haben auch das lebhafteste Interesse daran, daß die Genossenschaften nicht in das politische Getriebe hineingezerrt werden.

(Sehr richtig!)

Wir bedauern aufs lebhafteste jede Agitation, die mit Schlagworten irgendwelcher Art betrieben wird, und wir haben es leider in den östlichen Provinzen mit einer Agitation zu tun, die mit einem außerordentlich gefährlichen Schlagwort betrieben wird — gefährlich insoweit das Schlagwort in Beziehung mit dem Genossenschaftswesen gebracht wird. Es heißt das Schlagwort: Förderung des Deutschtums mit genossenschaftlichen Organisationen. Gegen dieses Schlagwort Stellung zu nehmen, ist meines Erachtens unsere Pflicht als Genossenschafter.

(Sehr richtig!)

Vor etlichen Monaten ist in der Provinz Posen an die dortigen Beamten ein Erlaß gerichtet worden, auszutreten aus den polnischen Genossenschaften. Es haben ferner Erhebungen stattgefunden über die Nationalität der Mitglieder in deutschen Genossenschaften. Ich möchte in Paranthese bemerken: Erhebungen, die überflüssig waren, denn wie die Mitgliedschaft nach Nationalitäten zusammengesetzt ist, ist jedem Einzelnen bekannt, der mit der Provinz Posen in irgendwelche Beziehungen getreten ist. Welches ist der Erfolg der Erlasse und Erhebungen gewesen? Der Erfolg ist, daß der Kampf in die deutschen Genossenschaften hineingetragen ist. Die polnischen Genossenschaften werden durch jene Erhebungen nicht geniert, wie sie auch nicht jener Erlaß geniert, daß die deutschen Beamten aus den polnischen Genossenschaften austreten sollen; denn die paar Mitglieder können sie entbehren, und auch auf die paar tausend Mark, die dabei in Betracht zu ziehen sind, kommt es nicht an. Nun aber haben sich die Polen in den deutschen Genossenschaften besonnen, und in den deutschen Genossenschaften, wo man bisher nichts gewußt hat von dem nationalen Wettstreit, wo seit Jahrzehnten nur deutsche Männer an der Spitze der Genossenschaften standen, die objektiv ihres Amtes walteten, konnten wir stürmische Generalversammlungen erleben, in denen die deutsche und die polnische Partei kämpften, ob der Deutsche oder der Pole in den Aufsichtsrat und Vorstand hineingewählt werden sollte. Ich brauche in diesem Kreise des näheren nicht auszuführen, daß derartige Kämpfe verhängnisvoll für die Entwicklung der Genossenschaften werden müssen.

(Sehr richtig!)

Nichts ist verhängnisvoller, als wenn Zwietracht in die Genossenschaften hineingetragen wird. Und hier werden Unzufriedenheit und Zwietracht in die Genossenschaften hineingebracht, was zu den schlimmsten Folgen führen muß!

Sollte man es nun andererseits für möglich halten, daß deutschen Genossenschaften von amtlicher Stelle Schwierigkeiten bereitet werden? Ein Fall aus der Praxis. Pleschen ist eine kleine Stadt in der Provinz Posen. Wir haben dort eine Kreditgenossenschaft. Die Verwaltung der Genossenschaft wird es mir nicht übel nehmen, wenn ich sage, daß sie allerdings eine ziemliche Reihe von Jahren auf ihren Lorbeeren ausgeruht hat. Jetzt, seit einiger Zeit war wieder ein frischerer Geist in jene Genossenschaft hineingekommen, es sollten alle Geschäftszweige gepflegt werden. Nun kommt die Handwerkskammer der Provinz Posen auf die Idee: in Pleschen muß eine Handwerkerkreditgenossenschaft gegründet werden! Ich wurde an der geeigneten Stelle vorstellig und dachte, man werde einsehen, daß weder dem Handwerk noch dem deutschen Genossenschaftswesen gedient ist, wenn neben der bestehenden Kreditgenossenschaft in Pleschen noch eine zweite, eine Handwerkerkreditgenossenschaft ins Leben gerufen würde. Meine Vorstellungen haben aber nichts genutzt, die Handwerkskammer hat es durchgesetzt, daß in Pleschen noch eine zweite Kreditgenossenschaft ins Leben gerufen ist! Ist das eine Förderung des Deutschtums? Daß sich das Arbeiten unserer alten Genossenschaft in Pleschen durch jene Konkurrenz, die unter der Hoheit der Handwerkskammer ins Leben gerufen ist, außerordentlich schwierig gestaltet, darüber besteht kein Zweifel. Überhaupt: man möge sich doch davor hüten, gewisse Gegenden zum Versuchsfelde für die Ausführung genossenschaftlicher Ideen zu machen — die Provinz Posen ist leider vielfach das Versuchsfeld der verschiedenen genossenschaftlichen Systeme geworden — nicht zum Vorteil der Genossenschaften und der Deutschen! Die Befürchtung besteht, daß in anderen Provinzen das Gleiche geschieht.

Die Genossenschaft ist ein geschäftliches Unternehmen mit sozialem Zweck, indem sie den Schwachen dient. Aber jede Verquickung der Genossenschaft mit anderen Aufgaben als ausgesprochen wirtschaftlicher Natur muß für die Entwicklung der Genossenschaft verhängnisvoll werden. Ob es sich um eine Ergänzung der Gewerkschaften oder um eine Ergänzung nationaler Bestrebungen durch die Genossenschaften handelt, ist hierbei vollständig gleichgültig. Wir nehmen Stellung gegen das eine so gut wie gegen das andere, wir nehmen Stellung gegen jede Verquickung genossenschaftlicher Aufgaben mit fremden Angelegenheiten, mögen jene Verquickungen von oben her oder von unten her kommen.

(Sehr richtig!)

Nun, meine Herren, sollte man glauben, daß tatsächlich das Genossenschaftswesen, dem sogar nationale Aufgaben zugewiesen werden, sich ausschließlich des Wohlwollens der zuständigen Stellen zu erfreuen hat. Ich glaube auch, daß bei den oberen Behörden viel Wohlwollen für die Genossenschaften vorhanden ist; gerade deswegen möchte ich auch den heutigen Bericht benutzen, um auf eine Reihe Vorgänge hinzuweisen, von denen die Genossenschaften nicht recht wissen, ob sie wirklich auf Wohlwollen der Behörden zurückzuführen sind. Da kommt zunächst in Betracht, daß man in einzelnen Bezirken Erhebungen veranstaltet hat über die Konkurrenz, die die Sparkassen der Kreditgenossenschaften den öffentlichen Sparkassen bereiten. Mir liegt die Abschrift der Verfügung eines Landrates aus dem Westen vor. In der heißt es:

„. . . . . wird ersucht, mir . . . von jeder in Ihrem Bezirk befindlichen nicht öffentlichen Sparkasse zwei Exemplare der Sparkassenbücher . . . zu übersenden. In Betracht kommen insbesondere Sparkassen, die von Genossenschaften eingerichtet sind. Gleichzeitig ist mir eine eingehende Äußerung darüber erwünscht, ob und inwieweit die öffentlichen Sparkassen unter Konkurrenz jener zu leiden haben."

Es gibt eine gewisse Fragestellung, die die geforderte Antwort ohne weiteres erkennen läßt. Wenn z. B. jemand gefragt wird: inwieweit leiden Sie unter der Konkurrenz? — dann ist es ganz natürlich, daß er von vornherein ein solches Leiden unter der Konkurrenz annimmt und im übrigen nur eine Äußerung darüber wünscht, in welcher Stärke dieses Leiden unter der Konkurrenz auftritt. So wird hier gefragt: inwieweit leidet die Sparkasse der Kommune unter der Konkurrenz der Sparkasse der Kreditgenossenschaft! Es soll sich übrigens nicht um eine gelegentliche Umfrage des betreffenden Landrats handeln, sondern um eine Umfrage, die auf Veranlassung des Oberpräsidenten der betreffenden Provinz ergangen ist. Ich habe den Versuch gemacht, Aufklärung darüber zu erlangen und mich an den Minister des Innern gewandt, ob derartige Erhebungen veranstaltet sind. Ich habe keine Antwort darauf bekommen, und keine Antwort ist unter Umständen auch eine Antwort. Im preußischen Abgeordnetenhause hat unser Freund der Verbandsdirektor Blell die Frage beim Etat des Finanzministeriums angeschnitten, und der Vertreter des Finanzministers hat gesagt: im Ressort des Finanzministeriums wisse man von solchen Umfragen nichts; er habe aber keine Zeit gehabt, inzwischen Fühlung zu nehmen mit dem Minister des Innern und wisse nicht, wie die Sache im

Ministerium des Innern steht! In den Kreisen, in denen solche Umfragen stattfinden, greift eine gewisse Beunruhigung um sich, man sagt sich: es liegt etwas in der Luft, es könnte eine Verordnung erlassen werden, die den Verkehr der Sparkassen der Genossenschaften beschränkt und damit den Genossenschaften die geschäftliche Tätigkeit außerordentlich erschwert.

(Sehr richtig!)

In den östlichen Gebieten wiederum werden den Genossenschaften Schwierigkeiten gemacht, wenn sie entsprechend ihren Einrichtungen und in Nachahmung der Geschäftstätigkeit anderer Genossenschaften an ihren Häusern ein Schild mit der Aufschrift „Sparkasse“ anbringen. Wenn die Genossenschaften erst heute auf diesen Gedanken gekommen wären, könnte man in Erwägung ziehen, ob das zweckmäßig ist; aber es ist das ein Gewohnheitsrecht, das von unseren Genossenschaften seit 40 Jahren ausgeübt wird. Und da kommt nun plötzlich die Behörde in einzelnen Städten auf den Gedanken: mit diesen Schildern verbreitet die Genossenschaft irrige Ansichten, das Schild muß abgenommen werden. Wenn jene Genossenschaften in diesem Vorgehen der Behörde das Gegenteil von Wohlwollen sehen, kann man es ihnen jedenfalls nicht verdenken.

(Sehr richtig!)

Dazu kommt noch, daß wir mit manchen anderen Dingen uns zu beschäftigen Veranlassung haben, bei denen es angezeigt erscheint, daß von maßgebender Stelle der Regierung aus eine bündige Erklärung abgegeben wird: Genossenschaften, ihr habt nichts zu befürchten. Ich denke hier an die Ausführungen, die in einer angesehenen Zeitschrift über den Depositenverkehr zu lesen waren. Ich glaube auch, daß niemand von der Regierung hinter dem Artikel des Prof. Dr. Warschauer in den Conrad'schen Jahrbüchern für Nationalökonomie und Statistik: „Das Depositenbankwesen in Deutschland, mit besonderer Berücksichtigung der Sparkasseneinlagen“ steht. Es wäre aber recht erwünscht, wenn von maßgebender Stelle die Erklärung erfolgen würde, es denke niemand daran, weder im Reich noch in den Bundesstaaten, Maßregeln zu ergreifen zur Beschränkung des Depositenverkehrs. Ich kann es verstehen, daß einem Finanzminister das Herz lachen muß, wenn er derartige Aufsätze liest, und die Forderung hört, daß staatliche Depositenbanken gegründet werden sollen — aber die breiten Massen des Gewerbestandes würden aufs schwerste dadurch geschädigt!

Ich frage ferner: wie steht es mit dem Antrage Fritsch? Steht dahinter niemand von der Regierung? Denkt die Regierung tatsächlich nicht daran, die Reichspost in den Dienst des Sparkassenwesens zu stellen? Es würde zweifellos zur Beruhigung beitragen, wenn die Genossenschaften darüber sicher wären, daß die Reichspostsparkasse in keinerlei Form zur Verwirklichung gelangen soll. Wir werden uns bei einem besonderen Antrage, der diese Angelegenheit behandelt, noch darüber des näheren zu unterhalten haben.

Meine Herren, ich muß es auch aussprechen, daß es in den Kreisen der Genossenschaften eine gewisse Beunruhigung hervorruft, daß das Scherlsche Sparsystem Aussicht auf Verwirklichung hat. Die Genossenschaften sehen noch andere Gefahren daraus erwachsen, als die Gefahr, die das Scherlsche Spielsystem schon in sich selbst birgt. Wir begrüßen es, daß der Verband landwirtschaftlicher Genossenschaften auf seinem Vereinstage in Posen einmütig gegen das Scherlsche Sparsystem Stellung genommen hat. Wir werden in den nächsten Tagen auch Stellung dagegen nehmen. Vielleicht wird man bei der Regierung wieder zu der ablehnenden Haltung gegenüber dem Scherlschen System zurückkehren, die das Ministerium Eulenburg eingenommen hat.

Meine Herren, es ist auffallend, daß gerade im letzten Jahre so viele eigenartige Dinge auf dem Gebiete der Genossenschaften passiert sind, die zu sehr ernstem Nachdenken Veranlassung geben. Ich denke z. B. auch an jene Vorgänge im Kreise Bitburg, wo die Bürgermeister den Versuch gemacht haben, die Kreditgenossenschaften zu den Kreissparkassen heranzuziehen und ihnen die Selbständigkeit zu nehmen. Die „Trierer Landeszeitung" ging so weit, zu behaupten: das haben die Bürgermeister nicht aus sich selbst heraus getan, sondern dahinter stehen die höheren Behörden.

Förderung des Genossenschaftswesens! Ich frage: wie verträgt sich mit der Förderung des Genossenschaftswesens die von Jahr zu Jahr wachsende Besteuerung unserer Genossenschaften? Ich betone das Wort und unterstreiche es: unserer Genossenschaften. Kommt irgendwo ein Steuergesetz — die Steuerobjekte dabei sind immer unsere Genossenschaften; die landwirtschaftlichen Genossenschaften gehen in der Regel leer aus, sie bekommen vom Staate die Gelder zu billigem Zinsfuß und brauchen keine Steuern zu zahlen! Wir kosten dem Staate nichts, und dafür legt man uns ganz besonders Steuern auf.

(Hört! hört!)

Das Königreich Bayern zeichnet sich in der Beziehung wenig vorteilhaft aus. In keinem der deutschen Bundesstaaten haben unsere Genossenschaften eine solche Steuerlast zu tragen wie dort. Wir haben dort Gemeinden, wo die Genossenschaften 10—12 % ihres Ertrages an Steuern zahlen müssen.

(Hört! hört!)

Ist das eine Förderung des Genossenschaftswesens?

Im Großherzogtum Hessen fördert man das Genossenschaftswesen auch in ganz merkwürdiger Weise. Man hat es wohl für nötig gehalten, einen Genossenschaftsdirektor anzustellen, dem die Förderung des Genossenschaftswesens obliegt, aber gleichzeitig hat man ein Sparkassengesetz erlassen, das die gleichzeitige Mitgliedschaft in der Verwaltung der Sparkasse und der Genossenschaft unmöglich macht — natürlich zum Nachteil der Genossenschaften.

Wenn irgendwo ein Steuergesetz erlassen wird, sieht man zu, wie man an die Schulze-Delitzsch'schen Genossenschaften am bequemsten herankommen kann. Selbst in Mecklenburg hat man in dieser Beziehung „Fortschritte" gemacht.

In Preußen haben wir seit vielen Jahren die Besteuerung der Schulze-Delitzsch'schen Genossenschaften, aber ich muß sagen, daß in den ersten Jahren die Steuergesetze im allgemeinen günstig für die Genossenschaften ausgelegt wurden, der preußische Finanzminister hatte Grundsätze aufgestellt, die im großen und ganzen unsere Billigung finden konnten. Nun aber hat Jahr für Jahr hindurch die Judikatur des Oberverwaltungsgerichts einen fiskalischeren Charakter angenommen. Die Judikatur des Oberverwaltungsgerichts steht heute unseren Genossenschaften gegenüber ungünstiger als früher. Bleibt das Oberverwaltungsgericht auf seinem Standpunkt stehen, dann ist z. B. eine der Folgen die, daß die weitere Ausdehnung des Scheckverkehrs in Frage gestellt wird. Und daß die Ausbreitung des Scheckverkehrs nicht bloß im Interesse der Genossenschaften, sondern im Interesse des ganzen volkswirtschaftlichen Lebens liegt, daran ist nicht zu zweifeln. Wegen der paar Mark Steuern, die herausgeholt werden, will man die Ausbreitung des Scheckverkehrs in Frage ziehen und die Genossenschaften beschränken!

(Sehr richtig!)

Meine Herren! Ich habe schon auf einem der letzten Genossenschaftstage gesagt: wenn ich mir auf der einen Seite die Förderung des Genossenschaftswesens betrachte und auf der anderen Seite die Besteuerung unserer Genossenschaften mir ansehe, so liegt der Schluß außerordentlich nahe, daß die Förderung des Genossenschaftswesens von den Schulze-Delitzsch'schen Genossenschaften bezahlt wird.

Ich kann nur immer wiederholen, wir wünschen keine Privilegien, keine Extrabegünstigungen, aber wir möchten auch dringend die Forderung aufstellen, daß unsere Schulze-Delitzsch'schen Genossenschaften nach keiner Richtung hin schlechter behandelt werden als andere Genossenschaften. Hoffentlich wird den heutigen außerordentlich sympathischen Begrüßungen bald auch die Tat entsprechen.

(Sehr richtig!)

Ich möchte darauf hinweisen, daß die ungünstige Stellungnahme, die von maßgebender Seite hier und dort gegen uns eingenommen wird, das Ansehen unserer Genossenschaften in gewissen Kreisen nachteilig beeinträchtigt. Ich werde am Sonnabend in einem besonderen Referat gerade diese Frage noch zu berühren haben. Ich werde Ihnen dann aus den Berichten der Handwerkskammern Stellen vortragen, aus denen Sie ohne weiteres entnehmen werden, daß in jenen Kreisen großes Mißtrauen gegen unsere Genossenschaften wachgerufen wird. Man sollte es kaum für möglich halten, wie viele schiefe und verkehrte Urteile über das Genossenschaftswesen in den Berichten der Handwerkskammern anzutreffen sind! Und die Kammern stehen unter der Aufsicht der Behörden! —

Ich habe im vergangenen Jahre mitgeteilt, daß in Preußen die Absicht bestände, einen besonderen — staatlichen — Revisionsverband ins Leben zu rufen. Diese Mitteilung wurde damals in Zweifel gezogen; inzwischen hat sich gezeigt, daß jene Mitteilungen vollständig zutreffend waren.

Man hat einen Revisionsverband ins Leben gerufen, dessen „Anwalt“ vom Staat bezahlt wird und in dessen Vorstand ein Beamter der Preußischen Central-Genossenschafts-Kasse berufen ist. Die Lage der meist auf behördliche Anregung gegründeten Handwerkergenossenschaften hat es vielleicht geboten erscheinen lassen, einen solchen Verband zu gründen; die Verantwortung der Regierung für die Gestaltung der Genossenschaften ist damit aber noch größer geworden. Erst sind unter staatlicher Autorität Hunderte von Genossenschaften gegründet, und nun ist unter staatlicher Autorität ein Revisionsverband gegründet! Hier zeigt sich, wohin es führt, wenn die Behörde erst einmal in das wirtschaftliche Leben eingreift! Das will ich nur nebenbei bemerken, daß die Lage der auf Selbsthilfe und freier Tätigkeit beruhenden Verbände selbstverständlich nicht erleichtert wird, wenn ihnen mit Staatsmitteln dotierte Verbände zur Seite gestellt werden. In den Berichten der Handwerkskammern ist zu lesen, daß die Revision einer Genossenschaft auf 6 Mk. zu stehen kommt;

(Hört! hört!)

dafür können wir allerdings keine Revision vornehmen — wer weiß freilich, ob nicht Wert und Preis der Revision in gleichem Verhältnis stehen.

Vor mir liegt der Bericht über die Verhandlungen einer Konferenz von Vertretern der Handwerkskammern, die der Hauptverband der deutschen gewerblichen Genossenschaften am 13./14. Mai veranstaltet hat, Herr Bankinspektor Mager war so freundlich, mir heute morgen den Bericht zu übermitteln. Was ich heute dem Bericht entnommen habe, läßt erkennen, daß von maßgebender Stelle, also hier von seiten der Preußischen Central-Genossenschafts-Kasse, man bestrebt war, in jener Konferenz den wirtschaftlichen Grundsätzen Geltung zu verschaffen, die stets auf unseren genossenschaftlichen Tagungen vertreten sind. Beschlüsse sind nicht gefaßt — möglicherweise würde sich dann gezeigt haben, wie wenig Sympathie diese Grundsätze in jenen Kreisen finden, die durch Staatshilfe verwöhnt sind, und in denen man glaubt, bei der Gründung von Genossenschaften sich über solide wirtschaftliche Grundsätze hinwegsetzen zu können. Die nächste Zukunft schon wird es zeigen, ob insbesondere die Handwerkskammern bereit sind, die Grundsätze zu übernehmen, die von der Leitung des Hauptverbandes der deutschen gewerblichen Genossenschaften in gedachter Konferenz vertreten wurden.

Heute richte ich an die Leitung des Hauptverbandes der deutschen gewerblichen Genossenschaften vor allem die Forderung, die Geschäftsresultate der ihm angehörigen Genossenschaften bekannt zu geben. Bisher kennt man nur die Anzahl der unter behördlichem Einfluß gegründeten Handwerkergenossenschaften, erfährt aber höchst selten etwas von den geschäftlichen Resultaten. So kann es kommen, daß Genossenschaften als Muster hingestellt werden, die das Gegenteil eines Vorbildes sind. Vor einiger Zeit schickte mir ein Herr, der im gewerblichen Leben einer großen norddeutschen Stadt eine hervorragende Stellung einnimmt und sich mit dem Genossenschaftswesen lebhaft beschäftigt, dabei auf einem uns sehr verwandten Boden steht, einen Vortrag, den er über Handwerkergenossenschaften für das Schlosser- und Schmiedehandwerk gehalten hat. In dem Vortrage fand ich als Muster einige in Preußen bestehende Schlosser- und Schmiedegenossenschaften empfohlen. Nach meinen Informationen standen diese Mustergenossenschaften sehr schlecht; ich übersandte dem Herrn das mir zur Verfügung stehende Material, worauf ich die Antwort erhielt, daß er von den Mißerfolgen nichts gewußt, sondern nur gehört, daß jene Genossenschaften auf höhere Anordnung ins Leben gerufen. Inzwischen sind jene Genossenschaften wieder von der Bildfläche verschwunden. In dem kleinen Bezirk Halle-Suhl-Erfurt sind drei für das Schlosser- und Schmiedehandwerk bestehende Genossenschaften in der letzten Zeit in Konkurs geraten! Natürlich wirken solche Vorgänge deprimierend auf die Stimmung der Handwerker, und sie werden insbesondere auch überall dort ausgenützt, wo man der Gründung von Handwerkergenossenschaften wenig Sympathie entgegenbringt. Gewiß, auch Schulze-Delitzsch'sche Genossenschaften sind in Konkurs geraten, es besteht aber ein tiefgehender Unterschied zwischen diesen und jenen Konkursen. Wenn eine unserer Genossenschaften in Konkurs geraten ist, dann ist der einzige Grund, daß man sich nicht gerichtet hat nach unseren Lehren und Grundsätzen.

(Sehr richtig!)

Nicht unser System ist dafür verantwortlich zu machen, sondern mißbräuchliche Verkehrung unserer Grundsätze in das Gegenteil.

(Sehr richtig!)

Aber auf jener Seite mache ich nicht den Mißbrauch verantwortlich, sondern ich sage: das System ist falsch. Und dies ist um so bedenklicher, als die Gründungen unter dem Einfluß der Behörden erfolgt sind. Leider aber macht sich ja der Einfluß der Behörden auf allen Gebieten des Genossenschaftswesens bemerkbar.

Wie liegt es z. B. auf dem Gebiete des Baugenossenschaftswesens? Beamtenbaugenossenschaften werden heute auf Veranlassung der Behörden ins Leben gerufen, wo wir gut geleitete Genossenschaften haben, die imstande sind, auch das Wohnungsbedürfnis der Beamten vollständig zu befriedigen. Wir brauchen in der Regel überhaupt keine besonderen Beamtenbaugenossenschaften. Ich bin der Meinung, daß man auf dem Wege, auf dem man sich heute bei der Absonderung der Beamten durch Gründung von Beamtenbaugenossenschaften befindet, Gefahr läuft, die Beamten als Kaste noch weiter auszusondern, es ist verkehrt, daß man das Beamtentum in gewisse Quartiere der Stadt hineinverlegt und Beamtenquartiere schafft.

(Sehr richtig!)

Ich dächte, man sollte sich doch freuen, wenn die Beamten mit der Bürgerschaft zusammenwohnen, wenn eine Baugenossenschaft besteht, die geeignet ist, allen Berufsklassen zu nützen! Aber statt dessen wird eine besondere Beamtenbaugenossenschaft gegründet! Dabei werden dann noch Lieblingsideen gewisser Beamten verwirklicht, in einseitiger Weise werden bestimmte Wohnungsarten bevorzugt. Vor etlichen Jahren haben wir auf einem Allgemeinen Genossenschaftstage beschlossen, daß die Baugenossenschaften zur Errichtung von Erwerbshäusern, die in das Eigentum der Mitglieder übergehen, durchaus als gleichwertig zu erachten sind mit den Baugenossenschaften, die Mietshäuser herstellen. Nichts ist verfehlter, als einen Strich zwischen diesen verschiedenen Baugenossenschaften zu ziehen. Ich halte es nicht für richtig, wenn man heut von maßgebender Stelle ganz besonders die Mietshäuser bevorzugt und überall große Mietskasernen errichten läßt. Dazu kommt noch die Gründung nach Schema F und eine Bevormundung der Genossenschaften, die schlecht mit der Selbstverwaltung derselben verträglich ist. Die Regierungen, das Reich behalten sich bei der Darlehnsgewährung das Recht vor, daß gewisse Statutenänderungen nur mit ihrer Genehmigung vorgenommen werden können, ein Recht, das übrigens an und für sich meist herzlich wenig bedeutet, das aber auf der anderen Seite geeignet ist, ganz falsche Auffassungen bei den Genossenschaften hervorzurufen. Ich habe in den letzten Tagen mit einem Bau- und Sparverein in der Umgegend Berlins zu tun gehabt, der in eine sehr schiefe Stellung hineingeraten war. Für jene Baugenossenschaft galt auch die Bestimmung, daß gewisse Statutenänderungen ohne die Genehmigung der Staatsbehörde nicht vorgenommen werden dürfen. Da hat man im Aufsichtsrate wunder was sich darunter vorgestellt, man hat geglaubt, daß der Staat sich um die Genossenschaft bekümmere, daß er die Baupläne, die Mietskalkulationen revidiere, und man war erstaunt darüber, daß sich der Staat um alle diese Dinge nicht kümmere. Ich möchte wünschen, daß man in den Kreisen der Regierung in Erwägung zieht, ob jener Vorbehalt einen realen Zweck hat, ob man nicht besser täte, sich auf anderem Wege über die Entwickelung der Genossenschaften zu informieren.

Und nun ist zum Überfluß ein Verband der Beamtenbaugenossenschaften in dem letzten Jahre gegründet worden, von dem ich freilich weiß, daß die Regierung dabei unschuldig ist. Aber an der Spitze jenes Verbandes stehen Beamte. Sollte es nicht möglich gewesen sein, die Herren rechtzeitig darauf aufmerksam zu machen: Es ist schon genug, wenn wir Beamtengenossenschaften haben; wir brauchen die Kastenbildung nicht weiter zu führen und noch einen Verband dieser Genossenschaften ins Leben zu rufen, um diese noch weiter auszusondern!

Vor einigen Tagen ist mir von einem unserer Genossenschaftsfreunde und Verbandsrevisoren ein Brief folgenden Inhalts zugegangen:

„Für Westfalen ist ein neuer Baugenossenschaftsverband unter Führung des Regierungspräsidenten ins Leben gerufen. Der Soester Baugenossenschaft wird schriftlich angezeigt, daß sie sich dem neuen Verbande bei Vermeidung der Hypothekenkündigung anzuschließen habe."

(Oho!)

Es erinnert mich das lebhaft an Vorgänge, über die ich vor einigen Jahren berichtete, die sich zwar nicht in Westfalen, aber doch in der Rheinprovinz abgespielt haben, wo ein Regierungspräsident den Versuch machte, Genossenschaften durch die Generalversammlung auffordern zu lassen, aus unserem Verbande auszutreten und einem andern Verbande sich anzuschließen!

(Hört! hört!)

Ich frage, wohin soll das alles führen?

Das sind ernste, schwerwiegende Vorgänge. Die Vertreter der Staatsbehörde werden zugeben müssen, daß, wenn derartige Dinge passieren, der Anwalt des deutschen Genossenschaftswesens die Pflicht hat, denselben nachzugehen. Ich möchte für meinen Teil der Überzeugung Ausdruck geben, daß man an maßgebender Stelle durchaus nicht diese Vorgänge billigt, sondern sie bedauert; vielleicht tragen diese Ausführungen dazu bei, daß es endlich zur Klärung der Verhältnisse kommt, daß von obenher die entsprechende Direktive gegeben wird. Denn das dürfen wir nicht aus den Augen lassen; vor zehn Jahren war der Wind für den Allgemeinen Genossenschaftsverband sehr ungünstig, da wurden Maßregeln ergriffen, die geeignet waren, unsere Bestrebungen aufs lebhafteste zu stören. Ich bin überzeugt, daß die Ansichten andere geworden sind. Man hat sich wohl auch dort, wo man glaubte, neue genossenschaftliche Wege gehen zu müssen, davon überzeugt, daß dieselben falsch sind, und daß die von unserem Verbande gewiesenen Grundsätze die richtigen sind. Möge man nun auch die Konsequenzen ziehen!

Weniger als diese Vorgänge berührt uns die Agitation, die von dem Hamburger Zentralverband nach wie vor in der eifrigsten Weise gegen uns betrieben wird. Ich lasse mich darauf nicht weiter ein; ich stelle nur auch heute wiederum fest, daß nach meiner festen Überzeugung der Zentralverband nichts weiter ist als eine Schutztruppe für die Hamburger Großeinkaufsgesellschaft, der die Pflicht hat, der Hamburger Großeinkaufsgesellschaft die nötigen Kunden zuzuführen. Ich möchte nur den Wunsch aussprechen, daß die Hamburger Großeinkaufsgesellschaft einmal bekannt gebe, was sie im eigenen Geschäft umsetzt. Sie paradiert immer mit soundsoviel Millionen Umsatz. Das ist aber kein Umsatz im eigenen Geschäft, das ist meist Kommissionsgeschäft. Jeder Lieferant, der an die Genossenschaften liefert, wird verpflichtet, seine Rechnung durch die Hamburger Großeinkaufsgesellschaft gehen zu lassen, und dann wird alles als Umsatz geführt! Es würde besonders auch interessieren, zu erfahren, wieviel von dem gesamten Umsatz auf das Königreich Sachsen und wieviel auf das andere gesamte Deutschland entfällt. Kürzlich ist in Süddeutschland von einer württembergischen Genossenschaft der Anschluß an die Hamburger Großeinkaufsgesellschaft warm empfohlen worden; aber wenn man genauer hinsah, — die betreffende Genossenschaft selbst kauft ganz wo anders. Die scharfen Angriffe, die auf Unterverbandstagen des Zentralverbandes gegen das Geschäftsgebahren der Großeinkaufsgesellschaft gerichtet sind, interessieren uns nicht.

Eine Angelegenheit von allgemeiner Bedeutung ist die Absicht, eine besondere Bank für den Zentralverband der deutschen Konsumvereine zu begründen. Die Auflösung der Deutschen Genossenschaftsbank, deren Fusion mit der Dresdener Bank, ist anscheinend eine willkommene Gelegenheit für den Zentralverband gewesen, die Gründung einer besonderen Bank für die Konsumvereine anzuregen. Man sollte sich aber nicht scheuen, das Kind dann beim richtigen Namen zu nennen: es soll die Bank der Hamburger Großeinkaufsgesellschaft Kapital zuführen!

Meine Herren! Recht bedauerlich ist — wenn ich mich hier gleich mit einer wichtigen die Konsumvereine betreffenden Angelegenheit beschäftigen darf — der bekannte Erlaß des Herrn Ministers v. Budde. Es ist allerdings alsbald in den „Berliner Politischen Nachrichten“ ein Artikel erschienen, der wohl mit Recht von der Presse als offiziös bezeichnet worden und im wesentlichen auf einen Widerruf des Erlasses herausgekommen ist. Es ist möglich, daß jener Erlaß nicht so gemeint war, wie er geschrieben war. Man hat aber mit Recht gefordert, daß der Minister sich nicht darauf beschränke, durch einen offiziösen Artikel den Erlaß richtigzustellen, sondern daß Klarheit darüber geschaffen werde, wie der Eisenbahnminister über das Recht seiner Arbeiter, Konsumvereinen beizutreten, denkt. Darüber besteht nur eine Meinung, und selbst jene Kreise, von denen man sagen muß, daß sie den Konsumvereinen keine Sympathie entgegenbringen, sind sich klar: der Erlaß ist nicht vereinbar mit den privaten Rechten der Arbeiter und Beamten, ihre wirtschaftlichen Bedürfnisse dort zu befriedigen, wo es ihnen paßt. Im übrigen ist der Erlaß auch nicht konsequent durchgeführt; denn wenn man den Arbeitern den Wunsch übermittelt, nicht in Konsumvereinen ihre Waren zu beziehen, so muß man auch den höheren Eisenbahnbeamten sagen, daß der Herr Minister nicht wünscht, daß sie ihre Waren aus dem Warenhaus für Deutsche Beamte beziehen.

(Lebhafte Zustimmung.)

Was dem einen recht ist, ist dem andern billig. Wenn ich den

Mittelstand schütze gegen die Konsumvereine der kleinen Beamten und Arbeiter, habe ich als Minister noch viel mehr die Verpflichtung, den Mittelstand zu schützen gegen das Warenhaus für Deutsche Beamte — eine Konkurrenz, die zweifellos von weitergehenderer Bedeutung ist als die Konkurrenz einzelner Konsumvereine.

(Sehr richtig!)

Da wir uns aber noch in einem besonderen Antrage mit dieser Frage zu befassen haben werden, habe ich jetzt nicht notwendig, auf diese Materie näher einzugehen.

Meine Herren! Inzwischen regt es sich stärker im Handel, und der Kleinhandel, der Zwischenhandel sucht sich in Genossenschaften zu vereinigen. Es ist zu beklagen, daß in Kreisen der Kleinhändler noch immer Richtungen vorhanden sind, deren Vertreter meinen, mit Hilfe der Gesetzgebung könne man die Konkurrenz der Konsumvereine beseitigen. So wird die Generalversammlung des Zentralverbandes deutscher Kaufleute und Gewerbetreibender in Hannover sich mit einem Antrag zu beschäftigen haben:

„Vereine zum Einkauf im großen und Verkauf im kleinen, sogenannte Konsumvereine, die geeignet sind, die Existenzfähigkeit des kaufmännischen und gewerblichen Mittelstandes zu schädigen, sind nicht gestattet."

Meine Herren, das ist wenigstens ein radikales Mittel; dann möchte ich aber auch empfehlen, konsequent zu sein und zu sagen: genossenschaftliche Organisationen sind nicht gestattet, das Genossenschaftsgesetz wird aufgehoben.

(Sehr gut! Heiterkeit.)

Schaffe man diejenigen Genossenschaften ab, die geeignet sind, irgendwie Konkurrenz zu machen — die Frage des Genossenschaftswesens würde mit einem Federstrich ihre Lösung gefunden haben. Ein anderer Verband wird folgenden Antrag stellen:

„daß Konsumvereine zur Ausübung des Gewerbebetriebes der staatlichen Genehmigung bedürfen, deren Erteilung von dem Nachweis eines vorhandenen Bedürfnisses abhängig ist."

Bedauern würde ich dabei nur die staatliche Behörde, die die Verpflichtung hat, jenen Bedürfnisnachweis zu erbringen. Erkennt sie einen Konsumverein als berechtigt an, dann wird sie es mit den Händlern verderben, und umgekehrt, verneint sie das Bedürfnis, hat sie es mit den Konsumenten verdorben; sie mag es machen, wie sie will, immer wird sie es falsch machen.

(Sehr richtig!)

Richtiger ist zweifellos der Standpunkt, den der „Konfektionär" einnimmt, ein Blatt, das sich eines hohen Ansehens erfreut. Er schreibt:

„Gegen die Übermacht des kapitalkräftigen Konsumvereins mit Erfolg anzukämpfen, ist für die Detaillisten sehr schwer, für den einzelnen einfach unmöglich. Darüber muß man sich ganz einig sein: mit Gewaltmaßregeln ist nichts zu machen."

Es heißt dann weiter:

„Es bleibt also als Radikalmittel vor allem Selbsthilfe des Detaillisten. Das beste ist selbstverständlich auch für diesen Zweck Zusammenschluß und Organisation: Gründung von gemeinschaftlichen Einkaufsgenossenschaften, die durch günstigen Einkauf dem Konsumverein ein Paroli bieten können, Bildung von Kreditgenossenschaften."

Ja, meine Herren, das ist der Weg, den der Zwischenhandel einzuschlagen hat; er soll sich selbst genossenschaftlich organisieren, und wir haben soundsoviel Fälle aus der Praxis, durch die der Beweis erbracht ist, daß, wo die Kleinhändler sich zu Einkaufsgenossenschaften vereinigt haben, sie ihre wirtschaftliche Lage gestärkt und gefestigt haben.

Auch sogenannte Genossenschaftshäuser wären möglicherweise außerordentlich wirksam für den Händler, sie würden den Handel mit den Handwerkern in engere Beziehung bringen. Vorsicht bei der Gründung solcher Genossenschaften ist aber ganz naturgemäß geboten.

Meine Herren, möglichst wenig von der Selbsthilfe, alles vom Staat, das ist der Schlachtruf, der durch ein Jahrzehnt im Genossenschaftswesen erschallt ist. Ich erwähnte vorher den Bericht des Hauptverbandes, jene Konferenz, die am 13. und 14. Mai stattgefunden hat. Mit großer Befriedigung werden wir alle davon Kenntnis zu nehmen haben, daß in jener Konferenz die Frage der Selbst- und Staatshilfe bei der Bildung von Genossenschaften in Erörterung gezogen, und daß dabei ausgesprochen worden ist, daß das Genossenschaftswesen in erster Linie auf die Selbsthilfe hingewiesen ist. Ferner haben wir mit großer Befriedigung Kenntnis davon zu nehmen, daß die Bildung eigenen Vermögens den Handwerkergenossenschaften empfohlen wird.

Ganz anders macht sich dagegen eine Resolution, die der Verband der Bayerischen Handwerkergenossenschaften kürzlich gefaßt hat. Da heißt es:

„Der Handwerkertag richtet die Bitte an die Königliche Staatsregierung, die Bestrebungen der Handwerker nach genossenschaftlicher Selbsthilfe auch fernerhin kräftig durch ausreichende finanzielle Unterstützung zu fördern."

(Hört! hört! und Heiterkeit.)

Ja, meine Herren, das ist der bewährte Grundsatz des letzten Jahrzehnts: ausreichende finanzielle Unterstützung, um die Selbsthilfe zu beleben. Ich habe hier eine Notiz vor mir aus dem Gewerbeblatt für das Großherzogtum Hessen. Da findet sich folgende Betrachtung:

„Mit Gottes Hilfe zur Staatshilfe, mit der Staatshilfe zur Selbsthilfe, und mit der Selbsthilfe zum besseren Dasein." (Große Heiterkeit.)

Vor etlichen Jahren, als wir zum ersten Male die Ehre hatten, einen Vertreter der preußischen Regierung in unserer Mitte zu sehen, einen Herrn, den ich persönlich ganz besonders hochschätze, da nahm auch er Gelegenheit, sich über Staats- und Selbsthilfe auszusprechen. Er erklärte die Staatshilfe als ein notwendiges Übel und meinte, wir brauchen sie aber, um die Gewerbetreibenden, die Landwirte zur Selbsthilfe zu erziehen. Meine Herren, das ist ungefähr 8 Jahre her, und wenn man sich die Erziehungsresultate näher betrachtet, glaube ich, wir alle werden der Meinung sein: die Erziehungsresultate sind doch sehr bedenklicher Natur. Da möchte ich denn im Gegensatz zu diesen Erfahrungen darauf hinweisen, wie man in Württemberg das Handwerkergenossenschaftswesen fördert. Dort hat man es nicht abgelehnt, sich an die altbewährte Organisation anzulehnen, sondern im Gegenteil, man hat sie um ihren Rat gebeten, man hat Männer mit der Förderung des Genossenschaftswesens betraut, die in unseren alten Organisationen eine bedeutende Rolle gespielt haben. Man hat einen Erlaß kundgegeben, in welchem mit aller Bestimmtheit ausgesprochen ist, es soll bei der Förderung des Genossenschaftswesens vor allen Dingen geprüft werden: Ist das Bedürfnis vorhanden, sind die geeigneten Männer zur Leitung der Genossenschaften anzutreffen? Wenn diese beiden Voraussetzungen nicht erfüllt sind, ist nicht daran zu denken, daß mit einigem Erfolge die Genossenschaft gegründet werden kann.

Meine Herren, seit Jahr und Tag pflegt man hier und dort Genossenschaftskurse abzuhalten. Ich habe keine Gelegenheit gehabt, einen eingehenden Einblick in die Genossenschaftskurse zu tun, doch nach alledem, was ich von anderen gehört habe, die sich eingehend mit denselben beschäftigt haben, muß ich allerdings sagen: ich glaube, daß mit jenen Genossenschaftskursen nicht immer das erreicht wird, was sie bezwecken. Vor allen Dingen: sollen Genossenschaftskurse abgehalten werden, so muß streng unterschieden werden, welchen Zweck sie verfolgen. Ein Genossenschaftskursus der abgehalten wird für die Revisoren, für die Vorstandsmitglieder von Genossenschaften, muß natürlich anders aussehen wie ein solcher Kursus, der für die Handwerker abgehalten wird, die durch die Vorträge gewissermaßen erst in das Genossenschaftswesen eingeführt werden sollen. Es würde im Interesse einer soliden Entwicklung des Genossenschaftswesens liegen, wenn auch in der Richtung mehr Klarheit geschaffen würde, und die Grundsätze bekannt gegeben würden, nach denen die Genossenschaftskurse abgehalten werden.

Mit gewissem Bedauern muß ich dann feststellen, daß auch das letzte Jahr wieder reich gewesen ist an genossenschaftlichen Erfindungen. Jedes Jahr bringt neue genossenschaftliche Erfindungen, und ich kann auch heute wieder sagen: was an der Erfindung gut ist, ist alt, und was neu ist, taugt nichts. Der Nachteil liegt aber darin, daß diese verschiedenen Genossenschaftssysteme geeignet sind, die Handwerker vollständig zu verwirren und besonders dann, wenn die Handwerkskammern die Genossenschaftssysteme gewissermaßen in ihr Programm aufnehmen. Derartiges haben wir in Ostpreußen zu beobachten. Da ist ein ganz merkwürdiges Genossenschaftssystem erfunden, über das, ich muß gestehen, ich mir auch nicht klar geworden bin. Nun kommt die Handwerkskammer und sucht für dieses Genossenschaftssystem die Handwerker zu gewinnen, gleichzeitig mit einigen wenig liebenswürdigen Bemerkungen gegenüber unseren Genossenschaften. Was ist das Resultat? Daß die Handwerker sich von unseren Genossenschaften abwenden und sich dem neuen Genossenschaftssystem zuwenden, das ihnen natürlich nichts nützen kann.

Meine Herren! Ich habe vorhin schon das Gebiet des Baugenossenschaftswesens gestreift. Ich möchte hier einige Mitteilungen anknüpfen an eine Enquete, die ich im vergangenen Jahre bei den Herren Verbandsrevisoren veranstaltet habe über die geschäftliche Lage der Baugenossenschaften, ich möchte aus den Berichten entnehmen, daß die geschäftliche Lage der Baugenossenschaften im allgemeinen wohl eine befriedigende ist. Andererseits ist nicht zu verkennen, daß die wirtschaftliche Krisis in den letzten Jahren nicht spurlos an den Baugenossenschaften vorübergegangen ist. Verschiedene Baugenossenschaften wissen nicht, wie sie ihre Wohnungen unterbringen sollen. Schwer getroffen sind die Baugenossenschaften, die sich bei der Kalkulation der Mieten verrechnet haben, es sind dies Genossenschaften die gegründet wurden mit dem ausgesprochenen Zweck, unter allen Umständen billiger als die private Bautätigkeit zu sein. Eine Mietssteigerung ist für eine Baugenossenschaft sehr schwer, und ich möchte daher aus jener Enquete die beherzenswerte Mahnung ziehen: die Baugenossenschaften, die gegründet werden, sollen bei der Mietskalkulation sehr vorsichtig sein. Wenn jetzt sogar von obenher den Baugenossenschaften vorgeschrieben wird, mit der Abschreibung von $\frac{1}{2}\%$ auf 1% zu gehen, müssen die Baugenossenschaften in recht erhebliche Schwierigkeiten geraten.

Ich sprach vorhin von einer Genossenschaftsbank für die Konsumvereine. Für die Bauvereine soll auch eine Baubank gegründet werden mit dem schönen Zweck: den Genossenschaften die zweiten Hypotheken zu beschaffen, sie soll Pfandbriefe ausgeben, und diese sollen als mündelsicher anerkannt werden.

(Heiterkeit.)

Meine Herren, das ist ganz ernsthaft gedacht! Wenn in jenen Verhandlungen erklärt wurde, der preußische Finanzminister bringe der Sache einige Sympathie entgegen, so glaube ich nicht daran.

(Zustimmung.)

Die Beziehungen zwischen Hausbesitzern und Baugenossenschaften sind leider ziemlich die alten und schlechten geblieben. Es wäre mir beinahe Gelegenheit geboten worden, auf dem diesjährigen Hausbesitzertage das Referat über Baugenossenschaften zu halten, und es reizte mich wirklich, dort zu referieren. Da ich aber über die Tage bereits verfügt hatte, konnte ich das Referat nicht übernehmen. Nun ist es leider auf jener Tagung der Hausbesitzer ohne ungerechtfertigte Angriffe auf die Baugenossenschaften nicht abgegangen. Ich bin der Meinung, daß, wenn man dort sich bei der Resolution Beschränkung auferlegt hätte, man erheblich mehr erreicht haben würde. Man nimmt Stellung gegen die künstliche Züchtung der Baugenossenschaften! Ja, da würde der Haus- und Grundbesitzertag unsere vollste Sympathie gewonnen haben. Wir sind gegen die künstliche Züchtung von Baugenossenschaften, wie wir gegen alle Übertreibungen auf dem Gebiete des Genossenschaftswesens sind. Man hat in der Resolution wenigstens die „Existenzberechtigung der Baugenossenschaften“ anerkannt, dann aber weiter eine Reihe Forderungen gestellt, die unerfüllbar sind und die geeignet erscheinen, neue Differenzen zwischen Hausbesitzervereinen und Baugenossenschaften herbeizuführen.

Gern habe ich Kenntnis davon genommen, daß in einer der Schriften, die vom Zentralverband der städtischen Haus- und Grundbesitzervereine herausgegeben werden, folgende Stelle sich befindet:

„.... daß dieser Spar- und Bauverein fast ganz auf eigenen Füßen steht und nur durch das dreiprozentige Darlehn der Landesversicherungsanstalt eine gewisse Unterstützung genießt... Danach ist der Altonaer Bau- und Sparverein ein solcher, der zwar den dortigen privaten Hausbesitzern eine gewisse Konkurrenz bereitet, gegen den aber, da er auf eigenen Füßen steht, nichts einzuwenden war.“

Das ist ein korrekter Standpunkt, wenn anerkannt wird, daß in der Kreditgewährung seitens der Landesversicherungsanstalt keine Staatssubvention im landläufigen Sinne zu sehen ist. Wenn diese Ansicht Gemeingut der Haus- und Grundbesitzervereine wird, dann werden sich ganz gut die Verhältnisse zwischen den Baugenossenschaften und den Grundbesitzern regeln lassen. —

Meine Herren, während dies nun alles um uns herum vorgegangen ist, hat der Allgemeine Verband nicht vernachlässigt, seinen Aufgaben nachzugehen. Wir haben zuerst als ein immerhin beachtenswertes Ereignis das 50jährige Jubiläum unserer Blätter für Genossenschaftswesen gefeiert, das ich mit einem historischen Rückblick in Nr. 1 des lfd. Jahrgs. eingeleitet habe.

Wir haben im vergangenen Jahre uns wieder viel mit der Vervollkommnung der Verbandsrevision beschäftigt, und zwar wesentlich im Anschluß an den Badener Beschluß. Eines ist klar. Wenn wir nicht die geeigneten Kräfte für die Durchführung der Revision haben, nützen uns die allerschönsten Bestimmungen in den Statuten nichts. Die geeigneten Kräfte zu finden, ist nicht immer ganz leicht, denn die Aufgaben des Verbandsrevisors sind hochbedeutsame und verantwortungsvolle, und sie wachsen von Jahr zu Jahr. Da möchte ich nun den Wunsch aussprechen, daß man seitens der Amtsgerichte und Behörden, die Revisoren bestellen, diese etwas genauer auf ihre Qualität ansieht.

(Sehr richtig!)

Wenn irgend ein Bücherrevisor als Genossenschaftsrevisor bestellt wird und sich dann bei der Revision darauf beschränkt, zu erklären, daß die Bücher in Ordnung sind, weiß man ohne weiteres, daß das Gericht in der Auswahl des Revisors sich vergriffen hat. Der preußische Justizminister hat vor Jahr und Tag in einem Erlaß an die Amtsgerichte daran erinnert, daß man die nötige Sorgfalt bei der Auswahl der Revisoren zu verwenden hat. Jener Erlaß ist vielleicht in Vergessenheit geraten. In den andern Bundesstaaten steht es nicht besser.

Die Eintragung des Allgemeinen Verbandes in das Vereinsregister war aus formellen Gründen nicht zu erreichen; wir werden uns in einem besonderen Antrag damit noch zu beschäftigen haben.

Die Hilfskasse hat ihre Obliegenheiten erfüllt, die Ruhegehaltskasse ist in erfreulicher Entwickelung begriffen, und für die Witwen- und Waisen-Pensionskasse haben wir gestern eine Statutenänderung beschlossen, von der wir hoffen, daß sie dazu beitragen wird, daß die Witwen- und Waisen-Pensionskasse ihren Betrieb bald aufnehmen kann.

Zu den Ereignissen, die die Genossenschaften unseres Verbandes lebhaft berührt haben, gehört die Fusion der Genossenschafts-Bank mit der Dresdner Bank. Sie haben heute von Herrn Baron von Steiger gehört, wie die Dresdner Bank den ernsten Willen hat, die Aufgaben, die sie durch die Fusion auf sich genommen hat, zu erfüllen, ja, wie die Dresdner Bank mit ihren reichen Mitteln sogar bestrebt ist, diese Aufgaben noch einer größeren Vollendung entgegenzubringen. Es ist in den Kreisen der Kreditgenossenschaften die Frage aufgeworfen worden: bei der Konzentration der großen Banken, wo bleiben wir da? Nun gestatten Sie mir, dazu meine Ansicht zu äußern. Ich bin der Meinung, daß jene Konzentration der Großbanken für unsere Kreditgenossenschaften nicht gefährlich ist, sondern daß im Gegenteil das Gebiet unserer Kreditgenossenschaften wachsen wird, wenn sie nur auf der Höhe der Zeit bleiben und alle die Geschäftszweige pflegen, die in ihren Wirkungskreis als Volksbanken hineinpassen. Einer großen Bank kann es nicht einfallen, in den Geschäftskreis hineinzugreifen, der zu den Aufgaben unserer Kreditgenossenschaften gehört. Wenn man ruhig die Sachlage prüft, wird man sehen, daß das eine neue Anregung für die Kreditgenossenschaften ist, ihr Arbeitsfeld noch zu erweitern.

Meine Herren, die Entwickelung der Genossenschaften unseres Verbandes ist eine erfreuliche gewesen. Das Zahlenresultat ist in Ihren Händen. Ich glaube nicht, daß es notwendig sein wird, die einzelnen Zahlen hier noch mitzuteilen; Ihre Geduld habe ich schon sowieso in reichem Maße in Anspruch genommen. Ich möchte nur einige Daten aus dem Arbeitsgebiet unserer Genossenschaften hervorheben. Es kommt bei den Kreditgenossenschaften in Betracht, daß sie mit großer Sorgfalt bestrebt gewesen sind, den Kautionskredit zu pflegen und damit ein neues Verdienst um den gewerblichen Mittelstand sich zu erwerben. In einem besonderen Antrage habe ich es für nötig gehalten, mich an die Behörden zu wenden, daß sie die Kreditgenossenschaften bei der Pflege dieses Geschäftszweiges unterstützen. Gern würden die Kreditgenossenschaften dem Wunsche der Handwerker entsprochen haben, auch den Einzug von Forderungen in ihren Geschäftszweig aufzunehmen, aber diese Frage ist noch nicht spruchreif. Gerade aus Handwerkerkreisen sind so viele Bedenken dagegen laut geworden, daß die Kreditgenossenschaften in größerem Umfange sich noch nicht haben entschließen können, den Einzug von Forderungen als Geschäftszweig aufzunehmen.

Meine Herren, für die Konsumvereine kann ich mit Genugtuung feststellen, daß die Barzahlung bei ihnen erhebliche Fortschritte gemacht hat. Gerade gegenüber den Feststellungen des englischen Kollegen, der auf dem englischen Kongreß festgestellt hat, daß dort die Borgwirtschaft Fortschritte gemacht hat, nehme ich mit Genugtuung davon Kenntnis, daß bei den im Allgemeinen Genossenschaftsverbande vereinigten Konsumvereinen das Prinzip der Barzahlung nicht bloß theoretisch hochgehalten wird, sondern daß man auch bestrebt ist, dem Prinzipe zur Durchführung zu verhelfen.

Über die Baugenossenschaften habe ich mich schon ausgelassen; ich will weitere Fragen nicht anschneiden.

Der Verlauf der Verbandstage war ein durchaus befriedigender. Nun aber, da wir heute das Vergnügen haben, eine so große Anzahl von Vertretern der Behörden bei uns zu haben, kann ich nicht unterlassen, bei dieser Gelegenheit an die Herren eine Bitte zu richten. Nach dem Genossenschaftsgesetz haben wir offiziell von dem Abhalten der Unterverbandstage die Behörden in Kenntnis zu setzen. Wir legen aber Wert darauf, daß die Vertreter der Behörden auch unseren Verbandstagen beiwohnen, und zwar in beiderseitigem Interesse. Erstens mal, wie Sie hier gehört haben, haben wir verschiedene Wünsche auf dem Herzen, die wir gern zur Kenntnis der Behörden bringen möchten, andererseits aber, glaube ich, kann es der Regierung nur angenehm sein, wenn sie auf unseren Unterverbandstagen von diesen und jenen Vorgängen erfährt. Während in Süddeutschland auf den Unterverbandstagen kaum jemals ein Vertreter der Regierung fehlt, ist es in Norddeutschland geradezu eine Ausnahme, daß wir einen Verbandstag abhalten, dem ein Regierungsvertreter beiwohnt. Regelmäßig bekommen wir davon Kenntnis, daß aus dienstlichen Rücksichten die Behörden leider verhindert sind, einen Vertreter zum Verbandstage zu schicken. Vielleicht ließe sich doch einmal ein Ausweg finden, daß die

Regierung in Norddeutschland häufiger, als es bisher der Fall war, Vertreter auf diese Verbandstage schickt. Freilich dürfen wir dann wohl einen Vertreter erwarten, der mit der erforderlichen Sachkenntnis ausgerüstet ist.

Meine Herren, ich habe in dem diesjährigen Vorwort des Jahrbuches wiederum eine Gesamtstatistik bekannt gegeben, die sich auf rund 15 000 Genossenschaften erstreckt. Es ist ganz erstaunlich, in wie weitem Umfange das Genossenschaftswesen in die verschiedensten Kreise eingedrungen ist. Da liegt mir vor die Statistik von 11 700 Kreditgenossenschaften mit über 1 600 000 Mitgliedern, einem Umsatz im Betrage von 11 Milliarden Mark; der Betrag der gewährten Kredite beträgt 3 Milliarden, und so geht es durch die verschiedenen Kolumnen weiter. Es ist interessant, zu sehen, welcher Prozentsatz auf unseren Verband entfällt. Von 11 700 Genossenschaften gehören 900 unserem Verbande an mit einer halben Million Mitglieder; sie bilden also den dritten Teil der Mitgliederzahl. Auf die Genossenschaften unseres Verbandes entfallen von jenen gewährten Krediten 2 ½ Milliarden Mark. Bedeutend sind die Ergebnisse der Konsumvereine. 878 Konsumvereine haben 821 000 Mitglieder und erzielten 207 Millionen Mark Umsatz. Die Baugenossenschaften — um deren Zahlen noch zu nennen —: 166 Baugenossenschaften mit 50 000 Mitgliedern; der Wert der von denselben bisher hergestellten Häuser beläuft sich auf 68 Millionen Mark. Aus diesen Zahlen ist ohne weiteres zu entnehmen, wie verzweigt das Genossenschaftswesen ist, wie es in alle wirtschaftlichen Verhältnisse eingreift. Um so größer aber, meine Herren, ist die Verantwortung, die alle die haben, die irgendwelchen Einfluß auf die Gestaltung des Genossenschaftswesens ausüben; um so notwendiger ist eine große Sorgfalt bei der Beobachtung der Entwickelung des Genossenschaftswesens, als wir es mit Wechselbeziehungen im Genossenschaftswesen zu tun haben, die es uns außerordentlich erschweren, Klarheit zu gewinnen bei der Beurteilung der einzelnen Verhältnisse. Ich will nicht wiederholen, was ich über die Zentralisation der Genossenschaften auf früheren Genossenschaftstagen ausgeführt habe. Es mag manches besser geworden sein, aber auch heute sehe ich noch in der weiteren Zentralisation des Genossenschaftswesens für die Zukunft eine große Gefahr.

Meine Herren, begegnen wir nun auf der einen Seite einer ganz bedeutenden Überschätzung der Genossenschaften, so ist leider auf der andern Seite eine erhebliche Unterschätzung zu verzeichnen, nämlich in allen den volkswirtschaftlichen Kreisen, die meinen, daß die Tage des Mittelstandes gezählt seien, daß die Zukunft dem Großbetriebe gehört, und daß es ein vergebliches Bemühen ist, den Mittelstand durch die Organisation der Genossenschaften zu erhalten. Unser Standpunkt ist klar. Wir sind der Meinung, daß die Tage des Mittelstandes nicht gezählt sind, und deswegen schätzen wir die Bedeutung der Genossenschaften so hoch ein.

Und nun, meine Herren, zum Schluß möchte ich zu folgendem Ergebnis kommen. Eins ist vor allen Dingen festzustellen — und darüber sollte in allen Genossenschaftskreisen Einmütigkeit herrschen — fernbleiben müssen die Genossenschaften von allen Bestrebungen, die außerhalb der Förderung von Erwerb und Wirtschaft ihrer Mitglieder mittelst gemeinschaftlichen Geschäftsbetriebes liegen. Jeder Versuch, von oben oder von unten, die Genossenschaften zum Werkzeug politischer oder nationaler Bestrebungen zu machen, ist als ein verhängnisvoller zu bezeichnen. Nicht nach politischen und nationalen Grundsätzen ist der Betrieb unserer Genossenschaften zu verwalten, sondern nach kaufmännischen, geschäftlichen und genossenschaftlichen. Meine Herren, das klingt sehr nüchtern, aber dafür ist es zweifellos vollkommen richtig.

So segensreich das Genossenschaftswesen an und für sich ist, so kann sich die Wirkung ins Gegenteil wenden, wenn die Gründungen der Genossenschaften unter Hurrastimmung mit Schlagworten bei Strohfeuerbegeisterung erfolgen.

Meine Herren, die heutige Lage des Genossenschaftswesens läßt sich in folgenden Sätzen feststellen. Die Wege, auf denen heute das Genossenschaftswesen sich entwickelt, sind verschlungene. Die Lage ist von Jahr zu Jahr eine verwickeltere geworden. Es mag vieles verbessert sein, was bei den Gründungen in den 90er Jahren gesündigt ist, aber nach mancher Richtung sind die Zustände auch heute noch bedenklicher Art. Ich habe im vorigen Jahre gesagt: in gewissen Kreisen sind wir unbequeme Mahner. Wir wünschten, wir könnten die Mahnungen einstellen, denn auch für den Mahner selbst sind die Mahnungen unbequem und in der Regel undankbar. Aber getreu den Traditionen unseres Verbandes halten wir es für unsere Aufgabe und Pflicht, alles in das volle Licht der Öffentlichkeit zu ziehen, was in den Bereich des Genossenschaftswesens fällt, in der Überzeugung, dadurch allein dem Genossenschaftswesen ehrlich zu dienen und an dessen gesundem Ausbau weiter zu arbeiten. Meine Herren, an dem Genossenschaftswesen sind alles in allem beteiligt vielleicht 2½ Millionen Bürger des Deutschen Reiches. Das deutsche Genossenschaftswesen hat eine Entwickelung genommen, die weit überragt die Genossenschaftsbewegung anderer Länder, und mit Stolz und Genugtuung haben wir stets hingewiesen auf die Gestaltung des deutschen Genossenschaftswesens. Mögen wir aber auch in Zukunft Ursache haben, mit Stolz und Genugtuung des deutschen Genossenschaftswesens Erwähnung zu tun. Das Genossenschaftswesen gehört zu den Kräften, die man nicht schrankenlos walten lassen kann. Ich schließe mit den Worten: Mögen die in den Bericht eingeflochtenen Mahnungen und Warnungen dort nicht ungehört verhallen, wohin sie im Interesse einer gesunden Entwickelung des

Genossenschaftswesens und damit im Interesse des gewerblichen Mittelstandes — im weitesten Sinne des Wortes — gerichtet sind.

(Lebhafter anhaltender Beifall und Händeklatschen.)

Vorsitzender **F. X. Proebst** (München): Wünscht einer der Herren zu dem Berichte des Herrn Anwalts weitere Aufklärungen oder sonstige Äußerungen? — Es scheint nicht der Fall zu sein; dann darf ich wohl im Namen der ganzen Versammlung dem Herrn Anwalt für seine treue Mühewaltung und für den eben erstatteten vorzüglichen Bericht herzlichen Dank aussprechen.

(Bravo!)

Wir gehen weiter in der Tagesordnung. Der Antrag des Vorschußvereins zu Wiesbaden betreffs des Sparkassenbetriebs wird heute auf mehrseitiges Ersuchen nicht zur Verhandlung gelangen und auf morgen vertagt.

Es kommt jetzt an die Reihe nach den Beschlüssen der gestrigen Vorversammlung der Antrag des Pommerschen Verbandes, den die Herren auf Seite 3 der gedruckt vorliegenden Tagesordnung unter Nr. II der Angelegenheiten der Kreditgenossenschaften finden. Die gestrige Vorversammlung hat beschlossen, diesen Antrag den gemeinsamen Angelegenheiten zu überweisen, und zwar zur Verhandlung an der Stelle, an der wir uns eben befinden. Ich bitte Herrn Verbandsdirektor Kurz aus Stettin den Bericht zu erstatten.

Antrag des Verbandes der Vorschuß- und Kreditvereine von Pommern und den Grenzkreisen der Mark Brandenburg:

> **Der Deutsche Genossenschaftstag nimmt Kenntnis von der Vereinigung der Deutschen Genossenschafts-Bank Soergel, Parrisius & Co., A.-G., mit der Dresdner Bank.**
>
> **Er spricht die Erwartung aus, daß die Dresdner Bank die Aufgaben, welche ihr als Nachfolgerin der Deutschen Genossenschafts-Bank im Genossenschaftswesen gestellt und von ihr übernommen worden sind, dauernd erfüllen wird.**

Berichterstatter Verbandsdirektor **Kurz** (Stettin): Meine Herren, ich habe den Auftrag, Ihnen einen Bericht zu geben über die Verschmelzung oder meinetwegen das Aufgehen der Deutschen Genossenschafts-Bank, Soergel, Parrisius & Co., A. G., in die Dresdner Bank. Ich hatte, als ich auf meinem Unterverbandstage diese Frage zur Erörterung stellte, nicht den Glauben, daß sie in Ihren Kreisen eine so große Wichtigkeit haben könnte, daß Sie sie als eine allgemeine Angelegenheit des deutschen Genossenschaftswesens betrachten würden. Ich glaubte, es sei dafür lediglich ein besonderes Interesse bei den Kreditgenossenschaften vorhanden. Aber, wie dem auch sei, das eine glaube ich hier ohne weiteres sagen zu können: in meinem Bericht kann ich mich kurz fassen, denn wir haben es hier mit einer vollendeten Tatsache zu tun und uns lediglich mit dieser vollendeten

Tatsache abzufinden. Ich gestehe Ihnen ganz offen, daß es mir genau so ergangen ist wie wahrscheinlich den meisten von Ihnen, als ich von dem Aufgehen und Aufhören der Deutschen Genossenschafts-Bank erfuhr. Ich war nicht nur erstaunt, ich war sogar besorgt; ich wußte nicht, was ich aus der Sache im ersten Moment machen sollte. Der Zufall führte mich wenige Tage, nachdem ich von dieser beabsichtigten Verschmelzung Kenntnis erhalten hatte, nach Berlin, und ich suchte sofort unsern Herrn Anwalt auf und sagte ihm, ich würde Gelegenheit nehmen, auf dem Unterverbandstage in irgend einer Form diese Angelegenheit zur Besprechung zu bringen. Ich hielt mich hierzu verpflichtet, weil ich annahm, daß dieselben Befürchtungen, die im ersten Augenblick bei mir Platz gegriffen hatten, auch bei anderen Genossenschaftern vorhanden sein würden. Diesen wollte ich Gelegenheit geben, sich darüber zu äußern, und andererseits wollte ich unserm Anwalt wie dem Vertreter der Deutschen Genossenschafts-Bank resp. der Dresdner Bank, Genossenschaftsabteilung, Gelegenheit geben, die etwaigen Bedenken zu zerstreuen und uns Aufklärung über die Zukunft der Bankverbindung für die deutschen Genossenschaften zu geben. Ich kann wohl sagen, daß schon auf dem Unterverbandstage eigentlich die Behandlung dieser Frage nicht mehr notwendig gewesen wäre, denn in der Zwischenzeit, wo ich dem Herrn Anwalt gesagt hatte, ich würde die Sache zur Besprechung auf dem Unterverbandstage bringen, bis zur Abhaltung des Unterverbandstages, war durch die Presse und durch die Genossenschaftsblätter über die Gründe und die Zweckmäßigkeit der Fusion beider Banken genügend Aufklärung gegeben. Ich glaube aber trotzdem, daß wir gut daran getan haben, nicht nur auf dem Unterverbandstage die Sache zu besprechen, sondern auch die Sache hier vor das Forum des Allgemeinen Genossenschaftstages zu bringen, sei es auch nur zu dem ausgesprochenen Zwecke, von den gegebenen Verhältnissen und den Versprechungen, die uns von den verschiedensten Seiten gegeben worden sind, offiziell durch den Deutschen Genossenschaftstag Kenntnis zu nehmen.

Meine Herren, Sie haben heute Morgen die Erklärung des berufenen Vertreters der Dresdner Bank gehört. Ich habe den ganzen Wortlaut nicht im Gedächtnis, aber das eine habe ich mir gemerkt. Er sagte, daß es die ganz besondere Aufgabe der Dresdner Bank sein solle, die Interessen der deutschen Genossenschaften im weitesten Umfange zu berücksichtigen. Das ist ein Versprechen von offizieller Stelle und bei Begrüßung des Allgemeinen Genossenschaftstages gegeben, das gar nicht hoch genug anzuschlagen ist, und an der Aufrichtigkeit und Redlichkeit dieses Versprechens zu zweifeln, liegt nicht die geringste Veranlassung vor.

Meine Herren, es kommt nicht darauf an, daß wir uns heute noch darüber unterhalten, ob die Verschmelzung notwendig und zweckmäßig war, oder ob andere Wege hätten gefunden werden können. Wir können uns auch heute gar nicht darüber aussprechen, ob die Zukunft für uns von Vorteil ist oder nicht. Es ist sehr zweifelhaft, heute schon mit Bestimmtheit sagen zu können, wer in seinen Erwartungen am meisten getäuscht sein wird, wenn Täuschungen überhaupt eintreten sollten. Es ist auch nicht zu sagen, wer den größten Vorteil von der Verschmelzung haben wird; aber ich meine, hier heißt es mit Vertrauen in die Zukunft blicken, und ich bin fest überzeugt: wie bisher die deutschen Genossenschaften sich in allen Fällen selbst zu helfen gewußt haben, so werden sie auch in der Zukunft sich zu helfen wissen, falls die Erwartungen, die sie an das Aufgehen der Genossenschafts-Bank in die Dresdner Bank knüpfen, sich nicht erfüllen sollten.

Meine Herren, es wird nun die Aufgabe der deutschen Genossenschaften selbst sein, das Institut, das mit außerordentlich großen Mitteln und weitverzweigten Verbindungen ausgestattet ist, sich selbst zunutze zu machen und sich das, was die Dresdner Bank in Zukunft den deutschen Genossenschaften bieten will, auch zu verdienen. Denn je mehr wir, die deutschen Genossenschaften, der Dresdner Bank zeigen, daß wir mit ihr gern in Zukunft arbeiten wollen, um so weniger wird die Dresdner Bank uns entbehren mögen und um so mehr wird sie es für ihre Aufgabe halten, jedem berechtigten Wunsche entgegenzukommen. Die Mitglieder des Gesamtausschusses haben am Montag, als diese Frage zur Besprechung kam und der Antrag des Pommerschen Verbandes ein wenig geändert wurde, sodaß ich sagen könnte, es ist jetzt eigentlich ein Antrag des Gesamtausschusses der vorliegt, von berufener und erfahrener Seite gehört, daß die Wünsche der deutschen Genossenschaften häufig weit über das hinausgegangen sind, was die Deutsche Genossenschafts-Bank den Genossenschaften bieten konnte. Wir haben von den Genossenschaften gehört, daß sie mit der Bank nicht zufrieden waren, und wir mußten wieder umgekehrt hören, daß die Bank ebenso oft Veranlassung gehabt hat, mit dem Verhalten der Genossenschaften unzufrieden zu sein. Daß sich das in Zukunft ändern wird, glaube ich kaum; aber ich meine: Vertrauen gegen Vertrauen, und es bedeutet zweifellos ein großes Vertrauen, das die Dresdner Bank dem deutschen Genossenschaftswesen entgegengebracht hat, wenn sie sich bemüht hat, mit Mitteln, die man als recht ausreichend, wenigstens für die Aktionäre, bezeichnen kann, die Deutsche Genossenschafts-Bank in sich aufzunehmen; und sie hat doch zweifellos für die Zukunft für sich einen Erfolg erwartet. Wenn die Dresdner Bank aus dem Aufgehen der Deutschen Genossenschafts-Bank in sie und aus den Verbindungen, die ihr dadurch in allen deutschen Gauen geboten werden, einen Vorteil erwartet, so muß naturgemäß an diesem Vorteil das deutsche Genossenschaftswesen wieder Teil nehmen.

Und so lassen Sie mich diesen kurzen Vortrag — ich will Sie in der Tat mit einem langen Vortrag nicht behelligen — damit schließen, daß ich Sie noch einmal bitte: Machen Sie selbst die Dresdner Bank zu Ihrer neuen Genossenschaftsbank, ziehen Sie sich die Einrichtungen der Dresdner Bank, die weit über die Mittel der Deutschen Genossenschafts-Bank hinausgehen, selbst zunutze; helfen Sie dadurch, daß, wenn ein weiterer Ausbau notwendig werden sollte, dies in Ihrem Interesse und zu Ihrem Vorteil geschieht. Sie werden dann den Vorteil für sich haben, an einem großen Bankinstitut, das mit als eins der ersten in Deutschland zu bezeichnen ist, in erheblichem Umfange beteiligt zu sein, und das kann nur zum Segen des Allgemeinen Genossenschaftsverbandes gereichen.

(Beifall.)

Ich bitte Sie schließlich, den Antrag möglichst ohne Debatte anzunehmen.

Der Antrag des Verbandes der Vorschuß- und Kreditvereine von Pommern pp. wird einstimmig und ohne Debatte angenommen.

Vorsitzender **F. X. Proebst** (München): Wir kämen nunmehr zu Punkt:

III. Bericht über die Hilfskasse — die Ruhegehaltskasse — die Witwen- und Waisen-Pensionskasse deutscher Erwerbs- und Wirtschaftsgenossenschaften.

Berichterstatter Direktor **Jäger** (Berlin) (Schatzmeister der drei Kassen): Meine Herren! Mit der Unterstützung einer Familie und zwar in Höhe von 500 Mark begann die Hilfskasse seinerzeit ihre Tätigkeit. Inzwischen sind 17 Jahre verflossen und die Hilfskasse hat von Jahr zu Jahr ein immer größeres Arbeitsfeld erhalten. Im letzten Geschäftsjahre erstreckte sich die Fürsorge auf 42 Familien, die mit insgesamt 9747 Mark unterstützt werden konnten. Seit Bestehen der Hilfskasse sind nunmehr 91 888 Mark an 366 Familien gewährt worden.

Solche Ergebnisse auf dem Gebiete der Humanität und Nächstenliebe sind hocherfreulich!

Die Hilfskasse läßt es sich aber seit 5 Jahren angelegen sein, auch noch in anderer Richtung ihre segensreiche Tätigkeit zu entfalten. Den Veteranen unserer Sache, die in der Ruhegehaltskasse vereinigt sind, gewährt sie Beihilfen zu deren Prämienzahlungen. Dadurch ist vielen unserer älteren Vorstandsmitglieder und Beamten der Beitritt zur Ruhegehaltskasse ermöglicht worden. Diese Prämienbeihilfen betrugen im letzten Geschäftsjahre 11 581 Mark, seit 5 Jahren überhaupt 68 596 Mark.

Und jetzt, meine Herren, haben wir weiter die hocherfreuliche Tatsache, daß am gestrigen Dienstag die Generalversammlung der Hilfskasse beschlossen hat, die Prämienbeihilfen für ältere Vorstandsmitglieder und Beamte zur Witwen- und Waisen-Pensionskasse **nach festen Sätzen** zu gewähren. Damit ist ein bedeutsamer Wendepunkt im Werdegang der Witwen- und Waisen-Pensionskasse eingetreten. Früher bestand die Absicht, diese Beihilfe der Hilfskasse in freibleibender Art zu konstruieren. Eine genaue Untersuchung des Hilfskassen-Statuts ergab jedoch, daß die Beihilfe nach festen Sätzen übernommen werden könne, ohne die Erfüllung der von der Hilfskasse bereits übernommenen Verpflichtungen zu beeinträchtigen. Dem Wunsche vieler Beitrittslustiger ist jetzt mit diesem wichtigen Generalversammlungsbeschluß der Hilfskasse entsprochen. Es werden, je nach dem Alter des Beigetretenen 20, 30 bezw. 40% der Vollprämie zur Bezahlung übernommen und auf die Prämienhälfte des Versicherten zur Anrechnung gebracht. Nunmehr ist jedem die Möglichkeit gegeben, die Verpflichtungen genau zu übersehen, welche mit dem Beitritt zur Witwen- und Waisen-Pensionskasse verbunden sind. Gestatten Sie mir in dieser Richtung ein Beispiel. Gesetzt, es handelt sich um einen 50jährigen Herrn, der den Beitritt erwirkt und 100 Mark Jahresprämie zu zahlen hat, so würde die Genossenschaft 50 Mark, die Hilfskasse 40 Mark und der persönlich Versicherte selbst restliche 10 Mark zu tragen haben. Es dürfte kaum eine Pensionskasse in Deutschland geben, welche ähnliche Vergünstigungen und infolgedessen auch nur annähernd so niedrige Prämien für die Person des Versicherten aufzuweisen hat.

Nach der Bestimmung des Kaiserlichen Aufsichtsamts für Privatversicherung ist die Eröffnung der Geschäftstätigkeit der Witwen- und Waisen-Pensionskasse gestattet, sobald 200 persönliche Teilnehmer vorhanden sind. Sorgen wir nunmehr dafür, daß diese Ziffer bald erreicht wird. Nicht unerwähnt möchte bleiben, daß die Vergünstigung der Prämienbeihilfe, ähnlich wie es seinerzeit für die Ruhegehaltskasse festgesetzt wurde, nur den Versicherten zuteil wird, welche innerhalb Jahresfrist seit Eröffnung der Geschäftstätigkeit der Kasse dieser beitreten und im Lebensalter das 35. Jahr überschritten haben oder im Beitrittsjahre erreichen werden. Ferner ist es für die älteren Herren von besonderer Bedeutung, daß den diesbezüglichen Beschlüssen rückwirkende Kraft beigelegt wurde und zwar u. a. in der Richtung, daß allen Interessenten, welche am 25. August 1903, dem Tage der Konstituierung der Witwen- und Waisen-Pensionskasse, das 60. Lebensjahr noch nicht überschritten hatten, der Beitritt innerhalb der erwähnten Jahresfrist freigestellt bleibt.

Am Schlusse meiner kleinen Betrachtung ist es für mich Ehrenpflicht, aller derer dankbar zu gedenken, die im verflossenen Jahre mit Wort und Schrift und in werktätiger Art unseren drei Wohlfahrts-Einrichtungen ihre Unterstützung angedeihen ließen. Insbesondere gilt dies den Getreuen in der Hilfskasse. Es hat sich im edelsten Sinne eine Waffenbrüderschaft entwickelt, die auf der Grundlage der Selbsthilfe dem humanitären und genossenschaftlichen Gedanken huldigt und gleichzeitig die Zugehörigkeit zu unserem Allgemeinen Verband immer inniger werden läßt!

So, meine Herren, mag es auch in Zukunft bleiben!

(Beifall.)

Vorsitzender **F. X. Proebst** (München): Wünscht einer der Herren das Wort zu dem eben gehörten Bericht? — Das scheint nicht der

Fall zu sein. Dann darf ich annehmen, daß die Versammlung mit Befriedigung Kenntnis von dem Vortrag genommen hat.

Wir kommen zum nächsten Gegenstand der Tagesordnung:

IV. Wahlen von drei Mitgliedern in den Vorstand der Hilfskasse nach dem Statut § 8 der Hilfskasse.

(Auf dem Allgemeinen Genossenschaftstag in Danzig waren gewählt die Herren Jordan, Neugebauer, Kurz.)

Darf ich Ihnen den Vorschlag unterbreiten, dieselben drei Herren wiederzuwählen? — Es erfolgt kein Widerspruch, also sind die drei Herren gewählt, und ich darf voraussetzen, daß sie dem Rufe des Allgemeinen Genossenschaftstages Folge leisten werden.

Wir gehen weiter zu Punkt

V. Antrag des Anwalts betreffend Änderung des Statuts des Allgemeinen Verbandes zum Zweck der Eintragung des Allgemeinen Verbandes in das Vereinsregister.

I. Der Allgemeine Genossenschaftstag wolle beschließen:

Das Statut des Allgemeinen Verbandes wird wie folgt abgeändert:

1. Die Überschrift des Statuts soll lauten:

   Statut des Allgemeinen Verbandes der auf Selbsthilfe beruhenden deutschen Erwerbs- und Wirtschaftsgenossenschaften vom .. August 1904.

2. § 1 erhält folgende Fassung:

   Der Verein führt den Namen „Allgemeiner Verband der auf Selbsthilfe beruhenden deutschen Erwerbs- und Wirtschaftsgenossenschaften“.

   Sein Sitz ist Berlin.

   Seine Wirksamkeit erstreckt sich über das ganze Deutsche Reich.

   Der Verein soll ins Vereinsregister eingetragen werden.

3a. Die Einleitung zu § 2 soll lauten:

   Zweck des Vereins ist, unter Ausschluß jeglichen wirtschaftlichen Geschäftsbetriebes . . . .

b. Ziffer d des § 2 soll fortfallen.

4a. In § 15 wird zwischen Absatz 2 und 3 folgende Bestimmung eingeschoben: „Er ist Vorstand und gesetzlicher Vertreter des Vereins im Sinne des § 26 B.G.B.“

b. Die Einleitung des Absatz 3 soll lauten:

   Seine Obliegenheiten sind: . . . .

5a. Hinter den § 40 ist einzuschieben:

   § 40a. Zur Wahl des Vorstandes für die Hauptversammlungen des Allgemeinen Genossenschaftstages, zur endgültigen Festsetzung der Tagesordnung, sowie zur Erledigung sonstiger

Förmlichkeiten findet vor Beginn der Hauptversammlungen eine Vorversammlung statt.

Der Vorsitzende des Gesamtausschusses eröffnet und leitet die Vorversammlung und ernennt zwei oder mehrere Schriftführer für die Vorversammlung.

§ 40b. Der Vorstand der Hauptversammlungen wird gebildet aus einem Vorsitzenden, einem oder mehreren Stellvertretern des Vorsitzenden, zwei oder mehr Schriftführern.

Wählbar zum Vorsitzenden oder zu Stellvertretern sind nur die anwesenden Mitglieder von Genossenschaften des Allgemeinen Verbandes.

b. § 41 erhält folgende Fassung:

Über Beratungen und Beschlüsse des Allgemeinen Genossenschaftstages ist von den Schriftführern ein Protokoll aufzunehmen; jedes Protokoll ist von dem Vorsitzenden und einem Schriftführer zu unterzeichnen.

6. § 50 erhält folgende Fassung:

Im Falle der Auflösung des Vereins fällt sein Vermögen an die Hilfskasse deutscher Erwerbs- und Wirtschaftsgenossenschaften.

2. Wahl des Vorstandes des Vereins.

Berichterstatter Anwalt **Dr. Crüger**: Meine Herren, bei Gelegenheit der Berichterstattung habe ich bereits darauf hingewiesen, daß die im vergangenen Jahre beschlossene Eintragung des Allgemeinen Verbandes in das Vereinsregister Schwierigkeiten gefunden hat. Das Amtsgericht hatte angenommen, daß aus dem Statut des Allgemeinen Verbandes nicht mit genügender Klarheit hervorgehe, daß der Allgemeine Verband keine wirtschaftlichen Zwecke verfolge, und hat die Eintragung in das Vereinsregister abgelehnt. Wir haben nie wirtschaftliche Zwecke verfolgt und werden auch keine verfolgen. Gegen den Beschluß des Amtsgerichts erhob ich Beschwerde beim Landgericht. Dies stellte sich jedoch auf den gleichen Standpunkt wie das Amtsgericht. Ich erhob weiter Beschwerde beim Kammergericht, obwohl ich mir einen Erfolg davon nicht versprach, da die beiden vorhergehenden Instanzen in gleichem Sinne entschieden hatten. Die weitere Beschwerde wurde auch zurückgewiesen, und es handelt sich für uns nun darum, dem Statut des Allgemeinen Verbandes ein solche Fassung zu geben, daß ich von neuem den Antrag auf Eintragung in das Vereinsregister stellen kann, und zwar dann mit besserem Erfolge.

Die Gründe, weswegen wir die Eintragung herbeiführen wollen, sind die gleichen wie auf dem Genossenschaftstage in Danzig; ich brauche sie daher nicht noch einmal vorzuführen.

Ich möchte zur Änderung des Statuts folgendes bemerken: es muß im Statut zunächst angegeben sein, von welchem Datum es lautet. Es würde daher hineinzusetzen sein das Datum vom 24. August 1904.

Es soll dann zum Ausdruck gebracht werden, daß wir keine wirtschaftlichen Zwecke verfolgen. Das finden Sie in der Abänderung des § 3: „Zweck des Vereins ist, unter Ausschluß jeglichen wirtschaftlichen Geschäftsbetriebes usw."

Ferner — das ist auch wiederum eine Abweichung von den Beschlüssen in Danzig — haben Sie hier im Statut Bestimmungen, in welchen die Geschäftsordnung enthalten ist. Das, was Sie finden, haben wir in der Geschäftsordnung des Allgemeinen Genossenschaftstages; nach den Bestimmungen des Bürgerlichen Gesetzbuches soll das Statut bereits Vorschriften darüber enthalten.

Ich kann, wie in Danzig, betonen, es handelt sich nirgends um materielle Rechtsänderungen, sondern nur um Anpassung des Statuts an die Bestimmungen des Bürgerlichen Gesetzbuches, um die Eintragung in das Vereinsregister zu ermöglichen. Ich glaube, wir können ohne Diskussion der einzelnen Bestimmungen, die den Engeren- und den Gesamtausschuß schon beschäftigt haben, en bloc diese Statutenänderung annehmen.

Direktor **Henkel** (Cassel): Meine Herren, ich möchte die Bitte an die Versammlung richten, bei dieser Satzungsänderung die entbehrlichen Fremdwörter zu beseitigen und das Ehrenkleid unserer Muttersprache rein zu halten. Ich glaube, daß wir statt „Statut" und „Protokoll" besser sagen: „Satzung" und „Bericht".

Anwalt **Dr. Crüger**: Meine Herren, das hat möglicherweise eine durchgreifende Statutenrevision zur Folge. Das Wort „Statut" findet sich in soundso viel anderen Bestimmungen, und wir müßten die ganzen Satzungen abändern. Das Wort „Statut" findet sich übrigens auch im Bürgerlichen Gesetzbuch. Lassen Sie es daher beim Alten!

Vorsitzender **F. X. Proebst** (München): Meine Herren, als im Jahre 1888 das gegenwärtig geltende Genossenschaftsgesetz im Reichsjustizamt durchberaten wurde, stellte ich — ich hatte die Ehre, damals als Sachverständiger an den Beratungen teilzunehmen — den Antrag, statt „Statut" zu sagen „Satzungen". Aber der damalige Staatssekretär von Schelling führte sofort aus, warum man von dem Ausdruck „Statut" als einem gewissermaßen technisch allgemein anerkannten durchaus nicht abgehen könne. Ich habe mich auch am vergangenen Sonntag in der Sitzung des Engeren Ausschusses die Mühe nicht verdrießen lassen, einige Fremdwörter aus den vorliegenden Bestimmungen auszumerzen; aber an das Wort „Statut" habe ich mich nicht herangewagt. Ich muß den Ausführungen des Herrn Anwalts beipflichten, daß, wenn wir hier alles Fremde ins Deutsche übersetzen wollten, wir das Statut von A bis Z durcharbeiten müßten; sonst wäre es wiederum eine Mischung von reindeutschen und von fremden Wörtern. Nur aus diesem Grunde — sonst bekenne ich mich zum Anhänger und Mitglied des Deutschen Sprachvereins — bitte ich Sie, von irgend einer Änderung Abstand zu nehmen.

Direktor **Henkel** (Cassel): Mit dem Ausdrucke schmerzlichen Bedauerns, daß meine Bestrebungen an diesem Umstande scheitern, ziehe ich meinen Antrag zurück.

Der Antrag des Anwalts wird durch Probe und Gegenprobe einstimmig angenommen.

Anwalt **Dr. Crüger**: Nun bitte ich die Herren, die die Vollmacht von ihren Genossenschaften zur Unterschrift unter das Statut haben, sich hier einzufinden um das Protokoll zu unterschreiben.

(Geschieht.)

Vorsitzender **F. X. Proebst** (München): Es reiht sich hieran, damit dem Wunsche des Gerichts Rechnung getragen ist, die Wahl des Vorstandes des Vereins. Es wurde schon im vorigen Jahre anerkannt, daß der Vorstand des Allgemeinen Verbandes niemand anders sein kann als der Herr Anwalt. Ich bitte Sie, Herrn Anwalt Dr. Crüger neuerdings zum Vorstande des Vereins zu ernennen.

(Anwalt Dr. Crüger wird einstimmig wieder zum Vorstande des Vereins gewählt.)

Wir gehen nunmehr über zu Punkt VI der Tagesordnung:

VI. Beschluß über die Aufnahme von Aktiengesellschaften in den Allgemeinen Verband nach § 4 des Statuts des Allgemeinen Verbandes.

Berichterstatter Anwalt **Dr. Crüger**: Meine Herren, es handelt sich um die Aufnahme von zwei Bauvereinen in den Allgemeinen Verband, die die Form von Aktiengesellschaften haben, der eine in Hanau, der andere in Hamburg. Die Hanauer Gemeinnützige Baugesellschaft ist von Anbeginn Aktiengesellschaft gewesen, ist aber organisiert wie eine Genossenschaft. Der Hamburger Bau- und Sparverein hatte die Form der Genossenschaft, ist aber durch gewisse Umtriebe gezwungen worden, zur Aktiengesellschaft überzugehen. Ich selbst sah mich veranlaßt, diese Umwandlung zu unterstützen. Diese Gesellschaft wünscht nach wie vor in der veränderten Form dem Verbande anzugehören. Ich bitte um Ihre Zustimmung und möchte bemerken, daß der für die Baugenossenschaften zuständige Verbandsdirektor, Herr Landrat Berthold, das Aufnahmegesuch der beiden Gesellschaften unterstützt. Ich bitte Sie, dementsprechend zu beschließen.

(Der Antrag wird angenommen.)

Dann möchte ich bemerken, daß der Punkt der Tagesordnung:

IX. Ausschluß von Genossenschaften

fortfällt. Es handelt sich um eine Genossenschaft, die seit Jahren mit ihren Beiträgen rückständig ist. Der zuständige Verbandsdirektor hat aber die Hoffnung, daß die Genossenschaft eines Besseren sich wird belehren lassen, und ich sehe mich daher veranlaßt meinen Antrag zurückzuziehen.

Vorsitzender **F. X. Proebst** (München): Ich schlage den Herren vor, für heute die Hauptversammlung hiermit zu schließen.

(Zustimmung.)

Schluß der Sitzung 12¾ Uhr.

Zweite Hauptversammlung am Donnerstag den 25. August 1904.

Vorsitzender: F. X. Proebst (München).

Schriftführer: Assessor Hauß (Charlottenburg). Bürgermeister Hopf (Eberswalde).

Eröffnung: 9¼ Uhr.

Vorsitzender **F. X. Proebst** (München): Meine hochverehrten Herren! Nachdem Sie zum erstenmal zu Beginn der Sitzung den Ton der von den Breslauer Genossenschaften uns freundlich gestifteten Glocke gehört haben, eröffne ich die heutige zweite Hauptversammlung.

Ich bitte zunächst den Herrn Schriftführer, das Protokoll der gestrigen ersten Hauptversammlung zu verlesen.

(Das Protokoll wird verlesen und genehmigt).

Meine Herren! Ehe wir in die heutige Tagesordnung eintreten, habe ich die große Freude, der Versammlung mitzuteilen, daß der Herr Oberpräsident der Provinz Schlesien, Exzellenz Graf von Zedlitz-Trützschler uns heute die Ehre seines persönlichen Besuches angedeihen läßt.

(Bravo!)

In Ihrem Namen spreche ich schon jetzt verbindlichen Dank für diese Auszeichnung aus.

Ich habe ferner die große Freude, Ihnen mitzuteilen, daß der Anwalt des deutsch-österreichischen Genossenschaftsverbandes, Herr Reichsratsabgeordneter Wrabetz aus Wien, gestern eingetroffen und heute hier erschienen ist. Sie teilen wohl alle mit mir die Empfindung einer wahren Befriedigung darüber, daß wir den Vertreter unseres Bruderbundes in Österreich hier begrüßen dürfen.

(Beifall.)

Ich erteile Herrn Wrabetz das Wort.

Reichsratsabgeordneter **Wrabetz** (Wien), Anwalt des deutsch-österreichischen Genossenschaftsverbandes: Meine hochverehrten Herren! Vor allem bitte ich um freundliche Entschuldigung, daß ich mit meiner Begrüßung verspätet komme. Ich habe selbst bedauert, daß es mir nicht möglich war, meine Grüße an jene anzuschließen, welche Ihnen gestern dargebracht wurden. Das eine kann ich aber versichern: durch die 24stündige Verspätung sind diese Grüße nicht kälter geworden, sie sind ebenso warm und herzlich, wie sie gestern gewesen wären. Sie wissen, daß wir seit Jahrzehnten einen freundschaftlichen Verkehr mit einander pflegen; nicht nur Sprache und Gesittung verbindet uns, sondern auch der genossenschaftliche Geist, den wir im Sinne Schulze-Delitzsch' schon seit mehreren Jahrzehnten betätigen.

Ich möchte die Gelegenheit nicht vorübergehen lassen, ohne Ihnen über zwei der wichtigsten Begebenheiten im letzten Jahre in Österreich nur mit einigen Worten Aufklärung zu verschaffen.

Fürs erste haben wir seit dem 10. August vorigen Jahres ebenfalls ein Gesetz, betreffend die obligatorische Revision, in Geltung. Die Verhältnisse bei uns erlauben nicht bezüglich der Revision eine solche Dezentralisation vorzunehmen, wie sie bei Ihnen üblich ist. Wir müssen die Revision im Allgemeinen Verbande konzentrieren, und Sie können daraus ungefähr ersehen, um wieviel dadurch die Arbeiten des Verbandes beziehungsweise der Anwaltschaft gewachsen sind. Wir haben über zweihundert Revisionen in dem ersten Jahre vorgenommen, und ich kann nur sagen, daß mit einer einzigen Ausnahme das Resultat im großen und ganzen ein zufriedenstellendes war. Wenn wir auch bei mancher Genossenschaft zu unserem Bedauern konstatieren mußten, daß sie von den Grundsätzen Schulze-Delitzsch' abgewichen ist, so war es doch nicht immer direkt böser Vorsatz, es war vielmehr in den meisten Fällen Unkenntnis der Verhältnisse, denn die deutschen Genossenschaften Österreichs haben sich leider bis zum vorigen Jahre durch eine besondere Betätigung ihrer Solidarität nicht ausgezeichnet. Erst das Revisionsgesetz, welches die Revision obligatorisch macht und nur die Wahl zwischen dem Verbandsrevisor und dem staatlichen Revisor läßt, hat sie in den Verband getrieben. Daß sie in einem Jahre nicht alle unsere Grundsätze in sich aufnehmen konnten, welchen wir seit Jahrzehnten huldigen, ist wohl begreiflich. Ich glaube wohl, daß die Revision uns die Möglichkeit bieten wird, auch solche Genossenschaften ebenfalls zu tüchtigen Genossenschaften im Sinne und Geiste von Schulze-Delitzsch heranzuziehen.

Das zweite wichtige Ereignis, welches Sie jedenfalls interessieren wird, ist, daß auch in Österreich jener Fall vorgekommen ist, welcher jetzt nach mehreren Jahren eigentlich die Beschlüsse Ihres Kreuznacher Genossenschaftstages rechtfertigt, wenn es überhaupt einer Rechtfertigung bedurfte. Während man hier bei der Trennung der Konsumvereine von den Vorschußvereinen die Leitung des Verbandes beschuldigt hat, daß sie gewaltsam diese Trennung vorgenommen habe, ist bei uns das Gegenteil erfolgt. Ich und die Mitglieder unseres Ausschusses haben sich gegen die Trennung gewehrt, und sie ist trotzdem erfolgt. Man hat uns genau mit denselben Vorwürfen überschüttet wie Ihren verehrten Anwalt, obwohl man bei uns nicht sagen kann und konnte, daß eigentlich der Anwalt — entschuldigen Sie den Ausdruck — das Karnickel war, das angefangen hat. Aber eins tritt bei uns klar in die Erscheinung, nämlich die Tatsache, daß man es bei uns gar nicht bemäntelt und gar nicht verschweigt, daß diese Trennung nur zugunsten einer politischen Partei erfolgt ist

(hört! hört!),

und daß man in Österreich gar kein Hehl daraus macht, daß man die Konsumvereine als Teil der Organisation der sozialdemokratischen Partei betrachtet

(hört! hört!),

und daß man es offen deklariert hat: wir brauchen einen Verband, der in unseren Händen ist. Wenn es nun noch naive Gemüter gibt, welche an die Versicherung der politischen Neutralität glauben, so muß ich diese Harmlosigkeit sehr lebhaft bedauern. Der Allgemeine Verband hat gegenüber diesen Vorkommnissen jenen Standpunkt, den Sie und wir seit Jahrzehnten eingehalten haben, den Standpunkt vollständiger politischer Neutralität gewahrt. Wir Deutsche — ich glaube, es ist bei Ihnen auch nicht viel besser wie bei uns in Österreich — sind ohnehin zersplittert genug; halten wir auf einem Gebiete wenigstens zusammen, und zwar auf dem für das Wohl unserer Mitglieder wichtigsten, dem wirtschaftlichen Gebiete, und vermeiden da alles Trennende, verhindern, daß die Politik mit ihren leidigen Streitigkeiten und Konsequenzen in unseren Reihen Eingang findet.

(Bravo!)

Wenn ich also gesagt habe, der Kreuznacher Beschluß sei durch diesen Vorgang vollständig gerechtfertigt, so werden Sie diesen Ausspruch von mir berechtigt finden, und ich kann Ihnen eigentlich nur gratulieren, daß Sie diese Sache schon seit einigen Jahren überstanden haben, während wir noch mittendrin stecken. Ich hoffe aber, nachdem unser Allgemeiner Verband sich im letzten Jahre bedeutend gekräftigt hat und seine Mitgliederzahl von 360 auf 750 gestiegen ist, daß wir auch diese Spaltung glücklich überwinden werden. Aber sei dem wie immer, nehmen Sie von mir die Versicherung entgegen, daß die deutschen Genossenschaften Österreichs, welche in dem Allgemeinen Verbande vertreten sind, treu und unentwegt an den Grundsätzen Schulze-Delitzsch' festhalten und alles tun werden, um diesen Grundsätzen vollständig und überall in jeder Genossenschaft Geltung zu verschaffen. Das, glaube ich, ist der beste Gruß, den ich Ihnen namens des von mir vertretenen Verbandes überbringen kann.

(Lebhafter Beifall.)

Vorsitzender **F. X. Proebst** (München): Meine Herren! Es ist außer dieser persönlichen Begrüßung aus Österreich auch noch eine schriftliche von dem Direktor des Verbandes der Vorschußvereine von Wien, dem Vielen von den verehrten Anwesenden wohlbekannten Reichsratsabgeordneten Dr. Ludwig Vogler eingekommen.

Sie werden mit mir einverstanden sein, wenn ich unseren lieben Freund Wrabetz bitte, bei der Heimkehr seinen Vereinen und Genossen in Österreich unseren herzlichen Brudergruß zu übermitteln.

Wir können nunmehr in die Tagesordnung eintreten, und es wird sich empfehlen, in erster Reihe den Antrag unter Ziffer II zu erledigen.

II. Antrag des Vorschußvereins zu Wiesbaden, e. G. m. u. H.:

Der Deutsche Genossenschaftstag legt Verwahrung ein gegen alle Maßnahmen, die geeignet sind, den Kreditgenossenschaften die Annahme fremder Gelder zu erschweren oder gar unmöglich zu machen.

Insbesondere würde er, wie schon in dem Verbote des Sparkassenbetriebs unter der Bezeichnung Sparkasse, eine schwere Gefahr für die Kreditgenossenschaften und damit für unser ganzes Wirtschaftsleben erblicken

a) in der Einführung des Scherlschen Prämiensparsystems;

b) in der Heranziehung der Reichspost zur Einsammlung der Sparbeträge;

c) in der gesetzlichen Begrenzung der von den Kreditgenossenschaften anzunehmenden Spardepositen.

Berichterstatter Verbandsdirektor Justizrat **Dr. Alberti** (Wiesbaden): Meine Herren, der Herr Anwalt hat gestern seinen Bericht erstattet und ist am Schlusse desselben auf die Blüte zu sprechen gekommen, in der namentlich unser Kreditgenossenschaftswesen in Deutschland steht. Er hat einige Zahlen genannt, die ich heute nicht wiederholen werde, zumal ich Ihnen im weiteren Verlaufe meines Vortrages doch noch einiges Zahlenmaterial, wenn auch in geringem Umfange, vorführen muß. Jedenfalls können wir auch bei ernsthafter Betrachtung wohl sagen, daß wir es mit unserem Kreditgenossenschaftswesen in Deutschland weit gebracht haben; wir haben es nach den verschiedensten Richtungen hin ausgebaut und ausgebildet, und gerade in dieser Richtung wird vorerst unsere Tätigkeit nicht zu suchen sein, daß wir wesentlich Neues heranholen. Selbstverständlich wollen wir nicht stehen bleiben, wir wollen weiter streben; aber wenn wir fragen, welches gegenwärtig unsere wichtigste Aufgabe ist, so ist die Antwort: vor allen Dingen dafür zu sorgen, daß die Höhe, die wir erreicht haben, erhalten bleibt, und daß nicht neue wirtschaftliche Maßnahmen kommen, die uns in unserer Tätigkeit wesentlich beeinträchtigen.

Meine Herren, leider fehlt es ja an solchen Gefahren nicht. Es ist ganz natürlich, daß, wenn ein Zweig des wirtschaftlichen Lebens, wie der unsrige, eine solche Ausdehnung gewonnen hat, er dann manchen anderen Konkurrenz macht, und er nach der einen oder anderen Richtung Schädigungen verursachen kann, die leicht überschätzt werden. Man will dann diesen Dingen, die gefährlich erscheinen, beikommen und schüttet schließlich das Kind mit dem Bade aus. Unsere Aufgabe muß sein, derartige neue Ideen, die an uns herantreten, darauf zu prüfen, wie sie unser Genossenschaftswesen beinflussen, welche Wirkung sie auf die Dauer hin erzielen werden. Ganz besonders ist es aber unsere Aufgabe, darüber zu wachen, daß wir in dem Zufluß der Mittel nicht beschränkt werden. Unsere Tätigkeit geht ja dahin, die einzelnen Beträge zusammenzufassen und mit Hilfe der gesammelten Gelder diejenigen Kredite zu gewähren, die unsere Mitglieder brauchen. Werden wir in dieser Tätigkeit gestört, so wird unsere Lebensader unterbunden, und wir können auf das allererheblichste geschädigt werden, und mit uns das ganze Wirtschaftsleben.

Meine Herren, aus diesem Gesichtspunkte heraus haben wir uns bereits in Danzig mit einer Resolution befaßt, die dahin ging:

Der Allgemeine Genossenschaftstag erhebt Protest gegen die Bestrebungen, den Kreditgenossenschaften das Recht auf Pflege des Sparkassenbetriebes unter der Bezeichnung „Sparkasse" zu entziehen.

Heute, meine Herren, haben wir es zum Teil noch mit diesen, zum Teil mit neuen Plänen zu tun, zu denen wir Stellung nehmen müssen. Hoffen wir, daß dieser Punkt in Zukunft von unserer Tagesordnung verschwindet, und wir nicht genötigt sind, jedes Jahr in dieser Beziehung Wünsche auszusprechen. Es ist das an sich keine angenehme Aufgabe, namentlich, wenn wir diese Wünsche zum großen Teil an die Staatsregierung richten müssen, die wir bekanntlich nicht gern behelligen. Andererseits aber glauben wir sagen zu können: wir kommen nicht, um für uns etwas zu fordern, was andere erst aufbringen müssen, sondern wir kommen nur, um einzelnes von uns abzuhalten, was unserer Ansicht nach niemanden schädigt. Um so mehr, meine ich, verdienen unsere Wünsche auch eine sorgsame Prüfung.

Meine Herren, das nächste, worauf ich eingehen will, ist das Scherlsche Sparsystem. Ich will hier die einzelnen Kriterien desselben nicht erörtern; Scherl selbst faßt sie in folgende vier Punkte zusammen: erstens, Sparbeträge von bestimmter Höhe werden allwöchentlich bei den Sparern abgeholt; zweitens, die Sparer erhalten Prämienlose, ohne ein besonderes Entgelt dafür zu leisten; drittens, die Einziehung der Spargelder erfolgt durch eine Zentralstelle, welche die bei den Sparern eingezogenen Sparbeträge an die Sparkassen weitergibt.

Meine Herren, die einzelnen Punkte, die rein technischer Natur sind, mögen die Herren von der Sparkasse erörtern. Ich möchte mich hier nur auf einen prinzipiellen Punkt beschränken und einen weiteren kurz streifen. Dieser letztere ist die Lieferung einer Zeitung. Gerade gegen die Lieferung der Zeitung waren von den verschiedensten Seiten Bedenken erhoben worden. Scherl glaubte, diese Bedenken zerstreuen zu können, indem er sagte: es ist nur die Furcht der Tagesblätter vor der Konkurrenz. Ich möchte hier von unserer Seite feststellen, daß uns ganz andere Gesichtspunkte leiten. Wir haben schon erörtert, welchen nachteiligen Einfluß gerade die Politik auf wirtschaftliche Bestrebungen ausüben kann, wie sie in den Kreis derer, die einträchtig zusammenarbeiten sollen, Zank hineinbringt. Ein derartiges Hineintragen von Politik in das Sparkassenwesen würden wir allerdings von einem solchen Organ befürchten; diese Zeitung soll nicht etwa die Natur eines Sonntagsblattes haben, sondern sie soll die Mitglieder über die Tagesereignisse belehren. Nun, eine derartige Belehrung kann ich mir nicht denken, ohne daß sie irgend welchen politischen Anstrich hat, und das muß notwendig dazu führen, daß die Zeitung von den einzelnen mit sehr gemischten Gefühlen entgegengenommen wird: der eine findet, was er wünscht, der andere, was er fürchtet, und das ist der Beginn der Streitigkeiten, das Hineintragen von Politik, was wir vermeiden müssen. Deshalb ist es ein prinzipieller Fehler, wenn man glaubt, die Leute zu energischem Sparen anhalten zu können, indem man ihnen eine Zeitung liefert.

Meine Herren, wichtiger aber noch für uns, weil die prinzipielle Bedeutung noch erheblich höher ist, ist die Seite des Systems, daß es die Sparer durch eine Lotterie anlocken will. Jedes Jahr soll ein Betrag von 1,80 Mark dazu verwendet werden, um als Prämieneinsatz zu dienen, und dafür soll eine Lotterie ins Werk gesetzt werden. Man ruft hier eine Leidenschaft hervor, die wir unter allen Umständen auf das energischste bekämpfen müssen. Wir sagen: Sparen und Spielen sind ganz direkte Gegensätze.

(Sehr richtig!)

Der Sparer muß sich den Genuß entziehen, den er gegenwärtig haben kann, um in der langsamen Ansammlung seines Vermögens denjenigen Erfolg zu sehen, den er mühsam erreicht. Der Spieler aber will nicht durch Sparen reich werden, er will den Gewinn auf einmal einheimsen und setzt einen Teil seines Vermögens aus, um einen größeren zu erhalten. Jeder, der eine wirtschaftliche Tätigkeit ausübt, will dafür einen Erfolg haben. Der Sparer sieht diesen Erfolg von Tag zu Tag; er sieht mit jeder Mark, die er auf die Sparkasse trägt, sein Vermögen wachsen, und hat die Hoffnung, daß er einst in Zeiten der Not auf ein bestimmtes Kapital zurückgreifen kann. Sieht auch der Spieler einen solchen Erfolg? Wohl in den allerseltensten Fällen; die Gewinne überhaupt, besonders aber die großen Gewinne werden verschwindend selten sein; dann aber gilt auch hier der Grundsatz: „Wie gewonnen, so zerronnen.“ Wer aber nur einen kleinen Gewinn bekommt, wird darin überhaupt kein Entgelt sehen für die Entziehung des Genusses, den er sich auferlegt hat. Und wie sind in denjenigen, die nichts bekommen, — lesen sie nur einmal die Reklame der Lotterien — Hoffnungen auf ein sorgenloses freudenvolles Dasein erweckt, die sich niemals erfüllen! Ich muß sagen: mir ist noch niemand aufgestoßen, der einen großen Gewinn gemacht hat und viele setzen in der Lotterie! Alles das, was die Lotterie hier bringt, wird von einer weitgehenden Bedeutung sein, und diese Bedeutung wird ihre Wirkung dahin äußern, daß man von der Tätigkeit absieht, die man ausgeübt hat: das Sparen hat ja zu nichts geholfen. Andererseits ist aber die Spielleidenschaft geweckt, und man wird sich nach anderen Lotterien umtun, die noch größere Erfolge versprechen.

Meine Herren, ist es überhaupt wirtschaftlich richtig, bei uns in Deutschland die Spielleidenschaft noch anzuregen? Wir hören oft, wie in anderen Ländern gespielt wird, wie sieht es bei uns aus?

In keinem Lande der Welt werden so viele Spieleinsätze verloren, wie bei uns. Diese Ausrechnung ist aufgestellt von einem warmen Befürworter des Scherlschen Sparsystems, dem Professor Mayet. Er hat festgestellt, daß in Deutschland alljährlich 250 Millionen Mark ungefähr in die Lotterien eingesetzt werden, und daß demgegenüber betragen die jährlichen Beiträge für die Krankenversicherung 180 Millionen, für die Alters- und Invalidenversicherung 165 Millionen, für die Unfallversicherung 125 Millionen Mark. Man kann fragen, wie kommt ein Mann, wie Professor Mayet, dazu, unter diesen Umständen eine Förderung der Spielleidenschaft zu empfehlen? Er kommt von dem Gesichtspunkte aus dazu, daß er sagt: ich will die anderen Lotterien durch diese ersetzen, die Spielleidenschaft soll abgekühlt und das Sparen damit verbunden werden. Das ist ein Fehlschluß. Zunächst werden die Lotterien nicht beseitigt werden, sie werden fortbestehen, und ich bin überzeugt, daß diejenigen, die bisher gespart haben, die sein werden, die sich in Zukunft um die Lose der anderen Lotterien drängen werden. So wird die Spielleidenschaft in weite Kreise hineingetragen werden, wo man sie bisher nicht gekannt hat. Ganz besonders wird sie in Kreise hineingetragen werden, die wir ängstlich davor zu hüten verpflichtet sind, nämlich in die Kreise der bisherigen Sparer, die früher von der Sache nichts gewußt haben und jetzt hören, daß sie Prämienlose ohne ein besonderes Entgelt dafür erhalten und enorme Gewinne machen können. Das sind vielfach Leute, die sich unseren Prinzipien angeschlossen haben und auf unsere Veranlassung die wirtschaftliche Tätigkeit des Sparens ausgeübt haben, über die wir darum auch besonders sorgsam wachen müssen. In allen Erörterungen über das Scherlsche System habe ich die über diese Wirkung vermißt.

Meine Herren, man kann nun fragen: wie kommt es, daß bei solchen Tatsachen, die sich kaum bestreiten lassen, selbst Männer wie der Vorstand des deutschen Sparkassenverbandes für eine solche Lotterie sich erwärmt haben? Wenn man näher hinsieht, muß man sagen: es waren keine unlauteren Motive, es war der Trieb, die Spartätigkeit zu erweitern, die sie für das Scherlsche System eingenommen hat. Nun, dann taucht die Frage auf: haben wir wirklich in Deutschland nötig, noch solche Anreize auszuüben, um das Sparkassenwesen zu heben? Wir können mit Stolz sagen, daß wir auch in bezug auf das Sparkassenwesen an der Spitze aller Kulturnationen stehen. Deutschland hat gegenwärtig 9 Milliarden Spareinlagen, es hat auf den Kopf der Bevölkerung 156 Mark eingelegt und steht damit an dritter Stelle; übertroffen wird es nur von Schweden und Norwegen. Auch sind wir nicht etwa im Rückgang begriffen: im Jahre 1901 hoben sich unsere Einlagen um 500 Millionen; die Sparkassenbücher, auf deren Vermehrung es dem Sparkassenverbande ganz besonders ankommt, um 342000 vermehrt. Bemerken will ich, daß bei dieser Statistik die Sparkassen der Genossenschaften nicht in Betracht kommen, weil sie durch die Statistik nicht festgestellt werden können. Welche enorme Spartätigkeit durch unsere Genossenschaften ausgeübt wird, das ist in unseren Verhandlungen stets zu Tage getreten. Würde die Statistik sich auch hierauf erstrecken können, so würden die Millionen noch ganz gewaltig wachsen. Wir fassen die Mittel, die wir heranziehen in der Statistik vielfach zusammen, und auch das, was unter anderem Namen erscheint, stellt sich im wesentlichen als das dar, was als Spareinlagen in die Sparkassen getragen wird. Nebenbei will ich erwähnen, daß das bei Scherl nicht eine besondere Wohltat ist, die dem einzelnen zufließt, daß für ihn besondere Aufwendungen kostenlos gemacht werden, nein, jeder Sparer soll im Jahre 3 Mark zu den Unkosten beitragen, die dem Zinssatz von 100 Mark Ersparnis gleichkommen. Von diesem Gesichtspunkte aus müssen wir das System bekämpfen. Wollen die Männer des Sparkassenverbandes eine Vermehrung der Einlagen erzielen, so weise ich sie auf ein neueres Mittel hin: Mögen sie daraufhin arbeiten, daß in Deutschland die Lotterien verschwinden und daß die 250 Millionen, die dem Spielteufel jährlich geopfert werden, in ihre Kassen fließen!

Wenn wir nun feststellen, welche Aussichten das Scherlsche System hat, so müssen wir leider sagen, daß wir in Preußen nahe an seiner Verwirklichung waren. Die öffentliche Meinung hat hier aber Wandel geschaffen, wie ich hoffen will, für die Dauer. Mit Vergnügen müssen wir feststellen, daß Süddeutschland hier einen ganz anderen Standpunkt einnimmt, und daß nach allem, was ich gehört habe, in Süddeutschland die Verwirklichung solcher Pläne überhaupt ausgeschlossen ist. Anläßlich eines Vortrages, den ich in Ladenburg auf dem Unterverbandstage der unterbadischen Kreditvereine gehalten habe, hat der Herr Vertreter der badischen Regierung, Geheimer Ober-Regierungsrat Ministerialrat Dr. Weingärtner, ausdrücklich eine Erklärung abgegeben, wonach für Baden die Befürchtung einer Verwirklichung des Scherlschen Systems beseitigt ist. Er sagte:

„Der uns heute geschilderte Feind des Sparkassenwesens ist ein ganz gefährlicher Feind. Das sogenannte Scherlsche Lotterie- oder Sparsystem ist deshalb so gefährlich, weil mit anscheinend und zum Teil auch ganz guten Ideen eine außerordentlich gefährliche andere Idee verknüpft ist. Mit der Idee, die Sparstellen zu vermehren, die kleinen Spareinlagen tunlichst leicht zu sammeln und wöchentlich abzuholen, dem Sparer es zu ermöglichen ohne Zeitverlust und ohne weiteren Aufwand seine wenigen Pfennige in die Sparkasse zu bringen, können wir uns gewiß alle befreunden, und jeder, der sich für das Sparkassenwesen interessiert, wird es begrüßen, wenn überall Sparstellen entstehen, wo leicht und bequem die Sparpfennige zurückgelegt werden können. Das haben wir aber auch; gerade Ihre Sparkassen, die der ländlichen Kreditvereine und die Pfennigsparkassen, die von gemeinnützigen Unternehmungen, Geistlichen, Lehrern eingeführt werden, sind die echten Sparstellen und ich kenne verschiedene bei uns, die das Abholsystem eingeführt haben.

Das gefährliche an dem Scherlschen System ist der Anreiz, der geradezu in offizieller Weise geschieht, das Glück zu versuchen. Eine derartige Idee ist so gefährlich, daß sie von der staatlichen Verwaltung aufs eifrigste bekämpft, anstatt gefördert werden sollte. Wir haben seinerzeit in Baden keinerlei Geldlotterien gehabt; anfangs der 60er und 70er Jahre hat man versucht, die Leute auf den einzig richtigen Weg zum Wohlstand aufmerksam zu machen, auf das Sparen. Diese Wege hat man vielfach verlassen und hat die Lotterien geradezu gezüchtet, um auf bequeme Weise Geld zu allen möglichen Zwecken zu bekommen. Nachdem man gesehen hat, daß das geht, ist die Lust gewachsen, derartige Lotterien zu gründen. Dadurch sind die großen Summen angewachsen, von denen ich heute mit wahrem Entsetzen gehört habe, daß nämlich die Lotteriespieleinsätze in Deutschland jährlich 250 Millionen Mark betragen. Es sind nicht die Reichen, Wohlhabenden, die in der Lotterie spielen, sondern meistens werden sauer verdiente Groschen dem Spielteufel geopfert.

Ich darf Ihnen die Versicherung geben, daß in den Kreisen unserer Regierung, unseres Ministeriums, niemals die Hand geboten werden würde, einem derartigen System die Wege zu öffnen und unser Volk dem Spielteufel zuzuführen. Wer einmal spielt, wird nicht eine Lotterie benutzen, die schlechte Chancen bietet, sondern er wird sein Glück in anderen Lotterien versuchen, mit denen keinerlei Ersparnis verbunden ist."

Das war ein erfrischendes Wort; ich hoffe recht sehr, daß es auch in Norddeutschland Widerhall finden wird, und daß das Scherlsche System als ein gefährlicher Feind unserer Volkswohlfahrt dauernd beseitigt ist.

Meine Herren, ich komme nun zu dem, was wir schon im vorigen Jahre erörtert haben, zu dem Antrage, der zu der Resolution führte, die ich vorhin verlesen habe. Ich will die Begründung der Resolution nicht wiederholen, ich will nur mitteilen, daß wir einen schönen Erfolg erzielt haben. Jene Bestrebungen, den Kreditgenossenschaften das Recht auf Pflege des Sparkassenbetriebes unter der Bezeichnung „Sparkasse" zu entziehen, waren deshalb so gefährlich, weil sie sich zu einem Gesetzentwurf verdichtet hatten. Dieser Entwurf lag der Bürgerschaft in Hamburg vor, und man mußte annehmen, daß, wenn er dort Erfolg hatte, er auch in anderen Staaten eingeführt werden würde. Nun, dieser Erfolg ist ausgeblieben; auch hier hat die öffentliche Meinung förderlich mitgewirkt. Der erste, der auf die Gefahr aufmerksam gemacht hatte, war unser Anwalt, Herr Dr. Crüger, der die Angelegenheit im Reichstage zur Sprache brachte und auf den Unterverbandstagen erörterte. Im Anschluß daran wurde dann von uns in Danzig wie von dem Genossenschaftstage der landwirtschaftlichen Genossenschaften in Bonn eine Resolution gefaßt, die sich heftig dagegen erklärte. Allerdings war damit die Gefahr nicht beseitigt. In Hamburg kam es zu einer energischen

Agitation für und wider den Entwurf, und der Ausgang der Sache war, daß der Antrag von der Hamburger Bürgerschaft mit einer Stimme Mehrheit abgelehnt wurde. Auch hier hoffe ich, daß der Erfolg ein dauernder sein wird. Andererseits aber müssen wir feststellen, daß die Herren des Sparkassenverbandes, welche die Sache betrieben haben, nicht so leicht nachgeben werden. Wir müssen daher hier auf der Hut sein.

Wiederum hat es sich auch hier bewährt, daß die Anregung einer solchen schlimmen Sache leicht andere schlimme Dinge im Gefolge hat. Das Scherlsche Sparsystem hat nämlich im preußischen Abgeordnetenhause eine Behandlung erfahren, die ich auch hier erörtern muß. — Wir haben uns schon früher mit der Postsparkasse befaßt, wir haben sie erörtert auf den Unterverbandstagen und den Genossenschaftstagen und mußten dabei feststellen, daß die Einführung der Postsparkasse von der größten Bedeutung sein müßte, daß sie insbesondere die Verstaatlichung des ganzen Sparkassenwesens allmählich zur Folge haben würde, daß sie uns die Mittel entziehen und deshalb auf die Lahmlegung des Genossenschaftswesens hinauskommen würde. Nun ist im Anschluß an die Verhandlungen über das Scherlsche System im Abgeordnetenhause ein Antrag dahin gestellt worden:

Das Haus der Abgeordneten wolle beschließen:

die Königliche Staatsregierung zu ersuchen,

unter Ausschluß jedes den Charakter des Lotteriespiels tragenden Prämiensystems die Spartätigkeit der Bevölkerung durch Bestimmungen behufs Erleichterung der Einzahlung der Sparbeträge, insbesondere in der Richtung der Einführung des Abholungsbetriebes, möglichst weiter zu fördern, dabei auch auf eine Verständigung mit der Reichs-Postverwaltung Bedacht zu nehmen, um den Sparkassen die Einsammlung der Sparbeträge an den Orten ohne Sitz einer Spar-Annahmestelle durch die Organe der Post mittels eines vereinfachten Verfahrens zu ermöglichen.

Meine Herren, wir zweifeln nicht, daß, wenn ein derartiger Antrag angenommen wird, wenn also die Post einmal diese Vermittelungsstelle übernehmen würde, die Scherl beabsichtigt hat, dann die Postsparkasse sehr bald vorhanden sein würde. Und jedenfalls würde die Post eine derartige Tätigkeit nicht zugunsten der Sparkassen ausüben, sondern zugunsten des Reiches, in dessen Dienst sie steht. Ich will heute nicht wiederholen, was wir schon früher ausgesprochen haben, daß eine Zentralisation, eine Verstaatlichung des Sparkassenwesens für uns vom größten Nachteil sein würde. Gerade hier müssen wir sagen, daß eine Tätigkeit im Sparkassenwesen, wie sie vom Sparkassenverband, von einzelnen Sparkassen, wie auch von unseren Genossenschaften ausgeübt wird, durch eine bureaukratisch eingerichtete Institution nicht ersetzt werden kann. Ganz abgesehen davon, daß uns die Mittel entzogen würden, sind wir überzeugt, daß ein voller Ersatz für unsere Sparkassen die Postsparkasse niemals sein könnte. Wir müssen daher unter allen Umständen wünschen, daß dieser Antrag keinen Erfolg haben möge, und nach dieser Richtung werde ich mir daher erlauben, eine Resolution vorzuschlagen.

Ich komme nun zu dem anderen. Es handelt sich hier erst um eine theoretische Idee; sie ist aber von einem Professor in den Conradschen Jahrbüchern für Nationalökonomie und Statistik veröffentlicht, einer Zeitschrift, die durch ihre Stellungnahme in volkswirtschaftlichen Fragen unsere Aufmerksamkeit verdient. Dort hat Professor Dr. Warschauer seine Ansichten über das deutsche Depositenbankwesen ausgesprochen, und diese Besprechung endet mit einem Gesetzentwurf, der unter anderem folgendes bestimmt:

> § 1. Unter dem Namen „Reichsdepositenbank" wird eine der Aufsicht und Leitung des Reiches unterstehende Bank errichtet, welche die Eigenschaft einer juristischen Person besitzt. Sie hat ihren Hauptsitz in Berlin und ist berechtigt, allerorten im Reichsgebiet Zweigniederlassungen zu errichten.

Es heißt dann weiter im § 2:

> Neben der Reichsdepositenbank werden Staatsdepositenbanken errichtet, für welche die Konzession des betreffenden Bundesstaates einzuholen ist.

Und im § 4 ist gesagt:

> Kreditgenossenschaften mit unbeschränkter Haftung haben das Recht, bis zur vollen Höhe des von den Genossenschaften bar eingezahlten Betriebskapitals Spardepositen entgegenzunehmen; sie unterliegen in sonstiger Beziehung den gleichen gesetzlichen Bestimmungen wie die Effektenbanken.
>
> Kreditgenossenschaften mit beschränkter Haftung ist die Annahme von Spareinlagen untersagt.

Meine Herren, der Vorschlag hat in der Presse bereits eine lebhafte Besprechung gefunden, die allerdings nicht in einem befürwortenden Sinne ausgefallen ist. Aber trotzdem dürfen wir es nicht leicht nehmen, schon mit Rücksicht auf die Bedeutung der Kreise, aus denen der Vorschlag hervorgegangen ist, und weiter mit Rücksicht auf ein anderes Moment, das mir bedenklich erscheint. Würde dieser Entwurf Gesetz, so würde zweifellos das Reich wie jeder Bundesstaat eine sehr schöne Einnahme daraus ziehen. Und sie wissen: Einnahmen sind in unserem Staate immer willkommen, und schöne Pläne, welche große Einnahmen bezwecken, finden unter allen Umständen eine Prüfung. Nun, wir wollen durchaus nicht dem entgegen sein, daß diese Prüfung vorgenommen wird; aber wir wünschen recht sehr, daß bei dieser Prüfung auch die Momente erörtert werden, die ich jetzt vorzuführen die Ehre habe.

Was uns an dem Vorschlage namentlich beunruhigt, ist die Bestimmung des § 4 des Gesetzentwurfs. Bei den Depositen unterscheidet Professor Warschauer zwischen Spar- und Geschäftsdepositen und zu letzteren rechnet er die Kontokorrent- und Checkeinlagen; alle anderen Einlagen bezeichnet er als Spardepositen. Diese entgegenzunehmen, würde nun nach § 4 unseren großen Vereinen, die zur beschränkten Haftpflicht übergegangen sind, vollkommen untersagt sein, während die Vereine mit unbeschränkter Haftpflicht sie bis zur Höhe des eingezahlten Betriebskapitals annehmen dürfen. Was ist nun der Zweck eines derartigen Vorgehens? Nun, Herr Warschauer sagt: der Schwache soll geschützt werden, — und zwar ist es nicht die reine Menschenliebe, die ihn leitet, sondern es sind höhere Grundsätze gegen den Staat überhaupt. Er sagt:

> Aus der Summe der Privatwirtschaften jedoch setzt sich die Volkswirtschaft zusammen, und die Verluste, die in der falschen Verwendung der Depositenkapitalien sich ergeben, müssen schließlich auch zu einer Minderung des Nationalvermögens und Schwächung der kollektiven Produktivkräfte führen.

Also im Interesse des gesamten Nationalvermögens macht er seine Vorschläge; aber er hat vollkommen versäumt, zu prüfen, welche Nachteile derartige Vorschläge für das Nationalvermögen haben. Diese Nachteile würden einfach dahin führen, daß unser gesamtes Genossenschaftswesen verloren geht, daß die Kreditgenossenschaften nicht mehr in der Lage sind, ihre Tätigkeit aufrecht zu erhalten.

Welche Wirkung würde das auf den Volkswohlstand haben? Wir haben in unserem Verbande an Sparkassengeldern 580 Millionen Mark, an Geschäftsguthaben 165 Millionen Mark; es bleiben demnach 415 Millionen Mark, die ohne weiteres dadurch getroffen werden. Der Raiffeisenverband hat einen Bestand von 192 Millionen Mark bei 3 Millionen Mark eingezahlten Vermögens; bleiben 189 Millionen Mark. Der landwirtschaftliche Genossenschaftsverband hat 311 Millionen Mark Spardepositen und 14 Millionen Mark eigenes Vermögen, bleiben 297 Millionen Mark. Das zusammen gibt 901 Millionen Mark, die ohne weiteres herausgezogen werden müssen. Dabei ist nicht berücksichtigt, daß die Genossenschaften mit beschränkter Haftpflicht überhaupt alle Spardepositen zurückzahlen und also einen entsprechenden Betrag der ausgeliehenen Gelder einziehen müßten. Rechnen wir das hinzu, so kommt der Betrag von weit über einer Milliarde heraus, der von unseren Kreditgenossenschaften herausgezahlt und zu dem Zweck vorher aus den Kreisen des Mittelstandes, denen er als Kredit gegeben ist, beigetrieben werden müßte. Nun, Sie alle, die Sie im praktischen Leben stehen, die Sie die weite Verzweigung unserer Tätigkeit kennen, können sich ein Bild machen, welch enorme Erschütterung dies in unserem Wirtschaftsleben verursachen würde.

Meine Herren, ich habe schon ausgeführt, daß es sich nicht allein um diese 1000 Millionen handelt, sondern darum, daß überhaupt unsere Tätigkeit lahm gelegt wird, wenn der Vorschlag des Herrn Professor Warschauer zur Verwirklichung gelangt. 900 Kreditgenossenschaften unseres Verbandes haben im Jahre 1902 2492 Millionen Mark Kredit gegeben und hatten am Ende des Jahres 1902

780 Millionen Mark ausstehende Kredite. Wir haben einen Jahresumsatz von 8 Milliarden Mark gehabt! Das alles würde lahm gelegt, und die großen Erfolge würden verloren gehen. Allerdings wird vorgeschlagen eine Reichsdepositenbank und bundesstaatliche Depositenbanken einzurichten. Aber wie sollen diese die Tätigkeit unserer Kreditgenossenschaften ersetzen können! Es ist vollkommen ausgeschlossen, daß sie bis in die Kreise hineindringen, in denen unsere Genossenschaften ihre Geschäfte machen.

Noch eine andere Aufgabe stellt Professor Warschauer diesen Staatsbanken. Er sagt: Wenn die Reichs- und Staatsdepositenbanken diese Gelder bekommen, so können sie den Checkverkehr in unserem Lande ausbreiten; sie sollen überhaupt das erzielen, was gestern einer der Herren Redner betreffend die wirtschaftliche Durchbildung unseres Volkes genannt hat. Ist Herrn Professor Warschauer unbekannt, was wir auf diesem Gebiete erreicht haben? Wenn Sie sich die Statistik ansehen, so finden Sie, daß wir allein 337 Millionen Mark im Checkverkehr umgesetzt haben. Das ist nicht einmal die volle Summe, weil viele Vereine Checkverkehr haben, ohne besondere Checkkonten zu führen und daher in der Statistik nicht enthalten sind. Aber davon weiß Herr Warschauer nichts. Wir haben in unserem Verbande nicht nur den Checkverkehr, sondern auch die wirtschaftliche Durchbildung unserer Mitglieder in hohem Maße erreicht und dadurch mehr erzielt, als die von Warschauer beabsichtigte Reichsdepositenbank ausführen kann. Dabei muß man sich unwillkürlich fragen: was ist die Veranlassung eines solchen Vorgehens? Ich sagte vorhin schon: er gibt als Grund an, der Schwache müsse geschützt werden. Wo sind Gefahren hervorgetreten? Herr Warschauer hat aus der Reihe der Kreditgenossenschaften nur den Zusammenbruch des Hannoverschen Hypothekenvereins mitgeteilt, bei dem 1 800 000 Mark Spareinlagen verloren gegangen sind. Gewiß ist niemand unter uns, der diesen Verlust nicht bedauert; aber Verluste werden in jeder wirtschaftlichen Tätigkeit vorkommen. Und wird denn durch den Warschauerschen Vorschlag auch nur annähernd erreicht, daß die Leute für die Zukunft vor Verlusten gesichert sind? Er gibt z. B. selbst zu, daß die Privatbankiers, von denen die größten Gefahren drohen, durch den von ihm vorgeschlagenen Gesetzentwurf überhaupt gar nicht getroffen würden.

Nun, meine Herren, es muß uns für heute genügen, auf diese Nachteile hingewiesen und klar gelegt zu haben, daß die Verwirklichung des Warschauerschen Vorschlages unserem deutschen Mittelstand und damit unserem ganzen Wirtschaftsleben unheilbare Wunden schlagen würde.

Wir schlagen Ihnen eine Resolution vor, die dahin geht:

> Der Deutsche Genossenschaftstag legt Verwahrung ein gegen alle Maßnahmen, die geeignet sind, den Kreditgenossenschaften die Annahme fremder Gelder zu erschweren oder gar unmöglich zu machen.

Insbesondere würde er, wie schon in dem Verbote des Sparkassenbetriebes unter der Bezeichnung „Sparkasse", eine schwere Gefahr für die Kreditgenossenschaften und damit für unser ganzes Wirtschaftsleben erblicken

a) in der Einführung des Scherlschen Prämiensparsystems;

b) in der Heranziehung der Reichspost zur Einsammlung der Sparbeträge;

c) in der gesetzlichen Begrenzung der von den Kreditgenossenschaften anzunehmenden Spardepositen —

und bitten Sie um einstimmige Annahme dieser Resolution.

(Lebhafter Beifall.)

Henry W. Wolff (London), Vorsitzender des Internationalen Genossenschaftsverbandes: Meine Herren, gestatten Sie mir einige Worte zu dieser Frage, weil wir in England über diese Sache viel Erfahrung gesammelt haben, wonach wir sozusagen am anderen Ende der Bewegung stehen. Während bei Ihnen für die Verstaatlichung der Sparkassen agitiert wird, arbeiten wir für die Entstaatlichung derselben, weil die Verstaatlichung bei uns zu großen Mißständen geführt hat.

Über das Scherlsche System brauche ich nicht erst ein Wort zu verlieren. Vor 11 Jahren wurde ich bei Gelegenheit einer Anwesenheit in Berlin von hervorragender Stelle auf dieses System aufmerksam gemacht; ich hielt es indessen nicht für der Mühe wert, mich erst weiter danach zu erkundigen; es erschien mir ganz unstatthaft. Allein die Versuche, die von staatlicher Seite gemacht werden, um Ihnen die Spartätigkeit zu erschweren und die Spartätigkeit im allgemeinen unter die Kontrolle des Staates zu bringen, interessieren mich lebhaft, weil ich in England in entgegengesetzter Richtung recht tätig bin. Ich kann mich rühmen, daß ich den Sparern in unserem Lande 5 bis 6 Millionen Pfd. Sterling gerettet habe, weil auf meine Vorstellung der Schatzkanzler im Jahre 1896 eine Gesetzesvorlage, die den Zinsfuß um $^1/_2$% herabsetzen wollte, zurückzog. Auch jetzt wieder, nachdem man vor 2 Jahren eine solche Herabsetzung aufs neue in Aussicht nahm, hat man davon zurücktreten müssen. Glauben Sie nicht, daß ich prinzipiell gegen die Postsparkassen reden will; sie haben sich bei uns als ein ungeheuer nützliches Institut bewährt. Die ihnen unmittelbar vorstehenden Behörden tun ihr Möglichstes, um sie dem sparenden Publikum dienlich zu machen. Und sie eröffnen ja für die Ärmeren tatsächlich in jedem Dorfe einen Empfangsschalter. Allein über der Sparkassenverwaltung steht das Schatzamt, und das denkt nur an sich selbst und handelt wie ein Raubtier. Das entstehende Verhältnis ist das einer wahren leonina societas. Die Postsparkassen sind nützlich, wo keine anderen Sparinstitute sind.

(Sehr richtig!)

Aber ich glaube, daß das auch heute gelten muß, was mir vor 9 Jahren der damalige italienische Postminister Maggiorino Ferraris als das bezeichnete, was seine Regierung mit guter Absicht anstrebte: die freien Sparkassen und alle derartigen Institute sollen vor allem die Spargelder in Empfang nehmen, und nur als Reserve sollen die Postsparkassen dienen, damit dann niemand sagen könne, daß er keine Gelegenheit habe, seine Gelder als Spardepositen anzulegen. Das ist das richtige Prinzip.

Betrachten Sie, wie bei uns die Einmischung des Staates vorwärts geschritten ist. In Frankreich ist es ziemlich ähnlich gewesen. Wir sind in der Beziehung die beiden am meisten bureaukratisch regierten Länder, die infolge dessen auch verhältnismäßig die geringste Spartätigkeit entwickelt haben. Wir fingen mit freien Sparkassen an, der Staat kam uns zu Hilfe und gestattete den Sparern, ihr Geld durch die Staatskasse in Staatspapieren anzulegen; das sollte ausgesprochen eine Hilfe sein. In den vierziger Jahren gewährte uns effektiv der Staat einen höheren Zinsfuß, als seine Einnahmen gestatteten; die Spartätigkeit sollte dadurch angeregt werden. Um das Jahr 1860 wollte Gladstone als Schatzkanzler, daß das häufig geldbedürftige Schatzamt auf dem Geldmarkt von den Bankiers unabhängig werde und eigens um dem Staate eine neue Geldquelle zu eröffnen — das wissen wir aus einem vor kurzem veröffentlichten Bericht — brachte er ein Postsparkassengesetz ein. Von diesem Anfangspunkte hat sich nun das Übel stetig weiter entwickelt, bis wir dabei angekommen sind, daß heute der Staat die ganzen Sparkassengelder für sich allein in Anspruch nimmt und wir keinen Pfennig mehr anders anlegen können als in Staatspapieren. Der Schatzkanzler hat gemeint — gerade wie der preußische Finanzminister das neulich behauptet hat —: auf solche Weise könnte der Staatskredit gehoben werden. Als im Jahre 1902 die Enquete über das Sparkassenwesen bei uns stattfand, und wir gegen die Anlage der Gelder in Staatspapieren agitierten, erklärte der Schatzkanzler in glatten Worten: ja, dann kommt der Staatskredit zu kurz, dann bleiben unsere Staatspapiere nicht so hoch im Kurs. Der Börsen-Makler des Schatzamts konnte das nicht in Abrede stellen. Sie sehen, meine Herren, wie das gegangen ist, wie die Katze mit der Maus gespielt hat: mit Samtpfötchen hat man uns angefaßt, wollte uns helfen; und schließlich zehrte man uns mit Stumpf und Stiel auf. Wo wir noch freie Sparkassen haben, wie im nördlichen England und noch weit mehr in Schottland, da ist die Spartätigkeit eine höhere. In Schottland überwiegen die freien Sparkassen, obwohl die ihre Gelder immer doch nur so anlegen dürfen, wie der Staat es gestattet, in Staatspapieren. Und sie leisten dort Ausgezeichnetes. Sie legen an, erteilen Rat usw. wie es keine Postsparkasse kann.

Die Statistik des Herrn Justizrat Alberti stimmt mit der meinigen nicht in allen Stücken überein. Man kann indessen in dieser Sache auf die Statistik nicht allzuviel geben, weil jede solche Statistik wichtige Tatsachen verschweigt. Bei uns in England wird sehr viel nicht bei Sparkassen, sondern bei Baugenossenschaften, Konsumvereinen und ähnlichen Organisationen eingelegt; das ist doch auch Spartätigkeit. Nach meinen Erkundigungen stehen das Königreich Sachsen und Dänemark an der Spitze, die doppelt so viel Spareinlagen als wir mit unserem Staatssystem haben. Dort sind die Sparkassen frei, und daher ist auch die Spartätigkeit eine größere; wo die Sparkassen verstaatlicht werden, wie in England und in Frankreich, sinkt auch die Sammlung von Spargeldern zusehentlich. Als ich im Jahre 1897 vor der Königlichen Statistischen Gesellschaft in England einen Vortrag hielt, sagte mir der Regierungsbeamte, der über all diesen Genossenschaften, Sparkassen und Gewerkvereinen steht und ein großer Freund der arbeitenden Klassen ist: um Himmels willen, warum reden Sie den Sparkassen das Wort? Die Sparkasse ist doch nur die Elementarschule, welche für die Genossenschaft vorbildend sein soll. In ihr tritt der Staat als Vormund auf; die Sparenden müßten dazu erzogen werden, daß sie selber ihre Gelder verwalten können, und das Ideal findet sich verwirklicht in der Genossenschaft! Das Prinzip, meine Herren, scheint mir das richtige.

Meine Herren, zum Schluß möchte ich wiederholen: wo der Staat sich einmal einmischt, da schreitet er immer weiter vorwärts, wie der Teufel, der nach Luthers Sprichwort, wenn man ihm einen Zoll gibt, eine ganze Elle nimmt.

(Heiterkeit.)

Deshalb möchte ich als Einer aus einem Volke, das in dieser Hinsicht unter der extremen Verstaatlichung leidet, Ihnen den Rat zurufen: principiis obsta!

(Beifall.)

Anwalt **Dr. Crüger**: Meine Herren, bei der Wichtigkeit der Angelegenheit möchte ich noch einige Worte hinzufügen, obgleich ich kaum zweifle, daß der Antrag Ihre einmütige Zustimmung finden wird.

Wir haben es zunächst mit dem Depotverkehr zu tun; für uns handelt es sich darum, Stellung gegen eine Privatarbeit zu nehmen. Mit vollem Recht hat Herr Justizrat Dr. Alberti darauf aufmerksam gemacht, daß für uns entscheidend ist die Stelle, an der jene Privatarbeit veröffentlicht wurde; denn anderenfalls würde es ja eigenartig erscheinen, wenn wir uns auf unseren Allgemeinen Genossenschaftstagen veranlaßt sähen, gegen eine beliebige Privatarbeit Stellung zu nehmen, weil wir glauben, daß sie in ihrer praktischen Ausführung für uns schädlich sein könnte. Es kommt ferner in Betracht, daß tatsächlich jene Privatarbeit vollkommen nach dem Herzen eines jeden Finanzministers sein muß; denn eine Beschränkung des Depositenverkehrs auf besondere Staatsbanken würde den deutschen Staaten außerordentliche Mittel zur Verfügung stellen. Ich möchte allerdings annehmen daß man sich in den zuständigen Kreisen leicht davon überzeugen wird, welche großen Gefahren nicht allein für unsere Genossenschaften, sondern für das gesamte Wirtschaftsleben die Verwirklichung jener Idee haben würde.

Meine Herren, schwieriger liegt die Sache beim Scherlschen System. Wir können nur den Wunsch haben, daß der Druck der öffentlichen Meinung ein so starker sein möge, daß bald wieder in dem preußischen Ministerium die gleichen Ansichten herrschen wie Mitte der 90er Jahre. Ich möchte daran erinnern, daß im Jahre 1894 Scherl eine Schrift herausgegeben hat: „Das Ministerium Eulenburg und das Scherlsche Sparsystem“, eine Schrift, in der die Regierung von Scherl aufs schärfste angegriffen wurde, denn damals wollte man im Ministerium des Innern nichts von der Durchführung des Scherlschen Gedankens wissen. Inzwischen hat sich ein bedauerlicher Umschwung dort vollzogen, sodaß wir nur die dringende Erwartung aussprechen können, daß man im Ministerium zu jener Ansicht zurückkehre, die das Ministerium Eulenburg in den 90er Jahren vertreten hat.

Am meisten liegt mir am Herzen das Sparkassenwesen; denn ich muß gestehen, ich habe die Befürchtung, daß mit jener Hamburger Senatsvorlage die Sache nicht abgetan ist, daß noch etwas in der Luft liegt, was zu gesetzgeberischen Vorlagen führt, die den Kreditgenossenschaften im höchsten Grade nachteilig sein möchten. Ich erinnere daran, daß das Organ des deutschen Sparkassenverbandes am 1. März 1904 schrieb:

„Durch die mit einer geringen Mehrheit, welche man wohl als eine Zufallsmehrheit bezeichnen kann, erfolgte Ablehnung des Hamburger Gesetzentwurfs ist die für die öffentlichen Sparkassen so wichtige Berechtigungsfrage in Deutschland nicht erledigt. Ähnliche Gesetzentwürfe sollen in mitteldeutschen Staaten vorbereitet werden......“

Da muß man annehmen, daß der deutsche Sparkassenverband Kenntnis davon bekommen hat, daß auch in mitteldeutschen Staaten Vorlagen in Vorbereitung sind, wie sie der Hamburger Senat der Bürgerschaft unterbreitete. Ich habe wiederholt auf den Unterverbandstagen, so auch auf dem thüringischen, diese Frage erörtert und habe versucht, die anwesenden Vertreter der Regierung zu einer Erklärung zu provozieren; sie schwiegen sich aber aus, und, ich muß gestehen, dieses Ausschweigen machte einen etwas unangenehmen Eindruck. Ich habe gestern bereits bei Gelegenheit meiner Berichterstattung mitgeteilt, daß ich im vorigen Jahre den preußischen Minister des Innern um eine Auskunft gebeten habe, ob es richtig sei, daß vom Ministerium des Innern aus Erhebungen über die Konkurrenz veranstaltet werden, die die Sparkassen der Kreditgenossenschaften den öffentlichen Sparkassen machen, und daß ich keine Antwort bekommen habe — daß ferner unser Freund Blell im Abgeordnetenhause die Sache zur Sprache gebracht und dort der Vertreter des Finanzministers erklärt hat, im Finanzministerium wisse man nichts von derartigen Erhebungen, aber er habe keine Zeit gehabt, sich mit dem Ministerium des Innern in Verbindung zu setzen, um zu erfahren, ob dort solche Erhebungen veranstaltet werden! Es wäre doch sehr erwünscht, daß von seiten der Regierung eine kurze bündige Erklärung erfolgt, wie sie der Vertreter der badischen Regierung auf dem Verbandstage der unterbadischen Kreditgenossenschaften in Ladenburg abgegeben hat. Die Regierung findet ja sonst Gelegenheit, zum mindesten mit Hilfe offiziöser Blätter, ihren Standpunkt darzulegen, und es würde entschieden zur Beruhigung der Genossenschaften beitragen, wenn man wüßte, daß z. B. Preußen nicht entfernt daran denke, Untersuchungen darüber anzustellen, ob die Sparkassen der Kreditgenossenschaften den öffentlichen Sparkassen durch die Konkurrenz gefährlich werden können. Ich muß gestehen, ich habe zur Volksvertretung im preußischen Abgeordnetenhause das Zutrauen, daß gesetzgeberische Maßnahmen zur Beschränkung des Sparkassenverkehrs der Genossenschaften nicht verwirklicht werden; denn hier haben wir es mit einer Angelegenheit zu tun, zu der die Genossenschaftsverbände eine völlig übereinstimmende Haltung einnehmen. Die Genossenschaften haben in den verschiedenen Parteien eine so außerordentlich starke Vertretung, daß nicht anzunehmen ist, daß die Parteien solchen Maßnahmen zustimmen werden. Wir haben aber freilich andererseits auch gesehen, wie in der Hamburger Bürgerschaft die Senatsvorlage nur mit einer Stimme Mehrheit gescheitert ist. Das gibt uns alle Veranlassung, der Sache rechtzeitig unsere Aufmersamkeit zuzuwenden. „Die Sparkasse", das Organ des deutschen Sparkassenverbandes hat am 1. August einen Artikel gebracht, in dem es heißt, daß die Sparkassen die Konkurrenz der Genossenschaften auf dem Gebiete des Sparkassenwesens als durchaus berechtigt anerkennen. Das ist ein korrekter Standpunkt; ob inzwischen im Sparkassenverbande der Wind umgeschlagen ist, weiß ich nicht. Jedenfalls wollen wir hoffen, daß der Standpunkt vom 1. August nun aufrecht erhalten wird.

Meine Herren, ein paar Worte über die Reichspostsparkasse. Wir haben gern davon Kenntnis genommen, daß in England eine lebhafte Bewegung eingesetzt hat zur Entstaatlichung des Sparkassenverkehrs. Herr Wolff hat die Reichspostsparkassen als eine Einrichtung bezeichnet, die durchaus nur rühmend erwähnt werden darf, hat, aber gleichzeitig auch bemerkt, daß die Reichspostsparkasse nur dort ein Bedürfnis ist, wo man noch kein freies Sparkassenwesen hat. Unser freies Sparkassenwesen in Deutschland hat heute eine solche Bedeutung erlangt, daß man wohl aussprechen darf, daß für die Betätigung des Sparsinns vollauf Gelegenheit gegeben ist.

(Sehr richtig!)

Denn neben den öffentlichen Sparkassen kommen noch die Sparkassen der Genossenschaften in Betracht. Aus den vorliegenden statistischen Bearbeitungen ergibt sich, daß, auf den Kopf der Bevölkerung die Spareinlagen berechnet, Deutschland an der Spitze steht; dabei sind die Privatsparkassen vollständig außer acht gelassen. Denken Sie nur an die freien Sparkassen in Schleswig-Holstein; da liegen Millionen darin. Man würde die freie Sparkassentätigkeit außerordentlich schwer benachteiligen, wenn man die Reichspostsparkasse einführen würde.

Es ist förmlich eine Ironie des Schicksals, wenn die öffentlichen Sparkassen in einzelnen Teilen Deutschlands für das Scherlsche Sparsystem eintreten, und nun aus eben diesem System in dem Antrage Fritsch im preußischen Abgeordnetenhause der Gedanke der Abholung der Spargelder durch die Reichspost herausgeschält ist, sodaß das Scherlsche Sparsystem der Ausgangspunkt für die Wiederbelebung der Reichspostsparkassen geworden ist. Ich denke, meine Herren, daß diese Entwicklung der Angelegenheit die Kreditgenossenschaften und die Sparkassen wieder zusammenführen wird; denn ich bedaure, daß ein solcher Gegensatz zwischen Sparkassen und Kreditgenossenschaften zur Geltung gekommen ist. Ich habe das bereits in Danzig ausgesprochen. Die Sparkassen und die Kreditgenossenschaften haben in sich so viel Verwandtes und wiederum ein so reiches Gebiet, auf dem sie getrennt arbeiten können, daß sie wirklich nicht nötig haben, miteinander in Streit zu geraten.

Zum Schluß noch ein Wort über den Schutz der Spareinlagen. Der Herr Referent hat sich eingehend darüber geäußert, und ich kann das, was er in dieser Beziehung ausgeführt hat, Wort für Wort unterschreiben. Wie liegt es nun mit den Verlusten bei den Kreditgenossenschaften? Der Verlust beim Hannoverschen Hypotheken-Kreditverein, bei dem die Spareinleger sehr stark beteiligt waren, ist in Hannover den Leuten, die etwas von den ganzen Verhältnissen verstanden, nicht überraschend gekommen. Wenn man sich fragt: war das eine Genossenschaft? — so muß man antworten: eine Genossenschaft der unglücklichsten Art. Was bezweckte der Hannoversche Hypotheken-Kreditverein? Seinen Mitgliedern zweite Hypotheken zu verschaffen! Die Spareinleger bekamen einen Zinsfuß, der höher als der übliche war! Ja, braucht man wegen der Spareinleger, die dort geschädigt sind, gesetzgeberische Maßregeln, die im übrigen die Entwicklung der Kreditgenossenschaften zu benachteiligen geeignet sind? Ganz gewiß nicht. Herr Justizrat Dr. Alberti hat recht, wenn er sagte: wenn wir auch die schärften Maßregeln ergreifen, werden wir doch niemals erreichen, daß Verluste ausgeschlossen sind. Denken Sie nur an die Hypothekenbanken, die unter staatlicher Kontrolle stehen! Gewiß, wenn man die Kreditgenossenschaften vollständig lahmlegt, wird kein Spareinleger mehr Geld bei ihnen verlieren. Damit ist aber das Kind mit dem Bade ausgeschüttet. Verstopfen wir die Kreditquellen, dann wird das für die breiten Kreise des erwerbstätigen Volkes vom größten Schaden sein. Die Frage ist also: wollen wir wegen der gelegentlichen Schädigungen gesetzgeberische Maßregeln, von denen wir die Überzeugung haben, daß sie auf der anderen Seite zum schwersten Schaden für das Genossenschaftswesen ausfallen werden? Ich habe das feste Vertrauen zur Regierung, daß sie nicht dazu die Hand bieten wird; aber es scheint geboten, rechtzeitig auf die Gefahr hinzuweisen.

Der vor wenigen Tagen abgehaltene Genossenschaftstag des Reichsverbandes der landwirtschaftlichen Genossenschaften in Posen steht in dieser Frage auf dem gleichen Standpunkte wie wir.

Ich bin überzeugt, daß die Resolution hier einmütige Annahme finden wird, und ich werde selbstverständlich den Beschluß, sobald die „Mitteilungen" fertiggestellt sind, den zuständigen Stellen übermitteln. Ich möchte nur den Wunsch aussprechen, daß man nicht bloß jene hier ausgesprochenen Grundsätze bei den zuständigen Behörden beachtet, sondern auch bald eine Erklärung abgibt, daß die Kreditgenossenschaften keinerlei Ursache zu einer Befürchtung haben, daß ihnen in irgend einer Form eine Beschränkung des Sparkassenverkehrs drohen könnte.

(Beifall.)

Direktor **Renke** (Hannover): Nicht um den Hannoverschen Kreditverein handelt es sich bei jenem Zusammenbruch, sondern um den Hannoverschen Hypothekenverein.

Anwalt **Dr. Crüger**: Herr Direktor Renke macht mich soeben darauf aufmerksam, damit kein Mißverständnis aufkomme, daß die Firma jener zusammengebrochenen Genossenschaft in Hannover „Hannoverscher Hypothekenverein" lautet und nicht, wie ich irrtümlicherweise gesagt habe, „Hannoverscher Hypotheken-Kreditverein".

Hierauf wird die Diskussion geschlossen und der Antrag des Vorschußvereins zu Wiesbaden nach Probe und Gegenprobe einstimmig angenommen.

XI. Antrag des Anwalts:

Gleich wie der Allgemeine Genossenschaftstag zu München 1892, wolle der Allgemeine Genossenschaftstag beschließen: den Genossenschaften des Allgemeinen Verbandes wird empfohlen, bei Gründung und Leitung von Rohstoff-, Werk- und Magazingenossenschaften mit Rat und Tat behilflich zu sein, wobei folgende Grundsätze zu beachten sind:

a) Bei der Gründung ist die Bedürfnisfrage und die Lebensfähigkeit zu prüfen, und nur wenn diese Fragen aller Voraussicht nach bejaht werden können, ist zur Gründung zu schreiten.

b) Es ist nach erfolgter Gründung darauf hinzuwirken, daß namentlich bei Rohstoff-, bei Ein- und Verkaufsgenossenschaften anfänglich der Geschäftsbetrieb innerhalb der durch die tatsächlichen Verhältnisse bedingten Grenzen gehalten wird und erst allmählich Hand in Hand mit dem Wachsen des eigenen Betriebskapitals einen immer größeren Umfang annimmt.

c) Das Prinzip der Barzahlung ist als eine der wesentlichsten Grundlagen der Handwerkergenossenschaften zu betrachten und durchzuführen.

d) **Die einzelnen Genossenschaftsarten sind namentlich bei der Gründung streng auseinanderzuhalten.**

e) **Stets ist zu beachten, daß diese Genossenschaften niemals ihren Geschäftsbetrieb auf die Aufgaben einer Kreditgenossenschaft erstrecken dürfen.**

Berichterstatter Verbandsrevisor **Schumacher** (Stuttgart): Meine Herren! Das Deutsche Genossenschaftswesen hat seinen Anfang genommen unter dem Handwerkerstande, und die ersten Genossenschaften waren Handwerkergenossenschaften.

Schon über ein halbes Jahrhundert redet man von Handwerkergenossenschaften und gar häufig schon haben sich die Allgemeinen Genossenschaftstage mit dieser Genossenschaftsart beschäftigt; zuletzt in eingehender Weise 1892 in München, sodann im Jahre 1900 in Hannover und im Jahre 1902 in Kreuznach.

Dennoch aber sind die Erfolge auf dem Gebiete des Handwerkergenossenschaftswesens keineswegs glänzende.

Was bedeuten für unser deutsches Handwerk etwa 500 Genossenschaften, deren größere Zahl vielleicht noch nicht einmal zu musterhaften Betrieben zu rechnen sind.

Über die Entwicklung des Handwerkergenossenschaftswesens hat auf dem Allgemeinen Genossenschaftstage in München der Herr Anwalt Dr. Crüger referiert; aus jenen wertvollen Ausführungen ist zu entnehmen, daß einen steten Fortschritt das Handwerkergenossenschaftswesen nicht zu verzeichnen hat, daß im Gegenteil einzelne bezw. eine Reihe von Jahren Rückschritte zu verzeichnen haben.

In den letzten Jahren scheint sich hierin eine wesentliche Änderung vollzogen zu haben. Im Kampf mit dem Großbetriebe, der das Kleingewerbe zu untergraben droht, ringt der Handwerker nach Besserung seiner Lage, wohl wissend, daß er seine Existenz nur dann sichern kann, wenn er sich alle die Vorteile zu eigen macht, die dem Großbetrieb und dem Großkapital anhaften. Diese Vorteile vermag sich der einzelne nur auf dem Wege genossenschaftlichen Zusammenschlusses zu erwerben.

Meine Herren! Uns allen sind die großen Erfolge der Kreditgenossenschaften und die übergroße Zahl der landwirtschaftlichen Genossenschaften recht wohl bekannt. Als erstes werden wir daher fragen, woher kommt es denn auch, daß auf dem Gebiete der Handwerkergenossenschaften noch mit so geringen Zahlen gerechnet werden muß? Ich betone dabei aber ausdrücklich, daß ich den Erfolg einer Genossenschaftsart niemals in der Zahl der Genossenschaft suche, als vielmehr in der vorbildlich wirkenden Tätigkeit derselben, in der Erfüllung ihrer rein genossenschaftlichen Aufgabe und in ihrer inneren Lebenskraft.

Die Ursachen der verhältnismäßig geringen Ausdehnung der Handwerkergenossenschaften sind mannigfacher Art.

Bei der Landwirtschaft haben wir es durchweg mit einheitlichen Betrieben zu tun, die zueinander überdies keinerlei Konkurrenz ausüben; bei den Kreditgenossenschaften sind alle Berufszweige in einer Genossenschaft vertreten und je verschiedener diese Berufsarten sind, desto besser wird die Kreditgenossenschaft zu arbeiten haben.

Ganz anders bei dem Handwerkerstande. Dieser Stand ist kein einheitlicher und in einer Genossenschaft können niemals verschiedene Berufsarten, es sei denn verwandte Gewerbe wie z. B. Schlosser und Schmiede, Schreiner und Zimmerleute ꝛc., vertreten sein.

Je mehr hier spezialisiert wird, desto übersichtlicher und einfacher wird der Betrieb sich gestalten, und desto sicherer wird die Genossenschaft arbeiten.

Zur Gründung einer Genossenschaft sind ferner mindestens 7 Personen erforderlich und schon aus diesem Grunde lassen sich nicht in allen Handwerkszweigen Genossenschaften errichten; einzelne Branchen können ferner wieder nur in Großstädten genossenschaftlich organisiert werden wie z. B. die Friseure.

Dazu kommt ferner noch, daß, ich darf wohl sagen, fast alle Handwerkszweige übersetzt sind; daß dadurch das Absatzgebiet genau beobachtet, und daß im ständigen Konkurrenzkampf das Gefühl der Kollegialität dem Neide Platz machen muß, ist begreiflich.

Neben vielfacher Abhängigkeit von den Lieferanten, denen die Genossenschaft stets ein Dorn im Auge sein wird, sind schließlich noch die schon oft erwähnten mangelnden kaufmännischen Kenntnisse gar häufig ein Hindernis zum genossenschaftlichen Zusammenschluß.

Meine Herren! Der letztere Punkt ist entschieden von der größten Bedeutung für die Entwicklung des Handwerkergenossenschaftswesens; wie häufig hatte ich doch schon selbst Gelegenheit zu sehen, daß das Wollen größer ist als das Können.

Die Handwerkergenossenschaft ist nichts anderes als ein kaufmännisches Geschäft, das nach kaufmännischen Prinzipien geleitet werden muß, und dieser Leitung dürfen kaufmännische Kenntnisse nicht abgehen. Nicht nur die notwendigsten Kenntnisse in der Buchführung, nein, auch die Fähigkeiten zur Führung einer geeigneten kurzen Korrespondenz müssen der Genossenschaftsleitung eigen sein, soll anders die Genossenschaft nicht ein vorübergehendes unfruchtbares Dasein fristen.

Es wird Ihnen bereits bekannt sein, daß mir die Arbeiten des Verbandes der württembergischen Handwerkergenossenschaften übertragen wurden. Um mich über die einzelnen wichtigsten Betriebe innerhalb Deutschlands hinsichtlich ihrer Geschäftsführung und ganz besonders ihrer Erfolge zu informieren, habe ich eine Anzahl solcher Genossenschaften besucht. Nach der den betreffenden Genossenschaften hierzu geeignetsten Zeit habe ich mich jeweils zuvor erkundigt. Obwohl überall entgegenkommend aufgenommen, kann ich doch nicht unterlassen auch hier zu bemerken, daß ich von verschiedenen Seiten auf meine Anfragen keine Antwort erhielt. Nicht um diesen Genossenschaften einen Vorwurf hierwegen zu machen, erwähne ich das hier, nein, ich bringe dies hier nur deshalb zur Kenntnis, weil das auch ein Beweis mangelnden kaufmännischen Gefühls und Schaffens ist, und dieser Mangel zieht sich wie ein roter Faden durch die Geschäftsführungen und ist auch die Ursache so mancher Mißerfolge.

Daß das Fehlen kaufmännischer Kenntnisse eines der größten Hindernisse auch der Erfolge der Handwerkergenossenschaften ist, möge noch folgendes Beispiel aus meiner Praxis beweisen.

Meine Herren! Wie oft schon ist über Regelung des Submissionswesens geschrieben und noch vielmehr gesprochen worden. Auch auf unseren Allgemeinen Genossenschaftstagen wurde diese Frage schon wiederholt angeschnitten und stets war man sich darüber klar, daß bei genügender Erstarkung unserer Handwerkergenossenschaften die Auswüchse im Submissionswesen, wenn auch nicht ganz beseitigt, so doch nicht ohne Erfolg bekämpft werden können.

Verschiedene größere Holzarbeiten waren zu vergeben. Die Arbeiten waren wohl geeignet zur Übernahme durch eine große Fabrik oder durch eine Genossenschaft; dies erkennend, machte ein dem Handwerk wohlgesinnter Kaufmann den Vorstand einer Genossenschaft darauf aufmerksam; dieser aber erwiderte kurz und bündig: daß eine solche Arbeit, bei der, um sie zu erhalten, man einen halben Bogen Papier verschreiben, ferner Holz, Arbeit und Anstrich noch extra kalkulieren müsse, durch die Genossenschaft zu übernehmen nicht geeignet sei.

Wie läuft, wie kalkuliert, wie empfiehlt sich der Kaufmann, wenn es sich um eine größere Lieferung handelt, und so frage ich Sie, meine Herren, sind nicht fehlende kaufmännische Kenntnisse das größte Hindernis an den Erfolgen der Handwerkergenossenschaften?

Darauf hinzuwirken, daß in dieser Beziehung dem Handwerker immer mehr geboten wird, bedeutet nichts anderes als den genossenschaftlichen Weg zu ebnen. Daß hierin der junge Handwerker durch die Gesellen- und Meisterkurse unseren Vätern vieles voraus hat, brauche ich nicht besonders zu erwähnen.

Meine Herren! Vor wenigen Tagen habe ich die Korrespondenz, die der Herr Anwalt Dr. Crüger wegen Übernahme dieses Referats mit mir gepflogen hat, nochmals durchgelesen und finde da den Wunsch, ich möchte auch über das Verhalten der offiziellen Handwerkervertretung zum Genossenschaftswesen mich äußern.

Die offizielle Handwerkervertretung sind die Handwerkskammern, und diese stehen dem Handwerkergenossenschaftswesen zum größten Teil fördernd gegenüber. Der wackere Genossenschafter Rodegast-Weimar berichtete sogar auf unserer Tagung vor 4 Jahren in Hannover, daß der Kammer seines Bezirks die Bildung bezw. Anregung zur Gründung von Rohstoffgenossenschaften zur Pflicht gemacht sei.

Im allgemeinen konnte ich hierin überall gesunde, dem Handwerkerstande auf dem Wege genossenschaftlichen Zusammenschlusses helfende Gesinnung und Taten wahrnehmen. In Württemberg betätigten sich besonders die Handwerkskammern in Stuttgart und im letzten Jahre auch Ulm mit gutem Erfolge. Die Handwerkskammern kennen am besten die Lage der Handwerker, sie sind es, die beurteilen können, ob eine Genossenschaft da oder dort empfohlen, bei ihrer Gründung nützlich wirken kann, d. h. ob die Verhältnisse geeignet sind zur Gründung einer solchen. Ich sage aber auch hier: „Keine Regel ohne Ausnahme“.

Meine Herren! Wenn ich soeben das gute Verhältnis zwischen Handwerkergenossenschaften und Handwerkskammern besprach, dann kann ich nicht unterlassen auch der Gegner unter dem Handwerkerstande selbst zu gedenken. Als solche Gegner zeigen sich öfters die alten Innungsmänner, deren Worte manchmal leider nur zu schwer wiegen.

Ein bekannter Führer der rheinischen Handwerker erklärte auf dem Düsseldorfer Handwerkertag im Jahre 1902: Die Genossenschaften bekämpfen nur die obligatorische Innung. Auch anderwärts hat man Gelegenheit wahrzunehmen, wie die Handwerker den Untergang der allein seligmachenden Innungen durch das Genossenschaftswesen befürchten.

Gelegentlich einer genossenschaftlichen Tagung in Berlin erklärte ein preußischer Landtagsabgeordneter, daß das Genossenschaftswesen mit Gewalt den Zukunftsstaat bringe und deshalb zu bekämpfen sei.

(Heiterkeit.)

Meine Herren! Ein Kommentar zu diesem Ausspruch ist wohl überflüssig. Jedenfalls ist es gut, daß solche Worte nicht maßgebend sind, sonst müßte, wie dies vor 50 Jahren möglich war, auch heute noch die Polizeibehörde den Generalversammlungen anwohnen.

Meine Herren! Vermehrte Beachtung wird dem Handwerkergenossenschaftswesen etwa seit einem Jahrzehnt geschenkt. Die Handwerkerversammlungen beschäftigten sich selbst viel mit diesen Fragen, entwickelten aber nur selten einheitliche Pläne. Auch die Abgeordnetenkammern ließen diese wichtige Frage nicht außer acht.

In Bayern verriet der Handwerkertag 1899 tatkräftige Stimmung, nachdem schon im Jahre 1898 die Regierung in Nürnberg eine Halle erbauen ließ, um in derselben Maschinen aufzustellen, mit denen die Handwerker vertraut gemacht werden sollten.

Im Jahre 1900 trat das Zentrum an die Kammer heran mit einem Antrag, wonach, um die Notlage des Handwerkerstandes zu verringern, zunächst die Errichtung einer gewerblichen Hilfskasse in Anregung zu bringen sei. — Der Minister des Innern erkannte die Sachlage gar wohl und erinnerte seinerzeit daran, daß nicht mit billigem Kredit etwa allein gedient sei, sondern vielmehr auch Gewicht gelegt werden müsse auf gründliche Ausbildung in Schulen und Meisterkursen, und daß sodann mittelst gemeinsamer Benützung von Maschinen im Wege genossenschaftlichen Zusammenschlusses eine Besserung nicht ausbleiben wird. Nach langer Debatte faßte die Abgeordneten-Kammer den Beschluß, die Staatsregierung zu ersuchen, die Bildung gewerblicher Genossenschaften zu fördern und darauf hinzuwirken, daß eine Zentralkasse errichtet werde, sobald eine genügende Zahl von gewerblichen Genossenschaften vorhanden sei.

Die Frage war nun ins Rollen gebracht; und bei den in 1902 bestehenden

7 Handwerker-Kreditgenossenschaften,
20 Rohstoffgenossenschaften,
14 Werkgenossenschaften und
5 Produktivgenossenschaften

regte sich eine weitere Frage, nämlich die Frage, ob es sich empfiehlt, einen eigenen Verband zu gründen, oder bei den bestehenden beiden Verbänden Anschluß zu suchen.

In einer Versammlung vom 26. Januar 1902 zu Nürnberg, der auch die beiden Verbandsdirektoren Trotter und Proebst, sowie Anwalt Dr. Crüger beiwohnten, wurde beschlossen, den bestehenden Verbänden sich anzugliedern.

Daß dieser Beschluß nicht zur Ausführung kam, ist Ihnen allen bekannt; die Gründe wurden seinerzeit in Nr. 24 der Blätter für Genossenschaftswesen vom 14. Juni 1902 erörtert und über den bekannten Verlauf der Landauer-Versammlung wurde auf unseren Allgemeinen Genossenschaftstagen schon früher berichtet.

Soviel ist sicher, daß sich das bayrische Gewerbemuseum in Nürnberg durch seinen sachverständigen Rat bei maschinellen Einrichtungen um das bayrische Handwerkergenossenschaftswesen sehr verdient macht.

Der Landesverband bayrischer Handwerkergenossenschaften zählt zurzeit 74 Genossenschaften, nämlich 19 Kreditgenossenschaften und 55 Rohstoff- bezw. Werkgenossenschaften.

In Hessen hat der Genossenschaftsgedanke schon seit mehreren Jahrzehnten Wurzel gefaßt; doch konnte eine besondere Ausbreitung auch hier nicht wahrgenommen werden; die dem Allgemeinen Verbande angehörenden Schuhmacherrohstoffgenossenschaften haben hier besonders segensreich gewirkt.

Im Jahre 1897 begann eine lebhaftere Tätigkeit auf diesem Gebiet; zunächst sollten Vorträge im Auftrage der Großh. Zentralstelle für die Gewerbe aufklärend wirken; 1901 nahm sich noch die hessische Handwerkskammer der Sache an. Zurzeit bestehen in Hessen 25 Handwerkergenossenschaften. Wegen dieser mangelnden Beteiligung wurde im Juni d. J. eine Zentralgenossenschaft in Form einer Aktiengesellschaft gegründet, die einen Staatskredit bis zu 100000 Mark genießt und deren Aufgabe es ist, die wirtschaftliche Lage des Handwerks zu heben. Diese Aufgabe sucht die Genossenschaft dadurch zu erfüllen, daß sie dem einzelnen Handwerker und den Genossenschaften die besten Maschinen bei billigstem Preise beschafft und kleine Ratenzahlungen ermöglicht.

In Preußen ist es der Hauptverband gewerblicher Genossenschaften, der dem Handwerke zu dienen sucht und der auch genossenschaftliche Unterrichtskurse eingeführt hat, und daß sich in

Sachsen die Abgeordnetenkammer in diesem Jahr mit der Handwerkergenossenschaftsfrage eingehend befaßt hat, ist uns durch die Blätter für Genossenschaftswesen allen bekannt gegeben worden.

Einen unfruchtbaren oder vielleicht auch unbearbeiteten Boden zeigt uns meine engere Heimat: Baden. Erst im letzten Jahr begann man in Baden auf Veranlassung des Landesverbandes badischer Gewerbevereine aufklärend zu wirken, und vor wenigen Wochen habe ich im badischen Gewerbeblatt gelesen, daß genossenschaftliche Unterrichtskurse in Aussicht genommen seien, die dazu beitragen sollen, das Handwerkergenossenschaftswesen in Fluß zu bringen.

In Württemberg spielt das Kleingewerbe eine ganz besondere Rolle, und schon seit Jahren arbeitet man durch Wort und Schrift an der Hebung und Besserung der wirtschaftlichen Lage des Handwerkerstandes. Durch Gesellen- und Meisterkurse wurde der genossenschaftliche Boden geschaffen, und so bearbeitet, entstanden aus eigener Anregung der Handwerker eine ziemliche Anzahl von Genossenschaften. Die Königl. Zentralstelle für Gewerbe und Handel hat sich der Sache angenommen durch geeignete Vorträge und Belehrungen; neben eingetragenen Genossenschaften, etwa 40 an der Zahl, bildeten sich und bestehen noch viele nicht eingetragene Vereinigungen zwecks gemeinschaftlichen Einkaufs von Rohmaterialien. Sie alle haben bis heute anscheinend günstig gearbeitet. Der Königl. Zentralstelle erwuchs allmählich eine nicht unerhebliche Korrespondenz. Dazu kam noch, daß immer mehr sich das Bedürfnis nach einer sachgemäßen Revision zeigte, die nicht nur die rein zahlenmäßige Seite, sondern auch die praktische Frage und Bedürfnisse nach möglichst einheitlicher Art zu regeln in betracht zu ziehen hat. — Es wurde sodann in diesem Jahr der Verband württembergischer Handwerkergenossenschaften gegründet, dem sofort 20 Genossenschaften beitraten.

Die erste Arbeit war die Abhaltung eines Kursus in Buchführung, Rechnungswesen und Genossenschaftsrecht für die Geschäftsleiter bestehender Genossenschaften. Den Buchführungsunterricht habe ich erteilt, und ich will nicht unterlassen, auch hier zu bemerken, daß das Interesse aller Teilnehmer ein lebendiges war. Weitere Kurse werden im Auftrage der Königl. Zentralstelle für Gewerbe und Handel folgen.

Meine Herren! Alle diese Organisationen erhalten mindestens insoweit Beiträge aus Staatsmitteln, als es sich handelt um Deckung der Kosten für Belehrung und teilweise auch der Revision; wo dieser Rahmen eingehalten wird und nicht große Summen ganz gering oder gar unverzinslicher Gelder den einzelnen Genossenschaften zur Verfügung gestellt werden, dürfte der Charakter der Selbsthilfe als gewahrt zu betrachten sein.

Der Allgemeine Verband hat jegliche Staatshilfe stets zurückgewiesen und so kommen wir zu der Frage: hat denn der Allgemeine Verband auf dem Gebiete des Handwerkergenossenschaftswesens überhaupt schon etwas getan und was hat er noch zu tun?

Der Allgemeine Verband kann auf diese Frage ruhig antworten „Ich habe mehr getan, als sie alle“. Er, der Allgemeine Verband ist der Ausgangspunkt jeden genossenschaftlichen Zusammenschlusses, seine Lehren und seine Organisation haben selbst im Auslande Nachahmung gefunden, und die von Männern des Allgemeinen Verbandes herausgegebenen Schriften über Handwerkergenossenschaften dienen überall als Führer. Weniger über das, was geschehen ist, will ich mich hier aussprechen, als vielmehr über das, was noch geschehen soll. Die große Anzahl unserer leistungsfähigen Kreditgenossenschaften sind es, die ganz besonders dazu berufen sind, mitzuwirken und mitzuhelfen an der Gründung und Einrichtung von Handwerkergenossenschaften. Sie, die Kreditgenossenschaften verfügen zu einem großen Teil über diejenigen Kräfte, die geeignet sind, helfend einzugreifen zur Hebung eines Standes, dessen jeder einzelne doch größtenteils wieder der Kreditgenossenschaft als Mitglied angehört. Bei Gründung einer Handwerkergenossenschaft wird stets die Absicht verfolgt werden, die wirtschaftliche Lage der Handwerker zu bessern; wird dies erreicht, dann ist auch gleichzeitig die Bonität des Kundenkreises der Kreditgenossenschaft gehoben.

Der Antrag geht daher dahin:

„Gleich wie der Allgemeine Genossenschaftstag zu München, wolle der Allgemeine Genossenschaftstag beschließen, den Kreditgenossenschaften des Allgemeinen Verbandes wird empfohlen, bei Gründung und Leitung von Rohstoff-, Werk- und Magazingenossenschaften mit Rat und Tat behilflich zu sein."

Es handelt sich dabei aber nicht etwa um reine Gründungen, um Gründungen, die lediglich bewerkstelligt werden, damit eben etwas getan, damit gegründet ist, nein, wir müssen unserer Arbeit bestimmte Grundsätze, die die Erfahrung uns gelehrt hat, vorangehen lassen.

Zunächst ist die Bedürfnisfrage und die Lebensfähigkeit zu prüfen, und nur wenn diese Fragen, aller Voraussicht nach zu schließen, bejaht werden können, ist zur Gründung zu schreiten.

Eine der schwierigsten Fragen ist gerade die Bedürfnisfrage; kann die Bedürfnisfrage nicht im vornherein aller Wahrscheinlichkeit nach bejaht werden, dann ist natürlich auch die Lebensfähigkeit ausgeschlossen und man kann nichts besseres tun, als die gegebene Anregung zurückzuziehen. In die Augen springende Erfolge will der Handwerker sehen, und so ist es auch leicht erklärlich, daß ein Mißerfolg, der auch durch eine kranke, eine übereilte Gründung hervorgerufen werden kann, mehr schadet, als 100 gute Beispiele nützen.

Bei der Prüfung der Bedürfnisfrage kommen mannigfache Punkte in Betracht. Wir benötigen, wie bereits erwähnt, mindestens 7 Mitglieder; je gleichmäßiger diese in ihren Vermögensverhältnissen beschaffen sind, desto leichtere Arbeit hat man, desto eher kommt man zu einem guten Ziel. — Wir brauchen für eine Genossenschaft vor allen Dingen noch ein Handwerk von innerer Kraft und Selbständigkeit, das den festen Willen in sich trägt, sich selbst zu helfen, und das durch Fleiß und Sparsamkeit zu einem Wohlstand zu gelangen hofft; der genossenschaftliche Zusammenschluß allein ist nicht imstande, alles das zu bringen, was man häufig hofft.

Zu einem gewissen Wohlstand gelangte Handwerker sind meistens Gegner der Genossenschaften, sie können es nicht sehen, daß dem Kollegen, der Konkurrenz, geholfen werde. So oft auch diese Ansicht widerlegt wird, sie kommt doch immer wieder zum Ausdruck.

Wollen wir die Bedürfnisfrage einer Handwerkergenossenschaft prüfen, dann müssen wir endlich vollständig objektiv urteilen und nur das Interesse des betreffenden Handwerkerstandes im Auge haben. Handelt es sich um eine Schuhmachergenossenschaft, so dürfen wir uns nicht von dem Lederhändler belehren lassen, und handelt es sich um eine Schreinergenossenschaft, dann dürfen wir uns keinen Rat bei dem Möbelfabrikanten erbitten. Auf derartige Gegenagitation müssen wir uns schon von vornherein gefaßt machen.

Kann nun endlich nach Hinwegräumung aller dieser Schwierigkeiten die Bedürfnisfrage bejaht und aller Wahrscheinlichkeit nach die Lebensfähigkeit angenommen werden, dann haben wir nach erfolgter Gründung Punkt b zu beachten, welcher lautet:

„Es ist nach erfolgter Gründung darauf hinzuwirken, daß namentlich bei Rohstoff-, bei Ein- und Verkaufsgenossenschaften anfänglich der Geschäftsbetrieb klein gehalten wird und erst allmählich Hand in Hand mit dem Wachsen des eigenen Betriebskapitals einen immer größeren Umfang annimmt.“

Meine Herren! Das ist ein Grundsatz, der ganz besonderer Beachtung bedarf. Ich hielt es für überflüssig, hier in diesem Kreise auf die einzelnen Vorteile der einzelnen Genossenschaftsarten hinzuweisen, weil diese durch Wort und Schrift alle zur Genüge bekannt sein dürften. Die Rohstoffgenossenschaft gewährt u. a. ihren Mitgliedern einen Vorteil in dem kleineren Warenlager, das der einzelne bedarf. Die Genossenschaft aber, die gleich bei ihrer Geschäftseröffnung mit einem großen Warenlager hervortritt, das die gegebenen Verhältnisse überschreitet, wird kaum eine Zukunft haben. Ich wiederhole, die Genossenschaft ist ein kaufmännisches Geschäft und muß nach rein kaufmännischen Prinzipien geleitet werden. Wohl soll die nötige Auswahl nicht fehlen, aber Artikel, die der Mode unterworfen sind, müssen im Anfang möglichst fern gehalten oder nur in geringen Quantitäten eingekauft werden. Sowohl das Quantum, als auch die Zahl der einzelnen Artikel sollen im Anfang klein sein; erst mit dem Wachsen des eigenen Kapitals kann der Geschäftsumfang allmählich sich vermehren. Schon manche Genossenschaft hat infolge eines ungeeigneten oder zu großen Warenlagers nur ein kurzes Dasein gefristet.

Neben diesen allgemeinen Grundsätzen kommt aber nach erfolgter Gründung noch eine nicht unwesentliche Arbeit in Betracht, nämlich die Einrichtung der Buchführung. Hier ist wieder der Kreditgenossenschaft der rechte Platz zum praktischen Eingreifen gegeben. Wo die Betriebe nicht gar zu groß sind, wird es regelmäßig gelingen, einen Handwerker dabei einzuarbeiten.

Als weiterer beachtenswerter Grundsatz ist Punkt c zu bezeichnen:

„Das Prinzip der Barzahlung ist als eine der wesentlichsten Grundlagen der Handwerkergenossenschaften zu betrachten und durchzuführen."

Dieser Grundsatz bedingt, was ich bereits ausgeführt habe, nämlich ein lebenskräftiges Handwerk. Ohne Kredit kann kein Geschäft mehr existieren; gibt aber die Handwerkergenossenschaft diesen Kredit, dann ist die schiefe Ebene beschritten. Um seine Rohmaterialien bar zahlen zu können, sollte allerdings der Handwerker selbst seiner Kundschaft gegenüber weniger Rücksicht üben und selbst mehr auf wenigstens kurze Termine hinwirken.

Bei der Werkgenossenschaft ersetzen zum Teil die Maschinen die Gesellen, letztere müssen wöchentlich bezahlt werden; wo dies nicht durchgeführt wird, wird gerade die Genossenschaft Ursache werden, den Handwerker in Schulden zu bringen.

Der Handwerkergenossenschaft, das dürfte aus diesen Ausführungen klar hervorgehen, sollte deshalb stets die Kreditgenossenschaft vorangehen, und jedes Mitglied der Handwerkergenossenschaft sollte auch Mitglied der Kreditgenossenschaft sein; freilich kann die letztere alle Wünsche auch nicht erfüllen; derjenige Handwerker, der sich, wie ich dies erlebte, nachdem alle Kreditquellen versiegten, in Zeitungsinseraten Kredit und Geld zu verschaffen sucht, kann allerdings von beiden Genossenschaften nichts mehr erwarten.

Der Mitgliederkreis einer Handwerkergenossenschaft ist gewöhnlich ein eng begrenzter; die Leute kennen einander genau im äußeren, selten aber in der inneren Kreditwürdigkeit, dazu kommt dann noch die durch zu enge Bekanntschaft hervorgerufene Rücksichtnahme, die so weit geht, bis die Genossenschaft in Verlust kommt, und dann ist eine Änderung zu spät. Aus diesen Gründen ist die Barzahlung durchzuführen, berechtigte Kredite dagegen von der Kreditgenossenschaft in Anspruch zu nehmen.

Punkt d.:

„Die einzelnen Genossenschaftsarten sind namentlich bei der Gründung streng auseinander zu halten."

In Punkt b habe ich ausgeführt, daß es sich empfiehlt, anfänglich den Geschäftsbetrieb klein zu halten. Das bezieht sich größtenteils auf Ein- und Verkaufsgenossenschaften. Bei der Werkgenossenschaft kommen diese Fragen nicht in Betracht, dort müssen wir die Anschaffung der Maschinen und des Gebäudes sofort dem ganzen Bedarf anpassen, und deshalb ist hierbei auch stets ein größeres Kapital erforderlich.

Aber so wie wir bei Ein- und Verkaufsgenossenschaften für den Anfang einen kleinen Geschäftsbetrieb und ein kleines Warenlager empfohlen haben, so empfehlen wir hier nicht sofort Werk-, Rohstoff- und Magazingenossenschaften zu vereinigen. Langsam lasse man die Werkgenossenschaft sich entwickeln, erst wenn diese genügend gekräftigt, ein entsprechendes eigenes Kapital gesammelt und ausreichende Abschreibungen gemacht worden sind, denke man an Hinzunahme von Rohstoffen, und erst dann schließlich noch an ein Magazin.

Wo eine Genossenschaft auf diese Weise langsam aus sich selbst herauswächst, ist sie eine gesunde Unternehmung, aber das will ich gleich hier bemerken, wir haben deren nur wenige.

Schwierigkeiten auf Schwierigkeiten türmen sich bei diesem Werdegang. Nehmen wir eine Schreinergenossenschaft als Beispiel. Die Werkgenossenschaft prosperiert ausgezeichnet, man legt noch kleinere Bedarfsartikel an, die guten Absatz finden bei mäßigem Nutzen, ein Beschluß wird gefaßt, wonach auch der Verkauf von Holz in den Geschäftsbetrieb aufgenommen werden soll, und hier sind wir an einem Artikel, der mehr als das ganze Betriebskapital der Genossenschaft absorbiert, und der wegen der hohen Beträge nicht nur das Prinzip der Barzahlung durchbricht, sondern auch noch zu Verlusten führt.

Gerade so schwierig wie das Holzlager ist die sofortige Verknüpfung mit der Magazingenossenschaft; bei ihr zeigt sich die geringe Kollegialität des Handwerkers am deutlichsten; bestimmen die Statuten, daß einzeln nicht mehr inseriert oder geliefert werden darf, so wird dies nicht selten außer acht gelassen und führt ständig zu Unannehmlichkeiten. Aber ganz abgesehen von diesen Schwierigkeiten wird auch die Buchführung durch die verschiedenen Betriebe für den Handwerker zu kompliziert. Eine kaufmännische Kraft ist jedenfalls bei dieser Entwicklung unentbehrlich.

Endlich ist zu beachten, was Punkt e begehrt, daß diese Genossenschaften niemals ihren Geschäftsbetrieb auf die Aufgaben einer Kreditgenossenschaft erstrecken dürfen.

Wenn die Kreditgenossenschaft ihr Gebiet verläßt und außerhalb der ihr gezogenen Grenzen zu arbeiten sucht, dann bleiben Verluste nicht aus; hierfür haben wir nur zu viele Beispiele. Gerade so verhält es sich auch mit den übrigen Genossenschaften. So segensreich die Handwerkergenossenschaft wirkt, wenn sie in ihrem Rahmen bleibt, so verderblich kann sie wirken, wenn sie auf ihr nicht zukommende Gebiete sich begibt.

Eine neue und vielfach in den letzten Jahren besprochene Art von Handwerkergenossenschaften, nämlich Handwerker-Kreditgenossenschaften, waren schon öfters Anlaß zu Erörterungen. Reine Handwerksbanken, die als Mitglieder nur Handwerker aufnehmen, sind ein Unding. Schon im Eingang meines Referates habe ich erwähnt, daß die Kreditgenossenschaft je besser arbeiten wird, desto verschiedenartigeren Berufsständen ihre Mitglieder angehören.

Wie kann unter einem Berufsstand ein gesunder Geldausgleich stattfinden?

Auch bei meinen Kreditgenossenschafts-Revisionen habe ich hin und wieder die Wahrnehmung gemacht, daß die Meinung vorherrschte, die Genossenschaft sei für Handwerker gegründet und müßte deshalb andere Berufsstände, besonders Fabrikanten, fernhalten; überall wo diese Meinung besteht und diese Ansicht auch in der Praxis gepflegt wird, geht sie auf Kosten der Handwerker selbst, weil durch ein solch absichtliches Zurückdämmen kein Ausgleich vorhanden und infolgedessen höhere Zinsen in Ansatz gebracht werden müssen.

Meine Herren! Wenn ich Sie nun bitte, die Ihnen vorgelegten Anträge zu genehmigen, dann kann ich nicht unterlassen, Ihnen nochmals zu empfehlen, ernstlich mitzuhelfen an der Förderung des Handwerkergenossenschaftswesens; unter Ihnen sind die Männer, die berufen sind, und die die nötigen Erfahrungen und Kenntnisse besitzen, mitzuhelfen auf dem Wege genossenschaftlichen Zusammenschlusses, die wirtschaftliche Lage eines guten Teiles unseres deutschen Mittelstandes, des Handwerkerstandes zu heben und zu bessern. Behandeln Sie ferner diese Genossenschaften als Bruder-Genossenschaften und wirken Sie vor allen Dingen dahin, daß unter dem Handwerkerstande ihrer Heimat der genossenschaftliche Geist wach wird.

Bleiben auch Unannehmlichkeiten nicht erspart, das Wort Schulze-Delitzsch': „Die Genossenschaft ist der Friede", **kommt doch zu seinem Recht, das zu sehen haben wir Gelegenheit, bei unsern alten bewährten Handwerkergenossenschaften.**

(Lebhafter Beifall.)

Ruetz (Cassel): Sie wissen, meine Herren, daß wir uns seit Jahrzehnten mit diesem Gegenstande beschäftigt haben; nicht allein hier auf den verschiedenen Genossenschaftstagen, sondern auch auf den Handwerkertagen ist die Frage der Handwerkergenossenschaften ein fast ständiger Gegenstand der Beratungen. Wenn trotzdem die Erfolge so gering sind, so ist das für denjenigen, der die Verhältnisse kennt, nicht überraschend. Die Schwierigkeiten liegen eben in der ganzen Art des Geschäftsbetriebes im Handwerk. Der Herr Berichterstatter hat mit vollem Recht ausgeführt, daß die landwirtschaftlichen Betriebe, die oft als nachahmenswertes Beispiel hingestellt werden, sich mit dem Handwerksbetrieb nicht vergleichen lassen. Der landwirtschaftliche Betrieb ist ein einheitlicher, der dieselben Bedürfnisse und Voraussetzungen hat. Das trifft beim Handwerk nicht zu; hier sind in den einzelnen Erwerbsgruppen, in den einzelnen Städten die Bedürfnisse verschieden, und daraus erklärt sich die große Schwierigkeit, unter denen die Bildung der Handwerkergenossenschaften zu leiden hat.

Was die Einzelheiten des Antrages betrifft, so möchte ich bemerken, daß, wenn darauf hingewiesen wird, die Kreditvereine seien berufen, hier fördernd zu wirken, es sehr schön wäre, wenn das geschähe. Ich habe auch früher den Glauben gehabt, es könne von hier aus fördernd eingegriffen werden, aber die Erfahrung hat gezeigt, daß die Kreditvereine wenig geneigt sind, hier helfend einzugreifen. Das liegt hauptsächlich daran, daß hier Personen tätig sind, die durch Bildung von Handwerkergenossenschaften in ihren Betrieben geschädigt werden. Diese Mitglieder der Kreditvereine werden kaum geneigt sein, sich selbst Konkurrenten heranzuziehen.

Was nun die einzelnen Punkte a—e anbelangt, geht mir der Punkt a nicht weit genug; die Voraussetzungen möchte ich schärfer gefaßt haben. Wir haben gehört, daß die Handwerksbetriebe aus einer Vielheit von Gewerbszweigen bestehen, und die Betriebe in den einzelnen Handwerken oder verwandter Gruppen sich nur sachlich zusammenschließen können. Es können deshalb nur Fachmänner in den einzelnen Genossenschaftsarten die führende Rolle übernehmen, und da stoßen wir auf weitere große Schwierigkeiten, die meiner Ansicht nach noch mehr hemmend wirken. Im Handwerkerstand sind zwei Drittel kleine Betriebe, und nur ein Drittel hat mittlere und Großbetriebe. Dieses eine Drittel ist heute vollständig in der Lage, sich mit alle den Mitteln ausrüsten zu können, die ihm eine Konkurrenz mit den Großbetrieben ermöglicht, durch seine bessere Schulung aber fast allein berufen, die Führung dieser Handwerkergenossenschaften zu übernehmen. Der kleine Mann, der technisch vielleicht ganz gut vorgebildet ist, ermangelt meist der kaufmännischen Bildung, die allein ermöglicht, mit Erfolg eine Handwerkergenossenschaft leiten zu können. Das war der Grund, der uns in Kreuznach bestimmt hat, dafür einzutreten, daß sowohl in den Fortbildungsschulen wie in den Meisterkursen besonders die Pflege und Kenntnis des Genossenschaftswesens aufgenommen werden sollte, um auch dem kleinen Manne zu ermöglichen, die Leitung einer Genossenschaft zu übernehmen. Der größere Gewerbetreibende, der in der Lage ist, sich maschinelle Einrichtungen anzuschaffen und billige Rohstoffe zu beziehen, hat nicht die Neigung, seine Kenntnisse dazu zu verwenden, seinen Konkurrenten ebenfalls billige Rohstoffe zu verschaffen. Alle diese Dinge zeigen uns die Schwierigkeiten der Bildung von Rohstoff-, Magazin- und Werkgenossenschaften, und ich wollte darauf nur hingewiesen haben, um Ihnen vor Augen zu führen, wie wir trotz aller Anstrengungen auf dem Gebiete der Handwerkergenossenschaften bisher so geringe Fortschritte gemacht haben. Das darf uns aber nicht hindern, immer und immer wieder auf die Handwerkergenossenschaften als alleiniges Mittel den Kleinbetrieb dem Großbetrieb gegenüber konkurrenzfähig zu erhalten, hinzuweisen. Nur, um Mißerfolge zu vermeiden, möchte ich noch etwas weiter gehen, als in Punkt a gesagt ist, und hinter den Worten „zu prüfen" noch eingefügt wissen:

„Die Mitwirkung einiger erfahrener, zur Geschäftsleitung geeigneter Personen sicher zu stellen" .....

Mit den Punkten b, c, d, e in der vorliegenden Fassung kann ich mich einverstanden erklären.

Reichsratsabgeordneter **Wrabetz** (Wien), Anwalt des deutsch-österreichischen Genossenschaftsverbandes: Meine Herren! Wenn ich zu dieser Frage das Wort ergreife, so habe ich durchaus nicht die Absicht, mich etwa in Gegensatz zu den beiden Herren Vorrednern, in Gegensatz zu dem Antrage des Anwalts zu stellen. Ich möchte die Gelegenheit nur benutzen, um Ihnen an der Hand einiger ganz kurzer Beispiele zu zeigen, wie weit wir mit der sogenannten „Gewerbeförderung" in Österreich sind. Auch bei uns hat es eine Zeitlang an Versuchen nicht gefehlt, den Allgemeinen Verband und insbesondere die Kreditgenossenschaften als Gegner dieser Gewerbeförderung hinzustellen. Ich glaube aber: wer den hier vorliegenden Antrag liest, muß zu der Überzeugung kommen, daß er nur die Worte eines wohlwollenden, vorsichtigen und erfahrenen Freundes hört, daß diese Worte nur vor Täuschungen bewahren und einen allzugroßen Optimismus, der besonders in die Kreise der Handwerker hineingetragen wird, etwas dämpfen sollen. In Österreich besteht die sogenannte Gewerbeförderung seit 12 Jahren. Schon im Jahre 1892 wurde der erste diesbezügliche Versuch gemacht, d. h. der erste Betrag in das Staatsbudget zu diesem Zweck eingestellt. Ich habe von vornherein eine Haltung eingenommen, welche mit der ganzen Aktion sympathisiert, um den Gegnern den Vorwurf zu ersparen, daß der Allgemeine Verband sich gegen diese Sache ausspreche, ja, ich war durch einige Jahre selbst Mitglied des Gewerbeförderungs-Beirats (den das Handelsministerium ernennt), um zu vermeiden, daß diese Bewegung in falsche Bahnen einlenkt, und um zu erreichen, daß die gewerblichen Genossenschaften langsam in unsere Bahnen einrücken. Die Gewerbeförderung in Österreich wird als Schlagwort ausgespielt, ebenso wie der Befähigungsnachweis, von dem man sich so viel versprochen hat, und der gar keinen Erfolg erzielt hat. Bei der Gewerbeförderung ist es etwas anders, sie hat Erfolge erzielt, aber nicht auf dem Gebiete des Genossenschaftswesens; sie hat dort Erfolge erzielt, wo sie als Mittel zur ferneren Bildung des Handwerkers gebraucht wurde, wo sie den Anschauungsunterricht ermöglicht.

Unter das Kapitel der Gewerbeförderung fällt bei uns eine Menge von Dingen. Wir haben eingerichtete Musterwerkstätten im technologischen Gewerbemuseum, welche den Gewerbetreibenden mit den neuesten technischen Errungenschaften und Hilfsmaschinen seines Faches bekannt machen sollen; wir haben Meisterkurse, bei denen den Meistern in der Provinz Subventionen gewährt werden zu ihrem Besuche; sie dauern 14 Tage, 3 Wochen oder 6 Wochen und haben die merkwürdige Erscheinung gezeigt, daß die Meister in der Provinz für diese Kurse mehr Interesse gehabt haben als die Meister von Wien, was lediglich darauf zurückzuführen ist, daß in Wien das Schlagwort mehr dominiert als in den Provinzen. Ferner werden kleingewerbliche Ausstellungen veranstaltet. Wir haben Wanderlehrer und subventionieren andere Körperschaften, welche Wanderredner aussenden. Die Hauptsache ist die Überlassung von Arbeitsbehelfen an Erwerbs- und Wirtschaftsgenossenschaften. Die Gewährung von Subventionen und Darlehnen kommt bei der Gewerbeförderung in Österreich in allerletzter Reihe. Die Versorgung mit Arbeitsbehelfen ist aber eine verhältnismäßig starke. Im großen und ganzen sind die Beträge, welche für diesen Zweck aus dem Staatsbudget votiert werden, außerordentlich geringfügig. Aus den Staatsmitteln sind in diesen 12 Jahren ungefähr 5 Millionen Kronen aufgewendet worden, also ein sehr bescheidener Betrag, mit dem unmöglich dem ganzen Kleingewerbestande

Österreichs gedient sein kann. Trotzdem haben die Überlassungen von Arbeitsbehelfen schon ganz gute Erfolge dort erzielt, wo eben auch die richtigen Handwerker zusammengekommen sind. An einzelne Gewerbetreibende werden solche Arbeitsbehelfe nicht überlassen, was ganz natürlich ist, weil der Staat unmöglich einen einzelnen auf Kosten der übrigen Steuerzahler bevorzugen kann. Von den Resultaten der Genossenschaften, die mit Staatsunterstützung gegründet wurden, hört man allerdings sehr wenig. Es sind etwa gegen 200 Handwerkergenossenschaften in diesen 12 Jahren gegründet worden, und trotzdem hat man es bisher unterlassen, durch eine statistische Tabelle oder durch genaue Mitteilungen über die Erfolge derselben zu unterrichten. Es ist das ganz begreiflich; man hat nicht viel zu berichten, man will Ungünstiges nicht berichten, und darum sprechen die Berichte von allem anderen, nur nicht von den Erfolgen der Gewerbeförderung durch Gründung von Erwerbs- und Wirtschaftsgenossenschaften. Die Berichte des Handelsministeriums sprechen sehr ausführlich über die veranstalteten Ausstellungen, aber wie sich die Genossenschaften, die gegründet wurden, entwickelt haben, davon hören wir nichts. Ja, das geht so weit, daß man nicht erfährt, welche Mittel diese Genossenschaften unter ihren Mitgliedern aufgebraucht haben. Der Gewerbeförderungsbeirat hat schon vor Jahren auf Grund meiner Anregung Bedingungen aufgestellt, unter welchen Kredit an solche Handwerkergenossenschaften gewährt wird, und eine dieser Bedingungen lautet dahin, daß sie sich mit einem entsprechenden eigenen Kapital an dem Unternehmen beteiligen müssen. Nun wird allerdings sehr oft eingewendet: ja, die Handwerker haben eben zu wenig eigenes Kapital. Aber ich sage: weniger Kapital als die Pioniere von Rochdale gehabt haben, können unsere Handwerker auch nicht haben, und es ist nur mangelndes Vertrauen in die eigene Kraft, wenn man sich mit möglichst wenig eigenem Kapital beteiligt. Dazu kommt noch eine geringe Haftung und niedrige Geschäftsanteile.

Nun will ich Ihnen einige Beispiele von solchen Genossenschaftsgründungen mit öffentlichen Mitteln vorführen. Es sind wohl jetzt 20 Jahre her, daß in Amerika die Mac Kinley-Bill erschien, die den Zoll auf Perlmutterwaren so hoch hinaufschraubte, daß über die Wiener Perlmutterindustrie eine Katastrophe hereinbrach, weil diejenigen aus Amerika, die fertige Waren von Wien bezogen, sich natürlich — das Gesetz ist nicht über Nacht gekommen — in ihrem Bedarf auf lange Zeit vorgesehen hatten, und infolgedessen die Arbeit nachließ. Da war die erste staatliche Aktion in Österreich, daß eine Rohstoffgenossenschaft der Perlmutterdrechsler in Ottakring gegründet wurde. Es sind damals vom Staate 30 000 Gulden und von der niederösterreichischen Handelskammer 6000 Gulden, zusammen rund 60 000 Mark, zu diesem Zweck bewilligt worden. Die Genossenschaft wurde gegründet und hat mit dem Engroseinkauf von Rohperlmutter begonnen. Die Betreffenden, die in der Leitung saßen, mögen gute Drechslermeister gewesen sein, weniger aber waren sie genaue Kenner des Rohmaterials und am allerwenigsten waren sie Kaufleute; denn von diesem ganzen Betrage, mit dem jeder einzelne dieses Faches wahrscheinlich zum reichen Mann geworden wäre, ist heute nichts mehr vorhanden, die Genossenschaft ist in Liquidation. So wird es immer dann kommen, wenn die gewährten öffentlichen Mittel in allzu großem Gegensatz zum eigenen Vermögen stehen, weil das Interesse der Genossenschafter naturgemäß erlahmt; es wird gearbeitet, so gut es geht, und wenn das Geld alle ist, dann hört die Herrlichkeit auf.

Ein zweiter Fall: Die Wäscher in Wien speziell werden immer mehr und mehr, und wenn das Geschäft rationell betrieben werden soll, ist es nötig, daß eine Anzahl solcher Wäscher sich behufs gemeinschaftlicher Maschinenbenützung zu Genossenschaften vereinigt. Eine solche Genossenschaft wurde auch gegründet, aber man hat nie einen Rechnungsabschluß von ihr gesehen, und sie war sehr bald fertig und liquidierte.

Das dritte Beispiel ist die mit großem Aplomb ins Leben gerufene Rohstoff- und Produktivgenossenschaft der Vergolder in Wien. Die Vergolder in Wien behaupteten, daß die Rahmenerzeugung in Wien zu schwierig sei, daß man insbesondere gegen die deutsche Konkurrenz nicht bestehen könne, und daß es an den nötigen Maschinen fehle. Es wurde nun eine Produktivgenossenschaft gegründet mit einem Betriebskapital von 26 000 Kronen; sie hatte Maschinen im Werte von 10 000 Kronen vom Staate erhalten, ein Darlehn von 4 000 Kronen vom niederösterreichischen Landesausschuß und 12 000 Kronen von der Handelskammer. Die Vergolder waren nun in der Lage, nichts mehr aus dem Auslande beziehen zu müssen, und es mußte ihnen gut gehen. Die Berichte über diese Genossenschaft bemerken weiter, daß die Genossenschafter selbst „erhebliche Beträge" zum Betriebskapitale beigesteuert haben; über die ziffernmäßige Höhe dieser Beträge hat man sich nicht weiter ausgelassen. Auch diese Genossenschaft ist nach kaum einjähriger Tätigkeit vollkommen fertig geworden. Es hat sich herausgestellt, daß die gepflogenen Erhebungen nicht gründlich genug waren, daß man sich vielfach Illusionen hingegeben hat; kurz und gut, es hat dieser Fall eklatant bewiesen, daß jede Gründung, die auf Schlagworte hin erfolgt, ein Schlag ins Wasser ist und als eine Schädigung des Genossenschaftswesens betrachtet werden muß. Je mehr solche Beispiele angeführt werden, daß Genossenschaften, die mit beträchtlichen Mitteln ausgestattet waren, bald fertig geworden sind, desto lähmender muß das auf die übrigen Handwerker wirken und desto schädlicher das Genossenschaftswesen beeinträchtigen; denn man ist dann in der Regel nur zu leicht geneigt, zu erklären: das Genossenschaftswesen taugt nichts.

(Zustimmung.)

Aber in der Regel ist der Mangel an Zuversicht und am Glauben an den Erfolg der eigenen Kraft, der diesen Unternehmungen das Grab bereitet.

Man ist infolge dieser Vorfälle bei uns schon sehr vorsichtig geworden mit den Gründungen von Genossenschaften und man verwendet jetzt mehr Sorgfalt darauf, die Handwerker erst eigentlich für die genossenschaftliche Sache zu schulen. So hat man z. B. vor zwei Jahren eine Kreditenquete einberufen, zur Erörterung der Frage, ob dem kleinen Handwerker genügend Kredit zur Verfügung steht, und welche Mittel und Wege eingeschlagen werden können, um gegebenenfalls solchen zu verschaffen. Von der ganzen Enquete, die einige Wochen gedauert und einen umfangreichen Band stenographischer Aufzeichnungen gezeitigt hat, ist nichts anderes herausgekommen als der gute Rat: die kleinen Gewerbetreibenden sollen die Buchführung lernen.

(Heiterkeit.)

Das haben andere Leute schon früher gesagt. Die Kalkulation der Preise ist die Grundlage jedes einzelnen Betriebes und einer jeden Genossenschaft.

Damit möchte ich jene Herren, die nur die Lichtseiten der Gewerbeförderung in Österreich kennen — ich will gewiß nicht den Stab über die ganze Einrichtung brechen —, auch einige Schattenseiten vorgeführt haben, welche beweisen, daß trotz aller Unterstützung durch Staat, Land, Handels- und Gewerbekammern u. a. der Glaube an die eigene Kraft vorherrschen muß, um aus solchen Unternehmungen das zu machen, was daraus gemacht werden soll.

(Beifall.)

Gewerbeschul-Vorstand **Lohr** (Mosbach i/Baden): Meine Herren, wenn ich mir gestatte, das Wort zu nehmen, so geschieht es, weil ich schon fast 20 Jahre auf gewerblichem Gebiete tätig bin. Ich werde mich umso kürzer fassen können, als ich mit dem Herrn Referenten im großen und ganzen mit wenigen Abweichungen einverstanden bin. Wenn ich auch von dem Großherzoglich badischen Ministerium des Innern ermächtigt bin, an dieser Tagung teilzunehmen, so bitte ich trotzdem zu beachten, daß meine Äußerungen lediglich meine persönliche Ansicht darstellen.

Zunächst hat Herr Schumacher gemeint, das badische Land, sein und mein spezielles Heimatland, sei in dieser Hinsicht, wenn auch nicht rückständig, so doch in der Entwicklung der gewerblichen Genossenschaften nicht so weit vorgeschritten wie andere Länder. Demgegenüber möchte ich betonen, daß der badische Staat in dem Budget des Ministeriums des Innern wie des Unterrichts zusammen rund 1 300 000 Mark zur Förderung des Gewerbes aussetzt, eine Summe, die für den badischen Staat mit nur über 1 600 000 Einwohnern reichlich groß erscheint. Die Gewerbepflege und Gewerbepolizei untersteht dem Ministerium des Innern, die gewerblichen Schulen sind dem Ministerium der Justiz, des Kultus und Unterrichts untergeordnet.

Die Ausführungen des Herrn Referenten haben wesentlich neues nicht gebracht. Die ausgesprochenen Gedanken sind in den Schriften, die seit Schulze-Delitzsch' Zeit auf genossenschaftlichem Gebiet erschienen sind, niedergelegt, und von dem Herrn Referenten mit anerkennenswertem Fleiße zusammen getragen. Ich selbst muß gestehen, daß ich indirekt Schüler von Schulze-Delitzsch und des gegenwärtigen hochverdienten Herrn Anwalts Dr. Crüger bin durch Studium deren Veröffentlichungen.

Meine Herren, es ist nicht nötig, darauf einzugehen, welche Hindernisse der Gründung von Handwerkergenossenschaften im Wege stehen. Diese Hindernisse hat der Handwerkerstand in erster Linie selbst zu beseitigen. Hier hat Schulze-Delitzsch recht, wenn er sagte: „Wenn Ihr haben wollt, daß es besser wird, dann werdet selbst besser.“ Nun hat auch der Herr Referent als solche Hindernisse für die Gründung von Handwerkergenossenschaften angeführt die durch die große Übersetzung in dem Gewerbe bedingte scharfe Konkurrenz. Wer die gewerblich-historische Literatur kennt, weiß, daß über die Übersetzung im Handwerk schon zur Zeit der geschlossenen Zünfte genau so geklagt wurde, wie heute, ja daß die Klagen über den durch Übersetzung hervorgerufenen schlechten Nahrungsstand des Handwerks seit Jahrhunderten zum eisernen Bestand der Handwerkerklagen gehören. Nach meinen Erfahrungen können zwei Handwerker, die gegenseitig auf einander neidisch sind, sich das Leben genau so sauer machen, wie 20 eines und desselben Gewerbes. Also darauf kommt es nicht an. Die Veröffentlichungen des Vereins für Sozialpolitik und die Erhebungen des Kaiserlich Statistischen Amtes von 1895 haben mit größter Deutlichkeit gezeigt, daß die Entwicklung der einzelnen Gewerbe hinsichtlich ihrer Selbständigenzahl nicht gleichmäßig war; einzelne sind vorwärts gegangen, andere stehen geblieben, wieder andere zurückgegangen; auch hat die Entwicklung einen verschiedenen Verlauf genommen je nach dem Standorte der Gewerbe in Groß- und Mittelstädten und auf dem platten Lande. Der Arbeit, welche die genossenschaftliche Zusammenschließung der Handwerker zum Zwecke hat, fehlt die nötige wissenschaftliche Grundlage. Man hört sich ja die schönen Vorträge, die in dieser Beziehung gehalten werden, an — auch Herr Dr. Crüger hat in Durlach einen solchen gehalten —, spendet ihnen auch Beifall; aber damit ist die Sache meistens auch fertig. Ich selbst habe viele Vorträge über Genossenschaftswesen halten dürfen. Der Erfolg ist ein verschwindend kleiner gewesen. Man spricht heutzutage so viel über Genossenschaften, und da will der oder jener gewerbliche Verein sich auch einmal einen Vortrag darüber anhören. Die Leute denken aber gar nicht daran, eine Genossenschaft zu gründen.

Welches wäre nun die wissenschaftliche Grundlage? Eine umfassende Handwerker-Statistik, die uns sagt, wo gleiche und verwandte Gewerbe in größeren Gruppen vorhanden sind. Wie mir Herr Ober-Regierungsrat Dr. Lange in Karlsruhe, der Vorstand des Großherzoglich badischen statistischen Landesamtes, mitgeteilt hat, sind

8*

gelegentlich der Beratung der Vorarbeiten für die nächste Berufs- und Gewerbezählung 1907 in Mainz auch Beratungen darüber gepflogen worden, wie das Handwerk statistisch erfaßt werden könnte. Das Handwerkskammergesetz gibt doch einigermaßen eine Basis dazu, obschon es eine Definition von Fabrik und Handwerk vermeidet. Ich kenne z. B. Leute die direkt Fabrikanten sind, und sich dabei zu den Handwerkern zählen. Es mag ja schwer sein, eine Grenze zu ziehen. Ein Nachteil ist es jedenfalls für genossenschaftliche Leistungen, daß das Handwerk auf diesem Gebiete da und dort zu exklusiv ist und mit dem Schlagworte: „das Handwerk dem Handwerker!" die Zugehörigkeit zu einer Genossenschaft von der Zugehörigkeit zu einer Innung, oder einer sonstigen gewerblichen Vereinigung abhängig machen will. Mit Schlagworten lassen sich in den Versammlungen wohl schöne rednerische Erfolge und dröhnender Beifall erzielen,

(Sehr richtig!)

aber eine Arbeit auf dem Gebiete des Handwerker-Genossenschaftswesens ist damit nicht geleistet. Wenn wir von Handwerker-Versammlungen nach Hause gegangen sind, hörte ich öfter von einem gerne ironisierenden Herrn sagen: „Heute haben wir wieder einmal das Handwerk gerettet!" —

(Heiterkeit!)

Die Grundlage ist für diese genossenschaftliche Arbeit, wie gesagt, eine Handwerker-Statistik. Hoffen wir, daß die bezüglichen Beratungen zu einem guten Ergebnisse führen im Interesse der Förderung des Handwerker-Genossenschaftswesens. Diese Grundlage können die Handwerker nicht durch Selbsthilfe schaffen, sondern die einzelnen Regierungen müssen durch ihre statistischen Ämter dafür sorgen. Das ist eine Form der Staatshilfe, gegen die gewiß der Herr Anwalt nichts einzuwenden hat. — Der Herr Referent hat gemeint, das Kleingewerbe soll insoweit zu Einkaufsgenossenschaften zusammengeschlossen werden, als es sich um gleiche oder mindestens technisch verwandte Gewerbe handelt. Das ist unrichtig. Wenn es so wäre, müßte das Handwerks-Genossenschaftswesen vor dem platten Lande Halt machen. — Richtig ist, daß die Kreditgenossenschaften die Stütze und die Grundlage der Handwerkergenossenschaften bilden müssen. Unsere Kreditgenossenschaften in Baden haben sich voll und ganz in den Dienst dieser Genossenschaften gestellt, wenn die Forderung an sie herantrat. Ihre leitenden Persönlichkeiten sind selbst Einkaufsgenossenschaften als Mitglieder beigetreten, und ich halte diese Tatsache für das Gedeihen der Handwerkergenossenschaften für außerordentlich wichtig; denn diese Herren bringen schon einen Fonds genossenschaftlicher Erfahrung mit. Die Bereitwilligkeit, den Handwerkergenossenschaften helfend beizuspringen, ist wohl bei allen Kreditgenossenschaften vorhanden gewesen. Die Geschichte untergegangener Handwerkergenossenschaften zeigt in vielen Fällen, daß sie nicht aus Mangel an Kredit, sondern an zu viel beanspruchtem Kredit und durch übertriebene Kreditgewährung an Mitglieder zugrunde gegangen sind.

Handwerkergenossenschaften für gemeinsamen Einkauf lassen sich nicht nur in großen Städten für gleiche und technisch verwandte, sondern auch auf dem Lande für gemischte Gewerbe errichten. Die Verwandtschaft der einzelnen Handwerke hinsichtlich des Materialverbrauchs ist viel größer, als man gemeinhin annimmt. Der Schreiner, der Tüncher, der Buchbinder und andere Gewerbe brauchen z. B. Leim. Schwieriger gestalten sich bei einer aus Mitgliedern verschiedener Gewerbe zusammengesetzten Einkaufsgenossenschaft die Verteilung des Gewinnes aus den verschiedenen Waren. Ich selbst habe in einer kleinen Kreisstadt eine Handwerkergenossenschaft gegründet, deren Mitglieder hauptsächlich aus Schreinern und Tünchern bestehen. Nun kamen seinerzeit die Schreiner und sagten: am Holz wird Geld verdient, da brauchen wir die Tüncher nicht zum Mitverdienen. Umgekehrt sagten die Tüncher dasselbe von Bleiweiß und Leinöl. Wir helfen uns, indem wir in den betr. Zirkularen den Genossen für jede einzelne Ware eine Rabattgutschrift brutto angeben. Der endgültig auf eine Ware zu gewährende Rabatt kann natürlich erst nach Fertigstellung der Bilanz genau angegeben werden; denn auch wir können das Fell des Bären doch nicht verteilen, ehe wir ihn haben; außerdem ist die Gewährung eines Gewinnes vor genehmigter Bilanz nach dem Genossenschaftsgesetz unzulässig.

Ich komme nun zu einem andern Punkte, nämlich dem Umstande, daß unserem Handwerkerstande oft die kaufmännische Ader abgeht, sein eigenes Geschäft, geschweige denn eine Genossenschaft kaufmännisch zu leiten. Deshalb kann der Staat auch vom genossenschaftlichen Standpunkte nicht genug für die Vorbildung der Handwerker tun. Ich meine diejenigen politischen Parteien, diejenigen Redner in Handwerkerversammlungen und diejenigen Handwerkerführer, welche für den Befähigungsnachweis im Handwerk, als das Allheilmittel für die Schäden im Handwerk, eintreten, laden eine schwere Verantwortung auf sich; denn der Handwerker denkt infolgedessen: was brauchen wir uns durch Genossenschaften selbst zu helfen; haben wir erst den Befähigungsnachweis, so ist uns geholfen. Doch weiß jeder Einsichtige, was es mit dem Befähigungsnachweis, der die heutige unmögliche Abgrenzung der Tätigkeitsgebiete der einzelnen Handwerker verlangt, auf sich hat, und daß ein Befähigungsnachweis im Rechnen notwendiger ist, als ein Befähigungsnachweis auf technischem Gebiete.

(Sehr richtig!)

Zur Schulung auf kaufmännisch-genossenschaftlichem Gebiete hat man, wie Sie wissen, meine Herren, Lehrkurse für die Handwerker eingerichtet, meines Wissens in Berlin, Stuttgart und Frankfurt a/M. Ich selbst habe den letzteren Kursus in Frankfurt a/M. von A bis Z mitgemacht, um die Sache zu studieren, und ich bin befriedigt von dort zurückgekehrt. Nun meinte der Herr Anwalt in seinem Bericht, diese Kurse müßten für Vorstands- und Aufsichtsratsmitglieder anders eingerichtet sein, als für die Handwerker selbst, die nur Genossen sein wollen. Ich möchte behaupten, daß das nicht nötig ist. Es wäre wünschenswert, daß Kurse für gleiche, oder technisch verwandte Gewerbe eingerichtet würden, damit der Handwerker das, was er im Genossenschaftskurse lernt, zu Hause in der heimischen Genossenschaft direkt anwenden kann. Jeder Genosse hat doch ein Interesse daran, daß er die Arbeiten des Buchhalters, des Geschäftsführers, kurz der Beamten der Genossenschaft kontrollieren kann. Was nutzt ihm da z. B. die Anweisung über die Revision der Bücher, wenn er selbst über die Genossenschaftsbuchführung im unklaren ist. Er sitzt im Aufsichtsrat — ich will einen schlechten Witz nicht machen, den man bei dem Zusammenbruch der Treber-Trocknungsgesellschaft gemacht hat. Die Kurse sind auch nötig, um den Vorstandsmitgliedern, die Handwerker sind, das nötige Verständnis für die Sache beizubringen, und da meine ich, daß eine Organisation der Kurse in der Weise, daß gleiche und verwandte Gewerbe zusammengeschlossen werden, eine gute Wirkung haben müßte. Nach dem Berlepschen Gesetzentwurf von 1895 und dem Entwurfe des preußischen Ministeriums für Handel und Gewerbe von 1896 gibt es mehr als 70 Gewerbe, die unter den Begriff „handwerksmäßig" fallen. Es müßten, damit alle Gewerbe daran kommen können, die Kurse fortlaufend gegeben werden. Wir stehen erst am Anfang der Entwicklung dieser Kurse. Gewiß aber verstößt es nicht gegen die Selbsthilfe, wenn der Staat die Einrichtung solcher Kurse in die Hand nimmt.

Ein weiteres Förderungsmittel ist im Badischen Landtage gelegentlich der letzten Session in Vorschlag gebracht worden. Der Abgeordnete Hofmann hat den Wunsch ausgesprochen, die Regierung möchte der Großh. Landesgewerbehalle einen Beamten für das Genossenschaftswesen beigeben, der das Genossenschaftswesen durch und durch kennt, der Vorträge halten und bei Gründung von Genossenschaften an die Hand gehen, sogar die Bücher anlegen könnte. Der Herr Minister, Exzellenz Dr. Schenkel, hat darauf geantwortet, es wäre eine erwägenswerte Frage, ob man nicht an der Landesgewerbehalle eine solche Persönlichkeit anstellen sollte, welche insbesondere auf dem Gebiete der praktischen Wirtschaftspolitik ausgebildet ist.

Der Herr Verbandsanwalt hat ein Büchlein herausgegeben, das die Förderung der Handwerkergenossenschaften zum Zweck hat und in dem unter anderem auch Musterstatuten enthalten sind. So gut dies Büchlein ist, und so oft ich es zu Rate gezogen habe, so will der Herr Anwalt doch gewiß nicht sagen, daß die Musterstatuten für alle Fälle passen. Wenn nun die Regierung den Handwerkern einen Mann zur Verfügung stellt, der für die besonderen Fälle die Satzungen der Handwerkergenossenschaften zu bearbeiten hat, der bei der Gründung und Fortführung der Genossenschaften den Handwerkern unentgeltlich mit Rat und Tat zur Verfügung steht, meine ich, ist das eine Form der Staatshilfe, gegen die vom Standpunkte der Selbsthilfe nichts einzuwenden ist; denn es ist das nichts anderes, als daß Herr Dr. Crüger bei den Handwerkern anstatt in Form eines Büchleins in Form eines Vertreters erscheint.

Andere Punkte sind die gleichzeitige Verfolgung verschiedener Ziele seitens der Handwerkergenossenschaften und der Geldpunkt. Ich habe mir die Statuten der verschiedenen Frankfurter Handwerkergenossenschaften, gelegentlich des Genossenschaftskursus dort, angesehen, und da fand ich als Zweck mancher Genossenschaften angegeben, daß sie gleichzeitig Kredit-, Einkaufs- und Magazingenossenschaften sein wollten. Ja, manche will den Genossen auch noch rechtlichen, technischen und andern Rat erteilen. In Süddeutschland hat man ein gutes Sprichwort, das sagt: „Wer zwei Hasen fangen will, kriegt gar keinen." Derartige Genossenschaftsgründungen mit vielerlei nebeneinander laufenden Zielen würden besser unterbleiben. Ich habe den Eindruck von manchen Handwerkergenossenschaftsgründungen, als ob sie gewissermaßen in der Form des Gewerbebetriebes im Umherziehen gegründet worden wären, lediglich vorkommen, um sieben Genossenschaften zusammen zu bringen, einen Verband zu gründen und den Kredit der Preußenkasse in Anspruch nehmen zu können. Bezüglich der Kreditbefriedigung seitens der mit Hilfe des Staates eingerichteten Geldinstitute stehen viele Handwerker auf einem ganz eigentümlichen Standpunkte. Wenn der Staat uns wirklich helfen will, sagte einmal ein Schreiner, so mag er jedem Schreiner 10000 Mark geben, und mir kann er 20000 geben.

(Heiterkeit.)

Daß auf diese Form der Gewährung von Kredit sich natürlich kein Staat im Interesse seiner übrigen Steuerzahler einlassen kann, ist selbstverständlich. Staatsmittel sind nicht zum Pump da. Wir haben trotzdem in Baden ein pekuniäres Förderungsmittel. Das Ministerium des Innern gibt eine Prämie, wo Handwerkergenossenschaften gebildet werden. Nun ist die Bildung eines eigenen Kapitals eine heilige Aufgabe jeder Genossenschaft; aber selbst, wenn der idealste genossenschaftliche Geist in einer Neugründung wirksam wäre, so ist für den Anfang doch kein eigenes Kapital vorhanden. Um über die ersten Schwierigkeiten hinweg zu kommen, gewährt das Ministerium des Innern eine Prämie und bezeichnet diese Prämie als eine solche zur Aufmunterung. Ob es angezeigt ist, eine größere Aufmunterungsprämie bei uns bis zu 500 Mark gleich am Anfange zu geben, möchte ich dahingestellt sein lassen. Eine Staatsprämie kann nur der verdienen, der schon etwas geleistet hat, das ist durch die vollzogene Tatsache der Gründung nicht der Fall. Wie sich die Sache weiter entwickeln wird, vermag ich natürlich nicht zu sagen; aber es sind Erwägungen nach dieser Hinsicht angeregt, die auch den auf dem Standpunkte der Selbsthilfe Stehenden befriedigen dürften.

Es ist auch davon gesprochen worden, daß die Innungen ein Hemmschuh gesunder genossenschaftlicher Bildungen wären. Mir sind alle gewerblichen Korporationen gleich lieb, wie sie sich auch immer nennen. Nicht auf die Form kommt es an, sondern auf den Geist, der darin herrscht, doch wäre es gut, wenn die Innungen, besonders im Norden, und auch andere gewerbliche Vereinigungen nach und nach mehr wirtschaftliche Ziele verfolgen wollten. Ich habe Gelegenheit gehabt, an der Einkaufsgenossenschaft einer süddeutschen Zwangsinnung Kritik zu üben. Dort hatte man Anteile von 50 Mark bei einer weiteren Haftsumme von 50 Mark zugelassen, und ein Erwerb von 10 Anteilen, was selten vorkommt, war gestattet. Daß man mit solch niederen Haftsummen keinen den Bedürfnissen der Genossen genügenden Betrieb eröffnen kann, darüber besteht bei der Versammlung wohl kein Zweifel. Bei den Genossen selbst entsteht Unzufriedenheit mit der Genossenschaft, sie machen nicht den einzelnen Fehler, sondern das System verantwortlich. Das bedeutet eine Schädigung für das ganze Genossenschaftswesen. Der Herr Vertreter aus Österreich, Reichsratsabgeordneter Wrabetz, hat vorhin ausgeführt, daß dort die Handwerker bei der Genossenschaftsbildung sich nicht genügend mit eigenem Kapital engagieren wollen. Ihm möchte ich darum zurufen: „Tout comme chez nous!" Die Vertreter des Handwerks dürfen nicht denken, daß dem Handwerk Fernerstehende dem Handwerkergenossenschaftswesen Vertrauen entgegenbringen, wenn sie selbst es nicht tun. Bezüglich der Bestrebungen der Innungen und anderer gewerblicher Vereinigungen gilt auch der Satz: „Alles fließt", und auch die Handwerker müssen sich in den Fluß des Geschehens stellen und nach und nach wirtschaftliche Bestrebungen an erste Stelle setzen und in ihre genossenschaftlichen Aufgaben hineinwachsen. Schulze-Delitzsch hat recht, wenn er seinerzeit sagte: „Die Genossenschaft ist die Innung der Zukunft!"

(Sehr richtig!)

Meine Herren! Ich möchte nur noch zur Bedürfnisfrage ein Wort sagen. Das Bedürfnis zur Errichtung von Handwerkergenossenschaften ist zweifellos vorhanden; aber der gute Wille und das Verständnis für das Genossenschaftswesen fehlt unter den Handwerkern. Das letztere zu wecken, ist eine Aufgabe von besonderen Wanderlehrern. Zu prüfen ist bei der Gründung besonders die Lebensfähigkeit und die Personenfrage hinsichtlich der Fähigkeit zu kaufmännischer Leitung. Mit der Resolution kann man im großen und ganzen einverstanden sein, und ich glaube, man kann ihr ohne weiteres zustimmen. Im Berichte des Herrn Anwalts wurde hervorgehoben, daß eine Handwerkskammer sich in ihrem Berichte über die Tätigkeit des Allgemeinen Verbandes der auf Selbsthilfe beruhenden deutschen Erwerbs- und Wirtschaftsgenossenschaften mißliebig geäußert habe. Das ist nicht tragisch zu nehmen; denn die Jahresberichte schreiben die Sekretäre. Diese selbst sind aber abhängig von den Beschlüssen der Kammermitglieder und den in ihrem Bezirke hervortretenden Äußerungen und Wünschen. Daß da oft rückständige Bestrebungen hervortreten, wird nicht zu bestreiten sein. Vertritt die Kammer nicht unbesehen alles, so heißt es gleich, sie handelt gegen die „Interessen des Handwerks", und umgekehrt wird sie mit anderen Vertretungen in Kollision kommen.

Von unseren vier badischen Handwerkskammern arbeiten drei gut, von einer, der Karlsruher, kann man das nicht sagen. Sie enthält leider Mitglieder, von denen manches meint, es selbst sei das Handwerk, und durch die Verfolgung persönlicher Streitereien die ganze Kammer in Mißkredit bringt. Im Frankfurter Handwerkerparlament 1848 waren Zwang und Verbot, Verbot und Zwang die Mittel, welche die Meister zum Wohle des Handwerks vorzuschlagen wußten. So ist es da und dort heute noch. Diejenigen Handwerkskammern, welche solchen rückständigen Anschauungen entgegentreten, werden gewiß mit aller Energie die Handwerker auf den Weg der genossenschaftlichen Selbsthilfe verweisen. Den Herren, die berufen sind, in Handwerkerkreisen zu wirken, möchte ich zurufen: Lassen Sie sich nicht durch persönliche Angriffe abschrecken, rückständigen Anschauungen und Bestrebungen entgegenzutreten. Es kann Ihnen gleichgültig sein, ob Sie den Beifall einer Versammlung haben oder nicht. Neue Wege sind dem Handwerkerstande zu zeigen, neue Ziele müssen ihn beherrschen, wenn er konkurrenzfähig bleiben will. Bei all seinen Bestrebungen wird er das große Ganze unseres wirtschaftlichen Lebens im Auge behalten müssen. Für die Genossenschaftsbewegung im Handwerk wird im Sinne dieser Ausführung für die Zukunft der Satz gelten dürfen: „Selbsthilfe und nochmals Selbsthilfe, unterstützt durch Staatshilfe, die gegen erprobte Genossenschaftsgrundsätze nicht verstößt."

(Lebhafter Beifall.)

Kgl. Bankinspektor **Mager** (Berlin), Vorsitzender des Hauptverbandes deutscher gewerblicher Genossenschaften: Meine Herren, wenn gerade Ihr großer Verband diese Frage auf die Tagesordnung gesetzt hat, so ist das gewiß sehr zeitgemäß und hoch dankenswert. Ich darf sowohl für mich persönlich wie für den Vorstand des Hauptverbandes deutscher gewerblicher Genossenschaften sagen, daß wir uns bereits am 13. und 14. Mai d. Js. auf diese prinzipiellen Grundsätze, die Sie hier niedergelegt haben, festgelegt haben, und ich darf weiter sagen, daß wir auf die wichtigsten Punkte, die hier in Betracht kommen, Ansprüche, die man an die Selbsthilfe und die Betätigung der Selbsthilfe stellen soll, den allergrößten Wert legen. Selbstverständlich wird man bezüglich der Höhe der Geschäftsanteile nicht unsinnig viel verlangen, man wird nur soviel verlangen, als im Interesse des Geschäfts erforderlich ist; im übrigen aber begnügen wir uns nicht damit, daß die Kreise des Handwerks sich in dem Genossenschaftsstatut zur Selbsthilfe bekennen, sondern wir verlangen die Betätigung der Selbsthilfe in der Einzahlung genügend hoher Geschäftsanteile, wenn auch für diese Einzahlungen Ratenzahlungen zugelassen werden können. Auf der Konferenz im Mai d. Js. mit den Vertretern der deutschen Handwerks- und Gewerbekammern haben wir diesen Punkt vorangestellt: Ansprüche, die wegen der Einzahlung der Geschäftsanteile gestellt werden müssen, und weiterhin haben wir den Grundsatz vertreten, daß es besonders im Genossenschaftswesen nicht richtig ist, Ansprüche zu stellen, die dahin gehen, vom Staate alles zu verlangen. Ich habe Gelegenheit gehabt, in Handwerkerkreisen auszuführen: die

Herren, die für eine Genossenschaft um ein unverzinsliches oder billiger verzinsliches Staatsdarlehn von 2000 Mark petitionieren, mögen sich doch einmal erst ausrechnen, daß z. B. 2 % von 2000 Mark 40 Mark ausmachen, daß also eine Genossenschaft, die vorher existenzberechtigt war, auch existenzberechtigt bleibt, wenn sie diese 2000 Mark Staatsdarlehn nicht bekommt. Meiner Auffassung nach ist es ungeschäftlich und einer Genossenschaft unwürdig, wegen einer so geringen Beihilfe durch viele Instanzen zu petitionieren. Ich glaube, es ist hier wesentlich, daß man in gewissenhafter Weise Aufklärung in die weitesten Handwerkerkreise darüber trägt, was man von der Genossenschaft erwarten kann und darüber, welche Leistungen von den Mitgliedern einer Genossenschaft zu fordern sind, und ich kann sagen, daß ich in meiner kurzen Tätigkeit für eine derartige Auffassung der genossenschaftlichen Grundsätze auch Verständnis in diesen Kreisen gefunden habe. Jedenfalls habe ich mich immer auf den Standpunkt gestellt, daß es Pflicht desjenigen, der in Handwerkerkreisen über Genossenschaftswesen spricht, ist, das zu sagen, was gefordert werden muß, und nicht das, was man in einer Versammlung etwa gerade hören will.

Ich möchte dann ausdrücklich betonen, daß ich gegen die Resolution des Herrn Anwalts, besonders nach den Ausführungen des Herrn Berichterstatters, nicht den geringsten Einwand erheben kann. Allerdings praktisch habe ich dasselbe Bedenken, welches der Herr Vertreter aus Kassel vorgetragen hat. Nach meinen Erfahrungen möchte ich nicht allzu große Erwartungen an die Tätigkeit der Kreditgenossenschaften in der Propagierung des Gedankens der Handwerkergenossenschaften knüpfen. Ich möchte vorausschicken, daß, wenn ich von einer Propaganda in bezug auf Handwerkergenossenschaften spreche, ich dreimal Vorsicht dringend empfehle. In dem praktischen Bedenken, welches ich gegen die Werbekraft der Kreditgenossenschaften in bezug auf das Handwerkergenossenschaftswesen habe — es kommen ja Ausnahmen vor, aber die Ausnahme bestätigt die Regel — in diesem Zweifel glaube ich einiges zur Existenzberechtigung des Hauptverbandes gewerblicher Genossenschaften zu finden. Im Interesse der Klarlegung von Mißverständnissen, im Interesse eines geistigen Zusammengehens, so schön und so eng, wie wir es uns, wenn vielleicht auch erst in der fernen Zukunft, nur denken können, ich möchte sagen, auf indirektes Anfragen des Herrn Anwalts — so habe ich die den Hauptverband deutscher gewerblicher Genossenschaften betreffenden Ausführungen Ihres Herrn Anwalts in seinem Generalbericht aufgefaßt — glaube ich kurz darauf eingehen zu müssen.

Der Herr Anwalt hat die Existenzberechtigung des Hauptverbandes angezweifelt.

Ich meine, der Hauptverband deutscher gewerblicher Genossenschaften hat schon etwas zu tun, wenn er jetzt zirka 4—500 Genossenschaften zu beraten hat, wenn sie auch nicht alle aus richtigen Grundsätzen heraus gegründet sein sollten. Man kann sich doch wohl denken, daß man nicht immer von richtigen Grundsätzen auszugehen braucht und doch manchmal etwas brauchbares schaffen kann. Da muß man dann bezüglich der bestehenden Genossenschaften belehrend, beratend und helfend wirken, und das ist eine Aufgabe des Verbandes. Ich weiß nicht, ob Ihre Unterverbände daran gewöhnt sind, den einzelnen Genossenschaften so weitgehende Hilfe zu leisten in der Durchführung des ganzen Geschäfts, in der Buchführung ꝛc., wie wir das tun müssen. Wir müssen da eine weitgehende Hilfe leisten, an die nach meiner oberflächlichen Erfahrung Ihre Unterverbände schon deshalb nicht gewöhnt sind, weil die schon mehr bankmäßig entwickelten Vorschußvereine eine derartige Hilfeleistung nicht notwendig haben.

Ich möchte nur prinzipielle Punkte berühren und damit auf die Bedeutung des Einflusses, den die Preußische Central-Genossenschafts-Kasse auf den Hauptverband nehmen soll, kommen. Den unter dem Einfluß der Preußischen Central-Genossenschafts-Kasse stehenden Hauptverband deutscher gewerblicher Genossenschaften hat Ihr Herr Anwalt den von mir vertretenen Hauptverband genannt. Ich weiß, welche hohe Auffassung man in Ihren Kreisen von der Freiheit des Individuums hat; Sie haben erst gestern den Beamten erlaubt, sich an der Verwaltung von Konsumvereinen zu beteiligen. Meine Herren, mir ist von meiner vorgesetzten Dienstbehörde die Genehmigung erteilt, in dem Hauptverband deutscher gewerblicher Genossenschaften im Nebenamt mitzuarbeiten, andere Beziehungen zwischen der Preußischen Central-Genossenschafts-Kasse und dem Hauptverband bestehen nicht. Wenn ich die Erfahrungen, die ich in meinem Hauptamt als Bankinspektor bei der Preußischen Central-Genossenschafts-Kasse mache, selbstverständlich für den Hauptverband mitverwerte, so ist das ein geistiger Einfluß, der wohl erlaubt ist, und wenn mir auf meine Bitte einmal ein Rat des derzeitigen Herrn Präsidenten der Preußischen Central-Genossenschafts-Kasse zu teil wird, so glaube ich, daß gerade das sachverständige Urteil dieses Herrn in Ihren Kreisen geschätzt wird. Auch hier kann nur von einem geistigen Einfluß die Rede sein, der wohl erlaubt sein wird. Weisungen sind mir bei der Erteilung der Genehmigung für mein Nebenamt nicht erteilt worden, und ich wäre auch nicht in der Lage gewesen, beim Hauptverbande deutscher gewerblicher Genossenschaften mitzuwirken, wenn man an meine Mitwirkung irgend welche Bedingungen geknüpft hätte.

Wenn Ihr Herr Anwalt gemeint hat: „Muß es denn immer mehr Verbände geben“, so sind wir mit ihm nicht der Ansicht, daß es immer mehr Verbände geben muß. Nach unserer Ansicht muß es eher weniger Verbände geben. Auch wir halten es prinzipiell für richtig, daß sowohl ein Revisionsverband wie eine Verbandskasse jeweils einen bestimmten nicht zu kleinen Bezirk — etwa eine preußische Provinz — umfassen, und sind nach dieser Richtung ernstlich bestrebt, alle Bemühungen bezüglich der Gestaltung der Organisation in diesem Sinne zu unterstützen; erst dieser Tage haben wir versucht vier kleinere in einer Provinz bestehende Verbände in einen Verband zusammen zu bringen. Hier werden sich die Verhältnisse noch klären müssen, da kommen auch wirtschaftliche Gesetze zu Hilfe, indem manches Falsche, was aus nichtsachlichen Beweggründen aufrecht erhalten werden soll, untergeht.

Ich möchte auch das noch im Interesse der vollständigen Klarstellung sagen: wenn gesagt wird, das System ist falsch, so habe ich ja nicht zu vertreten, was vor meiner Zeit liegt. Aber es war nicht immer das System falsch. Für mich gibt es nur den Begriff „Handwerkergenossenschaft“, für Rohstoffgenossenschaften, Magazin- und Produktivgenossenschaften des Handwerks. Handwerker-Kreditgenossenschaften, wenn sie gut organisiert sein sollen, sind ebenso wie Ihre Vorschußvereine zu organisieren und können mit Vorsicht nur da gegründet werden, wo das Bedürfnis auf andere Weise bis jetzt nicht befriedigt ist. Gewiß wäre der Staat scharf getroffen, wenn er alle die Handwerkergenossenschaften, die sich da und dort vereinzelt auflösen müssen, gegründet hätte. Aber die Beziehungen so manches Wanderredners zum Staat waren, wenn man sie genauer untersucht, doch sehr lockere. Der Staat mag hier und dort in der Wahl des genossenschaftlichen Wanderredners keinen glücklichen Griff getan haben, man kann aber nicht sagen, daß alle die Handwerkergenossenschaften, die zusammengebrochen sind, der Staat gegründet hat. Ich darf auch daran erinnern, daß die große Öffentlichkeit oft zu leicht das Prinzip zu unrecht für Mißerfolge verantwortlich macht, und ich habe Gelegenheit gehabt, gerade in der Provinz Schlesien zu beobachten, daß man in der Öffentlichkeit dem Schulze-Delitzschschen System Mißerfolge zur Last gelegt hat in Fällen, in denen man Schulze-Delitzschsche Grundsätze nicht nur nicht angewandt hatte, sondern dieselben absichtlich unbeachtet ließ, in der Meinung, daß man besser wisse, was für die lokalen Verhältnisse erforderlich sei. Ich habe mich immer gefreut, wenn ich solch falschen Auffassungen im Interesse des gesamten Genossenschaftswesens entgegentreten konnte. So ist es zum Teil auch in den Handwerkerkreisen gewesen. Da haben die Herren auch oft entgegen allen erprobten genossenschaftlichen Grundsätzen, auf die sie auch hingewiesen wurden, gemacht, was sie wollten, und haben auf ihren Ideen bis zur Liquidation, manchmal bis zum Konkurse der Genossenschaft beharrt.

Wenn wir auf der ersten Konferenz mit den Vertretern der Handwerks- und Gewerbekammern keine Beschlüsse gefaßt haben, so ist es geschehen, um auch die schwierigsten Punkte zur Diskussion zu stellen und eine spätere präzise Beschlußfassung vorzubereiten. Auch glaube ich annehmen zu dürfen, daß, wenn eine Abstimmung in dieser Konferenz überhaupt in Aussicht genommen gewesen wäre, alle wesentlichen Grundsätze mit überwiegender Mehrheit angenommen worden wären. Gerade auf Ihrer diesjährigen Tagung sind so schöne Berührungspunkte mit Ihnen gefunden worden, und ist so viel Verständnis für Ihre Organisation aus Kreisen bekundet worden, von denen Sie dieses offenbar nicht ohne weiteres erwartet haben. Wenn Sie den Hauptverband so auffassen wollen, daß er genossenschaftlich arbeiten

will, so wird das eines Teils keine Mißwirtschaft im Genossenschaftswesen zeitigen, und anderen Teils wird unsere Arbeit darauf hinauslaufen, die Idee der genossenschaftlichen Durchbildung der Massen verwirklichen zu helfen. Wir sind in unseren Auffassungen über Genossenschaftswesen in bezug auf Politik und Konfession ebenso vorurteilsfrei wie Sie, und trotzdem würde manche Genossenschaft, auch wenn unser Verband nicht bestände, nicht zu Ihnen kommen. Hier muß dem Geschmack auch ein klein wenig Raum bleiben. Wenn Sie von solchen Gesichtspunkten aus den Hauptverband der gewerblichen Genossenschaften auffassen wollen, so wird uns das für unser ferneres Arbeiten nur begeistern können.

(Bravo!)

Hartmann (Görlitz), Vorsteher der Schuhmacher-Rohstoffgenossenschaft, e. G. m. b. H.: Meine Herren, gestatten Sie mir als dem Vertreter der Schuhmacher-Rohstoffgenossenschaft in Görlitz, Ihnen einige meiner Erfahrungen mitzuteilen. Infolge der Handwerkerbewegung in Deutschland sind in der letzten Zeit vielfach Handwerkerkreise an uns mit der Bitte um Ratschläge behufs Gründung und Errichtung von Rohstoffgenossenschaften herangetreten. Wir sind auch den Herren gern entgegengekommen und haben Auskunft erteilt, und sie immer zur weiteren Information an die Anwaltschaft verwiesen. Selbst Deputierte von Innungen sind zu uns gekommen, um unsere Einrichtungen kennen zu lernen. Wir haben es ihnen, da sie ja unsere Kollegen sind, herzlich gern gezeigt. Die betreffenden Genossenschaften, die sich dann gebildet haben, sind, soweit sie uns mitgeteilt haben, auch ganz gut fundiert und vom Staate subventioniert worden. Wir haben den Leuten auch immer geraten, wenn sie nicht die geeigneten Leute in ihrer Organisation haben, lieber von der Genossenschaftsbildung abzusehen. Aber es waren immer zwei bis drei intelligente Personen darunter, die sich die Sache angelegen sein ließen.

Unsere Rohstoffgenossenschaft hat mit geringen Mitteln angefangen. Es waren 7 Mann und würden unter den heutigen Verhältnissen wohl schwerlich mit einem so winzigen Kapital anfangen. Es sind auch immer einige darunter, die nicht aushalten und sich dann zurückziehen. Nun werden auch Waren angeschafft, die nicht immer gleich weggehen, und daher muß darauf hingearbeitet werden, daß das Lager nicht allzu groß wird. Das Eintrittsgeld betrug bei uns 15 Mark, und im Laufe der weiteren Monate mußten 60 Mark eingezahlt werden; diese bildeten den Anteil. Nun traten auch Zeiten ein, wo es nicht immer so vorwärts gehen wollte, und da haben wir uns immer gefragt: was können wir machen, um neues Leben in die Sache hineinzubringen? Wir haben dann den Eintritt so billig wie möglich gemacht, bis auf 3 Mark herabgesetzt, um neue Mitglieder heranzuziehen. Es ist nicht so leicht, mit Handwerkern zu arbeiten, sie sind vielfach schwerfällig und oft der Hemmschuh in der Entwicklung. Nun hatten wir die unbeschränkte Haftpflicht, und es sagten uns manche Kollegen: wir würden gern bei euch eintreten, wenn ihr nicht die unbeschränkte Haftpflicht hättet. Daraufhin haben wir nun unsere Genossenschaft in eine mit beschränkter Haftpflicht umgewandelt und wir bekamen dann frischen Zuzug. Wir gingen dann in den 90er Jahren in Umsatz wie an der Mitgliederzahl etwas zurück, sind aber in den letzten Jahren wieder höher hinaufgegangen. Wir sind in der Lage gewesen, bis 8 % Einkauf-Dividende zu geben. Das Kapital wuchs und wir sind jetzt in der Lage, nur mit eigenen Mitteln zu arbeiten. Nun wird hier das Prinzip der Barzahlung empfohlen. Es ist ja richtig, der Einkauf der Handwerker soll möglichst bar erfolgen; aber gerade unter den Schuhmachern gibt es sehr viele Unbemittelte, die Borgwirtschaft ist sehr ausgebildet, und der Schuhmacher muß von allen Handwerkern am längsten aufs Geld warten.

Ich will auf weitere Punkte nicht eingehen; namentlich ist die Frage bezüglich der Förderung der Handwerkergenossenschaften durch die Kreditvereine schon hinlänglich erörtert worden.

Anwalt **Dr. Crüger**: Meine Herren, es herrschte eine wohl seltene Einmütigkeit bei der Erörterung der vorliegenden Frage, nicht bloß hinsichtlich der Grundsätze selbst, sondern auch hinsichtlich der Begründung der Grundsätze. Eine solche Einmütigkeit wäre an sich nichts Auffallendes, wenn wir nur unter uns die Ansichten ausgetauscht hätten; aber wir haben von Vertretern anderer Organisationen die gleichen Ansichten vernommen, so insbesondere von Herrn Bankinspektor Mager, dem Vorsitzenden des Hauptverbandes gewerblicher Genossenschaften. Ich muß sagen, daß ich außerordentlich erfreut darüber bin, und ich bin nur neugierig, wie die Genossenschaften des genannten Verbandes diese Sympathiebezeugung gegen unseren Verband aufnehmen werden, namentlich jene Genossenschaften, die aus der Gründungszeit vor zehn Jahren stammen, als jene Wanderredner durch das Land zogen, die Herr Bankinspektor Mager charakterisiert hat.

Meine Herren, außerordentlich interessant waren die Ausführungen meines Kollegen und Freundes Wrabetz; sie waren auch außerordentlich wichtig; denn diese österreichische Gewerbeförderungsaktion spukt auch seit 3 Jahren in Deutschland, hervorgerufen durch den Antrag Trimborn im preußischen Abgeordnetenhause. Da glaubten gewisse Leute, es würde uns etwas neues geboten, obgleich wir eine ähnliche Gewerbeförderungsaktion z. B. in Bayern, im Gewerbemuseum in Nürnberg haben. Ich habe mich damals im Abgeordnetenhause in demselben Sinne ausgesprochen, wie es heute von meinem Freunde Wrabetz geschehen ist, ich habe auch betont, daß es für den Staat auf die technische Ausbildung der Handwerker ankomme, das Genossenschaftswesen aber solle man aus der Gewerbeförderungsaktion ausschließen. Es wurde damals viel Aufhebens gemacht von den Erfolgen, die man auf dem Gebiete des Genossenschaftswesens in Österreich durch die Gewerbeförderungsaktion erzielt habe. Ich habe meine

Zweifel bestätigt gefunden durch die Lektüre der von Herrn Wrabetz herausgegebenen „Genossenschaft“, und heute hören wir es aus seinem eigenen Munde. Einer der Herren hat bei anderer Gelegenheit, bei Schilderung österreichischer Verhältnisse gesagt: tout comme chez nous, — das gilt auch hier. Herr Kollege Wrabetz hat ausgeführt, warum man nicht mit den Resultaten herauskomme; man bringt alles mögliche, aber nicht die Bilanzen der Genossenschaften. Ganz wie bei uns! Es werden Genossenschaften gegründet, wir bekommen Denkschriften darüber, aber von den Bilanzen der Genossenschaften ist in den Denkschriften nichts zu finden. Es wird bei einer Denkschrift als Grund hierfür angegeben: die Denkschriften sollen nicht so umfangreich werden! Ich vermute, die Gründe werden die gleichen sein wie in Österreich: die Resultate sind so bedenklich, daß man besser tut, nicht damit herauszukommen. Ich möchte auch wiederholen, daß es meines Erachtens eine der vornehmsten Aufgaben des Hauptverbandes der deutschen gewerblichen Genossenschaften ist, mit einer Statistik herauszukommen, um einen Einblick in die Verhältnisse der gewerblichen Genossenschaften zu gewähren.

Meine Herren, ein Wort über den Hauptverband der gewerblichen Genossenschaften. Er besteht! Ob er gegründet werden mußte, darüber will ich heute nicht urteilen. Es ist möglich, daß ein erheblicher Teil der Genossenschaften, die sich dem Hauptverbande angeschlossen haben, keine Unterkunft in unserem Verbande gefunden hätte, daß wir gesagt: wir wollen erst mal sehen, ob sie lebensfähig sind. Wenn aber Herr Bankinspektor Mager gemeint hat, unsere Organe seien nicht in der Lage, in die tiefsten Tiefen der einzelnen Genossenschaften hineinzusteigen und sich mit allen Einzelheiten der Genossenschaften zu beschäftigen, so wundert mich diese Auffassung; denn ich glaube, gerade die Verbandsrevision unserer Genossenschaften ist nach jeder Richtung hin vorbildlich, und daß es kaum eine Organisation gibt, in der man so in die tiefsten Tiefen des Betriebes hineinsteigt, wie bei uns. Auch die Verbandsleitung tut das. Wenn einmal eine Genossenschaft bei uns zusammenbricht, — die Leitung des Unterverbandes ist kaum je davon überrascht; sie hat das Unglück lange vorausgesehen und nach Kräften gewirkt, das Unglück zu verhindern. Aber man hat bei der Genossenschaft nicht hören wollen, und deswegen ist das Unglück eingetreten. Ich selbst bin informiert über alle Vorgänge, und als Leiter des Allgemeinen Verbandes begnüge ich mich nicht damit, nur einen Überblick über die Gesamtverhältnisse der Genossenschaften zu haben, sondern ich nehme auch Kenntnis von der Lage der einzelnen Genossenschaften und stehe mit den Verbandsdirektoren in dauernder Verbindung. Wenn es sich also nur darum gehandelt hätte, daß die Leitung des Verbandes sich eingehend mit jeder einzelnen Genossenschaft beschäftigt, würde kein Grund vorhanden gewesen sein, den Hauptverband der gewerblichen Genossenschaften ins Leben zu rufen. Es ist gekommen, wie ich es in Danzig gesagt: es handelte sich um die Gründung eines Verbandes mit staatlicher Unterstützung und unter staatlicher Autorität. Erst erfolgte die Gründung der Genossenschaften mit Staatshilfe, dann ging die Sache bei den Genossenschaften meist schief und griff der Staat mit der Bildung eines Verbandes ein. Ich werde am Sonnabend noch Gelegenheit haben, aus den verschiedenen Handels-, Handwerkskammer- und sonstigen Berichten Ihnen einige Mitteilungen zu unterbreiten; ich habe diese Berichte einem eingehenden Studium unterzogen und bin da auf ganz eigenartige Auffassungen gestoßen. Wenn z. B. eine der Handwerkskammern erzählt, daß die Genossenschaften ihres Bezirks einem Revisionsverbande angehören, der die Revisionen für sechs Mark ausführt

(hört! hört!),

da muß ich sagen, daß wir in jenem Bezirk freilich nicht große Aussicht haben, die Genossenschaften für uns zu gewinnen; denn für 6 Mark sind wir nicht in der Lage, das zu leisten, was in dieser Beziehung unsere Unterverbände ihren Genossenschaften bieten.

In einigen Berichten der Handwerkskammern ist zu lesen, daß die Handwerker nicht imstande seien, die Geschäftsanteile von einigen hundert Mark bei der Genossenschaft zu bilden. Mein Urteil über diese Auffassung mag hart klingen, aber ich halte für nötig, es auszusprechen: man glaube doch nicht, daß die Handwerkergenossenschaften für jeden Handwerker ohne Ausnahme passen! Der Handwerker, der nicht imstande ist, die paar Mark zum Geschäftsanteil zu leisten, ist für die Genossenschaft nicht geeignet, dessen wirtschaftliche Selbständigkeit wird durch die Genossenschaft niemals herbeigeführt werden.

(Sehr richtig!)

Es ist das nichts neues; das hat Schulze-Delitzsch schon in den 50er Jahren in seinem Assoziationsbuch dargelegt.

In allen Berichten — es ist das auch auf der Konferenz der Kammern zum Ausdruck gekommen — wird behauptet: nur die Genossenschaft mit beschränkter Haftpflicht kann von den Handwerkern gewählt werden. Weswegen mit einer solchen Bestimmtheit einen derartigen Leitsatz aufstellen! Man sucht sich um die unbeschränkte Haftpflicht herumzudrücken, man scheut das Risiko. Das ist ein Moment, das bei der Förderung des Handwerkergenossenschaftswesens eine große Rolle spielt. Man will die Genossenschaft, scheut sich aber, das Risiko der Genossenschaft auf sich zu nehmen.

(Sehr richtig!)

Und wenn man fragt, weshalb jene Genossenschaften nicht prosperieren, so ist die Antwort außerordentlich einfach: weil man in jenen Kreisen alle Vorteile von der Genossenschaft erwartet, ohne auch die strengen Pflichten als Genossenschafter in den Kauf zu nehmen.

(Zustimmung.)

Würde man nach jenem Schema bei uns von jeher gearbeitet haben, wahrlich, die Handwerker würden heute noch nicht einmal ein Genossenschaftsgesetz haben. Bis zum Jahre 1894 hat man nur die **Selbsthilfe** gekannt, und das war die Zeit, in die die solide Entwicklung des Genossenschaftswesens fällt, das auch nur mit der Selbsthilfe groß geworden ist.

(Sehr richtig!)

Nun will ich zugeben: unter gewissen Voraussetzungen reicht die beschränkte Haftpflicht aus; aber dann dürfen die Geschäftsanteile nicht 50 Mark und die Haftsumme gleichfalls nicht 50 Mark betragen. Wählt man solche Geschäftsanteile, bleibt der Kredit natürlich aus, und dann heißt es: der Staat muß den Kredit beschaffen! Meine Herren, es ist ein Mißerfolg nicht darauf zurückzuführen, daß die Selbsthilfe nicht ausreicht, sondern weil man die Geschichte falsch angefangen hat. Wenn man die Genossenschaften richtig auf die Beine gestellt hätte, hätten sie allein laufen können, und man brauchte ihnen nicht die Krücken unterzustellen.

(Sehr richtig!)

Es ist die Frage von Herrn Lohr aufgeworfen worden, wie man sich zu den Prämien bei der Bildung von Genossenschaften verhalten soll. Ich kann mir von den Prämien keine rechte Vorstellung machen; ich bin aber im Gegensatz zu Herrn Lohr der Meinung: wenn die Genossenschaft die 500 Mark Prämie erst bekommen soll, wenn sie sich bewährt hat, dann braucht sie sie ja nicht mehr, dann hat sie ja vorher schon gezeigt, daß sie ohne die 500 Mark vorwärts kommen kann. Ich glaube aber, daß im übrigen Herr Lohr in bezug auf die Prämie auf dem gleichen Standpunkt steht wie wir.

Was wir von Herrn Lohr gehört haben, wollen wir uns merken. So spricht jemand, der den Auftrag der Regierung hat, auf den Allgemeinen Genossenschaftstag zu kommen. Wenn wir solche Grundsätze vertreten, dann heißt es immer in den Kreisen der Handwerker: ihr seid die berufsmäßigen Vertreter der Selbsthilfe, ihr seid Gegner der Staatshilfe, ihr seid veraltet! Ich freue mich, daß wir die Bestätigung unserer Anschauungen durch einen Herrn bekommen haben, der vollständig unabhängig unserer Organisation gegenübersteht, und hoffe, daß seine Worte Beachtung und Berücksichtigung finden werden.

Nun sind eine unglaubliche Menge Schwierigkeiten bezüglich der genossenschaftlichen Organisation unter den Handwerkern in den Vordergrund geschoben worden, daß der Glaube erweckt werden könnte, daß eine solche Organisation keine gute Zukunft haben kann. Ich meine, so groß die Schwierigkeiten auch sind, die Handwerker, für die die Organisation bestimmt ist, werden auch über alle diese Schwierigkeiten hinwegkommen; sie liegen nicht im System, sie liegen in der Sache. Daß diese Schwierigkeiten überwunden werden können, dafür haben wir den Beweis in Dutzenden von Genossenschaften, die nach richtigem

System gegründet sind, die heute prosperieren, denen Handwerker als Mitglieder heute eine befestigte Existenz zu verdanken haben.

Es ist ungefähr 12 Jahre her, da haben sich die Handwerkertage direkt gegen die genossenschaftliche Organisation ausgesprochen. Wenn man heute den Bericht über die Konferenz des Hauptverbandes liest, so ist man erstaunt, mit welchen geringen Erfahrungen und Kenntnissen die Handwerker an die Bildung von Genossenschaften herangehen, welche Ausführungen da von berufsmäßigen Vertretern des Handwerks gemacht werden; sie zeigen, daß es in jenen Kreisen an allem fehlt, was man als Vorbedingung einer Genossenschaft ansieht.

Meine Herren, Herr Bankinspektor Mager meinte, man hätte die Anschauungen, die er hier vertreten hat, und die als die Resultate der Besprechung der Konferenz der Kammern durch die Presse bekannt geworden sind, durch Beschlüsse nicht festlegen können. Ich habe der Konferenz nicht beigewohnt und kein Urteil darüber; aber als objektiver Leser des Berichts möchte ich annehmen, daß zum mindesten eine starke Minderheit bei jenem Beschluß sich geltend gemacht hätte, wo in dem Referat die Selbsthilfe in den Vordergrund gestellt wurde. Erklärte doch dort z. B. der Vertreter von Posen „er hält für selbstverständlich, daß der Staat dort mit seiner Hilfe eingreifen müsse, wo die Kräfte des einzelnen versagen. Man solle daher auch den Handwerker nicht allein auf die Selbsthilfe verweisen, das Handwerk habe einen Anspruch auf Staatshilfe.“ Wo solche Ansichten ausgesprochen werden können, wird es außerordentlich schwer sein, die Überzeugung zu erwecken, daß an die Stelle der Staatshilfe die Selbsthilfe zu treten hat. Kommt man in Handwerkerversammlungen und sagt: dem Handwerk geht es miserabel, der Staat muß helfen, — allgemeiner Beifall; sagt man aber: die Lage des Handwerks ist nicht berühmt, aber es möge jeder seine Kräfte rühren, — eisiges Schweigen bei den Handwerkern. Es ist auf diesem Gebiete durch Schlagworte der Wanderredner in den 90er Jahren so außerordentlich viel gesündigt worden, daß es für den Hauptverband eine schwere Arbeit sein wird, die Handwerker auf den richtigen Weg zu bringen. Wir haben alle ein lebhaftes Interesse daran, daß das gelingen möge; denn die einzelnen Genossenschaften sind keine isolierten Erscheinungen: das, was das Genossenschaftswesen in einzelnen Zweigen trifft, wirft seine Schatten auf das ganze Genossenschaftswesen.

Meine Herren, richtig ist, daß derartige Ausführungen, wie sie der Herr Referent von dem Vertreter der Handwerkskammer in Oppeln, Herrn Metzner, zum besten gab, der da meinte, durch die Genossenschaften — er hat das ausgerechnet, nach 5- bis 600 Jahren — würde der soziale Zukunftsstaat eingeführt,

(Heiterkeit)

sind nicht ernst zu nehmen, obwohl sie charakteristisch sind. Wir dürfen nicht übersehen, daß solche Ausführungen, wie sie auf all den Versammlungen in Oppeln, Liegnitz und Neisse gemacht sind, doch ihre Anhänger finden. Da hat gar eine Denkschrift, die Herr Metzner an das Handelsministerium gerichtet hat, eine große Rolle gespielt; da hat man stunden- und tagelang debattiert, und die Handwerker sind nicht schlauer nach Hause gegangen, als sie hingekommen sind.

Meine Herren, die Staatshilfe auf dem Gebiete der Ausbildung der Handwerker wünsche ich in weitestem Umfange. Der Handwerker muß heute technisch und kaufmännisch ausgebildet sein; hierbei verlangen wir die weitgehendste Staatshilfe. Es ist daher vollkommen falsch, wenn man sagt: wir und speziell meine Wenigkeit wären Gegner der Staatshilfe. Wir sind nicht prinzipielle Gegner der Staatshilfe, wir wollen sie nur nicht am unrichtigen Orte. Aber auf dem Gebiete der Ausbildung der Handwerker in der verschiedensten Weise — die Herren Vorredner haben das schon so vortrefflich ausgeführt —, da mag der Staat mit Subventionen eintreten im weitesten Umfange; da soll man nicht die Last auf die Handwerkskammern abschieben; da soll der Staat mit seinen reichen Mitteln einspringen, damit das Handwerk in die Lage versetzt wird, dem heutigen modernen Bedürfnis entsprechend zu produzieren. Herr Rütz, der Fachmann ist, hat gesagt, wie es heute viele Instrumente gibt, die den Handwerker befähigen zu arbeiten nach der im Großbetrieb üblichen Art. Aber wie lernt dies denn der Handwerker? Wir haben ja ein paar Meisterkurse in Hannover, in Köln. Die genügen selbstverständlich nicht; man kann nicht vom Handwerker verlangen, daß er von Königsberg nach Hannover reist, um an den Meisterkursen teilzunehmen. Nein, in die östlichen Provinzen muß man derartige Kurse verlegen. Es wird auch gesagt, man solle nicht glauben, daß man damit Erhebliches erreicht. Ja, versuche man es aber erst einmal. Es wird ja nicht jeder Handwerker in der Lage sein, mit allem notwendigen Werkzeug kunstgerecht die Werkstatt auszugestalten, ebensowenig wie jeder Handwerker mit Hilfe der Genossenschaft zum Wohlstand gelangt; aber die Möglichkeit muß doch geschaffen werden, daß die Handwerker nach der technischen wie kaufmännischen Seite sich auszubilden imstande sind.

Wir haben in Kreuznach ausgesprochen: wir wünschen, daß Genossenschaftskurse veranstaltet werden, — und, meine Herren, heute werden sie veranstaltet. Aber häufig freilich stehen zweifellos nicht die geeigneten Leiter an der Spitze, es werden nicht die richtigen genossenschaftlichen Grundsätze vertreten.

Meine Herren, als ich jenen Antrag in Kreuznach einbrachte, wurde mir von verschiedenen genossenschaftlichen Freunden gesagt: wer weiß, ob die Durchführung jenes Beschlusses überall zu unserer Freude ausfallen wird. Ich habe heute die Empfindung, als wenn es nicht überall so ist, wie es sein sollte; im übrigen freue ich mich aber, daß nach dieser Richtung hin vollständige Übereinstimmung zwischen Herrn Bankinspektor Mager und uns zu bestehen scheint, und ich darf nach dem heutigen Meinungsaustausch annehmen, daß die Grundsätze, wie sie hier von uns vertreten werden, auch in jenen Kreisen zur Verwirklichung gelangen werden.

Auf diese Bemerkungen will ich mich beschränken; ich will mich nicht weiter auf Einzelheiten einlassen, obgleich ich mir aus den Reden meiner Herren Vorredner noch eine Unmenge Notizen zusammengestellt habe. Aber ich glaube, daß nach der Einmütigkeit, die geherrscht hat, man erwarten kann, daß es nicht bloß bei dem Beschluß bleiben, sondern daß er auch überall Beachtung finden wird. Es gibt gewisse Reden, die man zum Fenster hinaus hält, und ebenso Beschlüsse, die man „zum Fenster hinaus faßt". Ohne Zweifel werden Sie mir zugeben: für uns brauchen wir diesen Beschluß nicht, denn die in dem Antrage niedergelegten Grundsätze bedeuten für uns etwas ganz Selbstverständliches; aber mit Rücksicht auf den Umstand, daß wir uns heute mitten in einer starken Strömung des Genossenschaftswesens befinden, haben wir es für angemessen gefunden, mit diesen Gedanken hervorzutreten. Wie gesagt, nach allem, was wir heute darüber gehört haben, können wir der Hoffnung Ausdruck geben, daß diese Grundsätze vollste Beachtung und Würdigung finden werden in jenen Kreisen, für die sie bestimmt sind. (Lebhafter Beifall.)

Kgl. Bankinspektor **Mager** (Berlin), Vorsitzender des Hauptverbandes deutscher gewerblicher Genossenschaften: Meine Herren, nur noch ein paar kurze Worte! Ich habe vergessen, auf die Statistik einzugehen. Ich erkenne an, daß Sie ein volles Recht haben, diese Statistik zu fordern; aber wenn Sie gerecht sein wollen, so können Sie diese Forderung doch nur für die Zukunft aufstellen; denn es unterliegt doch keinem Zweifel, daß der Hauptverband heute, nachdem er noch nicht ein Jahr in Tätigkeit ist, nicht schon mit einer Statistik herauskommen konnte. Ich will Ihnen versprechen, daß diese Statistik ungeschminkt herauskommen wird, da ich den Wert einer Statistik voll anerkenne. Ungeschminkt muß die Statistik ja schon um deswillen sein, weil sie ja sonst für unsere spätere Entschließungen unbrauchbares Material liefern würde.

Ich möchte dann ein Mißverständnis aufklären, welches offenbar Ihrem Herrn Anwalt bezüglich meiner vorhin gemachten Äußerungen aufgekommen ist. Der Herr Anwalt hat gemeint, ich hätte von den Revisionen des Allgemeinen Verbandes behauptet, sie wären nicht in der Lage, in die tiefsten Tiefen der einzelnen Genossenschaften hineinzusteigen. Davon habe ich kein Wort gesagt. Ich weiß, daß Ihre Verbandsrevision sehr hoch steht; ich glaube aber gesagt zu haben: Ihre Unterverbände sind nach meiner Auffassung nicht an die einzelnen Arbeiten, an die Hilfsarbeiten, die manche kleine Handwerkergenossenschaften von ihren Verbänden verlangen müssen, gewöhnt, kurzum, ich will sagen: Ihre Genossenschaften haben solche Hilfe nicht nötig.

Was die dem Bericht über die Verhandlungen in der Konferenz des Hauptverbandes angehefteten Thesen betrifft, die ein Herr als das

Resümee der Verhandlungen aufgefaßt hat, so sollen die nur den Stoff geben, damit wir demnächst präzise Beschlüsse fassen können. Auch bezüglich der Jahresberichte der Handwerks- und Gewerbekammern darf man sich nach meiner Auffassung nicht wundern, wenn in bezug auf das Genossenschaftswesen in einzelnen Fällen nicht das Richtige getroffen worden ist. Deswegen sind wir mit den Handwerks- und Gewerbekammern in Verhandlungen eingetreten, um genossenschaftliche Grundsätze für das Handwerk zu vereinbaren, und wir wollen es nicht an Gewissenhaftigkeit fehlen lassen, den Kreisen des Handwerks das zu sagen, was sie über Genossenschaftswesen nach unserer Auffassung hören müssen.

Um auf dem Gebiete des Genossenschaftswesens in allen Fällen auf der Höhe der Auffassung sein zu können, dafür arbeiten diese mit sehr verschiedenen und ihnen manchmal näher liegenden Aufgaben betrauten Körperschaften doch viel zu kurze Zeit.

Berichterstatter Verbandsrevisor **Schumacher** (Stuttgart), Schlußwort: Der Herr Vertreter aus Österreich warnte vor allzugroßem Optimismus, und ich möchte warnen vor allzugroßem Pessimismus. Der goldne Mittelweg wird wohl das richtige treffen. Daß Vorsicht nötig ist, habe ich ja auch in den Begründungen der Anträge ausgeführt; wenn aber die Vorsicht so weit geht, daß dieselbe Ursache zu einem Widerstande wird, dann kann dem Handwerk auf genossenschaftlichem Wege niemals geholfen werden.

Ich möchte ferner noch bemerken, daß jede Gründung, jedes Unternehmen ein Risiko stets in sich trägt, und bei Genossenschaften täuscht man sich gar oft recht sehr. Genossenschaften, die man für weniger entwicklungsfähig hält, entwickeln sich ausgezeichnet, während solche, in die man alle Hoffnungen setzte, zurückbleiben. Hier kommt eben die Tatsache wieder zur Geltung: „Die Genossenschaft ist eine Personenfrage" und aus diesem Grunde habe ich gegen die Einschaltung, wie sie der Herr Vertreter aus Kassel vorschlägt, nichts einzuwenden.

Mit den Ausführungen des Herrn Lohr, daß 2 Handwerker das Leben einander gerade so sauer machen können, wie 20, gehe ich nicht einig; daß verwandte Gewerbe zusammengefaßt werden können, habe ich ja auch erwähnt; im übrigen aber möchte ich empfehlen, möglichst zu spezialisieren nicht nur der Einfachheit wegen, sondern auch des lieben Friedens willen unter den Handwerkern.

Ich hoffe aber, daß diese Verhandlungen dazu beigetragen haben werden, daß seitens unserer Kreditgenossenschaften vermehrtes Augenmerk und Wohlwollen dem Handwerkergenossenschaftswesen entgegengebracht wird.

Die einzelnen Punkte des Antrages des Anwalts werden hierauf mit der von Ruetz (Cassel) zu a vorgeschlagenen Einschaltung wie folgt einstimmig angenommen:

a) Bei der Gründung ist die Bedürfnisfrage und die Lebensfähigkeit zu prüfen, die Mitwirkung einiger erfahrener, zur Geschäftsleitung geeigneter Personen sicher zu stellen und nur, wenn diese Fragen aller Voraussicht nach bejaht werden können, ist zur Gründung zu schreiten.

b) Es ist nach erfolgter Gründung darauf hinzuwirken, daß namentlich bei Rohstoff-, bei Ein- und Verkaufsgenossenschaften anfänglich der Geschäftsbetrieb innerhalb der durch die tatsächlichen Verhältnisse bedingten Grenzen gehalten wird und erst allmählich Hand in Hand mit dem Wachsen des eigenen Betriebskapitals einen immer größeren Umfang annimmt.

c) Das Prinzip der Barzahlung ist als eine der wesentlichsten Grundlagen der Handwerkergenossenschaften zu betrachten und durchzuführen.

d) Die einzelnen Genossenschaftsarten sind namentlich bei der Gründung streng auseinanderzuhalten.

e) Stets ist zu beachten, daß diese Genossenschaften niemals ihren Geschäftsbetrieb auf die Aufgaben einer Kreditgenossenschaft erstrecken dürfen.

VII. Bericht über die Prüfung der Jahresrechnung, Beschlußfassung über die Anerkennung derselben und Erteilung der Entlastung.

Berichterstatter Verbandsdirektor **Finckh** (Karlsruhe): Sehr geehrte Herren! Wenn diesmal ich es bin, dem die notwendige, aber undankbare Aufgabe zugefallen ist, den Bericht über die Rechnung 1903 und die Voranschläge der Einnahmen und Ausgaben für 1904 und 1905 zu erstatten, so versichere ich Sie zuvörderst, daß ich mich bemühen werde, recht kurz zu sein und auch mir das Renommee verschaffen zu wollen, dessen sich der Rechnungsreferent Herr Oppermann zu erfreuen hatte. Ich sagte, es sei eine undankbare Aufgabe; ja, freilich, denn ein Rechnungsbericht ist nicht interessant, und außerdem steht ja alles in musterhafter Deutlichkeit und Ausführlichkeit in den Genossenschaftsblättern und im Sonderabdruck, der sich in Ihren Händen befindet. Da es aber nur Wenige geben wird, die dessen Inhalt auswendig gelernt, und wahrscheinlich auch nicht Wenige, die sich gar nicht vertraut mit demselben gemacht haben, so bitte ich, meinen kurzen Auszug, der in der Tagesordnung zum Allgemeinen Genossenschaftstage ja naturgemäß eine Nummer finden muß, auch mit der der Wichtigkeit der Sache entsprechenden Aufmerksamkeit, welche sich in einer größeren Zuhörerzahl zeigen dürfte, entgegenzunehmen.

Die Einnahmen bestehen aus 60 407 Mark Beiträgen. Diese Summe ist um 1 408 Mark höher, als sie das Budget voraussetzte. Die Beiträge sind aber der bekannten Vorgänge wegen um 9 915 Mark kleiner gewesen als im Vorjahre, von denen aber wieder 3 003 Mark abgehen, weil eine Anzahl Kreditgenossenschaften in dieser Höhe größere Beiträge bezahlt haben, sodaß wir den Ausfall mit 6 912 Mark bezeichnen können. Immerhin aber ist der Ausfall 9 915 Mark; denn die Vergrößerung der Kreditgenossenschaftsbeiträge wäre ja auch anderenfalls eingetroffen.

Die verkauften Mitteilungen brachten 702 Mark ein, ein Mehr von 385 Mark dem Budget gegenüber. Für Zinsen und Provisionen gingen 3 975 Mark ein, ein Mehr dem Budget gegenüber von 946 Mark.

Das Ergebnis der Blätter für Genossenschaftswesen war 1 947 Mark, ein Weniger von 403 Mark dem Budget gegenüber. Das Weniger kommt daher, weil die Zahl der Abonnenten um 207 zurückging, wohl auch infolge des Ausscheidens der Konsumvereine, weil man zur Vermehrung der Inserate es mit einem Agenten, der 356 Mark kostete, versucht hat, leider ohne wesentlichen Erfolg. Die Einnahme ist daher 67 128 Mark, zu welcher 119 Mark durchlaufende Posten und der Kassenbestand und Bankguthaben in Höhe von 30 012 Mark treten. Daher im ganzen 97 259 Mark bei einer Budgetersparnis von 2 361 Mark.

Die Ausgaben bestehen aus: 24 385 Mark für Gehälter; 486 Mark für Ruhegehalt- und Krankenkasse; 7 878 Mark für Bureau und Bibliothek — Budgetersparnis 1 093 Mark —; 10 408 Mark Reisekosten des Anwalts und seiner Stellvertreter, Reisekosten und Diäten der Verbandsdirektoren und Auslagen für den Engeren Ausschuß — Budgetersparnis 1 292 Mark —; 10 156 Mark für das Jahrbuch — Budgetersparnis 743 Mark, wohl, weil die ausgeschiedenen Genossenschaften nicht berichtet haben —; 9 056 Mark Genossenschaftstagskosten — Budgetersparnis 856 Mark, aus den Mitteilungen — ; 1 973 Mark Dispositionsfonds und 9 920 Mark für Kauf von Wertpapieren. Die Ausgaben betrugen daher 74 262 Mark bei einer Budgetersparnis von 3 238 Mark. Der Kassenbestand betrug daher am 1. Januar 1904 22 997 Mark.

Die Vergleichung mit dem Budget im vorigen Jahre bietet einen Mehreingang von 2 764 Mark und ein Weniger an Ausgaben von 3 984 Mark, zusammen 6 748 Mark, von denen Mehrausgaben für Umzug, Bibliothek und Inventar mit 746 Mark und die Wenigereinnahmen aus den Blättern für Genossenschaftswesen mit 403 Mark abgehen, sodaß eine Budgetersparnis von 5 599 Mark übrig bleibt.

Dieses Ergebnis ist erfreulich und günstig. Die einzelnen Positionen dürften einer weiteren als der schon gegebenen Erläuterung nicht bedürfen.

Zum Kassenbestande von 42 997 Mark tritt noch nach Abzug einer Schuld ein 447 Mark betragendes Guthaben und ein Effektenbesitz von 73 395 Mark, was einen Vermögensbestand von 98 839 Mark macht. Es hat demnach die Vermehrung des Vermögens in den letzten zwei Jahren 7 178 Mark und 13 759 Mark, zusammen 20 937 Mark betragen.

Bei der Genossenschafts-Bank, jetzt Dresdner Bank, liegen 22 380 Mark, in der Bureaukasse 117 Mark, und der Schulze-

Delitzsch-Fonds schuldet 500 Mark, macht zusammen 22997 Mark, wie oben als Kassenbestand angegeben.

Die Wertpapiere im Nennwerte von 79000 Mark sind im Depot der Dresdner Bank.

Alles das, was hier berichtsmäßig zusammengefaßt ist, wird, wie vorgetragen, als von Herrn Oppermann und mir eingehend geprüft, mit den Belegen verglichen und richtig befunden erklärt. Die Rechnung wurde in der Sitzung des Engeren Ausschusses eingehend behandelt, die Monita nach vorhergegangener Korrespondenz zwischen den Herren Proebst-Oppermann und Oppermann-Finckh erledigt resp. rektifiziert, sodaß ich die Genehmigung der aus den schön übersichtlich und genau geführten Büchern und Listen hervorgehenden Zahlen und somit die mit einem Vermögen von 98839 Mark schließende Rechnung per 1. Januar 1904 Ihrer Genehmigung empfehle und die Decharge beantrage.

Verbandsdirektor **Plonz** (Berlin-Lichtenberg): Meine Herren, der Herr Referent hat uns eine eingehende und lichtvolle Darstellung über den Vermögensstand unseres Verbandes gegeben. Ich habe gegen die Rechnung selbst Einwendungen nicht geltend zu machen, möchte aber darauf hinweisen, daß, als unser jetziger Herr Anwalt sein Amt übernahm, der Vermögensbestand etwa 26000 Mark betrug, während er sich jetzt annähernd auf 100000 Mark beläuft. So anerkennenswert auch sein mag, daß der Herr Anwalt auf eine Vermehrung unseres Verbandsvermögens mit so großem Erfolge bedacht gewesen ist, so liegt doch andererseits für uns klar, daß diese Vermehrung nur erreicht werden konnte dadurch, daß die Beiträge von den Genossenschaften Jahr für Jahr in einem das Bedürfnis erheblich übersteigenden Maße eingefordert worden sind. Ich habe bereits früher im Gesamtausschusse darauf hingewiesen, daß unmöglich diese Thesaurierungspolitik fortgesetzt werden kann. Nachdem der Herr Anwalt bereits vor einigen Jahren die Erklärung abgegeben hat, daß er auf keinen Fall beabsichtige, den Vermögensbestand über die Summe von 100000 Mark anwachsen zu lassen, und dieser Zeitpunkt jetzt gekommen ist, richte ich an die Herren Rechnungsrevisoren die Bitte, ihren Einfluß dahin geltend zu machen, daß wir auf dem nächstjährigen Genossenschaftstage eine Vorlage wegen Herabsetzung der Verbandsbeiträge entgegennehmen dürfen. Nach meinen Wahrnehmungen würde eine Vermehrung der Zahl der Verbandsgenossenschaften mit größerer Leichtigkeit zu erzielen sein, wenn eine Herabsetzung der Beiträge zum Allgemeinen Verbande, die insbesondere von einer großen Zahl mittlerer und kleinerer Genossenschaften als drückend empfunden werden, erfolgen könnte.

Anwalt **Dr. Crüger**: Es ist richtig, daß ich Thesaurierungspolitik getrieben habe, und ich bin der Meinung, daß dies durchaus im Interesse des Allgemeinen Verbandes gelegen hat. Würde ich nicht Thesaurierungspolitik getrieben haben, und würde der Allgemeine Verband nicht im Laufe der Jahre ein so bedeutendes Vermögen angesammelt haben, so wäre es nicht möglich gewesen, auf dem Allgemeinen Genossenschaftstag zu Kreuznach die Auseinandersetzung mit der evolutionistischen Richtung der Konsumvereine, die unter Hamburgs Führung steht, vorzunehmen. Hätten wir Rücksicht nehmen müssen auf die finanziellen Folgen, d. h. darauf, ob der Allgemeine Verband es ohne weiteres vertrüge, daß eine große Anzahl ausschied, so wäre dies im höchsten Grade bedenklich, und der Sache nicht würdig gewesen. Von manchem Genossenschafter bin ich in Kreuznach gefragt worden, ob denn aber nicht die Trennung zu einer Erhöhung der Beiträge führen würde, und ich glaube, daß ich für den Allgemeinen Verband gut gesorgt habe, wenn ich jene Maßregeln durchführen konnte, ohne die verbleibenden Genossenschaften zu höheren Beiträgen heranziehen zu müssen.

Auch nach Kreuznach haben wir erfreulicherweise noch einen Überschuß der Einnahmen über die Ausgaben zu verzeichnen. Es ist aber klar, daß ich in diesen Jahren, in denen sich der Einfluß des Kreuznacher Beschlusses auf den Mitgliederbestand des Allgemeinen Verbandes nicht klar übersehen ließ, an eine Herabsetzung der Beiträge nicht denken konnte. Wir konnten froh sein, daß keine Erhöhung der Beiträge notwendig war. Die von Kreuznach ausgegangene Bewegung hat noch nicht ihr Ende erreicht. Ich kann aber erklären, daß, sobald ich mit völliger Sicherheit die zukünftige Gestaltung der Finanzen des Allgemeinen Verbandes überblicken kann, ich eine Neuregelung, d. h. hoffentlich Herabsetzung der Beiträge ins Auge fassen werde.

(Beifall.)

Die beantragte Entlastung wird erteilt.

VIII. Bericht über die Einnahmen und Ausgaben für das Jahr 1905.

Berichterstatter Verbandsdirektor **Finckh** (Karlsruhe): Was die Einnahmen betrifft, so haben wir

	für 1904 in Danzig beschlossen:	das Ergebnis für 1903 war:	in Breslau für 1905 zu beschließen:
Jahresbeiträge	57 500 Mk.	60 407 Mk.	57 852 Mk.
Mitteilungen 2c.	300 „	702 „	500 „
Genossenschaftsblätter	2 000 „	2 481 „	1 500 „
Zinsen	2 900 „	3 188 „	3 400 „
Provision	650 „	348 „	500 „
	63 350 Mk.	67 126 Mk.	63 752 Mk.

Wir setzten vorsichtshalber, weniger als das Ergebnis war, ein
3 374 Mark.

Bezüglich der Ausgaben hatten wir

	für 1904 in Danzig beschlossen:		das Ergebnis war:		in Breslau für 1905 zu beschließen:	
Gehalt des Anwalts. . . .	12 000	Mk.	12 000	Mk.	12 000	Mk.
Gehälter des Bureaupersonals	12 960	„	12 385	„	13 660	„
Ruhegehalts- und Krankenkasse	457	„	486	„	502	„
Bureaukosten.	4 183	„	4 373	„	4 370	„
Reisekosten des Anwalts und der Vertreter.	3 700	„	3 144	„	3 700	„
Reisekosten rc. der Verbandsdirektoren	6 500	„	5 927	„	6 500	„
Kosten des Jahrbuchs . . .	11 200	„	10 156	„	10 670	„
Allgemeiner Genossenschaftstag	400	„	456	„	400	„
Aufnahme der Verhandlungen	600	„	600	„	600	„
Druck der „Mitteilungen" .	3 500	„	3 075	„	3 500	„
Versendung derselben . . .	1 000	„	569	„	1 000	„
Engerer Ausschuß.	1 500	„	1 338	„	1 500	„
Bibliothek rc.	1 000	„	857	„	1 000	„
Hilfskasse.	300	„	300	„	300	„
Internationaler Verband . .	50	„	50	„	50	„
Dispositionsfonds	4 000	„	4 000	„	4 000	„
	63 350	Mk.	59 858	Mk.	63 752	Mk.

Wir setzten mehr als das Ergebnis ein:

für das Bureaupersonal	1 275	Mk.
Reisekosten des Anwalts und seiner Vertreter	556	„
„ der Verbandsdirektoren.	573	„
Jahrbuch.	414	„
Für Druck der „Mitteilungen"	425	„
Versendung derselben	431	„
Engerer Ausschuß	162	„
	3 836	Mk.

Somit beantrage ich, auch diesen Voranschlag gutzuheißen.

Der Voranschlag wird genehmigt.

Vorsitzender **F. X. Proebst** (München): Damit ist auch dieser Gegenstand erledigt, und ich schlage Ihnen nunmehr vor, daß wir jetzt die Verhandlungen über die allgemeinen Angelegenheiten abbrechen und auf Sonnabend vertagen.

Ich schließe die zweite Hauptversammlung.

(Schluß der Sitzung nach 1½ Uhr.)

Sitzung der Baugenossenschaften

am Donnerstag, den 26. August 1904.

Vorsitzender: Verbandsdirektor Landrat Berthold (Blumenthal).

Schriftführer: Bürgermeister Hopf (Eberswalde).

Eröffnung 2 Uhr 15 Minuten.

Vorsitzender Verbandsdirektor Landrat **Berthold** (Blumenthal): Meine Herren, indem ich die heutige Sitzung der Baugenossenschaften eröffne, möchte ich vorausschicken, daß die Akustik in diesem Saale keine günstige ist; die Herren, die sprechen wollen, werden es sich und uns wesentlich erleichtern, wenn sie mehr nach vorn rücken wollen.

Ich sehe zu meinem Vergnügen, daß unser bekanntes Gebot bereits von den Herren befolgt wird: in den Baugenossenschafts-Sitzungen wird geraucht!

Dann kann ich, wie schon früher einmal, konstatieren, daß hier eine kleine, aber gewählte Gesellschaft versammelt ist. Wir hoffen, daß wir noch Ersatz bekommen.

Ich freue mich, in diesem Jahre bei der Eröffnung unserer Sitzung aussprechen zu können, daß eine Hoffnung sich zu verwirklichen im Begriff steht, auf deren Erfüllung seit Jahren schon unsere Wünsche gerichtet gewesen sind. Es ist der Entwurf eines preußischen Wohnungsgesetzes erschienen. Für den größten Teil unseres deutschen Vaterlandes werden wir gesetzgeberische Waffen bekommen, welche uns in den Stand setzen sollen und, wie ich hoffe, auch wirksam in den Stand setzen werden, dem Wohnungselend beizukommen. Wie alle menschlichen Dinge mangelhaft sind, so ist auch dieser Gesetzentwurf nicht vollkommen. Nach meiner Meinung ist aber den Baugenossenschaften mehr gedient mit einem nicht ganz vollkommenen Entwurf, den wir durchsetzen, als mit einem wunderschönen, den wir nicht durchsetzen. Das jetzige Wohnungsgesetz stellt sich dar als eine Zusammenstellung von kleinen Mitteln, aber als eine sehr klug berechnete Konstruktion, in der ein Keil den andern treibt. Wenn wir vor 20 Jahren das Gesetz bekommen hätten, würde es heut anders aussehen in unserem Vaterland, und wenn wir es erst einmal 20 Jahre gehabt haben, dann wird es auch, des bin ich gewiß, anders und besser aussehen. Wir können jetzt wirklich mit Vertrauen in die Zukunft blicken und hoffen, daß unsere Sache einen guten Verlauf nehmen wird. Ein großer Teil der Arbeit, welche die Ausführung des Gesetzes erfordert, wird auf die Baugenossenschaften fallen, und da werden wir die Zeit, die bis zum Inkrafttreten des Gesetzes vergangen ist und noch vergehen wird, als eine Zeit der Vorbereituug betrachten können. Wir haben in dieser Zeit Erfahrungen gesammelt, die, wie ich glaube, später der kommenden Wohnungsverbesserung zugute kommen werden, insbesondere Erfahrungen in unserem Verbande in der steten stillen Arbeit der Revision. Das Quantum Erfahrungen, das angesammelt ist in der Arbeit unserer Revisoren, das auf uns vererbt ist von dem Allgemeinen

Verbande, ist ein Kapital, das unserem Vaterlande zum Segen gereichen wird.

Ich freue mich, ferner hier begrüßen zu können Vertreter englischer Vereine, die, wenn sie auch nicht in erster Linie den Baugenossenschaftszwecken dienen, doch seit einiger Zeit das Baugenossenschaftswesen in den Bereich ihrer Arbeiten gezogen haben, und zwar, wie mir die Herren gesagt haben, mit Erfolg und in Anlehnung an unser deutsches Vorbild. Der Unterschied zwischen England und uns in dieser Beziehung, wie mir Herr Wolff sagte, ist der, daß man in England noch treibt, während wir in mancher Beziehung schon bremsen zu müssen glauben.

Nun, meine Herren, wollen wir, da wir nicht viel Zeit haben, jetzt in medias res hineingehen und unsere Arbeiten so fördern, damit Sie noch sehen können, wie im Breslauer Konsumverein heut Nachmittag das Brot gebacken wird. — Es wird gesagt, daß es wünschenswert wäre, wenn wir den Antrag über die Sparkassenfrage vorweg erledigten, damit wir mit dieser Materie, die schon so lange in Fluß ist, wenigstens heute zu Ende kommen.

Es erfolgt kein Widerspruch. Da würde ich den Herrn Referenten bitten, das Wort zu nehmen.

V. Antrag des Anwalts:

Der Allgemeine Genossenschaftstag wolle beschließen:

In engbegrenztem Umfange — d. h. mit Beschränkung auf die Mitglieder und einen Höchstbetrag für die Spareinleger von je etwa 1/4 des bezw. der übernommenen Geschäftsanteile — erscheint der Sparkassenverkehr zwar ungefährlich, wenn geräumige Rückzahlungsfristen ausbedungen und mindestens ein Drittel des Gesamtbetrages der Spareinlagen in leicht realisierbarer Weise angelegt wird, indessen bringt ein so beschränkter Sparkassenverkehr den Baugenossenschaften keine nennenswerten Vorteile.

Namentlich sollten die von den Landesversicherungsanstalten ausreichend finanzierten Baugenossenschaften die Einführung des begrenzten Sparkassenverkehrs nur dann erwägen, wenn es den Genossen in der Tat an einer anderen passenden Gelegenheit zur Anlegung ihrer kleinen Ersparnisse fehlt.

Als Sparkassenverkehr ist nicht aufzufassen die verzinsliche Annahme von à conto-Zahlungen auf die später fälligen Beträge für Mieten und Abträge.

Berichterstatter Verbandsrevisor **Seibert** (Wiesbaden): Meine Herren, in der gedruckten Tagesordnung ist aus Versehen des Druckers der Anfang des Antrages ausgefallen, der lautet:

Es ist den Baugenossenschaften entschieden zu widerraten, zwecks Heranziehung weiterer Betriebskapitalien einen ausgedehnten Sparkassenverkehr einzuführen, weil durch einen solchen der Bestand der Baugenossenschaften gefährdet wird.

Dieser Satz ist eigentlich die Quintessenz des ganzen Antrages und es wird zum leichteren Verständnis beitragen, wenn ich den Antrag zunächst im Zusammenhange verlese:

Es ist den Baugenossenschaften entschieden zu widerraten, zwecks Heranziehung weiterer Betriebskapitalien einen ausgedehnten Sparkassenverkehr einzuführen, weil durch einen solchen der Bestand der Baugenossenschaften gefährdet wird.

In engbegrenztem Umfange — d. h. mit Beschränkung auf die Mitglieder und einen Höchstbetrag für die Spareinleger von je etwa $^1/_4$ des bezw. der übernommenen Geschäftsanteile — erscheint der Sparkassenverkehr zwar ungefährlich, wenn geräumige Rückzahlungsfristen ausbedungen und mindestens ein Drittel des Gesamtbetrages der Spareinlagen in leicht realisierbarer Weise angelegt wird, indessen bringt ein so beschränkter Sparkassenverkehr den Baugenossenschaften keine nennenswerten Vorteile.

Namentlich sollten die von den Landesversicherungsanstalten ausreichend finanzierten Baugenossenschaften die Einführung des begrenzten Sparkassenverkehrs nur dann erwägen, wenn es den Genossen in der Tat an einer anderen passenden Gelegenheit zur Anlegung ihrer kleinen Ersparnisse fehlt.

Als Sparkassenverkehr ist nicht aufzufassen die verzinsliche Annahme von à conto-Zahlungen auf die später fälligen Beträge für Mieten und Abträge.

Meine Herren, ich sagte vorhin, die Quintessenz des Antrages ist nicht gedruckt, denn der vorliegende Antrag könnte fast ebenso gut mit dem ersten ausgelassenen Absatz schließen; was von dem Sparkassenverkehr in diesem Antrag noch übrig bleibt, das ist so minimal, daß es zweifelhaft erscheint, ob der Begriff „Sparkassenverkehr" noch anwendbar ist. Die Ausnahmen bezüglich des Widerratens sind indessen nötig erschienen, einmal mit Rücksicht darauf, weil es nicht wohl angängig wäre, daß eine größere Anzahl von Baugenossenschaften, die den Sparkassenverkehr seit Jahr und Tag pflegen, diese in Fleisch und Blut der Mitglieder übergegangene Einrichtung mit einem Male aufhören ließen, und weiter, wie sie aus dem Antrage selbst ersehen, mit Rücksicht auf die Mitglieder von Baugenossenschaften, an deren Sitz eine andere Gelegenheit, ihre kleinen Spargroschen anzulegen, fehlt.

Meine Herren, über das Thema haben wir uns in Danzig in ausgiebiger Weise ausgesprochen. Waren auch dort die Ansichten nicht derartig konzentriert, um zu einem Beschluß des Genossenschaftstages zu gelangen, so war doch die Meinung der gesamten Versammlung die, daß, wenn überhaupt ein Sparkassenverkehr bei Baugenossenschaften zugelassen werden soll, dies nur unter Beobachtung der größten Vorsichtsmaßregeln geschehen könne. Ich glaube, daß dies an sich wohl so klar und selbstverständlich ist, daß darüber nicht viel Worte verloren zu werden brauchen. Die Herren Vertreter von Kreditgenossenschaften wissen, daß von jeher den Kreditgenossenschaften empfohlen worden ist, bei ihrem fremden Betriebskapital, das zum großen Teil aus Spareinlagen besteht, die größtmöglichen Vorsichtsmaßregeln zu treffen, um für den Fall größerer Rückforderungen nicht in Verlegenheit zu geraten. Diese Vorsichtsmaßregeln bestehen in der Ausbedingung geräumiger Rückzahlungsfristen und in dem Bereithalten leicht realisierbarer Mittel. Wenn nun derartige Vorsichtsmaßregeln bei Kreditgenossenschaften notwendig erscheinen, die den Personalkredit befriedigen, deren Aktiva teils sofort, teils in verhältnismäßig kurzer Zeit realisiert werden können, um wie viel notwendiger sind sie dann bei den Baugenossenschaften, welche der Natur der Sache nach ihre Mittel festlegen müssen. Genau so, wie wir den Kreditgenossenschaften von jeher widerraten haben, ihre Gelder in Realkredit, in der Form von Hypotheken festzulegen, müssen wir den Baugenossenschaften raten, weil sie ihre Mittel festlegen müssen, für unkündbares oder langfristiges Betriebskapital zu sorgen.

Meine Herren, es kommt noch ein anderer Gesichtspunkt hinzu. Wenn sich bei einer Baugenossenschaft infolge ausgedehnten Sparkassenbetriebes ein größeres Kapital angesammelt hat, so hat die Baugenossenschaft wohl Verwendung dafür, so lange sie baut. Aber was soll mit dem Gelde geschehen, wenn der Bau fertig ist? Es wird dann selbstverständlich die sichere und billigere Hypothek aufgenommen werden. Oder wenn in dem Bauen ein Stillstand eintritt, wie wir es in den letzten Jahren erlebt haben, dann wird die Baugenossenschaft gezwungen sein, die vielleicht großen Sparkassenbeträge in einer Form anzulegen, die leicht wieder zu Geld gemacht werden kann; sie wird also Papiere, Ia. Bankwechsel 2c. kaufen oder das Geld im Kontokorrent bei einer Bank anlegen müssen. Dabei wird sie aber voraussichtlich in den meisten Fällen Zinsverluste erleiden oder Kursverluste riskieren müssen. Wenn nun dies an sich schon für den Geschäftsbetrieb der Baugenossenschaft störend ist und gegen die Interessen der übrigen Mitglieder verstößt, so würde ich aber eine noch größere Gefahr darin erblicken, daß die Baugenossenschaft, um Zinsverluste zu vermeiden, sich veranlaßt sehen könnte, weiter zu bauen, obwohl ein Bedürfnis hierfür nicht vorhanden ist. Dieser Punkt scheint mir besonders wichtig zu sein bei der Beurteilung der Sparkassenfrage. Darüber sind wir wohl alle einig: es ist besser, ein Bau, auch für den Verwendung da wäre, unterbleibt, weil Geld nicht aufzutreiben ist, als es wird gebaut, um die vorhandenen Mittel nutzbringend anzulegen. In die Verlegenheit, kein Geld zu bekommen, gerät aber heute eine Baugenossenschaft nicht mehr so leicht.

(Widerspruch.)

Sie wissen, meine Herren, daß das Reich wie die Landesversicherungsanstalten den Baugenossenschaften sehr wohlwollend gegenüberstehen. Der springende Punkt ist das Baugeld, nicht die Hypothek. Das Baugeld haben die Genossenschaften schließlich auch noch stets aufgetrieben, und ich habe die Hoffnung, daß die Zeit nicht mehr allzu fern ist, wo hier Erleichterungen sich schaffen lassen, indem auch die Landesversicherungsanstalten für Baugelder sorgen werden. Im übrigen sind ja auch die Kreditgenossenschaften da; selbst wenn man für die paar Monate der Bauzeit einen erhöhten Zinsfuß zu zahlen hätte, so würde ich darin noch keinen Schaden sehen, wenn man den Weg eines großen Sparkassenverkehrs vermeiden kann.

Meine Herren, man hat im vorigen Jahre einen Unterschied machen zu sollen geglaubt zwischen den Spareinlagen von Nichtmitgliedern und Mitgliedern einer Genossenschaft; man hat gesagt: Spareinlagen von Mitgliedern können wir in unbeschränktem Maße annehmen, denn die haben ein Interesse daran, nicht durch unzeitige Rückforderungen ihre Genossenschaft und sich selbst in Gefahr zu bringen. Das klingt wunderschön; aber soweit ich Baugenossenschaften und deren Mitglieder kenne, möchte ich vor einem solchen Vertrauen in die Einsicht der Genossen warnen. Ich erkläre, daß ich nach meinen Erfahrungen keine Genossenschaftsart kenne, wo die Mitglieder so wenig Interesse an der Genossenschaft und dagegen soviel Undank gegen die uneigennützigen Bestrebungen ihrer Förderer und Leiter zeigen wie gerade bei den Baugenossenschaften; sich daher auf die Mitglieder zu verlassen, daß diese die Interessen der Genossenschaft wahren sollten, wäre ein Weg, den ich nicht empfehlen könnte.

Es kommt weiter noch ein Punkt hinzu: das ist der ziemlich starke Mitgliederwechsel bei den Baugenossenschaften. Als vor wenigen Jahren die industrielle Krisis begann, sind gerade aus Industrieorten viele Arbeiter ausgewandert, und so viel Mitglieder verloren gegangen, daß in einigen mir bekannten Orten ein großer Teil von Wohnungen leer geworden ist und längere Zeit leer gestanden hat. In solchen Fällen ist es selbstverständlich, daß die wegziehenden Mitglieder die Spareinlagen haben müssen, nachdem sie ihre Erwerbsquelle verloren haben, und ebenso bekannt ist, daß jeder, der ein Sparkassenbuch hat, gewohnt ist, das Geld sofort zu bekommen und nicht monatelang darauf zu warten; denn sonst würde er sein Geld nicht in die Sparkasse bringen. Unter diesen Umständen müßte die Genossenschaft große Beträge flüssig halten. Dann sind außerdem die Geschäftsguthaben nach einiger Zeit zurückzuzahlen, denn die Leute, die verziehen, kündigen in der Regel die Mitgliedschaft. Kurzum, es käme eine solche Summe zusammen, die von der Genossenschaft zurückzuzahlen wäre, daß tatsächlich eine große Gefahr für sie entstehen würde.

Wenn nun — ich komme damit auf die Ausnahmen — an dem Sitze einer Baugenossenschaft eine andere Gelegenheit, die kleinen Spargroschen anzulegen, sich nicht befindet, wäre das nächstliegende Mittel, wenn überhaupt die Verhältnisse sich danach gestalten, eine Kreditgenossenschaft zu gründen. Geht das nicht, dann kann die Ausnahme Platz greifen, daß in beschränktem Umfange und mit den nötigen Kautelen kleine Beträge von seiten der Genossenschaft angenommen werden; die Baugenossenschaft hat es dann in der Hand, durch Ausbedingung geräumiger Rückzahlungsfristen und durch Anlegung eines größeren Teiles der Spareinlagen in leicht realisierbarer Weise sich vor Gefahren zu schützen.

In dem dritten Teil des Antrags ist zum Ausdruck gebracht worden, daß die von den Landesversicherungsanstalten ausreichend finanzierten Baugenossenschaften — das sind solche, die zweite Hypotheken von den Versicherungsanstalten bekommen — den beschränkten Sparkassenverkehr nur dann einrichten sollen, wenn für die Genossen keine andere Gelegenheit zum Sparen vorhanden ist.

Im Interesse der Genossenschaften wie der Mitglieder liegt es dagegen — und damit komme ich auf den letzten Punkt des Antrages — daß die Mitglieder à conto-Zahlungen auf später fällige Mieten und Abträge leisten, welche die Genossenschaft verzinst. Damit erleichtert sie ihren Mitgliedern die Zahlung der Beträge, und sorgt betreffs ihrer selbst dafür, daß bei Fälligkeit der Beträge diese an sie auch abgeliefert werden. Es ist dies kaum als Sparkassenverkehr anzusehen, was im Antrage auch ausdrücklich betont ist. Vielleicht dürfte es sich aber empfehlen, noch einen kleinen Zusatz hier zu machen, daß man sagt: diese Beträge dürfen die Höhe einer bestimmten Summe oder den Jahresbetrag der Miete oder des Abtrags nicht übersteigen; denn sonst könnte hier eine Hintertür geschaffen werden, daß man auf Grund dieses Absatzes beliebig hohe Beträge annehmen muß. Es würde außerdem vorzusehen sein, daß, wenn ein Mitglied vor der Zeit auszieht oder auf den Erwerb des übernommenen Hauses verzichtet, es sich mit einer Kündigungsfrist von 12 Monaten einverstanden erklärt.

Meine Herren, ich glaube, mit diesen wenigen Worten unter Bezugnahme auf die vorjährigen ausführlichen Verhandlungen in Danzig das Thema genügend erörtert zu haben, um so mehr als in Herrn Scheidt noch ein Korreferent bestellt ist.

Mitberichterstatter Verbandsrevisor **Scheidt** (Hannover): Meine Herren, der vorliegende Antrag ist so eingehend begründet worden, daß ich neue Gründe nicht anzuführen brauche, um so mehr, als meine Ansichten mit denen des Herrn Referenten vollständig zusammenfallen. Ich kann mich deshalb darauf beschränken, die Ausführungen des Herrn Seibert zu unterstützen bezw. zu ergänzen.

Meine Herren, für jeden, der mit fremdem Gelde Geschäfte treibt, gilt die Regel, daß er seinen Schuldnern nicht länger Kredit geben darf, als er selbst von seinen Gläubigern genießt.

Da die Baugenossenschaften, wenn sie Spareinlagen entgegennehmen, seitens der Spareinleger je nach der ausbedungenen Kündigungsfrist einen Kredit von 3 Monaten, 6 Monaten oder in einzelnen Fällen auch von 12 Monaten erhalten, so würde sich aus der angeführten Regel für die Baugenossenschaften die Notwendigkeit ergeben, daß die aus den Spareinlagen gewonnenen Betriebskapitalien so anzulegen sind, daß dieselben innerhalb der ausbedungenen Kündigungsfristen realisiert werden können.

Bei einem auch nur einigermaßen ausgebildeten Sparkassenverkehr ist es nun allerdings Regel, daß der Zufluß an Spareinlagen zu dem Abfluß an Spareinlagen in einem bestimmten Verhältnisse steht, das sich wenigstens annähernd im voraus bestimmen läßt. Diese Regel gilt aber nur für die Zeiten eines geordneten Geschäftsverkehrs. Eine Krise im Erwerbsleben oder ein ungünstiges — wenn auch noch so unbegründetes Gerücht — über die finanzielle Lage einer Baugenossenschaft genügt, um die Quelle der Spareinlagen ebenso plötzlich und vollständig versiegen zu lassen, als sie sich vorher ergiebig gezeigt hatte.

Vorgänge bei Kreditgenossenschaften haben gezeigt, wie schwer es einer solchen Genossenschaft wird, im Falle einer Krisis den Anforderungen ihrer Spareinleger gerecht werden zu können. In bezug auf liquide Mittel sind aber die Kreditgenossenschaften den Baugenossenschaften gegenüber insofern im Vorteil, als sie in der Regel einen größeren Teil der Aktiva in leicht realisierbaren Werten anzulegen in der Lage sind, als dies den Baugenossenschaften möglich ist. Für eine Baugenossenschaft haben nur solche Betriebskapitalien Wert, welche auf lange Zeit in den Häusern investiert werden können.

Es ergibt sich hieraus, daß ein ausgedehnter Sparkassenverkehr ähnlich, wie ihn die Kreditgenossenschaften haben, den Baugenossenschaften geeignete Betriebskapitalien nicht zuführen kann, daß ein solcher Sparkassenverkehr für die Baugenossenschaften vielmehr eine große Gefahr bedeuten würde und sie gewissermaßen auf einen Vulkan stellen würde.

Nun besteht bei den Baugenossenschaften aber häufiger die Neigung, den Sparkassenverkehr einzuführen, um den Genossen Gelegenheit zum Sparen zu geben. Es läßt sich auch nicht bestreiten, daß die Baugenossenschaften gerade durch den Sparkassenverkehr oft erzieherisch auf die Genossen einwirken können. Wir dürfen deshalb meines Erachtens den Baugenossenschaften den Sparkassenverkehr in jeder Form nicht grundsätzlich verbieten, sondern müssen ihnen zeigen, innerhalb welcher Grenzen der Sparkassenverkehr ohne Gefahr ist.

Der vorliegende Antrag enthält nun die nötigen Vorsichtsmaßregeln. Nach diesen soll zunächst der Sparkassenverkehr auf die Mitglieder beschränkt werden. Es ist dies meines Erachtens notwendig, um den Kreis der Spareinleger von vornherein in engen Grenzen zu halten. An und für sich ist es zwar im Falle einer Krisis für eine Baugenossenschaft gleichgültig, ob die entgegengenommenen Spareinlagen von Mitgliedern oder Nichtmitgliedern herstammen; denn die Mitglieder werden bei einer Krisis der Baugenossenschaft ihr persönliches Interesse höher stellen als das der Genossenschaft. Sie werden also, wenn sie Gefahr im Verzuge wähnen, ihre Spareinlagen ebenso wie die Nichtmitglieder zurückziehen.

Zweitens sieht der Antrag vor, daß für jeden Spareinleger eine Höchstgrenze für die Spareinlagen festgesetzt wird. Wenn im Antrage diese Höchstgrenze etwa auf ein Viertel des bezw. der übernommenen

Geschäftsanteile festgesetzt ist, so soll hierdurch keine bestimmte Norm gegeben werden. Die finanziellen Verhältnisse mancher Baugenossenschaften werden gestatten, diese Höchstgrenze höher zu normieren.

(Sehr richtig!)

Drittens ist in dem Antrage zum Ausdruck gebracht, daß geräumige Rückzahlungsfristen ausbedungen werden müssen, und endlich viertens ist es für notwendig bezeichnet, ein Drittel des Gesamtbetrages der Spareinlagen in leicht realisierbarer Weise anzulegen.

Herr Seibert hat bereits ausgeführt, aus welchen Gründen diese Vorsichtsmaßregeln notwendig sind. Ich will darauf nicht weiter eingehen; ich bin der festen Überzeugung, daß bei Beobachtung dieser Vorsichtsmaßregeln der Sparkassenverkehr für die Baugenossenschaften ungefährlich ist; denn sie können bei einem Ansturm der Spareinleger mindestens den dritten Teil der entgegengenommenen Spareinlagen ohne weiteres zurückzahlen. Da lange Kündigungsfristen ausbedungen sind, würden sie auch weitergehenden Ansprüchen wahrscheinlich gerecht werden können, weil es ihnen in der Regel gelingen wird, unter den gegebenen Verhältnissen einen Bankkredit in Anspruch zu nehmen.

Kann also darüber kein Zweifel bestehen, daß ein in den gekennzeichneten Grenzen gehaltener Sparkassenverkehr sicher als ungefährlich bezeichnet werden muß, so ist es eine andere Frage, **ob** den Baugenossenschaften aus einem so beschränkten Sparkassenverkehr nennenswerte Vorteile entspringen. Diese Frage dürfte im allgemeinen zu verneinen sein; denn einerseits sind die Betriebskapitalien, die den Baugenossenschaften auf diese Weise zufließen, sehr gering, andererseits sind sie nicht billig, weil die Baugenossenschaften ihren Mitgliedern mindestens den Zinsfuß vergüten müssen, den die öffentlichen Sparkassen zahlen. Namentlich sollten die von den Landesversicherungsanstalten finanzierten Baugenossenschaften den Sparkassenverkehr nur dann einführen, wenn es den Genossen an anderweitiger Gelegenheit fehlt, ihre kleinen Ersparnisse zinstragend unterzubringen. Für diese Baugenossenschaften liegt überhaupt die Notwendigkeit zur Heranziehung von weiteren Betriebskapitalien durch Spareinlagen in der Regel nicht vor, weil diese Genossenschaften meist so **hohe** Beleihungen erfahren, daß sie genügend Mittel zur Verwirklichung einer angemessenen Bautätigkeit haben.

Herr Seibert hat noch am Schlusse seines Referats vorgeschlagen, daß für die à conto-Zahlungen auf die später fälligen Beträge für Mieten und Abträge eine Grenze festgesetzt werden möge. Es handelt sich meines Erachtens doch hier um Beträge, die seitens der Baugenossenschaft nicht zurückgezahlt zu werden brauchen. Da eine Kündigung dieser Beträge seitens der Genossen meiner Meinung nach stets ausgeschlossen ist, brauchen wir auch eine Höchstgrenze für diese Einlagen nicht festzusetzen.

Verbandsdirektor **Feierabend** (München): Meine sehr verehrten Herren! Es dürfte keinem Zweifel unterliegen, daß im Prinzip das, was von den Herren Referenten und Korreferenten vorgetragen wurde, und sich in dem Antrage, wie er uns vorliegt, kristallisiert, angenommen und gutgeheißen werden kann. Aber ich sage mir: eins schickt sich nicht für alle, und das, was die Herren vorgetragen haben, muß sich zum großen Teil auf solche Genossenschaften beschränken, welche noch nicht genügend finanziell fundiert sind, und auf Baugenossenschaften, die zum weitaus größten Teil ihre Mitgliedschaft aus dem Arbeiterstande rekrutieren. Ich würde es als einen großen Fehler betrachten, wenn wir das, was die beiden Herren Referenten vorgetragen haben, als allgemeine Norm für sämtliche Baugenossenschaften gelten lassen wollten; ich müßte von meinem Standpunkte als Vorstand der Münchener Baugenossenschaft ganz energisch dagegen protestieren, weil die uns hier gegebenen Ausführungen entschieden mit den Verhältnissen der Baugenossenschaft München in Widerspruch stehen. Es ist ein ganz gewaltiger Unterschied zwischen einer Baugenossenschaft, die mit außerordentlich geringen Betriebsmitteln ihre Existenz begründet, und einer Genossenschaft, die schon seit Dezennien besteht und günstig fundiert ist. Hier muß entschieden eine Ausnahme gemacht werden, und deswegen habe ich das Wort ergriffen, damit diese Ausführungen nicht als allgemeine Normen in die Öffentlichkeit hinausgetragen werden.

(Landrat Berthold: In der Regel!)

— Ja, gewiß, ich gebe das zu, Herr Landrat; aber die beiden Herren haben so gesprochen, als ob eine Ausnahme überhaupt nicht in Betracht zu ziehen sei. Deshalb müssen hier auch andere Anschauungen zur Geltung gelangen, welche zur richtigen Orientierung der Öffentlichkeit als notwendig und nützlich erscheinen.

Ich unterschreibe von vornherein, was Herr Seibert ausgeführt hat, nämlich, daß bei Annahme von Spareinlagen bei den Baugenossenschaften die größte Vorsicht herrschen muß, und daß die finanziellen Verhältnisse der Genossenschaft für die Annahme von Spareinlagen als maßgebend zu betrachten sind. Wenn aber Herr Seibert weiter gemeint hat, es würde die Annahme von Spareinlagen die Genossenschaften zum Bauen verführen, animieren, so kann dieser Ausspruch nicht unbedingt akzeptiert werden, denn wenn eine Baugenossenschaft, welche nach wirtschaftlichen Grundsätzen arbeitet, Spareinlagen nicht bedarf, wird sie sie auch nicht annehmen. Andrerseits aber, wenn die Mitglieder zum Sparen erzogen werden sollen, so müssen die Verhältnisse in einer Baugenossenschaft so eingerichtet werden, daß auch Spareinlagen von den Mitgliedern angenommen werden können. Wenn ich z. B. auf die Münchener Baugenossenschaft exemplifiziere — und ich komme hier auf den Punkt des Herrn Referenten zu sprechen, wo er sagte, daß, wenn man Spareinlagen annimmt, dieselben nicht ein Viertel der Geschäftsanteile überschreiten sollen —, so kann ich aus dem letzten Jahresbericht der Münchener Baugenossenschaft mitteilen, daß die Mitgliedereinlagen rund 39 000 Mark, während die Spareinlagen 171 600 Mark betrugen. Das würde nach der Darstellung der beiden Referenten sich als eine finanzielle Mißwirtschaft in einer Baugenossenschaft kennzeichnen. Sie werden aber sofort sehen, daß das kein Fehler ist. Wir haben die Sache so eingerichtet: unseren Geldbedarf entnehmen wir durch Errichtung von Hypotheken, und zwar von Annuitätskapitalien. Wir nehmen keine Hypotheken auf, die kündbar sind, sondern die durch Annuitätszahlungen von bestimmten Quoten in 38 Jahren getilgt werden. Durch diese Hypothekenaufnahme kann die Genossenschaft in keinerlei finanzielle Verlegenheit gebracht werden, denn wir wissen genau, welche Summen und zu welcher Zeit die Annuitätsraten fällig werden. Nun nehmen wir aber nur so viel Hypotheken auf, als wir absolut zum Geschäftsbetrieb nötig haben. Unsere Anwesen sind nur zur Hälfte der Schätzungs- bezw. Wertsumme belastet — ich nenne hier unsere Geschäftsverbindung: die Bayrische Hypotheken- und Wechselbank —, sodaß es uns nicht schwer fallen würde, mindestens noch ein Drittel der aufgenommenen Hypothekenkapitalien jederzeit flüssig zu machen. Wir haben weiter einen Kontokorrentkredit uns eröffnen lassen, und zwar bei der Münchener Industriebank, die uns einen Blankokredit von 33 000 Mark gewährte. Sie können daraus entnehmen: diese sehr vorsichtig arbeitende Bank hat nach eingehender Prüfung unserer Verhältnisse sich nur dadurch zur Gewährung eines solchen Blankokredits verstanden, weil sie weiß, daß das Kapital, das sie uns als Darlehn im Kontokorrentverkehr gewährt, nach keiner Richtung gefährdet erscheint. Nun sage ich weiter: wenn wir größere Hypothekenkapitalien aufnehmen würden, als wir nötig haben, würden wir das Kapital tot liegen haben, wir müßten für diese aufgenommenen Gelder 4 % Zinsen und $^1/_2$ % Amortisation zahlen, während das Geld, das überflüssig ist, uns im Kontokorrentverkehr nur mit $2^1/_2$ % verzinst wird. Das wäre unwirtschaftlich. Infolgedessen nehmen wir Hypothekenkapitalien nur in der benötigten Höhe auf, und sichern uns für die laufenden Bedürfnisse einen Kontokorrentkredit, falls unsere eigenen Gelder nicht ausreichen. Nun müssen wir aber das Kontokorrentkapital ebenfalls mit $4^1/_2$ % verzinsen, und ich bin deswegen der Meinung, daß die Baugenossenschaft München wohl daran tut, wenn sie Spareinlagen ihrer Mitglieder entgegennimmt, und zwar zu dem Zinsfuß von 4 und $4^1/_2$ %, je nach der Kündigungsfrist, sodaß uns hierdurch unter Umständen noch ein Vorteil erwächst. Dieses Verfahren kann natürlich nur eine gut situierte Baugenossenschaft wagen.

Nun hat der Herr Referent auch darauf hingewiesen, daß durch einen großen Mitgliederwechsel in einer Baugenossenschaft die Annahme von Spareinlagen sich als recht gefährlich herausstellen könne. Ich gebe zu, daß speziell in Industriezentren, wo die Genossenschaft sich lediglich oder zum größten Teil aus Arbeitern rekrutiert, wo bei der jetzigen allgemeinen geschäftlichen Depression viele Arbeiter unbeschäftigt und zum Wohnsitzwechsel gezwungen sind, jene Befürchtung als begründet anzuerkennen ist. Bei einer Baugenossenschaft aber, welche sich nicht bloß aus Arbeitern rekrutiert, sondern deren Mitgliedschaft aus allen Gesellschaftsklassen zusammengesetzt ist und eine gewisse Stabilität zeigt, wie die Münchener Genossenschaft, sind derartige Verwarnungen überflüssig und gegenstandslos. Alle Genossenschaften, nicht nur Baugenossenschaften, sollten bestrebt sein, in ihrer Vereinigung möglichst alle Gesellschaftsklassen vertreten zu sehen, denn darin erblicke ich das ethische und ideale Moment einer Genossenschaftsbildung. Durch die Mit- und Nebeneinanderarbeit der verschiedenartigsten Berufskreise werden sich die Klassengegensätze allmählich abschleifen. Das kann in einer Baugenossenschaft allerdings in höherem Grade erzielt werden als in einer anderen Genossenschaftsart, durch das Zusammenwohnen dieser verschiedenen Gesellschaftsklassen in einem Hause. Wenigstens habe ich auf diesem Gebiete die günstigsten Erfahrungen gemacht, indem bestandene Vorurteile, Bessersituierte gegen Minderbemittelte, gefallen und man sich gegenseitig schätzen und achten lernte. Ich möchte noch hinzufügen, daß z. B. in München bei einem Bestande von 173 Mitgliedern wir im letzten Jahre nur einen Abgang von 8 Mitgliedern zu verzeichnen hatten. Das ist gewiß ein geringer Prozentsatz.

Der Herr Korreferent hat sogar gemeint, daß durch die Annahme solcher Spareinlagen die Genossenschaft sich gewissermaßen auf einen Vulkan setze. Derartige Expektorationen können doch nur eine bedingte Zustimmung beanspruchen und können nicht verallgemeinert werden.

Dagegen meinte der Herr Korreferent andrerseits, man solle aus erzieherischen Gründen die Genossen nicht vollständig der Möglichkeit berauben, Spargelder bei der Genossenschaft anzulegen. Aber es ist doch furchtbar schwer, hier eine bestimmte Grenze zu finden, und ich könnte mich, wie ich schon ausgesprochen habe, mit einer Höchstzulässigkeit von einem Viertel der Geschäftsanteile nicht einverstanden erklären, weil dadurch den Genossenschaften nicht gedient ist. Wir werden eine große Zahl von Baugenossenschaften haben, die über mehr als eine Gesamtmitgliedereinlage von vielleicht 20000 Mark nicht verfügen. Was sollen da einer Baugenossenschaft 5000 Mark Spareinlagen nützen? Nach meinem Dafürhalten ist das eine Summe, die nicht Fleisch noch Fisch ist, die einer Baugenossenschaft zu nichts dient; denn Grundankäufe oder Herstellung von Neubauten erfordern ganz andere Summen als ein so winziges Kapital. Dann wäre es besser, den Grundsatz zu billigen, die Anlage von Spareinlagen überhaupt zu verbieten. Das hat der Herr Referent gemeint, der Herr Korreferent ist nach der Richtung einer etwas anderen Ansicht gewesen.

Ich möchte wünschen, daß die Grundsätze, wie sie in dem Antrage niedergelegt sind, nicht so verallgemeinert werden, wie es geschehen ist. Es muß ein Unterschied gemacht werden zwischen einer neugegründeten spezifischen Arbeiterbaugenossenschaft und einer entwickelten Baugenossenschaft, deren Mitgliedschaft aus den verschiedensten Gesellschaftsklassen zusammengesetzt ist.

Reichsratsabgeordneter **Wrabetz** (Wien), Anwalt des deutsch-österreichischen Genossenschaftsverbandes: Ich habe mich zum Wort gemeldet wegen der Bemerkung des ersten Herrn Referenten, der gemeint hat, man möge diese à conto-Zahlungen auf eine bestimmte Summe beschränken. Da bin ich der Ansicht des zweiten Herrn Referenten, daß das nicht nötig ist; jedoch, glaube ich, sollte man in dem Antrage deutlich zum Ausdruck bringen, daß diese à conto-Zahlungen vor ihrer naturgemäßen Fälligkeit nicht kündbar sind, sonst kämen Sie in dieselbe Situation.

Die Ausführungen des Herrn Feierabend veranlassen mich zu einigen Bemerkungen. Ich stimme ihm vollständig bei, wenn er sagt: daß der Antrag in der vorliegenden Fassung nur für neugegründete Baugenossenschaften, insbesondere für Arbeitergenossenschaften, gültig sein soll. Den Rat, den er gegeben hat, und der meines Wissens Kreditgenossenschaften oft gegeben wird: sie sollen Spareinlagen, wenn sie gebracht werden, nicht annehmen, ist schematisch recht gut; aber es gibt wenige Genossenschaftsleitungen, die die moralische Kraft haben, Gelder zurückzuweisen, die ihnen angetragen werden unter Versicherungen, die dann nicht gehalten werden. Wir wissen, daß auch die Kreditgenossenschaften durch den Überfluß von Spareinlagen zur Anlegung derselben in Wertpapieren genötigt sind.

Den sonstigen Bemerkungen des Herrn Direktor Feierabend stimme ich bei. Ich meine, es wird leicht möglich sein, seinem Wunsche Rechnung zu tragen und doch den Antrag in seiner Totalität aufrecht zu erhalten.

Direktor **Thorwart** (Frankfurt a/M.): Meine Herren, ich möchte den Antrag in der heute uns vorliegenden Fassung als eine wesentliche Verbesserung gegenüber dem vorjährigen betrachten und glauben, daß auch Freunde des Baugenossenschaftswesens demselben zustimmen können.

Was die Ausführungen des Herrn Feierabend anlangt, so hat er schon im vorigen Jahre in Danzig, als wir denselben Gegenstand behandelten, darauf hingewiesen, daß der Antrag auf die Münchener Baugenossenschaft nicht zutreffe. Nun bin ich der Meinung, daß die Baugenossenschaften zusammenkommen, um allgemeine Grundsätze festzustellen und nicht bloß für München, so daß man etwa sagt: was für München nicht zutrifft, wird auch für andere Baugenossenschaften nicht praktisch sein. Auch ist die Grenze zwischen wenig entwickelten und gut entwickelten Baugenossenschaften schwer zu ziehen. Wenn uns Herr Feierabend aus dem letzten Bericht der Münchener Baugenossenschaft mitteilt, daß die Spareinlagen bei der Genossenschaft 171 600 Mark betragen, und ferner, daß sie sich bei der Münchener Industriebank einen Blankokredit von 33 000 Mark habe eröffnen lassen, so halte ich das für keine genügenden Reserven, da der Kredit zurückgezogen werden kann, zumal wenn die Industriebank einmal bei einer Krisis selbst ihr Geld braucht.

Nun hat Herr **Wrabetz** gemeint: wir sind bei der Kreditgenossenschaft in der gleichen Lage; auch da werden uns Spareinlagen gebracht, daß wir oft nicht wissen, wohin wir mit dem Gelde sollen. Es ist doch aber ein großer Unterschied zwischen einer Kreditgenossenschaft und einer Baugenossenschaft. Die Kreditgenossenschaft handelt mit Geld; wenn ich da Geld annehme, muß ich mich auch fragen, ob ich für das Geld Verwendung habe. Die Baugenossenschaft sorgt für das Wohnungsbedürfnis ihrer Mitglieder und hat sich in dieser Beziehung nur zu fragen, ob Geld für den Bau oder die Erhaltung der Häuser vorhanden ist. Deswegen kann man die Spareinlagen bei einer Kreditgenossenschaft und bei einer Baugenossenschaft nicht auf ein und dieselbe Linie stellen.

Worauf es ankommt, ist die Beschaffung von Geldern auf zweite Hypothek und hier müssen wir immer darauf hinwirken, die zweiten Hypotheken unkündbar zu bekommen; dies können wir mit der Annahme von Spareinlagen aber höchstens in sehr beschränktem Maße erreichen.

Im übrigen bin ich mit dem Antrage, wie er heute vorliegt, einverstanden, obwohl ich mir sage, daß, wenn er so durchgeführt werden sollte, wie vorgeschlagen, er nicht viel nützen aber jedenfalls nichts schaden wird.

Stationsvorsteher **Lewien** (Falkenberg, Bez. Halle): Meine Herren, gestatten Sie, daß ich Ihnen die Erfahrungen, die wir in unserer Baugenossenschaft gemacht haben, mitteile. Die Genossenschaft, die ich vertrete, ist aus schwierigen Verhältnissen hervorgegangen. Damals gab es noch keine Quellen für erste und zweite Hypothek; wir waren gezwungen, da Gelder anzunehmen, wo wir sie bekamen, und zwar so viel, wie wir nur bekommen konnten. Die Spareinlagen haben ein Viertel der Guthaben weit überschritten. Auf diese Weise haben wir Häuser gebaut. Jetzt, wo die Quellen für erste und zweite Hypothek eröffnet sind, sind wir zu dem Resultat gekommen, die Spareinlagen zurückzuschieben; die Genossenschaft soll für sich bestehen bleiben. Werden uns jetzt in der Genossenschaft Gelder angeboten, die wir zum Bauen nicht verwenden können, dann sagen wir den Leuten: gut, wir werden das Geld annehmen, aber für die Spar- und Darlehnskasse. Ich glaube, eine Beschränkung in diesem Sinne wäre überflüssig.

Vorsitzender Verbandsdirektor Landrat **Berthold** (Blumenthal): Das entspricht dem, was wir immer geraten haben: man soll nicht den Sparkassenverkehr mit dem baugenossenschaftlichen Verkehr verquicken. Es können Fälle eintreten — und sind eingetreten —, wo einem das Geld ordentlich aufgezwungen wird. Ausnahmen gibt es immer und muß es geben; man kann nicht für alle Fälle ein Schema vorschreiben wollen. Wir geben aber auf Grund unserer Erfahrungen einen guten Rat, wenn wir den Leuten sagen: Kinder, laßt die Finger weg! Bei einer Baugenossenschaft sah ich, daß sie mehrere hunderttausend Mark Spargelder hatte. Da habe ich einen wirklichen Schreck bekommen und gesagt: hier muß gewarnt werden. Ich habe es umsomehr sagen müssen, weil ich wußte, daß von anderer Seite den Baugenossenschaften vielfach der Rat erteilt wurde: seht zu, daß ihr so viel wie möglich Sparkassengelder bekommt. Da habe ich es für meine Pflicht gehalten, zu sagen: ganz und gar nicht, seid vorsichtig!

Rechtsanwalt **Springe** (Neumünster): Ich muß konstatieren, daß sich die Punkte unter V und I widersprechen! Meines Erachtens ist aber die verschiedene Stellungnahme nicht begründet. Die Sache liegt doch so, daß auch die Sparkasseneinlagen an und für sich fremde Betriebsmittel sind. Es ist durchaus richtig, daß die Baugenossenschaften sowohl im Interesse der Einleger wie in ihrem eigenen Interesse das tun sollen, was im ersten Absatz des Antrages vorgesehen ist, nämlich geräumige Rückzahlungsfristen sich auszubedingen und mindestens ein Drittel des Gesamtbetrages der Spareinlagen in leicht realisierbarer Weise anzulegen. Das haben die beiden Herren Referenten durchaus zutreffend ausgeführt, daß auch die Baugenossenschaften sich lediglich leiten lassen müssen von den Rücksichten, die ein ordentlicher Kaufmann anzuwenden hat. Die Baugenossenschaft darf sich nicht der Verlegenheit aussetzen, daß ihr Spareinlagen nur mit kurzer Kündigungsfrist zufließen, weil sie dann nicht in der Lage ist, die Rückzahlung innezuhalten. Insofern trifft der Antrag V das Richtige, wenn er den Baugenossenschaften empfiehlt, auf geräumige Rückzahlungsfristen Bedacht zu nehmen.

Im übrigen — und daher ist die in den Punkten V und I eingenommene Unterscheidung nicht begründet — unterscheidet sich die Spareinlage als Schuldposten der Genossenschaft an und für sich in keinem einzigen Punkte von anderen fremden Betriebsmitteln, die die einzelnen Baugenossenschaften, sei es durch Eröffnung eines Blankokredits, sei es durch Heranziehung des nötigen Baugeldes von den Landesversicherungsanstalten, erhalten.

Vorsitzender Verbandsdirektor Landrat **Berthold** (Blumenthal): In unseren Augen sind Spareinlagen fremde Gelder.

Rechtsanwalt **Springe** (Neumünster): Ich sage ja, daß gerade die Spareinlagen auch fremde Gelder sind, und daß ich insofern einen nicht gerechtfertigten Widerspruch zwischen den Anträgen I und V erblicke, als uns in dem Antrage V empfohlen wird, die Annahme dieser fremden Gelder bis auf ein Viertel der übernommenen Geschäftsanteile zu beschränken, und in dem Antrage I den Baugenossenschaften anheimgegeben wird, die fremden Betriebskapitalien bis zu einem derartigen Höchstbetrage heranzuziehen, daß das Verhältnis des eigenen Kapitals zum fremden Kapital sich verhält wie 15 : 100. Daß in der Praxis großer Genossenschaften ohne Bedenken ohne diese Differenzierung verfahren werden kann, geht aus dem Beispiele des Herrn Feierabend hervor. Wo sollen die Baugenossenschaften bleiben, wenn sie in dieser Beziehung, Heranziehung von Spareinlagen, beschränkt werden, wie der Antrag V vorsieht.

(Zuruf: Hypotheken!)

— Ja, Hypotheken sind doch auch fremde Gelder. — Ich sage, man soll in diesem Punkte, da ja die Spareinlagen auch fremde Gelder sind, wie soeben Herr Landrat Berthold hervorgehoben hat, nicht eine andere Haltung einnehmen, als man in Antrag I eingenommen hat. Dort ist gesagt, daß das Verhältnis der fremden Gelder überhaupt — dazu gehören auch die Spareinlagen — zum eigenen Vermögen sein soll wie 100 : 15. Man vergleiche auch das Verhältnis der Spareinlagen bei den Sparkassen zu dem Vermögen der Sparkassen, und man beachte die Tatsache, daß, wie gerade die Sparkassenpraxis ergibt, die Spareinlagen — geräumige Kündigungsfristen als selbstverständliches vorausgesetzt — so ruhige Gelder sind, daß gerade sie in Grund und Boden in Form hypothekarischer Beleihung investiert werden. Der Annahme reichlicher Spareinlagen und der Verwendung für Bau- und Grunderwerbszwecke seitens der Baugenossenschaften können daher meines Erachtens Bedenken nicht entgegenstehen.

Vorsitzender Verbandsdirektor Landrat **Berthold** (Blumenthal): Wir haben die Sache so verstanden, daß wir sagen: wir warnen davor, zu viel fremde Gelder anzunehmen. Das ist der Obersatz; und nun machen wir unter den fremden Geldern noch einen Unterschied und sagen: mit den Spareinlagen seid ganz besonders vorsichtig! Dies widerspricht sich nicht, sondern ergänzt sich. Ich meine, Herr Rechtsanwalt, in diesem Zusammenhange werden Sie sich auch mit den Anträgen einverstanden erklären können.

Rechtsanwalt **Springe** (Neumünster): Ich will eben keinen Unterschied zwischen irgend welchen fremden Betriebsmitteln machen, selbstverständlich unter der Voraussetzung, daß die fremden Betriebsmittel nicht den Prozentsatz überschreiten, der mit Recht in dem Antrage I vorgesehen ist, und daß andererseits für ausreichende Kündigungsfristen gesorgt ist, wie das in dem Antrage unter V vorgeschlagen ist, und daß ein Drittel der gesamten Spareinlagen in leicht realisierbarer Weise angelegt ist. Im übrigen vermag ich nicht einzusehen, daß aus juristischen oder wirtschaftlichen Gründen Anlaß zu einer so weitgehenden Differenzierung zwischen fremden Betriebsmitteln, wie dies Antrag V und I wollen, für unsere Baugenossenschaften vorhanden ist.

Vorsitzender Verbandsdirektor Landrat **Berthold** (Blumenthal): Ich habe folgenden praktischen Fall: es handelte sich darum, einen Großunternehmer, der für seine Arbeiter Wohnungen bauen wollte, in ein Verhältnis zur Baugenossenschaft zu bringen. Dieser Herr bot uns ein Darlehn an, das er als Spareinlage geben wollte. Ich habe ihm aber gesagt: gut, ich nehme das Geld, aber nur, wenn du es unkündbar gibst. Das ist fremdes Geld und besser als jeder Geschäftsanteil. Jedenfalls mache ich zwischen fremden Geldern, die ich auf diese Weise bekommen habe, und Spareinlagen einen ganz gewaltigen Unterschied. Wir sagen: bei der Annahme fremder Gelder seid vorsichtig, und bei der Annahme von Spareinlagen ist noch eine besondere Vorsicht geboten. Das ist der Gesichtspunkt, von dem wir ausgegangen sind, und da hat sich, glaube ich, doch nach und nach eine communis opinio dahin gebildet, daß das richtig ist.

(Zustimmung.)

Ich darf dann bemerken, daß sich der Herr Referent und der Herr Korreferent bemüht haben, eine den Wünschen des Herrn Direktors Feierabend entsprechende Fassung des Antrages zu finden, die dahin lautet:

„Es ist den Baugenossenschaften entschieden zu widerraten, zwecks Heranziehung weiterer Betriebskapitalien einen ausgedehnten Sparkassenverkehr einzuführen, weil durch einen solchen der Bestand der Baugenossenschaften gefährdet wird.

In eng begrenztem Umfange erscheint der Sparkassenverkehr zwar ungefährlich, indessen bringt ein so beschränkter Sparkassenverkehr den Baugenossenschaften keine nennenswerten Vorteile.

Arbeiterbaugenossenschaften und neugegründete Baugenossenschaften sollten, wenn sie überhaupt den Sparkassenverkehr einführen, diesen auf die Mitglieder beschränken und auf einen Höchstbetrag für eine Spareinlage von je 1/4 des bezw. der übernommenen Geschäftsanteile.

In allen Fällen müssen geräumige Kündigungsfristen ausbedungen und muß mindestens 1/3 des Gesamtbetrages der Spareinlagen in leicht realisierbarer Weise angelegt werden.

Die von den Landesversicherungsanstalten ausreichend finanzierten Baugenossenschaften sollten die Einführung des begrenzten Sparkassenverkehrs nur dann erwägen, wenn es den Genossen in der Tat an einer anderen passenden Gelegenheit zur Anlegung ihrer kleinen Ersparnisse fehlt.

Als Sparkassenverkehr ist nicht aufzufassen die verzinsliche Annahme von à conto-Zahlungen auf die später fälligen Beträge für Mieten und Abträge."

Verbandsdirektor **Feierabend** (München): Nachdem sich die beiden Herren Referenten auf eine Fassung vereinigt haben, mit der ich mich einverstanden erklären kann, halte ich es nicht mehr für nötig, auf alle Bemerkungen des Herrn Direktor Thorwart einzugehen. Nur einen Punkt seiner Ausführungen möchte ich richtig stellen. Er sagte: wenn uns auch ein Blankokredit in der Höhe von 30 000 Mark zugestanden ist, und wir Spareinlagen von 170 000 Mark angenommen haben, so würde uns jener Kredit von 30 000 Mark nichts nützen, wenn die 170 000 Mark gekündigt würden. Dem habe ich entgegenzuhalten — was ich bei meiner ersten Rede ausführte und was Herrn Direktor Thorwart entgangen zu sein scheint — daß unsere Häuser so belehnt sind, daß wir in der Lage wären, ein weiteres Drittel der Belehnungssumme sofort flüssig zu machen, wir könnten jederzeit, wenn es nötig würde, ein Hypothekkapital von weiteren 200 000 Mark aufrecht machen. Mit dem Blankokredit von 33 000 Mark verfolgen wir keinen anderen Zweck, als den, momentane, unvorhergesehene Ausgaben decken zu können. Ich möchte noch bemerken, daß wir öfter diesen Kredit nicht nur nicht in Anspruch nehmen, sondern ein Guthaben bei der Industriebank zu verzeichnen haben.

Direktor **Thorwart** (Frankfurt a/M.): Ich habe nicht die finanzielle Lage der Münchener Baugenossenschaft kritisieren wollen, sondern nur gefragt, ob dieselben Momente, die in München Platz gegriffen haben, auch für andere Baugenossenschaften vorhanden sind.

Verbandsrevisor **Dr. Schneider** (Potsdam): Ich habe gegen die Einschaltung, die die Herren Referenten gemacht haben, ein Bedenken, weil dadurch eine besondere Klasse von Baugenossenschaften geschaffen wird. Wir haben immer den Standpunkt vertreten, daß solche Spezialgenossenschaften für einzelne Berufskreise durchaus nicht unsern sozialpolitischen Tendenzen entsprechen, und dann ist es doch zweifelhaft, ob Arbeiterbaugenossenschaften in dem eigentlichen Sinne des Wortes eine besondere Begünstigung beanspruchen können. Ich meine, daß der Zusatz „Arbeiterbaugenossenschaften" herausfallen sollte.

Dagegen habe ich nichts einzuwenden, daß für neugegründete Baugenossenschaften der Ausnahmezustand proklamiert wird. Wir haben auch sonst bei anderen Genossenschaften den Standpunkt vertreten, daß, wenn sie neu gegründet sind, die Anforderungen, die man bei ihnen an das eigene Vermögen stellt, ermäßigt werden müssen gegenüber den Anforderungen an ältere Genossenschaften. Das ist ein Standpunkt, der sich durchaus rechtfertigen läßt.

Dann möchte ich noch einen Schritt weiter gehen als der verehrte Herr Vorsitzende in bezug auf den Rat, möglichst viel eigenes Kapital anzusammeln. Mir scheint dieser Rat kaum am Platze zu sein, ich befinde mich hier in der Lage, vielleicht eine ketzerische Ansicht zu vertreten; aber ich muß bekennen, daß für die Baugenossenschaften fremde Gelder mit geräumigen Rückzahlungsfristen oder unkündbares fremdes Kapital nicht minder wichtig sind als eine große Summe von Geschäftsanteilen, die durch den Austritt der Mitglieder rückzahlbar gemacht wird.

Im übrigen bin ich mit der Resolution einverstanden, aber das Wort „Arbeiterbaugenossenschaften" möchte ich beseitigt haben. Es ist hier eine Differenzierung der Stände schon durch die Einwirkung der Behörden eingegriffen, die gar nicht den Interessen der Genossenschaften entspricht.

Vorsitzender Verbandsdirektor Landrat **Berthold** (Blumenthal): Herr Direktor Feierabend erklärt sich damit einverstanden, daß das Wort „Arbeiterbaugenossenschaften" gestrichen und nur gesagt wird: „Neubegründete Baugenossenschaften sollten usw."

Berichterstatter Verbandsrevisor **Seibert** (Wiesbaden) Schlußwort: Meine Herren, mit der Streichung des Ausdrucks „Arbeiterbaugenossenschaften" sind wir einverstanden. Wir haben diese Einschaltung nur zugestanden, um diese Frage, die uns schon so lange beschäftigt, zu einem gewissen Abschluß zu bringen; denn wie von allen Vereinen zugegeben wird, ist es die höchste Zeit, daß der Verbandstag Stellung dazu nimmt. Zeigt sich, daß der Antrag auf die Dauer vielleicht Verbesserungen verträgt, dann steht dem nichts im Wege, daß wir diese Frage nochmals aufwerfen.

Gestatten Sie mir nun mit wenigen Worten auf die seitherigen Ausführungen zurückzukommen. Es ist bereits betont worden, daß ein solcher Beschluß nicht für jeden einzelnen Fall paßt. Das ist richtig; das trifft nicht allein für die Beschlüsse betreffend Baugenossenschaften, sondern für alle Verbandstagsbeschlüsse zu. Gut wird es aber sein, wenn die betreffende Baugenossenschaft in solchen Fällen sich nicht bloß auf ihre eigene Meinung stützt, sondern den Rat des Verbandsdirektors bezw. des Anwalts einholt. Sie alle wissen, wie häufig versucht wird, mit „lokalen Verhältnissen" die Nichtachtung der besten Ratschläge zu erklären.

Wenn gesagt wird, man soll Spareinlagen nur bei Bedarf annehmen, so ist das meines Erachtens in der Praxis ganz unmöglich. Wenn wir nur dann Geld annehmen, wenn solches gerade zum Bauen gebraucht wird, dann ist der Ausdruck „Sparkassenverkehr" wohl überhaupt nicht mehr anwendbar.

Die Bedenken, die gegen den von mir angeregten Zusatz zum letzten Absatz geltend gemacht sind, scheinen mir nicht gerechtfertigt zu sein. Ich meine, ist keine Kündigungsfrist ausgemacht, brauchen die Herren nicht zu warten; wer Geld vorausbezahlt hat, kann es dann auch jederzeit zurückfordern. Wir sollten da unbedingt noch eine Vorsichtsmaßregel treffen. Wir könnten vielleicht sagen: wer auszieht oder sein Verhältnis zur Genossenschaft löst, ist verpflichtet, mindestens ein Jahr auf die Rückzahlung der vorausbezahlten Beträge für Miete und Abträge zu warten.

Im übrigen möchte ich da, wo Kreditgenossenschaften bestehen, den Mitgliedern von Baugenossenschaften empfehlen, bei der Kreditgenossenschaft sich bestimmte Beträge zu sparen, dieselben, wenn sie 100 oder 200 Mark erreicht haben, dort abzuheben und sie in der Form von unkündbarem Kapital der Baugenossenschaft zuzuführen. Dann wird das Sparen ebenso angeregt, und wir bekommen dabei dasjenige Geld, was wir wollen.

Ich will mich auf diese kurzen Bemerkungen beschränken und den Herren den Antrag in der abgeänderten Fassung empfehlen, der nun dahin lautet:

„Es ist den Baugenossenschaften entschieden zu widerraten, zwecks Heranziehung weiterer Betriebskapitalien einen ausgedehnten Sparkassenverkehr einzuführen, weil durch einen solchen der Bestand der Baugenossenschaften gefährdet wird.

In engbegrenztem Umfange erscheint der Sparkassenverkehr zwar ungefährlich, indessen bringt ein so beschränkter Sparkassenverkehr der Baugenossenschaft keine nennenswerten Vorteile. Neugegründete

Baugenossenschaften sollten, wenn sie den Sparkassenverkehr überhaupt einführen, ihn auf die Mitglieder beschränken und auf einen Höchstbetrag für eine Spareinlage von je einem Viertel des bezw. der übernommenen Geschäftsanteile. In allen Fällen müssen geräumige Kündigungsfristen ausbedungen und mindestens ein Drittel des Gesamtbetrages der Spareinlagen in leicht realisierbarer Weise angelegt werden.

Die von den Landesversicherungsanstalten ausreichend finanzierten Baugenossenschaften sollten die Einführung des begrenzten Sparkassenverkehrs nur dann erwägen, wenn es den Genossen in der Tat an einer anderen passenden Gelegenheit zur Anlegung ihrer kleinen Ersparnisse fehlt.

Als Sparkassenverkehr ist nicht aufzufassen die verzinsliche Annahme von à conto-Zahlungen auf die später fälligen Beträge für Mieten und Abträge."

Vorsitzender Verbandsdirektor Landrat **Berthold** (Blumenthal): Ich glaube, wir lassen es so. Hier sollen die bisherigen, rund zehnjährigen Erfahrungen niedergeschlagen werden. Es ist nicht ausgeschlossen, daß wir im Laufe der Zeit an diesen Erfahrungen manches wieder zu ändern haben; dann werden wir von selber kommen und neue Vorschläge machen. Ich habe nur die Bitte, daß wir die Sache, die nunmehr seit zwei Jahren in Fluß ist, heute zu Ende bringen. Töten wir die Seeschlange und nehmen wir den Antrag in der von den Herren Referenten vorgeschlagenen Fassung an.

(In der Abstimmung wird der Antrag in der von den Referenten vorgeschlagenen Fassung mit allen gegen eine Stimme angenommen.)

Was die folgenden Gegenstände betrifft, so möchte ich vorschlagen, daß wir zunächst den Antrag IV erledigen, indem wir ihn einer Kommission überweisen. Es handelt sich hier um eine Bilanzfrage, eine besonders schwierige Materie, bei deren Erörterung die Debatte einen sehr langen Verlauf nehmen kann. Und da ein vom Herrn Anwalt und mir anerkanntes Bedürfnis besteht, unsere baugenossenschaftliche Bilanz einheitlich zu regeln, mache ich Ihnen den Vorschlag, daß dieser Antrag einer Kommission überwiesen wird, bestehend aus dem Herrn Anwalt, dem Verbandsdirektor und den Herren Verbandsrevisoren Dr. Schneider, Michelmann und Scheidt.

(Zustimmung.)

Wenn ich Ihr Einverständnis annehmen darf, daß jetzt Punkt II dem Punkt I vorgezogen wird, möchte ich bitten, daß Herr Direktor Feierabend den Vorsitz übernimmt, da ich zu Punkt II der Referent bin.

(Verbandsdirektor Feierabend (München) übernimmt den Vorsitz.)

II. Vortrag über ländlichen Arbeiter-Wohnungsbau und Baugenossenschaften.

Berichterstatter Verbandsdirektor Landrat **Berthold** (Blumenthal): Nachdem bislang, etwa ein Jahrzehnt hindurch, in der Arbeiterwohnungsfrage Theorie und Praxis sich fast ausschließlich mit der

Wohnungsfürsorge für den gewerblichen Arbeiter in den Städten und in den Industriebezirken des platten Landes beschäftigt haben, hat man neuerdings angefangen, sich theoretisch und praktisch mit der Wohnungsfürsorge für den ländlichen Arbeiter zu befassen. Vor allem ist man der Sache näher getreten in Ostpreußen. Dort hat der Professor Gerlach in Königsberg die Frage im vorigen Jahr wissenschaftlich angeschnitten in zwei Veröffentlichungen, und die ostpreußische Landesversicherungsanstalt hat, aus der persönlichen Initiative des Herrn Landeshauptmanns Brandt heraus, die Förderung des ländlichen Arbeiterwohnungsbaus praktisch in die Hand genommen. Der Herr Professor Gerlach hatte gefordert, daß, um die Mittel der Landesversicherungsanstalten auch für den Wohnungsbau der landwirtschaftlichen Arbeiter flüssig zu machen, geeignete Organisationen zur Verwertung dieser Mittel geschaffen werden sollen, und hatte in erster Linie genossenschaftliche Organisationen, also ländliche Baugenossenschaften, empfohlen. Die Landesversicherungsanstalt Ostpreußen scheint ebenfalls die Genossenschaftsform bevorzugen zu wollen. Jetzt hat auch der deutsche Landwirtschaftsrat, der im Februar die Frage beraten hat, sein Votum dahin abgegeben, daß die Gelder, welche von den Landesversicherungsanstalten für den ländlichen Arbeiterwohnungsbau hergegeben werden, in erster Linie an Baugenossenschaften gegeben werden möchten. Bei der Wichtigkeit, welche die Empfehlung einer so bedeutenden Körperschaft besitzt, hat, wie ich glaube, der Allgemeine Genossenschaftstag allen Anlaß, auch seinerseits zu der Frage, die bereits auf dem Allgemeinen Genossenschaftstage in Hannover 1900 gestreift ist, Stellung zu nehmen. Praktische Erfahrungen auf dem Gebiet des ländlichen Arbeiterwohnungsbaus liegen in einem solchen Umfang, daß man darauf Schlüsse gründen könnte, allerdings noch nicht vor. Immerhin werden die Erfahrungen, die unsere im Allgemeinen Verband vereinigten Baugenossenschaften mit der genossenschaftlichen Wohnungsfürsorge für die gewerblichen Arbeiter haben sammeln können, doch einen gewissen Anhalt gewähren für die Beurteilung der Frage, ob die Baugenossenschaftsform als ein Mittel der Förderung des ländlichen Arbeiterwohnungsbaus zu empfehlen ist. Es trifft sich auch, glaube ich, günstig, wenn wir diese Frage erörtern auf einem Genossenschaftstage, der im Osten unseres Vaterlandes stattfindet. Denn während für den Westen die Wohnungsfürsorge für den gewerblichen Arbeiter besonders bedeutungsvoll ist, würde die Wohnungsfürsorge für den landwirtschaftlichen Arbeiter vorzugsweise den Osten angehen.

Unsere Aufgabe ist also, heute hier zu prüfen:

1. besteht ein Bedürfnis, den ländlichen Arbeiterwohnungsbau in ähnlicher Weise zu fördern, wie das bei dem gewerblichen Arbeiterwohnungsbau sich als immer brennender nötig herausstellt? und
2. ist die Baugenossenschaft diejenige Organisationsform, die in erster Linie hierfür in Frage kommt?

Wenn wir Punkt 1, die Bedürfnisfrage, ins Auge fassen, so tritt zunächst ein Grundunterschied zwischen ländlicher und gewerblicher Arbeiterwohnungsfürsorge hervor. Die letztere ist in der Hauptsache uns aufgezwungen durch den Massenzuzug von Arbeitskräften in die Städte und ländlichen Industriebezirke; einen Massenzuzug, der in solchem Umfang und so reißend schnell erfolgte und erfolgt, daß die private Bautätigkeit schlechterdings nicht dem Wohnungsbedürfnis sich anzupassen vermochte, und daß zur Deckung desselben die gemeinnützige Bautätigkeit — als eine ihrer Formen die baugenossenschaftliche Wohnungsfürsorge — zu Hilfe gerufen werden mußte. Große Teile unserer Bevölkerung gehen körperlich und moralisch zugrunde, weil es in den Städten und Industrieorten an einer für solchen Massenzuzug ausreichenden Unterkunft fehlt.

Dieser Grund — Abhilfe gegenüber einem Massenzuzug — fällt bei der ländlichen Arbeiterfürsorge, soviel ich sehen kann, fast vollständig hinweg. Es handelt sich nicht um Deckung des Wohnungsbedarfs für eine rasch wachsende Bevölkerung; im Gegenteil werden bessere Wohnungen für den Landarbeiter gerade gefordert für Gegenden mit abnehmender Bevölkerung. Es wird auch wohl kaum im Ernst behauptet werden, daß die Schaffung besserer Wohnungen notwendig sei, um den leiblichen und sittlichen Ruin unserer ländlichen Arbeiter zu verhüten. Es würde eine Behauptung sein, die durch die Erfahrung widerlegt wird.

Ich lebe an der Unterweser, nahe der Nordsee. Das Klima ist rauh und feucht. Man sollte glauben, daß hier die Leute ein gesteigertes Bedürfnis nach Schutz vor Wind und Wetter in guten und gesunden Wohnungen empfinden müßten. Und wie liegen die Dinge in Wirklichkeit? Sie würden sich, glaube ich, nicht wenig verwundern, wenn ich Sie mit in die Wohnung eines unserer kleinen ländlichen Stellbesitzer führte; in den Marschdörfern, den Haidedörfern, den Moordörfern, wo Sie wollen. Es ist das alte niedersächsische Bauernhaus, ein dünnwandiger Fachwerkbau mit Reitdach, das Mensch und Tier zusammen beherbergt. Viele Häuser noch ohne Schornsteine, so daß vom Herdfeuer aus der beißende Torfrauch das ganze Haus durchzieht; die Wohnräume dürftig und niedrig, kleine Fenster mit trüben Scheiben, meist zugenagelt, daß man sie ja nicht öffnen kann; oft das Wasser von den Wänden laufend, eine Atmosphäre von Stalldunst, Torfrauch, Pilz- und Schimmelgeruch, von der Sie sich kaum eine Vorstellung machen können; das Ganze wie ausgesucht gesundheitsschädlich. Und die Menschen, die in diesen Räumen leben? Sie können nicht leicht einen besseren und kräftigeren Menschenschlag finden. Hochgewachsene Leute, gesund an Leib und Seele, ungewöhnlich langlebig, so daß 70 Jahre gar nicht als besonderes Alter geachtet werden; ein wirklich kernhaftes Geschlecht.

Wo ich sonst in unserem Vaterlande Gelegenheit gehabt habe, die Wohnungen des kleinen Mannes auf dem Lande zu sehen, in der Ebene, in den Bergen, im Westen, wie im Osten, habe ich überall die nämliche Beobachtung gemacht: die Wohnung als solche hat ihm wenig oder nichts an, sie mag so mangelhaft sein, wie sie will. Die Schäden, die von ihr ausgehen, bleiben größtenteils wirkungslos, weil sie durch Lebensweise und Beschäftigung mehr als ausgeglichen werden. Für den Fabrikarbeiter, dessen Leben überwiegend im geschlossenen Raum bei einförmiger Arbeit verläuft und dessen Gesundheit oft durch die Art seiner Beschäftigung geschädigt wird, stellen Wohnung und Häuslichkeit naturgemäß etwas ganz anderes vor, als für den Landmann, der den größeren Teil seiner Zeit in Luft und Sonne bei wechselnder Tätigkeit zubringt und der von der Wohnung in der Hauptsache nur Schutz gegen Kälte und Nässe fordert.

Es soll hiermit selbstredend nicht gesagt sein, daß die Beschaffenheit der Wohnung für den kleinen Mann auf dem Lande gänzlich gleichgültig und belanglos wäre. Es ist nicht zu verkennen, daß namentlich auch nach Seite der Sittlichkeit hin sich aus den Wohnungsverhältnissen oft ernstliche Unzuträglichkeiten ergeben, die eine Verbesserung derselben sehr wünschenswert erscheinen lassen. Für jeden Menschen, also auch für unsere Landarbeiter, ist zweifellos eine gesunde und behagliche Wohnung besser, als eine mangelhafte und unfreundliche Wohnung. Was ich sagen will, ist dieses: hat sich bis jetzt im großen und ganzen herausgestellt, daß unsere ländliche Arbeiterbevölkerung trotz recht dürftiger Wohnungsverhältnisse nicht degeneriert ist, sondern sich in alter Kraft und Kernhaftigkeit erhalten hat, so ist damit klar, daß für den Landarbeiter im allgemeinen die Beschaffenheit der Wohnung, was körperliche und sittliche Gesundheit anlangt, nicht von der entscheidenden, ausschlaggebenden Bedeutung ist, wie für die gewerbliche Arbeiterbevölkerung, bei der eine rasche Degeneration vielfach direkt auf die erbärmlichen Wohnungsverhältnisse zurückgeführt werden muß. Ist das aber, wie ich glaube, richtig, dann kann man insoweit meines Erachtens nicht davon reden, daß in gleicher Weise, wie in Städten und Industrieorten, auch auf dem Lande ein zwingendes Bedürfnis nach Wohnungsfürsorge vorhanden ist.

Diese Fürsorge wird in der Hauptsache auch wohl um deswillen gefordert, weil man in ihr eines der Mittel sucht, die den Abfluß der Arbeitskräfte vom Lande hemmen sollen. Auch die bessere Wohnung des ländlichen Arbeiters soll, so meint und hofft man, der schwersten Gefahr, die unserer Landwirtschaft droht, Einhalt tun helfen: der Landflucht. Und zwar wirft man dabei zwei Dinge zusammen unter dem Begriff einer der Landflucht entgegenwirkenden ländlichen Arbeiterwohnungsfürsorge, die an und für sich wenig mit einander gemein haben: einesteils die Ansiedlung ländlicher Arbeiter in den Dörfern auf kleinem Eigenbesitz, und zweitens die Unterbringung der Arbeiter auf den Gütern in den Arbeiterwohnungen der Gutsherrschaft. Ersteres ist eine Frage der inneren Kolonisation, bei der das Schwergewicht nicht in der Wohnung und ihrer Beschaffenheit liegt, sondern bei der ganz andere Gesichtspunkte die eigentlich entscheidenden und bedeutungsvollen sind. Nur die zweite Kategorie ist der Wohnungsfürsorge im engeren Sinne zuzurechnen. Das Verbindende zwischen beiden Kategorien liegt eigentlich der Hauptsache nach in dem Wunsche und der Hoffnung, daß sie in gleichem oder ähnlichem Maße der Landflucht entgegenwirken möchten und entgegenwirken würden.

Nun muß ich sagen: wenn sicher oder nur auch wahrscheinlich wäre, daß diese Hoffnung sich erfüllen, daß die bessere Wohnung des Landarbeiters ein wirksames Mittel sein würde, ihn auf dem Lande zu halten, dann wäre für mich die Frage entschieden. Ich würde rückhaltslos für den ländlichen Arbeiterwohnungsbau eintreten und es gerechtfertigt finden, daß wir hohe Opfer bringen, um die Gefahr der Landflucht auf diesem Wege kräftig zu bekämpfen. Aber die Überzeugung, daß jene Hoffnung begründet, daß der ländliche Arbeiterwohnungsbau wirklich ein wirksames Mittel gegen die Landflucht ist, die habe ich mir aus meinen bisherigen Erfahrungen noch nicht verschaffen können, wenigstens soweit der ländliche Arbeiterwohnungsbau im engeren Sinn, die Herstellung von gutsherrschaftlichen Arbeiterwohnungen auf den Gütern in Frage kommt.

Einer meiner Bekannten erzählte mir eines Tages: er hätte nach Übernahme des väterlichen Besitztums seinen Arbeitern eine besondere Güte damit anzutun gedacht, daß er an Stelle verschiedener sehr mangelhafter Gutsarbeiterwohnungen ein paar hübsche, helle, geräumige Häuserchen erbaute. Er wäre namentlich stolz gewesen auf die schönen großen Fenster und auf die Ventilationseinrichtung, die er an diesen hatte anbringen lassen. Was aber hätte er erleben müssen, als er die Leute in ihren neuen Wohnungen besuchte? Die Fenster wären vernagelt,

(Heiterkeit.)

die Ventilationsöffnungen mit Lumpen zugestopft gewesen, und das Gesamtgutachten der Leute über die Neuerung dahin gegangen: die kleinen Zimmer früher wären doch eigentlich besser gewesen, die hätten sich billiger und besser heizen lassen. Das war in Hinterpommern, und der Herr hat keine Arbeiterwohnungen weiter gebaut. In den anderen Ecken unseres lieben Vaterlandes wird es nicht anders stehen; bei uns an der Nordsee wenigstens sicher nicht.

Ich komme nicht selten in die Lage, daß mir solch kleiner Stellbesitzer auf dem Lande gelegentlich sein Herz ausschüttet und herausgibt, was für Wünsche er hat. Da ist denn alles Mögliche zum Vorschein gekommen, insbesondere was Landbesitz, Viehstand und dergleichen anlangt; auch wohl mal der Wunsch, noch eine Kammer mehr oder eine bessere Küche zu haben u. a. m. Wie selten aber ist es mir bislang passiert, daß der Mann einmal gesagt hat: ich will vor allen Dingen heraus aus meiner alten Bude; ich will auch solch neues hübsches Häuschen haben, wie die Fabrikarbeiter es gebaut bekommen. Das ist ein Gedanke, auf den unser Landarbeiter überhaupt kaum verfällt. Der Zustand seiner Wohnung ist ihm alles in allem gleichgültig. Das Haus steht einmal, also wird in ihm gewohnt, bis es umfällt oder abbrennt. Freiwillig eine Wohnung neu zu bauen unternimmt er auch nur in den seltensten Fällen, und dann kann es kommen, daß im Dorf der Mann wegen dieses Baues, als ein leichtsinniger Mensch, bedenklich angesehen wird. Er hätte sein Geld besser anlegen können und Land statt dessen kaufen sollen, meint die öffentliche Meinung.

Ist aber meines Erachtens diese Anschauungsweise, diese Gleichgültigkeit gegen die Wohnung, auch in den Gegenden, die ich nicht genauer kenne, dem Landarbeiter eigen — und ich glaube, daß das ganz überwiegend der Fall ist —, dann verspreche ich mir von Wohnungsverbesserungen an den ländlichen Arbeiterwohnungen eine entscheidende Zugkraft nicht. So wenig ihn die miserable und gesundheitsgefährliche Stadtwohnung davon abschreckt, in die Stadt zu laufen, so wenig wird ihn eine bessere Wohnung, für sich allein, bestimmen, auf dem Lande zu bleiben.

Natürlich wird der Sinn für Behaglichkeit und Zweckmäßigkeit der Wohnung, der zurzeit dem Landarbeiter so gut wie vollständig fehlt, durch gutes Beispiel geweckt und sogar rasch entwickelt. Wir haben beim gewerblichen Arbeiter einen ähnlichen Prozeß im letzten Menschenalter vor sich gehen sehen. Die Frage würde die sein, ob es wünschenswert ist, gerade im jetzigen Augenblick bewußt diese Anregung zu geben und dies Verlangen zu wecken, oder ob die großen Summen, die das erfordern würden, zurzeit nicht noch in einer anderen volkswirtschaftlich notwendigeren Richtung angelegt werden müssen.

Denn, meine Herren, darüber müssen wir uns klar sein: wenn hier auf diesem Gebiet — schon bloß auf dem Gebiet der ländlichen Arbeiterwohnungsfürsorge im engeren Sinne, der Beschaffung gutsherrschaftlicher Wohnungen für die Gutsarbeiter — einmal angefangen wird zu reformieren, dann kommen ganz kolossale Summen in Frage. Die Landesversicherungsanstalt Ostpreußen rechnet den Herstellungswert einer Arbeiterwohnung in Mehrfamilienhäusern auf 2000 Mark. Im Einfamilienhaus würde sie teurer sein. Bei einem Zinsfuß von 2 % und bei einem — durchaus mäßig angesetzten — Zuschlag von zusammen 1½ % für Lasten, Instandhaltung und Abnutzung würde sich eine Jahresbelastung des Gutsherrn von mindestens 90 Mark per Arbeiterwohnung ergeben. Da ist allerdings die Frage berechtigt, ob nicht mit anderen Verbesserungen dem Arbeiter zurzeit mehr gedient sein würde, ob sich diese 100 Mark nicht volkswirtschaftlich nutzbringender — im Interesse beider Teile, des Gutsherrn wie des Arbeiters nutzbringender — anlegen lassen.

Ich will in bezug auf die Bedürfnisfrage beim ländlichen Arbeiterwohnungsbau im engeren Sinne mich vorsichtig ausdrücken; ich sage nach alledem: die Sache ist für mich nicht spruchreif. Ich kann nach meinen Wahrnehmungen und Erfahrungen es im Augenblick noch nicht anerkennen, daß hier eine Reform, deren Kosten rasch in die hunderte von Millionen gehen würden, bereits notwendig und unaufschiebbar ist. Die Arbeiter selber verlangen sie nicht, die Volksgesundheitspflege verlangt sie mindestens in zwingender Weise nicht, und ob sie der Landflucht entscheidend entgegenwirkt, ist zweifelhaft.

Niemandem wird es einfallen, dem Gutsherrn, wenn seine Mittel ihm das gestatten, den Bau freundlicher und zweckmäßiger Gutsarbeiterwohnungen widerraten zu wollen. Im Gegenteil: der Gutsherr erweist damit seinen Leuten eine Wohltat, die sich rentieren wird. Aber wo der Gutsherr mit den Mitteln sorgfältig haushalten muß — und das ist die Regel — da soll man ihn nicht überreden oder nötigen, in erster Linie für den Arbeiterwohnungsbau mit großen Mitteln sich festzulegen. Er wird in den meisten Fällen nach anderen Richtungen hin mit seinem Gelde mehr ausrichten und seinem Arbeiter besser nützen können.

Ganz etwas anderes, meine Herren, ist es mit der Ansiedelung der ländlichen Arbeiter auf eigenem Kleinbesitz, in den Dörfern, da bin ich allerdings, und zwar auch gerade durch Mitteilungen von gewerblichen Arbeitern, die vom Land in den Industriebezirk gekommen waren, ganz entschieden der Meinung, daß diese Tätigkeit, daß dieser Zweig unserer inneren Kolonisation, ein wirklich wirksames Mittel gegen die Landflucht ist; nach den Erfahrungen in meiner Gegend zurzeit das einzige, das allenfalls hilft. Mir ist von jeher, wenn solch gewerblicher Arbeiter mir erzählte, was ihn vom Land in die Fabrik getrieben hätte, dies gesagt worden, und zwar von ordentlichen Leuten in glaubhafter Weise gesagt worden: wenn wir auf dem Lande nur irgendwie die Möglichkeit gesehen hätten, zu einem eigenen kleinen Besitztum zu kommen, selbst erst nach vielen Jahren, da hätte die Fabrik lange auf uns warten sollen. Die eigene kleine Stelle, das lockt wirklich. Die Aussicht kann es dem Manne lieb machen, auf dem Lande auszuhalten. Es ist, wie ich glaube, einfach eine Pflicht der Selbsterhaltung für unser Volk und unseren Staat, daß er in dies große Werk so rasch als möglich und mit allen Mitteln hineingeht. Aber, meine Herren, dabei scheidet die Wohnungsfrage mehr oder weniger aus. Mit dem Häuschen allein, und wäre es noch so nett und behaglich, halten Sie den Mann nicht auf dem Lande fest. Die Wohnung tritt hinter den anderen Faktoren, auf die es ankommt, ganz zurück: Landausstattung, Viehhaltung, Möglichkeit von Arbeitsverdienst. Das Gebäude ist, kann man wohl sagen, ein notwendiges Übel. Solch Haus mit Stall und sonstigem Zubehör kostet immerhin seine 3000 Mark, und die Jahreslast von 130—140 Mark, die darauf entfällt, ist für den Ansiedler unter den Lasten, die er überhaupt zu tragen hat, die lästigste und drückendste. Er selber sucht deshalb an den eigentlichen Wohnräumen zu sparen, was gespart werden kann, und das wird man verstehen können, darin wird man ihm sogar bis zu einer gewissen Grenze folgen müssen. Hiermit ist aber zugleich ausgesprochen, daß diese Seßhaftmachung des Landarbeiters mit der Wohnungsfürsorge als solcher nicht nur nichts zu tun hat, sondern daß unter Umständen die Rücksichten der Wohnungsfürsorge den Rücksichten der Kolonisierung widerstreiten können. Das muß klar ausgesprochen werden. Es könnte sehr großer Schaden angerichtet werden, wenn man in dieser Materie vor allem den Standpunkt der Wohnungsfürsorge vertreten wollte.

Die innere Kolonisierung hat meines Erachtens hier aus der Betrachtung auszuscheiden. Sie steht auf einem ganz anderen Blatt.

Das Ergebnis in der Bedürfnisfrage wäre also dies:

für den Arbeiterwohnungsbau auf den Gütern ist die Sache nicht spruchreif, ein zwingendes Bedürfnis ist zurzeit noch nicht nachgewiesen; und

für den Arbeiterwohnungsbau zum Zweck der inneren Kolonisation sind nicht die Gesichtspunkte der Wohnungsfürsorge die maßgebenden.

Mit Beantwortung der Bedürfnisfrage wird zugleich die zweite Frage beantwortet, die das Thema stellt: ist die Baugenossenschaft diejenige Organisationsform, die vorzugsweise für den ländlichen Arbeiterwohnungsbau in Betracht kommt?

Ich kann zu einer Bejahung dieser Frage zurzeit nicht gelangen. Der Allgemeine Genossenschaftstag ist stets der Ansicht gewesen, daß Baugenossenschaften nur da am Platze sind, wo ein dringendes Wohnungsbedürfnis besteht, das auf andere Weise nicht befriedigt werden kann. Ich habe mehrfach diesen Satz in die Worte gekleidet, daß die Baugenossenschaft eine Reserve sein soll im Kampfe gegen das Wohnungselend; eine Reserve, die nur eingesetzt werden darf, wenn die übrigen Mittel versagen. Immer stärker sind in mir die Bedenken geworden, ob für den Wohnungsbau, also für eine Tätigkeit, die auf lange Zeit hinaus große Werte schaffen und verwalten will, die Genossenschaft unter dem gegenwärtigen Genossenschaftsrecht die richtige Rechtsform ist. Denn so, wie die gegenwärtige Lage der Gesetzgebung ist, kann durch das Kündigungsrecht der Genossen die Genossenschaft jederzeit verflüchtigt und zur Liquidation gebracht werden. Auch wird durch das gleiche Stimmrecht aller Genossen und die aus ihm sich ergebende Unberechenbarkeit der Generalversammlungsbeschlüsse ein Element der Unstetigkeit in die Verwaltung der Genossenschaft hineingetragen, das bei Unternehmungen, die auf lange Zeit hinaus berechnet sind, sehr störend wirken kann. Ich weiß nicht, ob für den ländlichen Arbeiterwohnungsbau im engeren Sinne — also für die Errichtung von Arbeiterwohnungen auf Gütern durch die Gutsbesitzer — nicht die Gesellschaft mit beschränkter Haftung eine geeignetere Form ist, als die Genossenschaft mit beschränkter Haftpflicht.

Was aber die Ansiedlung ländlicher Arbeiter auf eigenem kleinen Besitz anlangt, so kommen da die Bedenken, welche ich wegen der Zweckmäßigkeit der Genossenschaftsform für den städtischen Arbeiterwohnungsbau hege, noch in sehr viel stärkerem Maße zur Geltung. Bei der Ansiedlung kommen außer der Wohnungsfrage, wie oben bereits bemerkt, noch andere Fragen von gleicher oder größerer Bedeutung in Betracht: die Frage angemessener Landausstattung, die Frage angemessenen Nebenverdienstes u. a. m. Von der richtigen Behandlung dieser Fragen hängt in erster Linie Gedeihen oder Verderben der Ansiedlung ab, und ich halte es für ein außergewöhnlich großes Wagnis, über Fragen dieser Art durch eine Generalversammlung der Beteiligten nach gleichem Stimmrecht entscheiden zu lassen und die Verwaltung dieser Werte einem Rechtssubjekt anzuvertrauen, das in beständiger Gefahr steht, durch unzeitigen Austritt von Teilhabern gesprengt und zur Liquidation getrieben zu werden. Es wird, wie ich glaube, immer das Richtigste bleiben, diese ländliche Siedelungstätigkeit durch öffentlich rechtliche Korporationen betreiben zu lassen. Will man privatrechtliche Korporationen dazu heranziehen, so glaube ich, daß bis auf weiteres diejenigen, die das Geld oder Land hergeben, sich ebenfalls besser zu einer Gesellschaft mit beschränkter Haftung zusammen tun. Die Möglichkeit würde dabei nicht ausgeschlossen sein, daß die Arbeiter, die angesiedelt werden sollen, sich ihrerseits zu einer Genossenschaft vereinigen, die der Gesellschaft mit derselben Haftung als Gesellschafter beitritt und so die Interessen der Arbeiter bei der Geschäftsführung der Gesellschaft zur Geltung bringt.

Was hier gesagt ist, soll für den Regelfall gelten. Unter normalen Verhältnissen ist es meines Erachtens nicht rätlich, für den ländlichen Arbeiterwohnungsbau im engeren Sinne und für die Ansiedelung ländlicher Arbeiter auf eigenem kleinen Besitz die Genossenschaftsform zu wählen. Es soll aber keineswegs ausgesprochen werden, daß nicht unter Umständen, wo die Verhältnisse besonders günstig liegen, auch für diese Zwecke die Genossenschaft mit Vorteil angewandt werden kann, und für diese Fälle wird der Allgemeine Verband gern mit Rat und Tat solchen Genossenschaften zur Seite stehen und diejenigen Eigenschaften entwickeln helfen, durch welche die Genossenschaftsform sich auszeichnet: das Gefühl der Gemeinsamkeit, das Bewußtsein der Mitverantwortlichkeit, die Freude an der Betätigung der eigenen Kräfte; Vorzüge, um deren willen wir bei der Wohnungsfürsorge für den industriellen Arbeiter uns über die schweren Bedenken gegen die Genossenschaftsform bislang hinwegsetzen zu können geglaubt haben.

Eines soll aber unter allen Umständen zum Schluß nochmals betont werden: für diese Ausnahmefälle, in denen für den ländlichen Arbeiterwohnungsbau und die Ansiedlung die Genossenschaft etwa am Platze ist, gilt im verstärkten Maße die Meinung, die der Allgemeine Verband stets für Gründung und Verwaltung von Baugenossenschaften für industrielle Arbeiter gegeben hat: erstens Vorsicht, zweitens Vorsicht, drittens Vorsicht.

(Beifall.)

Anwalt **Dr. Crüger**: Meine Herren, mir scheint, als ob Herr Landrat Berthold die Bedeutung der Arbeiterwohnungsfrage auf dem Lande unterschätzt. Ich will davon absehen, welche Bedeutung in körperlicher Beziehung eine gesunde gute Wohnung für ländliche Arbeiter hat; aber was die sittliche Seite der Frage betrifft, da scheint es mir doch ganz einwandsfrei zu sein, daß dieselben sittlichen Erwägungen, die für den Fabrikarbeiter eine gesunde gute Wohnung fordern, auch für den Landarbeiter maßgebend sind. In sittlicher Beziehung lassen die Wohnungen der Arbeiter auf dem Lande sehr viel zu wünschen übrig.

(Sehr richtig!)

Ich möchte nicht widerspruchslos die Ansicht hinausgehen lassen, es könnten die heutigen Landarbeiterverhältnisse als befriedigend gelten. Wie liegt es denn mit den Fabrikarbeitern? Wir haben es oft genug hören können, daß die Fabrikarbeiter erst zu einem besseren Wohnungsverständnis erzogen werden müssen, und Herr Landrat Berthold sagte selbst, daß vor so und so viel Jahren die Fabrikarbeiter auch nicht das Bedürfnis nach besseren Wohnungen gehabt haben. Nun, heute ist jedenfalls dank der Hebung des Kulturniveaus das Bedürfnis in den Kreisen der Fabrikarbeiter nach besseren Wohnungen ein großes, und wir haben ein Interesse daran, daß da, wo das Bedürfnis nach besseren Wohnungen in diesen Kreisen noch nicht geweckt ist, es geschieht. Ebenso liegen meines Erachtens die Verhältnisse auf dem Lande. Ich kann da die Unterscheidung zwischen Fabrik- und Landarbeitern nicht gelten lassen.

Meine Herren, der Vortrag des Herrn Landrat Berthold zerfiel in zwei Teile: zuerst behandelt er allgemein die Befriedigung des Wohnungsbedürfnisses, dann die Ansiedlung der Arbeiter. Ich werde, was die Bewegung in Ostpreußen anlangt, zu dem gleichen Resultat kommen, aber aus anderen Erwägungen, als es beim Herrn Landrat Berthold der Fall war. Wir stehen freilich vor einer Tatsache, man gründet dort Baugenossenschaften, und, damit wenigstens das Dach vorhanden ist, hat man einen Verband von Baugenossenschaften ins Leben gerufen. Allein es scheint mir, daß die Auflösung der Genossenschaften schneller vor sich geht als die Gründung; denn z. B. die vor zwei Jahren in Neidenburg gegründete Baugenossenschaft hat dem Gericht auf das Ersuchen, einen Revisor zu ernennen, die Antwort gegeben, sie braucht keine Revision, sie wird liquidieren, — und die in Fischhausen ins Leben gerufene Genossenschaft soll bereits dem Schicksal der Auflösung verfallen sein. Man ist mit einer gewissen Begeisterung an die Sache herangegangen und hat dem wirtschaftlichen Bedürfnis nicht die entsprechende Berücksichtigung zuteil werden lassen.

Bei der Gründung der Baugenossenschaften wird ein Unterschied gemacht zwischen der Ansiedlung im Dorfe und der auf dem Gute. Auf dem Gute denkt man sich die Baugenossenschaft in der Weise, daß der Gutsbesitzer sein Land der Baugenossenschaft in Erbpacht gibt, und diese dann Zwölf-, Acht- und Vierfamilienhäuser baut. Nichts ist verkehrter als auf dem Lande Mietskasernen zu errichten; dazu brauchen wir keine Baugenossenschaften. Und nun, wie geht die Geschichte weiter? Das Land wird in Erbpacht gegeben, und wenn die nötigen Amortisationen vorgenommen sind, fällt das Land an den Gutsbesitzer zurück! Herr Landrat Berthold meinte, es wäre unmöglich, daß dies die Absicht sei, und ist der Ansicht, daß das nicht ohne weiteres aus dem Vortrage des Herrn Passarge herauszulesen ist; ich meine denn doch, daß es herauszulesen ist. Übrigens, sollte dies nicht herauszulesen sein, dann erkläre ich, daß nach Maßgabe des Genossenschaftsgesetzes die Form der Genossenschaft in diesem Falle nicht denkbar ist. Eine Genossenschaft, nur von Gutsbesitzern gebildet zur Befriedignng des Wohnungsbedürfnisses der Arbeiter, ist nach dem Genossenschaftsgesetz unmöglich; das Bedürfnis der Mitglieder muß durch die Genossenschaft befriedigt werden. Ich kenne keinen einzigen Kommentar zum Genossenschaftsgesetz, der auf einem anderen Standpunkt stände. Darüber besteht Einverständnis, daß die Mitglieder einer Genossenschaft werden müssen, deren wirtschaftliche Lage verbessert werden soll, und hier kommt die Verbesserung der wirtschaftlichen Lage der Gutsbesitzer doch erst in zweiter Reihe in Betracht. Das sind schon an und für sich nach meinem Dafürhalten zwingende Gründe, die die Ausführung des Gerlachschen Plans in der Praxis zum Scheitern bringen müßten.

Für die Dörfer will man die Arbeiter zu einer Genossenschaft zusammentun; dort sollen sie eigene Häuser bauen und erwerben. Der Unterschied würde sein: auf den Gütern die Bildung von Baugenossenschaften zur Schaffung von Mietswohnungen, in den Dörfern die Bildung von Baugenossenschaften zur Schaffung von Erwerbshäusern. Nun, der zweite Gedanke ist nicht neu. Da nehme ich wiederum für den Allgemeinen Verband in Anspruch, daß wir diesen Gedanken schon vor Jahren angeregt haben. Es hat damals der Herr Landrat Berthold sich schon dahin geäußert, er könne sich nicht mit diesem Gedanken befreunden, er halte die Form der Genossenschaft für diese Vereine nicht für anwendbar. Der Allgemeine Genossenschaftstag in Hannover hat diese Frage nicht nur gestreift, sondern hat sie im Anschluß an das Referat des Herrn Landauer (Gerabronn) und meinen Ausführungen ganz eingehend besprochen und ist zu folgendem Beschluß gekommen:

> Die Ansiedlung ländlicher Arbeiter mit Hilfe der genossenschaftlichen Organisation ist eine der bedeutungsvollsten und nächsten Aufgaben der genossenschaftlichen Organisation auf dem landwirtschaftlichen Gebiete.

Meine Herren, jener Vortrag ist in den weitesten Kreisen verbreitet worden, und ich selbst habe Gelegenheit gehabt, mich z. B. an einer Debatte zu beteiligen, die im Klub der Landwirte stattgefunden hat. Ferner ist jener Beschluß auch in der Arbeiterpresse einer eingehenden Diskussion unterzogen worden. Die sozialdemokratische Presse machte mir den Vorwurf, ich wollte mit jenem Beschluß mit Hilfe der genossenschaftlichen Organisation die Leibeigenschaft wieder einführen. Bei den Arbeitern zeigte sich das weitgehendste Mißtrauen gegen die Anwendung dieser Genossenschaften, und in den Kreisen der Gutsbesitzer eine ähnliche Stimmung! In dem Klub der Landwirte waren nur wenige Stimmen laut geworden, die erklärten, man könne der Landflucht vorbeugen, indem man Sorge trägt, daß die Arbeiter auf dem Lande angesiedelt werden; es waren nur wenige Besitzer, die zu diesem Resultat kamen. Ich persönlich stehe auf dem Standpunkt, daß es für die Zukunft der Landwirtschaft von der allergrößten Bedeutung, ja eine Lebensfrage ist, einen Weg zu finden, um die Arbeiter auf dem Lande anzusiedeln, d. h. den Arbeitern die Möglichkeit zu bieten, zu einem selbständigen Besitztum zu kommen. Ich gebe ohne weiteres dem Herrn Landrat Berthold recht, daß nicht so entscheidend hierbei ist die Wohnungsfrage selbst, als was drum und dran ist, die Möglichkeit, etwas zu besitzen, was der Arbeiter sein Eigen nennt, wo er die notwendigsten Lebensmittel für seine Wirtschaft ziehen kann, es muß der Arbeiter auf dem Lande die Möglichkeit haben, zur wirtschaftlichen Selbständigkeit zu gelangen.

Ich will die Streitfrage nicht aufwerfen, ob wirklich die genossenschaftliche Organisation hierzu nicht zweckmäßig ist, ob wir eine andere Form zu finden haben. Wir werden heute diese Frage nicht erledigen. Ich konstatiere nur mit einer gewissen Befriedigung, daß ich mich mit dem Herrn Direktor des Verbandes der Baugenossenschaften in der Würdigung dieser Frage im vollsten Einvernehmen befinde.

Meine Herren, ich fasse also meine Ansicht dahin zusammen: die Lösung der ländlichen Arbeiterwohnungsfrage ist von der allergrößten Bedeutung, dagegen werden die Wege, die in Ostpreußen eingeschlagen sind, nicht zum Ziele führen, insbesondere die Arbeiter nicht befriedigen. Im übrigen aber wünschte ich, daß man ernstlich in allen zuständigen Kreisen — insbesondere wäre es Aufgabe der landwirtschaftlichen Genossenschaften — sich mit der Frage beschäftigt: auf welche Weise gelangen wir zu einer Ansiedlung der Arbeiter auf dem Lande? Wird diese Frage gelöst, dann ist eine der allerwichtigsten sozialen Fragen ihrer Lösung entgegengebracht. So viel über dieses Gebiet.

Nun möchte ich noch darauf aufmerksam machen, daß ich in den Blättern für Genossenschaftswesen in einer der letzten Nummern einen kleinen Aufsatz gebracht habe, in dem ich von einem Verfahren Mitteilung machte, das man im schleswig-holsteinschen landwirtschaftlichen Genossenschaftsverbande eingeschlagen hat. Man hat dort zur Seßhaftmachung der Arbeiter folgenden Weg gewählt. Die Invalidenversicherungsanstalt gibt direkt dem Arbeiter das Geld, damit er sich das Haus erwerben kann. Die Genossenschaft, der er als Mitglied angehört, übernimmt die Bürgschaft und muß sie auch beibehalten, wenn das betreffende Mitglied ausscheidet. Dieser Weg hat etwas Bestechendes an sich, und ich habe eine Anzahl Briefe aus Ostpreußen bekommen — ich hatte mich dorthin gewandt, um mich zu erkundigen, wie man in landwirtschaftlichen Kreisen über die Gerlachschen Pläne denke —, in denen es heißt: wir versprechen uns nicht viel davon, viel wünschenswerter wäre es, wenn die Invalidenversicherungsanstalt das Geld den Arbeitern gäbe, um den Zweck direkt zu erreichen. Ob die Versicherungsanstalten das tun können, ist ihre Sache; darüber habe ich hier kein Urteil zu fällen. Dagegen erscheint es mir nicht einwandsfrei, wenn die Genossenschaft eine derartige Bürgschaft übernimmt. Ich habe in den Blättern für Genossenschaftswesen einige allgemeine Bedenken darüber geäußert, und da diese Frage hier angeschnitten ist, halte ich mich für verpflichtet, von diesen Bedenken Kenntnis zu geben. Wir sagen immer, die Genossenschaft soll nicht auf lange Zeit Verpflichtungen übernehmen; ob die Verpflichtung darin besteht, daß die Genossenschaft auf so und so lange Kredit hinausgibt oder die Bürgschaft auf 30 Jahre übernimmt, kommt auf dasselbe heraus. Die Genossenschaft ist eine Personalgesellschaft, aus der Mitglieder mit Einhaltung der statutarisch vorgesehenen Kündigungsfrist austreten können. Die Kündigungsfrist bei den ländlichen Genossenschaften beträgt meist sechs Monate. Gewiß, keine Genossenschaft rechnet von vornherein mit der Auflösung; aber ich frage mich: ist eine Genossenschaft befugt, eine Bürgschaft für ein Mitglied auf Jahrzehnte zu übernehmen? Da komme ich zu einer Verneinung und gelange somit zu dem Resultat: der Weg, den man in Holstein eingeschlagen hat, ist zur Nachahmung nicht zu empfehlen.

(Bravo!)

Verbandsdirektor Justizrat **Dr. Alberti** (Wiesbaden): Meine Herren, ich hatte mich zum Wort gemeldet, ehe der Herr Anwalt seine Ausführungen gemacht hatte, sodaß ich mich jetzt kurz fassen kann. Ich stehe ganz auf dem Boden des Herrn Anwalt.

Was zunächst die Verhältnisse auf den Rittergütern in Mecklenburg betrifft, so bilden diese dort ein geschlossenes Ganzes, von dem der Rittergutsbesitzer nichts abgeben kann. Ich habe mich mit einem Rittergutsbesitzer dort unterhalten, der mir diese Mitteilung gemacht hat. Da die Verhältnisse in dieser Beziehung im Osten verschieden liegen, ist auch vorläufig die Möglichkeit ausgeschlossen, ein einheitliches Schema zu geben.

Ich wollte dann meinen Widerspruch dagegen äußern, daß ein Bedürfnis nicht vorliege, die schlechten Wohnungsverhältnisse auf dem Lande zu verbessern. Es handelt sich hier um einen Kulturfortschritt, der auch auf dem Lande gemacht werden muß. Unsere Vorfahren haben ja sogar in Höhlen gewohnt!

(Sehr gut! und Heiterkeit!)

Alles das mußte der fortschreitenden Kultur weichen. Auch hier wird es so gehen. Und wenn der Herr Referent gemeint hat, daß der Gesundheitszustand auf dem Lande bei den schlechten Wohnungsverhältnissen ein guter sei, so muß er gestatten, daß ich daran etwas zweifle. Er hat in Gegensatz gebracht die schlechten Wohnungsverhältnisse auf dem Lande und in der Stadt. Ich möchte hier auf eine Tatsache verweisen. Es ist bekannt, unter welch ungesunden Verhältnissen der Fabrikarbeiter arbeitet; er ist vom Morgen bis zum Abend in der Fabrik, es fehlt ihm an frischer Luft, und darauf wurde namentlich die Behauptung begründet, daß das Land einen viel größeren Prozentsatz zum Militär stelle als die Stadt. Die Statistik hat das widerlegt.

(Widerspruch.)

— Soviel ich weiß, hat sich herausgestellt, daß die städtische Bevölkerung einen gleichen Prozentsatz zum Militär stellt wie die ländliche. Ich bin unter allen Umständen der Meinung, daß auf dem Lande bezüglich der Wohnungsverhältnisse eine Abhilfe geschaffen werden muß, indem ich aber jetzt offen lasse, wie das geschehen kann. Ich stehe auf dem Standpunkt, daß der Landflucht Einhalt getan werden kann, wenn dem Arbeiter Gelegenheit gegeben wird, einen kleinen Grundbesitz zu erwerben mit Haus und einer kleinen Landwirtschaft. Da bin ich ganz der Ansicht des Herrn Referenten. Auch ich würde wünschen, daß das Erfolg haben möge, und wüßte auch nicht, warum der Erfolg nicht kommen sollte. Wenn man ein kleines Gütchen sein nennt, — wie will man da in die Stadt ziehen! Dann würde auch der Gutsbesitzer bessere Arbeiter haben, und der kleine Mann den Besitz, wonach er sich sehnt.

Dann die Wohnungen für die Saisonarbeiter! Die sind doch größtenteils in einem entsetzlichen Zustande. Daß hier Abhilfe geschehen muß, darin sind Sie doch auch mit mir einverstanden.

Meine Herren, nach alledem können wir das Bedürfnis für die Regelung der Arbeiterwohnungsverhältnisse auf dem Lande anerkennen, aber die Form, wie es zu geschehen hat, müssen wir offen halten. Ich hoffe, daß das Thema auf der Tagesordnung bleiben und zu einem konkreten Beschlusse führen wird.

Berichterstatter Verbandsdirektor Landrat **Berthold** (Blumenthal). Meine Herren, ich scheine mißverstanden zu sein. Ich habe in keiner Weise gesagt, ich wünsche nicht, daß die Wohnungen auf den Gütern verbessert werden, sondern im Gegenteil, ich habe hervorgehoben, daß es wünschenswert ist, falls der Gutsbesitzer die Mittel dazu hat; aber zurzeit müssen wir damit rechnen, daß die Landwirtschaft im Osten in einer Lage sich befindet, daß die Gutsbesitzer das in der Regel nicht können, und da ist die Frage, ob wir auf sie einen Druck ausüben sollen, diese gewiß doch recht kostspielige Gattung der Fürsorge für ihre Arbeiter im Augenblick in die Hand zu nehmen. Die Frage wird ins Rollen kommen. Es wird das Bedürfnis und Verständnis für die Bedeutung einer gesunden Wohnung bei unseren Landarbeitern mehr und mehr empfunden werden und zur Geltung kommen. Was ich nicht geraten finde, ist, daß man Druck ausübt, diese Frage im gegenwärtigen Zeitpunkt anzuschneiden. Da bin ich der Meinung, daß jetzt, bei der augenblicklichen Lage der Dinge, das Geld nützlicher angewendet werden kann.

Was die von Herrn Justizrat Dr. **Alberti** angeführte Statistik betrifft, so ist dabei zu berücksichtigen, daß in ihr unter der städtischen Bevölkerung auch die Arbeiter einbezogen worden waren, die auf dem Lande geboren und aufgewachsen, demnächst in die Stadt als Fabrikarbeiter gezogen sind. Ein jeder, der eine Aushebung mitgemacht hat, wird wissen, daß die Fabrikarbeiter, die ihre Kindheit und Jugend auf dem Lande verlebt haben, fast durchweg noch zufriedenstellenden Ersatz liefern. In der zweiten Generation läßt das schon erheblich nach. In der dritten Generation sollten Sie aber einmal die Leute sehen! Da ist das Verhältnis ein ganz anderes geworden, und das wird durch die neue Statistik festgestellt werden.

Wichtig ist, daß wir ein Einverständnis darin festgestellt haben — ich darf wohl annehmen, das Einverständnis der Versammlung —: wir erkennen an, daß die innere Kolonisation als Mittel, der Landflucht entgegenzuarbeiten, sehr wünschenswert ist, und zweitens, wir lassen im Zweifel, ob die Genossenschaftsform dazu geeignet ist, oder ob wir nicht eine Kombination von Gesellschaft mit beschränkter Haftung und Genossenschaft empfehlen. Das eine halte ich übrigens für sicher, daß die Herren in Ostpreußen nicht die Absicht haben, die der Herr Anwalt annimmt. Wenn die Gutsbesitzer sich ihrerseits, die Gutsbesitzer unter sich, zu einer Baugenossenschaft zusammentun, um Wohnungen für ihre Arbeiter zu bauen, dann handeln sie durchaus im Sinne des Genossenschaftsgesetzes; denn sie befriedigen ein vollberechtigtes *eigenes* Bedürfnis, nämlich dieses, daß sie durch gute Fürsorge für ihre Leute einen guten Arbeiterstand bekommen. Nur kann der Gutsbesitzer, wenn sein Gut mit Hypotheken belastet ist, nicht einen Teil ausscheiden und auf dem frei gewordenen Lande sich selber ein Erbbaurecht bestellen. Das Erbbaurecht kann er nur einem Dritten bestellen, der dann das Erbbaurecht von der Landesversicherungsanstalt beliehen erhielt. Um diesen Dritten, die Mittelsperson, zu schaffen, soll die Genossenschaft begründet werden. Ihr wird das Erbbaurecht eingeräumt und sie erhält das Baudarlehen. Die Arbeiter als solche haben mit der Genossenschaft nichts zu tun; die Genossenschaft ist und bleibt eine Genossenschaft der Gutsbesitzer. Der Gedanke besteht zweifellos nicht, daß die Gutsbesitzer eine Genossenschaft aus ihren Arbeitern bilden, von den Arbeitern sich die Zinsen bezahlen lassen und sagen: nach Ablauf der Erbbaupacht soll mir das Haus zu freiem Eigentum anheimfallen. — Ich glaube, ich habe auf Ihren Gesichtern gelesen, daß Sie hiermit einverstanden sind.

Anwalt **Dr. Crüger**: Ich lege den größten Wert darauf, hier zum Ausdruck zu bringen, daß wir bereits in Hannover den großen Wert der inneren Kolonisation festgestellt haben; freilich haben wir hinzugesetzt, mit Hilfe der genossenschaftlichen Organisation. Das hindert uns aber nicht, heute zu sagen: wir wollen offen lassen, ob die genossenschaftliche Form dazu geeignet ist, die innere Kolonisation durchzuführen.

(Zustimmung.)

I. Antrag der Ersten Erfurter Baugenossenschaft für Arbeiter und Beamte zu Erfurt, e. G. m. b. H.:

In Erwägung, daß für die gesunde Entwicklung der Baugenossenschaften die Ansammlung eines entsprechend hohen eigenen Vermögens von der größten Bedeutung ist, empfiehlt der Allgemeine Genossenschaftstag den Baugenossenschaften, dahin zu wirken, daß das eigene Vermögen mindestens bis zu 15 % der fremden Betriebsmittel angesammelt wird. Dieses Verhältnis wird für eine gesunde Grundlage als normal bezeichnet.

wird der zu Punkt IV gewählten Kommission*) überwiesen, welche zur Beratung dieses Punktes Herrn Kuckuck-Meiningen hinzuziehen soll.

III. Vortrag über Amortisationshypotheken und deren Wert für Baugenossenschaften.

soll zunächst auf dem Unterverbandstage der Baugenossenschaften, der im Oktober stattfindet, beraten werden.

Anwalt **Dr. Crüger**: Meine Herren, ich habe in meinem Bericht zu einer Verfügung Stellung genommen, die den Baugenossenschaften, die vom preußischen Staate Geld bekommen, die Verpflichtung auferlegt, 1 % zur Abschreibung von den Häusern zu bringen, und ich habe dargelegt, daß dies für die Genossenschaften von sehr schmerzlichen Folgen begleitet sein müsse, da diese Erhöhung der Abschreibung eine Mietserhöhung bedingt, die die Genossenschaften nicht von heute auf morgen vornehmen können. Ich hoffe, daß das Ministerium der öffentlichen Arbeiten, aus dem jener Erlaß herausgekommen ist, ihn nochmals einer Prüfung auf seine Wirkung unterziehen wird.

Regierungsrat **Dr. Cuny** (Berlin): Ich möchte bemerken, daß vorläufig erst noch Erhebungen bei den Baugenossenschaften angestellt werden. Allerdings ist von dem zuständigen Referenten ein Gutachten ausgearbeitet, das ungefähr dahin geht, wie der Herr Anwalt ausführte; aber eine endgültige Entscheidung ist noch nicht ergangen. Wie diese Entscheidung ausfallen wird, vermag ich natürlich nicht zu sagen.

Anwalt **Dr. Crüger**: Da bin ich dem Herrn Regierungsrat außerordentlich dankbar und glaube, daß diese Erklärung zur Beruhigung der Baugenossenschaften dienen wird.

Vorsitzender Verbandsdirektor Landrat **Berthold** (Blumenthal): Meine Herren, wir sind am Schlusse unserer heutigen Verhandlungen angelangt. Ich danke Ihnen für die Aufmerksamkeit, mit der Sie unseren Beratungen gefolgt sind, und rufe Ihnen zu: auf frohes Wiedersehen im nächsten Jahre!

(Schluß der Sitzung nach 4¾ Uhr.)

---

*) vgl. S. 157 über die Zusammensetzung der Kommission.

Verhandlungen der Kreditgenossenschaften

am Freitag, den 26. August 1904 (vormittags).

Vorsitzender: Verbandsdirektor Justizrat Wolski (Allenstein).

Schriftführer: Assessor Hauß (Charlottenburg) und Bürgermeister Hopf (Eberswalde).

Der Vorsitzende Herr Verbandsdirektor Justizrat Wolski (Allenstein) eröffnet die Sitzung um 9 Uhr 15 Minuten.

Es wird zunächst **Punkt III** der Angelegenheiten der Kreditgenossenschaften behandelt.

III. Die Zinspolitik der Kreditgenossenschaften.

Berichterstatter Direktor **Thorwart** (Frankfurt a/M.): Meine geehrten Herren! Wenn wir uns über die Zinspolitik der Kreditgenossenschaften unterhalten wollen, so ist es wohl natürlich, daß wir uns zunächst mit einigen Worten darüber verständigen, was wir unter Zins verstehen.

Zins ist die Vergütung, welche der Eigentümer eines Gutes für dessen zeitweilige Benutzung seitens eines Dritten erhält. Nach allgemeinem Sprachgebrauch nennen wir Zins die Vergütung für die Gewährung eines Darlehens oder die Stundung einer Geldforderung. Die Benutzung des Kapitals eines Dritten ermöglicht demjenigen, der willig ist, zu arbeiten, diese Arbeit produktiv zu gestalten, d. h. seine Erwerbsfähigkeit tatsächlich zu verwerten, und zwar zahlt er einen gewissen Preis für die Benutzung fremden Kapitals, um Waren zu schaffen, für die er einen höheren Verkaufspreis erzielt als der Preis der einzelnen Elemente war, die er zur Herstellung dieser Waren verwandt hat. Dabei spielt das Kapital eine Hauptrolle.

Der **Kapitalzinsfuß** setzt sich zusammen aus dem reinen Zins für die Überlassung des Geldes, aus der Provision des Ausleihers und aus der Risikoprämie.

Der reine Zinsfuß entspricht dem Zinsfuß für unbedingt erstklassige Sicherheiten also für Anleihen der besten Staaten; er ist abhängig von der Menge des vorhandenen Kapitals, vom Angebot und von dem Bedarf zu verschiedenen Zeiten, in welchen dieses Kapital angelegt werden soll, je nachdem wir in Friedens- oder Kriegszeiten oder in Krisen leben. Der Verbrauch für produktive und für unproduktive Anlagen äußert sich in gleicher Weise in den Zinsen. Diese werden für ein Kapital, welches produktiv verwandt wird, niedriger sein als für dasjenige, das unproduktiv angelegt wird. Auch hier haben wir Charakteristiken in den Staatsanleihen. Der Staat wird beispielsweise in Friedenszeiten für werbende Anlagen z. B. für Eisenbahnbauten Geld zu billigeren Preisen anleihen als zu Kriegszeiten. Der Zinsfuß verändert sich endlich regelmäßig durch den steten Zuwachs neuen Kapitals und durch Nachfragen danach. Wir wissen, daß wir in Deutschland alljährlich mindestens 1 Milliarde Mark Kapital aufsammeln und zinsbar anlegen. Hierdurch muß sich der Zinsfuß naturgemäß vermindern; er erhöht sich, wenn wieder großer Bedarf ist, also in Zeiten allgemeinen wirtschaftlichen Aufschwungs, oder wenn Geld gebraucht wird zu großen Neuanlagen, wie bei den eben schon erwähnten Eisenbahnbauten oder bei dem Privatkapital für Kleinbahnen oder für die Zwecke der Elektrizität, die ja gerade im letzten Jahrzehnt ungewöhnlich große Kapitalien in allen Ländern brauchte.

Eine Statistik des Zinsfußes in Deutschland zeigt uns, daß im vorigen Jahrhundert der Zinsfuß für Staatsanleihen unmittelbar nach den Befreiungskriegen, um 1815, 8% betragen hat; er sinkt bis zum Jahre 1845 auf 3%; damals begann die Periode der großen Eisenbahnbauten und nun steigt der Zinsfuß zugleich entsprechend der späteren politischen Verwickelungen bis zum Jahre 1871 auf 5%, um von 1871 bis heute wieder bis auf 3½% zu fallen. Andere Länder sind zu diesem niedrigen Zinsfuß schon sehr viel früher gekommen, dank ihrem alten Kapitalreichtum oder dem Umstande, daß bei ihnen innere politische Störungen nicht in dem Maße vorgekommen sind wie bei uns, oder daß Handel und Industrie nicht einen gleichen Aufschwung genommen haben wie in Deutschland. Ein Land, welches durch hundertjährigen Kapitalreichtum zu allen Zeiten einen billigeren Zinsfuß hatte als Deutschland, ist England; dagegen war die Entwicklung von Handel und Industrie in Frankreich nicht die gleich große als in Deutschland und deshalb kam Frankreich zu billigem Zinsfuße, weil nicht genügende Nachfrage für das sich immer neu ansammelnde Kapital vorhanden war. Natürlich wird heute, wo die wirtschaftlichen Verhältnisse aller Länder zusammenfließen und aufeinander zurückwirken, der internationale Zinsfuß sich immer mehr ausgleichen. Der Zinsfuß ist am stabilsten in den Anlagen für Hypotheken; er schwankt hier am wenigsten und am langsamsten. Er schwankt andererseits am meisten in den Geldanlagen, die auf kurze Zeit seitens des Großhandels in Anspruch genommen werden; also bei den Ausleihungen, welche wir namentlich in Form der Wechseldiskontierung vornehmen. Das Kapital, welches in dieser Weise verwandt wird, ist ein nur kurzfristiges, ein rasch sich wiederholendes, zurückströmendes und abströmendes. Infolgedessen sind die jeweiligen Schwankungen des Geldmarktes hier viel größer als bei dem Hypothekenzinsfuß, wo wir von vornherein die Kapitalien auf lange Zeit ausleihen mit der Absicht auf möglichst wenig Veränderungen, und wo infolgedessen der Zinsfuß momentanen Schwankungen nicht unterliegt.

Ein zu hoher Zinsfuß wirkt schädigend und einschränkend auf die Produktion ein, ein zu niedriger Zinsfuß dagegen wirkt unnatürlich anspornend. Beide Extreme sind gleich schädigend und gefährlich für die volkswirtschaftliche Entwicklung eines Landes.

Neben dem reinen Geldzinsfuß ist in dem, was wir nach dem allgemeinen Sprachgebrauch Zinsfuß nennen, enthalten, wie schon gesagt, die P r o v i s i o n. Sie wird gezahlt für die Mühewaltung, die verbunden ist mit der Ausleihung und dem Rückempfang des Geldes.

Es ist ferner enthalten in dem Zinsfuß die Risikoprämie. Sie läßt sich im Geldverleihungsgeschäft am besten erkennen, wenn wir vergleichen die Zinsen für erste und für zweite Hypothekenkapitalien. In dem Maße, wie das Geld für zweite Hypotheken teuerer ist als für erste, sehen wir, wie sich die Risikoprämie im Zinsfuße ausdrückt. Es kommt für die Bemessung der Risikoprämie in Betracht die Frage, ob der Schuldner fähig und gewillt ist, Kapital und Zinsen pünktlich und zum Vollen zurückzuzahlen. Dabei sind nicht bloß die eigenen Vermögensverhältnisse des Schuldners von Bedeutung, sondern auch die wirtschaftlichen Verhältnisse des Landes, in welchem er lebt; ob in dem Heimatlande des Schuldners die Gesetze und ihre Vollziehung derartig sind, daß der Gläubiger unbesorgt sein Kapital hergeben kann; ferner, zu welchen Zwecken das Kapital begehrt wird, ob es bestimmt ist produktiv verwertet oder konsumtiv verwandt zu werden. Sie sehen dies deutlich an dem Unterschied des Zinsfußes beispielsweise für deutsche und für exotische Anleihen; von Bulgarien, Serbien, der Türkei und von China gar nicht zu sprechen. Gerade bei diesen Anleihen frag ich mich: wie sind die rechtlichen Verhältnisse des Schuldners? bieten sie genügenden Schutz für mein Kapital? habe ich Aussicht, es zu allen Zeiten zurückzubekommen? Das gilt aber nicht bloß für die Staatsanleihen, sondern auch für die dort angelegten Privatkapitalien. Natürlich muß auch erwogen werden, ob größere Sicherheiten durch ein Unterpfand, die Stellung von Bürgen usw. gewährt werden.

Die Risikoprämie läßt sich bei den Gelddarleihungen auch sehr gut erkennen in dem Unterschied, welchen die Zinsen aufweisen für erste Staatspapiere und für Aktien industrieller Unternehmungen. Bei den Aktien, auch schon bei den Obligationen industrieller Unternehmungen verlangen wir einen besseren Zinsertrag, weil wir das Risiko in der Anlage dieser Kapitalien höher veranschlagen als bei den Anlagen in ersten Staatspapieren. Wenn wir mit einem Zinsfuß von 3½% für unsere Staatspapiere zufrieden sind, so verlangen wir von den Aktien etwa 5%, die sich im Kurse der Papiere ausdrücken. Darin liegt das Äquivalent für das Risiko, welches wir laufen, daß der Kurs wieder zurückgehen kann und daß der Ertrag ein schwankender ist.

Meine Herren, das sind die Momente, welche den Zins selbst betreffen. Was nennen wir nun aber Zinspolitik der Vorschußvereine? Wir bezeichnen damit die Spannung, welche ein Vorschußverein wie jeder andere Geldhändler Platz greifen läßt zwischen den Zinsen für das Geld, das er anleiht, und für das Geld, welches er verleiht.

Schon auf einer Reihe von Allgemeinen Genossenschaftstagen ist die Zinsfrage der Vorschußvereine Gegenstand der Diskussion gewesen. Allerdings ist sie auf sämtlichen nur nach der Richtung hin besprochen worden: wieviel Zinsen sollen wir bezahlen für die Kapitalien, welche wir aufnehmen? Schon geschah es bereits im Jahre 1860 auf dem zweiten Allgemeinen Vereinstage in Gotha. Als man dort zum erstenmal die Berechnung der Zinsen anschnitt, beschränkte man sich auf die Empfehlung, es sei notwendig, um sich darüber klar zu werden, daß die Vereine Tabellen anfertigen je nach der Befristung der von ihnen aufgenommenen Anleihen. Im Jahre 1872 auf dem Genossenschaftstage in Breslau einigte man sich dahin: Die Sparkassen der Vorschußvereine sind Mittel zu dem Zwecke, den Mitgliedern das für ihre geschäftlichen Bedürfnisse notwendige Kapital zu beschaffen, und dem entsprechend muß man den Zinsfuß für dieses Kapital festsetzen. Im Jahre 1873 zu Konstanz und dann 1877 zu Wiesbaden, endlich 1882 in Darmstadt ist wiederum die Frage Gegenstand der Verhandlungen gewesen; in Wiesbaden wurde den Vereinen empfohlen, die Erreichung längerer Kündigungsfristen bei Aufnahme fremder Gelder selbst gegen eine mäßige Steigerung des Zinssatzes unablässig im Auge zu behalten.

Auch in der genossenschaftlichen Literatur, meine Herren, ist die Zinsenspannung nur selten berührt worden. Hier ist charakteristisch, daß wir wohl eine Reihe von Aufsätzen gerade von denjenigen Männern haben, welche in der genossenschaftlichen Bewegung von Anfang an eine führende Rolle spielten, daß aber diese fast immer sich auf die Erörterung beschränken, wieviel Zinsen müssen wir unseren Gläubigern bezahlen? Abgesehen von den Ausführungen von Schulze in seinem Buche „Vorschuß- und Kreditvereine als Volksbanken“ hat Parisius 1864 in den „Blättern für Genossenschaftswesen“ die Frage aufgeworfen: wie teuer kommt uns das fremde Geld? Aber auch er wußte keine andere Antwort zu geben als von neuem zu empfehlen, daß man die Anleihen nach der Befristung in Tabellenform zusammenstellen und diese veröffentlichen möge, um sich gegenseitig zu informieren a) über die Zinsen, b) über die Befristung.

Ebenso haben Sörgel 1862 und 1866 in ausführlichen Besprechungen, ferner Nizze, dann Dr. Schneider diese Frage behandelt u. a. m.

Über die Vorschußzinsen, die genommen werden sollen, ist, soweit ich mich darüber orientieren konnte, nur einmal auf dem Magdeburger Unterverbandstage im Jahre 1864 gesprochen worden, und damals hat man eine Resolution gefaßt dahin: „es sei notwendig, daß die Vorschußvereine bei Festsetzung ihrer Vorschußzinsen grundsätzlich den Bankdiskont als Maßstab berücksichtigen sollten“. Aber weiter ist die Frage anscheinend nicht zur Erörterung gekommen.

Welche Momente sind nun maßgebend für die Zinspolitik? Sie lassen sich kurz in zwei Teile zergliedern. Auf der einen Seite: 1. die Kosten, welche durch Anleihen des fremden Geldes mir erwachsen und 2. meine Betriebskosten. Auf der andern Seite ist maßgebend der Preis, zu welchem das Kapital anderweit verkauft werden könnte.

In diesem Satz kann man die ganze Zinspolitik der Vorschußvereine wie die Zinspolitik eines jeden andern Geldhändlers zusammenfassen.

Meine Herren, man hat vorgeschlagen, daß die Vorschußvereine ihre Zinspolitik regeln sollten ausschließlich nach ihrem momentanen

Überfluß oder Mangel an bereiten Mitteln, d. h. daß sie Zinspolitik auf eigene Faust treiben mögen ohne Rücksicht auf die wirtschaftlichen Verhältnisse, die rund um sie herrschen. Meine Herren, wenn man diesen Vorschlag, der auf den ersten Blick ja einleuchtend scheint, näher betrachtet, so ergibt sich als die unmittelbarste Folge, daß dies ein unaufhörliches Schwanken, ein Auf- und Absetzen der Zinsfüße für die Anleihungsgelder sowohl wie für die Darlehnsgelder bedeuten würde, was nicht bloß für den Schuldner sondern auch für den Verein im höchsten Maße unbequem, ja unausführbar wäre, denn der momentane Überfluß kann sich morgen zu einem momentanen Mangel übersetzen, der momentane Mangel von morgen kann übermorgen sich in einen Überfluß verwandeln. Wie soll bei diesen schwankenden Verhältnissen ein Geldinstitut zu seinem eigenen Nutzen und zu demjenigen seiner Kunden wirken können?

Unser Anwalt Herr Dr. Crüger hat in der letzten Ausgabe des Schulzeschen Handbuchs bereits darauf hingewiesen, wie bedenklich ein solcher Rat sei. Er hat ausgeführt: „Allerdings müssen wir in der Zinspolitik Anstrengung machen, zu einem möglichst feststehenden und wenig schwankenden Zinsfuße zu kommen; aber unbedingt notwendig ist es, daß wir bei der Festsetzung dieser Sätze Rücksicht nehmen auf die allgemeinen wirtschaftlichen Verhältnisse; unmöglich ist es, daß wir uns von der allgemeinen Lage des Geldmarktes loslösen können.

Meine Herren, ein Mann der Praxis, der Direktor des Vorschußvereins zu Karlsruhe, Peter, wies im Jahre 1897 in den „Blättern für Genossenschaftswesen" darauf hin, wie gefährlich es sei, den Zinsfuß von den Schwankungen des allgemeinen Geldmarktes freimachen zu wollen. Damals hatten im Unterbadischen Verbande einige Vereine sich gerühmt, daß sie trotz des höher gegangenen Reichsbanksatzes ihre Darlehnszinsen unverändert stehen gelassen hatten, und sie stellten dies als das Ideal der Vereinsleitung hin. „Allerdings," sagte Herr Peter, „ist dies ein glänzendes Zeugnis für die Leistungsfähigkeit der Genossenschaften. Aber nichtsdestoweniger müssen wir daran festhalten, daß der Zinsfuß des Geldmarktes für den Zinsfuß auch des kleinsten Vorschußvereins durchschnittlich maßgebend sein muß, denn es würde ein tatsächliches Mißverhältnis sein, wenn ein kreditgebender Verein Bankkredit zu höherem Zins in Anspruch nehmen muß, als er von seinem Schuldner wieder erhält. Was wird die Folge sein? Die Mitglieder würden, wenn anderswo die Zinsen teurer sind, die Kasse des Vorschußvereins aufsuchen und später, wenn die Zinsen dort billiger sind, dem Vorschußverein den Rücken kehren und ihre Anlehen bei jenen Kreditinstituten aufnehmen; sie würden also, wenn der Verein zu billig ist, unerwünschte Geldentnehmer werden und, wenn sein Geld teurer wird, vollständig dem Verein fern bleiben."

Meine Herren, der weitaus größere Teil des Betriebskapitals der Vorschußvereine besteht aus den Spareinlagen; deren Zinsfuß wird daher hauptsächlich maßgebend sein für die Passivzinspolitik. Die

Vereine benutzen außerdem noch in allerdings weitaus geringerem Maße den Bankkredit, derart, daß sie entweder von ihrem Bankier im Falle des Bedarfes bares Geld entleihen oder den Trattenkredit beanspruchen, oder daß sie endlich bei der Reichsbank oder anderwärts die Wechsel zurück diskontieren, die sie vorher gekauft haben, um sich dadurch neues Betriebskapital zu verschaffen. Aus dem Umstand, daß die wenigsten Vereine ohne diesen vorübergehenden Bankkredit auskommen, ergibt sich notwendig, daß man neben dem allgemein üblichen Zinsfuß für Spareinlagen auch den Wechseldiskontsatz der Reichsbank nicht außer Augen lassen darf. Der Spareinlagenzinsfuß wird im wesentlichen nicht allzu schwankend sein. Er ist gleich dem Hypothekenzinsfuß ein ziemlich gleichmäßiger, weil auch er von den momentanen Auf- und Abschwankungen des Geldmarktes, also von dem Bankdiskontsatze, nicht unmittelbar berührt wird. Infolgedessen können die Vereine von vornherein damit rechnen, daß ihr Anlagezinsfuß ein ziemlich stabiler ist. Dagegen wird der dem Bankier zu zahlende Zinsfuß sich nach dem Reichsbanksatz richten. Der reine Bankkredit ist das teuerste Geld. Der Bankkredit wird deshalb bei vernünftiger Geschäftsführung nur aushilfsweise in Anspruch genommen werden und für die Zinspolitik zwar nicht ausschlaggebend sein, aber, wie gesagt, immerhin in Betracht gezogen werden müssen.

Die Zinsen, welche wir bezahlen, sind die Passivzinsen. Die Aktivzinspolitik — die sich bezieht auf die Zinsen, die wir für die Vorschüsse erheben, — ist die naturgemäße Konsequenz der Passivzinspolitik, und hier ist maßgebend die Beantwortung der Frage: wieviel Zinsen muß der Verein einnehmen, um bestehen zu können? Meine Herren, schon vorhin habe ich darauf hingewiesen, daß der Zinsfuß für ein Kapital sich zusammensetzt aus dem reinen Geldzinsfuß, aus der Provision und der Risikoprämie. Die Provision ist in den Ausleihebedingungen enthalten in der Weise, daß ich sie entweder in den Geldzinsfuß einrechne und einen höheren Zinsfuß erhebe, oder daß ich die Provision für sich besonders erhebe. Meine Herren, es ist ein Unterschied zwischen der Provision und der Risikoprämie. Die Risikoprämie wird immer in dem allgemeinen Geldzinsfuß enthalten sein und niemals als besonderer Teil der Zinsbedingungen berechnet werden; anders dagegen ist es mit der Provision. Sie ist eine Entschädigung für die Arbeitsleistung, die entsteht, wenn ich das Geld hinausgebe, wenn ich es wieder zurücknehme, wenn ich mich überhaupt der Mühewaltung der Hergabe des Darlehens unterziehe. Der Zinsfuß wird ein schwankender sein je nach den äußeren Einflüssen; die Provision dagegen wird für eine bestimmte Arbeitsleistung erhoben, die in keinem Falle größer oder kleiner ist, auch wenn die Darlehnssumme sich verändert, sie wird deshalb naturgemäß das eine oder andere Mal durchweg eine einheitliche, gleichbleibende sein, und aus diesem Grunde empfiehlt es sich, auch die Provision als Ausgleichung des Geldes besonders zu berechnen und sie nicht in den Zinsfuß herüberzunehmen.

Nun hat man aber aus anderen Gründen eine gesonderte Berechnung der Provision neben den Zinsen empfohlen; einer der agrarischen Führer im Osten, der auch an der Spitze von genossenschaftlichen Darlehnsverbänden steht, hat vorgeschlagen, man solle immer Zinsen und Provision besonders bei den Darlehen angeben. Er meint nämlich, wenn man sagt: 4% Zinsen (und die Provision vorläufig nicht erwähnt!), so macht es einen bessern Eindruck, als wenn man von 4½% Zinsen spricht; das sieht dann billiger aus! (Heiterkeit.) Meine Herren, für uns, die wir aus unserm Herzen keine Mördergrube machen, ist dieser Standpunkt natürlich nicht maßgebend. Wir wissen, daß, wenn wir von unsern Schuldnern Zinsen und Provision erheben, wir diese Provision aus gutem Grunde fordern, eben weil sie die Vergütung für die Arbeitsleistung ist.

Meine Herren, wenn auch für die Zinsenspannung die Frage ausschlaggebend ist: wie groß muß sie sein, damit die Genossenschaft bestehen kann? so ist andererseits nicht minder wichtig die Frage: was muß die Genossenschaft bei dieser Zinsenspannung leisten, damit sie das Bedürfnis ihrer Mitglieder möglichst billig befriedigt? Meine Herren, worin besteht der Wert des Kredits für den Schuldner? Dem Kreditnehmer wird durch die Überlassung des Kapitals ein Dienst geleistet, der ihn in den Stand setzt, seiner Arbeit einen höheren Ertrag zu verschaffen, als ihm ohne das fremde Kapital möglich wäre. Ist der Kredit zu teuer, so geht für den Schuldner der erwartete Verdienst verloren; ist er zu billig, so reizt er ihn zu Unternehmungen an, die besser unausgeführt bleiben würden, und deren wirtschaftlicher Nutzen leicht ins Gegenteil umschlägt. Ein stabiler Zinsfuß ist für den Entleiher wertvoller als ein rasches Aufeinanderfolgen von Abwärts- und Aufwärtsschwanken. Ohne stabilen Zinsfuß kann der Schuldner den Wert des Geldes, welches er anleiht, nicht kalkulieren, und doch bedarf er dieser Kalkulation, eines seiner hauptsächlichsten Produktionsmittel, um zu beurteilen, was ihm das Geld in dieser oder der andern Form einbringen wird. Der Kreditnehmer übt indessen bei der Bemessung des Zinsfußes ebenso Einfluß auf dessen Preis aus wie der Darleiher, weil er der Käufer des Geldes, der Kunde, ist, und weil durch seinen Zutritt das Geldgeschäft überhaupt erst ermöglicht wird.

Aber noch wichtiger als ein niedriger Zinsfuß ist für den Entleiher die Sicherheit dafür, daß er das Darlehen jederzeit und unter Bedingungen erhält, die seinen wirtschaftlichen Verhältnissen entsprechen, also daß diese Darlehen nicht zu kurzfristig sind und sie ihm in Bedarfsfalle ohne lästige Bedingungen verlängert werden können, daß ihm auf der andern Seite die Möglichkeit gegeben wird, die Darlehen auch schon vor Verfall jederzeit und in beliebigen Teilbeträgen zurückzuzahlen.

Allerdings hat man schon oft darauf hingewiesen, daß der Schuldner im Druck des Gefühls, überhaupt Zinsen zahlen zu müssen, diese Zinsen immer zu hoch finden und dementsprechend die üblichen Klagelieder anstimmen wird. Das wird aber wohl niemals anders werden.

Meine Herren, das sind die theoretischen Erörterungen über die Frage der Zinsspannung. Wie gestaltet sich die Frage nun praktisch in den Zahlen? Meine Herren, Sörgel, den ich heute noch in diesen Dingen als unübertroffenen Meister betrachte, der alle einschlagenden Verhältnisse schon vor 40 Jahren mit einer Klarheit und Durchsichtigkeit erkannt und dargestellt hat, daß man jedesmal mit neuem Vergnügen seine Ausführungen liest, hat im Jahre 1862 darüber gesagt:

„In den von großen Geldinstituten für sofort rückzahlbare Gelder gewährten Zinsen und für solche Geschäfte gestellten Provisionsbedingungen mögen die Vereine eine Norm suchen und finden für die von ihnen an ihre Kunden zu gewährenden Zinsen für empfangene Gelder . . . Unsere Vereine sind nicht imstande, mit 1% vom Zinsensaldo zu ihren Gunsten und mit 1/3 bis 1/4 % Provision vorlieb zu nehmen, sie müssen mehr verdienen, wenn sie überhaupt verdienen wollen."

Die Vorschußvereine sind Geldhändler wie der Großbankier. Sie unterscheiden sich nach dieser Richtung von den andern Geldinstituten in keiner Weise. Es kommt hierbei hinzu, daß die Vorschußvereine infolge ihrer durchschnittlichen Kleinheit nicht in der Lage sind, unmittelbar die Sätze der großen Geldinstitute auf sich zu übertragen; sie werden im Gegenteil auch heute noch gezwungen sein, diese Spannung etwas größer bestehen zu lassen, als es bei den großen Geldinstituten möglich ist.

Nun haben die Praktiker wiederholt darauf hingewiesen, daß man wohl nötig hätte, zwischen den Zinsen, die man bezahlt, und den Zinsen, die man einnimmt — abgesehen von der Provisionsberechnung — eine Spannung von 1 1/2 % über den Kreditzinsen im Vorschußgeschäft und von 1/2 bis 1% etwa über den Reichsbanksatz im Kontokorrentgeschäft eintreten zu lassen. Meine Herren, das Vorschußgeschäft und das Kontokorrentgeschäft unterscheidet sich, wie ich nicht lange auszuführen brauche, darin, daß das Kontokorrentgeschäft für die Darlehnsgeber wesentlich schwieriger und teurer ist als das reine Vorschußgeschäft. Bei diesem verleihen sie ihre Darlehen in festen Summen auf feste Fristen und haben, solange der Vorschuß läuft, nichts damit zu tun; im Kontokorrentgeschäft dagegen bestimmen sie eine gewisse Summe als Kredit und überlassen dem Kreditnehmer, ob er diesen Kredit sofort im ganzen erheben will oder in welchen Beträgen; sie überlassen es dem Schuldner ferner, die abgehobenen Beträge jeden Tag wieder zurückzuzahlen, also auch zu Zeiten, wo sie für das Geld vielleicht keine Verwendung haben, und es wieder holen, wenn sie es selbst mit Opfern erkaufen müssen. Kurz, die Summe, welche sie beim Vorschußgeschäft in einem Betrage auf drei oder sechs Monate ausleihen, wird beim Kontokorrentgeschäft in der gleichen Zeit vielleicht 90mal eingezahlt und abgehoben; das Kontokorrentgeschäft verursacht also viel größere Mühe, Arbeit und Kosten bei der Beschaffung und der Verwertung des Geldes. Darum gebühren den Vorschußvereinen für die Pflege des Kontokorrentkredits höhere und bessere Bedingungen als für das reine Vorschußgeschäft, und aus diesem Grunde wird man für das Kontokorrentgeschäft rationell neben den Zinsen immer noch eine Provision berechnen. Es wäre verkehrt, wenn man aus lauter Gutmütigkeit oder weil man sich die Momente des Zinsengeschäftes nicht klar macht, sagen wollte: in der Verzinsung der Vorschüsse und des Kontokorrentgeschäftes wollen wir keinen Unterschied machen!

Meine Herren, wenn wir nach statistischem Material über die Zinsfüße suchen, welche die Vorschußvereine bisher gegeben und genommen haben, so finden wir dies in den Arbeiten der Anwaltschaft. Schon früher ist in den „Bl. f. Gen." ausgerechnet worden, daß die Zinsen, welche die Schulze-Delitzschschen Genossenschaften gezahlt haben, in den Jahren 1875 bis 1880 $4\frac{1}{2}$ % betrugen. Dieser Zinsfuß geht allmählich herab und bildet den niedrigsten Satz im Jahre 1897 mit $3\frac{1}{8}$ %, um dann wieder zu steigen bis zum Jahre 1901 auf $3\frac{5}{8}$ %. Im Jahre 1902 betrug er $3\frac{1}{2}$ %, ist also wieder gefallen. Dieses Ansteigen des Zinsfußes seit 1897 ist aber nicht nur bei den Schulze-Delitzschschen Genossenschaften zu verfolgen, sondern auch bei den Raiffeisenkassen. Allerdings besitzen wir für diese nur wenig Zahlen, aber aus denjenigen, die ich neulich in den „Bl. f. Gen." berechnet habe, ergibt sich, daß dort der Zinsfuß von 3,04 % im Jahre 1897 allmählich bis 1901 auf $3\frac{3}{8}$ % gewachsen ist, also ebenso wie bei den Schulze-Delitzschschen Genossenschaften. Auf den Umstand, daß der Zinsfuß, welchen die Raiffeisenvereine für die Kapitalien, die sie aufnahmen, niedriger ist als anderswo, hat der Leiter des Raiffeisen-Generalverbandes selbst aufmerksam gemacht, indem er die Hoffnung aussprach, daß die Landbevölkerung mit einem verhältnismäßig geringeren Zinsfuß auch auf die Dauer zufrieden sein würde, denn die Raiffeisenkassen garantieren ihren Einlegern eine größere Sicherheit als andere Kassen (!!), wobei er auf die Zusammenbrüche hinwies, von denen Sie gestern im Vortrage des Herrn Dr. Alberti gehört haben. Er meinte daher, daß diese Sicherheit wohl durch billigen Zinsfuß erkauft werden könne. Meine Herren, ich glaube, daß die Erklärung anderweit zu suchen ist. Der Grund dafür, daß die Landbevölkerung mit einem billigeren Zinsfuß zufrieden ist als die Mitglieder der in den Städten befindlichen Schulze-Delitzschschen Vereine, wird darin zu suchen sein, daß die Bequemlichkeit, in jedem Dorf eine Sparstelle zn finden, für den Bauer derart wertvoll ist, daß er sich lieber mit einem niedrigeren Zinsfuß zufrieden gibt, als wenn er gezwungen wäre, mit seiner Ersparnis oft stundenweit in die Stadt zu laufen. Das trifft z. B. gerade für den Osten zu, wo die Gemeindesparkassen räumlich verhältnismäßig weit auseinander liegen. Wenn der Bauer den halben Tag versäumen soll, um seine paar Mark auf die Sparkasse zu tragen, bloß um $\frac{1}{4}$ bis $\frac{1}{2}$ % mehr Zinsen zu bekommen, so ist das für ihn zu mühevoll und zu zeitraubend; er versäumt seine Arbeit, und es kostet ihm mehr, als wenn er im Dorfe selbst zu einem billigeren Zinsfuß sein Geld hingeben kann. Meine Herren, die Sparbequemlichkeit spielt bei der Verzinsung der Spareinlagen eine große Rolle, und selbst in den Städten können Sie das verfolgen; in der Provinz Hannover haben wir z. B., als die Pfennigsparkassen ins Leben gerufen wurden, dies ganz besonders beobachtet.

Meine Herren, wenn wir auf der einen Seite gesehen haben, zu welchen Zinsen wir das Geld einkaufen, wollen wir nunmehr zu den Zahlen übergehen, die uns aus dem Jahrbuch des Allgemeinen Verbandes erkennen lassen, wie teuer wir den Kredit verkaufen, d. h. wie hoch die Debetzinsen sind. Meine Herren, als im Jahre 1850 Schulze-Delitzsch seinen ersten Vorschußverein gründete, nahm dieser 14½ % Zinsen, und er konnte trotzdem darauf hinweisen, daß dieser Satz nur der zehnte Teil derjenigen Zinsen sei, für welche die damaligen Handwerker ihr Geld bei den Geldgebern daselbst kaufen mußten. Meine Herren, gestatten Sie zu diesen 14½ %, die ja eine historische Bedeutung in unserer Genossenschaftsgeschichte haben, nur noch eine Nebenbemerkung. In den Motiven der preußischen Regierung zu dem Gesetzentwurf von 1895, in welchem sie die Notwendigkeit der Schaffung der Central-Genossenschafts-Kasse zu beweisen suchte, hat sie als einzige Ziffer des Zinsfußes der Vorschußvereine jene 14½ % wiederholt; in den Motiven ist keine andere Zahl genannt, und es scheint, als ob deren Verfasser die ganze Zinsfußentwicklung der Schulze-Delitzschschen Vereine von 1850 bis 1895 nicht gekannt hat. Meine Herren. Die Statistik zeigt, daß 1858 der durchschnittliche Zinsfuß, welchen die Vereine nahmen, nur noch 8—10 % betrug; welcher Satz bis 1897, wo er auf den niedrigsten Stand kommt, auf 4⅞ % fällt, um ganz parallel mit dem Kreditzinsfuß wiederum bis zum Jahre 1901 auf 5⅜ % zu steigen; im Jahre 1902 ermäßigt er sich alsdann auf 5⅛ %. Sie sehen also, der Kreditzinsfuß geht gleichmäßig mit dem Debetzinsfuß auf und ab, und man kann die vollständige Anpassung des Aktivzinsfußes an den Passivzinsfuß kontrollieren.

Meine Herren, in gleicher Weise ist dies bei den Raiffeisenvereinen der Fall. Auch sie haben den niedrigsten Zinsfuß im Jahre 1897, gerade wie die Schulze-Delitzschschen Vereine; er beträgt durchschnittlich 4 % und steigt alsdann im Jahre 1901 bis auf 4⅕ %.

Meine Herren, die Spannung ist bei den Schulze-Delitzschschen Genossenschaften größer als bei den Raiffeisenvereinen. Wie kommt es, daß letztere mit einer niedrigeren Spannung vorlieb nehmen können? Das hängt von ihrer durchaus verschiedenen Organisation ab, ferner davon, daß ihre Verwaltung billiger ist, weil die Kleinheit der Verhältnisse ihnen erlaubt, eine ganze Reihe von Ämtern, welche bei uns von Berufsbeamten ausgefüllt werden müssen, durch ehrenamtliche Tätigkeit zu erledigen; und endlich ermöglichen es auch die Regierungsbeihilfen, die ihnen in verschiedener Weise zugute kommen.

Meine Herren, auch die anderen landwirtschaftlichen Kassen des deutschen Reichsverbandes arbeiten meist mit 1 % Spannung, aber erheben durchweg noch eine Provision, die aus dessen Berichten allerdings nicht festgestellt werden kann. Der Zentralkassenzinsfuß kann dagegen naturgemäß für die Zinsen der Vorschußvereine nur ganz bedingt maßgebend sein, da er gleich dem Bankzinsfuß nur ein einzelnes Element der Zinspolitik ist, welche die einzelnen Kassen ihrerseits anwenden.

Meine Herren, die Spannung des Zinsfußes ist keineswegs in allen Teilen unseres Vaterlandes eine gleichmäßige. Es ist auch von Herrn Dr. Schneider seinerzeit in dem vorhin erwähnten Aufsatz schon darauf hingewiesen worden, daß man keineswegs allgemein gültige für ganz Deutschland maßgebende Grundsätze bezüglich des aktiven und passiven Zinsfußes aufstellen könnte. Meine Herren, am teuersten ist das Geld auch heute noch im Osten unseres Vaterlandes. In Ost- und Westpreußen hat sich der Zinsfuß von 1868 bis 1887, also in 20 Jahren, ermäßigt von 7½ bis auf 6⅛ %; in der Provinz Posen war ungefähr das gleiche der Fall. In der Provinz Hessen-Nassau dagegen war der Zinsfuß schon von Anfang an 1% niedriger und wir können diese allmähliche Abflauung des Debetzinsfußes verfolgen, je weiter wir nach Westen kommen. Am billigsten ist der Zinsfuß bei den Vorschußvereinen in Baden und in Thüringen, wo er im Jahre 1887 5,6 % oder 5⅗ % hoch war, während er in Ostpreußen, Westpreußen und Posen 6,1 bis 6,4 % betrug.

Meine Herren, diese Momente sind nicht etwa bloß bei den Vorschußvereinen zu beobachten, sondern sie greifen auch bei den öffentlichen Sparkassen in gleicher Weise Platz, wie aus deren Bilanzen hervorgeht, die alljährlich in den Mitteilungen des Statistischen Bureaus des Preußischen Staates von Regierungsrat Ebert veröffentlicht werden. Angestellte Durchschnittsberechnungen erweisen, daß die öffentlichen preußischen Sparkassen, die die teuersten Zinsen erheben, ebenfalls in Ost- und Westpreußen bestehen, daß sie am billigsten sind in Hohenzollern; also auch hier sehen wir das Abflauen des Zinsfußes vom Osten nach dem Westen. Nicht minder sehen wir es bei den Raiffeisenvereinskassen. Auch dort wird in Posen und in Ostpreußen der teuerste Debetzinsfuß erhoben, der billigste in Elsaß-Lothringen.

Also Sie sehen, unsere Vorschußvereine arbeiten unter genau den gleichen wirtschaftlichen Verhältnissen als die anderen Geldinstitute und sie sind schon aus diesem Grunde nicht in der Lage, eine Zinspolitik auf eigene Faust zu treiben, unbekümmert um das, was um uns herum vorgeht. Aus jenem allmählichen Abflauen des Zinsfußes bis zum Jahre 1897 sowie aus dem Umstande, daß er vom Jahre 1897 an für alle in Betracht kommenden Geldinstitute sich wieder erhöht hat, um dann im Jahre 1902 sich wieder zu senken, geht aber auch hervor, daß es nicht möglich ist, den Zinsfuß auf lange Zeit festzulegen und den Einlegern und Schuldnern zu versprechen, daß man keine Änderungen darin Platz greifen lassen will. Es ist vielleicht möglich, daß wir uns mit den Gläubigern verständigen darüber, daß sie uns für längere Zeit das Geld zu demselben Zinsfuß überlassen werden; aber im Vorschußgeschäft und zumal im Kontokorrentverkehr und im Wechseldiskontierungsgeschäft wird man einen bestimmten Zinssatz für längere Zeit nicht festsetzen können.

Daß die Schulze-Delitzschschen Genossenschaften teurere Debetzinsen erheben als die Raiffeisenvereine und die landwirtschaftlichen Genossenschaften, hängt, wie gesagt, von der Struktur unserer ganzen Organisation ab. Wir wollen aus den Debetzinsen unseren Mitgliedern eine Dividende für ihre Geschäftsanteile zahlen. Meine Herren, unsere Auffassung bezüglich des eigenen Kapitals für die Vorschußvereine ist total verschieden von der Auffassung bei den Raiffeisenvereinen und selbst bei den landwirtschaftlichen Vereinen dieserhalb. Die Raiffeisenvereine hatten ursprünglich keine Geschäftsanteile; sie beschränken statutenmäßig den Geschäftsanteil der einzelnen Mitglieder auch heute noch auf 10 Mark pro Kopf. Bei dieser Kleinheit der Anteile können sie billiger sein, weil sie ein eigenes Kapital nicht zu verzinsen brauchen. Wir betrachten die Kapitalbildung als einen wesentlichen Maßstab für die Kreditfähigkeit des Vereins wie auch als einen Schutz gegen die Gefahren der Solidarhaft. Je mehr eigenes Kapital wir angesammelt haben, desto mehr sind wir in der Lage, etwaige Verluste zu überdauern, ohne auf die Solidarhaft der Mitglieder zurückgreifen zu müssen. Dieses Moment fällt bei den Raiffeisenvereinen vollständig weg, welche sagen: die Sicherung für unsere Gläubiger besteht fast ausschließlich in unserer Solidarhaft. Ich brauche in diesem Kreise nicht auszuführen, in welchem Maße unsere Vorschußvereine die Gefahren der Solidarhaft dadurch zurückdrängen, daß sie eigenes und zwar großes Kapital aufsammeln. Meine Herren, wir wissen auch, daß eine der maßgebendsten Stellen des deutschen Geldverkehrs, die Reichsbank, als Kreditbasis das eingezahlte Kapital der Vorschußvereine betrachtet, daß sie allerdings die Solidarhaft als akzessorische Sicherheit ansieht. Aber hauptsächlich fragt sie: wieviel Kapital hat der betreffende Vorschußverein, der Kredit haben will, eingezahlt? und danach wird von ihr die Kreditfähigkeit bemessen.

Meine Herren, Schulze-Delitzsch hat gewiß die größte Meinung von dem Wert der Solidarhaft gehabt und darauf bei jeder Gelegenheit hingewiesen. Aber er hat in gleicher Weise immer darauf gedrungen: die Kapitalbildung ist die Voraussetzung der Benutzung fremden Kapitals.

Meine Herren, haben indessen die teureren, höheren Zinsen, die die Schulze-Delitzschschen Vereine gegenüber den Raiffeisenvereinen und den landwirtschaftlichen Vereinen erheben, ihr Geschäft aufgehalten? Kann man sagen, daß deshalb, weil die Mitglieder höhere Zinsen zahlen müssen, das Geschäft der Vorschußvereine gelitten hat? Zunächst dürfen wir nicht vergessen, daß der Kreditnehmer in unseren Vereinen auch gleichzeitig Mitglied, d. h. auch wiederum Teilhaber des Geschäftes ist, daß er einen Teil des höheren Zinsfußes, welchen er bezahlt, wieder zurückbekommt in Form der Dividende auf sein eingezahltes Mitgliederguthaben, daß er in dem Augenblick, wo er Kreditnehmer wird, auch an den Vorteilen, welche durch die Kreditgewährung für den Gesamtverein erzielt werden, Anteil hat, daß also schon deshalb der höhere Zinsfuß gemindert wird in dem Maße, in welchem der Schuldner an der Dividende teilnimmt.

Meine Herren, wenn wir das Kreditgeschäft der drei großen Vorschußvereinsorganisationen betrachten, die in Deutschland bestehen, so können wir darauf hinweisen, daß die Schulze-Delitzschschen Vereine im Jahre 1902 Darlehen ausgeliehen haben in Höhe von 2 622 Millionen Mark, die Raiffeisenvereine von 108 Millionen, die landwirtschaftlichen Vereine des Reichsverbandes von 265 Millionen Mark. Sie sehen also: die Zahlen bei Raiffeisen und bei den landwirtschaftlichen Vereinen sind überaus viel kleiner als die Zahlen unserer Vorschußvereine.

Die Schulze-Delitzschschen Vereine hatten ausstehen am Jahresschluß 809 Millionen Mark Darlehen, die Raiffeisenvereine 178 Millionen, die landwirtschaftlichen Darlehnskassen 526 Millionen.

Meine Herren, gestatten Sie auch hier eine Nebenbemerkung. Wenn Sie diese Zahlen verfolgen, so werden Sie finden, daß die im Jahre gewährten Darlehen gegenüber den am Jahresschlusse ausstehenden Kapitalien bei den Schulze-Delitzschschen Genossenschaften 324 % der letzteren betrugen; bei den Raiffeisenvereinen dagegen nur 61 %, bei den landwirtschaftlichen Darlehnskassen nur 50 %. Was geht daraus hervor? Daß der Umsatz bei den Schulze-Delitzschschen Vereinen, d. h. die Geldbewegung sehr viel größer ist, daß die Darlehnsgelder bei den Raiffeisen- und landwirtschaftlichen Genossenschaften viel mehr festgelegt sind und vielfach den Charakter von Hypothekendarlehen annehmen.

Meine Herren, mit Bezug auf die Frage des Zinsfußes, welchen wir nehmen und geben dürfen, möchte ich nochmals die Autorität von Sörgel aufrufen, der darauf hingewiesen hat, daß hier auch prinzipielle Gründe mitsprechen. Er sagte: „Hat der Vorschußverein bei seinem Darlehnsgeschäft zu wenig Nutzen, dann befindet er sich nicht mehr auf dem Boden der Selbsthilfe, denn es ist gleichgültig, ob ihm die wohltätige Hilfe bewußt von außen kommt oder ob er seine Mitglieder überredet oder zwingt, unbewußte Wohltaten dadurch zu leisten, daß der eine im Interesse des andern, oft oder selten, mehr oder weniger, sein Geld riskiert ohne entsprechenden Gewinn. Bei zu teuren Zinsen werden die ärmeren und geldbedürftigeren Mitglieder zugunsten der reicheren oder weniger geldbedürftigen in einer Weise ausgebeutet, die ihnen die Kapitalbildung unmöglich machen oder sie aufhalten muß."

Schulze-Delitzsch endlich hat bereits im Jahre 1862 auf dem Potsdamer Verbandstag darauf hingewiesen, daß es allerdings Aufgabe unserer Vereine sei, ihren Mitgliedern möglichst billigen Kredit zu verschaffen, aber „daß es nicht geschehen dürfe dadurch, daß man die eigene Kapitalbildung vernachlässigt, daß man auf die Erzielung einer angemessenen Dividende verzichtet. Es kommt bei den Vereinen wesentlich darauf an, daß sie durch eine angemessene Dividende die Ansammlung eines eigenen Vermögens im Auge behalten, und daß es gefahrvoll sein würde, wenn sie um deswillen, daß sie billigeres

Geld herausgeben, die Kapitalbildung in Frage stellen. Sowie genügende Dividende nicht gezahlt werden kann — sagte er — können wir beobachten, daß die eigene Kapitalbildung zurückbleibt."

Meine Herren, es ist erfreulich, daß diese Anschauungen auch in anderen Genossenschaftsverbänden geteilt werden, und ich habe den Ausspruch des Leiters der Württembergischen landwirtschaftlichen Kreditgenossenschaften vor mir, der ausführt: es wäre fehlerhaft, wenn durch zu billige Darlehnsgewährung die Ansammlung der Reserven über Gebühr vernachlässigt würde.

Meine Herren, fragen wir uns nun zum Schlusse: was ist als maßgebend für die Vorschußvereine bezüglich der Zinsfestsetzung anzusehen? — so berufe ich mich von neuem auf das Wort eines Praktikers. Der Vorsitzende des Vorstandes des Vorschußvereins zu Freiburg i. Breisgau hat schon vor Jahren die Antwort darauf gegeben: „Die Aufgabe eines gut geleiteten Geldvermittlungsinstitutes ist die Lieferung von willigem, billigem Geld und von Geld zu solchen Preisen, daß über den gewöhnlichen Zinsfuß noch eine angemessene Dividende übrig bleibt. Der Geldnehmer soll nicht über Gebühr belastet, dem Geldgeber nicht eine unberechtigt hohe Dividende zugewiesen werden. Das Gleichgewicht zwischen diesen beiden Gegensätzen zu behaupten, heißt eins der Probleme lösen, welche das ganze Genossenschaftswesen an uns stellt."

Ich wüßte nichts Besseres hinzuzusetzen.

(Lebhafter Beifall.)

Vorsitzender Verbandsdirektor Justizrat **Wolski** (Allenstein): Meine Herren, ich glaube kaum, daß wir uns des Breiteren darüber auslassen können. Wir können Herrn Direktor Thorwart nur den besten Dank für diesen Vortrag aussprechen.

(Bravo!)

Wir kommen jetzt zu Punkt

I. Antrag des Anwalts:

In Erwägung, daß die Kreditgenossenschaften unter Berücksichtigung des Beschlusses des Allgemeinen Genossenschaftstages zu Kreuznach (1902) die Gewährung von Kautionskredit vielfach unter ihre Geschäftszweige aufgenommen haben, dabei jedoch nicht überall bei den Behörden das erwartete Entgegenkommen finden,

richtet der Allgemeine Genossenschaftstag an die Behörden das Ersuchen, die Kreditgenossenschaften zu unterstützen in ihrem Bestreben, durch Gewährung von Kautionskredit Handel- und Gewerbetreibenden die Beteiligung an Submissionen und die Bestellung von Kautionen zu erleichtern.

Berichterstatter Anwalt **Dr. Crüger**: Meine Herren, nach dem Antrage der Genossenschaftsbank „Moabit" zu Berlin wurde auf dem Baden-Badener Genossenschaftstage der Beschluß gefaßt, den bankmäßig entwickelten Kreditgenossenschaften zu empfehlen:

....Als neuen Geschäftszweig die Hergabe des Akzeptes zum Zwecke der Bestellung von Lieferungskautionen für ihre Mitglieder aufzunehmen. Es ist hierbei jedoch ein angemessener Höchstbetrag einzuhalten....

Es wurden dann noch einzelne Grundsätze festgestellt, die die Kreditgenossenschaften bei der Gewährung von Kautionskredit beobachten sollten. Dieser Beschluß kam auf den nächsten Verbandstagen zur Erörterung. Es stellte sich heraus, daß die Zahl der Kreditgenossenschaften, die bereits ihren Mitgliedern Kautionskredit zur Verfügung stellten, erheblich größer war, als wir angenommen hatten, und es ergab sich auch, daß die Art und Weise, wie diese Kautionskredite zur Verfügung gestellt wurden, viel mannigfaltiger war, als wir bisher gedacht.

Wir hatten in Baden-Baden bei der Erörterung des Antrages Gelegenheit gehabt, davon Kenntnis zu nehmen, daß eine Anzahl Genossenschaften bei Einführung dieses Geschäftszweiges erhebliche Schwierigkeiten zu überwinden hatten. Ich erinnere Sie z. B. daran, daß von einer Kreditgenossenschaft mitgeteilt wurde, ihre Wechsel wären zu Kautionszwecken nicht angenommen, weil nach dem Bescheid der betreffenden Behörde nur die Wechsel solcher Genossenschaften dazu geeignet wären, die Mitglieder einer Verbandskasse wären, die mit der Preußischen Central-Genossenschafts-Kasse arbeite! Meine Herren, nach der Richtung, glaube ich, haben wir heute keine Ursache mehr, Klage zu führen. Die Genossenschaften werden bei den höchsten Behörden durchaus richtig gewürdigt. Ich werde jedoch nachweisen, daß den Genossenschaften bei den unteren Behörden heute oft Schwierigkeiten bereitet werden.

Ehe ich das aber tue, möchte ich kurz darauf aufmerksam machen, in welcher Weise zu Zwecken des Kautionskredites den Mitgliedern Kredit gewährt wird; ich glaube, daß es eine gute Gelegenheit ist, diese Frage nochmals zu streifen.

Da haben wir zunächst das Akzept des Vereins. Das ist ja der Gedanke, von dem der Antrag der Genossenschaftsbank „Moabit“ ausging, und es scheint das nächste, daß die Genossenschaft, die ihren Mitgliedern Kredit für Kautionszwecke gewähren will, ihr Akzept den Betreffenden zur Verfügung stellt. Andere Genossenschaften geben den Mitgliedern einen Bürgschaftsschein. Dann haben wir es ferner zu tun mit der Kautionskreditgewährung mit Hilfe der Sparkassenbücher. Es wird dem Mitglied über den Betrag des Kautionskredits ein Sparkassenbuch ausgehändigt, das benutzt wird, um die Kaution zu stellen. Endlich stellen auch Genossenschaften den Mitgliedern Effekten zu Kautionszwecken zur Verfügung. Kein Zweifel, daß dies die schwerfälligste Art ist, bei der den Genossenschaften nur empfohlen werden kann, äußerst vorsichtig zu sein.

Sie finden die Formulare für die verschiedenen Arten in der 7. Auflage des Vorschußvereinsbuches.

Es handelt sich bei der Kautionskreditgewährung im wesentlichen um zwei Gruppen. Einmal kommt in Betracht der Kredit, dessen Mitglieder bedürfen, um bei Fracht- und Zollstundungen Kaution zu stellen. Dann — und das ist ja derjenige Kautionskredit, an den wir wohl in erster Reihe denken, wenn wir mit Hilfe dieses Geschäftszweiges die wirtschaftliche Lage der mittleren Gewerbetreibenden fördern wollen, — der Kautionskredit, der bei Submissionen zu stellen ist, oder der in sonstigen Fällen, bei Verträgen mit dem Fiskus notwendig ist, beispielsweise bei dem Kauf von Holz in Waldungen. Die Korrespondenz, die ich mit den Genossenschaften über diesen Geschäftszweig gehabt, hat gezeigt, daß die Zwecke der Kautionskreditgewährung sehr verschiedenartig sind. So war z. B. eine Genossenschaft im Osten in der Lage, ihren Mitgliedern Kredit zur Verfügung zu stellen zu einer Kaution für das Befahren der Chaussee.

Meine Herren, ich komme nun auf den Hauptgegenstand des Antrages zu sprechen: die Schwierigkeiten, die die Genossenschaften bei Gewährung von Kautionskredit zu überwinden haben. Ich möchte vorausschicken, daß ich bei den oberen Behörden allgemein das weitestgehende Entgegenkommen gefunden habe. Ich habe in den „Bl. f. G.“ eine Anzahl Erlasse mitgeteilt, aus denen hervorgeht, daß z. B. die Reichspost, von den preußischen Ministerien das Landwirtschaftsministerium, das Kriegsministerium, das Finanzministerium, das Ministerium für öffentliche Arbeiten überall dort, wo die Angelegenheit an die höchste Instanz zur Entscheidung gelangte, den Genossenschaften ein weitgehendes Entgegenkommen gezeigt haben. Im Verkehr der Genossenschaften dagegen oder ihrer Mitglieder mit den unteren Behörden haben sich allerdings vielfache Schwierigkeiten gezeigt, und das hat mir auch die Veranlassung gegeben, die Frage einmal auf dem allgemeinen Genossenschaftstage zur Erörterung zu bringen und an die Behörden das Ersuchen zu richten, den Genossenschaften diese Schwierigkeiten nach Möglichkeit aus dem Wege zu räumen. Meine Herren, ich habe vielfach gefunden, daß Behörden auf einem mindestens veralteten Standpunkte stehen. Wenn z. B. eine Behörde erklärt: nein, einen Wechsel der Genossenschaft nehmen wir nicht, aber eine Bürgschaft der Genossenschaft soll uns recht sein, — das erinnert mich lebhaft an jene Wünsche, die Wechselfähigkeit einzuschränken. Meine Herren, die Genossenschaft brauchte natürlich an und für sich ebenso wenig davor zurückzuscheuen, eine Bürgschaft auszustellen wie einen Wechsel. Aber ich möchte meinen, es liegt hier tatsächlich eine veraltete Anschauung vor Nehmen wir einen anderen Fall. Eine Genossenschaft will mit ihrem Wechsel für ein Mitglied Kaution stellen. Die betreffende Behörde erklärt sich im Prinzip damit einverstanden, verlangt aber, daß die Genossenschaft für alle ihre Mitglieder einen Vermögensnachweis erbringt, damit die Behörde in der Lage ist, die Solvenz der Genossenschaft festzustellen! Die Behörde berief sich bei diesem Verlangen sogar auf einen Ministerialerlaß. Die Genossenschaft wandte sich an mich, und eine Eingabe an das betreffende Ministerium stellte die Sache alsbald richtig. Mir sind Beschwerden verschiedener Genossenschaften zugegangen, aus denen hervorgeht, daß die Behörden, bei denen die Genossenschaften Sicherheit für ihre Mitglieder bestellen wollten, erklärten, daß sie Wechsel der Genossenschaften grundsätzlich nicht als Sicherheit annehmen und es überhaupt ablehnen, in eine Prüfung der Sicherheit der Genossenschaft einzutreten. Auch hier war es mir möglich, den Weg der Beschwerde mit Erfolg zu beschreiten. Nun könnte man sagen: im Wege der Beschwerde ist also doch schließlich Abhilfe geschaffen — also gut. Aber, meine Herren, bis eine solche Beschwerde durchgeführt wird, vergehen viele Monate. Inzwischen ist die Angelegenheit unter den Tisch gefallen, denn dem betreffenden Mitgliede, dem die Genossenschaft Sicherheit bieten wollte, kann der Erfolg der Beschwerde dann nichts mehr nützen; die Geschäfte haben ihren Gang genommen, das Mitglied mochte sehen, wo es anderwärts die entsprechende Sicherheit herbekam.

Ich habe auch von den Genossenschaften wiederholt erfahren, daß die Kommunen den Genossenschaften bei der Annahme von Wechseln als Sicherheit Schwierigkeiten machen, daß man da Erfordernisse stellt, die zu erfüllen die Genossenschaften ganz außer stande sind. Ich könnte Ihnen die einzelnen Schwierigkeiten hier noch durch eine Anzahl Fälle besonders unter Beweis stellen, glaube aber nicht, daß das notwendig ist. Wir haben ja schon in dem Material, das ich mir erlaubt habe, Ihnen vorzuführen, genügend Fälle, um uns zu überzeugen, daß es durchaus gerechtfertigt ist, unsere Forderung an die Behörden zu richten, Vorsorge zu treffen, daß den Genossenschaften auch bei den unteren Instanzen möglichst keine Schwierigkeiten bereitet werden. Selbstverständlich, meine Herren, stehe ich nicht auf dem Standpunkt — und Sie jedenfalls mit mir — daß jede Genossenschaft ohne weiteres als kautionsberechtigt anzusehen ist. Ich nehme hier genau denselben Standpunkt ein wie in der Frage der Mündelsicherheit. Als vor Jahr und Tag nach dem Erlaß des Bürgerlichen Gesetzbuches in gewissen Kreisen der Wunsch geäußert wurde, die sämtlichen Kreditgenossenschaften als mündelsicher anzuerkennen, habe ich das für ein Ding der Unmöglichkeit erklärt; niemand würde die Verantwortung dafür übernehmen wollen, eine Erklärung herbeizuführen: die Kreditgenossenschaften sind alle als mündelsicher anzuerkennen. Ebensowenig möchte ich die Behauptung aufstellen: der Wechsel jeder Genossenschaft in jeder beliebigen Höhe muß von jeder Behörde als Sicherheit ohne weiteres angenommen werden. Darum handelt es sich auch nicht. In allen mir bekannt gewordenen Fällen kam nicht die Qualität der betreffenden Genossenschaft in Frage, sondern es wurden Schwierigkeiten gemacht, die erkennen ließen, man wolle die Genossenschaft grundsätzlich nicht als geeigneten Kautionsbesteller anerkennen.

Der Wunsch, der in diesem Antrage zum Ausdruck kommt, geht dahin, es sollen die Genossenschaften nicht gehindert werden in ihrem Bestreben, durch Gewährung von Kredit den Mitgliedern die Stellung von Kaution zu erleichtern.

Aber ich habe mit dem Antrage noch einen weitern Zweck, der freilich in dem Wortlaut nicht direkt zum Ausdruck kommt. Ich möchte durch diesen Antrag, der allerdings an die Adresse der Behörden gerichtet ist, auch gleichzeitig wieder jenen Beschluß des Baden-Badener Genossenschaftstages bei den Kreditgenossenschaften, die diesen Geschäftszweig noch nicht aufgenommen haben, in Erinnerung bringen. Meine Herren, wenn die Genossenschaften diesen Geschäftszweig in ihren Betrieb aufnehmen, so erblicke ich darin einen weiteren Vorteil für die Allgemeinheit — und für die Genossenschaften speziell. Eine Genossenschaft, die den Behörden gegenüber als kautionsberechtigt auftreten will, muß vor allen dafür Sorge tragen, daß sie in der Tat als kautionsberechtigtes Institut angesehen werden kann, d. h. ihre gesamten Einrichtungen und vor allen Dingen ihre Vermögenslage müssen derartig sein, daß sie mit Fug und Recht auftreten und sagen kann: unsere Wechsel haben einen Anspruch darauf, von der Behörde als Kautionspapier angesehen zu werden.

So, meine Herren, geht dieser Antrag gewissermaßen nach drei Richtungen. Erstens möchte ich in Anspruch nehmen das Wohlwollen der Behörden nach der hier bezeichneten Richtung; zweitens wünschte ich, daß die Genossenschaften auf Erweiterung ihrer Geschäftszweige in diesem Sinne bedacht sind, und drittens verbinde ich damit den Wunsch, daß die Genossenschaften, die sich entschlossen haben, diesen Geschäftszweig zu pflegen und zu fördern, für Vervollkommnung des ganzen Geschäftsbetriebes Sorge tragen.

Ich glaube, auf diese wenigen Bemerkungen kann ich mich beschränken. Der Antrag begründet sich im übrigen durch sich selbst, und ich bitte um seine Annahme.

(Lebhaftes Bravo.)

Vorsitzender Verbandsdirektor Justizrat **Wolski** (Allenstein): Ich eröffne die Diskussion.

Meine Herren, es wäre namentlich erwünscht, wenn irgend jemand aus der Praxis Fälle anführen könnte.

Direktor **Lorenz Stüben** (Berlin): Meine Herren! Es ist keine Frage, daß die Bemerkung des Herrn Anwalts, daß die oberen Behörden den Genossenschaften gegenüber in dem letzten Jahre außerordentlich entgegenkommend gewesen sind, dagegen bei den unteren Behörden dieses Entgegenkommen zu wünschen übrig läßt, richtig ist. In den Submissionsbedingungen, die den Gewerbetreibenden, den Kaufleuten gegeben werden, finden Sie fast regelmäßig die Bemerkung, daß außer den sonstigen Sicherheiten, die gesetzlich zulässig sind, die Bestellung der Kaution durch Wechsel geschehen kann. Nun haben wir in der letzten Zeit in Berlin Fälle gehabt, in denen es nicht direkt abgelehnt worden ist Wechsel unserer Genossenschaft zu nehmen, sondern in denen es den Genossen außerordentlich schwierig gemacht worden ist, unsere Wechsel unterzubringen, und zwar rein aus Bequemlichkeitsrücksichten der unteren Organe. Es ist besonders ein Fall, der vorgekommen ist, als markant zu bezeichnen, indem die Absicht des Genossen, eine Kaution in einem ziemlich hohen Betrage durch einen Wechsel zu stellen, völlig illusorisch gemacht ist. Aus dem Briefwechsel, den wir in dieser Angelegenheit mit dem Herrn Anwalt geführt haben, geht hervor: Ein Holzhändler, der seit langen Jahren mit einer Militärbehörde in Verkehr steht, hat eine Kaution von 2000 Mark zu bestellen, und auf unser Anraten hat er der Behörde einen Wechsel unserer Genossenschaft als Kaution angeboten. Der Rechnungsrat des betreffenden Bureaus hat die Annahme des Wechsels abgelehnt, und zwar nicht etwa unter Bezugnahme auf die Bestimmung, daß die Annahme des Wechsels nur erfolge, wenn die Behörde die Genossenschaft für zweifellos sicher erachtet, sondern er hat einfach erklärt: ich weiß mit den Wechseln nichts anzufangen. Es besteht also entweder keine Vorschrift für diese Abteilung, wie der Wechsel aufbewahrt werden soll, oder es besteht überhaupt keine Bestimmung für diesen Fall. Wir haben nun unserm Genossen gesagt: Beruhigen Sie sich nicht dabei, sondern gehen Sie wieder zu dem Herrn und sagen Sie ihm, es seien unsere Wechsel von sämtlichen Behörden angenommen, man möge Ihnen den Wechsel nicht zurückweisen. Der betreffende Rechnungsrat hat trotzdem gesagt: Bringen Sie uns bares Geld, es macht uns mit dem Wechsel viel zu viel Schererei. Darauf ist unser Anwalt bei der vorgesetzten Behörde vorstellig geworden, und die Behörde hat sich schriftlich geäußert: „Nach dem Bericht der Depotverwaltung hat der Maurermeister N. N. aus freier Entschließung bereits anderweit für die Sicherheit gesorgt und eine Änderung der Sicherstellung nicht gewünscht.“ Ja, meine Herren, es ist richtig, daß der Genosse, nachdem ihm diese Schwierigkeit gemacht ist, bares Geld als Kaution gestellt hat, denn er konnte nicht mit den Arbeiten warten. Eine weitere Vorstellung des Anwalts an das Kriegsministerium hat ebenfalls zu einem ähnlichen Bescheide dieser Behörde geführt, indem auf die allgemeine Frage der Kautionsstellung durch Wechsel nicht eingegangen, sondern nur gesagt wurde: „Nach Meldung der Depotverwaltung ist der Sichtwechsel der Bank weder durch die zuständige Aufsichtsbehörde auf seine Sicherheit geprüft noch zurückgewiesen worden, vielmehr hat der Unternehmer aus freiem Antrieb den Wechsel wieder zurückgezogen, um den mit der Prüfung verbundenen Zeitverlust zu vermeiden und auf anderem Wege seinen Vertrag zum Abschluß zu bringen.“ Darum handelt es sich eben in diesem Falle, daß der Genosse nicht so viel Zeit verlieren wollte, weil er nicht warten konnte, bis die Sache von der höchsten Stelle aus zur Entscheidung kam. Meine Herren, der Antrag des Herrn Anwalts wird unbedingt den Erfolg haben, daß die höheren Behörden sich noch einmal mit der Sache befassen und die unteren Behörden anweisen, etwas konniventer gegenüber den Kreditgenossenschaften zu sein. Ich möchte hier allerdings gern zum Ausdruck gebracht haben, daß die höheren Behörden nach unten hin Anweisung erteilen; sonst wird die Sache wieder einfach ad acta gelegt, und wir kommen nicht weiter. Vielleicht findet der Herr Anwalt eine Form, dies zum Ausdruck zu bringen.

Im übrigen bitte ich um Annahme des Antrages.

Verbandsdirektor **Zademach** (Guben): Meine Herren, gestatten Sie mir zur Geschichte dieser Wechselkredite einige Worte aus meiner Praxis: Wir hatten bereits seit längerer Zeit einem unserer Mitglieder Depotwechsel über zusammen 10 000 Mark gegeben als Sicherheit für Steuern. Ein zweites, in größerem Umfange mit der Steuerbehörde arbeitendes Mitglied, trat an uns mit dem Wunsche heran, wir möchten ihm zu gleichem Zwecke einen Wechsel von etwas über 22 000 Mark hergeben. Wir waren dazu bereit und so stellte denn unser Geschäftsfreund beim Königl. Hauptsteueramte einen entsprechenden Antrag. Nach kurzer Zeit bekam der Antragsteller den Bescheid, es müßte auf den offerierten Wechsel verzichtet werden, man möchte lieber Effekten bestellen. Uns als Verein berührte diese Ablehnung recht unangenehm. Wir waren uns bewußt, was es heißt, Verpflichtungen, die wir übernehmen, jederzeit vollauf erfüllen zu können. Wir besprachen die Frage mit unserem Kunden und entschlossen uns, Beide gleichzeitig beim Königl. Hauptsteueramt vorstellig zu werden. Ich entwarf zwei Schreiben, von denen das erstere die Verhältnisse unseres Vereins, das zweite die Situation des Kreditsuchenden darstellte. In dem ersteren Schreiben wurde, unter Bezugnahme auf den mitüberreichten, die angezogenen Momente genau darstellenden, gedruckten Geschäftsbericht des Vereins ausgeführt: Wir als eingetragene Genossenschaft verfügen über so und so viel eigenes Vermögen, haben die und die täglich fälligen Verpflichtungen, so und so viel täglich flüssig zu machende Mittel, die unsere gedachten Verpflichtungen durchweg um so und so viel überragen. Unsere täglichen Kassenbestände betragen durchschnittlich so und so viel. Wir baten, sich über unsere Bonität bei der Reichsbankstelle erkundigen zu wollen, und darnach zu beurteilen, ob man sich nicht doch entschließen könnte, uns den erforderlichen Kredit einzuräumen. Nebenbei setzten wir die uns bekannten Verhältnisse des Kreditsuchenden auseinander und führten aus, daß der Letztere bei uns nicht etwa ein Pumpier sei, sondern zeitweise ein Guthaben von 20 bis 30 000 Mark hätte. Seitens des Steuerkreditsuchenden selbst wurde darauf hingewiesen, daß ihm die Bestellung einer Kaution in Effekten erst nach einem eventuellen Ankauf der Papiere möglich wäre, daß er so aber überflüssigerweise in die Lage gedrängt würde, seine baren Betriebsmittel in Effekten festzulegen und diese Mittel darnach bei Bedarf durch Anleihen wieder aufzubringen zu einem Kostensatze, der ihm teuerer zu stehen käme, als die Zinsen, die er aus den zu kaufenden Effekten erhoffen könnte. Es wurde auch hingewiesen auf das Unbequeme und Unnötige dieses Weges. Wir beriefen uns ausdrücklich auf die wohlwollende Gesinnung und das Entgegenkommen des Herrn Ministers und hatten zu unserer größten Freude die Genugtuung, daß nach acht Tagen kurz und bündig der Bescheid eintraf, dem Wunsche des Auftraggebers sei Folge gegeben.

Also, meine Herren, man braucht wohl nicht immer den Weg an die oberen Instanzen zu beschreiten, sondern wird einfach zunächst bei der betreffenden Behörde unter eingehender Darlegung der Verhältnisse vorstellig. Ich bin überzeugt, daß nicht etwa Saumseligkeit und Unlust die Ursache der anfänglich ablehnenden Antwort der Königl. Steuerbehörde gewesen sind, sondern lediglich nicht ausreichende Kenntnis der Verhältnisse. Nachdem wir der Behörde die Verhältnisse der Genossenschaft klargelegt und darauf hingewiesen hatten, daß wir bei der Reichsbank jedenfalls 2 bis 300 000 Mark Kredit haben könnten, wenngleich wir bei unsern reichlichen eigenen Mitteln in solcher oder annähernder Höhe noch niemals davon Gebrauch gemacht hätten — wurde die Sache zu unserer Zufriedenheit erledigt, sodaß wir jetzt Kredite durch Wechsel von zusammen über 32000 Mark sichergestellt haben.

Fabrikant Stoff (Reinickendorf): Als Vertreter einer der jüngsten Genossenschaften möchte ich anführen, daß bei uns das Entgegenkommen der Verwaltungsbehörden gerade in dieser Sache ein recht gutes ist. Aber die Landgemeindeordnung macht uns gewisse Schwierigkeiten. Während für vorübergehende Kautionsleistungen, als Auflassungen von Straßenland, und bei Übernahme von Arbeiten für unsere Gemeinde unsere Kautionsbestellung jederzeit angenommen wird, so ist uns die Landgemeindeordnung bei Hinterlegungen für Straßenpflasterungen, also für auf längere Zeit festliegende Kautionen, ein Hindernis. Da ist der Gemeindevorstand nicht in der Lage, unsere Kautionsbestellungen anzunehmen. Die Landgemeindeordnung verlangt direkt, daß die Anlage eine mündelsichere sei. Daß es aber nicht so leicht ist, Genossenschaftsbanken als mündelsicher erklären zu lassen, und daß man es überhaupt nicht allgemein beantragen kann, hat ihnen ja unser Herr Anwalt vorher schon auseinandergesetzt, und ich glaube, daß das auch in Zukunft nicht möglich sein dürfte, wenn die betreffenden Genossenschaften auch noch so gut fundiert sind. Etwas anderes wäre es, ob nicht vielleicht darauf hingewirkt werden könnte, daß dieser Passus der Landgemeindeordnung auf irgend einem Wege dahin geändert werde, daß es dem Ermessen der betreffenden Gemeinde vorbehalten bleibt, als Sicherheit auch hierfür Kautionen zu nehmen, wie sie sie selbst für sicher hält. Ich möchte daher an unseren Herrn Anwalt die Frage richten, ob nicht in dieser Beziehung etwas getan werden könnte.

Anwalt **Dr. Crüger**: Meine Herren, ich kann jetzt nur die Erklärung abgeben, daß ich selbstverständlich gern bereit bin, die Anregung des Herrn Vorredners in Erwägung zu ziehen und, wenn möglich, auch die geeigneten Schritte, um seinem Wunsche zu entsprechen, zu unternehmen.

Bauer (Passau): Ich möchte Ihnen noch einen besonders gravierenden Fall aus der Praxis zu Gehör bringen. Es handelte sich vorher um Fälle, in denen größere Summen als Kautionen von Behörden verlangt wurden, die in Form von Wechseln gestellt werden sollten. In dem Fall, der sich in unserem jungen Verein vor kurzer Zeit zugetragen hat, handelt es sich nur um eine Kaution von 160 Mark, die in der Form eines Sparkassenbuches unserer Genossenschaft gestellt werden sollte. Ein Tischlermeister, Mitglied unserer Genossenschaft, hatte bei den Militär-Strafanstalten auf Oberhaus in Passau diese Kaution zu leisten. Er wurde mit seinem Angebot abgewiesen mit dem Bemerken, daß er entweder das Geld zu deponieren oder das Depot in Wertpapieren zu stellen habe. Infolgedessen wandte sich die Kreditgenossenschaft an die Militär-Strafanstalt und erhielt die Anwort, daß die von uns gewünschte Form der Kautionsstellung nicht akzeptiert werden könne. Die Kaution sollte auf drei Jahre hinterlegt werden, und selbstverständlich hatte der Tischlermeister ein Interesse daran, daß er, wenn es auch nur eine kleine Kaution war, von diesem Betrag eine entsprechende Verzinsung hätte. Unsere Genossenschaft sah sich infolge der Nichtzulassung veranlaßt, sich direkt mit einer Beschwerde an das Kriegsministerium zu wenden, worin wir besonders ausführten, daß wir es wohl verstehen, wenn Kreditgenossenschaften zu Kautionsbestellungen nicht zugelassen werden, sofern es sich um größere Beträge handelt bei so kleinen Beträgen aber wie 160 Mark könnte doch die Kreditfähigkeit einer derartigen Genossenschaft, wie die unsere, die sich ausgedehnten Vertrauens erfreut, einigermaßen ins Auge gefaßt werden, und es könnte unserem Wunsche willfahren werden. Die Entscheidung auf diese Beschwerde ist uns bis jetzt nicht zugekommen; ich hoffe aber, daß sie entschieden unterstützt werden kann durch einen Beschluß, welchen wir heute im Sinne des Antrages fassen.

Vorsitzender Verbandsdirektor Justizrat **Wolski** (Allenstein): Meine Herren, Herr Lorenz Stüben hat noch folgenden Antrag eingebracht:

Dem Antrage hinzuzusetzen:

„und die zuständigen Stellen mit entsprechenden Anweisungen zu versehen."

Der Antrag würde dann lauten:

In Erwägung, daß die Kreditgenossenschaften unter Berücksichtigung des Beschlusses des Allgemeinen Genossenschaftstages zu Kreuznach (1902) die Gewährung von Kautionskredit vielfach unter ihre Geschäftszweige aufgenommen haben, dabei jedoch nicht überall bei den Behörden das erwartete Entgegenkommen finden,

richtet der Allgemeine Genossenschaftstag an die Behörden das Ersuchen, die Kreditgenossenschaften zu unterstützen in ihrem Bestreben, durch Gewährung von Kautionskredit Handel- und Gewerbetreibenden die Beteiligung an Submissionen und die Bestellung von Kautionen zu erleichtern und die zuständigen Stellen mit entsprechenden Anweisungen zu versehen.

Verbandsdirektor **Zademack** (Guben): Ich hielte hier den Zusatz vielleicht für angebracht: „für die Stellen, wo es noch nicht geschehen sein sollte." Ich meine, daß allgemein die Norm schon besteht. Bei uns hat man einen Mangel an Entgegenkommen noch nicht wahrgenommen, gewöhnlich liegt es an falscher Beurteilung, an Mißverständnissen, oder sonst dergleichen. Anweisungen scheinen tatsächlich zu bestehen. Der Wortlaut der von uns hinterlegten Depotwechsel wurde uns vom Königl. Steueramt selbst gegeben, es müssen also bestimmte Formulare hierfür schon vorhanden sein.

Vorsitzender Verbandsdirektor Justizrat **Wolski** (Allenstein): Ich denke, was Sie wünschen, das liegt schon in der Resolution drin. Wo Anweisungen ergangen sind, — nun gut, da sind Sie gedeckt.

Die Diskussion ist geschlossen. Der Antrag wird einstimmig angenommen.

Es folgt Punkt

IV. Antrag der Genossenschaftsbank „Moabit" zu Berlin, e. G. m. b. H.:

Da der Vertrieb von Kellerwechseln bei der gewerbsmäßigen großen Ausdehnung, die er in den letzten Jahren gewonnen, eine außerordentliche Gefahr für die Genossenschaften bedeutet, und es notwendig erscheint, diesem gemeingefährlichen Treiben überall entgegenzutreten, um die Kreditvereine nach Möglichkeit vor Schaden zu bewahren, so erklärt der Allgemeine Genossenschaftstag:

Es ist dringend nötig, daß sich alle Kreditgenossenschaften des Allgemeinen Verbandes der zur Erreichung dieses Zweckes zu schaffenden Zentralstelle anschließen, die alle Nachrichten, die ihr über den Austausch und Bezug von Kellerwechseln bekannt werden, an die Interessenten weiter gelangen läßt.

Andererseits ist erforderlich, daß die Kreditvereine ihrerseits alle Tatsachen, die über Entstehung, Austausch und Bezug von derartigen Wechseln zu ihrer Kenntnis gelangen, der Zentralstelle mitteilen und alle Anfragen nach dieser Richtung hin sofort und rückhaltlos beantworten.

Berichterstatter Direktor **Lorenz Stüben** (Berlin): Meine Herren! Im vorigen Jahre wurde in Danzig über den Antrag der Genossenschaftsbank „Moabit" zu Berlin, betr. die Einführung von gemeinsamen Maßregeln zum Schutze der Verbandsvereine gegen zahlungsunfähige und böswillige Schuldner verhandelt. Der Genossenschaftstag empfahl damals neben anderen Schutzmaßregeln:

„den Austausch der Namen von Personen, die als Geber und Nehmer von Kellerwechseln, als Wechselschieber oder als solche bekannt geworden sind, deren Treiben geeignet ist, die Vereine zu schädigen."

Auf Grund der in der damaligen Debatte ausgetauschten Tatsachen, sowie der durch die Praxis gemachten Erfahrungen hat sich der Herr Anwalt in dem Zirkular vom 9. März 1904 an die Kreditgenossenschaften des Allgemeinen Verbandes gewendet, in welchem er darauf hinwies, daß es bezüglich der Ermittelung von Personen, die sich als Geber oder Nehmer von Kellerwechseln, als Akzeptaussteller, Giranten und Vermittler von Kellerwechseln kennzeichnen, nötig ist, auf die gesamte Mitwirkung der Genossenschaften hinzuarbeiten.

Meine Herren, diese Mitwirkung der Genossenschaften ist durchaus erforderlich, wenn etwas Ersprießliches auf dem Gebiete der Bekämpfung des Kellerwechselschwindels geleistet werden soll. Gerade innerhalb des letzten Jahres haben wir Gelegenheit gehabt, Einblicke zu tun in das Treiben jener Clique, die sich mit der gewerbsmäßigen Herstellung und dem Unterbringen von Kellerwechseln befaßt. In Zwickau hat der Ihnen bekannt gewordene Prozeß gegen Händel und Genossen geschwebt, in dem mehr als ein Dutzend Angeklagter zu empfindlichen Strafen verurteilt worden sind und in Berlin ist eine Broschüre des verdienten Kriminalkommissars Müller über seine Erfahrungen mit Kellerwechselschiebern und Fabrikanten erschienen. Wir haben daraus gelernt, daß vorzüglich organisierte Banden ihre Verbindungen über ganz Deutschland ausdehnen, an allen Plätzen, nicht nur an den großen Verkehrszentren ihre Mitglieder aufweisend, überall ihre Wechsel unterbringend, durch die die Bankwelt um ganz erhebliche Summen geschädigt worden ist.

Meine Herren, was nützt es da, wenn hier und da einmal einer der Vermittler zur Strecke gebracht, wenn einmal ein Betrüger bestraft wird. An ihre Stelle treten sofort Dutzende andere, wie denn überhaupt das Menschenmaterial, mit dem jene Gesellschaften arbeiten, in ganz ungeahntem Maße wechselt.

Jeder von uns ist bedroht, jede Genossenschaft, gleichviel, wo sie ihr Domizil hat, läuft Gefahr, um Tausende betrogen zu werden.

Andererseits, meine Herren, sind wir schon imstande gewesen, gute Erfahrungen zu sammeln, indem wir uns zum Teil einer bereits bestehenden Einrichtung, eines Privatunternehmens, bedienten, das es sich zur Aufgabe gestellt hat, die für uns gefahrdrohenden Verbindungen aufzuspüren. Es sind, nebenbei bemerkt, 71 von den zum Allgemeinen Verbande gehörenden Genossenschaften Abonnenten.

Einschalten möchte ich, daß es dringend erwünscht ist, weder heute an dieser Stelle, noch sonst überhaupt, den Namen des Leiters des betreffenden Instituts zu nennen, damit ihm nicht jene gefährliche Gesellschaft auf den Hals gehetzt und damit seine Arbeit erschwert wird.

Also, meine Herren, der Nutzen, den einzelne Genossenschaften heute schon aus dem Abonnement auf jene Sammellisten ziehen, wird Ihnen von verschiedenen Seiten bestätigt werden können. Ich selbst will nur hervorheben, daß ich in mehreren Fällen durch Einsichtnahme in die Listen der Kellerwechselgeber und -Nehmer und durch ein gegenseitiges Zusammenarbeiten mit anderen Genossenschaften auf Grund jener

Listen in der Lage gewesen bin, Schaden von unserer Genossenschaft und anderen Genossenschaften abzuwenden. Um wie viel bedeutender würde der gegenseitige Schutz sein können, wenn sämtliche, oder doch ein großer Teil der Kreditgenossenschaften alle Meldungen, die sich auf Eintausch, Austausch und Bezug von Kellerwechseln beziehen, an eine Zentralstelle geben.

Meine Herren! Sehen Sie freundlichst die Nummern 23 und 24 der Bl. f. G. 1904 an. Sie finden dort in einem Artikel „Unlauterer Wechselverkehr" von mir all das zusammengetragen, was hier ein Zusammenschluß der Genossenschaften bedeutet. Wir handeln ja auch nur einfach nach dem Statut unseres Verbandes, wenn wir uns gegenseitig unterstützen, und dazu gehört die gegenseitige Warnung vor Gefahren. Nehmen Sie daher den Ihnen vorliegenden Antrag der Genossenschaftsbank „Moabit" an.

Meine Herren, die zu schaffende Zentralstelle könnte ja nun der Allgemeine Verband selbst sein; die Arbeiten könnten in einem dem Allgemeinen Verbande angegliederten Bureau besorgt werden. Ich will mich nicht wiederholen, meine Herren, weil ich in einem Artikel „Gemeinsame Schutzmaßregeln" in Nummer 12 der Bl. f. G. von 1904 schon vieles gegen diese Angliederung ausgeführt habe. Vor allem muß der Leiter einer solchen Stelle ein besonders auf diesem Gebiet routinierter Mann sein, der es versteht, sich in den oft sehr verwickelten Verhältnissen schnell zurechtzufinden. Er muß auch Fühlung haben mit einer Reihe von Personen, die ihrerseits wieder in den Kreisen der Kellerwechselgeber und -Nehmer bekannt sind. Die Entschließungen des Leiters jenes Bureaus, die Behandlung der Anfragen, die Recherchen müssen mit fachmännischer Schnelligkeit geschehen. Sie dürfen nicht einen Augenblick stocken, wie es zu leicht in einer Organisation geschieht, die auch sonst noch Dutzende von anderen Materien zu bearbeiten hat. Daher, meine Herren, empfehle ich die Errichtung einer besonderen Zentralstelle unter Anlehnung an ein bereits bestehendes bewährtes Unternehmen.

Meine Herren! Noch einige Worte über den letzten Absatz unseres Antrages, in dem es heißt:

> „Andererseits ist erforderlich, daß die Kreditvereine ihrerseits alle Tatsachen, die über Entstehung, Austausch und Bezug von derartigen Wechseln zu ihrer Kenntnis gelangen, der Zentralstelle mitteilen und alle Anfragen nach dieser Richtung hin prompt und rückhaltlos beantworten."

Meine Herren! Prompt und rückhaltlos! Hier liegt der Kernpunkt der ganzen Einrichtung, die Ihnen vorgeschlagen wird, wenn sie wirklich nach allen Seiten hin Erfolg haben soll. Seien Sie überzeugt, meine Herren, daß Sie nur für sich selbst arbeiten, wenn Sie eine Auskunft über eine unlautere Verbindung erteilen, die Ihnen aufgefallen ist. Die Leiter jener Genossenschaft, die Sie vor Schaden bewahrt haben, werden eine Ehre darein setzen, wieder die Interessen der Kollegenschaft zu wahren. Wir müssen dazu kommen, daß die ganze Einrichtung so arbeitet, daß sie wie die Glieder einer Kette ineinander greifen. In der Gegenseitigkeit und nur in ihr liegt der große Wert, wie bei all den Einrichtungen, die der Verband um seiner Glieder willen geschaffen hat!

Ich bitte nicht nur um Annahme unseres Antrages, sondern auch um Ihre spätere tatkräftige Unterstützung der zu schaffenden Zentralstelle. Dann werden wir auf dem Gebiete der Bekämpfung des Kellerwechselschwindels für die gesamte Geschäftswelt mindestens so viel leisten können, wie Kriminalpolizei und Staatsanwaltschaft und werden jährlich unsern Genossen viele Tausende retten können!

(Bravo!)

Direktor **E. Wiglow** (Wittenberge): Meine Herren, ich möchte den Antrag aufs wärmste unterstützen, denn der Schaden, der dem Handelsstande durch den Kellerwechsel zugefügt wird, ist ganz gewaltig und größer, als die meisten sich vorstellen. Wir haben im Westbrandenburgischen Unterverbande diese Frage zur Erörterung gebracht gemäß dem Vorschlage, der im vergangenen Jahre in Danzig gemacht war. Als der Referent auf unserem Unterverbandstage die Verhältnisse geschildert und hingewiesen hatte auf alles das, was sich an Schwindel auf diesem Gebiet breit macht, da erhob sich ein Verein nach dem andern und erzählte, wie er die Wege gesehen, die dieser Schwindel wandelt, und wie es vieler Mühe und sorgsamer Obacht bedurft hätte, bis endlich nach langem Hin und Her festgestellt wurde, daß man Leute gefunden, die mit falschen Wechseln an die Genossenschaft herantraten. Der Schwindel beschränkt sich nicht bloß auf die großen Städte, sondern wir haben gesehen, daß in ganz kleinen Orten gerade Handwerker auf diese Weise von den Agenten durch deren Annoncen verleitet werden, ihre Hand dazu zu bieten. Daß dieser Schaden in die kleinen Kreise so tief hineingedrungen ist, macht es nötig, daß gerade der Genossenschaftsverband Hand anlegen muß, um diesen Schaden zu beseitigen, und ich glaube, die Bildung eines Schutzverbandes ist das beste Mittel dazu. Die Staatshilfe werden wir nicht ganz entbehren können. Bestrafungen wie jetzt die des Zwickauer „Bankiers" Händel müssen vorkommen. Aber es müßten auch diejenigen bestraft werden, die, harmlos oder nicht harmlos, sich von den Agenten solche Wechsel verschaffen und sie nachher den Bankfirmen als gute Wechsel zuzuschieben versuchen. Es müßte in die Konkursordnung eine Bestimmung aufgenommen werden, daß diejenigen bestraft werden, die durch Verbreitung solch unlauterer Wechsel das Konkursverfahren hinausschieben und dadurch ihre Gläubiger schädigen.

Meine Herren, neben diesem Wunsche, den ich betreffs Staatshilfe habe, möchte ich noch als Mittel zur Selbsthilfe weitestgehende Aufklärung der beteiligten Gewerbskreise und etwas Anderes empfehlen, was nicht neu ist, was die Reichsbank seit langem übt, was schon in der VII. Auflage des klassischen Vorschußvereinsbuches von Herrn Anwalt Dr. Crüger mit folgenden Worten in Vorschlag gebracht ist:

„Gefälschte Wechsel werden oft bei einem Bankhause zahlbar gestellt, die Einlösung erfolgt dann — wenn sie überhaupt geschieht — durch den Fälscher."

Das ist nicht bloß bei gefälschten Wechseln, sondern auch bei diesen Kellerwechseln Gebrauch.

„Dadurch können die Fälschungen längere Zeit unaufgedeckt bleiben. Es ist daher zweckmäßig und üblich, dem Akzeptanten eines Domizilwechsels von dessen Umlauf Kenntnis zu geben, z. B. in folgender Form:

„Auf Grund unserer Geschäftsbestimmungen beehren wir uns, Ihnen hierdurch mitzuteilen, daß wir folgendes Akzept von Ihnen in Händen haben: Mk. . . . . fällig am . . . . . Aussteller . . . . . . domiziliert bei . . . . . . Im Falle die Sache in Ordnung ist, bedarf es einer Anzeige nicht."

Schon durch diese Anzeige wird in vielen Fällen gegen diejenigen, die solche Wechsel in Umlauf bringen und die dadurch, daß sie eine Domizilstelle benutzen, den rechten Charakter der Wechsel als Kellerwechsel zu verdecken suchen, ein Weg gegeben werden, der Schutz zu schaffen geeignet ist. Ich möchte den Genossenschaften empfehlen, dieses Mittel anzuwenden. Es sind Kosten damit verbunden, ich glaube aber, daß der Schaden, der andererseits entstehen kann, viel größer ist.

Über dieses Mittel hinaus geht natürlich dasjenige Mittel, das die Genossenschaftsbank „Moabit" in Vorschlag bringt, die Schaffung eines Schutzverbandes. Ich sollte meinen, daß der Betrag, der von dem Herrn Anwalt mit 15 Mk. jährlich als Beitrag in Aussicht genommen ist, auch bei kleinen Genossenschaften auf Geschäftskostenkonto übernommen werden könnte, wo es gilt, einem Übelstand abzuhelfen, der das ganze wirtschaftliche Leben schädigt und das Vertrauen erschüttert, auf das der Wechselverkehr unserer Genossenschaften sich in der Hauptsache aufbaut. Ich möchte deshalb möglichst alle Genossenschaften bitten, dem Schutzverbande beizutreten, um einen Schwindel zu beendigen, dessen Ausrottung sich die Genossenschaften zur Ehre anrechnen könnten.

Regierungsdirektor **Conrad** (Speyer): Ich möchte die Zirkel des Herrn Berichterstatters nicht stören und in keiner Weise dem vorliegenden Antrage entgegentreten. Ausdrücklich will ich sogar den warm empfehlenden Worten meines unmittelbaren Herrn Vorredners mich anschließen. Doch glaube ich einen Punkt erwähnen zu dürfen, der hier immerhin einschlägig ist, und noch auf eine andere Einrichtung aufmerksam machen zu sollen, die ebenfalls diese Frage berührt, zumal es sich doch in gewissem Sinne um eine Einrichtung der Selbsthilfe handelt. Ich meine nämlich den Verband der Vereine für Kreditreform. Dieser macht es sich ebenfalls zur Aufgabe, mißbräuchliche Vorkommnisse auf dem Gebiete des Kreditwesens aufzuklären und seinen Mitgliedern hierin Schutz zu bieten. Der Verband zählt jetzt etwa

80000 Mitglieder im In- und Auslande. Er unterhält zurzeit bereits 800 Bureaus namentlich in Deutschland selbst.

Wie schon bemerkt, will ich die Maßnahmen, die heute zur Verhandlung stehen, nicht abschwächen; auch mir schwebt solch eine Einrichtung in erster Linie vor. Aber man kann das Eine tun, man braucht das andere aber nicht zu lassen. Es wird nicht ausgeschlossen sein, sich auch dieser bewährten Einrichtung zu bedienen und sich von dem genannten Verbande eine nützliche Informationsquelle zu holen.

Das soll nur zur Vervollständigung dienen, als kleiner Beitrag zu dem, was heute zur Verhandlung steht. Jedenfalls sollen wir uns alle Schutzmittel zu Nutze machen, welcher Art sie auch sein mögen. Unseren Interessen dient meines Erachtens auch der Verein für Kreditreform, er führt bereits eine Liste der Firmen, die Kellerwechsel vertreiben, und hat auf diese Vorkommnisse schon seine besondere Aufmerksamkeit gelenkt.

Verbandsrevisor **Dr. Schneider** (Potsdam): Meine Herren, die Frage der Kellerwechsel hat den Allgemeinen Verband schon vor 29 Jahren eingehend beschäftigt. Es ist Ihnen das vorige Mal durch den Referenten über diese Frage mitgeteilt worden, was viele von Ihnen vielleicht noch nicht gewußt haben, daß ich damals auf Veranlassung von Schulze-Delitzsch eine Broschüre herausgegeben habe über die Kellerwechsel und ihre Fabrikanten. Damals haben wir allerdings nach aller Sinne zur Bekämpfung dieses üblen Mißstandes den Weg der Öffentlichkeit beschritten. Ich habe damals als Anlage zu dieser Broschüre ein alphabetisches Namensverzeichnis der bekannt gewordenen Kellerwechsel-Fabrikanten bezw. der Personen, die auf Kellerwechseln vorkommen, veröffentlicht und hatte den Erfolg, daß drei Tage nach dem Erscheinen dieser Broschüre dieses Verzeichnis in sämtlichen größeren Zeitungen des Deutschen Reiches publiziert war. Meine Herren, es hat auch weiter den erfreulichen Erfolg gehabt, daß alsbald die Staatsanwälte eingriffen und in einer nicht zu langen Zeit eine ganze Portion dieser Fabrikanten im Gefängnis saß. Ich möchte annehmen, daß es auch jetzt nicht gerade empfehlenswert ist, Geheimniskrämerei zu treiben. So erscheint es mir nicht recht zweckmäßig und nicht sympathisch, wenn der Herr Referent es nicht für angängig gehalten hat, den Namen desjenigen hier zu nennen, der diese Liste jetzt an seine Kunden verschickt. Meine Herren, die Kellerwechselfabrikanten werden sich, auch wenn der Verfasser dieser Liste hier nicht genannt wird, von diesen Listen wohl schon genügend unterrichtet haben,

(Sehr richtig!)

sodaß, wenn wir die Namen angeben, wir ihnen damit nichts Neues sagen, was sie nicht selbst schon ausbaldowert hätten. Ich meine, es wird hier zweckmäßiger sein, auch diesmal den Weg der vollen Öffentlichkeit festzuhalten. Es war uns damals das Material für meine Broschüre gegeben durch den Giroverband der Deutschen Genossenschafts-Bank, und es hatten sich schon damals, ich bemerke das im Anschluß an das, was Herr Wiglow erwähnte, diese Kellerwechsel keineswegs nur auf größere Städte beschränkt, sondern es waren gerade viele kleine Städte z. B. der Provinz Brandenburg, wo diese Wechsel, die äußerlich sehr ansprechend und schön aussahen, Verbreitung gefunden haben. Es wurde auch die Frage erörtert, ob nicht eine Zentralstelle geschaffen werden sollte für die Bekämpfung dieses Unfugs, und es war in Anregung gebracht, der Anwaltschaft diese Aufgabe zuzuweisen. Andererseits aber hatte man gerechtfertigte Bedenken, die Anwaltschaft gewissermaßen als Zentralstelle für Ermittelung fauler Kunden weiter zu entwickeln. So ist es damals bei der einen Veröffentlichung geblieben, und man hat eine längere Reihe von Jahren nichts oder sehr wenig von einer weiteren Verbreitung oder einem Wiederauftauchen der Kellerwechsel gehört. Die Sache ist ja jetzt wieder zu einem großen Mißstande angewachsen, und da drängt sich natürlich die Frage auf, ob durch eine Zentralisation Abhilfe geschaffen werden kann. Meine Herren, da mir die Sache außerordentlich sympathisch ist, möchte ich nur hoffen, daß durch die Annahme dieses Beschlusses nicht nur ein frommer Wunsch ausgesprochen wird, sondern daß die Sache auch praktische Folgen haben möchte.

Ich fürchte aber, daß die Unbestimmtheit des zweiten Absatzes diese Erfolge stark beeinträchtigen wird. Es ist hier darauf hingewiesen, daß sich ein Verband zur Bekänpfung der Kellerwechsel bilden soll, und daß die Vereine aufgefordert werden, sich diesem Verbande anzuschließen. Meine Herren, ich meine, daß viele Vereine Anstand nehmen werden, solch einem unbestimmten Verbande beizutreten, wenn sie noch nicht nähere Einsicht in seine Organisation erhalten haben, und wenn sie aus dem Antrag nicht ersehen können: Inwieweit ist denn der Allgemeine Verband dabei beteiligt? Inwieweit sind schon Anordnungen und Maßnahmen getroffen zur Bekämpfung des Mißstandes? Das dürfte doch äußerst wichtig sein. Man kann ja jedem Verein empfehlen, auf seine eigene Verantwortung hin auf diese bekannte Liste zu abonnieren. Ob diese Listen überall zuverlässig sind, ist lediglich Sache der Verantwortung des betreffenden Herausgebers. Wenn aber die Verbreitung dieser Listen gewissermaßen unter den Schutz und die Autorität des Allgemeinen Verbandes gestellt wird, erwächst daraus auch eine gewisse Verantwortlichkeit für den Allgemeinen Verband, daß diese Listen immer durchaus zuverlässig sind, und daß nicht etwa durch irgend welche Fahrlässigkeit ganz unschuldige Leute in die Liste der Kellerwechselfabrikanten hineinkommen. Das ist offenbar sehr wichtig, die Verantwortlichkeit genau festzustellen, denn der Allgemeine Verband wird nicht eine Verantwortlichkeit auf sich laden wollen, wenn ihm dabei eine entsprechende Einwirkung nicht zu teil wird. Solange also den einzelnen Vereinen nicht eine feste Grundlage gegeben wird, wie die Organisation dieses Verbandes, der sich bilden soll, gedacht ist, werden sehr viele Vereine Anstand nehmen, sich einer solchen Organisation anzuschließen, und dieser ganze Beschluß wird schließlich nur ein Monolog bleiben, es werden wenige Vereine der Einladung Folge leisten.

Meine Herren, ich möchte also anheim stellen, in dieser Beziehung den zweiten Satz der Resolution einer ernsten Prüfung zu unterziehen und, wenn die Sache schon so weit vorbereitet sein sollte, ihn auch angemessen zu ergänzen.

(Bravo!)

Anwalt **Dr. Crüger**: Meine Herren, es handelt sich selbstverständlich nicht darum, irgend welche Geheimniskrämerei zu treiben, aber von verschiedenen Seiten wird die Ansicht vertreten, es sei nicht wünschenswert, wenn jene Firma genannt wird. Ich habe bereits mit Herrn Direktor Stüben Rücksprache genommen, er wird Ihnen das Nähere mitteilen. Nur wird es erwünscht sein, daß die Herren von der Presse den Namen nicht bekannt geben, obgleich ich persönlich der Überzeugung bin, daß jeder, der sich mit der Materie beschäftigt hat, genau weiß, um wen es sich handelt, und daß vor allen Dingen die Geschäfte, die die Fabrikation der Kellerwechsel betreiben, genau darüber unterrichtet sind.

Nun bin ich darauf aufmerksam gemacht, daß wir dem zweiten Absatz entsprechend den Ausführungen des Herrn Dr. Schneider mehr Klarheit geben, wenn wir sagen: es soll eine Zentralstelle geschaffen werden, und zweitens es wird den Kreditvereinen empfohlen, sich der Zentralstelle anzuschließen.

Meine Herren, aus meinem vorjährigen Vortrage hat dieser und jener geschlossen, ich hätte die Absicht, die Leitung des Allgemeinen Verbandes auszugestalten zu einer Zentralstelle, die Kellerwechsel eruiert. Dr. Schneider hat schon ausgeführt, daß es nicht gut angeht, bei dem Allgemeinen Verband ein solches Auskunftsbureau zu bilden. Die Erkundigungen, die dazu notwendig sind, liegen einigermaßen außerhalb der Tätigkeit, die der Anwalt des Allgemeinen Verbandes auszuüben hat, und ich möchte mich nicht gern mit diesen Arbeiten nach irgend einer Richtung hin befassen. Infolgedessen handelt es sich darum, der Stelle, die heute schon jenen Arbeiten sich unterzieht, mit der ich im übrigen auch schon in Verbindung getreten bin, das Material zur Verfügung zu stellen, um das, was sie heute nur beschränkt ausführt, in größerem Umfange betreiben zu können.

(Sehr richtig!)

Es würde sich also darum handeln, den Absatz 2 in zwei Sätze zu zerlegen. Die Fassung wird Ihnen gleich vorgelegt werden, und ich glaube, daß Herr Direktor Stüben sich damit einverstanden erklären wird.

Direktor **Lorenz Stüben** (Berlin): Meine Herren, zunächst möchte ich auf die Bemerkung des Herrn Conrad zurückkommen, der uns empfohlen hat, zur Ermittelung solcher Verhältnisse, wie wir sie behandeln wollen, uns an die „Kreditreform“ zu wenden. Der Verein „Kreditreform“ ist eine Auskunftei, wie wir sie in Deutschland zu

Hunderten haben. Diese Auskunfteien können uns aber für den vorliegenden Fall nichts nützen, denn die Eigentümlichkeit ist bei den Kellerwechseln, daß die Auskünfte meistens noch immer gut bis kurz vor dem Zusammenbruch lauten; es ist auch selbstverständlich, da man sonst die Wechsel nicht los werden würde. Wir haben in verschiedenen Fällen die Erfahrung gemacht, als wir über einen ganzen Kreis von Personen, die mit einem einzigen Mittelpunkt in Verbindung standen, Auskünfte eingeholt haben, daß sowohl über den Hauptmacher wie über die einzelnen Mitglieder dieser Gesellschaft die Auskünfte sämtlich tadellos lauteten. Aber, wenn das Auskunftsbureau eine Ahnung gehabt hätte, daß eine dieser Firmen mitgewirkt hätte an dem Vertrieb der Kellerwechsel, würden die Auskünfte anders gelautet haben. Es handelt sich für uns aber darum, die Verbindungen zwischen den betreffenden Kellerwechsel-Gebern und Nehmern zu ermitteln. Dazu sind andere Mittel nötig, als sie gewöhnliche Auskunftsbureaus an der Hand haben. Das gewöhnliche Auskunftsbureau sucht durch Einsicht der Bücher oder bei Bekannten die Stellung des Geschäfts zu erfahren; hier sollen ganz andere Mittel angewandt werden, als sie ein Auskunftsbureau sich beschafft, um geheime Verbindungen aufzudecken. Die „Kreditreform“ kann uns da also nichts nützen.

Herr Dr. Schneider hat wiederholt darauf hingewiesen, daß ein Verband begründet werden solle. Es handelt sich gar nicht, wie Sie aus dem Zirkular des Anwalts vom 9. März 1904 entnommen haben werden, um die Gründung eines Verbandes, sondern um die Ausdehnung und Benutzung einer schon bestehenden Unternehmung. Bezüglich der Persönlichkeit, die dabei in Betracht kommt, möchte ich bemerken: es handelt sich nicht um ein Geheimnis, wir kennen ja alle Herrn Killies in Leipzig; aber die Vertreter der Presse werden gebeten, den Namen nicht zu erwähnen. Die Kellerwechselreiter würden sonst Kenntnis erhalten, daß die Sache hier besprochen worden ist, und würden dann noch mehr erfahren, sie würden ihm die Arbeit erschweren und ihm auf den Hals kommen. Es handelt sich darum, das Unternehmen des Herrn K., bei dem einige 70 Genossenschaften unseres Verbandes zum Teil schon seit Jahren mit sehr gutem Erfolge abonniert sind, auch für uns auszunutzen, indem wir es als Zentralstelle für uns in Anspruch nehmen. Der Herr Anwalt hat in seinem Zirkular als Jahresabonnement den Preis von 15 Mark für die herauszugebende Liste solcher Personen, die uns zu schädigen imstande sind, genannt. Es ist das eine vorläufige Durchschnittsberechnung. Wie sich die Kosten stellen werden, läßt sich nicht übersehen: je größer die Beteiligung, desto geringer die Kosten. Bei der ganzen Einrichtung ist es nötig, daß Sie einen Mann an der Spitze haben, der mit derartigen Sachen Bescheid weiß. Killies steht seit Jahren in der Praxis. Er kennt die Fäden und Verbindungen zwischen den einzelnen Personen, er hat Personen in anderen Städten an der Hand, die ihm wieder Nachricht geben, wenn neue Verbindungen angeknüpft werden; ich habe Ihnen vorher bereits bemerkt, daß das Material außerordentlich wechselt. Wir sehen bei allen Listen, die wir von dem Herrn K. bekommen: die früheren Namen werden gestrichen, es treten in jeder Liste neue Namen hinzu. Für diejenigen Herren, die solche Listen nicht gesehen haben, will ich bemerken, daß eine solche Liste durchschnittlich 300—400 Namen enthält, und die Verbindungen zwischen diesen einzelnen Personen aufzudecken und wiederum die Verbindungen zwischen ihnen und neuen soll die Hauptaufgabe dieser Zentralstelle sein. Um all diesen Fäden und den geheimen Gängen nachzuspüren, ist ein Mann nötig, der nichts weiter zu tun hat und die Sache genau kennt, und nach unseren Erfahrungen scheint K. der geeignete Mann zu sein.

Ich möchte nur noch bitten, mitzuteilen, in welcher Weise die Trennung des zweiten Absatzes geschehen soll. Sonst habe ich nichts weiter hinzuzufügen und bitte um Annahme der Resolution vorbehaltlich des definitiven Wortlautes.

Vorsitzender Verbandsdirektor Justizrat **Wolski** (Allenstein): Die abgeänderte Resolution lautet:

„1. Es ist dringend nötig, eine Zentralstelle zu schaffen, welche die Aufgabe hat, den Vertrieb von Kellerwechseln aufzudecken, diesem gemeingefährlichen Treiben entgegenzutreten und alle Nachrichten, die ihr über den Austausch und Bezug von Kellerwechseln bekannt werden, an die Interessenten weiter gelangen zu lassen.

2. Den Kreditgenossenschaften dringend zu empfehlen, Anschluß an diese Zentralstelle mit der Verpflichtung zu suchen, alle Nachrichten, die ihnen über den Austausch und Bezug von Kellerwechseln bekannt werden, der Zentralstelle mitzuteilen, und alle Anfragen der Zentralstelle nach dieser Richtung hin sofort und rückhaltlos zu beantworten."

Es ist in den Worten dasselbe, was Herr Stüben hineingebracht hat, es fehlt keins seiner Worte, nur ist es in einer besseren Gruppierung zusammengebracht.

Direktor **Lorenz Stüben** (Berlin): Ich würde mich persönlich durchaus damit einverstanden erklären, daß diese Änderung vorgenommen wird. Wie ich vorhin in meinem Referat schon sagte: die gegenseitige Unterstützung ist durchaus erforderlich; es ist erforderlich die rückhaltlose und schnelle Mitteilung; es ist aber auch nötig, daß unaufgefordert, ohne daß eine Anfrage vorliegt, die Genossenschaften ihre Erfahrungen der Zentralstelle in bezug auf einzelne Fälle mitteilen, denn darin liegt der größte Wert, daß bei Anfragen an die Zentralstelle schon ein möglichst großes Material vorliegt, das sofort zu benutzen ist.

Ich empfehle also nochmals die Annahme des Antrages.

Herbst (Bützow): Meine Herren, soweit ich die Sache zu erkennen imstande bin, glaube ich, daß sich diese Sache in unser Land Mecklenburg noch nicht hineingewagt hat. Ich habe aber in unserm kleinen Lokalblatt eine Annonce gefunden: Wer Geld braucht, melde sich da und da in Berlin oder wo es sonst war. Erst fiel es mir nicht besonders auf, als nachher über Kellerwechsel mehr geschrieben wurde, kam ich zur Überzeugung, die Annonce müsse wohl zu einer Kellerwechsel-Fabrik Beziehungen haben. Sobald ich nun einen Wechsel in die Hände kriegen würde, mit einer Unterschrift, von der ich die Meinung haben könnte, es würde so ein Ding sein, so würde ich bei der in der Annonce angegebenen Adresse unter meinem Namen anfragen, oder irgend ein Mitglied bitten: schreib mal hin und laß dir die Prospekte kommen; dann erfahr ich doch wie die Geschichte ist, und würde dann ein Mitglied, das mit einer solchen Unterschrift käme, aufklären können, oder ich würde es im Lokalblatt veröffentlichen. Man verhütet damit Unglück, und dieser Weg ist mir sympathischer, als es erst geschehen lassen und dann den Betreffenden bestrafen lassen.

Direktor **Vollborn** (Eisenach): Meine Herren, die Frage ist von allerwichtigster Bedeutung und verdient eingehende Erörterung, da sie bezweckt, uns vor Verlusten zu schützen. Ich habe einen Fall erlebt, der im Widerspruch steht mit dem, was uns Herr Dr. Schneider mitgeteilt hat über das Vorgehen der Behörden vor 29 Jahren. Damals war die vom Allgemeinen Verbande veranlaßte Broschüre von Wirksamkeit, die Sache wurde sofort von der Behörde aufgegriffen, und das war das beste Mittel, die Kellerwechselfabrikanten zu beseitigen. Heute steht es bedauerlicherweise anders: man hört sehr wenig über die Bestrafung solcher Leute. So ist es in einem kleinen Orte in Thüringen passiert, daß ein Mann Kellerwechsel machte mit Leuten in München, Hamburg usw. und sie bei verschiedenen Genossenschaften diskontierte. Auch wir hatten einige solcher Wechsel. Als der Konkurs über den Mann ausbrach, haben wir gar nicht gezögert, der Staatsanwaltschaft Anzeige zu erstatten. Unsere Diskontbedingungen, die auf jeder Diskontrechnung aufgedruckt sind, enthalten die Bestimmung, daß wir nur Geschäftswechsel diskontieren. Wir hatten darauf gefußt und gesagt: der Mann hat uns betrogen, denn er hat Kellerwechsel, die nicht Geschäftswechsel sind, als solche untergeschoben. Der Staatsanwalt in Meiningen ist aber der Ansicht, daß der Mann sich nicht des Betrugs schuldig gemacht hätte, wir hätten ihn ja bei der Diskontierung jedes einzelnen Wechsels nicht gefragt, ob es Geschäftswechsel oder Kellerwechsel seien. — ! — Aufgabe der Zentralstelle müßte auch sein, durch Artikel über praktische Fälle zu wirken, und ich werde nicht versäumen, das Material der erwähnten Entscheidung dem Herrn Anwalt einzuschicken, damit er daraus dasjenige für eine Veröffentlichung entnehmen kann, was vielleicht für die Allgemeinheit von Wert ist.

Hier auf dem Allgemeinen Genossenschaftstage habe ich persönlich eine interessante Erfahrung durch ein gelegentliches Gespräch gemacht. Ein Vorstandsmitglied einer Genossenschaft teilte mit, daß eine Firma in Schmalkalden versucht habe, Kredit aufzunehmen, daß auch verschiedene Wechsel der Firma schon protestiert seien. Das war für mich von besonderem Interesse, da ich zufällig weiß, daß diese Firma mit einem andern Vorschußverein bereits arbeitet. Was sich durch derartige private Besprechungen zufällig ergibt, das erfahren wir mit ziemlicher Sicherheit, wenn solche Beobachtungen einer Zentralstelle regelmäßig mitgeteilt werden. Deshalb möchte ich dringend bitten, daß alle Vorstandsmitglieder, die irgendwelche ähnliche Erfahrungen machen, zunächst dem Herrn Anwalt Nachricht geben. Von dort aus kann solches Material in irgend einer Weise durch den Verbandsrevisor oder sonstwie zum Nutzen der übrigen Genossenschaften verwertet werden. Die Killiesschen Listen sind übrigens als praktisch zu empfehlen.

Die Diskussion ist geschlossen. Der Antrag wird in der veränderten Form einstimmig angenommen. (S. 204.)

V. Antrag des Anwalts.

Der Allgemeine Genossenschaftstag warnt die Kreditgenossenschaften aufs dringendste vor einer Überschreitung der von der Generalversammlung gezogenen Kreditgrenze und empfiehlt unter Hinweis auf den Beschluß des Allgemeinen Genossenschaftstages zu Gotha (1894) betreffend die Festsetzung der Kreditgrenze, diese im richtigen Verhältnis zur Vermögenslage der Genossenschaft zu halten.

Berichterstatter Direktor **E. Wiglow** (Wittenberge): Der Antrag des Anwalts lautet:

„Der Allgemeine Genossenschaftstag warnt die Kreditgenossenschaften aufs dringendste vor einer Überschreitung der von der Generalversammlung gezogenen Kreditgrenze und empfiehlt unter Hinweis auf den Beschluß des Allgemeinen Genossenschaftstages zu Gotha 1894, betr. die Festsetzung der Kreditgrenze, diese im richtigen Verhältnis zur Vermögenslage der Genossenschaft zu halten."

Die Erörterung der Frage, welche in dem vorliegenden Antrage des Anwalts behandelt wird, geht bis in die Anfänge des Genossenschaftswesens zurück, und eine Reihe von Genossenschaftstagen hat sich mit dieser Frage beschäftigt. Mancher könnte deshalb vielleicht meinen, eine erneute Erörterung sei überflüssig und unnütz, aber gerade das scheinbar Selbstverständliche wird nur zu leicht außer acht gelassen, und es gibt genossenschaftliche Wahrheiten, es gibt Grundforderungen solider Geschäftsführung, die nicht oft genug in Erinnerung gebracht und wiederholt werden können, weil auf ihrer strengen Beachtung das Fundament gleichsam der Genossenschaften ruht. Zu solchen genossenschaftlichen Grundforderungen solider Geschäftsführung gehört die richtige Festsetzung der Grenze, welche bei Kreditgewährung an Genossen eingehalten werden soll, die Festsetzung dieser Grenze in einem der Genossenschaft angepaßten und angemessenen Umfange.

Schulze-Delitzsch war es, der von Anbeginn an in Wort und Schrift den Genossenschaften dringend empfohlen hat, den Höchstbetrag der bei einem einzelnen Kunden gleichzeitig ausstehenden Kredite von Zeit zu Zeit festzustellen; auf den Allgemeinen Vereinstagen in Gotha 1860, in Mainz 1864 und Konstanz 1873 hat Schulze-Delitzsch diese Empfehlung in Anträgen zum Ausdruck gebracht und in seinem Musterstatut ist stets eine dementsprechende Statutenbestimmung enthalten gewesen. Diese Bestimmung Gesetz werden zu sehen, ist ihm nicht beschieden gewesen. Als im Jahre 1882 im Reichstage auf die Schulze-Delitzschsche Interpellation, wann die in Arbeit befindliche, sehnlichst erwartete Novelle zum Genossenschaftsgesetz vorgelegt werden würde, vom Ministertisch die Antwort kam, daß man die Novelle aufgegeben und den Erlaß eines neuen Genossenschaftsgesetzes für notwendig befunden habe, da sprach es unser Altmeister wehmutsvoll aus, daß nunmehr auf seine persönliche Beteiligung bei dieser gesetzgeberischen Arbeit mit irgendwelcher Sicherheit nicht mehr gerechnet werden könnte. Eine Vorahnung seines baldigen Scheidens erfüllte den großen Schöpfer des Genossenschaftswesens in diesen Tagen, und um seinen Wünschen für die Ausgestaltung des Genossenschaftswesens Ausdruck zu geben, schrieb er damals seine Broschüre „Material zur Revision des Genossenschaftsgesetzes". Seine Vorahnung hat sich leider nur allzubald erfüllt; 1883 standen die Genossenschaften trauernd an ihres Führers Bahre, die Broschüre war sein letztes Werk und in ihr ist gleichsam der letzte Wille von Schulze-Delitzsch, sein letztes Mahnwort an die von ihm geschaffenen Genossenschaften niedergelegt.

In diesem seinem letzten Werke ist auch die gesetzliche Normierung der Kreditgrenze gefordert, sowohl der Passiv- wie der Aktivkreditgrenze. Es ist gefordert eine Anweisung an die Generalversammlung auf Bestimmung des Höchstbetrages, welchen a) sämtliche die Genossenschaft belastenden Anleihen und Spareinlagen zusammen, b) die bei einem Mitgliede gleichzeitig ausstehenden Kredite nicht übersteigen dürfen.

Durch das Genossenschaftsgesetz von 1889 ist dieser Vorschlag Gesetz geworden. Früher § 47, jetzt § 49 des Genossenschaftsgesetzes sagt:

Die Generalversammlung hat festzusetzen

1. den Gesamtbetrag, welchen Anleihen der Genossenschaft und Spareinlagen bei derselben nicht überschreiten sollen,
2. die Grenzen, welche bei Kreditgewährung an einzelne Genossen eingehalten werden sollen.

Der Antrag des Anwalts weist hin auf die Einhaltung der Aktivkreditgrenze, der Grenze, welche bei Kreditgewährung an einzelne Genossen eingehalten werden soll, eine Grenze, deren Feststellung Schulze-Delitzsch forderte, damit die Genossenschaften nicht mit einem Risiko sich belasteten, das ihren Bestand gefährden könnte, und damit die Genossenschaften nicht vergäßen ihres vornehmsten Zweckes, genossenschaftlich und gemeinnützig zu wirken, vielen zu dienen und nicht danach zu streben, in einem großen Geschäfte die Gelder anzulegen, wenn solche Anlage in einem Geschäft auch nutzbringend geschehen könnte. Es soll in dieser Gesetzesbestimmung den Genossen ein Einfluß auf die Geschäftsführung gesichert werden, die Genossen sollen es in letzter Linie in der Hand haben, durch diese Beschlußfassung dafür zu sorgen, daß der genossenschaftliche Rahmen gewahrt bleibt.

Was nun als Kreditgewährung an einzelne Genossen zu betrachten ist, war nicht immer unstreitig. Daß ein Vorschuß- oder Lombarddarlehn solche Kreditgewährung darstellt, daß bei einem Kontokorrentkredit die bewilligte Höchstsumme des Kredits dahin zu rechnen ist und nicht etwa die jeweilig entnommene Summe, war immer unstreitig; die Diskontierung von Geschäftswechseln als Kreditgabe zu betrachten, haben frühere Beschlüsse der Genossenschaftstage festgestellt, und ebenso dürfte es keinem Zweifel mehr unterliegen, daß der Einreicher der Wechsel für die volle Höhe der von ihm zum Diskont gegebenen Wechsel als Kreditentnehmer anzusehen ist, sodaß also die volle Höhe der Diskontwechsel in die Höchstkreditgrenze für den Diskontanten einzurechnen ist. Ebenso ist meines Erachtens etwa gewährter Kautions- oder Akzeptkredit in diese Grenze einzubeziehen.

Dagegen sind nicht einzurechnen Bürgschaftsverpflichtungen, da diese eine direkte Kreditentnahme nicht darstellen. Diesen Standpunkt hat auch die Revisorenkonferenz 1896 in Wiesbaden eingenommen. Auf gleiche Stufe mit Bürgschaftsverpflichtungen sind zu stellen die Giroverpflichtungen, auch sie sind dem Giranten nach meiner Meinung auf seine Kreditgrenze nach § 49 des Gesetzes nicht anzurechnen. Ob einzelne Genossenschaften, wie es auch die Reichsbank tun soll, einzelnen Giranten einen Teil der betreffenden Wechselbeträge belasten oder nicht, kann hier nicht außer Betracht bleiben.

Auch die Zweckmäßigkeit oder Nichtzweckmäßigkeit eines solchen Verfahrens braucht hier nicht erörtert zu werden, — in die Höchstkreditgrenze nach § 49 ist eine Giroverbindlichkeit aus Wechseln, die von Dritten diskontiert sind, nach meiner Meinung unter keinen Umständen einzurechnen. Ferner sind nicht einzurechnen Verbindlichkeiten aus Anlage müßiger Gelder, wie z. B. aus Prima-Diskonten, da es sich hierbei meistens nicht um eine Kreditgabe an einzelne Genossen, im Sinne des Gesetzes handelt, sondern mehr um ein Geschäft, das in seinem Charakter dem Ankauf von Wertpapieren zu vergleichen ist.

Nach dieser Feststellung der als Kreditgewährung zu betrachtenden Geschäfte dürfte sich empfehlen Betrachtung über die Höhe der Kreditgrenze. Die Höhe der Grenze hat sich zu richten nach dem Bedürfnis der Genossen und nach den Verhältnissen der Genossenschaft. Unser Anwalt, Herr Dr. Crüger, sagt in der VII. Auflage von „Vorschuß- und Kreditvereine als Volksbanken“ hierüber:

„Als Grenze ist aber unter allen Umständen von den Genossenschaften festzuhalten, daß sie weder über ihre finanziellen Kräfte im besonderen, noch über die Verkehrsgrenzen, welche den genossenschaftlichen Volksbanken im allgemeinen vermöge ihrer Einrichtung und Bestimmung gezogen sind, hinausgehen."

Die Genossenschaft muß das berechtigte Kreditbedürfnis ihrer Mitglieder zu befriedigen suchen, sie muß aber auch so ihre Mittel verteilen, daß sie möglichst vielen Mitgliedern bei Kreditbedürfnis dienen kann. Als Höchstbetrag der Kreditgrenze für einzelne Genossen wurde früher angenommen eine Summe, welche einem Jahresgewinn plus Reservefonds gleichkam, Schulze-Delitzsch hat diese Höhe auf Genossenschaftstagen mehrfach vertreten. Der Genossenschaftstag in Gotha 1894 hat den Genossenschaften empfohlen:

„Die nach der Bestimmung des Gesetzes durch die Generalversammlung für die Kreditgewährung an Genossen festzusetzende Grenze in der Regel nicht über den Betrag des Reservefonds der Genossenschaft zu bemessen."

Und die Revisorenkonferenz zu Wiesbaden 1896 hat ausgesprochen:

„Es ist darauf zu achten, daß die Grenze im allgemeinen nach der ungefähren Höhe der vorhandenen Reserven festgesetzt werde."

Es ist bei allen diesen Beschlüssen maßgebend gewesen der Gedankengang, daß es mißlich sei, wenn durch einen Verlust der Geschäftsgewinn eines Jahres aufgezehrt würde, daß es mißlicher sei, wenn gar der Reservefonds durch einen Verlust erschöpft würde, daß es aber gefährlich für den Bestand einer Genossenschaft sei, wenn bei Verlust an einem Kunden das Mitgliederguthaben angegriffen werden muß.

Es ist also als Höchstgrenze früher der Reservefonds plus Geschäftsgewinn eines Jahres, später der Reservefonds allein empfohlen worden. **Jetzt wollen die Genossenschaften nach dem Beschluß von Kreuznach 1902 ihren Reservefonds auf mindestens 10 % des Betriebskapitals allmählich bringen. Es will mir scheinen,** daß nach dieser Erhöhung der Reservefondsgrenze eine Verminderung der Kreditgrenze, soweit sie sich nach der Höhe des Reservefonds richtet, am Platze ist. Herr Dr. Crüger sagt auch schon in der VII. Auflage unseres klassischen Führers,

„daß am füglichsten ein gewisser Teil des Reservefonds als maßgebend angenommen wird".

Bei einem dem Kreuznacher Beschlusse gemäß auf 10 % der Betriebsmittel angefüllten Reservefonds würde ein diesem Reservefonds entsprechender Kredit $^1/_{10}$ des ganzen Betriebskapitals ausmachen. Das ist für einen einzelnen Genossen eine zu hohe Summe. Große Reserven können nicht unbedenklich in einem Risiko angelegt werden und Vereine mit großen Reservefonds würden weit über den genossenschaftlichen Rahmen und genossenschaftliche Tätigkeit hinausgehen, wenn sie wirklich diese ganzen Reservefonds an ein Mitglied ausleihen wollten. Wohl haben wir große gut geleitete Genossenschaften unter uns, und wir können auf diese großen Genossenschaften stolz sein. —

Diese ganz großen Genossenschaften mögen auch größere Kredite bewilligen; allgemein sollte man die großen Geschäfte ruhig den Großbanken überlassen. In Rücksicht darauf, daß die den Genossenschaften anvertrauten Gelder meistens Ersparnisse kleiner Leute sind, sollten die Genossenschaften darauf sehen, unbedingt sichere Anlagen für diese Kapitalien zu schaffen und mit der Verteilung des Risikos auf möglichst viele Schultern wächst die Sicherheit. Es erscheint mir darum der Erwägung wert, künftighin die Höchstgrenze der Kredite nicht nur zu der Höhe der Reserven, über welche hinaus diese Grenze, abgesehen von Ausnahmefällen, z. B. bei neubegründeten jungen Vereinen, überhaupt nicht festgesetzt werden sollte, sondern daneben vielleicht auch zu der Höhe der Betriebsmittel in Verhältnis zu setzen.

Besondere Schutzmaßregeln sind im Musterstatut, gemäß dem Beschlusse des Genossenschaftstages von Berlin 1899, empfohlen durch Wahl der Einschätzungskommission behufs Begrenzung der Kredite für die Mitglieder des Aufsichtsrats und, soweit überhaupt Vorstandsmitglieder noch Kredite erhalten, des Vorstandes. Es ist anzunehmen, daß diese Einschätzungkommissionen in den meisten Vereinen zur Einführung gelangt sind und daß den Genossen dadurch alljährlich Gelegenheit gegeben ist, durch eine Vertrauenskommission von der Belastung der Verwaltungsmitglieder Kenntnis zu nehmen und diese Belastung in angemessenen Grenzen zu halten.

Es ist darauf zu achten, daß die Höhe der Kreditgrenze in genauer Summe bestimmt wird. Statutenvorschriften, wie sie früher stellenweise im Brauch waren, daß die Höhe bestimmt werden sollte im Verhältnis zum Guthaben, daß sie ein vielfaches der Geschäftsguthaben betragen sollte, entsprechen nicht dem Gesetz, und die Revisorenkonferenz von Wiesbaden 1896 hat deshalb auch den Revisoren empfohlen darauf zu achten, daß die Grenze ziffernmäßig festgesetzt werde.

Eine alljährliche Festsetzung ist nicht nötig und empfiehlt sich auch nicht; die Veränderung der Festsetzung hat nur bei verändertem Bedürfnis zu erfolgen. Zulässig ist natürlich, daß — neben der ziffernmäßigen Festsetzung eines Maximalbetrages — für die verschiedenen Kreditarten verschiedene Kreditgrenzen festgesetzt werden und solche verschiedene Festsetzung ist sogar für ausgebildetere Genossenschaften zu empfehlen. Damit lassen sich die Grenzen für vorzüglich gedeckte Kredite, z. B. Lombardkredite, höher stellen als die Grenzen für Bürgschaftskredite, es läßt sich bei solcher verschiedener Festsetzung der Grenzen leichter das Bedürfnis der einzelnen Genossenschaften erfassen und es ist dann der Vorstand nicht so leicht einer gewissen Gefahr ausgesetzt, die vorgeschriebene Grenze zu überschreiten, um ein an sich sicheres Geschäft nicht auszuschlagen.

Das sind die gesetzlichen Vorschriften, deren Innehaltung der Verwaltung der Genossenschaft bei persönlicher Haftbarkeit zur Pflicht gemacht wird. Nach §§ 34 und 41 des Genossenschaftsgesetzes haben Vorstand und Aufsichtsrat die Sorgfalt eines ordentlichen Geschäftsmannes anzuwenden und jede der beiden Körperschaften haftet solidarisch für den durch Verletzung ihrer Obliegenheiten der Genossenschaft entstehenden Schaden.

Daneben bestimmt § 27 des Genossenschaftsgesetzes für den Vorstand:

„Der Vorstand ist der Genossenschaft gegenüber verpflichtet, die Beschränkungen einzuhalten, welche durch Statut und Beschlüsse der Generalversammlungen festgesetzt sind.“

Der Vorstand hat also darauf zu halten, daß die von der Generalversammlung festgesetzte Kreditgrenze nicht überschritten wird, und der Aufsichtsrat hat die Tätigkeit des Vorstandes hierbei zu kontrollieren. Eine Überschreitung der von der Generalversammlung gezogenen Kreditgrenze würde, wenn dadurch ein Verlust erwächst, der Genossenschaft das Recht geben, den Vorstand und Aufsichtsrat persönlich für den Schaden haftbar zu machen, und zwar haften Vorstand wie Aufsichtsrat solidarisch.

Vorstand und Aufsichtsrat haben auch die Pflicht, nicht nur Überschreitungen zu vermeiden, sondern auch für eine richtige Festsetzung der Kreditgrenze zu sorgen, für eine Bemessung der Kreditgrenze in dem Umfange, welchen die Verhältnisse der Genossenschaft und die Bedürfnisse der Genossen vorschreiben. Bei leichtfertigen Vorschlägen an die Generalversammlung könnten Vorstand und Aufsichtsrat möglicherweise verantwortlich gemacht werden unter der Begründung, daß sie die Sorgfalt eines ordentlichen Geschäftsmannes vernachlässigten.

Mögen deshalb die Vorstände unserer Genossenschaften ein wachsames Auge haben darauf, daß die Aktivkreditgrenze bei Kreditgewährung nicht überschritten werde, ein wachsames Auge in ihrem eigenen Interesse und im Interesse der Genossenschaft! Mögen die Vorstände ihrer Pflicht sich stets bewußt sein, wenn es gilt, für die Kreditgrenze der Generalversammlung Vorschläge zu unterbreiten, mögen sie stets sich bewußt sein, daß nicht Willkür und nicht Wohlwollen gegen einen einzelnen oder gegen einige wenige in solchem Beschluß zum Ausdruck kommen darf, sondern daß solcher Beschluß sich aufbauen muß auf sorgsame Prüfung der Lage der Genossenschaft und des Bedürfnisses ihrer Mitglieder! Und mögen die Mitglieder in den Generalversammlungen sich bei diesem Beschlusse stets bewußt sein — und wenn sie es nicht sind, möchten sie darauf hingewiesen werden —, daß sie mit diesem Beschlusse den größten Einfluß ausüben können auf gesunde gedeihliche Entwicklung ihrer Genossenschaft, daß hier eine Stelle ist, bei der sie als Äquivalent für die Last der Haftpflicht, welche sie tragen, ihrer Genossenschaft den Weg vorschreiben können, den die Genossenschaft gehen soll. Die Generalversammlung hat es hier in der Hand, wie der Anwalt Dr. Crüger einmal ausgeführt hat, verhängnisvollen Ausschreitungen der Vorstände ein Ziel zu setzen, aber auch dem Andrängen von kreditbedürftigen Genossen, die mit ihrem zu großen Kreditbedürfnis in den Rahmen der Genossenschaft nicht hineinpassen, sich entgegenzustellen. Die Vorstände sollten es deshalb auch nicht unterlassen, die Generalversammlungen bei Beschlußfassung über die Kreditgrenzen auf die Wichtigkeit der Sache hinzuweisen und belehrend zu wirken, — leider ist zuweilen die diesbezügliche Gesetzesbestimmung als Ausfluß der Theorie und leere Form — ganz zu Unrecht — behandelt.

Ich bin am Schluß. Die Verhältnisse ändern sich, alles fließt, auch bei den Genossenschaften ist vieles im Fluß. Aber gewisse Grundforderungen bleiben bestehen, und eine solche Grundforderung an solide Geschäftsführung ist die von Schulze-Delitzsch den Genossenschaften als Vermächtnis hinterlassene und jetzt Gesetz gewordene Forderung nach Feststellung der sorgsamen Einhaltung der Aktivkreditgrenze. Wohl sind die Verhältnisse der einzelnen Genossenschaften verschieden, verschieden wird deshalb für die einzelnen Genossenschaften die Höhe der Aktivkreditgrenze sein. Aber alle Genossenschaften sollten bei Festsetzung dieser Grenze, bei Veränderung derselben und bei strenger Einhaltung der Grenze sich erinnern dessen, was Schulze-Delitzsch mit diesem Vermächtnis gewollt hat, sie sollten sich bei Erledigung dieser Frage erfüllen mit dem echten genossenschaftlichen Geist, der die Genossenschaften groß gemacht hat und der, wenn er lebendig erhalten wird, den Schulze-Delitzschschen Genossenschaften im Wirtschaftsleben der Völker dauernd eine geachtete und segenbringende Stellung sichern wird.

Damit empfehle ich die Annahme des Antrages des Anwalts.

(Bravo!)

Vorsitzender Verbandsdirektor Justizrat **Wolski** (Allenstein): Ich nehme an, meine Herren, daß wir uns mit diesen Ausführungen alle einverstanden erklären können, und daß sich an diesen Vortrag eine Debatte nicht weiter anschließen wird.

Der Antrag wird einstimmig angenommen.

VI. Antrag des Anwalts:

In Erwägung, daß die Beleihung von Wertpapieren ohne Börsenkurs für die Volksbanken mit ernsten Unzuträglichkeiten und sogar mit Gefahren verbunden ist, weil

1. **die Volksbanken bei Nichterfüllung der Verbindlichkeiten des Schuldners nur durch öffentliche Versteigerung des Pfandes aus demselben Befriedigung suchen können;**
2. **für die Festsetzung der Beleihungsgrenze solcher Wertpapiere ein zuverlässiger Maßstab fehlt, und deshalb dem Vorstand vorbehalten bleiben muß, nach seinem Ermessen diese Grenze zu bestimmen und auch — je nach den Umständen —, während das Geschäft schwebt, enger zu ziehen, was die Bankleitung leicht einem ungerechten Verdacht aussetzt, ohne doch die Bank selbst überall wirksam vor Verlusten zu schützen;**

empfiehlt der Allgemeine Genossenschaftstag, bei solchen Lombardgeschäften, wenn sie nicht ganz vermieden werden können, die äußerste Vorsicht, insbesondere fortgesetzte Überwachung des inneren Wertes der fraglichen Wertpapiere.

Berichterstatter Verbandsrevisor **Dr. Schneider-Potsdam**: Meine Herren, mit der mehr bankmäßigen Entwicklung vieler Kreditgenossenschaften Hand in Hand geht eine gesteigerte Darlehnsgewährung gegen Hinterlegung von Effekten. Allerdings hat dieser Geschäftszweig hier und da einen zu großen Umfang angenommen. Wo dem Vorstand die Kenntnis des Effektengeschäfts fehlt, sollte er die Lombardierung von Effekten überhaupt unterlassen, oder aber sie in enge Grenzen einschließen, d. h. er sollte sich darauf beschränken, nur erstklassige Effekten, die jedermann kennt und die man nach dem Augenschein leicht beurteilen kann, zum Gegenstand der Beleihung zu machen. Es ergeben sich, wenn man anders verfährt, leicht nicht nur Unzuträglichkeiten, sondern auch erhebliche Verluste. Wir haben vor etwa 30 Jahren es erlebt, daß einer der damals größten Vorschußvereine durch die Verwechslung von zwei Sorten von Bergwerksaktien einen großen Verlust erlitt. Er war der Meinung, Aktien beliehen zu haben, die im Kurszettel einen sehr günstigen Kurs hatten, während die beliehenen Aktien in der Tat überhaupt keinen Kurs mehr hatten. Derartige Erfahrungen können sich täglich wiederholen dort, wo die Vorstände und Vereinsleiter mit dem Effektengeschäft nicht besonders bekannt sind und dieses Effektengeschäft trotzdem in den Bereich ihrer Tätigkeit aufnehmen. Meine Herren, es wird sich selbstverständlich auch das Lombardieren von Effekten nach den örtlichen Verhältnissen verschieden gestalten. Vielen Vereinen ist es unzweifelhaft bei angemessener Behandlung ein sicherer und vorteilhafter Geschäftszweig — ich sage bei angemessener Behandlung, d. h. wenn für die Höhe der Beleihung angemessene Grenzen festgesetzt sind und wenn weiterhin die Veränderungen im Werte der beliehenen Effekten sorgfältig beobachtet werden, und, je nachdem derartige Grenzverschiebungen zuungunsten des Vereins und zuungunsten der beliehenen Sicherheiten erfolgen, rechtzeitig die geeigneten Maßregeln getroffen werden, um den Verein vor Verlusten zu schützen. In der Regel werden ja diese Geschäfte bei den Vorschußvereinen in etwas anderer Form gemacht als beispielsweise bei der Reichsbank: es werden derartige Darlehen gewährt ebenso wie andere Vorschüsse auf festes dreimonatliches Ziel, nicht gegen eine kurze Kündigung. Bei der Beleihung auf festes dreimonatliches Ziel ist weiter in Betracht zu ziehen und hat der Verein dafür Vorsorge zu treffen, einmal, daß er bei der Fälligkeit gegen Verluste gesichert ist, weiterhin, daß er auch dann schon sich vor Verlusten schützt, wenn das Geschäft noch läuft, und wenn eine erhebliche Verminderung des Wertes der Effekten eintritt, daß er sich also das Recht vorbehält, von dem Schuldner schon vor Fälligkeit der Schuld eine Ergänzung des Pfandes oder eine entsprechende Abzahlung zu verlangen. Und soweit die Beleihung sich auf Effekten beschränkt, die einen Börsenkurs haben, ist es jetzt bei den Bestimmungen des § 1221 B.G.B. sehr wohl nicht nur möglich, sondern leicht und bequem gemacht, sich dann, wenn bei Fälligkeit der Schuldner nicht bezahlt, sich durch Veräußerung des Pfandes an der Börse Deckung zu verschaffen. Es heißt im § 1221:

Hat das Pfand einen Börsen- oder Marktpreis, so kann der Pfandgläubiger den Verkauf aus freier Hand durch einen zu solchem Verkauf öffentlich ermächtigten Handelsmakler oder durch eine zur öffentlichen Verpfändung befugte Person zum laufenden Preise bewirken.

Meine Herren, hiernach kann bei derartigen Wertpapieren immer der Ersatz aus dem Pfand erzielt werden. Es kann nur noch Streit darüber entstehen, der Kurszettel welcher Börse dafür maßgebend sein soll. Darüber wird also in den Bedingungen Vorsorge zu treffen sein. Wie der Börsenkurs selbstverständlich bei Fälligkeit maßgebend ist, so auch, wenn, während das Geschäft schwebt, die Kurse zurückgehen. Danach richtet sich das Recht des Vorstandes, eine Ergänzung des Pfandes zu fordern oder eine entsprechende Abzahlung.

Meine Herren, ganz anders stellt sich die Sache bei solchen Wertpapieren, die einen Markt- oder Börsenpreis nach Maßgabe des § 1221 B.G.B. nicht haben. Wenn ein Darlehen, welches durch solche Wertpapiere sichergestellt ist, bei Fälligkeit der Schuld nicht bezahlt wird, dann kann, um sich aus dem Pfande zu befriedigen, nach dem § 1220 B.G.B. nur die Versteigerung des Pfandes Platz greifen. Der § 1220 besagt:

„Die Versteigerung des Pfandes ist erst zulässig, nachdem sie dem Verpfänder angedroht ist; die Androhung darf unterbleiben, wenn das Pfand dem Verderben ausgesetzt und mit dem Aufschube der Versteigerung Gefahr verbunden ist. Im Falle der Wertminderung ist außer der Androhung erforderlich, daß der Pfandgläubiger dem Verpfänder zur Leistung anderweitiger Sicherheit eine angemessene Frist bestimmt hat und diese verstrichen ist. Der Pfandgläubiger hat den Verpfänder von der Versteigerung unverzüglich zu benachrichtigen; im Falle der Unterlassung ist er zum Schadensersatz verpflichtet. Die Androhung, die Fristbestimmung und die Benachrichtigung dürfen unterbleiben, wenn sie untunlich sind."

Meine Herren, das sind sehr erhebliche Beschränkungen in der Verwertung derartiger Pfänder. Auch nach der anderen Richtung ergeben sich Schwierigkeiten, und zwar größere Schwierigkeiten, insoweit es darauf ankommt, daß die Genossenschaft, während das Geschäft schwebt, sich schützt gegen den Verlust, der durch eine erhebliche Verminderung im Werte des Pfandes entstehen kann.

Meine Herren, hier entsteht die Frage: wann tritt bei solchen Effekten, die keinen Börsenkurs haben, eine Wertverminderung ein, respektive wer ist ermächtigt, darüber zu entscheiden und nach welchen objektiven Merkmalen kann man sich darüber schlüssig machen, ob solche Wertverminderung tatsächlich vorliegt? Ein objektiver Maßstab würde natürlich sein: wenn die Gesellschaft, die diese Wertpapiere ausgegeben hat, in Konkurs gerät; dann wird natürlich der Vorstand die Verpflichtung haben, den Schuldner, der derartige Aktien hinterlegt hat, zur Ergänzung des Pfandes, zur Stellung eines anderen Pfandes oder zur vollständigen Tilgung der Schuld zu veranlassen. Es sind aber auch viele Möglichkeiten denkbar, die vorübergehend oder für längere Zeit den Wert eines solchen Wertpapieres beeinträchtigen können, ohne daß der Konkurs in Frage steht. Da es also an einem objektiven Maßstab für die Beurteilung der Wertverminderung vollständig fehlt, so bleibt nichts übrig, als die Entscheidung darüber dem subjektiven Ermessen der Vereinsleitung zu überlassen, die das betreffende Wertpapier in Pfand genommen hat.

Gegen eine derartige rein subjektive Entscheidung der Frage bestehen aber offenbar ganz erhebliche Bedenken. Wenn diese subjektive Entscheidung richtig sein soll, so hat sie zur Voraussetzung, daß der Vorstand über den inneren Wert dieser Wertpapiere genau informiert oder wenigstens in der Lage ist, sich genau darüber zu unterrichten. Wenn dann seine Entscheidung zuungunsten dieses Wertpapieres ausfällt, dann liegt es auf der Hand, daß derjenige, der das Pfand bestellt hat, davon nicht nur sehr unangenehm berührt sein wird, sondern daß er wahrscheinlich auch die Behauptung des Vorstandes, daß der Wert des Pfandes sich vermindert habe, lebhaft bestreiten wird. Daraus entstehen unter Umständen unerquickliche Auseinandersetzungen. Wenn es sich nun gar um ein Papier handelt, das sonst für den Ort, wo der Verein besteht, eine gewisse Bedeutung hat, dann können auch noch dem Vorstande Vorwürfe gemacht werden, daß er durch seine Strenge und durch seine enge Bemessung der Beleihungsgrenze indirekt dies Papier diskreditiert und die betreffende Gesellschaft, die es ausgegeben hat, benachteiligt habe. Es wird also, wenn der Vorstand gewissenhaft seines Amtes hierbei waltet, und nachdem er sich von einer solchen tatsächlich eingetretenen Wertverminderung überzeugt hat, dem Schuldner gegenüber die entsprechende Konsequenz zieht, dadurch für den Vorstand selbst eine schwere Stellung erwachsen. Es werden alle diejenigen, welche an dem betreffenden Unternehmen im Orte ein lebhaftes Interesse haben, die Partei des Schuldners nehmen, und so können aus derartigen Geschäften sehr unangenehme Zwistigkeiten entstehen.

Man könnte nun sagen: diese unangenehmen Folgen der Beleihung solcher Wertpapiere müssen überwunden werden, weil es sich bei derartigen Papieren um Unternehmungen handelt, die im allgemeinen wirtschaftlichen Interesse gefördert zu werden verdienen, und bei denen deshalb der Vorstand solche Unzuträglichkeiten für die Beleihung mit in den Kauf nehmen muß. Meine Herren, da ist eben die Frage: besteht in der Tat ein allgemeines wirtschaftliches Interesse an derartigen kleinen Aktienunternehmungen? Das wird man meines Erachtens in der Regel nicht behaupten können. Es besteht ja heutzutage ein sehr weit verbreitetes Bestreben, die persönliche Verantwortlichkeit für irgend welche gewerblichen und industriellen Unternehmungen abzustreifen und sie lediglich durch die Verantwortlichkeit eines aufgebrachten und dafür bereitgestellten Kapitals zu ersetzen. Es würde die größte Torheit natürlich sein, wenn man sich allgemein gegen das Prinzip der Aktiengesellschaften erklären wollte. Unzweifelhaft ist den Aktiengesellschaften nach vielen Richtungen hin der Kulturfortschritt und der wirtschaftliche Fortschritt zu verdanken, aber dieses Verdienst beschränkt sich doch wesentlich auf solche Aktiengesellschaften, die sich mit Unternehmungen befassen, die über die Kräfte eines einzelnen oder weniger einzelner Unternehmer hinausgehen, und die überhaupt nur zur Ausführung gelangen können, wenn große Kapitalien aus weiteren Kreisen zusammengebracht werden. Meine Herren, es handelt sich aber bei den hier in Betracht kommenden Aktiengesellschaften, die doch unter einer Million Mark Aktienkapital haben, um eine Förderung des allgemeinen wirtschaftlichen Fortschritts weniger, als lediglich um die Befriedigung eines lokalen Bedürfnisses, und deshalb wird man nicht an den Vorstand einer Volksbank den Anspruch erheben können, daß er bei der Beleihung solcher Werte mit besonderer Rücksicht verfahren sollte. Ganz besonders wird es den Vereinen zu empfehlen sein, insoweit diese kleinen Unternehmungen Aktienbanken darstellen, bei Beleihung dieser Aktien besonders vorsichtig zu sein, nachdem die Erfahrung gerade auf diesem Gebiete oft genug gezeigt hat, daß manchmal gewissermaßen über Nacht selbst die Aktien durchaus renommierter größerer Banken erheblich gesunken sind, und daß diese Gefahr um so näher liegt bei einer kleineren Aktienbank, wo schon ein nennenswerter Verlust den Wert dieser Aktien erheblich herabdrücken kann. Meine Herren, man kann deshalb nur raten, daß die Vereine mit der Beleihung solcher Papiere äußerst vorsichtig sind und sich dieser Beleihung überhaupt nur dann und zwar in engen Grenzen hingeben, wenn sie die Überzeugung haben dürfen, daß sie selbst immer genau über den Fortgang des Unternehmens unterrichtet sein werden.

Es kommt hierbei dann noch eine Frage in Betracht, die bei der Beleihung von Wertpapieren mit Börsenkurs meines Erachtens keine praktische Bedeutung hat: das ist die Frage, ob nach den Bestimmungen der Zivilprozeßordnung (§ 777) im Wege des Vertrages darauf verzichtet werden kann, den Pfandgläubiger zuerst aus dem Pfande Befriedigung suchen zu lassen, und ob man sich vertragsmäßig verpflichten kann, ohne das Pfand in Anspruch nehmen zu lassen, die Exekution in das sonstige Vermögen des Schuldners zu gestatten. Meine Herren, bei Wertpapieren, die einen Börsenkurs haben, ist diese Frage deshalb nicht praktisch, weil ich mir wenigstens für eine Kreditgenossenschaft kaum einen Fall konstruieren kann, daß sie durch die Exekution in das sonstige Vermögen des Schuldners schneller ihre Forderung decken könnte, als durch Verkauf der verpfändeten Papiere an der nächsten Börse. Der Verkauf an der Börse ist ja ein so schnell zu vollziehendes Geschäft, daß es jedenfalls zum Vorteil des Vereins leichter wird zum Abschluß zu bringen sein, als wenn der Verein das Pfand ruhig liegen läßt und durch die Exekution in das sonstige Vermögen des Schuldners Deckung sucht. Anders allerdings liegt die Frage bei der Beleihung solcher Wertpapiere, die keinen Börsenkurs haben, weil, wie ich andeutete, nach den Bestimmungen des Bürgerlichen Gesetzbuches mit der öffentlichen Versteigerung an sich schon erhebliche Verzögerungen verbunden sind. Hier hat die Frage eine praktische Bedeutung: kann man überhaupt im Wege des Vertrages darauf verzichten, daß der Pfandgläubiger die Befriedigung in erster Linie aus dem Pfande sucht? kann man ihn vertragsmäßig dazu berechtigen, sich unter Umgehung des Pfandes an das sonstige Vermögen zu halten? Meine Herren, die Bestimmungen des § 777 der Zivilprozeßordnung sind wohl aus der allgemeinen Richtung, die bei Abfassung des Bürgerlichen Gesetzbuches auch sonst hervortrat, hervorgegangen, daß man gewissermaßen den Schuldner als den schwächeren Teil zu betrachten habe: er ist das Lamm, welches von dem Gläubiger als Wolf verfolgt wird und welches gegen diesen Wolf so viel wie möglich von der Gesetzgebung geschützt werden muß.

Meine Herren, wenn von diesem Standpunkte ausgegangen wird, könnte man sagen, es entspreche den allgemeinen Interessen, sei gewissermaßen öffentliches Recht, daß hier der Schuldner geschützt werden muß gegen Inangriffnahme seines sonstigen Vermögens, solange das Pfand noch nicht veräußert ist. Meine Herren, es ist aber andererseits zuzugeben, daß irgend eine Bestimmung in der Zivilprozeßordnung oder sonst im Bürgerlichen Gesetzbuch nicht zu finden ist, die dahin geht, daß Verträge, die dem § 777 widersprechen, ungültig sein sollen, und da es sonst in der Gesetzgebung üblich ist, daß, wenn die Vertragsfreiheit in solcher Beziehung erheblich beschränkt wird, daß auch ausdrücklich im Gesetze festgelegt wird, indem man entgegenstehende Verträge für nichtig erklärt, so muß man daraus, daß eine solche Bestimmung in der Zivilprozeßordnung oder im Bürgerlichen Gesetzbuch nicht gegeben ist, wohl die Schlußfolgerung ziehen, daß hier in der Tat die Vertragsfreiheit besteht, sodaß also der Verein, wenn er derartige Wertpapiere ohne Börsenkurs beleiht, wenn er sich aber andererseits das Recht vorbehält oder sich von seinem Schuldner das Recht einräumen läßt, an Stelle des Pfandes sein sonstiges Vermögen in Anspruch zu nehmen, dann auch in der Tat berechtigt ist, in dieser Weise zu verfahren. Aber, meine Herren, das würde mich dann erst recht bestimmen, dem Verein zu raten, möglichst vorsichtig in der Beleihung solcher Wertpapiere zu sein; sonst kann dieses ganze Lombardgeschäft schließlich herauslaufen auf ein Feigenblatt für die Gewährung von Blankokredit. Es wird irgend ein beliebiges Pfand, das aber herzlich wenig zu bedeuten hat, einem Verein hingelegt, und der Schuldner räumt dem Verein das Recht ein, sich in erster Linie an sein sonstiges Vermögen zu halten, und der Vereinsvorstand sagt: der Schuldner ist uns auch so gut, daß wir im Notfall auch ohne das

Pfand in seinem sonstigen Vermögen Deckung finden — was ist das anders als ein versteckter Blankokredit? Meine Herren, das scheint mir in der Tat eine Gefahr, die nicht leicht zu nehmen ist, wenn man bedenkt, wie oft man bei der übermäßigen Beleihung von Wertpapieren auf den Einwand seitens der Vereinsleitung stößt: der Mann ist auch sonst so ausgezeichnet und steht hier so groß da, daß wir auf die Sicherstellung des Pfandes gar nicht so viel Gewicht zu legen brauchen. Das läuft darauf hinaus, daß dieses Pfand nur eine Dekoration ist, die den Vorstand vor dem Vorwurf schützen soll, daß er ohne genügende Sicherstellung oder überhaupt ohne Sicherstellung einen Kredit gewährt hat.

Ich bin also der Meinung, daß gerade auch diese Bestimmung dazu auffordert, den Antrag des Anwalts anzunehmen, der ja im großen und ganzen dahin geht, diese Erweiterung des Lombardgeschäfts zu widerraten und nur in ganz besonderen Fällen, wo örtliche Verhältnisse solche Geschäfte unabweisbar erscheinen lassen, dieselben zulassen will in der Voraussetzung, daß dabei mit der größten Vorsicht zu Werke gegangen wird, und daß dem Vorstande in der Vereinsleitung weitgehende Vollmachten von seiten des Schuldners eingeräumt werden.

Ich empfehle Ihnen, meine Herren, hiernach den Antrag des Anwalts zur Annahme.

(Lebhaftes Bravo.)

Vorsitzender: Wenn kein Widerspruch erfolgt, ist der Antrag angenommen.

Wir hätten nun unsere sechs Punkte der Tagesordnung zu den Angelegenheiten der Kreditgenossenschaften erledigt, und hiermit ist auch unsere Vormittagssitzung geschlossen.

(Schluß der Sitzung nach 12¾ Uhr.)

Verhandlungen der Konsumvereine

am Freitag, den 26. August 1904 nachmittags 2 Uhr 15 Min.

Vorsitzender: Verbandsdirektor Oppermann (Magdeburg).

Schriftführer: Assessor Hauß (Charlottenburg)

Vorsitzender Verbandsdirektor **Oppermann** (Magdeburg): Meine geehrten Herren! Wie Sie wissen, bin ich bestimmt worden, die heutige Versammlung zu leiten.

Herr Verbandsdirektor Kletke wird die Güte haben, die Stellvertretung zu übernehmen, für den Fall, daß ich schwach werden sollte.

(Heiterkeit.)

Indem ich Sie aufs herzlichste begrüße, freue ich mich der großen Zahl, die hier anwesend ist. Meine Herren, Breslau hat ja eine hohe Bedeutung gerade für die Konsumvereine: es ist gewissermaßen der Stern, der am Himmel steht und weithin leuchtet. Sie alle haben sich auch gestern davon überzeugt, daß der Breslauer Konsumverein den Ruhm verdient, den wir ihm allezeit gezollt haben. Wir sind hoch erfreut gewesen, alle diese Einrichtungen kennen gelernt zu haben und sind ungemein dankbar dafür, daß die Herren, insbesondere aber Herr Direktor Welck, die Sache in ausgezeichneter Weise uns vorgeführt haben, uns in jeder Beziehung belehrt und auch aufs herrlichste verpflegt haben, ja sogar das trockene Brot dazu gaben, uns aber auch das Salz zur Verfügung gestellt haben.

Ich hoffe nun, meine geehrten Herren, daß auch unsere heutige Versammlung wieder segensreich für die Konsumvereine wirken möge. Wir haben ja in Treue festgehalten den Stürmen der Zeit gegenüber, und ich bin überzeugt, wir werden auch weiter vorwärts kommen, ohne gestört zu werden, wie es in den letzten Jahren leider der Fall gewesen ist. Selbstverständlich wollen wir keineswegs stille stehen; denn Stillstand ist Rückschritt; wir wollen auch fortschreiten. In dieser Beziehung kann ich Ihnen schon jetzt sagen, haben die Verbandsdirektoren der Konsumvereine besondere Verhandlungen gepflogen, woraus viel Gutes herauskommen wird. Wir werden soviel wie möglich bemüht sein, für die Konsumvereinssache überall einzutreten und sie weiter auszubilden.

Ich werde also hiermit die Versammlung eröffnen. Für die Angelegenheiten der Konsumvereine hätten wir zunächst Punkt

I. Antrag des Breslauer Konsumvereins:

Der Allgemeine Genossenschaftstag empfiehlt den Konsumvereinen bei der Revision der Lagerbestände und bei der Feststellung von Unterlagen für die Aufstellung der Bilanz die in der Anlage zur Tagesordnung*) enthaltenen Grundsätze zu beobachten.

Soll ich den Antrag verlesen?

(Zurufe: Nein!)

Es hat ihn ja jeder in Händen. Also Herr Direktor Welck, wollen Sie die Güte haben und das Referat übernehmen!

Berichterstatter Direktor **E. Welck** (Breslau): Meine geehrten Herren! Bekanntlich hat der im vorigen Jahre in Danzig abgehaltene Allgemeine Genossenschaftstag auf Antrag des Herrn Anwalts und nach einem ausführlichen Referate des Herrn Dr. Schneider den Genossenschaften Grundsätze und Protokolle für die Inventuraufnahme und Revision empfohlen.

Durch die dieser Empfehlung zugrunde liegende Arbeit haben alle Genossenschaftsarten und deren Verwaltungsorgane sehr wertvolle allgemeine Vorschriften erhalten, um der verantwortungsvollen Aufgabe

*) Vgl. die Tagesordnung S. 22 ff. der vorliegenden „Mitteilungen".

der Aufstellung einer den bestehenden Gesetzesbestimmungen und den Interessen der Genossenschafter entsprechenden Bilanz eher gerecht zu werden.

Im Anschluß an jene in den „Mitteilungen" über den Danziger Genossenschaftstag veröffentlichten Ratschläge erlaubte ich mir Ausführungsbestimmungen für Konsumvereine zu formulieren, die sich lediglich auf die Revision der Lagerbestände und auf die Herstellung der sich aus der Aufnahme dieser Bestände ergebenden Unterlagen für die Aufstellung der Bilanz beschränken.

Ich habe dies getan, weil mir bekannt ist, daß bei Anfertigung der Bilanz noch vielfach Unklarheiten bestehen und weil ich glaube, daß vielen Vereinen gerade mit einer Zusammenstellung ausführlicher Bestimmungen für die Schaffung der Unterlagen für die Bilanz gedient sein wird.

Allerdings weiß ich nicht, ob mir die Fassung der Leitsätze so gelungen ist, daß Vereine mit anderen Einrichtungen sie nicht mißverstehen. Hoffentlich werden bei der Beratung derartige etwaige Mängel noch aufgedeckt und beseitigt, sowie etwaige Mißverständnisse aufgeklärt.

Meine Herren. Die Leitsätze sind in zwei Abschnitte geteilt. Ein Abschnitt bezieht sich auf die Aufnahme der Lagerbestände und der andere auf die Schaffung und Verwendung der sich aus dieser Aufnahme ergebenden Unterlagen für die Aufstellung der Bilanz. Der erste Abschnitt ist also gewissermaßen die Unterlage für den zweiten.

Im ersten Abschnitt „Bestandsaufnahme und -revision" unterscheiden wir zunächst die unangemeldete (außerordentliche) und die angemeldete (ordentliche) Aufnahme der Lagerbestände. Die unangemeldete hat immer den Zweck, die Geschäftsführung des Lagerhalters zu kontrollieren. Diese im Laufe des Geschäftsjahres vorzunehmende Kontrolle kann bestehen in einer Revision der Markenbestände oder in einer Vollrevision. Erstere können natürlich nur diejenigen Vereine vornehmen, welche auf sämtliche Waren Marken- bezw. Rückgewährberechtigung gewähren und somit in der Lage sind, eine Kontrolle über die Verwaltung der Markenbestände auszuführen. In jedem Falle ist bei der Markenrevision immer zu beachten, daß sie bei etwaiger Unredlichkeit des Lagerhalters nur geringen Anhalt zur Kontrolle bietet und daß, falls sie ein größeres Manko ergibt, unverzüglich eine Vollrevision stattfinden muß. Die beste Kontrolle über die Geschäftsführung des Lagerhalters bietet selbstredend immer die unangemeldete Vollrevision, zu der außer der Ermittelung der Kassen- und Markenbestände die Feststellung der Waren- und Fastagenvorräte gehört.

Die ordentliche Aufnahme, welche immer am Schlusse des Geschäftsjahres stattfindet, bezweckt ebenfalls die Revision der vom Lagerhalter verwalteten Bestände, und dient zugleich als Grundlage für die Feststellung des Rechnungsabschlusses. Dieserhalb umfaßt sie außer der bei der Vollrevision erwähnten Aufnahme auch die Utensilien und

Geschäftsgeräte. Eine solche ordentliche Aufnahme ist beim Personalwechsel ebenfalls erforderlich.

Soviel über den Zweck und das Wesen der verschiedenen Bestandsaufnahmen.

Alle Bestandsaufnahmen sind vom Vorstande zu veranlassen, vorzubereiten und unter Mitwirkung von Vorstands- bezw. Aufsichtsratsmitgliedern, oder von anderen Beauftragten der Vereinsverwaltung in Gegenwart und unter Mitwirkung des Lagerhalters oder einer von ihm bevollmächtigten Person auszuführen.

Zu einer sorgfältigen Vorbereitung gehört, daß das Aufnahmeverzeichnis mit Rubriken versehen ist, die die schnelle Einrückung der Warenmengen erleichtern. Dasselbe ist in zwei und bei Übergabe des Lagers an einen anderen Lagerhalter in drei Exemplaren zu führen. Die Führung des zweiten oder dritten Exemplars ist Sache der Lagerhalter.

Meine Herren. Über die Ausführung der Aufnahme enthalten die §§ 9—12 des in Ihren Händen befindlichen Entwurfs ausführliche Bestimmungen, die sich in langjähriger Praxis bewährt haben. Wichtig ist, daß am Schlusse jeder Aufnahme eine Vergleichung der Inventurprotokolle betreffs der Menge und Preise vorgenommen und die Richtigkeit der Aufnahme durch Unterschrift des Lagerhalters und des Leiters anerkannt wird.

Aufgabe der Verwaltung ist es nun, das Ergebnis der Bestandsfeststellung auf schnellste Weise zu ermitteln. Tritt hierbei ein größeres Manko hervor, so hat nach dessen Deckung eine unangemeldete Revision des Markenbestandes oder noch besser eine nochmalige Vollrevision stattzufinden, da sonst sehr leicht das Manko mit dem eigenen Vereinsgelde gedeckt werden kann.

Bei wiederholtem Vorkommen größerer Differenzen darf die Entlassung des Lagerhalters nicht aufgeschoben werden. Der Dienstvertrag des Lagerhalters muß deshalb die Bestimmung enthalten, daß bei jeder derartigen Differenz die sofortige Amtsenthebung des Lagerhalters verfügt und jederzeit eine Bestandsrevision angeordnet werden kann.

Jedes Manko ist vom Lagerhalter sogleich bar zu decken, damit die Kaution unberührt bleibt.

Nunmehr komme ich zu dem zweiten Abschnitt. Von Wichtigkeit ist es, zuerst immer die Abrechnung mit dem Lagerhalter auf Grund der vertraglichen Bestimmungen vorzunehmen. In dieser Abrechnung sind alle Vergütungen des Lagerhalters zu berücksichtigen, worauf nach schriftlicher Anerkennung derselben die Ausgleichung der zwischen dem Soll- und Istbestande bestehenden Differenz erfolgt. Dies geschieht durch Barzahlung oder — sofern das Kassenbuch für die betreffende Geschäftsperiode bereits abgeschlossen ist — zunächst durch Be- oder Entlastung des persönlichen oder eventuell des Kautionskontos des Lagerhalters.

Sodann wird zur Feststellung des Inventurwertes der Warenbestände geschritten. Hierbei ist daran festzuhalten, daß zuerst der gesamte beim Lagerhalter vorgefundene Kassenbestand zur Ablieferung und Gutschrift gelangt, und daß die Bezugspreise in Ansatz gebracht werden. Haben diese jedoch bis zum Inventurtage einen Rückgang erfahren, so werden sie entsprechend niedriger bewertet. Letzteres hat auch bei den durch lange Lagerung minderwertig gewordenen Warengattungen zu geschehen. Die Feststellung des für die Utensilien in die Bilanz einzustellenden Wertes geschieht in der Weise, daß zu dem Buchwert laut vorheriger Bilanz die Ausgaben für während des Geschäftsjahres stattgefundene Neuanschaffungen hinzu- und die satzungsmäßigen Abschreibungen, sowie etwaiger durch Brand, Diebstahl 2c. entstandener Verlust abgerechnet werden. Die Kosten für Beschaffung solcher Gegenstände, die voraussichtlich in wenigen Jahren einer Erneuerung bedürfen, sowie die Instandhaltungskosten sind nicht auf Utensilienkonto, sondern auf Verwaltungskonto zu verbuchen.

Meine Herren! Schließlich gehört noch zu den aus der Bestandsaufnahme zu entnehmenden Unterlagen für die Bilanz die Summe der bei der Verteilung des Reingewinns zu berücksichtigenden Marken. Für die Feststellung dieser Summe bestehen leider verschiedene Grundlagen bei den Verbandsvereinen, obwohl hier Einheitlichkeit sehr am Platze wäre. Vor allem müßte niemals die Summe der von den Vereinsmitgliedern abgelieferten, sondern stets der Gesamtbetrag der an diese verabfolgten Marken als Unterlage für die Verteilung des Reingewinnes gelten. Welche Praxis bei der Ermittelung der an die Vereinsmitglieder verabfolgten Marken die empfehlenswerteste ist, hebt der vorliegende Entwurf der Grundsätze zum Schlusse ebenfalls hervor.

Eine Besprechung dieses Punktes und verschiedener anderer Grundsätze der Vorlage dürfte wünschenswert und zweckmäßig sein.

(Beifall.)

Vorsitzender Verbandsdirektor **Oppermann** (Magdeburg): Ich danke dem Herrn Redner für den lichtvollen Vortrag.

Von unserem sehr geehrten Freunde, Herrn Rat Pröbst ist wieder eine sehr verdienstliche Arbeit auf dem Gebiete der Städtestatistik geleistet worden, von der er uns freundlichst Abdrücke hat zukommen lassen. Ich habe schon einen Teil verteilen lassen. Falls dies Heft nicht in aller Hände ist, ersuche ich, es hier in Empfang zu nehmen.

Ich eröffne die Diskussion über den Vortrag des Herrn Welck.

Verbandsdirektor **Krüger** (Berlin): Herr Direktor Welck geht in seinem Referat davon aus, daß die Inventur so genau aufgenommen werden müsse, daß Fehler nicht vorkommen, die nachher nicht leicht zu ändern wären. Ich glaube, daß läßt sich erreichen, wenn nach aufgenommener Inventur eine gegenseitige Vergleichung der Inventurlisten vorgenommen wird, und wenn dieselben nicht übereinstimmen, kann man immer noch die Warenbestände kontrollieren, um festzustellen, wer den Fehler begangen hat.

Bezüglich der Utensilienaufnahme möchte ich lieber empfehlen, für jede Verkaufsstelle ein Utensilienbuch zu führen mit dem Wert der vorhandenen Gegenstände; die ausrangierten Gegenstände werden gestrichen, neu angeschaffte wieder zugeschrieben. Sobald für jede Verkaufsstelle und jeden Bureauraum ein ordnungsmäßiges Inventurbuch geführt wird, halte ich es für ganz unnötig, daß bei der Inventur noch einmal eine Utensilienaufnahme vorgenommen wird. Überhaupt hat die Utensilienaufnahme mit der Bilanzzusammenstellung nach meiner Ansicht nichts zu tun. Wenn jedes einzelne Inventarstück mit seinem Wert im Inventarbuch angeführt wird, ist das zugleich der Feuerversicherung gegenüber ein Ausweis dafür, was die Gegenstände gekostet haben.

Direktor **Welck** (Breslau): Meine Herren! Ich bedaure mit meinem Freunde **Krüger** nicht übereinzustimmen. In § 11 Ziffer 7 ist gesagt, daß eine Vergleichung der Protokolle des Lagerhalters und des Leiters der Inventur unbedingt erforderlich ist.

Dann sagte Herr Kollege **Krüger**, das Utensilienkonto könnte man in der Weise führen, daß in einem Buche die Werte im Lager angegeben sind. Dann könnte aber meines Erachtens niemals eine richtige Unterlage für die Bilanz gefunden werden. Denn wenn wir beispielsweise einen Ladentisch für 200 Mark gekauft haben und ihn zu diesem Werte aufnehmen, so wäre die Inventur, auch wenn der Tisch erst wenige Monate benutzt wurde, schon nicht mehr richtig, da der Wert dieses Ladentisches nicht derselbe bleibt. Sie können für die Bilanz niemals den Wert maßgebend sein lassen, mit dem jedes einzelne Utensilienstück in dem Aufnahmeverzeichnis steht. Ferner müßten Sie, wenn ein Ersatz stattfindet — Sie haben z. B. einen Gegenstand verkauft oder kassiert, weil er unbrauchbar war — den Betrag, mit dem das Stück zu Buche steht, abschreiben und den Wert des neu anzuschaffenden wieder einrücken. Das würde noch eher gehen. Aber wir müssen, wie ich vorher sagte, darauf halten, daß die Utensilien nicht mit dem Anschaffungswerte, sondern mit einem niedrigeren Werte in die Bilanz gestellt werden. Wenn wir in die Bilanz den Wert ein für allemal so einstellen, wie er sich aus dem Utensilienbuch für die einzelnen Gegenstände ergibt, so würde das nicht gehen; denn wenn ich auch so und soviel abschreibe, wie will ich denn den Prozentsatz von dem Wert eines jeden Utensilienstückes abschreiben? Ich müßte ja bei jedem Gegenstand eine Anzahl von Kolonnen haben, und bei jedem Geschäftsjahresabschluß den entsprechenden Betrag abschreiben. Wenn Sie so verfahren, wie ich es Ihnen im Entwurf empfohlen habe, so machen Sie auf leichte Weise einen solideren Abschluß: Sie lassen den wirklichen Wert für Utensilien ganz außer Betracht und stellen nur fest, ob die Utensilien da sind und ob ihr Wert etwa durch außergewöhnliche Beschädigung zurückgegangen ist. Eine derartige erhebliche Wertverringerung müßte natürlich in der Bilanz zum Ausdruck kommen, aber in der Regel wird der wirkliche Wert viel höher sein, denn man schreibt möglichst viel von den Utensilien ab, um sie tunlichst bald amortisiert zu haben.

Direktor **Stephan** (Berlin): Ich möchte meinem Freunde Krüger zu Hilfe kommen, da ich seine Ansicht teile. Ich bin jetzt einige 30 Jahre Vorsitzender eines Konsumvereins, habe also einige Erfahrung mit dem Inventarverzeichnis. Das Inventarverzeichnis zum Einkaufspreis hat einfach den Wert, einen Belag der Feuerversicherung gegenüber in Händen zu haben, denn dem Lagerhalter gegenüber ist bloß die Stückzahl maßgebend. Ein vernünftiger Konsumverein wird zweifellos ein für allemal von dem Inventarienverzeichnis, nicht wie es im Utensilienbuche steht, sondern im Hauptbuche, einen bestimmten Prozentsatz absetzen, entweder 15% oder wenn bereits stark abgeschrieben ist, 10%. Neue Erwerbungen fallen von selber dem Konto zu, weil sie durch die Kasse gehen, ebenso Einnahmen für verkaufte Sachen, die unbrauchbar oder weggeworfen worden sind; auch sie gehen durch die Kasse. Also die Kasse und der Betrag des Kontos wie er im Hauptbuch steht ist das maßgebende für die Inventur. Das Verzeichnis soll dem Lagerhalter nur sagen: du hast die und die Stücke gehabt, die mußt du vorlegen können, sind sie nicht vorhanden, mußt du sie beschaffen. Was sie uns gekostet haben, ist meist viel mehr, als womit sie zu Buche stehen.

(Sehr richtig.)

Denn ältere Vereine werden so viel abgeschrieben haben, daß dieses Utensilienverzeichnis nur noch nominell besteht.

(Sehr richtig.)

Ich bin fest überzeugt, daß unser Inventar, wenn wir es selbst verramschen würden, 8 bis 10000 Mark einbringen würde; zu Buch steht es aber, wenn ich nicht irre, mit noch nicht 2000 Mark; soweit ist es heruntergeschrieben. Das wird für alle, besonders die älteren Vereine zutreffen. Die Inventur ist an und für sich schon eine schwere Arbeit, warum soll man sie sich noch erschweren? Also alle diese Schwierigkeiten mit dem Utensilienverzeichnis und der Inventur scheinen mir zu weit zu führen. Die Abschreibung in der Kasse ist das richtige für den Wertbestand. Ich gebe zu, daß für den Lagerhalter ein Spezialverzeichnis bestehen muß, damit man ihn haftbar machen kann. Der Feuerversicherung gegenüber gibt es ein Verfahren, das vielleicht nicht in allen Vereinen durchsetzbar ist, das ich aber doch zur Sprache bringen will. Ich habe mich den Feuerversicherungen gegenüber jetzt immer auf die Hinterbeine gesetzt und gesagt, das und das ist der Wert unserer Utensilien resp. unseres Inventars; wollt ihr es versichern? Das ist aber der Wert zurzeit. Wenn Sie einmal in der Lage sind, mit Feuerversicherungen zu regulieren, so wenden die ein: „Ihr habt ja so und soviel abgeschrieben, infolgedessen haben die Utensilien nur so und soviel Wert“, für uns haben sie aber einen höheren Wert, so lange sie gebrauchsfähig sind. Ich setze den Gesellschaften die Pistole auf die Brust: Wollt ihr das versichern oder nicht?

Sonst suche ich eine andere Versicherung! Jede gute Versicherung ist gern bereit, auf diesen Vorschlag einzugehen.

(Zurufe: Sie werden nicht aufgenommen!)

— Sie werden aufgenommen, vorausgesetzt, daß sie einen guten Namen haben, denn es ist ja Tatsache, daß Brände bei Warenlägern häufig vorkommen. Ich habe es durchgesetzt und die Feuerversicherungen gezwungen, zu dem von mir angenommenen Wert das Inventar zu versichern, sodaß sie nicht nachher damit kommen können: ihr habt so und soviel abgeschrieben.

Vorsitzender Verbandsdirektor **Oppermann** (Magdeburg): Meine geehrten Herren, ich befinde mich allerdings in einer kleinen Differenz mit Herrn Direktor Welck. Es ist wirklich nicht notwendig, daß man das gerade bei der Juventur macht; man kann es ebenso gut etwas vorher oder nachher ausführen. Unbedingt soll es aber geschehen. Daß dieses Utensilienverzeichnis geführt wird, darauf halten meine Revisoren alle. Sie überzeugen sich, daß das Utensilienverzeichnis vorhanden ist, aber auch weiter, daß der Lagerhalter anerkennt, was ihm übergeben ist. Denn wenn er weggeht, müssen ihm die Utensilien doch wieder zurückgefordert werden.

Ganz und gar ist aber Herr Stephan im Irrtum. Gerade die Schlesische Feuerversicherung habe ich verwaltet und ich weiß also Bescheid. Es wird die bestimmte Summe versichert. Keine Gesellschaft wird Ihnen aber einen Pfennig mehr vergüten, als der Wert am Tage des Brandes ist.

(Sehr richtig.)

Das ist also ein Irrtum von Herrn Stephan.

Nun komme ich zu einem andern Punkte. Einige Vereine sagen: wir wollen absichtlich nicht soviel abschreiben, sonst sagt die Versicherungsgesellschaft: das hat ja nur den und den Wert gehabt. — Das ist ebenfalls ein großer Irrtum. Wenn ich z. B. Fabrikbesitzer bin, kann ich mir den kleinen Scherz erlauben und schreibe die Fabrik mit einer Mark in die Bilanz. Was geht das die Feuerversicherung an? Absolut nichts. Genau so liegt es hier mit der Feuerversicherung. Also, verehrter Herr Stephan, ich sage Ihnen nur: Sie werden den Wert nicht ersetzt bekommen, den Sie versichert haben.

Anwalt **Dr. Crüger**: Das hat mit der Vorlage an und für sich nichts zu tun.

Geschäftsführer **Wagner** (Wittenberg): Ich kann dem Herrn Vorredner hinsichtlich der Aufnahme der Inventur in die Bilanz beistimmen. Wenn von Jahr zu Jahr Abschlüsse gemacht werden, so wird unbedingt das Vermögen der Inventur festgestellt; kommen neue Sachen hinzu, so werden sie abgeschrieben. Am Jahresschluß wurde vorher soviel abgeschrieben, daß das Inventarverzeichnis eine bedeutend kleinere Summe aufweist, als vorher. Wenn aber die Werte festgestellt worden sind, und es kommen neue Sachen hinzu, so haben diese eben einen bestimmten Wert und am Jahresschluß wird die

15

Abschreibung vorgenommen werden. Ich glaube gewiß, daß solche Bilanz stimmen wird und daß ein Verein in dieser Weise recht gehandelt hat. Ich möchte den Vorständen nicht weitere Arbeitslast aufbürden, die sich daraus ergeben würde.

Direktor **Welck** (Breslau): Ich muß konstatieren, daß wir, meine Herren, überhaupt nicht differenzieren, es hat zu Anfang nur ein Mißverständnis obgewaltet, wir stimmen in der Sache vollständig überein. Wenn Sie den § 18 lesen, so werden Sie das bestätigt finden und ich habe auch in diesem Sinne nur ausgeführt: soweit es die Bilanz betrifft, ist der vorherige Wert, mit welchem die Utensilien in der Bilanz stehen, maßgebend. Dazu kommen die Neuanschaffungen und davon gehen ab die Abschreibungen, falls nicht noch andere Abschreibungen abzurechnen sind, wie Verluste durch Brand, Verkäufe usw. Nun ist die Verwaltung verpflichtet, eine Inventur zu machen, die den gesetzlichen Anforderungen genügt, und das Gesetz verlangt, daß der Vorstand sich davon überzeugt, daß der Wert der in Ansatz gebrachten Gegenstände auch da ist, und wenn Sie das auch nur stichprobenweise machen, machen werden Sie es immer müssen, um der gesetzlichen Pflicht zu genügen. Wenn Sie z. B. ein Haus haben und Sie sagen nicht im Inventurprotokoll: wir haben das Haus vorgefunden, es ist da — so ist das eigentlich ein Verstoß gegen das Gesetz. Unmöglich ist es ja, daß gerade am Abschlußtage das Vorhandensein jedes einzelnen Inventarstückes kontrolliert wird; darum ist es üblich, daß im Laufe des Geschäftsjahres eine Revision der Utensilien vorgenommen wird auf Grund einer in jedem Lager aufgenommenen Bescheinigung oder eines Verzeichnisses. Es handelt sich also nur um ein Mißverständnis, um eine Verwechslung der Pflicht dem Gesetz gegenüber mit der Erleichterung der Geschäftsführung gegenüber.

Verbandsdirektor **Jordan** (Görlitz): Mit der Art und Weise, wie Herr Direktor Welck die Inventarisierung wünscht, kann ich mich nicht einverstanden erklären. Er wünscht die Dividende auf die Differenz zwischen der Wareneinnahme und den abgelieferten Marken als Reingewinn für das nächste Jahr vorgetragen. Nun kommt es nach meiner Meinung darauf an, wie man die Markenberechnung überhaupt macht. Der eine Verein hat Marken 2, 3 Jahre lang; dann ist wohl richtig so zu verfahren, wie Herr Welck es vorschlägt. Wo aber der Verein jedes Jahr mit seinen Marken wechselt und in seinem Statut die Bestimmung hat, daß diejenigen Marken, welche bis zum Schlusse des Geschäftsjahres oder bis zu einer bestimmten Karenzzeit nicht abgeliefert sind, ihre Geltung verlieren, da ist es richtig, wenn man den Überschuß, also die Warendividende, auf die in dem vergangenen Geschäftsjahr zur Ablieferung gelangten Marken berechnet. Man hat dann gar nicht nötig, irgend etwas in Reserve für das nächste Jahr zu stellen, man will den Reingewinn für das nächste Jahr auch nicht vorbehalten, sondern man berechnet den Reingewinn, den man erzielt hat, voll und ganz auf denjenigen Markenbestand, welcher am Schlusse des Jahres zur Ablieferung gekommen ist.

Direktor Welck (Breslau): Meine Herren! Leider kann ich den Ausführungen des Herrn Kollegen Jordan nicht zustimmen. Ich halte es nicht für solide und richtig, wenn man nur diejenigen Marken mit Dividende berücksichtigt, die eingegangen sind. Es mag bei einigen Vereinen die Einrichtung bestehen, daß Marken nur bis zu einem bestimmten Termin angenommen werden. Aber gerade bei den Vereinen, die Herr Jordan im Auge hat, die nicht alle Jahre neue Marken ausgeben, halte ich meinen Vorschlag für absolut notwendig.

(Sehr richtig!)

Ich kenne aus meiner Praxis Vereine, die zweimal im Jahre abschließen, für das erste und zweite Halbjahr.

(Zuruf: Viermal sogar!)

Na, manche noch öfter. Da ist es gang und gäbe, daß die Mitglieder die Marken beliebig zurückbehalten. Sie liefern regelmäßig im ersten Halbjahr bedeutend weniger Marken ein als sie einliefern müßten. Dagegen bringen sie im zweiten Halbjahr — im Winter brauchen sie die Rückgewähr notwendiger — Marken, die sie im ersten Halbjahr nicht eingeliefert haben, zur Einlieferung. Was soll nun geschehen? Das zweite Halbjahr soll die Marken mithonorieren, die eigentlich das erste Halbjahr hätte honorieren müssen. Das ist formell schon falsch, Ich halte es aber auch nicht für richtig den gesetzlichen oder statutenmäßigen Bestimmungen gegenüber. Jedes Geschäftsjahr bildet für sich einen bestimmten Zeitabschnitt, und der Gewinn, der erzielt wird, ist — sofern das Statut nicht ausdrücklich anders bestimmt — von vornherein für alle die Marken zur Verteilung bestimmt, die in dem Geschäftsjahr ausgegeben werden. Sämtliche Marken müssen daher berücksichtigt werden, anders kommen wir damit nicht zustande. Wenn wir es anders machen und sagen: wir berücksichtigen nur die Marken, die uns von den Mitgliedern eingeliefert sind, so helfen wir nebenbei auch dafür sorgen, daß viele Marken später kommen.

Aber selbst bei anderen Vereinen, die alle Jahre ihre Marken kassieren, würde ich ein solches Verfahren für verfehlt halten. Es kann sehr leicht kommen, daß ein Mitglied nicht in der Lage ist, gerade bis 31. Januar, Abends 8 Uhr, wenn wir diesen Termin als Schluß des Markenzählgeschäfts bezeichnen dürfen, die Marken einzuliefern. Was wollen Sie nun machen, wenn am andern Tage solche Nachzügler Marken bringen oder wenn ein beim Zählen oder Quittieren der Marken vorgekommener Fehler erst später entdeckt wird? Sie haben die Pflicht, sämtliche Marken zu honorieren, außerdem gibt es natürlich Billigkeitsrücksichten Die Frau war z. B. krank und man will noch am nächsten Morgen die Marken einlösen. Man kann es nicht, weil die Markensumme bereits festgestellt und längst verrechnet ist. Auch aus diesen praktischen Gründen kann ich mich nicht für den Vorschlag begeistern, es anders zu machen, als ich es empfohlen habe. Es mag sein, daß das von Herrn Jordan empfohlene Verfahren in der Praxis, wenigstens bei vielen Vereinen, genügt, daß sie damit auskommen. Aber es kann auch anders kommen, es kann sich im Laufe des Geschäftsjahres eine große Agitation entwickeln und sich das Gerücht verbreiten: es gibt in diesem Jahre überhaupt keine Dividende. Dann kommt es so, daß das folgende Jahr die Markenschuld seines Vorgängers decken muß, während es doch immer Prinzip bleiben muß, unsern Abschluß so solide wie möglich zu machen.

Einen Nachteil kann die Berücksichtigung aller ausgegebenen Marken nie zur Folge haben, denn den Betrag, der zuviel berücksichtigt wird, will ja niemand ad saccum nehmen. Er soll zu keinem stehenden Fonds vereinigt werden, sondern er soll schon im nächsten Jahre in den Reingewinn fließen. Und darum liegt es im allseitigen Interesse, wenn wir nach dem Vorschlage des Entwurfs verfahren.

Anwalt **Dr. Crüger**: Die Frage steht mit dem, was wir verhandeln, nur in sehr losem Zusammenhange.

(Sehr richtig!)

Ich möchte vorschlagen, daß wir uns auf die Grundsätze beschränken, sonst gäbe es eine allerdings sehr interessante, aber auch sehr weitläufige Debatte, die uns aber schließlich hindert, den Gegenstand selbst zu beraten. Nachdem aber die Frage von zwei entgegengesetzten Seiten angeschnitten ist, ein Wort zur Dividendenverteilung. Die Frage hatte mich gerade in der letzten Zeit bei Ausarbeitung des Statuts auf Anfrage eines Konsumvereins lebhaft beschäftigt. Da bin ich zu folgendem Resultat gekommen: Wenn Sie im Statut die Bestimmung haben, daß der vorhandene Überschuß verteilt wird nach den bezogenen Waren, dann können Sie gar nicht anders, als diejenigen Dividendenmarken zugrunde zulegen, die ausgegeben sind.

(Sehr richtig!)

Wollen Sie anders verfahren, wollen Sie Dividende verteilen nach Grundlage derjenigen Marken, die bis zu einem bestimmten Termin eingeliefert sind, so müssen Sie das Statut dem anpassen. Die Sache kommt schließlich darauf hinaus: Will man diesen oder jenen Modus zugrunde legen? Ob wir darüber weiter debattieren wollen, stelle ich anheim. Jedenfalls möchte ich nicht das Mißverständnis entstehen lassen, daß man es so oder so machen kann, wie es genehm ist. Maßgebend ist vielmehr das Statut. Wo nach dem Statute der Überschuß verteilt wird nach Kapitaldividende, nach den bezogenen Waren, ist nichts anderes möglich, als die Marken zugrunde zu legen, die während des Geschäftsjahres zur Ausgabe gelangt sind.

Direktor **Stephan** (Berlin): Ich glaube gerade, wenn es im Statut heißt, wie es in den meisten Statuten steht:

„Zur Verteilung als Geschäftsüberschuß an die Mitglieder nach Verhältnis des Betrages, der von dem einzelnen Mitgliede entnommenen Waren“, dann ist die Quittung über die von den Mitgliedern bezogenen Waren zweifellos der Maßstab für die Dividende, nicht die im allgemeinen von dem Verein ausgegebenen Marken. Es steht ausdrücklich: „die von dem Mitgliede bezogenen Waren“.

(Zuruf: Nein, die ausgegebenen Marken!

Nein, die vom Mitgliede bezogene Ware!

(Zuruf: Er kann sie nicht anders beziehen!)

Ich betone das Wort „Mitglied“. Die Quittungen des Mitgliedes über bezogene Waren sind unbedingt die von ihm abgegebenen Marken. nicht die in der Gesamtsumme durch die Inventur verausgabten. Das ist eine sehr schwierige Frage, die juristisch zweifellos kontrovers ist.

(Zuruf: Nein!)

Darüber läßt sich streiten.

Ich möchte nur anregen, daß dies zwei verschiedene Standpunkte sind: die Marken des Mitgliedes und die von dem Verein abgegebenen Marken. Mit den Ausführungen über die Berechnungen der Dividende stimme ich sonst überein.

Anwalt **Dr. Crüger**: Bestreiten kann man alles, das ist unzweifelhaft. Aber in diesem Falle geht das Bestreiten doch etwas zu weit. Ich möchte nur darauf hinweisen: es ist bestritten, ob man ein Mitglied, das nach einem Jahre noch mit Dividendenmarken kommt, ohne weiteres mit denselben von der Dividende ausschließen kann.

Meine Herren! Ich möchte Sie bitten, als Grundsatz festzuhalten: Steht im Statut: „nach Maßgabe der von den Mitgliedern bezogenen Waren“, dann sind zunächst die Abrechnungen mit dem Lagerhalter dafür maßgebend. Aus denselben ergibt sich, wieviel Waren an die Mitglieder verteilt sind. Spätere Frage ist erst: wie will ich herausbekommen, wieviel Waren das einzelne Mitglied bezogen hat? Dazu brauche ich die von den Mitgliedern bezogenen Marken. Das ist aber erst der zweite Teil, nachdem ich im ersten festgestellt habe, wieviel Überschuß habe ich und wie habe ich denselben zu verteilen?

Verbandsrevisor **Dr. Schneider** (Potsdam): Tatsächlich sind öfters Meinungsverschiedenheiten entstanden über die Frage der Auslegung des Statuts. Ich habe mir erlaubt, um alle diese Streitigkeiten für die Zukunft soweit wie möglich auszuschließen, in dem neuen Musterstatut in der dritten Auflage des Handbuchs festzustelleu, daß die Mitglieder, welche nicht in bestimmten von der Verwaltung angesetzten Terminen ihre Dividendenmarken abgeliefert haben, des Anspruchs auf Dividende verlustig gehen.

(Zuruf: Das ist ein anderes Verfahren!)

Verbandsdirektor **Jordan** (Görlitz): Ich möchte nur konstatieren, daß die Widersprüche des Herrn Direktors Welck mich nicht davon haben überzeugen können, daß meine Ansicht nicht richtig wäre. Herr Dr. Schneider hat das, was ich gesagt habe, bestätigt. Im Statut steht entweder: „die Marken laufen mehrere Jahre“; dann muß der

Fonds zurückgestellt werden auf die verausgabten, nicht aber auf die zurückgelieferten Marken. Zweitens kann es sich nur darum handeln: die Marken werden jedes Jahr erneuert; dann muß die Dividende auf den Markenbetrag verrechnet werden, welcher am Schluß eines Jahres zurückgeliefert ist. Wir brauchen die Grenze für die Ablieferung nicht so kurz zu bemessen wie Herr Direktor Welck es will: ist der Jahresschluß am 31. Dezember, so könnte man ganz gut sagen: die Ablieferung hat bis zum 1. Januar oder 1. Februar zu erfolgen, — natürlich nur für den Fall, daß neue Marken für das neue Jahr ausgegeben werden.

Verbandsdirektor E. **Nolte** (Lüdenscheid): Ich kann mich nur auf den Standpunkt des Herrn Kollegen Jordan und des Herrn Dr. Schneider stellen, schon weil in meinem Verbande nicht Marken, sondern Anschreibbücher die Regel sind. Wenn man diese Anschreibbücher zugrunde legt, können von der Dividendenberechnung doch nur die Zahlen in Frage kommen, die notiert sind.

Direktor **Welck** (Breslau): Meine Herren, darüber besteht wohl kein Zweifel, daß, wenn das Statut sagt, daß nur die Marken zu berücksichtigen sind, die von den Mitgliedern eingeliefert werden, auch darnach zu verfahren ist. Nur den einen Fall, den der Herr Kollege Jordan hier zum zweitenmale unerwähnt ließ, möchte ich noch einmal hervorheben, nämlich daß die Mitglieder eines Vereins, der nicht alle Jahre seine Markenbestände erneuert, der sie vielleicht zehn, zwanzig Jahre lang benutzt, auch nach Jahr und Tag unter Umständen nach zwei Jahren und länger noch ihre Marken aus früheren Geschäftsperioden einliefern. Sie sammeln sie und spekulieren möglicherweise darauf, im nächsten Jahre eine höhere Rückgewähr zu erhalten; andere versäumen die Einlieferungstermine usw. Nur um diesen einen Fall der verspäteten Markeneinlieferung handelt es sich, und da derselbe sich alljährlich wiederholt, müssen unsere Einrichtungen und Grundsätze auf ihn Rücksicht nehmen.

Darin stimme ich mit den Herren Nolte, Jordan und Dr. Schneider überein: wenn das Statut es vorschreibt, ist ein für allemal jeder Zweifel, ob ausgegebene oder eingegangene Marken, ausgeschlossen. Es fragt sich aber, ob die meisten Vereinsstatuten hierüber überhaupt Bestimmungen enthalten. Wenn z. B. der Breslauer Verein die Einrichtung hätte, nicht alle Jahre die Marken zu erneuern, und sagte: für mich ist maßgebend die Anzahl der von den Mitgliedern abgelieferten Marken, so würde ich eine solche Verteilung des Reingewinns nicht unterschreiben, denn im Statut steht nicht, daß die Summe der eingelieferten Marken maßgebend ist. Aber wir halten doch auch immer daran fest, unsere Abschlüsse so solid wie möglich zu machen. Schon aus diesem praktischen Grunde würde ich nicht empfehlen, die Bestimmung in das Statut aufzunehmen, daß die von den Mitgliedern abgelieferte Markensumme maßgebend sein soll; ich würde immer daran festhalten, daß die ausgegebenen Marken berücksichtigt werden. Der finanzielle Effekt gleicht sich ja schon im nächsten Geschäftsjahr wieder aus; derselbe dürfte in den betreffenden Vereinen in dem Übergangsjahre überhaupt kaum nennenswerte Unbequemlichkeiten bereiten.

Vorsitzender Verbandsdirektor **Oppermann** (Magdeburg): Meine Herren! Ich als Vorsitzender muß sagen, wir weichen vollständig von dem ab, was wir hier zu beraten haben: das sind die Bestimmungen, die hier aufgestellt sind, die sind für unsere Debatte maßgebend, sonst werden wir nicht fertig. Die Bestimmungen müssen in Ihrem Besitze sein. Es fragt sich nur, wie wir es behandeln wollen. Paragraph für Paragraph zu debattieren, würde zu weit führen. Es ist wohl zweckmäßig eine Enblocannahme. Aber kleine Änderungen könnten immerhin vorgenommen und dann anerkannt werden.

Es ist soeben der Antrag eingegangen, die ganzen Paragraphen en bloc anzunehmen.

(Direktor Stephan erhebt Widerspruch gegen die Enblocannahme.)

Anwalt **Dr. Crüger**: Ich schlage vor, daß zunächst § 1—17 angenommen werden.

Die §§ 1—17 werden einstimmig angenommen.

Vorsitzender Verbandsdirektor **Oppermann** (Magdeburg): Wir kommen nun zu § 18.

Direktor **Stephan** (Berlin): Die Fassung, wie sie durch den Herrn Referenten ausgelegt ist, kann ich nicht annehmen. Es heißt hier:

„Für die Mobilien, Geschäftsgeräte, Maschinen usw., welche gemäß § 4 einer Aufnahme und Begutachtung unterliegen, kommt der Buchwert des letztjährigen Abschlusses zuzüglich der während des Geschäftsjahres stattgefundenen Aufwendung für Neuanschaffungen, des etwa durch Brand, Diebstahl usw. an Utensilien entstandenen Verlustes und abzüglich des Erlöses etwaiger Verkäufe, sowie der in den Satzungen vorgesehenen Abschreibungen für Abnutzung, in Ansatz.

Die Kosten für Beschaffung solcher Gegenstände, die voraussichtlich in wenigen Jahren einer Erneuerung bedürfen, und die Instandhaltungskosten für Utensilien sind nicht auf Utensilien-, sondern auf Verwaltungskonto zu verbuchen."

Ja, gegen diese Fassung läßt sich nichts einwenden!

(Große Heiterkeit.)

Meine Herren! Ich möchte meinen Protest doch aufrecht erhalten. Er richtete sich gegen die Auslegung des Paragraphen durch den Referenten, die mit der Fassung nicht übereinstimmt, wir haben uns eben mißverstanden; gegen die Fassung habe ich nichts einzuwenden.

Vorsitzender Verbandsdirektor **Oppermann** (Magdeburg): Wenn gegen die Fassung nichts einzuwenden ist, so frage ich: wird § 18 angenommen? (Zustimmung.)

§ 19 ebenfalls?

Verbandsdirektor **Jordan** (Görlitz): Mit § 19 geht es genau so wie mit § 18. Herr Direktor Welck hat seine Ansicht im Referat anders ausgedrückt, als in der Fassung steht.

§ 19 wird einstimmig angenommen, ebenso die Leitsätze insgesamt.

II. Antrag des Anwalts:

Der Allgemeine Genossenschaftstag empfiehlt den Konsumvereinen die Volksversicherung nach Maßgabe der Bedingungen des zwischen dem Allgemeinen Verbande und dem Allgemeinen deutschen Versicherungsverein in Stuttgart abgeschlossenen Vertrages den Mitgliedern bekannt zu geben und unter den Mitgliedern für die Volksversicherung zu wirken.

Berichterstatter Anwalt **Dr. Crüger**: Meine Herren! Jeden, der im wirtschaftlichen Verkehr steht, beschäftigt die Sorge um die Zukunft, und zwar um die eigene Zukunft und um die Zukunft der Familie. Wenn vielfach gering besoldete Beamtenstellungen solchen Privatstellungen vorgezogen werden, die erheblich größere Einnahmen garantieren, so ist dies nach meinem Dafürhalten meist darauf zurückzuführen, daß der, der in die Beamtenstellung hineingeht, sich sagt: Jetzt ist Fürsorge getroffen für den Fall, daß er krank, invalid wird, und wenn er frühzeitig stirbt, für seine Familie. Ist diese Fürsorge auch nicht außerordentlich groß, immerhin doch so, daß er und seine Familie gegen die drückendsten Sorgen geschützt sind. Wir sehen, wie in Deutschland von Jahr zu Jahr sich weiter ausdehnen die Zwangsversicherungen auf dem Gebiete der Krankenversicherungen, der Versicherung gegen Unfall, Invalidität und Alter und immer weiter gehende Wünsche und Anträge laut werden. Man ist beinahe so weit, daß man jeden Deutschen zum Staatspensionär machen möchte, sodaß, wenn eine gewisse Altersgrenze eintritt, er dann auch ein Recht auf Pension hat. Ich werde selbstredend davon absehen, hier zu untersuchen, ob derartige Wünsche berechtigt und erfüllbar sind.

Wie liegt es nun bei den Genossenschaften? Da haben wir zunächst die Vorstandsmitglieder. Für die Vorstandsmitglieder suchen wir zu sorgen durch unsere Kassen: die Hilfskasse, die Ruhegehaltskasse, denen sich hoffentlich nach den Beschlüssen, die wir in den letzten Tagen gefaßt haben, auch die Witwen- und Waisen-Pensionskasse alsbald angliedern wird. Anders liegt es bei den Aufsichtsratsmitgliedern, anders bei den Mitgliedern, soweit sie nicht zu jenen Kategorien der Bevölkerung gehören, die unter die Zwangsversicherung fallen. Soweit es nicht der Fall ist, bleibt den Mitgliedern des Aufsichtsrats und der Genossenschaften nichts anderes übrig, als für sich selbst zu sorgen und die Versicherungen zu wählen, die ihnen die nächstliegenden und besten zu sein scheinen. In der Regel nimmt man die Versicherung als Vorsorge für die Zukunft, die als Lebensversicherung bezeichnet wird. Es wird niemandem einfallen, die große volkswirtschaftliche Bedeutung der Lebensversicherung in Frage zu ziehen. Aber betrachten wir uns vor allen Dingen die Kreise, die bei den Genossenschaften und zumal bei den Konsumvereinen für die Lebensversicherung in Betracht kommen. Da möchte ich behaupten, daß der Prozentsatz der Mitglieder, die nicht unter die Zwangsversicherung fallen und für die Lebensversicherung geeignet sind, verhältnismäßig sehr gering ist, denn die Lebensversicherung gebietet, daß der, der sein Leben versichert, sei es abgekürzt, sei es auf den Todesfall, die Verpflichtung übernimmt, auf Jahre hindurch eine bestimmte Prämie zu zahlen. Das setzt voraus, daß der Versicherte sich in geordneten Verhältnissen befindet und weiß, daß er Jahr für Jahr aus seinen Einkünften die Prämie aufzubringen imstande ist. Meine Herren, mir fehlt das Material darüber, wie groß der Prozentsatz der Lebensversicherungen sein mag, die ein vorzeitiges Ende nehmen, weil der Versicherte nicht imstande ist, die Prämien fortzuzahlen. Ich glaube, ganz gering wird der Prozentsatz dieser Lebensversicherungen nicht sein.

Meine Herren! Als der Allgemeine Deutsche Versicherungsverein in Stuttgart mir mit dem Gedanken näher trat, die Genossenschaft für die Volksversicherung zu interessieren, d. h. für die Volksversicherung, die der Allgemeine Deutsche Versicherungsverein in Stuttgart betreibt, habe ich mich nach reiflicher Überlegung bereit erklärt, den Stuttgarter Versicherungsverein bei der Einführung der Volksversicherung in den Genossenschaften zu unterstützen. Dabei war mir wohl bekannt, daß die Volksversicherung in Deutschland in einen gewissen Mißkredit geraten war. Ich erinnere an die letzten Prozesse, die geschwebt haben. Die Volksversicherung unterschied sich eigentlich kaum von der Lebensversicherung; denn es konnte kommen, daß der, der die Volksversicherungsprämien gezahlt hatte, nach etlichen Jahren jeglichen Anspruch verlor.

Die Volksversicherung, die der Versicherungsverein Stuttgart betreibt, hat einen anderen Charakter. Bei derselben gibt jede Prämie einen selbständigen Anspruch auf Versicherung.

Die Dividenden, die bei den Genossenschaften zur Auszahlung gelangen, wenigstens die Kapitaldividenden, sind meist recht gering — und bei den Konsumvereinen kommen noch größere Beträge als Dividende hinzu, die auf Warenbezug verteilt werden — sie scheinen sich ganz besonders für die Zwecke der Volksversicherung zu eignen. Bei der Volksversicherung fällt das Moment fort, durch das die Lebensversicherung für die minder begüterten Klassen so wenig brauchbar ist: die regelmäßige Prämienzahlung. Der Versicherte übernimmt bei dieser Volksversicherung nicht die Verpflichtung, auf eine Reihe von Jahren hinaus bestimmte Prämien zu zahlen, jede Prämie, die er gezahlt hat, sichert ihm den Versicherungsanspruch. Ist er im nächsten Jahre in der Lage, wiederum eine Prämie zu zahlen, nun wohl: aus derselben ergibt sich wiederum ein selbständiger Lebensversicherungsanspruch. Er kann eine kleinere Prämie zahlen und erlangt dann einen entsprechend kleineren Versicherungsanspruch — die

Prämie kann größer sein — sie kann auch fortfallen, ohne daß dadurch die einmal erworbenen Ansprüche berührt werden.

Bei den Konsumvereinen kommt neben der Kapitaldividende die Warendividende in Betracht. Während wir sonst bei den Genossenschaften rechnen können mit einer Durchschnittsdividende von vielleicht 15, 20 Mk., so kommen bei den Konsumvereinen erheblich höhere Beträge heraus. Nun wird mit vollem Recht von der Verwaltung der Konsumvereine darauf hingewiesen, daß die heute zur Auszahlung gelangenden Dividenden meist eine sehr nutzbringende Verwertung finden. Darin liegt ja gerade die Bedeutung unserer Konsumvereine, daß sie eine Art Ersparnisanstalt sind, bei der die Mitglieder dadurch, daß sie zu Tagespreisen einkaufen, nicht einen augenblicklichen Vorteil mit nach Hause nehmen in Gestalt von einigen Pfennigen, sondern diese Pfennige bei der Genossenschaft stehen lassen, um am Jahresschluß über ansehnliche Beträge verfügen zu können. Diese Ersparnisse finden zu verschiedensten Zwecken Verwendung, sei es zur Deckung von Kosten, die dadurch entstanden sind, daß die Familie im Laufe des Jahres durch Krankheit in Unglück geraten ist, — sei es zur Beschaffung neuer Werkzeuge in seiner Werkstatt, um eine Neuerung einzuführen oder Verbesserungen vorzunehmen. Ich habe nicht nötig, meine Herren, Ihnen hier, den Vertretern der Konsumvereine, die große Bedeutung dieser Dividendenverteilung vor Augen zu führen. Wäre es nun aber nicht von noch größerem Vorteil für die Mitglieder, wenn diese im Laufe der Jahre, in denen sie etwas erübrigen können, einen Teil der Dividende für Versicherungszwecke zurücklegten? Ich glaube wohl, daß von den Hunderttausenden von Dividenden am Jahresschluß — wir sind nicht in der Lage, Material darüber beizubringen — heute schon ein erheblicher Teil auf die Sparkasse wandert. Würde es nicht erheblich besser sein, wenn man das Mitglied veranlaßte, einen Teil der Dividende zu Versicherungszwecken zu verwenden?

Meine Herren! Als ich an die Sache herantrat, glaubte ich, daß gerade von den Konsumvereinen dieser Gedanke mit dem lebhaftesten Beifall aufgenommen würde. Nun kamen freilich von anderer Seite, von dem Zentralverband der Konsumvereine, Quertreibereien. In der „Konsumgenossenschaftlichen Rundschau“ befleißigte man sich, diese Volksversicherung als vollkommen nutzlos darzustellen. Ich hatte dafür eigentlich nur eine Erklärung: Im Zentralverband der Konsumvereine war man höchst unzufrieden, daß der „Allgemeine Genossenschaftsverband“ wieder einmal zeigte, daß seine Leitung auch ein „Herz für die Konsumvereine“ hat, daß hier Einrichtungen geschaffen werden sollten, die für die Konsumvereine von Nutzen waren. Nur auf diese Quertreibereien kann ich es zurückführen, daß die Zahl der Konsumvereine, die von der Stuttgarter Volksversicherung Gebrauch gemacht haben, recht klein ist. Von allen Konsumvereinen unseres Verbandes erklärten sich nur sechs bereit, auf den Vertrag einzugehen und diese Art der Versicherung zur Kenntnis der Mitglieder zu bringen. Meine

Herren! Bei den Kreditvereinen ist die Zahl erheblich größer. Es sind einige Dutzend Kreditvereine neben nur sechs Konsumvereinen!

Ich möchte daher den Versuch machen mit dem Antrage, auf dem Allgemeinen Genossenschaftstage die Durchführung der Angelegenheit mit etwas größerer Energie zu betreiben. Ich werde abwarten, ob hier aus den Kreisen der Konsumvereine irgendwelche stichhaltige Bedenken gegen diese Volksversicherung vorgebracht werden können. Es ist ja denkbar, daß in dem Kreise der Mitglieder die Sache zunächst keine große Sympathie findet. Das ist schließlich mit allen neuen Einrichtungen so. Als ich an die Sache herantrat, war ich mir sehr wohl darüber klar, daß man zunächst in den Kreisen der Mitglieder der Genossenschaften ein Kopfschütteln haben wird. Aber ich sagte mir: zunächst werden es einige Dutzend sein und wenn erst einmal der Anfang gemacht ist, wenn sich gezeigt hat, wie diese Volksversicherung zum mindesten als Sterbekasse sich bewährt, so daß beim Todesfalle einzelner Mitglieder ansehnliche Beträge an deren Hinterbliebene herausgezahlt werden, dann wird zweifellos die Versicherung in die weitesten Kreise der Mitglieder eindringen. Aber zunächst liegt die Sache in den Händen der Verwaltung, sie möge den guten Willen zeigen. Wenn die Mitglieder dann von der Einrichtung keinen Gebrauch machen wollen, dann ist dies ihre Sache.

Wenn die Genossenschaften nicht der Ruhegehalts-, der Hilfskasse beitreten, dann brauchen sich die Vorstandsmitglieder oder die Angestellten, die später in Not geraten, nicht zu beklagen, denn sie haben selbst die Mittel von der Hand gewiesen, die ihnen zur Sicherung ihrer Lage geboten wurden. So liegt es nun auch bei den Mitgliedern. Ich meine, daß wir mit der Volksversicherung den Mitgliedern außerordentlich wertvolle Dienste erweisen können, und nicht bloß den Mitgliedern der Genossenschaften und des Aufsichtsrates, die außerhalb der Zwangsversicherung sind, sondern auch den Mitgliedern, die in der Zwangsversicherung sich befinden.

(Sehr richtig!)

Denn betrachten wir doch einmal die Beträge, die bei der Zwangsversicherung gezahlt werden! Sehr bedeutend sind sie nicht, sie reichen gerade aus, um die größte Not nicht in das Haus ziehen zu lassen. Die Mitglieder, die neben der Zwangsversicherung noch Gebrauch machen wollen von der Volksversicherung, würden sich zweifellos um das zukünftige Wohl der Familie sehr verdient machen.

Meine Herren! Ich sehe in dieser Volksversicherung nicht eine eigentliche Lebensversicherung, sondern eine Art Sterbekasse. Am schlimmsten geht es einer Familie, wenn der Ernährer stirbt; dann kommen die großen Ausgaben und Sorgen. Wie gut für die Familie, wenn ihr dann einige hundert Mark ausgehändigt werden können! Wie tragen sie dazu bei, der Familie die Möglichkeit zu bieten, im Laufe der Monate wieder in geordnete Verhältnisse einzutreten, — sie schützen dieselbe davor, Schulden zu machen.

Ich möchte deshalb recht sehr bitten, den Antrag nicht nur anzunehmen, — daran zweifle ich nicht, daß dies geschieht — sondern daß Sie alle, die Sie hier sind, sich davon überzeugen, daß wir es wirklich mit einer guten Sache zu tun haben. Die Verwaltung, die sich bereit erklärt, für diese Sache zu arbeiten, wird sich ein wirkliches Verdienst um die wirtschaftliche und sittliche Entwicklung ihrer Mitglieder erwerben. Vergessen wir auch nicht den wirtschaftlichen Einfluß, den diese Art der Spartätigkeit auf die Mitglieder ausüben wird. Wir haben in den letzten Tagen soviel von Sparkassen, von Spartätigkeit gesprochen; wir haben hingewiesen auf die vielen Sparkassen, die bestehen; ich habe vorhin erwähnt, wie die große Bedeutung des Konsumvereins darin liegt, daß er eine Sparkasse für seine Mitglieder bedeutet. Hier sind wir aber in der Lage, meine Herren, durch die Benützung der Volksversicherung zu Sterbekassen für die Mitglieder eine Sparkasse besonderer Art ins Leben zu rufen. Meine Herren! Es ist gut, wenn man an die Gegenwart denkt, aber noch wichtiger, wenn man an die Tage der Zukunft denkt und für den Fall, daß ein Unglück eintritt, die Familie vor der bittersten Not zu schützen. Mein Wunsch geht also dahin, den Antrag anzunehmen und Sorge zu tragen, daß durch die Geschäftsberichte die Mitglieder aufgeklärt werden. Lassen Sie sich nicht durch Mißerfolge abschrecken und wenn Sie zunächst nicht den geringsten Beifall finden, wenn die Mitglieder zunächst nur ein Lächeln dafür haben und sagen: das ist auch nur so ein Mittelchen. — Meine Herren! Steter Tropfen höhlt den Stein. Überall hat unsere genossenschaftliche Organisation Widerstand überwinden müssen. Je länger ich mich mit dem Gedanken beschäftige — wir haben ihn viel auf Unterverbandstagen besprochen — habe ich desto mehr die Überzeugung gewonnen: wir haben es mit einer guten Sache zu tun.

Kosten entstehen der Verwaltung nicht. Die gesamten Formulare werden Ihnen unentgeltlich zur Verfügung gestellt. Die ganzen Prämien, die gezahlt werden sollen, können gleichzeitig mit den Verbandsbeiträgen abgeführt werden, Sie bekommen dann von dem Stuttgarter Versicherungsverein die Polizen, die Sie aushändigen. Also, meine Herren, keine Kosten, kein Risiko ist damit verbunden! Da sollten wir doch wenigstens den Versuch machen, dieser Angelegenheit unsere größte Aufmerksamkeit zuzuwenden und ich bin fest überzeugt: in Jahr und Tag werden wir dazu beigetragen haben, daß die Volksversicherung auch bei uns in den breitesten Kreisen Verbreitung findet. Es ist erstaunlich, wie wenig diese Volksversicherung bei uns bisher eingeführt ist. Ganz anders in England und Amerika! Ich bitte Sie dringend, nehmen Sie den Antrag an und sorgen Sie dafür, daß aus dem Beschluß auch ein wirklicher praktischer Erfolg herauskommt!

(Bravo!)

Verbandsdirektor **Kletke** (Breslau): Meine Herren! Ich stehe voll und ganz auf dem Standpunkt, den der Herr Anwalt uns soeben dargelegt hat. Es möchte eigentümlich erscheinen, wenn ich trotzdem das Wort ergreife; es geschieht aber, weil der Herr Anwalt selbst die Aufforderung hat ergehen lassen, einzelne Bedenken mitzuteilen, die in der oder jener Verwaltung entgegengestanden haben. Es wäre mir persönlich sehr angenehm, wenn ich diese Bedenken mit sicherer Zustimmung durch den Herrn Anwalt erledigt sähe, damit ich selbst, wenn dieselben Bedenken wiederum auftreten, in meiner Verwaltung einen gewissen Rückhalt habe und erklären kann: diese Einwendungen sind bereits geprüft und durch einstimmigen Beschluß auf dem Genossenschaftstage erledigt worden. Das macht eine ganz andere Wirkung, als wenn ich persönlich für diesen Antrag eintrete.

Eins der Bedenken, die entgegengehalten werden, ist bereits durch den Herrn Anwalt erledigt, daß nämlich gesagt wird: wir haben ja eine Zwangsversicherung, die für viele Fälle genügt, wir brauchten deshalb keine andere Versicherung.

Ein zweites Bedenken, das bei den Konsumvereinen möglicherweise eingewendet wird und nach meinen Erfahrungen auch eingewendet worden ist, ist das: die Konsumvereine seien eigentlich nicht dazu da, gewisse Geldgeschäfte zu machen, und ein Geldgeschäft sei es mehr oder weniger, wenn wir zu dem Vertrag, der mit Stuttgart geschlossen worden ist, verpflichtet werden sollen, die Prämien bei Abschluß des Geschäftes einzuziehen; das würde eine sehr große Arbeit machen und das ganze Rechnungswesen eines Vereins alterieren; es würde eine Arbeit entstehen, die eigentlich für einen Vorschußverein ganz gut zu ermöglichen wäre, die aber Konsumvereinen, die sich mit solchen Geldgeschäften nicht befassen, fern liegt.

Ein anderes Bedenken ist noch, daß die versicherte Summe, die gewährt wird, nicht ganz in Übereinstimmung stehe mit den zu zahlenden Prämien oder Einzahlungen, die das einzelne Mitglied macht. Es ist von zum Teil sachverständiger Seite darauf hingewiesen worden, daß andere Gesellschaften für eine Einzahlung von zusammen 100 Mark nach Ablauf einer bestimmten Reihe von Jahren, oder auch bei Versicherung auf Lebenszeit, einen höheren Betrag zahlen, als nach diesem Versicherungsvertrag der Fall sein würde. Die Einwendung ist meines Erachtens auch nicht stichhaltig, denn bei allen diesen Gesellschaften ist das Risiko, das bei Nichteinzahlung von Prämien entsteht, so bedeutend und so ins Gewicht fallend, daß selbst, wenn in dem einen oder andern Fall ein größerer Betrag gezahlt werden sollte — eine Differenz, die nach verschiedenen Berechnungen sehr gering gewesen ist — durch dieses Risiko weit, weit übertroffen wird durch eine etwaige größere Summe, die eingezahlt ist.

Gleichwohl haben diese drei Bedenken bei diesem oder jenem Konsumverein wohl dazu geführt, dem Vertrage der Stuttgarter Gesellschaft nicht beizutreten. Nehmen Sie, meine Herren, einen Verein wie z. B. den Breslauer Verein, der etwa 83 000 Mitglieder zählt. Wenn da bloß $^1/_4$ der Mitglieder, 20 000, beitreten wollte, so gebe ich zu, daß das eine große Arbeit für den Verein machen würde. Aber ich glaube, daß nach all den Bedingungen, auf die hier eingegangen werden soll, selbst die Anstellung eines besonderen Beamten, wenn es notwendig sein würde, aufgehoben wird durch die Vorteile, die die Gesellschaft bietet. Sie bezahlt sogar noch 2½% für dergleichen Arbeiten, soweit ich mich erinnere; sie liefert alle Formulare usw.; der Verein hat nichts zu tun, als die Anträge zu sammeln, sie nach Stuttgart hinzuschicken, die betreffenden Polizen in Empfang zu nehmen und wieder auszuhändigen, sowie nach dem Jahresabschluß bei Auszahlung der sogenannten Dividenden dann einen gewissen Betrag nach dem Willen des Mitgliedes einzuziehen. Dann wird allerdings die Befürchtung laut, daß die Arbeit zu bedeutend werden könnte, jedes Mitglied müßte gefragt werden usw., sodaß bei einzelnen Vereinen der Antrag, der Volksversicherung beizutreten, gefallen ist.

Das sind die Bedenken, von denen ich hoffe, daß sie hier erledigt werden.

Direktor **Stephan** (Berlin): Wir sind unserem Herrn Anwalt zu großem Dank verpflichtet, daß er diese Sache in der Weise, wie es geschehen ist, in die Hand genommen hat. Ich war in dem ersten Augenblick, als mir die Papiere zugingen, erstaunt über die wunderbar günstigen Bedingungen, sodaß ich sagte: „du hast wohl die Sache nicht richtig verstanden". Bei weiterem Durchlesen kam ich zu der Überzeugung: die Bedingungen sind so günstig, wie sie von anderer Seite kaum gewährt werden. Ich brachte die Sache vor unsere Verwaltung, und die Herren waren samt und sonders der Meinung, die Sache müsse in die Hand genommen werden. Wir wandten uns an die nächste Generalversammlung — wir haben vier Generalversammlungen im Jahre. — Sie war leider schwach besucht, und so setzten wir den Punkt von der Tagesordnung ab, hatten aber das Gefühl, daß die gesamten Mitglieder, die anwesend waren, von den günstigen Bedingungen überrascht waren und sich vollständig auf den Standpunkt des Antrags stellten. Unsrerseits ist die Zustimmung deshalb nicht erfolgt, weil wir einfach sagten: wir werden eine außerordentliche Generalversammlung berufen nur zu dem Zweck, diese Sache zu besprechen, die wir durchaus im Interesse unserer Mitglieder halten.

Wenn von dem Herrn Vorredner darauf hingewiesen ist, daß vielleicht für die Verwaltung Schwierigkeiten entstehen könnten, so glaube ich, daß die betreffenden Beamten mit den gewährten Prozenten als Nebenverdienst wohl zufrieden sein werden. Man muß natürlich die Arbeit jemandem zuweisen, der dafür geeignet ist. Die Beamten werden sehr froh sein, wenn sie den Zuschuß bekommen. Also praktisch und rechnungsmäßig hat die Sache keine Schwierigkeit. Allerdings mögen bei einem Verein von 83 000 Mitgliedern wohl Schwierigkeiten bestehen, aber wenn die Mitgliederzahl so hoch kommt, so läßt sich erst recht ein Extrabeamter anstellen.

Ich möchte den Herren also auch ans Herz legen, die Sache wohlwollend zu behandeln und sich in ihren Kreisen dafür zu erwärmen. Was bei uns geschehen kann, wird geschehen.

Anwalt **Dr. Crüger**: Ich freue mich außerordentlich der warmen Unterstützung, die ich bei beiden Herren Rednern gefunden habe. Berlin „Vorsicht" steht der Sache mit voller Sympathie gegenüber, wie Sie hören, und ich hoffe, daß eine Anzahl Mitglieder davon Gebrauch macht. In Breslau gibt es noch einige Bedenken, es könnten 20000 Mitglieder von der Volksversicherung Gebrauch machen, was dann? Meine Herren, ich würde dem Breslauer Konsumverein noch einen Extra-Glückwunsch übermitteln, wenn es ihm gelingt, 20000 Mitglieder dafür zu gewinnen. Dann würden Sie sich, meine Herren, um Ihre Mitglieder, um die ganze Stadt ein Verdienst erworben haben, um das Sie jeder Konsumverein beneiden würde. Ich würde mich außerordentlich freuen, wenn es dem Breslauer Konsumverein gelingt, dies durchzuführen. Wenn bei besonders großer Beteiligung ein eigener Kassenbeamter anzustellen ist, so spielt dies bei einem Verein wie dem Breslauer selbstverständlich keine Rolle. Im übrigen würde die Arbeit wohl sehr gerne ein Beamter im Nebenamte übernehmen, wenn der Verein die Provision, die ihm zufallen würde, diesem Beamten überweist.

Die Bedenken des Herrn Kletke sind folgende. Erstens: wir haben meist Mitglieder, die der Zwangsversicherung unterliegen. Nun, diesen kann es auch nicht schaden, wenn sie einen Teil für künftige Zeiten zurücklegen zur Fürsorge für ihre Familien.

Es bleibt das Bedenken, daß wir keine Geldgeschäfte machen sollen. Ich muß offen gestehen, das verstehe ich nicht recht, denn der Konsumverein macht heute schon Geldgeschäfte, und ich glaube, daß der Breslauer Verein Geldgeschäfte im größten Umfange betreibt. Wenn eine Genossenschaft einen Umsatz von 15 Millionen Mark im Jahre erzielt, so sind das doch Geldgeschäfte, auf die sie mit einer gewissen Genugtuung hinblicken kann. Was spielen da die paar tausend Mark infolge der Versicherung für eine Rolle? Kommt man über die großen Geldgeschäfte hinweg, dann wird man über die kleinen zweifellos nicht nötig haben sich irgendwie Sorge zu machen. Ich möchte aber nochmals betonen, wenn Sie dies meinetwegen Geldgeschäfte nennen — Geldgeschäft ist alles, wobei Geld durch die Kasse geht — mit diesem Geldgeschäft ist doch nicht das geringste Risiko für die Genossenschaft verbunden, und das ist die Hauptsache. Ich habe wiederholt auf dem schlesischen Verbandstag der Konsumvereine, wenn diese Frage angeschnitten wurde, darauf hingewiesen, daß ich ein entschiedener Gegner von der Verbindung von Darlehnsgewährung mit dem Konsumverein bin, denn der Konsumverein läuft dabei ein Risiko, das die Mitglieder zu übernehmen durchaus nicht verpflichtet sind. Hier aber handelt es sich nur um eine Geldanlage. Denn für die paar hundert oder paar tausend Mark, die hereinkommen und alsbald wieder an den Stuttgarter Versicherungsverein abgeführt werden, ist der Konsumverein nur eine Durchgangsstation.

Die zwei Bedenken hoffe ich einigermaßen beseitigt zu haben. Bleibt also als drittes Bedenken, daß die Versicherungssumme nicht in richtiger Übereinstimmung mit den Prämien stehe. Dagegen hat Herr Stephan darauf hingewiesen, daß es sich um außerordentlich günstige Bedingungen handelt. Wo die Bedingungen vielleicht günstiger sind, vermute ich, wird es sich nicht um diese Volksversicherung handeln.

(Zustimmung.)

Ja, meine Herren, das ist ein großer Unterschied. Ich habe mir erlaubt, darzulegen, daß die Lebensversicherung für unsere Mitglieder nicht von so großer Bedeutung ist, weil sie sich nicht auf Jahre hinaus zu größeren Prämien verpflichten können. Der große Vorzug der Volksversicherung besteht darin, daß jede Versicherung bei jedem Prämiensatz ohne ärztliche Untersuchung abgeschlossen wird. Wenn die Verpflichtung der Prämienzahlung auf Jahre hinaus übernommen wird, kann es leicht vorkommen, daß die Versicherung nicht aufrecht erhalten wird — dann ist das Kapital verloren. Hier ist so etwas unmöglich, weil hier ein selbständiger Versicherungsanspruch aus jeder Prämie entsteht.

Ich hoffe, daß es mir gelungen ist, die Bedenken, die gegen die Stuttgarter Volksversicherung angeführt sind, zu zerstreuen.

Verbandsrevisor Dr. **Schneider** (Potsdam): Meine Herren, den Mißerfolg, den Herr Dr. Crüger mit seinem Anschreiben an die Vereine erzielt hat, möchte ich noch auf etwas anderes schieben: das ist das, daß eine große Anzahl der Mitglieder schon längere Zeit vorher über die Dividenden, die sie am Jahresschluß erwarten, disponiert haben. Sie haben dafür bestimmte Ausgaben schon im voraus zum Teil seit Jahren in Aussicht genommen und sind nun nicht leicht geneigt, diese Ausgaben anderweitig zu decken, andere Mittel heranzuziehen. Daher mag auch der Widerstand der Verwaltung kommen, die Sache erst an die Generalversammlung zu bringen, weil sie sich sagt: es wird doch nicht viel Erfolg haben, die Mitglieder werden dafür nicht zu gewinnen sein. Meine Herren, ich glaube auch, daß es in der Tat schwer sein wird, mit der Sache wesentlich vorwärts zu kommen, und deshalb wird es um so notwendiger sein, hier nach Kräften aufklärend zu wirken und den Leuten die Bedeutung dieser Versicherung mehr und mehr zum Verständnis zu bringen. Ich meine, daß für sehr viele Leute diese Versicherung etwas ganz Neues ist, das bisher vollständig außerhalb ihres Horizontes gelegen hat, und dafür aufklärend zu wirken wird nicht allein die Generalversammlung das geeignete Forum sein — denn leider erleben wir es in vielen Vereinen, daß die Generalversammlungen sehr schwach besucht sind — sondern wird dazu auch die Lokalpresse in Anspruch genommen werden müssen, und da würde es zweckmäßig sein, wenn seitens des Stuttgarter Versicherungsvereins für derartige Lokalartikel, namentlich in kleinen Orten, wo man vielleicht nicht die geeigneten Kräfte zur Verfügung hat, das geeignete Material gleich so geliefert wird, daß es ohne weiteres in den betreffenden Blättern zum Abdruck kommen kann.

Dann kann man nach und nach erwarten, daß der Tropfen den Stein höhlt und daß die energischeren, mit einem stärkeren Spartrieb ausgestatteten Mitglieder auch die Mittel gewinnen, um für diese Zwecke besondere Ersparnisse zu machen.

Die anderen Bedenken, die Herr Verbandsdirektor Kletke angeregt hat, kommen, glaube ich, mehr für größere Vereine in Betracht, wie der Breslauer Verein ist. Der Breslauer Verein wird ja unter seinen 83000 Mitgliedern, wenn diese Bedenken bestehen, eine ganze Anzahl finden, die eventuell auch aus anderen Fonds als Dividenden die Beiträge für diese Volksversicherung zahlen können. Aber bei kleinen Vereinen wird dies Hindernis besonders ins Gewicht fallen.

Direktor **Welck** (Breslau): Meine Herren! Darüber besteht wohl Einmütigkeit, daß diese Volksversicherung von ganz eminent wichtiger, volkswirtschaftlicher Bedeutung ist und daß wohl jeder Konsumverein in erster Linie die Pflicht hat, die Sache anzuregen und bei seinen Mitgliedern durchzuführen. Natürlich ist die Aufgabe bei den ganz großen Vereinen nicht so leicht wie bei den kleinen, und es ist insofern ein Unterschied, ob ein Verein 100 oder 83000 Mitglieder hat, als die Durchführung bei einem großen Verein viel langsamer vor sich gehen kann, als bei einem kleinen. Denn bei diesem hat der Vorstand mehr Fühlung mit den einzelnen Mitgliedern, diese kommen zu einem größeren Prozentsatz in die Generalversammlung, er kann sie durch Wort und Schrift leichter aufklären. Anders bei einem großen Verein, dessen Verwaltung, wie namentlich der Breslauer, nur eine lose Verbindung mit den einzelnen Mitgliedern hat, und der lediglich auf die Presse wirken, allerdings auch durch den Geschäftsbericht etwas tun kann. Wir sind aber im Breslauer Konsumverein nicht dieser technischen Schwierigkeit wegen der Frage nicht ernstlich näher getreten, sondern es hat uns lediglich ein privatim geäußerter Wunsch bestimmt, noch einige Zeit mit dem Vorgehen in dieser Sache zu warten: das war der Wunsch einiger Verwaltungs-Mitglieder des Vorschußvereins, die zugleich zum Verwaltungsrat des Breslauer Konsumvereins gehören und die da meinten: eigentlich passe die Sache besser für Kreditgenossenschaften als für Konsumvereine. Wir haben gesagt: wir wollen zunächst abwarten, ob die Angelegenheit in dem uns befreundeten Vorschußverein Anklang finden und wie sie sich weiter entwickeln wird. Sobald die Gelegenheit sich bietet, werden wir nunmehr versuchen, auch im Breslauer Konsumverein für diese neue gute Sache Propaganda zu machen und wir hoffen, daß wir viele Personen aus unserm großen Mitgliederkreise zur Versicherung veranlassen können.

(Bravo!)

Verbandsdirektor **Nolte** (Lüdenscheid): Bei den außerordentlichen Vorteilen, die uns geschildert sind und die wir alle ohne weiteres anerkennen müssen, könnte man vielleicht auf den Gedanken kommen, daß seitens der Verbandsdirektoren nicht genügend für die Angelegenheit gewirkt ist. Ich kann nur versichern, daß ich nach Möglichkeit versucht habe, für die gute Sache Stimmung zu machen. Die Frage hat auch auf dem letzten Verbandstage allgemeine Zustimmung gefunden, die Vorteile sind anerkannt, aber ich will nicht verfehlen, auf die Schwierigkeiten hinzuweisen, die sich ergeben haben, weil dieser Hinweis vielleicht von Interesse sein dürfte. Die Schwierigkeiten bestehen hauptsächlich darin, daß bei uns in der Industriegegend die Art der Versicherungen, zu denen der Arbeiter beizutreten hat (und aus Arbeitern bestehen die meisten unserer Vereine, seien es Eisenbahn- oder Industriearbeiter) außerordentlich mannigfaltig ist. Der Arbeiter hat beizutragen zur Unfall-, zur Invaliden-, zur Krankenversicherung, und da ist bei uns der Übelstand vielfach noch eingerissen, daß Arbeiter nicht bloß bei der staatlichen respektive der Ortskrankenkasse versichert haben, sondern außerdem noch bei zwei, drei anderen Krankenkassen, sodaß es vorkommt, daß der Arbeiter sich ebenso gut steht, wenn er nicht arbeitet, als wenn er arbeitet.

(Heiterkeit!)

Meine Herren, ich bin selber Fabrikant und weiß genau, wie der Hase läuft. Es kommt vor, daß ein Simulant mehr verdient, als ein Arbeiter, der arbeitet.

Ich will auch noch hinweisen auf die Beiträge, die für die bei uns bestehenden sogenannten Sterbekassen bezahlt werden müssen, außerdem für Nachbarschaften. Die Nachbarschaften sind bei uns dazu da, um das Leichenbegängnis auf Grund von nachbarschaftlichen Beziehungen zu bestreiten, und den Hinterbliebenen kleine Unterstützungen zukommen zu lassen, sodaß schon in dieser Beziehung viel getan ist, um für die Hinterbliebenen zu sorgen. Da sagen die Leute, wir haben schon derartig viel Verpflichtungen, daß wir neue nicht übernehmen möchten. Es ist außerordentlich schwer, dagegen anzukämpfen. Ich konnte bei Gelegenheit meines Verbandstages nicht auf alle Einzelheiten eingehen, die die betreffenden Vereine vorbrachten. Aber mein Lüdenscheider Verein, der sich sonst allen neuzeitlichen Einrichtungen und Bestrebungen sympathisch gegenüberstellt, ist auf alle möglichen Schwierigkeiten gestoßen. Wir werden natürlich nicht verfehlen, immer wieder auf die Vorteile der Volksversicherung hinzuweisen. Aber ich glaubte, im allgemeinen Interesse auch auf die Schwierigkeiten hinweisen zu müssen, und möchte noch den Wunsch aussprechen, den Herr Dr. Schneider ausgesprochen hat, daß auch in den Blättern Propaganda gemacht und den Interessenten eine Erklärung gegeben wird, wie die Sache angefaßt wird.

Sodann möchte ich mir noch die Frage erlauben, ob die Versicherung nur auf den Tod oder auch auf Lebenszeit erfolgt.

(Zuruf: Todesfall!)

Das ist auch eine Frage, die zu Bedenken Anlaß gibt.

Anwalt **Dr. Crüger**: Wenn wir mit dieser Sache erst einen Erfolg gehabt haben, so bin ich gern bereit, mit Stuttgart in Verbindung zu treten und Verhandlungen wegen der Versicherung auf Zeit einzugehen.

Direktor **Stephan** (Berlin): Ich habe noch ein Bedenken, das nicht von mir oder von der Verwaltung ausgeht, sondern aus den Reihen der Mitglieder kommt. Es wird Herrn Dr. Crüger interessant sein, weil es die Art und Weise des Denkens eines Teiles unserer Mitglieder erkennen läßt. Es wurde darauf hingewiesen, daß dieser Beitrag von der Dividende entnommen werden soll. Diesem Einwande suchte ich zu begegnen indem ich sagte: „Es ist ja gar nicht nötig, ihr könnt eure Dividende abheben und bezahlt dann." Mir wurde erwidert: die Dividende heben wir gar nicht ab, sondern die heben die Frauen ab, und die Frauen sagen: wir wollen unsere Dividende haben, und ihr Männer sollt bezahlen.

(Heiterkeit.)

Es wird sich vielleicht empfehlen, für das Agitieren die Dividende möglichst aus dem Spiel zu lassen, damit wir uns nicht einen sehr wichtigen Gegner in den Frauen schaffen, daß wir daher einfach nur sagen: es wird ein gewisser Beitrag gezahlt.

Direktor **Brecht** (München): Meine Herren, die Gründung von allen möglichen Gesellschaften und Versicherungen sowohl für Invalidität als auch für den Todesfall macht sich in den letzten Jahren allenthalben in allen Schichten der Bevölkerung Deutschlands breit. Ich weiß das aus der Erfahrung Bayerns fühlbar. Der Herr Anwalt hat in seinem Referat vorher gemeint, es wäre merkwürdig, daß derartige Volksversicherungen noch nicht mehr in die Schichten der Bevölkerung gedrungen sind, beziehungsweise daß die Sympathien für dieselben nicht so groß sind, wie sie nach ihrem Wesen eigentlich sein sollen. Ich habe die Erfahrung gemacht, meine Herren, daß es nicht an Gelegenheit fehlt, sich für den Tod und für die Invalidität zu versichern, sondern es fehlt bisher an der richtigen Quelle beziehungsweise an dem Verständnis unserer Bevölkerung.

(Sehr richtig!)

Es tauchen hier und dort, wie der Herr Vorredner erwähnt hat, Vereine auf: Sterbekassenversicherungen, Krankenkassen usw., welche nicht richtig geleitet sind, welche eigentlich das Gegenteil von dem erzielen, was der Betreffende hat erzielen wollen. Meine Herren, ich habe die Erfahrung, daß Sterbekassen gegründet worden sind, bei denen bei der Aufnahme sehr viel versprochen ist, die Beiträge möglichst niedrig gewesen sind — und was war das Ende vom Liede bei soundsoviel Vereinen? Daß der letzte Verstorbene hätte barfuß beerdigt werden müssen, weil einfach keine Mittel mehr vorhanden waren. Zweifellos besteht das Bedürfnis für derartige Einrichtungen in der ganzen Bevölkerung, und es müßte ein Fingerzeig gegeben werden: und dahin könnt ihr euch wenden, um ohne große Beiträge versichert zu werden. Wenn nun der Allgemeine Genossenschaftstag oder wir als Konsumvereine uns dieser Sache annehmen, so erweisen wir einem großen Teile der Bevölkerung einen erheblichen Gefallen, und wir können unserer Anwaltschaft nicht dankbar genug sein, daß sie diese Angelegenheit richtig in die Hand genommen hat. Was weiter aus der Sache werden soll, hierüber uns in Details zu verlieren, davon sollten wir heute absehen.

(Sehr richtig!)

Wir sollen einmal zeigen, daß wir das Herz auf dem rechten Fleck haben, auch in der Hinsicht der Allgemeinheit zu dienen, wie wir es auf dem Gebiete der Allgemeinen Genossenschaftstage sonst sehen, und wir sollen es der Zukunft überlassen, was daraus wird. Jedenfalls haben wir einen erheblichen Anteil wieder getan, um die Selbsthilfe in den Kreisen der Bevölkerung weiter auszubilden.

Strohfeld (Görlitz): Meine Herren, einer der Herren Vorredner hatte gesagt, daß sich Arbeiter zweimal krank melden. Wenn das einer tut, wird er auf das Ungesetzliche seines Verhaltens sofort aufmerksam gemacht. In Rheinland und Westfalen gelten keine anderen Gesetze als bei uns in Schlesien. Aber wenn der Herr sich nicht selbst als Fabrikant bezeichnet hätte, aus seinen Worten hätte man es entnehmen können. In Rheinland und Westfalen werden die Arbeiter nicht besser bezahlt als wo anders. Früher freilich waren Rheinland und Westfalen immer eine Pferdelänge den anderen Provinzen voraus. Ich glaube, daß die rheinländischen und überhaupt die süddeutschen Arbeiter intelligent genug sind, um die Vorteile dieser Versicherung würdigen zu können.

Verbandsdirektor **Nolte** (Lüdenscheid): Ich halte es für nicht am Platze auf die liebenswürdigen Anzapfungen des Herrn Vorredners näher einzugehen, sondern will nur konstatieren, daß derartige Fälle häufig genug vorkommen. Sie sind natürlich gesetzlich verboten, aber daß das Gesetz umgangen wird, dafür bin ich bereit, Beweise zu bringen.

Strien (Brockau b. Breslau): Der Herr Anwalt hatte angeführt, daß die Volksversicherung für jeden von großem Wert sein kann. Ich muß erwähnen, wenn ein Beamter an einen Ort versetzt wird, wo ein Konsumverein besteht; er tritt ihm bei, bleibt ein oder zwei Jahre Mitglied, zahlt seine Beiträge; er wird dann wieder versetzt und kommt an einen Ort, wo kein Konsumverein existiert: dann hat er ein oder zweimal gezahlt, ist also gezwungen, wenn die Volksversicherung weitergeführt werden soll, aus seinen Mitteln — —

(Lebhafte Unterbrechungen.)

Er ist dann doch verpflichtet, wenn er einen Vorteil haben will — —

(Lebhafte Zurufe.)

Wenn er weiter zahlen will, so muß er das von seinem Gehalte bezahlen, nicht von seinen Dividenden!

Anwalt **Dr. Crüger**: Das ist ganz natürlich! Wenn einer zwanzig Jahre hintereinander Prämien gezahlt hat, so hat er einen größeren Nutzen, als wenn er ein oder zwei Jahre gezahlt hat. Das Exempel gilt für den höheren wie niederen Beamten, für den Reichen wie für den Armen. Hier handelt es sich nur darum, hat das betreffende Mitglied, wenn es eine einmalige Prämie gezahlt hat, noch eine weitere Verpflichtung? Darauf sage ich nein. Hat es einmal Prämie bezahlt, so hat es dadurch einen selbständigen Versicherungsanspruch erworben; hat es zwei Prämienzahlungen geleistet, so entwickelt sich daraus ein weiterer Anspruch. Kommt das Mitglied an einen anderen Ort, wo kein Konsumverein ist — nun, wenn es nicht weiter Prämien zahlt, so läßt es dies bleiben, die erworbenen Ansprüche werden davon nicht berührt. Man kann doch nicht als Grund gegen die Volksversicherung anführen, daß jemand, der einem Konsumverein angehört hat, später, wenn er versetzt wird, nicht in gleicher Weise die Prämien aufbringen kann.

Vorsitzender Verbandsdirektor **Oppermann** (Magdeburg): Die Debatte ist geschlossen. Meine Herren, der Sache ist schon näher getreten in einem von mir herausgegebenen Blatt. Darauf hat eine Genossenschaft Veranlassung genommen, ein technisches Gutachten einzuziehen, und das spräche ganz und gar gegen die Volksversicherung. Als ich es gelesen hatte, klang es mir deutlich in die Ohren, es war ein Konkurrent der Volksversicherung, es war ein Mann der Lebensversicherung. Da wurde also die Lebensversicherung mit der Volksversicherung verwechselt. Ich habe den Herren von jener Genossenschaft Aufklärung gegeben und gesagt: was wir wollen, ist etwas ganz anderes. Ich hoffe, daß es Erfolg haben wird.

Meine Herren, eins muß ich hinzufügen. Wenn Sie rechnerisch feststellen, die Prämien seien zu hoch, — es ist möglich, daß Herren hier sind, die sich damit beschäftigt haben — so kann es leicht vorkommen, daß Sie sie zu hoch finden. Aber eins vergessen Sie dabei: kein Versicherter hat die Verpflichtung, ein ärztliches Attest beizubringen, und das ist ein erheblicher Vorteil. Es würde mit der ärztlichen Untersuchung die Sache auch ins Wasser fallen. Denn die ärztlichen Atteste würden zu teuer zu stehen kommen.

Wie ich die Sache jetzt beurteile, um gerade von dem letzten Herrn Redner zu sprechen, so ist selbst bei den Vorständen noch nicht das richtige Verständnis für die Sache vorhanden. Und nun kommt es darauf an, das Verständnis hierfür auf die Mitglieder zu übertragen. Ich kann sagen, nachdem ich mich mit der Sache genau befaßt habe, kann ich die Volksversicherung in jeder Weise empfehlen.

(Lebhaftes Bravo!)

(Die Diskussion ist geschlossen. Ein Redner meldet sich nachträglich zum Wort, das ihm der Vorsitzende nicht erteilen kann. Auf Wunsch aus der Versammlung wird ihm unter allgemeiner Zustimmung das Wort nachträglich erteilt.)

Martin (Görlitz): Meine Herren, ich bin der Meinung, daß diese Angelegenheit die Konsumvereine eigentlich nicht mehr interessieren dürfte als andere Sachen, die wir zu besprechen haben, und wir haben viel dringendere Sachen, die zu den Konsumvereinen gehören. Ich bitte also den Gegenstand zu verlassen.

(Stürmische, andauernde Heiterkeit.)

Vorsitzender Verbandsdirektor **Oppermann** (Magdeburg): Die Debatte war ja schon geschlossen!

(Heiterkeit.)

Der Antrag des Anwalts wird einstimmig angenommen.

III. Antrag des Anwalts:

Der Allgemeine Genossenschaftstag beschließt in Ergänzung des Beschlusses des Allgemeinen Vereinstages zu Karlsruhe (1885)*) betreffend die bei der Mankogewährung zu beobachtenden Grundsätze:

1. **Das zulässige Manko kann zwar nach den besonderen Verhältnissen der Vereine verschieden hoch sein, doch sollte dasselbe über 1% des mankoberechtigten Warenausganges in der Regel nicht hinausgehen.**
2. **Zu widerraten ist, durch höheres Gehalt die Mankogewährung zu ersetzen.**
3. **Der Lagerhalter hat keinen Anspruch auf Auszahlung des die Höhe des Mankos nicht erreichenden Betrages; auch soll ein erzielter Überschuß nicht auf ein späteres oder früheres Manko verrechnet werden.**

Berichterstatter Direktor **Brecht** (München): Der zur Verhandlung stehende Antrag beruht auf einem Beschlusse des Allgemeinen Vereinstages von 1885. Wie Sie aus dieser Zahl zu ersehen belieben, hatten wir in der Zwischenzeit Gelegenheit genügend, dieses Material zu sammeln, und es ist wohl nötig, daß ich einen kurzen Rückblick auf die Antworten werfe, die s. Zt. auf die Umfragen eingegangen sind. Es haben 135 Konsumvereine berichtet, und zwar sind die Fragen, die damals von der Anwaltschaft aufgestellt waren, in folgender Weise beantwortet worden:

Frage 1. Wird auf alle Waren Manko vergütet?
Es antworteten 65 mit: ja und 70 mit: nein.

Frage 2. Welche Artikel sind von der Mankovergütung ausgeschlossen?
5 Vereine: Brot, Stoffe und Tuche, Mehl, Kartoffeln, Kohlen, Butter.

Frage 3. Höhe der Mankovergütung?

101	Verein	1%	und darunter
32	Vereine über	1%	
2	„	4%	

*) Abgedruckt in der Tagesordnung auf S. 25 der „Mitteilungen", als Anmerkung.

Frage 4. Liegt die Mankovergütung in einem höheren Gehalt?
3 Vereine ja, 127 nein, 5 ohne Antwort.

Frage 5. Werden Papier und Düten als Ware mitgewogen?
25 ja, 109 nein, 1 ohne Antwort.

Frage 5a. Hat der Lagerhalter Papier und Düten zu bezahlen?
2 ja, 132 nein, 1 ohne Antwort.

Frage 6. Wird ein erzielter Überschuß auf ein späteres oder früheres Manko verrechnet?
27 ja, 105 nein, 3 ohne Antwort.

Frage 7. Hat der Lagerhalter Anspruch auf Auszahlung des die Höhe des Mankos nicht erreichten Betrages.
12 ja, 119 nein, 4 ohne Antwort.

Frage 8. Erhält der Lagerhalter auf das Manko, das er ersetzen muß, Einkaufsdividende.
15 ja, 110 nein, 10 ohne Antwort.

Wie Sie also sehen, handelt es sich hauptsächlich um die drei Hauptfragen, die für uns speziell in Betracht kommen: einmal um die Höhe des zu vergütenden Prozentsatzes für die Lagerhalter und Lagerhalterinnen insgesamt. Da kommen die allermeisten, 101 Vereine von 135, mit 1% durch, während ein ganz kleiner Teil einen höheren Prozentsatz für nötig hält. Es kommt hinzu, ob dem Lagerhalter, im Falle er ein Manko hat, dieses Manko durch irgend welche höhere Vergütung, in Form des Salärs oder sonstwie entschädigt werden soll. Ich glaube, über diese Frage können wir kurz hinwegkommen, weil auch nur zwei Vereine berichtet haben, daß sie im Fall eines größeren Mankos dem Lagerhalter extra Vergütung zusprechen. Sämtliche anderen berichtenden Vereine haben die Frage aber mit Nein beantwortet.

Die zwei Hauptfragen haben, wie aus dem Antrag selbst ersichtlich ist, seit einer Reihe von Jahren den Genossenschaftstag beschäftigt und in den Verwaltungen der Konsumvereine selbst ein reges Interesse in Anspruch genommen. Es wäre verfehlt, hier auf alle Einzelheiten einzugehen, denn es wird immer in Betracht gezogen werden müssen, in welcher Weise das Manko bei den verschiedensten Artikeln in die Erscheinung tritt. In einem Lager, wo viel frische Wurstwaren usw. ausgeschnitten werden, wo viele Flüssigkeiten ausgemessen werden, wird wohl ein ganz anderer Mankosatz in Betracht gezogen werden müssen, als in einem anderen Lager, wo viele ausgewogene Artikel in Frage kommen. Es kann aber herausgegriffen werden, daß fast sämtliche Vereine, namentlich die besser und gut geleiteten, mit einem Durchschnittssatz von 1% sehr gut auskommen, sodaß wir endgültig den Grundsatz aufstellen können, daß die getrennte Mankovergütung für Wiege- und Zählartikel in Wegfall kommen kann und daß, je nachdem der Verein seine Verkaufsartikel eingerichtet hat, mit ½ bis 1% wohl auszukommen wäre. Die Diskussion wird wohl noch einige nähere Aufschlüsse hierüber geben. Was den Punkt 3, die Vergütung an die Lagerhalter, betrifft, so würde ich es selbstverständlich für verfehlt erachten, wenn eine besondere Vergütung für die Lagerhalter hier bestimmt würde. Hier kann nur in Frage kommen, wie es in manchen Vereinen üblich ist, daß ein etwa entstandenes Manko durch das später entstehende Plus verrechnet wird, oder besser gesagt: Wenn im Jahre drei oder vier Inventuren abgehalten werden — wovon die erste mit einem Manko von 100, die zweite mit einem Plus von 90 Mk., die dritte wieder mit einem Manko usw. abschließt — so werden Plus und Manko gegenübergestellt und das Endresultat gezogen. Wie verfehlt ein solches Verfahren ist, werde ich Ihnen an der Hand eines kleinen Beispiels aus meiner Praxis sagen, obwohl dieses Thema eigentlich in das Referat des Herrn Vorredners greift. Eine gewiegte Lagerhalterin hatte bei den regelrechten ersten und zweiten Inventuren Mankos gehabt. Sie wußte genau durch Vorlage der Inventur, welche Mankos sie hatte. Um dieses Manko einzuholen, hatte sie regelrecht mindestens bei der letzten angesagten Schlußinventur einen so bedeutenden Überschuß, daß das Manko der ersteren Inventuren dadurch aufgehoben war. Wir suchten nach allen möglichen Richtungen, um der Sache auf den Grund zu kommen, und fanden bei einem unvermuteten Lagersturz heraus, daß die Lagerhalterin, um das Plus herauszubekommen, so viel Geld in die Kasse gelegt hatte, das sie nachher wieder ihr Eigen nannte. Es wäre deshalb vollständig verfehlt, wollte man einem Lagerhalter ein etwa entstandenes Manko durch ein späteres Plus ausgleichen. Es wird das zwar in vielen Vereinen noch gehandhabt und werden die betreffenden Vereinsleiter nicht so leicht in der Lage sein, diese Sache aus dem Felde zu räumen; aber es wird wohl im Interesse eines jeden Vereins liegen, wenn nach der Seite hin einmal gründliche Klarheit und Wandel geschaffen wird.

Ich würde nach diesen gedrängten Begründungen, weil es in Anbetracht der vorgerückten Zeit nicht möglich ist, weiter darauf einzugehen, empfehlen, die Anträge anzunehmen, wie sie vom Herrn Anwalt vorgelegt sind.

Stadtrat **Knorr** (Sommerfeld): Meine Herren, unser Verein führt keine Manufakturwaren. Unter den Lebens- bezw. Wirtschaftsbedürfnissen führen wir nur noch Kohlen und Briketts in beschränktem Umfange. Wir haben nun durch dreißig Jahre in dieser Beziehung genügend Erfahrung gemacht. Wir geben z. B. dem Lagerhalter 2 % Vergütung für alle Flüssigkeiten, für die weichen Artikel, Schmalz, Käse usw., bei harten Artikeln nur für Zucker und Rolltabak, wo Abfall ist. Regelmäßig haben wir bei unserem Umsatz einige hundert Mark Plus. Wenn wir das auf die gesamten Zählartikel verteilen, so ist die Erfahrung, daß wir im ganzen mit $^1/_3$% auskommen. Ich war früher Verbandsdirektor des Lausitzer Konsumvereinsverbandes, als solcher habe ich auch dieselbe Erfahrung bei einigen anderen Konsumvereinen gemacht. Ich wäre also der Meinung, daß $^1/_2$%

vollkommen ausreicht und daß, wenn wir 1% geben, das eigentlich schon etwas über das Maß hinausgeht.

Verbandsdirektor **Jordan** (Görlitz): Meine Herren, der Ausdruck „mankoberechtigter Warenausgang" müßte wohl noch etwas klarer bestimmt werden. Sollen es Meß- und Wiegwaren sein? Was ist mankoberechtigt? Hat der Verein ein Zentrallager, ein Hauptlager, aus welchem er seine Verkaufsstellen versorgt, oder hat er kein Zentrallager, das wird auch zu berücksichtigen sein. Kleinere Vereine, welche die von Lieferanten bezogenen Waren sofort in die Verkaufsstelle nehmen, haben naturgemäß ein Manko, das die großen Vereine schon von selbst durch das Zentrallager erleiden. Wir geben unseren Lagerhaltern keine Mankovergütungen, weil sie dreimal wöchentlich mit frischen Waren versorgt werden, und es hat sich herausgestellt, daß unsere Lagerhalter kein Manko haben und haben dürfen. Woher kommt das? Wir geben die Waren zum halben Bruttogewicht ab. Wenn auch wiederholt auf den Unterverbandstagen empfohlen ist, zu Nettopreisen zu verkaufen: das ist ganz schön, aber die Düte zum Einpacken der Waren kostet heute vielfach mehr als die Ware selbst, z. B. bei Mehl, Hülsenfrüchten usw. Wenn wir die Umhüllung gleich mit der Ware mitrechnen, wird das Mitglied nicht betrogen oder übervorteilt; denn, wiegen wir netto und bezahlen die Umhüllung aus dem Reingewinn, so bleibt sich das vollkommen gleich. Man gibt es in dem einen Falle vom Reingewinn, in dem anderen gibt man es bei jedem einzelnen Warenverkauf. Wir haben niemals eine Mankovergütigung auch nur von $^1/_{10}$% dem Lagerhalter gegeben.

Verbandsdirektor **Nolte** (Lüdenscheid): Ich möchte bemerken, daß wir auf meinem Verbandstage die Fassung des ersten Punktes wie folgt gewählt haben: „Doch sollte dasselbe über 1% des Warenausgangs, auch wenn auf Zählwaren kein Manko gewährt wird, nicht hinausgehen." Durch diese Fassung würde der Ausdruck „mankoberechtigt" in allgemein verständlicher Weise umschrieben werden.

Assessor **Hauß** (Charlottenburg): Der Ausdruck „mankoberechtigter Warenausgang" ist in dem Karlsruher Beschluß definiert. Dieser Beschluß besagt unter 1: „Ein Anspruch auf Mankovergütung ist nur zulässig bei den nach Gewicht und nach Gemäß zu verkaufenden Waren. Zählwaren jeder Art sind von der Mankovergütung ausgeschlossen." An den Karlsruher Beschluß knüpft der zur Verhandlung stehende Antrag an; er will, wie ausdrücklich hervorgehoben wird, den gedachten Beschluß voll und ganz bestehen lassen und ihn nur ergänzen. „Mankoberechtigter Warenausgang" ist also der Warenausgang, auf den nach Nr. 1 des Karlsruher Beschlusses ein Manko zu gewähren ist.

Verbandsdirektor **Nolte** (Lüdenscheid): Das genügt vielleicht für diejenigen, die die Definition kennen. Aber um es deutlicher zu machen, würde es sich wohl empfehlen, hinzuzusetzen: „Auch wenn Zählware ausgeschlossen ist."

Vorsitzender Verbandsdirektor **Oppermann** (Magdeburg): Der Karlsruher Beschluß sagt auch mir mehr zu. Die jungen Vereine haben die Mitteilungen von Karlsruhe gar nicht, und die Herren werden nicht gut nachkommen können.

Anwalt **Dr. Crüger**: Meine Herren, über die Schwierigkeiten können wir leicht hinwegkommen, indem bei den Mitteilungen über diesen Passus der Karlsruher Beschluß abgedruckt wird.*)

Rechnungsrat **Redslob** (Halle): Ich muß der Verwunderung Ausdruck geben über die Ausführungen des Herrn Direktor Jordan. Die in seinem Vereine geübte Verkaufsweise, daß der Lagerhalter zur Hälfte das Düten- und Papiergewicht als Ware mit berechnen kann, muß ich als unstatthaft bezeichnen. Meine Herren, das Verfahren verstößt entschieden gegen alle Grundsätze der Konsumvereine, und ich wundere mich, daß von einem Verbandsdirektor ein System hier mitgeteilt wird, das für unsere Vereine nicht paßt. Nun hat uns Herr Jordan hier etwas vorrechnen wollen, er sagt: Mehl, Salz haben so niedrige Verkaufspreise, daß das Papier ebenso viel kostet. Er hat aber nicht genannt Kaffee, Butter, Schmalz usw., da sind doch die Verkaufspreise wesentlich höher als beim Salz und dergleichen. Die Begründung des Herrn Jordan dürfte sonach nicht zutreffend sein.

Meine Herren, wir müssen in unseren Vereinen durchaus an dem Gebrauch festhalten, daß die Waren vollwichtig verkauft und daß die Düten und das Papier nicht als Ware mitgewogen werden. Ich stehe ganz auf dem Boden des Beschlusses des Karlsruher Vereinstages, der da sagt: Die Waren sollen netto gewogen werden. Ich mag kein Papier statt Kaffeebohnen haben.

(Heiterkeit.)

Ich will nicht, daß Papier mitgewogen wird und ich es als Kaffee bezahle. Ich erhebe entschieden Widerspruch, daß eine Abänderung des Karlsruher Beschlusses herbeigeführt wird.

Anwalt **Dr. Crüger**: Meine Herren, niemandem ist es eingefallen, einen solchen Beschluß herbeizuführen. Insofern der Karlsruher Beschluß hierdurch nicht abgeändert wird, bleibt er aufrecht erhalten, und in dem Karlsruher Beschluß steht, daß netto verkauft werden soll, und wenn dieser Beschluß zum Abdruck kommt, wird auch den heutigen Genossenschaften gezeigt, daß netto verkauft werden soll, sodaß Sie nicht in Sorge zu sein brauchen, es wird für die Zukunft gelehrt, daß Papier statt Kaffee verkauft werden soll.

(Heiterkeit.)

Der Antrag des Anwalts wird einstimmig angenommen mit der Maßnahme, daß entsprechend dem Abänderungsantrag Nolte in Nr. 1 hinter das Wort „Warenausgang“ gesetzt wird: „auch wenn auf Zählwaren kein Manko gewährt wird“.

---

*) Auf Seite 25 der vorliegenden „Mitteilungen“ in der „Tagesordnung“ als Anmerkung abgedruckt.

Vorsitzender Verbandsdirektor **Oppermann** (Magdeburg): Ums Wort hat nun noch Herr Feierabend nach der Tagesordnung gebeten.

Verbandsdirektor **Feierabend** (München): Meine sehr verehrten Herren! Ich bin beauftragt, Ihnen im Namen der Konsumvereinsverbandsdirektoren des Allgemeinen Verbandes eine Mitteilung zu machen. Es handelt sich um eine äußerst wichtige Frage, die Lebensfähigkeit und eine gedeihliche Weiterentwicklung unserer Konsumvereinsverbände betreffend, insoweit dieselben dem Allgemeinen Verbande der deutschen Erwerbs- und Wirtschaftsgenossenschaften angehören. Es ist bereits im Verbande für Bayern, Württemberg und Baden, bei Gelegenheit der Abhaltung des Unterverbandstages in Pforzheim, darauf hingewiesen worden, daß man in den „Blättern für Genossenschaftswesen" zu wenig über die Vorgänge in den einzelnen Verbandsvereinen unterrichtet wird.

(Sehr richtig.)

Es muß in dieser Hinsicht irgend etwas geschehen, um eine Konkurrenz dem Organ des Zentralverbandes der Konsumvereine zu bieten, das, wie die Herren wissen, ganz genaue Warenberichte und Mitteilungen über die bemerkenswertesten Vorgänge in den einzelnen Vereinen bringt.

(Sehr wahr.)

Im Hinweis auf diese tatsächlich in unseren Verbänden bestehende Lücke im Konsumvereinswesen wurde diese Angelegenheit auf unserem letzten Verbandstage besprochen und eine Anregung zur Abhilfe dieses Mißstandes gegeben. Unser verehrter Herr Anwalt hat in Pforzheim zugesagt, gerne bereit zu sein, die Hand dazu zu bieten, um Remedur zu schaffen. Mit Rücksicht hierauf und vielleicht auch durch anderweitige Anregungen wurden vor dem Beginn der Beratungen des Allgemeinen Genossenschaftstages die Verbandsdirektoren zu einer Konferenz berufen, um Vorberatung darüber zu pflegen, in welcher Weise die vorwürfige Frage eine günstige Lösung finden könne. Nun muß ich betonen, trotz allen Entgegenkommens unseres Herrn Anwaltes sind die Ansichten der einzelnen Konferenzmitglieder sehr weit auseinander gegangen und wurden große Bedenken bezüglich der Rentierlichkeit und Durchführbarkeit, der Schaffung eines eigenen Konsumvereinsorgans innerhalb des Rahmens der Blätter für Genossenschaftswesen laut. Nach eingehender Diskussion und verschiedenartigster Anregungen und Vorschläge, konnte man sich endgültig dahin einigen, daß vorläufig ein Warenkursbericht den Genossenschaftsblättern als Beiblatt beigelegt werden solle. Der Herr Anwalt hat uns gleichfalls zugesichert, daß bezüglich der Drucklegung und Herausgabe der Genossenschaftsblätter anderweitige Bestimmungen für die Zukunft getroffen werden, als es bisher der Fall war. Ich weiß nicht, ob die sämtlichen verehrten Herren davon unterrichtet sind, daß es bisher notwendig war, wenn irgend ein Artikel in den Genossenschaftsblättern für die nächst erscheinende Nummer rechtzeitig Aufnahme finden sollte, er bereits am vorausgehenden Dienstag für die am Samstag erscheinenden Blätter der Redaktion in Berlin vorgelegt werden mußte. Selbstredend hätten Kursberichte, welche am Dienstag eingereicht sind, am Ende der Woche wenig oder keinen Wert. Deshalb ist ein diesbezügliches Entgegenkommen des Herrn Anwalts als eine Vorbedingung für die Prosperität der Beilage zu betrachten. Es wurde beschlossen, nach dieser Richtung einen Versuch zu machen und soll das Unternehmen dadurch eine finanzielle Unterlage erhalten, daß die Warenlieferanten, im eigenen Interesse, dazu veranlaßt werden, diese Warenbörsebeilage fleißig als Insertionsorgan zu benützen, wodurch die Herstellungskosten zum größten Teil Deckung finden könnten. Es ist voraussichtlich, daß diese beschlossene Maßnahme nicht vollständige Befriedigung in allen Kreisen unserer Konsumvereine hervorrufen wird, jedoch würde ich im Interesse der Sache selbst bitten, daß Sie sich die gefaßten Beschlüsse einstweilen zur Kenntnisnahme aneignen. Es wird dann später auf dieser Grundlage, wie sie jetzt geschaffen werden soll, aufgebaut, und wenn das Unternehmen in der geplanten Form prosperiert, werden wir auch baldigst, trotz der Widersprüche respektive der großen Bedenken einzelner Verbandsdirektoren dazu kommen, die Beilage dahin zu erweitern, daß auch Berichte über die wichtigsten Vorkommnisse in den einzelnen Vereinen darin eine ständige Rubrik bilden. Die geltend gemachten diesbezüglichen Bedenken konzentrierten sich in der Hauptsache darauf, daß man die Befürchtung aussprach, man werde die nötige Mitarbeiterschaft nicht finden. Ich habe diese Bedenken nicht geteilt, aber ich möchte bitten, dieselben **ad notam** zu nehmen, um gegebenen Falles zu beweisen, daß Stoff für solche Berichte in genügender Menge vorhanden ist, ebenso aber auch, daß unsere Vorstands- und Aufsichtsratsmitglieder sich gerne in den Dienst des neuen Unternehmens stellen. Wir wollen auf dieser gegebenen Basis weiter arbeiten, und ich habe die Überzeugung: wenn unsere Vereine mit der gleichen Liebe und Entschiedenheit wie die Vereine des Zentralverbandes an die gemeinsame Aufgabe herantreten, dann werden wir in voraussichtlich sehr kurzer Frist zu einem befriedigenden Resultat gelangen, und vielleicht manchen Verein, der dem Hamburger Verband angehört, wieder in unser Lager zurückführen.

(Bravo!)

Vorsitzender Verbandsdirektor **Oppermann** (Magdeburg): Meine Herren, eine Debatte wollen wir nicht eröffnen, sonst würden wir heute Abend bis 10 Uhr sitzen. Überlassen wir das, was wir beschlossen haben, unseren Verbandsdirektoren. Wir werden die Sache in die Wege zu leiten suchen. Was herauskommt, können wir heute nicht sagen, wir machen gern alle Anstrengungen, daß in dieser Beziehung etwas geschieht.

Anwalt **Dr. Crüger**: Ich möchte die Herren, die Sonderwünsche haben, bitten, sie schriftlich mitzuteilen. Denn wir werden wahrscheinlich im Oktober eine Konferenz mit den Konsumsvereinsverbandsdirektoren haben wegen Herausgabe des Warenberichtes. Dann können die Wünsche der Herren berücksichtigt werden.

Direktor **Maucher** (Karlsruhe): Meine Herren, ich möchte nur kurz bemerken wegen des Kursberichts: Ich will den guten Willen der Herren Verbandsdirektoren nicht bezweifeln, aber gestatten Sie mir, zu erwähnen, daß ich den Druck eines Kursberichtes für wertlos halte. Er käme viel zu spät, selbst, wenn der Druck und die Zustellung der „Blätter für Genossenschaftswesen“ anders organisiert werden sollte. Wir wollen doch nicht wissen, was die Ware gekostet hat, sondern was sie momentan kostet, dazu haben wir die Tagesblätter, in Süddeutschland z. B. die „Frankfurter Zeitung“, die uns auf dem Laufenden hält. Aber die „Blätter für Genossenschaftswesen“ halte ich für nicht geeignet und möchte deshalb empfehlen, sich damit nicht zu befassen. Uns würde es von Interesse sein, Vorgänge von anderen Vereinen zu erfahren, um da auf dem Laufenden zu bleiben, über gesetzliche Maßnahmen Konsumvereine betreffend orientiert zu werden usw. Eine Beilage zu den „Blättern für Genossenschaftswesen“, in ähnlicher Weise, wie es z. B. bei dem Hamburger Wochenbericht geschieht, wird uns genügen.

Verbandsdirektor **Feierabend** (München): Ich habe ganz kurz auf diese Ausführungen zu erwidern, daß ich, wie ich bereits andeutete, die gleiche Anregung in der Konferenz der Verbandsdirektoren gegeben habe, daß dieselbe jedoch vorläufig eine Majorität nicht finden konnte. Wenn die Börsenberichte vielleicht für den großen entwickelten Karlsruher Verein keinen besonderen Wert haben, so haben sie sicher großen Wert für einen nicht geringfügigen Teil unserer kleineren Verbandsvereine.

(Sehr richtig!)

Es ist weiter von seiten des Herrn Anwalts in freundlicher Weise das Anerbieten an die sämtlichen Vertreter aller Vereine gestellt worden, eventuelle Spezialwünsche bei der Anwaltschaft einzureichen. Machen Sie doch hiervon ergiebigsten Gebrauch. Im nächsten Oktober soll eine weitere Konferenz der Verbandsdirektoren stattfinden, um über den Fortgang der Sache zu beraten und die nötigen Beschlüsse zu fassen. Geben Sie uns Ihre Wünsche bekannt; dieselben werden uns als Beratungsunterlage dienen und tunlichste Berücksichtigung finden. Für heute aber lassen Sie sich mit dem genügen, was ich Ihnen bereits mitteilte. Auf der gegebenen Grundlage können und wollen wir weiter bauen. Daß die Anschauung des Herrn Maucher auf der Konferenz nicht unvertreten bleibt, des können Sie sich versichert halten.

Direktor **Maucher** (Karlsruhe): Wir von uns aus sind gern bereit, diese Mitteilungen durch Einsendungen zu unterstützen. Wir beanspruchen dafür kein Honorar.

Vorsitzender Verbandsdirektor **Oppermann** (Magdeburg): Meine Herren, auf unserer Tagesordnung steht nun noch Punkt

IV. Vortrag über die rationelle Brotversorgung.

Bekanntlich ist das durch den gestrigen Vortrag und durch das gedruckte Referat, welches uns Herr Welck gegeben hat, erledigt.

Das Referat des Herrn Direktor **Welck**, das sich aus einem gedruckten Vorbericht und einem in den Räumen des Konsumvereins gehaltenen Vortrag zusammensetzte, lassen wir nachstehend im Zusammenhange folgen:

Wie alle andern Genossenschaftsarten Schulze-Delitzschscher Richtung, so stehen auch die Konsumvereine unseres Allgemeinen Verbandes auf dem Boden der Förderung des Allgemeinwohles. In der Pflege uneigennütziger Bestrebungen werden diese Vereine auch von keiner anderen wirtschaftlichen Vereinigung übertroffen. Ihre Gründer und Leiter werden daher vor die oft schwierige Frage gestellt: Liegt die ihrerseits beabsichtigte Neugründung oder Betriebsausdehnung im Interesse der Allgemeinheit, und sind die Gesamtverhältnisse geeignet, solche Projekte ohne erhebliches Risiko durchzuführen? Wird diese Frage von unparteiischen Sachverständigen und erfahrenen Genossenschaftern bejaht, was in vielen Fällen trotz des Vorhandenseins der erforderlichen Mittel ausgeschlossen sein wird, so wird das Unternehmen immer auch der Allgemeinheit zum Segen gereichen.

Die Konsumvereine haben die Aufgabe, ihre Mitglieder, besonders die weniger bemittelten, zur Ordnung und Sparsamkeit im Haushalt zu erziehen, sowie durch Herabminderung der Ausgaben für gute Lebensmittel und Verbrauchsartikel ihre Lebenshaltung zu verbessern. Da das Brot die eigentliche Grundlage der Volksernährung bildet, liegt den Verwaltungen der Konsumvereine nichts näher, als der rationellen Brotversorgung besonderes Interesse zu widmen.

Schon im Altertum hatte die Frage des täglichen Brotes, um das unser Gebet täglich zu Gott ruft, eine hohe soziale Bedeutung. Verlangten doch die alten Römer zu ihrer Zufriedenheit Brot und Spiele. In unserer Zeit ist die Frage der rationellen Versorgung mit diesem wichtigsten aller Nahrungsmittel mehr als je in den Vordergrund gerückt, und es kann den Konsumvereinen nur erwünscht sein, wenn ihr immer weitere oder alle Volkskreise das größte Interesse zuwenden.

Freudig dürfen wir anerkennen, daß seit einigen Jahren die höchsten Staatsbehörden der Brotfrage größeres Interesse widmen, und daß zurzeit infolge der im Jahre 1899 vom Verbande Deutscher Müller gegebenen Anregung eine Versuchsanstalt für Landwirtschaft, Müllerei und Bäckerei im Entstehen begriffen ist, die der landwirtschaftlchen Hochschule in Berlin angegliedert werden soll. Aufgabe der Anstalt ist es, im Interesse der Allgemeinheit dem Landwirt, dem Müller und dem Bäcker mit Rat und Tat zur Hand zu gehen und in allen Fragen, die vom Saatkorn bis zur Verdauung des Gebäckes entstehen, Auskunft zu geben, sowie für Ausbildung tüchtiger Fachleute sorgen zu helfen. Um eine gedeihliche Wirksamkeit der Anstalt zu sichern, haben das Reichsschatzamt, das Ministerium für Landwirtschaft und das Finanzministerium die zur Errichtung des Instituts erforderlichen Kosten von 524000 ℳ, das erforderliche Bauterrain und eine jährliche Subvention von 20000 ℳ gewährt, während die Landwirtschaftskammern und der Verband Deutscher Müller sich zur Zahlung eines Jahresbeitrages von zusammen 38000 ℳ verpflichtet haben. Das Laboratorium wird Ende 1906 in Betrieb kommen.

Daß ein derartiges Institut segensreich wirken kann und muß, liegt auf der Hand. Denn bei zweckmäßiger Leitung desselben werden die Landwirtschaft und Müllerei weitere Erhöhungen ihrer Leistungsfähigkeit erzielen, die nicht nur den Interessenten, sondern auch den Konsumenten zugute kommen dürften. Ein noch größerer Nutzen für die allgemeine Volksernährung aber wird durch die in Aussicht genommene Angliederung einer Zentralstelle für sachgemäße, praktische Ausbildung von Bäckern und technischen Leitern von Brotfabriken entstehen.

An der Klärung und Regelung der bei der Brotversorgung hauptsächlich in Betracht kommenden Fragen:

1. Wie schafft der Landwirt ein ergiebiges Korn?
2. Welches Zerkleinerungsprinzip ist das rationellste?
3. Wie soll man Mehl zu Brot umwandeln?

werden daher in Zukunft auch die Staatsbehörden helfend und fördernd mitwirken.

Die Landwirtschaft hat die überaus schwierige Aufgabe, für kleberreiches Getreide zu sorgen. Die Erfüllung dieser Aufgabe ist vornehmlich von der Bodenbeschaffenheit und den Witterungsverhältnissen abhängig. Vielfach ist sie auch erschwert durch den Mangel an modernen landwirtschaftlichen Maschinen und an Verständnis für die Beurteilung betreffs Verbesserung des Bodens und des Saatkorns. Durch Forschungsarbeiten sind die bewährtesten Getreidesorten ermittelt, die jedoch im Körner- und Strohertrag wiederum erheblich variieren.

Die Müllerei sucht nach ergiebigen Körnern. Der Landwirt wird auch durch sie unausgesetzt angeregt, seine Produkte zu verbessern. Zum großen Teile ist die handwerksmäßige Kleinmüllerei durch fabrikmäßige Großbetriebe verdrängt worden. Hier entsteht die wichtige Frage: Soll der Müller feines oder grobes Mehl herstellen? Wir wissen, daß ein Mehl, welches die Hülsenteile des Getreidekornes enthält, größeren Nährwert besitzt als ein aus enthülsten Körnern gewonnenes feines Mehl. Der Umstand aber, daß der menschliche Magen die Körnerschalen schlecht verträgt und der in diesen enthaltene Nährwert ungenügend ausgenützt wird, hat für die Mühlenbesitzer die Notwendigkeit der Herstellung eines möglichst feinen Mehles zur Folge; denn der Bäcker muß ein Gebäck liefern, dessen Nährwert eben durch die bessere Bekömmlichkeit in möglichst hohem Maße zur Geltung kommt. Infolge der Fortschritte der Technik im Mühlenbauwesen kann der Müller diesem Bedürfnis leicht Rechnung tragen.

Viel schwieriger für ihn bleibt jedoch die Beschaffung eines kleberreichen Getreides, zumal er diejenige Kundschaft nicht verlieren will, bei deren Mehleinkauf weniger die Ergiebigkeit als der niedrigere Preis entscheidet.

Im Bäckergewerbe fehlte — im Gegensatz zu anderen Gewerben — bisher eine zweckmäßige, theoretische und technische Bildungsgelegenheit. Dieser Mangel soll nun in bereits erwähnter Weise beseitigt werden, und man kann sich nur wundern, daß dies erst jetzt geschehen soll, namentlich wenn man einen Blick auf die verschiedenen Formen wirft, in denen sich die Broterzeugung zurzeit vollzieht.

Die im Altertum geübte Brotbereitung dürfte wohl bei allen Kulturvölkern beseitigt sein; sie bestand darin, daß die Hausfrau die Getreidekörner zwischen Steinen zerrieb, das Produkt zu einem dicken Brei herrichtete und backte. Dagegen hat sich die schon im Mittelalter gebräuchliche Art der Brotfabrikation durch handwerksmäßige Kleinbetriebe in großem Umfange zu erhalten vermocht. Die allgemeine Tendenz zum Großbetrieb, der Zusammenschluß von Kapital und Arbeit, hat in unserer Zeit jedoch auch hier eine Umgestaltung der Verhältnisse angebahnt und zum Teil bereits bewirkt.

Trotz der so entstehenden wenig beneidenswerten Situation der Bäckermeister, für welche der Hinweis auf die in jedem anderen Gewerbe bereits vollzogene wirtschaftliche Umgestaltung ein schlechter Trost ist und die auch durch den Übergang zu der besser rentierenden und immer mehr in Aufnahme kommenden Feinbäckerei nicht erheblich gemildert wird, müssen wir doch bekennen, daß die fabrikmäßige Broterzeugung im Interesse der Allgemeinheit liegt, da sie der handwerksmäßigen Betriebsweise ganz erheblich überlegen ist. Verhältnismäßig selten finden wir bei Vergleichungen des Gebäckes aus verschiedenen Bäckereien ein einwandfreies Brot heraus. Oft fehlt das köstliche, würzige Aroma, das dem Brot aus reinem Roggenmehl bei sachgemäßer Führung der Teiggärung eigen ist; häufig vermissen wir den die Bekömmlichkeit und den Nährwert erhöhenden geeigneten Backprozeß.

Damit soll natürlich nicht gesagt sein, daß alle Brotfabriken, die besonders in den letzten Jahren in ziemlich großer Zahl entstanden sind, eine tadellose Fabrikationsweise eingeführt haben oder daß es den handwerksmäßigen Betrieben bei tüchtiger Fachkenntnis und sorgfältiger Verwertung derselben nicht möglich wäre, gute Erzeugnisse zu liefern.

Allein der Ankauf von Mehl gegen Barzahlung, die gleichzeitige Verarbeitung von Mehl aus mindestens drei Mühlen, der kontinuierliche Betrieb mit wohlgeordneter Arbeitsteilung, das Ausschalten von Wartepausen des Personals, die Ersparnis an Heizungsmaterial durch Vermeidung der Abkühlung der Backöfen, das Sieben und Mischen des Mehles sowie Kneten und Wirken des Teiges durch Maschinen gewährleisten eher die Lieferung eines gleichmäßigen Produktes und verbilligen die Herstellungskosten derart, daß wir es erklärlich finden, wenn die durch handwerksmäßige Kleinbetriebe versorgten Städte bis 30% teureres Brot verzehren, als Städte mit gutgeleiteten Brotfabriken. Diese sind auch in hygienischer Hinsicht den handwerksmäßigen Betrieben in der Regel überlegen.

Hierbei dürfte interessieren, daß nach dem statistischen Jahrbuch Deutscher Städte im Kalenderjahr 1903 der durchschnittliche Preis für ein Kilogramm Roggenbrot:

in München . . . . 28 ₰,
„ Nürnberg . . . . 26 „ ,
„ Straßburg i/E. . . . . 26 „ ,
„ Magdeburg . . . . 26 „ ,
„ Frankfurt a/M. . . . . 25 „ ,
„ Berlin . . . . 24 „ ,
„ Dresden . . . . 24 „ ,
„ Mannheim . . . . 24 „ ,
„ Leipzig . . . . 23 „ und
„ Cöln a/Rh. . . . . 23 „

betrug, während die Brotfabrik des Breslauer Konsumvereins ihr bestes helles Brot zum durchschnittlichen Preise von **18,8** ₰ pro kg lieferte, so daß, da der Verein für 1903 eine Rückgewähr von 11% zahlte, den Mitgliedern

das helle Brot auf etwa 17 ₰ und
das dunkle „ „ „ 15½ ₰ pro kg

zu stehen kam.

Die von dieser Brotfabrik in demselben Jahre erzeugten etwa 15½ Millionen Kilogramm Brot würden somit den Konsumenten verschiedener anderer Großstädte rund 1½ Millionen Mark mehr gekostet haben, als sie den Breslauer Konsumvereins-Mitgliedern zu stehen kamen.

Allerdings wäre diese jährliche Ersparnis der Breslauer Brotkonsumenten geringer, wenn die im Großhandel üblichen Preise für Roggen und Roggenmehl in Breslau einen ebenso hohen Stand gehabt hätten als in anderen Großstädten, in denen mit ungünstigeren Zufuhr- und Produktionsverhältnissen zu rechnen ist.

Dennoch sind die Kleinbäckereien, sofern sie bestrebt sind, ihre Einrichtungen den Anforderungen der Jetztzeit entsprechend nach Möglichkeit zu vervollkommnen, nicht entbehrlich. Sogar können sie, namentlich in kleineren Ortschaften, durch Modernisierung ihrer Betriebsweise und Heranziehen der sehr zahlreichen Haushaltungen, die noch selbst backen, zu einer größeren Bedeutung gelangen.

Fahren die Bäckermeister aber fort, sich Neuerungen und Verbesserungen der Technik zu verschließen — deren Beschaffung vielfach allerdings erst durch den genossenschaftlichen Zusammenschluß möglich ist — so bereiten sie selbst den Niedergang ihres Gewerbes vor und fördern unabsichtlich das weitere rapide Anwachsen der Zahl der Brotfabriken unternehmungslustiger Geschäftsleute. Darum liegt es auch nicht im Interesse des Bäckergewerbes, wenn die selbständigen Meister die Bildung von Bäckereigenossenschaften ablehnen und sich die Vorteile der genossenschaftlichen Vereinigung nur selten sichern. In Breslau haben sogar mehrere Hundert Spezeristen eine Bäckereigenossenschaft zwecks fabrikmäßiger Broterzeugung gegründet, infolgedessen die dem Breslauer Konsumverein nicht angehörenden Konsumenten ihren Brotbedarf nicht mehr von den Bäckern, sondern zumeist von den Kolonialwarenhändlern entnehmen.

Die bestehenden Brotfabriken gruppieren sich zunächst in solche, die

1. von einzelnen Personen oder von Personenmehrheiten zum Zwecke des Handels, der Erzielung eines Profites, und
2. von den Konsumenten selbst lediglich zum Zwecke einer günstigen Versorgung mit Gebäck

betrieben werden.

Die zu 1 bezeichneten bedienen sich der Rechtsform eines Fabrikanten, einer Handelsgesellschaft, Aktiengesellschaft, Gesellschaft mit beschränkter Haftung und einer Genossenschaft.

Von der Form der Genossenschaft zum gemeinsamen Betriebe der Brotfabrik machen außer den zu 2 erwähnten Konsumenten

a) unternehmungslustige Kapitalisten, Händler, Landwirte ꝛc.,
b) selbständige Bäckermeister, welche die Arbeiten (wie zu a) durch Lohnarbeiter ausführen lassen,
c) Bäckergesellen, die zugleich Arbeiter und Unternehmer sind,

Gebrauch.

Hiernach sind die zu a und b aufgeführten Betriebe als Unternehmer-Genossenschaften und die zu c als Produktiv-Arbeiter-Genossenschaften zu bezeichnen. Beide Arten sind, obwohl in ihrem Wesen ganz verschieden, Erwerbsgenossenschaften, während die Konsumenten-Genossenschaften allein eigentliche Wirtschaftsgenossenschaften sind.

Alle diese verschiedenen Bäckereigenossenschaften sowohl als auch die anderen gewerblichen Unternehmungen werden bei normaler Verwaltung jene wirtschaftlichen Vorteile des Großbetriebes der fabrikmäßigen Broterzeugung leicht erzielen und — bieten können.

Haben wir im vorstehenden den Stand der heutigen Broterzeugung und die für die weitere Verbesserung derselben in Betracht kommenden Faktoren skizziert, so dürfen wir noch kurz der Frage unser Interesse zuwenden: Welche Brotbereitungsanstalten gewähren die größte Garantie für die rationelle Brotversorgung? Die Antwort hierauf kann nur lauten: Diejenigen rein genossenschaftlichen Betriebe, die nach Grundsätzen verwaltet werden, welche lediglich und ohne jeden Nebenzweck das Wohl der Allgemeinheit, das wirtschaftliche Interesse der Konsumenten selbst im Auge und somit einen ganz anderen Charakter haben, als jene öffentlichen Brotfabriken, sogenannte Genossenschaftsbäckereien, handwerksmäßige Bäckereien ꝛc.; denn nur mit Hilfe eigener Broterzeugungsstätten der Konsumenten ist eine vollkommen rationelle Brotversorgung gewährleistet bezw. möglich. Die Durchführung dieser aber hat einen nach denselben Grundsätzen arbeitenden Konsumverein zur Voraussetzung, und zwar nicht nur wegen der Beschaffung der Betriebsmittel und des gesicherten Absatzgebietes, sondern vornehmlich wegen der durch denselben gebotenen Ersparnis an Verkaufsspesen und bequemen Bezugsgelegenheit für die Konsumenten.

Der segensreiche Einfluß solcher Brotfabriken der Konsumenten wird sich überall da bald fühlbar machen, wo geeigneter Boden für ihr Gedeihen vorhanden ist und wo sie nach wirtschaftlich richtigen Grundsätzen verwaltet werden. Zu diesen gehören vor allem neben der Ausnützung der bereits aufgeführten, nur dem modernen Bäckereibetriebe eigenen Vorteile:

1. sauberste Herstellung eines wohlschmeckenden, nahrhaften Brotes;
2. Lieferung eines gleichmäßigen Gewichtes des Gebäckes, so daß Preisschwankungen des Mehles nicht durch Änderung der Größe des Brotes, sondern lediglich durch Änderung des Verkaufspreises ausgeglichen werden, und die Konsumenten Gelegenheit haben, sich jederzeit auf Grund der Marktnotiz für Getreide von der Notwendigkeit einer Preisänderung überzeugen zu können;
3. Zurückerstattung des Betriebsüberschusses an die Konsumenten nach Verhältnis des Gesamtbetrages ihrer Entnahmen.

Wir haben seit dem Jahre 1892 kein Teuerungsjahr, keine Mißernte in Kartoffeln oder Getreide gehabt. Dennoch gehört ein solches, die Brotversorgung ungemein erschwerendes Vorkommnis in den Rahmen unserer Erörterung. Der Kleinbäcker wird gut tun, sich auf solche für ihn besonders schwierige Situation vorzubereiten, zumal die günstigen Ernten der letzten Jahre eine abnorme Vermehrung der zum Teil auf schwachen Füßen stehenden Kleinbetriebe, von denen es z. B. in Breslau über 500 gibt, zur Folge gehabt haben. Denn in solchen Teuerungsjahren wird sich erst in vollem Maße die Überlegenheit der modernen Technik der Broterzeugung gegenüber rückständigen Betrieben zeigen, denen die geringe Backfähigkeit und der hohe Preis des Mehles viel größere Betriebsschwierigkeiten bereiten, als den technisch und finanziell auf höherer Stufe stehenden modernen Großbetrieben. Von diesen bieten wiederum die auf Selbsthilfe beruhenden Brotfabriken der Konsumenten den einzig sicheren Schutz gegen Überteuerung, die erfahrungsmäßig gerade in solchen Zeiten Platz greifen kann.

Das Bäckergewerbe arbeitet zum großen Teile noch mit veralteten Betriebseinrichtungen; eine verhältnismäßig nur geringe Anzahl von Bäckern ist zur modernen maschinellen Fabrikationsweise übergegangen. Allerdings sind erst in den letzten 15 Jahren die Fortschritte der Technik im Bäckergewerbe mehr und mehr zur Geltung gekommen. Doch haben aus diesem unternehmungslustige Geschäftsleute und Kapitalisten mehr Nutzen zu ziehen gewußt als die Bäcker! — Die an vielen Orten entstandenen Brotfabriken machen natürlich den kleinen handwerksmäßigen Betrieben das Leben ebenso schwer als die Warenhäuser den kleinen Detailgeschäften oder als der Großbetrieb in irgend einem anderen Erwerbszweige dem betreffenden Kleinbetrieb.

Die fabrikmäßige Broterzeugung aber ist wirtschaftlich nützlicher als die fabrikmäßige Erzeugung vieler anderer Artikel.

Meine Damen und Herren! Ohne genossenschaftlichen Zusammenschluß werden die Bäckermeister jedoch nicht imstande sein, zur modernen Brotfabrikation übergehen zu können, wenigstens in der Regel nicht. Vielfach allerdings fehlt ihnen auch die für die maschinelle Fabrikationsweise erforderliche technische Vorbildung.

In dieser Hinsicht können wir dankbar anerkennen, daß endlich seitens der Staatsbehörden den vorwärtsstrebenden Bäckern eine Bildungsgelegenheit durch Errichtung einer Versuchsanstalt für Landwirtschaft; Müllerei und Bäckerei geboten wird.

Rationeller als die gewerblichen Brotfabriken und dabei den kleinen Bäckereien kaum nachteiliger sind natürlich solche genossenschaftliche Brotfabriken, welche lediglich im Interesse der Konsumenten arbeiten und den erzielten Überschuß ihres Betriebes wieder an die Konsumenten zurückerstatten, und nur solchen Broterzeugungsanstalten möchte ich das Wort reden.

Dabei will ich auf Grund meiner 26 jährigen genossenschaftlichen Erfahrungen feststellen, daß solche Anstalten zwar am besten von Konsumvereinen errichtet und verwaltet werden, daß aber keineswegs jeder Konsumverein oder jeder Ort diejenigen Bedingungen bietet, die das Gedeihen einer solchen Fabrik erfordert. Im Gegenteil kann namentlich überall dort eine solche Gründung verhängnisvoll werden, wo es an geeigneten Leitern, an den nötigen Mitteln, an dem treuen Zusammenhalten der Vereinsmitglieder und vor allem, wo objektiv das Bedürfnis zur Errichtung einer solchen genossenschaftlichen Bäckerei fehlt.

Meine Damen und Herren! Hier in Breslau sind durch langjährige zielbewußte Arbeit fast ideale Brotversorgungsverhältnisse geschaffen worden. Die Bäckerei unseres Breslauer Consum-Vereins ist von den kleinsten Anfängen zu der größten und modernsten Brotfabrik emporgewachsen. Dabei hat sich die Anzahl der handwerksmäßigen Betriebe bedeutend erhöht.

Wir fabrizieren zurzeit täglich aus etwa 425 Ballen Roggenmehl und zirka 21 000 Liter Wasser zirka 35 000 Stück vierpfündige Brote auf die denkbar sauberste, beste und billigste Art. In einer Minute wenden also durchschnittlich 25 Stück solcher Brote fertig, eine Leistung, die sich bei forciertem Betriebe um 25% steigern läßt.

Um nun ein ungefähres Bild von der Fabrikationsweise zu erhalten, bitte ich Sie, meine sehr verehrten Damen und Herren, mit mir eine gemeinsame Wanderung zu unternehmen. Wir gelangen zunächst in die zweite Etage des Bäckereigebäudes. Dort finden Sie neben dem Mehlmagazin zwei automatische Siebmaschinen von je drei Meter Länge vor, welche das aus mindestens vier Mühlen gleichzeitig zur Ausschüttung und Verarbeitung gelangende Mehl nachsieben und dasselbe durch Elevatoren den drei Mehlmischmaschinen zuführen. Die Behälter zu diesen sind in der Mitte geteilt. Während aus der einen Hälfte das zur Verarbeitung fertige Mehl abgegeben wird, vollzieht sich in der anderen Behälterhälfte der Mischungsprozeß. Das Sieben, Zuführen und Mischen des Mehles geschieht ohne Staubbildung und selbsttätig. Ebenso vollzieht sich das Abwiegen der für jede Knetung erforderlichen Mehlmenge, das Füllen der Knetmaschinen mit Mehl, Wasser usw. und das Kneten des Teiges selbst durch tadelloses Funktionieren der dafür vorhandenen Maschinen und Apparate bester Konstruktion. Auf diese Weise werden stündlich spielend 150 Zentner Teig fabriziert. Nachdem der Teig in den aus verzinntem Stahlblech bestehenden fahrbaren Knettrögen eine zweistündige Gärung erfahren hat, gleitet er unter Verwendung einer maschinellen Kippvorrichtung durch seine eigene Schwere aus der ersten Etage in die in der Parterre-Etage befindliche Teigwirkmaschine, welche den gleichmäßig und feinporig gewirkten Teig auf einer weißen Marmorscheibe zur Abteilung der einzelnen Teiglaibe abgibt. Erst jetzt kommt der Teig zum ersten (allerdings auch zum letzten) Male mit den Händen des Bäckereipersonals in Berührung, indem seine abgeteilten Stücke mit leichter Hand gerundet werden. Hat der Teig nun in den aus Holzfasern bestehenden Backschüsseln die zweite, die sogenannte feine, etwa eine Stunde währende Gärung erfahren, so kommt er in die Backöfen. Von diesen sind 23 Stück mit je zwei ausziehbaren Herden im Betriebe. Jede Herdplatte faßt 66 Stück vierpfündige Brote. Das Belegen der Platte dauert 2 Minuten, der Backprozeß etwa 60 Minuten. Die fertigen Brote werden mittels Holzscheite auf fahrbare Abkühlständer geschaufelt, auf denen 30 000 Stück gleichzeitig abkühlen können. So gelangen sie durch Fahrstühle in die Verladehalle, in der stündlich in 16 Abfuhrwagen 12 000 Stück Brote expediert werden können.

Die Brotfabrikation selbst vollzieht sich leicht und ohne jede schwere Händearbeit in täglich drei Arbeitsschichten zu acht Stunden, also im ununterbrochenen Betriebe, der nur in der Zeit vom Sonnabend nachmittag, um welche Zeit eine gründliche Reinigung aller Räume und Geräte stattfindet, bis Sonntag Mittag 2 Uhr ruht.

Es werden gegenwärtig 110 verheiratete Bäcker und Heizer beschäftigt. Der Wochenlohn beträgt 21—27 Mark. Außerdem werden 10 Pfund Deputatbrot gewährt. Arbeitskleidung und Handtücher liefert der Verein. Mit aller Strenge wird auf Befolgung der für die Aufrechthaltung der Ordnung und Sauberkeit bestehenden Bestimmungen gehalten. Jeder Bäcker muß allwöchentlich in sauber gewaschenem Anzuge erscheinen und hat sich vor Aufnahme der Arbeit Arme und Hände gründlich zu waschen sowie von den sonstigen komfortabel eingerichteten Wasch- und Badevorrichtungen ergiebigen Gebrauch zu machen.

Überall ist eine weitgehende Arbeitsteilung durchgeführt, sodaß jeder Bäcker Spezialist in dem ihm überwiesenen Fabrikationszweige ist. Das Ineinandergreifen aller maschineller Vorrichtungen, die wir uns selbst gewählt, zum Teil auch selbst konstruiert haben, beschleunigt und erleichtert die Arbeiten erheblich und gewährleistet die pünktliche Fertigstellung großer Mengen stets gleichmäßigen Brotes.

Zu denjenigen Vorzügen unserer Bäckerei, die noch in keiner anderen Brotfabrik existieren, gehört auch die gänzliche Beseitigung der Rauch- und Rußbildung durch Einführung der Königschen Wassermischgasfeuerung, die uns sowohl für die Backöfen- als auch für die Kesselheizung durchaus befriedigt. Ohne diese geniale Erfindung des Herrn König wäre es unmöglich, in den Arbeitssälen und deren Umgebung stets rauch- und rußfreie Luft zu haben.

Wir setzen unsere nur noch fünf Minuten währende Wanderung fort und gelangen zuerst in die Kaffeerösterei. In einem hohen, gut ventilierten Raume sind vier Schnell-Röstapparate aufgestellt, welche stündlich 6 Zentner liefern. Die Kühlsiebe sind mit einem Exhaustor verbunden, der das Röstgut in wenigen Minuten vollständig abkühlt. Da durch eine sachgemäße Zusammenstellung verschiedener Marken dem Kaffee ein bestimmter aromatischer Geschmack zu geben ist, wird eine Mischmaschine benutzt, die mit selbsttätiger Entleerung versehen ist und in fünf Minuten 140 Pfund leistet. Die Kaffepackerei ist in einem großen Saale untergebracht. In demselben werden täglich 25 bis 35 Zentner Röstkaffee in ¼ und ½ Pfundpaketen abgeteilt. Jede Vereinsverkaufsstelle wird täglich mit frischer Röstung versorgt.

Meine Damen und Herren! In den Weinkellern finden wir neben großen Beständen noch nicht abgezogener Weine ein großes, flaschenreifes Weinlager vor, das einen Gesamtwert von etwa 275 000 Mark repäsentiert. Die Weine werden fast ausschließlich von Produzenten bezogen. Ihre Pflege unterliegt einem Kellermeister, der drei Arbeiter beschäftigt.

In der Destillation sind unter Aufsicht eines Beamten vier Arbeiter tätig. Sämtliche Liköre, ausgenommen „echt Stonsdorfer", werden hier erzeugt und auf Flaschen gezogen.

Jetzt gelangen wir in das Mahlwerk für Gewürze, das mit modernen Zerkleinerungsmaschinen ausgestattet ist und elektrisch angetrieben wird. Hier wird Macisblüte, Zimmt, Paprika, Pfeffer und Piment in bester Beschaffenheit zur Vermahlung gebracht.

Nachdem wir noch den größeren Remisenräumen, die Warenvorräte im Gesamtwerte von etwa 700000 Mark beherbergen, einen Besuch abgestattet, besichtigen wir schließlich die im Sitzungssaale des Vereins veranstaltete Warenausstellung. In derselben sind alle vom Verein geführten Warengattungen übersichtlich geordnet vertreten. Jede derselben ist mit dem Verkaufspreise versehen, während vielen, besonders den Lebensmitteln, die Analysen beigefügt sind, so daß es jedermann, namentlich den Fachleuten, leicht möglich ist, sich über die Qualität und Preiswürdigkeit der Waren ein Urteil zu bilden. In der Ausstellung sind auch sämtliche Formulare für den inneren Geschäftsverkehr ausgelegt,. als Dividendenmarken, Preislisten, Satzungen, Guthabenbücher, Markenverzeichnisse, Bestellscheine, Rechnungen für die Lagerhalter 2c.

Meine hochverehrten Anwesenden! Natürlich bildet Alles das, was Sie heute besichtigen werden, nur einen kleinen Bruchteil der Errungenschaften und des Resultates einer langjährigen Vereinstätigkeit, die zurzeit alljährlich den Vereinsmitgliedern neben einer außerordentlich günstigen Warenversorgung eine Rückgewähr von etwa 1½ Millionen Mark zufließen läßt. Aber das Gefühl der Befriedigung und der Sicherheit kann schon die Tatsache bei einem Jeden erwecken, daß alle Grundstücke, Gebäude, Utensilien, Maschinen, Fahrpark 2c. vollständig amortisiert dastehen, indem die in pupillarsicheren Wertpapieren bei der Reichshauptbank in Berlin deponierten Reservefonds etwa 200000 Mark mehr betragen, als der Buchwert all jener Wertobjekte.

Die zielbewußte, auf Gemeinsamkeit und Verträglichkeit beruhende Arbeit aller Vereinsorgane, das treue Festhalten an den Schulzeschen Grundsätzen hat hier bereits zu herrlichen Erfolgen geführt, und wenn wir uns auch bewußt sind, daß unser unvollkommenes Menschenwerk der weiteren Förderung und Ausgestaltung bedarf, so hoffen und wünschen wir doch, daß Ihnen, meine Damen und Herren, die Besichtigung einiges Interesse bieten und ein wenig Freude bereiten möge.

(Lebhafter Beifall.)

Herr Feldheim aus Burg bei Magdeburg dankte namens der etwa 630 Personen starken Versammlung für die Einladung zur Besichtigung der gewiß sehenswürdigen Anlagen und Einrichtungen des Breslauer Konsumvereins und wies auf den Segen des treuen Hochhaltens der Grundsätze unsers Altmeisters Schulze-Delitzsch' hin.

In 12 wohlorganisierten Gruppen vollzog sich hierauf die Besichtigung mit einem Zeitaufwande von nur 1½ Stunden. Die Versammlung und Besichtigung erfreute sich auch der Teilnahme des Oberpräsidenten der Provinz Schlesien, Sr. Exzellenz Graf von Zedlitz-Trützschler, ferner des Anwalts der Deutschen Erwerbs- und Wirtschaftsgenossenschaften in Österreich, Carl Wrabetz (Wien), des Vorsitzenden es internationalen Genossenschaftsverbandes, Henry W. Wolff (London), des Oberlandesgerichts-Senatspräsidenten Löwenberg (Breslau) und anderer Ehrengäste.

(Fortsetzung der Verhandlungen von S. 253/4.)

Vorsitzender Verbandsdirektor **Oppermann** (Magdeburg): Meine Herren, Sie wissen, daß wir, die wir hier anwesend sind, treu und fest zu unserem Allgemeinen Verbande stehen und daß wir immer und immer wieder Anfechtungen erfahren, daß alles aufgeboten wird, uns treue Vereine abspenstig zu machen. Da bitte ich Sie, meine Herren, aufmerksam zu sein und die Leute zu belehren, was sie tun, wie es meinerseits schon in den verschiedenen Fällen geschehen, besonders bei neuen Vereinen, wo ich geschrieben habe: So liegt der Fall — und die Leute sind zu mir gekommen. Sie, die einzelnen Vereine können sehr erheblich mitwirken, daß unser Allgemeiner Verband auch in den Konsumvereinen ferner wächst. Ich bitte Sie also, Ihre Aufmerksamkeit darauf hinzulenken, denn wir werden jedenfalls auch wieder weitere Vereine für uns gewinnen können.

Meine Herren, ich danke Ihnen recht herzlich, daß Sie so lange und treu ausgehalten haben, und schließe hiermit die Sitzung.

(Lebhaftes Bravo!)

Schluß der Sitzung 5 Uhr.

Dritte Hauptversammlung am Sonnabend den 27. August 1904.

Stellvertretender Vorsitzender: Justizrat Dr. Alberti (Wiesbaden).
Schriftführer: Assessor Hauß (Charlottenburg).
Eröffnung der Sitzung um $9^1/_2$ Uhr.

Stellvertretender Vorsitzender Justizrat **Dr. Alberti** (Wiesbaden): Meine Herren, ich eröffne unsere letzte Sitzung und gebe der Freude Ausdruck, daß Sie sich nach den gestrigen Anstrengungen so zahlreich hier versammelt haben. Ich bitte Sie, bis zu Ende auszuharren; die Sitzung wird nicht lange dauern.

Wir treten in die Tagesordnung ein, und zwar beginnen wir mit Punkt:

X. Antrag des Anwalts:

Der Allgemeine Genossenschaftstag nimmt Kenntnis von der Entscheidung des Reichsgerichts vom 11. Januar 1904 betreffend die Veröffentlichung des Mitgliederbestandes am Jahresschluß nach Maßgabe des § 33 des Reichsgesetzes betreffend die Erwerbs- und Wirtschaftsgenossenschaften und empfiehlt den Genossenschaften, in Zukunft bei der Veröffentlichung des Mitgliederbestandes folgenden Grundsatz zu beachten:

Bei Angabe des Bestandes der Mitglieder, die am Jahresschlusse der Genossenschaft angehören, sind auch die ausgeschiedenen Mitglieder nicht mitzuzählen, deren Ausscheiden erst „zum Schlusse" des Geschäftsjahres §§ 65, 67, 68, oder, wie es in § 77 für den Fall des Todes heißt, „mit dem Schlusse" des Geschäftsjahres erfolgt ist.

Berichterstatter Verbandsdirektor Justizrat **Wolski** (Allenstein): Der § 33 des Genossenschaftsgesetzes bestimmt, daß mit der Jahresbilanz die Zahl der im Laufe des Jahres eingetretenen oder ausgeschiedenen sowie die Zahl der am Jahresschlusse der Genossenschaft angehörigen Genossen veröffentlicht und die Bekanntmachung zu dem Genossenschaftsregister eingereicht werden muß.

Der § 139 l. c. bestimmt für die Genossenschaften mit beschränkter Haftpflicht, daß mit der Bilanz außer den im § 33 vorgesehenen Angaben über die Zahl der Genossen der Gesammtbetrag, um welchen in dem verflossenen Geschäftsjahre die Geschäftsguthaben sowie die Haftsummen der Genossen sich vermehrt oder vermindert haben, und der Betrag der Haftsummen veröffentlicht werden muß.

Nach § 160 kann der Vorstand zur Befolgung dieser Bestimmungen durch Ordnungsstrafen angehalten werden.

Bis in die neueste Zeit hat die Theorie und auch die Praxis für diese Veröffentlichungen angenommen, daß diejenigen Genossen, welche am oder zum oder mit dem Jahresschlusse ausscheiden, bis zum letzten Augenblicke des Geschäftsjahres Genossen bleiben und deshalb als der Genossenschaft bis zu diesem Zeitpunkte angehörig in die Zahl der Mitglieder am Ende des Geschäftsjahres aufgenommen und dann diese Zahl als Mitgliederbestand für das Geschäftsjahr veröffentlicht werden mußte. Der eine oder andere Genossenschaftsrichter versuchte nun in den letzten Jahren diese Annahme als irrig hinzustellen und vom Vorstande zu verlangen, die Mitgliederzahl abzüglich der im Geschäftsjahre ausgeschiedenen oder zum Schlusse desselben ausscheidenden Genossen zu veröffentlichen. In der Beschwerdeinstanz haben dann aber die Landgerichte und auch die Oberlandesgerichte, darunter auch das Kammergericht in Berlin die amtsgerichtlichen Verfügungen aufgehoben und sich den Ansichten von Theorie und Praxis angeschlossen. Im Jahre 1903 wiederholte nun wieder ein Amtsgericht im Königreich Sachsen seine Ansicht entgegen dieser allgemein herrschenden Ansicht durchzusetzen und den Vorstand zu zwingen, die Mitgliedzahl abzüglich der am Schlusse des Geschäftsjahres ausscheidenden Genossen zu veröffentlichen. Das Landgericht Dresden hat die hiergegen eingelegte Beschwerde zurückgewiesen. Im Wege der weiteren Beschwerde hat dann das Oberlandesgericht zu Dresden ebenfalls die Beschwerde für unbegründet erachtet, die Sache selbst aber, da seiner Entscheidung die des Kammergerichts Berlin entgegengestanden hätte, den gesetzlichen Bestimmungen gemäß an das Reichsgericht abgegeben. Dieses hat sich dann auf den Standpunkt des Amtsgerichts G. und des Landgerichts und Oberlandesgerichts Dresden gestellt, und die Beschwerde als unbegründet zurückgewiesen. Damit hat der höchste Gerichtshof gesprochen und ist nun wohl die Annahme begründet, daß die Gerichte in ähnlichen Fällen sich dieser Rechtsprechung anbequemen werden. Die Gründe des Reichsgerichts sind weder durch den Wortlaut des Gesetzes noch durch die Bedeutung der gesetzlichen Bestimmungen im täglichen Leben gestützt, sind auch nach keiner sonstigen Richtung hin überzeugend. Auf der anderen Seite bringen sie aber für die Veröffentlichung nichts von Bedeutung oder von Unbequemlichkeit. Der aufmerksame Leser der Bilanzen mit dieser Veröffentlichung des Mitgliederbestandes wird aus der einen Art der Veröffentlichung dasselbe herauslesen, wie aus der andern. Es muß nun aber einmal mit dieser Entscheidung gerechnet werden und deshalb hat der Herr Anwalt, um wieder Einheitlichkeit in die Veröffentlichungen zu bringen und die Genossenschaften vor unfruchtbaren Auseinandersetzungen mit dem Registerrichter zu bewahren, hier folgenden Antrag gestellt:

Der Allgemeine Genossenschaftstag nimmt Kenntnis von der Entscheidung des Reichsgerichts vom 11. Januar 1904 betreffend die Veröffentlichung des Mitgliederbestandes am Jahresschluß nach Maßgabe des § 33 des Reichsgesetzes betreffend die Erwerbs- und Wirtschaftsgenossenschaften und empfiehlt den Genossenschaften, in Zukunft bei der Veröffentlichung des Mitgliederbestandes folgenden Grundsatz zu beachten:

> Bei Angabe des Bestandes der Mitglieder, die am Jahresschlusse der Genossenschaft angehören, sind auch die ausgeschiedenen Mitglieder nicht mitzuzählen, deren Ausscheiden erst „zum Schlusse" des Geschäftsjahres §§ 65, 67, 68, oder, wie es in § 77 für den Fall des Todes heißt, „mit dem Schlusse" des Geschäftsjahres erfolgt ist.

Ich kann diesen Antrag nur zur Annahme empfehlen. Es erscheint von vornherein zwecklos, gegen die Entscheidung des Reichsgerichts anzukämpfen. Einmal werden die unteren Instanzen aller Voraussicht nach sich von vornherein jetzt auf den Standpunkt des Reichsgerichts stellen, dann aber wird auch das Reichsgericht, falls wirklich eine untere Instanz den von uns bis dahin eingenommenen Standpunkt billigen sollte, nicht so leicht oder gar in kurzer Zeit seinen Standpunkt verlassen. Uns selbst bringt die verlangte anderweitige Veröffentlichung keinen Schaden, ja auch nicht einmal eine Mehrarbeit. Die Veröffentlichung des Standes der Genossenschaft in dieser oder in jener Art ist für die Genossenschaft und für deren Interessenten, und solche lesen aufmerksam oder gar nicht die Veröffentlichung — ganz unerheblich. Das Resultat bleibt immer dasselbe. Das Beharren bei der von uns als richtig erkannten Veröffentlichung bringt für die Genossenschaften nur Scherereien mit sich und ist nicht im Interesse der einheitlichen Art für unsere Veröffentlichungen gelegen.

Ich möchte hierbei aber noch auf einige Folgen der neuen Art der Veröffentlichung aufmerksam machen. Die Genossenschaften mit beschränkter Haftpflicht haben nun auch konsequenterweise den Betrag der Haftsummen vermindert, um den Betrag der Haftsummen der ausscheidenden Genossen zu veröffentlichen. Ebenso ist mit dem Gesamtbetrage der Haftsummen zu verfahren. Das Mitgliederguthaben am Schlusse des Jahres ist nicht mit besonders zu veröffentlichen, da es schon in der Bilanz steht. Wir werden uns dem aber jetzt auch nicht entziehen können, in der Bilanz eine kleine Änderung eintreten zu lassen, indem wir vom Mitgliederguthaben dasjenige der Ausscheidenden aussondern und in die Bilanz besonders als etwa „Mitgliederguthaben Ausscheidender" aufnehmen. Zwar können wir hierzu vom Registerrichter nicht angehalten werden, indes wird es sich empfehlen, es so zu machen, damit wenigstens Bilanz und Veröffentlichung des Mitgliederbestandes nicht im Gegensatz zu einander stehen.

Ich empfehle nochmals die Annahme des Antrages des Herrn Anwalts.

Der Antrag wird einstimmig ohne Debatte angenommen.

Kgl. Rat F. X. **Proebst** (München) übernimmt den Vorsitz.

XII. Antrag des Verbandes rheinisch-westfälischer Konsumvereine: Der Allgemeine Genossenschaftstag muß dringend dagegen Verwahrung einlegen, daß die Behörden den Konsumvereinen dadurch Schwierigkeiten bereiten, daß sie ihren Beamten die Beteiligung direkt oder indirekt untersagen. Der Allgemeine Genossenschaftstag protestiert daher gegen den Erlaß des preußischen Eisenbahnministers vom 29. Juni 1904, soweit er ein derartiges Verbot enthält, und kann denselben umsoweniger billigen, als Handwerkergenossenschaften und landwirtschaftliche Genossenschaften, ohne Rücksicht auf die etwa dem Klein- und Zwischenhandel dadurch erwachsenden Schädigungen, sich sogar der finanziellen Förderung von staatlicher Seite zu erfreuen haben.

Berichterstatter Verbandsdirektor **E. Nolte** (Lüdenscheid): Meine Herren! Es war auf dem letzten Genossenschaftstage in Danzig, als der Vertreter des Handelsministers gelegentlich der Sonderverhandlungen der Konsumvereine auf eine ziemlich lebhaft erörterte Anfrage des Pforzheimer Vertreters über die Stellung der Regierung zur Beteiligung von Staatsbeamten an Konsumvereinen folgende Erklärung abgab:

„Es haben allerdings vor 3 oder 4 Jahren Erhebungen über die Beteiligung der Beamten an Konsumvereinen stattgefunden, die u. a. bezwecken sollten, zu ermitteln, in welcher Weise den Beamten Nebeneinnahmen aus diesen Ämtern zugeflossen sind. Seitdem sind aber schon 3—4 Jahre ins Land gegangen, und die Herren werden sich selber sagen, daß die Staatsregierung weitere Maßnahmen an diese Erhebungen nicht geknüpft hat. Soweit mir bekannt, sind zurzeit auch weitere Erhebungen nicht beabsichtigt, und besteht das Bestreben, vollständige Neutralität in dieser Angelegenheit zu betätigen."

Ein allseitiges „Bravo" begleitete diese Erklärung, nach der alle Befürchtungen, die im Laufe der Verhandlungen über diese Frage zum Ausdruck gekommen waren, als unbegründet angesehen werden mußten und die sich im allgemeinen mit den überaus erfreulichen Worten decken, die vor Beginn unserer diesjährigen Verhandlungen der Herr Geheimrat von Bartsch als Vertreter des Handelsministers den Genossenschaften nach Schulze-Delitzsch widmete.

Meine Herren! Noch nicht ein Jahr ist seit jenem Allgemeinen Genossenschaftstage in Danzig vergangen, und vor uns liegt der Ihnen allen bekannte Erlaß des preußischen Eisenbahnministers von Budde, durch den es als „allgemein erwünscht" bezeichnet wird, daß „der Warenbezug seitens der Bediensteten der Staatseisenbahnverwaltung möglichst überall durch Vermittlung des Klein- und Zwischenhandels vor sich geht", und durch den die Genehmigung für Übernahme von

Ämtern in Vorstand oder Aufsichtsrat durch Eisenbahnbeamte für die Folge so gut wie ausgeschlossen ist.

Damals die Zusicherung strengster Neutralität seitens der Staatsregierung gegenüber den Konsumvereinen, und 9 Monate später ein Erlaß, durch welchen einer ganzen Kategorie von Staatsbeamten die Beteiligung an denselben Konsumvereinen so gut wie verboten wird! — Allerdings war es in Danzig der Vertreter des Handelsministers Exzellenz Möller, der jene von uns allen so freudig begrüßte Erklärung von der Neutralität der Staatsregierung in der Konsumvereinsfrage abgab, und der jetzige Erlaß geht von dem Eisenbahnminister Herrn von Budde aus, doch ist, meine ich, Herr von Budde auch Mitglied jener Staatsregierung, von deren strenger Neutralität vor 9 Monaten die Rede war!

Nun ist ja der Erlaß des Herrn von Budde zwar zum Teil in die Form eines „Wunsches" gekleidet, aber darüber dürfte sich wohl jeder von uns klar sein, was ein „Wunsch" von so hoher Stelle für die Untergebenen zu bedeuten hat. Gibt es doch so manche, durchaus gesetzliche Möglichkeiten, diejenigen, die diesem Wunsche nicht willfahren, gefügig zu machen, so daß die meisten den Kampf, der ja sehr ungleich ist, gar nicht erst aufnehmen.

Meine Herren! Der „Wunsch" des Herrn Eisenbahnministers ist es nun also, daß seine Untergebenen ihre Waren unter Vermeidung der bisher ihnen zur Verfügung stehenden Konsumvereine möglichst überall durch den Klein- und Zwischenhandel beziehen. Es liegt da natürlich die Frage nahe, ob ein Vorgesetzter berechtigt ist, auf seine Untergebenen und Beamte seinen Einfluß und einen Druck auszuüben in einer Angelegenheit, die deren persönliches Leben und staatsbürgerliche Freiheit in höchstem Maße berührt. Herr Verbandsdirektor Dr. Alberti wird so liebenswürdig sein, diese Frage vom juristischen Standpunkte etwas näher zu beleuchten. Meines Erachtens steht jedem deutschen oder preußischen Bürger, mag er nun selbständig oder abhängig, Arbeitgeber oder Arbeitnehmer, Privatmann oder Staatsbeamter sein, das unbestreitbare Recht zu, seine Waren und Lebensbedürfnisse da zu beschaffen, wo er sie am besten und billigsten zu kaufen glaubt. Ebenso wie es bisher noch niemandem verwehrt wurde, sich mit einer beliebigen Anzahl Personen zum gemeinsamen Bezuge von Waren zusammenzuschließen, um durch Einkauf größerer Quantitäten desselben Artikels für sich und seine Komparenten einen billigeren Preis zu erzielen. — Vielmehr hat man diese Art des gemeinsamen Einkaufs auch staatlicherseits recht oft und nach den verschiedensten Richtungen hin empfohlen. Die Regierung selber hat den Bauer und Landwirt auf die großen Vorteile dieses Verfahrens aufmerksam gemacht, die Behörden tun alles, um entsprechende Bestrebungen des Handwerks und Kleinhandels durch Rat und Tat, ja selbst durch bedeutende Geldopfer zu unterstützen und zu fördern. Niemand würde wagen, die Existenzberechtigung der Militär- und Offizier-Kasinos in Zweifel zu ziehen, die Moltke selber einst damit rechtfertigte, daß der

Offizier ein Glas Wein trinken wolle, welches nicht durch den Zwischenhandel verteuert sei, — man heißt das Bestehen großer, Millionen umsetzender „Warenhäuser für Offiziere und Beamte" gut, durch welche der Offizier und der höhere Beamte fast alle Bedürfnisse des Lebens unter Vermeidung des Zwischenhandels vorteilhaft und gut befriedigen kann, — und dem kleinen Beamten und Eisenbahnarbeiter, dem wirtschaftlich Schwächeren, der weit mehr mit dem kleinsten Vorteil beim Einkauf seiner Lebensbedürfnisse zu rechnen hat, wird vom Eisenbahnminister der „Wunsch" nahegelegt, auf die Vorteile des gemeinsamen Wareneinkaufs, auf die jährliche Rückvergütung von vielleicht 40—50 Mk., die ihm durch seinen Konsumverein geboten wird, zu verzichten — zu verzichten zugunsten des Klein- und Zwischenhandels, den der Landwirt, der Handwerker, der Offizier und der höhere Beamte umgeht!

Allerdings verweist der Herr Minister seine Leute auf die sogenannten Rabatt- und Sparvereine, welche die Kleinhändler in den letzten Jahren unter sich gründeten, indes muß Herr von Budde wohl nicht sonderlich über den Charakter und das Wesen dieser Rabattvereine informiert sein, sonst würde er zugeben müssen, daß diese Einrichtung seinen Beamten durchaus keinen Ersatz bieten kann für die Konsumvereine, und die Kleinhändler durch dieselben bei weitem nicht das zu leisten vermögen, wie gut geleitete Konsumvereine. Sollten hierüber Zweifel bestanden haben, so werden sie gehoben sein nach unserer Wanderung durch die großartigen Geschäfts- und Betriebsräume des Breslauer Konsumvereins, an der sich ja, wie ich voraussetze, Se. Excellenz der Herr Oberpräsident wie auch der Herr Vertreter des Eisenbahnministers, der ja daran ein ganz besonderes Interesse haben mußte, beteiligt haben wird.

Vollständig unhaltbar ist auch die Behauptung der Vertreter des Kleinhandels, der Kleinhandel trage durch seine Steuern zur Bezahlung der Beamten bei, habe also das Recht, zu beanspruchen, daß letztere ihn auch beim Einkauf seiner Lebensbedürfnisse berücksichtigen. Denn abgesehen davon, daß ein solches Recht wohl jeder Begründung entbehrt, ist auch hinlänglich bekannt, daß die preußischen Staatseisenbahnen ein Unternehmen sind, welches sich und seine Bediensteten nicht allein selbst erhält, sondern sogar recht bedeutende Überschüsse abwirft, die zu anderen Staatszwecken verwendet werden, also die Steuerzahler, auch die des Klein- und Zwischenhandels, wesentlich entlasten.

Meine Herren! Wir kämen nun zu dem zweiten Teile des Erlasses, der im Gegensatz zu dem im ersten Teil ausgesprochenen „Wunsch" eine direkte Verordnung enthält, und zwar eine Verordnung, durch welche die Tätigkeit der Eisenbahnbeamten in Vorstand oder Aufsichtsrat eines Konsumvereins auf einige wenige Ausnahmefälle beschränkt, in der Regel aber untersagt wird. Und da liegt natürlich zunächst auch wieder die Frage nahe, ob einem Vorgesetzten das Recht zusteht, seinen Untergebenen nach dieser Richtung hin Vorschriften zu machen. Natürlich — — wenn die Gefahr naheliegt oder vielleicht sogar Beweise vorliegen, daß ein Beamter durch irgendwelche Nebenbeschäftigung seine Pflichten im Amt vernachlässigt, wenn er als Angestellter des Staates seine Schuldigkeit nicht tut, so könnte mit vollem Recht die Verfügung getroffen werden: Eure Kräfte reichen nicht aus, um Nebenarbeiten zu übernehmen, ihr werdet vom Staate besoldet, also gebt eure Nebenbeschäftigung auf. Daß aber derartige Verhältnisse vorliegen, dafür ist doch der Beweis bis jetzt noch nicht erbracht, ja nicht einmal versucht worden. Wie übrigens bisher an hohen und maßgebenden Stellen über diese Frage gedacht wurde, geht aus einem Bescheide hervor, den ein früherer Kollege des Herrn von Budde, der ehemalige Minister Frhr. von Berlepsch, seinerzeit den Kolonialwarenhändlern erteilte, als sie mit dem Gesuch an ihn herantraten, seinen Beamten die Beteiligung an Konsumvereinen zu verbieten. Herr v. Berlepsch führte damals in seinem Bescheide aus: „Ich bin Vorgesetzter meiner Beamten im Dienste; was sie aber in ihrer freien Zeit tun, entzieht sich meiner Kontrolle, insoweit als die Beamten nicht gegen ihre Pflicht und Ehre als Beamte verstoßen." — Und der damalige Reichskanzler schloß sich meines Wissens dieser Entscheidung seines Ministers vollständig an. — Sogar der Amtsvorgänger des Herrn von Budde, Herr von Thielen, hat wiederholt in dieser Frage die gleiche Ansicht vertreten über seine Befugnisse seinen Untergebenen gegenüber. Und vor nicht allzu langer Zeit ist innerhalb meines Verbandes noch ein Konsumverein der Eisenbahnbeamten und -Arbeiter auf spezielle Veranlassung der vorgesetzten Behörde gegründet und in seinen ersten Arbeiten aufs wärmste und kräftigste von derselben unterstützt worden. — Und weshalb soll das, was bis gestern noch als Unrecht, als Übergriff angesehen wurde, heute plötzlich Recht werden?

Was würde z. B. ein Minister sagen, wenn man ihm zumuten wollte, seinen Beamten die Tätigkeit im Vorstande der Wehr- und Kriegervereine oder einem der vielen Beamten-Fachvereine (wie solchen der Lokomotivführer, der Post-Unterbeamten usw.) zu untersagen, die oft genug mehr Arbeiten und Pflichten auferlegen, als die Mitgliedschaft im Aufsichtsrate eines Konsumvereins? Und weshalb sollen, wenn die Konsumvereine getroffen werden sollen, die gleichartigen landwirtschaftlichen Genossenschaften, die sogenannten Raiffeisenkassen verschont werden? Wenn die Regierung glauben sollte, sie käme mit dem Verbot der Beteiligung ihrer Beamten an Konsumvereinen aus, so kennt sie die Kolonialwarenhändler schlecht. Die wissen ganz genau, daß die Raiffeisenkassen zum großen Teil keine eigentlichen Darlehnskassen sind, sondern daß sich hinter ihrem Firmenschild vielfach Handlungen in Futter, Düngemitteln usw. verbergen. Und wenn auch ihnen die Beamten aus Vorstand und Aufsichtsrat genommen würden, so könnten die meisten dieser Raiffeisenkassen sehr bald ihren Betrieb einstellen. Ähnlich liegen die Verhältnisse bei den Militär-Kasinos und den Warenhäusern für Beamte, die doch auch nur den Zweck verfolgen, ihren Mitgliedern durch gemeinsamen Einkauf gute und billige Waren zu beschaffen — genau wie die Beamten-Konsumvereine.

Wir sehen: Widerspruch reiht sich an Widerspruch, Bedenken an Bedenken.

Und fragen wir uns, ob der vorliegende Erlaß denn wirklich die Mitglieder, die er den Konsumvereinen nimmt, dem eigentlichen Kleinhandel als Käufer zuführen wird, so muß der Erfolg zum mindesten als sehr fraglich erscheinen. Zunächst ist zu berücksichtigen, daß die bestehenden Eisenbahn-Konsumvereine, die doch unmöglich einfach aufgelöst oder geschlossen werden können, gerade wenn ihnen ihr eigentlicher Charakter als Beamten-Konsumverein genommen wird und sie so aus ihren engen Grenzen heraustreten und der Allgemeinheit zugänglich gemacht werden, eine viel größere Ausdehnung und weiteren Einfluß gewinnen und so dem Kleinhandel mehr Konkurrenz machen werden als bisher. — Aber auch wenn dies nicht der Fall sein sollte so warten Warenhäuser, Versandgeschäfte, Spezialgeschäfte nur darauf, die Erbschaft der Konsumvereine anzutreten, sie werden gewiß gerade den früheren Konsumvereinsmitgliedern die weitgehendsten Konzessionen und Bequemlichkeiten bieten, um sie als Kunden zu gewinnen, und der Gewinn, den der Kleinhandel für sich erwartet, würde zum großen Teil wenigstens in die Tasche des Großkapitals fließen. Was der Kleinhandel tun muß, um sich gegen seine Konkurrenten — die Warenhäuser, Versandgeschäfte usw. viel mehr als die Konsumvereine — zu behaupten, ist oft genug erörtert worden, so noch ausführlich gelegentlich der Besprechung des Dividendenverbotes auf dem letzten Genossenschaftstage in Danzig. Mag er danach handeln, und er wird zu seinem und der Gesamtheit Nutzen stets in Ehren bestehen können, auch ohne Begönnerung von hoher Stelle, ohne Titel und ohne amtliche Empfehlungen.

Angesichts dieser Tatsachen, denen Herr von Budde auch gewiß nicht blind gegenüber steht, liegt natürlich die Frage nach dem eigentlichen Motiv des Erlasses nahe. Sicherlich beabsichtigt Herr von Budde, der doch sonst bei jeder Gelegenheit ein warmes Herz für seine Untergebenen bekundet, dessen Fürsorge für sie hinlänglich bekannt ist und der Wohlfahrtseinrichtungen jeder Art schafft, im Grunde nicht, seinen Untergebenen, und gerade den kleinsten seiner Untergebenen den Vorteil des billigen Einkaufs zu entziehen, ebenso dürfte der eigentliche Grund des Erlasses nicht darin zu suchen sein, daß Herr von Budde befürchtet, seine Beamten könnten durch ihre Tätigkeit im Vorstande oder Aufsichtsrat eines Konsumvereins zu sehr in ihrer Berufstätigkeit gestört werden. Wohl aber ist anzunehmen, daß der freie Blick des Herrn Ministers getrübt, daß sein unbefangenes Urteil zu ungunsten der Konsumvereine, die für die Beamten auch Wohlfahrtseinrichtungen im besten Sinne des Wortes sind, beeinflußt ist durch die skrupellose Agitation der Gegner, die einerseits die Konkurrenz der Konsumvereine, die Art ihres Wirkens in den düstersten, entstellendsten

Farben malen, andererseits aber nicht die großen Vorzüge, die guten Seiten derselben gelten lassen wollen, Vorzüge, die zweifellos auch der Herr Minister anerkennen muß, und die neben dem Zwecke der Beschaffung guter und billiger Lebensmittel vor allem bestehen in dem erziehlichen Segen, einer geordneten Wirtschaftsführung auf Basis der Barzahlung, der Weckung des Gefühls der eigenen Verantwortlichkeit, der Hebung des Sparsinns, der Pflege des genossenschaftlichen Geistes und — last not least — Förderung der Volksbildung! — Sodann aber liegt die Vermutung nahe, daß auch diesmal wieder die Vertreter des Kleinhandels, die ja zweifellos den Anstoß zu dem Vorgehen des Herrn Ministers gaben, das „rote Gespenst“ zitiert haben, daß die Bekämpfung des Einflusses der Sozialdemokratie, die sich ja in den letzten Jahren gerade in den Verwaltungen so mancher Konsumvereine breit macht, der leitende Gedanke des Erlasses gewesen ist. Heißt es doch in demselben, daß die Mitgliedschaft und Tätigkeit der Eisenbahnbeamten in Konsumvereinen da zu gestatten ist, wo „zu befürchten ist, daß die Bediensteten andernfalls ihr Bedürfnis nach billigem Warenbezuge auf andere, weniger ersprießliche Weise, z. B. durch den Beitritt zu Konsumvereinen befriedigen werden, die tatsächlich nicht auf privatwirtschaftliche Zwecke gerichtet sind“.

Meine Herren! Wir wollen hier nicht erörtern, ob es einem Staatsbeamten untersagt werden kann, in einem Konsumverein zu kaufen, dessen Verwaltung zum Teil oder gar ganz in sozialdemokratischen Händen liegt, wohl aber müssen wir uns fragen, weshalb der Minister durch seinen Erlaß die Existenz so vieler, gut geleiteter Beamten-Konsumvereine aufs Spiel setzt, von Vereinen, denen sich im Laufe der Jahre so manche andere, von der Bahnverwaltung selbst getroffene Wohlfahrtseinrichtungen angegliedert haben, denen tausende von Eisenbahnbeamten und -Arbeitern als Mitglieder angehören, die schon lange Jahre überaus segensreich gewirkt und sich stets und überall als das sicherste und festeste Bollwerk gegen den sozialdemokratischen Einfluß bewährt haben? Weshalb die Gefahr heraufbeschwören, daß diese guten, zweifellos nur auf wirtschaftliche Zwecke gerichteten Genossenschaften, der Leitung durch Beamte beraubt, der Sozialdemokratie ausgeliefert werden?

Meine Herren! Sehr bezeichnend für den Erlaß des Herrn von Budde ist, daß er von allen großen Tageszeitungen, von der äußersten Rechten bis zur äußersten Linken fast ausnahmslos abfällig kritisiert wird.

So sagt die hochkonservative „Kreuzzeitung“, welche sonst die Konsumvereine mindestens als „quantité négligeable“ behandelt:

„Über den Kleinhandel selbst wollen wir keinen Tadel aussprechen. Gut ausgebildete, reelle Detaillisten haben vor den Konsumvereinen und ihren Laienvorständen in vieler Hinsicht einen Vorsprung; manche Waren wird man bei ihnen besser und darum billiger als beim Konsumverein bekommen. Aber die wirklichen Fachleute dieses Standes werden uns zugeben, daß sich neben ihnen eine fachunkundige, auch wohl mit verwerflichen Listen arbeitende Konkurrenz breit macht, vielfach gerade in den Außenbezirken der Städte, wo die Beamten (der billigeren Wohnungen wegen) wohnen müssen, und daß der moderne fachmännisch geleitete Warenhaus- und Filialbetrieb ihnen weit schädlicher ist als sämtliche Konsumvereine. Wir fürchten, die Eisenbahnbeamten, die nun aus den Konsumvereinen austreten, werden Ersatz suchen bei diesen Großbetrieben des Kleinhandels, die ja auch ein schwunghaftes Versandgeschäft unterhalten; denn der Etat einer Beamtenfamilie zwingt geradezu, für alle Bedürfnisse die billigste Einkaufsquelle zu suchen, wenn sie auch nicht die beste ist."

„Wären die Beamten nicht zur alleräußersten Sparsamkeit gezwungen, so würden sie sich nicht die meist recht große Unbequemlichkeit machen, ihre Bedürfnisse in Konsumvereinen zu decken, statt beim nächsten Händler. Gewiß sind die Konsumvereine ein großes Übel (hier hätte die Kreuzzeitung richtiger und besser gesagt: „eine große Unbequemlichkeit") für den gewerblichen Mittelstand. Da aber die Detaillisten und die Handwerker zur „Selbsthilfe" greifen und sich immer mehr zu Einkaufsgenossenschaften zusammentun, so ist es uns sehr fraglich, ob der Staat wohl daran tut, seinen knapp besoldeten Beamten eine ähnliche Organisation zu verbieten. Und gerade die Eisenbahnbeamten erscheinen uns zu diesem Experiment am wenigsten geeignet. Gegen die Konsumvereine der Beamten läßt sich nämlich nur der eine Einwand erheben, daß die Beamtengehälter auch von den Steuerbeiträgen der Klein- und Zwischenhändler aufgebracht werden. Aber die Eisenbahnbeamten sind in einem produktiven Unternehmen des Staates angestellt, sie schaffen selbst die Einnahmen, aus denen ihr Gehalt bezahlt wird. Darum halten wir die Verfügung des Ministers von Budde — falls sie nicht apokryph ist — für unzweckmäßig."

In den „Berliner Politischen Nachrichten" heißt es:

„Was die Beteiligung von Reichsbeamten an den Verwaltungsgeschäften von Konsumvereinen u. dergl. angeht, so ist eine dienstliche Einwirkung nur im Rahmen des Gesetzes über die Rechtsverhältnisse der Reichsbeamten möglich. Ein gänzliches Verbot der Beteiligung von Beamten an Vereinen der bezeichneten Art, wie dies neuerdings auch verlangt wird, würde aber die staatsbürgerlichen Rechte der Beamten auf dem Gebiete wirtschaftlicher Selbstbestimmung ohne innere Berechtigung erheblich beeinträchtigen. Was jedem Staatsbürger erlaubt ist, darf dem Beamten nicht verwehrt werden, soweit ihm nicht dienstliche Interessen oder die Rücksicht auf seinen Stand besondere Schranken auferlegen. Die Behauptung, daß der Beamte, weil er aus den Taschen der Steuerzahler besoldet wird, seine Ausgaben auch wieder den Steuerzahlern zu gute kommen lassen müsse, entbehrt jeder Begründung. Mit dem gleichen Rechte könnte jeder Arbeitgeber verlangen, daß der Arbeiter seine Löhne, soweit sich die Möglichkeit hierzu bietet, bei ihm wieder umsetze."

Und mit Recht fragt die „Vossische Zeitung":

„Wenn nun ein Bahnmeister, der in seinem Amte sehr tüchtig ist, in den Vorstand eines Konsumvereins eingetreten ist und seinen Austritt nicht erklärt, obwohl ihm bedeutet wird, der Regierungspräsident halte diesen Verein nicht für ein unabweisbares Bedürfnis, soll dieser Beamte zur Dienstentlassung verurteilt werden, weil er sich der Achtung, des Ansehens und des Vertrauens unwürdig gemacht hat? oder soll er zur Dienstentlassung verurteilt werden, weil er seine Dienstpflichten verletzt hat? Und wenn ein Geheimer Regierungsrat, der Mitglied einer Eisenbahndirektion ist, in den Vorstand eines Warenhauses für Offiziere und Beamte eintritt, soll gegen ihn in der gleichen Weise disziplinarisch vorgegangen werden? Wir zweifeln, daß der höchste Disziplinarhof diese Konsequenzen ziehen wird."

Meine Herren! „Die unteren Schichten haben — wie die „Frankfurter Zeitung" ausführt — ein feines Gefühl für Gerechtigkeit, und sie werden es nie verstehen, daß ihnen verwehrt sein soll, was Offizieren und Beamten gestattet ist. Sie haben ihren Offizier- und Beamtenverein, der sich zwar nicht Konsumverein nennt, aber einer ist, und nicht nur die nötigen Lebensmittel, sondern auch Champagner und Opernhausbillets unter dem Marktpreise den Mitgliedern beschafft. S o l c h e V e r g l e i c h e s i n d d e m m o d e r n e n S t a a t e g e f ä h r l i c h e r a l s t a u s e n d K o n s u m v e r e i n e u n d m a c h e n d i e g u t e W i r k u n g v o n d r e i s o z i a l e n G e s e t z e n w i e d e r i l l u s o r i s c h."

Und, meine Herren! wo, wie wir sehen, von allen Seiten gegen den Erlaß des Herrn v o n B u d d e Front gemacht wird, da dürfen wir nicht zurückstehen, deren vitalste Interessen auf dem Spiele stehen. Und nicht nur die Interessen der Konsumvereine, sondern aller andern Genossenschaften! Denn wer bürgt uns dafür, daß das, was heute für die Konsumvereine gilt, morgen nicht auch für Bau- oder Kreditgenossenschaften als Recht befunden wird? Und, meine Herren, wir m ü s s e n Stellung nehmen, wir m ü s s e n uns angesichts der mannigfachen Angriffe, die gegen uns erhoben werden, unserer Haut wehren! — Meine Herren! In Hannover tagt zugleich mit uns der Zentralverband deutscher Kaufleute und Gewerbetreibender, der in maßlosester Weise die Hilfe des Staates für sich in Anspruch nehmen zu können glaubt, der, wie Sie wohl aus den gestrigen Zeitungsberichten ersehen haben werden, unter Hinweis auf die Unwahrheit von der Steuerfreiheit der Konsumvereine Anträge an den Eisenbahnminister und den Reichskanzler stellt, die alles bisher Geforderte in Schatten stellen, Anträge, die einen Teilnehmer der Versammlung selbst veranlaßten, gegen die allzu scharfe und weitgehende Fassung zu protestieren, und die ihn unter Beifall der Versammlung zu der überaus kennzeichnenden Bemerkung hinrissen: Man sei doch keine Zirkus Busch-Versammlung. Nicht diesem Beispiele unserer Gegner wollen wir folgen, auch nicht dem Beispiel des „Kaufmännischen Provinzialverbandes Stettin", dem vor kurzem in einer Versammlung einer der Redner den Rat gab, zu „schreien“ und immer wieder zu „schreien“, aber mit Ernst und Würde wollen wir unserer Ansicht Ausdruck geben in der Erwartung, auch so gehört zu werden, und in der Zuversicht, daß bei einem preußischen Minister, der sonst ein Freund und Berater seiner Untergebenen ist, noch der alte Satz gilt: „Recht muß doch Recht bleiben!“

Und in diesem Sinne bitte ich Sie, dem Antrage meines Verbandes zuzustimmen. (Lebhafter Beifall.)

Verbandsdirektor Justizrat **Dr. Alberti** (Wiesbaden): Meine Herren, den Ausführungen des Herrn Referenten habe ich nur Weniges hinzuzufügen. Wie er schon bemerkte, werde ich kurz auf die Rechtsfrage eingehen, die in den Tagesblättern nicht zugunsten des Herrn Ministers entschieden worden ist. Wir wollen diese Frage nicht in dem Sinne erörtern, daß wir Stellung nehmen zum Schutz der Beamten als solcher, sondern nur untersuchen, inwiefern wir selbst durch das Vorgehen des Herrn Ministers getroffen sind. Die Stellung der Beamten und Unterbeamten den Vorgesetzten gegenüber hat mein Herr Vorredner schon erörtert; ich kann insbesondere da auf die bezüglichen Ausführungen des früheren Ministers v. Berlepsch, die der Herr Referent vorgetragen hat, verweisen. Der Beamte untersteht nicht nur im Dienst, sondern auch außerhalb desselben seinem Vorgesetzten, insofern er sich der Achtung und des Vertrauens würdig zu zeigen hat, das mit der Führung des Amtes notwendig verbunden sein muß. Wenn also in einer derartigen Weise gegen Beamte, wie in dem Erlaß, vorgegangen wird, so muß man notwendig daraus schließen, daß die Tätigkeit der Beamten als Mitglieder von Konsumvereinen sich mit dem Ansehen der Beamten nicht verträgt. Als solche ist sie auch in der Öffentlichkeit aufgefaßt worden insofern, als die Konkurrenz dieser Kundgebung zugejubelt und darauf gedrungen hat, es möge auf diesem Wege weiter gegangen werden. Wenn das der Fall wäre, würden wir mitgetroffen; denn wir haben die Beamten wirtschaftlich dazu erzogen, und was sie hier treiben und tun, geschieht unter unserer Billigung. Es sind nicht allein die Grundsätze der Konsumvereine, welche die Konsumvereine üben, sondern die wir als Genossenschafter alle verfolgen, und deswegen richtet sich der Erlaß in seiner rechtlichen Seite nicht nur gegen die Konsumvereine, sondern gegen die Genossenschaften überhaupt. Herr Verbandsdirektor Nolte hat bereits ausgeführt, daß auch ein anderer Minister in ähnlicher Weise vorgehen kann. Wir haben vorgestern die Stellung der Sparkassen erörtert. Sollte es da nicht möglich sein, daß der Minister des Innern erklärt: wir erwarten von unseren Beamten, daß sie ihr Geld nicht in die Sparkassen der Genossenschaften tragen, sondern in die öffentlichen Sparkassen? So kann es also kommen, daß die Tätigkeit der Beamten in den Kreditgenossenschaften beanstandet wird; denn auch hier haben wir es mit der Konkurrenz zu tun. Deshalb dürfen wir nicht nur als Konsumvereinler gegen diesen Erlaß Stellung nehmen, sondern müssen es als Genossenschafter überhaupt tun; deshalb halte ich es auch für richtig, daß wir diesen Antrag in der Hauptversammlung und nicht bei den besonderen Angelegenheiten der Konsumvereine verhandeln.

Meine Herren, man wird uns in den Kreisen, die diesem Erlaß zujubeln, wegen unserer Stellungnahme dazu wieder den Vorwurf machen, daß wir kein Herz für den kleinen Handelsstand haben. Nun, darüber brauchen wir uns kaum zu unterhalten. Wir haben an anderer Stelle — ich verweise nur auf den Genossenschaftstag in Hannover —, als der kleine Handelsstand heftig angegriffen wurde, als man ihm die Existenzberechtigung absprach, energisch gegen diese Angriffe Front gemacht und haben erklärt, daß wir in jeder Beziehung tätig sein wollen, um dem Kleinhandel die Segnungen des Genossenschaftswesens zuzuführen und ihn in den Stand zu setzen, sich konkurrenzfähig zu halten. Deshalb müssen wir schon jetzt jene Vorwürfe zurückweisen. Wir sind der Ansicht, wie Herr Nolte schon ausgeführt hat, daß auch dem Kleinhändler aus diesem Erlaß kein Vorteil erwächst.

Aus den Verhandlungen auf dem Unterverbandstage der rheinisch-westfälischen Konsumvereine in Elberfeld kann ich nur bestätigen, daß die anwesenden Beamten jenen Erlaß als einen Angriff gegen ihre vitalsten Interessen erklärten; sie waren darin einig, daß, wenn der Erlaß bestehen bleibt, sie aus den Konsumvereinen ausscheiden müssen. Man gab sich aber der Hoffnung hin, daß der Minister die Sache nach der wirtschaftlichen und rechtlichen Seite noch einmal in Erwägung ziehen werde.

Ich kann auch nur mit dem Wunsche schließen, daß der Herr Minister die Sache nochmals untersuchen und eingehend Kenntnis von unseren erfreulichen Leistungen nehmen möge. Wenn er sich dann überzeugt hat, in welch hohem Grade seine Beamten zur Wirtschaftlichkeit erzogen werden, wird er auch unsere Tätigkeit nicht beanstanden. Ich glaube, er kann uns nur dankbar sein, wenn die Beamten, die nicht mit einem hohen Gehalt zu rechnen haben, durch die Konsumvereine zur Barzahluug angehalten werden. Der Einfluß ihrer Tätigkeit, die Ausübung ihrer Grundsätze ist von außerordentlichem Vorteil für die Beamten und den Staat. Meine Herren, wir haben durch die Konsumvereine die Mitglieder, insbesondere die Beamten, zur Wirtschaftlichkeit erzogen, wir wünschen recht sehr, daß wir auf dieser Bahn nicht zurückgehalten werden.

Regierungsrat Dr. **Cuny** (Berlin): Meine Herren, der Antrag des Verbandes rheinisch-westfälischer Konsumvereine, dessen Begründung wir soeben gehört haben, legt Verwahrung dagegen ein, daß die Behörden ihren Beamten die Beteiligung an Konsumvereinen direkt oder indirekt untersagen, und er empfiehlt sodann dem Allgemeinen Genossenschaftstage einen Protest gegen den Erlaß des Herrn Ministers der öffentlichen Arbeiten vom 29. Juni d. J., soweit dieser Erlaß ein solches Verbot enthält.

Nun, meine Herren, ein solcher Protest wäre gegenstandslos; denn der Erlaß enthält ein solches Verbot nicht.

(Hört! hört!)

Der Herr Minister der öffentlichen Arbeiten hat mich beauftragt, das hier auszusprechen. Der Erlaß ist sehr mißverstanden worden, weil er anfangs von einem Teil der Presse in entstellter Form wiedergegeben wurde. Einige Blätter brachten anfangs nur eine Notiz des Inhalts: „Der Minister der öffentlichen Arbeiten hat den Beamten verboten, sich an Konsumvereinen zu beteiligen", — und diese Mitteilung ging durch andere Zeitungen und wurde überall lebhaft erörtert. Diese Mitteilung entsprach einfach nicht den Tatsachen. Als dann der wirkliche Inhalt des Erlasses, insbesondere auch durch einen Aufsatz der „Berliner Politischen Nachrichten" bekannt wurde, hat man zumeist anerkannt, daß es sich um ein Mißverständnis gehandelt hatte. So schrieb z. B. die „Neue Preußische Zeitung", nachdem sie jenen Aufsatz der „Berliner Politischen Nachrichten" abgedruckt hatte, folgendes:

„Wir müssen gestehen, daß uns von dem Erlaß des Eisenbahnministers nur das bekannt geworden ist, was durch alle Zeitungen gegangen ist und was von allen Zeitungen auch genau so verstanden ist, wie wir es verstanden haben. Nach dieser Mitteilung der „Berliner Politischen Nachrichten" ist der Erlaß ganz allgemein mißverstanden worden; denn das, was wir mitgeteilt haben, enthält er nicht, und was er enthält, wird der allgemeinen Zustimmung sicher sein dürfen".

Daß man an anderer Stelle an der anfänglichen irrigen Auslegung des Erlasses festgehalten hat, beweist leider der Antrag des Verbandes rheinisch-westfälischer Konsumvereine und andererseits auch die Auffassung, die bei den jüngsten Verhandlungen des Zentralverbandes deutscher Kaufleute und Gewerbetreibender in Hannover zum Ausdruck kam.

Meine Herren, es wird gesagt, durch jenen Aufsatz der „Berliner Politischen Nachrichten" sei der Versuch gemacht worden, den Erlaß zu widerrufen. Keineswegs! Der Aufsatz der „Berliner Politischen Nachrichten" brachte vielmehr in zutreffender Weise den wirklichen Inhalt des Erlasses; um eine Auslegung also und Aufklärung handelte es sich, durchaus nicht um einen W i d e r r u f.

Es wird weiter bemängelt, daß sich der Erlaß nur auf die unteren und mittleren Beamten beziehe und nicht auch auf die höheren. Auch das ist unzutreffend. Der Erlaß erstreckt sich ebenso auf die höheren wie auf die unteren und mittleren Beamten; eine Unterscheidung der einzelnen Beamtenklassen liegt dem Erlaß gänzlich fern. Er sagt ausdrücklich:

Es ist selbstverständlich den Beamten überlassen,

— ich betone das Wort „selbstverständlich" —

Es ist selbstverständlich den Beamten überlassen, ob sie einem Konsumvereine, der sich auf die Verfolgung lediglich privatwirtschaftlicher Zwecke in einer für Beamte angemessenen Form beschränkt, beitreten wollen.

Nun, die Einschränkung, daß sich der Konsumverein auf die Verfolgung lediglich privatwirtschaftlicher Zwecke beschränken soll, ist selbstverständlich; denn ein Konsumverein, der andere Zwecke verfolgt, ist kein wirklicher Konsumverein.

(Bravo!)

Und ebenso wird die weitere Forderung als selbstverständlich anerkannt werden, daß ein Beamter nur einem solchen Konsumverein beitreten soll, der seine Zwecke in einer für Beamte angemessenen Form verfolgt.

Ich betone nochmals: ein solches Verbot, wie es der Antrag des Verbandes rheinisch-westfälischer Konsumvereine voraussetzt, ist in dem Erlaß nicht enthalten. Der Herr Minister der öffentlichen Arbeiten hat auch nicht die Absicht, ein solches Verbot zu erlassen. Er hat ja wiederholt Gelegenheit gehabt, sich zu der Frage zu äußern, sodaß seine Auffassung bekannt sein könnte. In der Sitzung des Abgeordnetenhauses vom 8. März d. J. wurde dem Herrn Minister von dem Abgeordneten v. Dirksen vorgeworfen, daß er die Beamten-Konsumvereine in einseitiger Weise begünstige. Es wurde ihm damals also genau der entgegengesetzte Vorwurf gemacht, wie heute. Auf diesen Vorwurf des Abgeordneten v. Dirksen antwortete der Herr Minister nach dem stenographischen Bericht folgendes:

„Ich muß es ablehnen, daß die Königliche Staatseisenbahnverwaltung in irgend einer Weise die Interessen der Konsumvereine derartig förderte, daß dabei die allgemeinen Interessen geschädigt würden. Die Staatseisenbahnverwaltung ist nicht in der Lage, ihren Beamten zu verbieten, daß sie sich zu Konsumvereinen zusammenschließen, allerdings unter der Voraussetzung, daß sie ihre Dienststunden dafür nicht in Anspruch nehmen. Es besteht eine Verfügung, daß die Beamten nur die dienstfreie Zeit für solche Zwecke verwenden dürfen".

Grundsätzlich freue ich mich, wenn es nicht notwendig ist, Konsumvereine unter den Eisenbahnern zu bilden; ich begünstige das durchaus nicht, sondern ich halte es für besser, wenn die Ausgaben, die seitens der Eisenbahner gemacht werden, dem Mittelstande zufließen, damit jedes Gewerbe seinen eigenen goldenen Boden hat. Wenn aber ein örtlicher wirtschaftlicher Kampf entsteht, dann würde ich ungesetzlich handeln, wenn ich den Eisenbahnern verbieten würde, außerhalb ihrer Dienststunden tätig zu sein, um für sich wirtschaftliche Vorteile zu erzielen. — —

Ich wünsche nicht, daß viele Konsumvereine entstehen, sondern ich halte die Konsumvereine für einen örtlichen Kampf, der am Orte selbst ausgetragen werden muß. Es wird mich freuen, wenn die Eisenbahner keine Konsumvereine gründen, dann entnehme ich daraus, daß am Orte kein wirtschaftlicher Kleinkrieg stattfindet. Wenn aber am Orte ein Kleinkrieg stattfindet, dann kann ich die

Eisenbahner nicht abhalten, ihre Interessen in diesem Kleinkriege selbst zu vertreten".

Diese Auffassung, meine Herren, hat der Herr Minister dann auch bei einer Unterredung mit Herrn Professor Suchsland in Halle, die von diesem Herrn erbeten war, vertreten. Der Inhalt dieser Unterredung ist ebenfalls von der Presse teilweise in unrichtiger Form wiedergegeben und viel erörtert worden. Meine Herren, der Herr Minister hat zu Herrn Professor Suchsland nichts anderes gesagt, als was er mit anderen Worten in der Sitzung des Abgeordnetenhauses vom 8. März auf die Vorwürfe des Abgeordneten Dirksen bereits gesagt hatte, das, was ich vorher nach dem stenographischen Bericht vorlas. Die dort vertretene Auffassung, die sich auch durchaus mit der Auffassung deckt, die von jeher von der Königlichen Staatsregierung in der Frage vertreten worden ist, ist dann in dem Erlaß vom 29. Juni d. J. zum Ausdruck gebracht, weil der Herr Minister es für angezeigt hielt, sich ausführlicher, als es bisher in Erlassen geschehen war, über die Frage zu äußern. Neue Grundsätze sind in diesem Erlaß durchaus nicht aufgestellt, sondern es handelte sich lediglich um eine Ausführung und Erörterung der bereits immer schon in Geltung befindlichen Grundsätze.

Dafür, daß dieser Erlaß so aufzufassen war, kann ich mich auf das Zeugnis derjenigen beziehen, die in erster Linie berufen sind, den Erlaß auszuführen, nämlich auf das Zeugnis der Königlichen Eisenbahndirektionen. Die Direktionen, denen der Erlaß von Anfang an in unverfälschter Form zugänglich wurde, haben nach näherer Prüfung sofort erkannt und sind nicht im Zweifel gewesen, daß es sich um neue Grundsätze nicht handelte, sondern daß der Herr Minister nur ausgeführt hatte, was bisher immer Rechtens war. Ich glaube nicht, daß die Eisenbahndirektionen sich genötigt sehen werden, auf Grund dieses Erlasses wesentliche Änderungen in ihrer Stellung gegenüber den Beamten-Konsumvereinen einzunehmen.

Meine Herren, nach dieser Auffassung ist sich der Herr Minister für öffentliche Arbeiten der weittragenden Bedeutung der Frage voll bewußt. Er kann nicht einseitig nur an die Interessen seiner Beamten denken, weil weite Kreise des öffentlichen Lebens in Mitleidenschaft gezogen werden. Die Stellung der Eisenbahnbeamten ist ja auf diesem Gebiet von ganz besonderer Wichtigkeit, weil die Zahl dieser Beamten besonders groß ist; in manchen Orten sind die Eisenbahnbeamten mit Rücksicht auf ihre große Zahl eine entscheidende Macht, sie können durch eine allgemeine Beteiligung an einem Beamten-Konsumverein dem Kleinhandel des Ortes geradezu die Lebensfähigkeit nehmen und dadurch auch andere Konsumenten des Ortes empfindlich benachteiligen. Die Eisenbahnbeamten sollen sich der Macht, die sie in dieser Hinsicht besitzen, bewußt sein und sie sollen diese Macht nicht mißbrauchen. Der Herr Minister der öffentlichen Arbeiten hält es deshalb für wünschenswert, daß die Beamten nur da Konsumvereine gründen, wo wegen der herrschenden Teuerungsverhältnisse oder aus ähnlichen Gründen ein wirkliches Bedürfnis vorhanden ist; nur dann sollen sich auch Eisenbahnbeamte an der Verwaltung von Konsumvereinen beteiligen.

Meine Herren, das ist eine Auffassung, die meines Erachtens die Zustimmung aller derer finden muß, die über die eigenen Interessen hinaus für das allgemeine Wohl besorgt sind. Ich wiederhole, meine Herren, der Antrag rheinisch-westfälischer Konsumvereine ist gegenstandslos; ich bitte, über ihn zur Tagesordnung überzugehen.

Verbandsanwalt **Dr. Crüger**: Meine Herren, ich bin den Ausführungen des Herrn Regierungsrats Dr. Cuny mit der denkbar größten Aufmerksamkeit gefolgt. Wenn mich nun aber jemand fragt: was besagt eigentlich der Erlaß? — ich bin wirklich außer stande, darauf klipp und klar eine Antwort zu geben.

Es ist bezug genommen auf einen Artikel in den „Berliner Politischen Nachrichten". Ja, sind denn die „Berliner Politischen Nachrichten" das Publikationsorgan des Herrn Ministers für öffentliche Arbeiten? Was wissen wir denn, wer hinter dem Artikel in den „Berliner Politischen Nachrichten" steht? Wir haben hier gehört: es ist kein Widerruf, es ist eine Art Deklaration, weil soviel Mißverständnisse sich vorher an den Erlaß geknüpft haben. Nun, wenn ein Erlaß im Wortlaut bekannt gegeben ist und an diesen sich soviel Mißverständnisse anknüpfen, wie es hier geschehen ist, dann, meine ich, wird der Herr Minister doch gut tun, diesen Erlaß selbst einmal einer Revision zu unterziehen und in einem neuen Erlaß kund zu geben, welche Grundsätze er eigentlich vertritt. Dabei haben wir allerdings auch gleich Stellung zu nehmen zu der Frage, ob ein Minister befugt ist, in das völlig außerhalb der amtlichen Tätigkeit liegende und mit derselben ganz außer Zusammenhang stehende wirtschaftliche Leben der Beamten einzugreifen. Jeder Minister hat ein bestimmtes Ressort. Gehört es nun zu den Befugnissen des Herrn Ministers der öffentlichen Arbeiten auch Stellung zu nehmen zur Mittelstandsfrage? Ist der Herr Minister der öffentlichen Arbeiten nach seinen ganzen Befugnissen in unserm Staatsorganismus befugt, seinen Arbeitern Instruktionen zu erteilen, ob und auf welchem Wege sie den Mittelstand zu fördern haben? Meine Herren, ich dächte, die Tätigkeit der Eisenbahnarbeiter liegt auf einem ganz anderen Gebiet. Sie haben nicht Mittelstandsfragen zu lösen, sondern ihre Schuldigkeit im Dienste zu tun, und im übrigen ist der betreffende Minister für ihre Tätigkeit nicht verantwortlich. Sehr richtig hat Herr v. Dewitz derzeit als Regierungspräsident von Erfurt entschieden:

„Beamte, die sich zu einem wirtschaftlichen Zweck zusammentun, stehen dabei auf dem Boden der Verfassung, des Genossenschaftsgesetzes und aller der auf Selbsthilfe basierten Organisationen. Ich bin nicht gewillt, auf die Beamten eine Einwirkung zugunsten eines Konsumvereins auszuüben. Ebensowenig habe ich aber Veranlassung, sie vom Beitritt zu einem solchen abzuhalten. Eine besondere Gefahr für das öffentliche Interesse vermag ich darin nicht zu erkennen, daß ein Versuch gemacht wird, Einrichtungen hier zu schaffen, wie sie in fast allen größeren Städten ohne Nachteil für andere zum Vorteil der Teilhaber bestehen. Ich glaube außerdem, daß Umfang und Bedeutung der Sache stark überschätzt wird. Von einer geflissentlichen gesellschaftlichen Scheidung oder Loslösung der Beamten vom Bürgertum kann dabei wohl nicht die Rede sein. Oder würde es Ihnen lieber sein, wenn sich ein allgemeiner großer Konsumverein bildete? Sie haben es wesentlich in der Hand, einer wirtschaftlichen Selbsthilfebewegung den Anlaß zu entziehen, wenn Sie mit allen Kräften dahin wirken, daß die Gewerbetreibenden und Kaufleute für unbedingte und allgemeine Befolgung der solidesten Geschäftsprinzipien Sorge tragen. Dahin gehört zunächst volle Reellität in Warenversorgung und Preisbemessung, gleichmäßige Behandlung aller Kunden nach dem Wert der Ware und nicht nach der Person des Kaufenden, und vor allem eine Verbesserung des Kreditsystems. Der pünktliche und sichere Zahler muß wissen, daß er nicht für die Verluste mit zu zahlen hat, welche unvorsichtiges Kreditgeben und überlange Zahlungsfristen hervorbringen. So viel ich höre, will der in der Bildung begriffene Konsumverein das Prinzip der Barzahlung einführen. Geben Sie keinem Beamten mehr langen Kredit und nehmen Sie ihm nur dafür die Preise ab, die Sie mit dem geringsten Nutzen stellen können, dann haben Sie der jetzigen Bewegung von selbst das Wasser abgegraben."

Meine Herren, nun aber vor allen Dingen die Konsequenz! Der Herr Minister will, daß seine Beamten, die Arbeiter nicht ihre „wirtschaftliche Macht" mißbrauchen, und Konsumvereine, mit denen sie den „Kleinhandel" schädigen, gründen. Wie steht es denn eigentlich mit den Baugenossenschaften?

(Sehr richtig!)

Meine Herren, wir hören alle Tage davon, daß Baugenossenschaften der Eisenbahnarbeiter entstehen, selbst da, wo nicht immer ein dringendes Bedürfnis dafür vorhanden ist. Und wie steht es denn nun eigentlich mit den landwirtschaftlichen Genossenschaften? Derselbe Minister, der hier erklärt: es muß vor der Gründung jedes Konsumvereins erst festgestellt werden, ob ein Bedürfnis für die Genossenschaft vorhanden ist, hat dem preußischen Abgeordnetenhause eine Denkschrift vorgelegt über die Verwendung von Millionen für Silos der Kornhausgenossenschaften! Es ist mir nicht bekannt, daß man bei Errichtung der Getreidesilos erst das Bedürfnis geprüft hat, daß man die Interessen des Mittelstandes — die Händler mit Getreide, Futter- und Düngemitteln gehören doch auch zum Mittelstande — abgewogen hat, ob sie nicht durch Errichtung von Kornhausgenossenschaften irgendwie in Mitleidenschaft gezogen werden. Wo bleibt bei dieser ganzen Haltung die Konsequenz? Das kommt aber davon, wenn ein Ministerium überhaupt in wirtschaftlichen Fragen einseitig eingreifen will. So wie der Minister daraus die Konsequenzen zieht, gibt es einfach unhaltbare Zustände. Denn genau denselben Gedanken, den der Minister hier den Konsumvereinen gegenüber vertritt, mußte er naturgemäß auch bei den Baugenossenschaften zur Geltung bringen, kurz, überall, wo er in der Lage ist, auf dem Gebiete des Genossenschaftswesens einzugreifen.

Meine Herren, die Sache dreht sich zweifellos nur um einen Punkt, alles andere scheint mir mehr oder weniger Beiwerk zu sein. Es steht doch zweifellos fest: der Herr Minister für öffentliche Arbeiten hat einen Erlaß den Arbeitern kundgegeben, in dem er sich darüber äußert, wann und unter welchen Bedingungen nach seiner Ansicht ein Konsumverein zu errichten ist. Ich frage mich: ist der Herr Minister befugt, eine solche Verfügung zu erlassen? Kann der Minister den Arbeitern sagen: nur unter den und den Voraussetzungen dürft ihr einen Konsumverein gründen! Meine Herren, diese Befugnis hat der Herr Minister für öffentliche Arbeiten zweifellos nicht! Mit diesem Erlaß greift er in privatwirtschaftliche Rechte der Beamten ein — lassen wir einmal das Wort Konsumvereine vollständig beiseite —, wo und wie sie ihre Waren einkaufen wollen. Mit dem gleichen Recht — damit die Beamten, wie der Herr Regierungsrat sich äußerte, ihre Macht nicht mißbrauchen — könnte der Herr Minister sagen: ihr müßt an Ort und Stelle eure Waren einkaufen, ihr dürft nicht aus dem Versandgeschäft eure Waren beziehen, ihr dürft nicht aus diesem oder jenem Geschäft kaufen. Ich muß es übrigens aufrecht erhalten, daß ein Unterschied gemacht ist zwischen den Beamten, die Konsumvereine gründen, und den Beamten, die in dem Warenhaus für deutsche Beamte kaufen. Aus diesem Erlaß geht klar hervor, daß es sich nur um Konsumvereine handelt. Das Warenhaus für deutsche Beamte steht vollständig außerhalb des Rahmens jenes Erlasses.

Ich kann daher von meinem Standpunkte aus dem Verbande der rheinisch-westfälischen Konsumvereine nicht empfehlen, den Antrag zurückzuziehen. Nach den ersten Ausführungen des Herrn Regierungsrats Dr. Cuny wollte ich mich bereits mit dem Herrn Antragsteller in Verbindung setzen, um eine Möglichkeit zu schaffen, eine motivierte Tagesordnung für diesen Antrag einzubringen. Ich dachte, wir würden aus den Ausführungen des Herrn Regierungsrats hier beruhigende Erklärungen erhalten, nachdem wir vernommen hatten: es liegen allerdings Mißverständnisse vor, der Herr Minister habe sich davon überzeugt, daß diese Mißverständnisse in die breitesten Kreise eingedrungen, und er werde in einem neuen Erlaß diese seine revidierten Ansichten zur Kenntnis der Arbeiter bringen. Jetzt aber, meine Herren, haben wir nur gehört: es bleibt alles beim Alten, wir sind nur auf einen Artikel der „Berliner Politischen Nachrichten“ angewiesen, dessen Verfasser ich nicht kenne. Aber auch wenn er offiziellen Ursprunges ist, ist er zweifellos nicht an der geeigneten Stelle zur Kundgebung gebracht.

Es bleibt also nach wie vor die Bedürfnisfrage seitens des Ministers der öffentlichen Arbeiten für die Gründung von Konsumvereinen aufgestellt. Freilich ist nicht gesagt, wer die Bedürfnisfrage zu prüfen hat. Will der Minister selbst sie prüfen, oder die Eisenbahndirektion damit betrauen? Und wie werden die Behörden die Bedürfnisfrage prüfen? Eine besondere Teurung soll herrschen. Meine Herren, darüber können die Ansichten auseinandergehen ob eine solche vorhanden ist. Ich bin der Überzeugung, wenn die Eisenbahndirektion die Händler zusammenruft an dem betreffenden Orte, werden diese stets zur Verneinung der Bedürfnisfrage kommen; wenn aber die Eisenbahndirektionen die Arbeiter zusammenberufen, und zwar die, die bereits den Wert der Konsumvereine kennen gelernt haben, so werden sie ebenso stets zur Bejahung der Bedürfnisfrage kommen.

(Sehr richtig!)

Herr Regierungsrat Dr. Cuny meint, auch in dem Zentralverband der deutschen Kaufleute hätte man den Erlaß mißverstanden. Nein, mir scheint, als ob man ihn dort ganz richtig verstanden hat und als wenn vor allen Dingen der Erlaß, zum Teil wenigstens, schon jenen Wunsch verwirklicht, der auf dem Kongreß dieses Verbandes vertreten wird, jenen Wunsch, daß Konsumvereine nur gegründet werden dürfen, wenn die Behörde nach Anhörung der Händler die Bedürfnisfrage bejaht hat. Mit demselben Rechte, mit welchem heute der Herr Eisenbahnminister einen derartigen Erlaß bekannt gibt, kann morgen jedes andere Ressort das gleiche tun. In der Postverwaltung gibt es auch eine ganz erhebliche Anzahl Beamte, vielleicht bekommen wir dann auch noch einen Erlaß des Staatssekretärs im Reichspostamt, der uns sagt: für die Konsumvereine ist die Bedürfnisfrage zu stellen. Hier gilt es, meine Herren: principiis obsta! Denn wenn wir überhaupt einmal anerkannt haben, daß von maßgebender Stelle für Gründung von Konsumvereinen die Bedürfnisfrage gestellt werden darf, dann kann allen Genossenschaften das gleiche Schicksal bevorstehen.

(Sehr richtig!)

Wir müssen uns klar werden: die Genossenschaft beruht auf einer Ausschaltung von Arbeitskräften, sie beseitigt zum gewissen Teile wieder die Arbeitsteilung, die Genossenschaft stellt sich an die Stelle derer, die bis zur Gründung der Genossenschaft, das Wirtschaftsbedürfnis der Mitglieder, oder welcher Art der Zweck der Genossenschaft selbst ist, befriedigt haben. Meine Herren, daß die Bauunternehmer, daß die Haus- und Grundbesitzer den Baugenossenschaften genau ebenso gegenüberstehen, wie die Kleinhändler den Konsumvereinen, das habe ich Ihnen ja in meinem Bericht an der Hand von Tatsachen auseinandergesetzt. Und wenn jemand hier ist, der vor drei Wochen dem Haus- und Grundbesitzertag hierselbst beigewohnt hat, so wird er wissen, daß da über Bauvereine genau so geurteilt worden ist, wie auf dem Kongreß der Kleinhändler in Hannover über die Konsumvereine geurteilt wird. Die Händler in ländlichen Bezirken haben gleichfalls erklärt: ländliche Darlehnskassen, ländliche Konsumvereine dürfen nur gegründet werden, wenn ein Bedürfnis nachgewiesen ist. Die Bankiers stehen tatsächlich den Kreditgenossenschaften mit den gleichen Gefühlen gegenüber. Ich wollte in einer Stadt, in der vor Jahrzehnten eine Kreditgenossenschaft bestanden hat, die aber Ende der siebziger Jahre in Liquidation getreten ist, eine neue Kreditgenossenschaft gründen; es war nicht möglich, obwohl ein „Bedürfnis" vorhanden war und der Bürgermeister selbst sich an die Spitze der Kommission gestellt hatte, weil die Bankiers in der Stadt alles einsetzten, um die Gründung der Kreditgenossenschaft zu hintertreiben. Wir haben immer dasselbe Bild: die Genossenschaft wird von denen gelobt und begünstigt, die den Vorteil davon haben — bekämpft von denen, die sich durch die Genossenschaft in ihrem Verdienst benachteiligt glauben. Wir haben es auch hier mit Licht- und Schattenseiten zu tun. Wir müssen uns auf einen allgemeinen Standpunkt stellen: entweder wir erkennen das gesamte deutsche Genossenschaftswesen an oder wir stellen für das gesamte deutsche Genossenschaftswesen die Bedürfnisfrage.

(Sehr richtig!)

Wir müssen grundsätzlich fordern, daß die Bedürfnisfrage für die Gründung einer Genossenschaft von **keiner** anderen Stelle aus gestellt wird, als von der, deren Interessen gerade mit Hilfe der Genossenschaft gefördert werden soll. (Sehr richtig!)

Meine Herren, wir wünschen **keine künstliche Züchtung der Genossenschaften.** Wir verlangen auch, daß überall die Bedürfnisfrage gestellt wird, auch bei den Konsumvereinen. Ich habe mir ja dadurch gerade die Gegnerschaft gewisser Kreise zugezogen, weil ich nicht dafür zu haben bin, daß man planlos Konsumvereine ins Leben ruft. Die Bedürfnisfrage soll geprüft werden. **Aber ich wünsche nicht, daß dies von oben her, von den Behörden geschieht.** Dazu kommt nun noch: der Herr Minister hat so und so häufig erklärt: er sei kein Freund der Konsumvereine, er wünsche nicht, daß Konsumvereine gegründet werden — und nun sagt derselbe Minister: Arbeiter, ihr wißt, ich bin kein Freund von Konsumvereinen, gründet also einen Konsumverein nur da, wo ein Bedürfnis vorhanden ist! Meine Herren, alle Hochachtung vor der Selbständigkeit der preußischen Eisenbahnarbeiter und Eisenbahnbeamten! Aber ich möchte den Regierungsrat oder sonst denjenigen Beamten sehen, der sich an die Spitze eines Konsumvereins stellen würde und dem Herrn Minister gegenüber die Verantwortung übernimmt, daß tatsächlich ein Bedürfnis für den Verein vorhanden ist, obwohl er weiß, daß der Minister nicht wünscht, daß ein Konsumverein gegründet wird!

Meine Herren, das sind die nackten Tatsachen, die wir aus dem Erlaß herauszulesen haben; alles übrige ist Beiwerk, das für mich vollständig gleichgültig ist.

Ich komme daher zu dem Schluß: wir müssen hier prinzipiell Widerspruch dagegen einlegen, daß für irgend eine Genossenschaftsart von oben her die Bedürfnisfrage gestellt wird.

(Lebhafter Beifall.)

Verbandsdirektor Landrat **Berthold** (Blumenthal): Meine verehrten Herren, ich würde nicht um das Wort gebeten haben, wenn nicht auch die Baugenossenschaften als Parallele herbeigezogen wären. Es ist in der ganzen Zeit, in der ich dem Allgemeinen Verbande angehöre, zwischen dem Herrn Verbandsanwalt und mir das vollste Einverständnis darüber gewesen, daß man Baugenossenschaften nur mit der allergrößten Vorsicht ansetzen soll; man soll die Baugenossenschaften nur da verwenden, wo sie unerläßlich sind als eine Reserve im Kampfe gegen das Wohnungselend, der von den anderen Kräften nicht durchgeführt werden kann. Meine Herren, genau in derselben Weise hat man sich, glaube ich, auch den Konsumvereinen gegenüber zu stellen. Man sagt, die sind auch nur mit derselben Vorsicht anzuwenden, da, wo auf andere Weise das Bedürfnis nicht befriedigt werden kann.

Zu der Auffassung, daß die Konsumvereine in derselben Weise wie wir Baugenossenschaften sich die Beschränkung auferlegen müssen, mit äußerster Vorsicht ins Leben zu treten, haben mich vor allen Dingen auf Wahrnehmungen gebracht, die ich selber bei Gründung von Konsumvereinen habe erleben können. Ich habe gesehen, welche Saat von Unfrieden und Erbitterung dadurch unter Umständen in ruhige Verhältnisse hineingetragen werden kann, und habe gesehen, daß es nicht gerade die verständigsten und besten Elemente auf beiden Seiten sind, die dann an die Spitze kommen und das Wort führen. Ich glaube aus denselben Gründen, aus denen wir zur Vorsicht bei den Baugenossenschaften mahnen, kann auch zur Vorsicht bei der Gründung von Konsumvereinen gemahnt werden, und das Recht, glaube ich, hat jeder preußische Minister ohne weiteres, daß er seinem Ressort sagt: seid vorsichtig in dieser Sache. Ich fasse also den Erlaß des Ministers auf: Mahnung zur Vorsicht; und als solche halte ich ihn für berechtigt und gut.

Wenn der Herr Anwalt nun meint: die Bedürfnisfrage ist von oben gestellt, so lese ich das nicht heraus, ebenso wenig wie bei den Baugenossenschaften von oben die Bedürfnisfrage bislang gestellt ist oder, wie ich glaube, gestellt werden wird. Bei uns ist auch nur zur Vorsicht gemahnt worden.

Ich möchte vorschlagen, man warte erst einmal ab, was auf Grund dieses Erlasses für Wirkungen sich herausstellen werden, ob tatsächlich eine Schädigung eintreten wird, und wenn es nicht der Fall ist, halte man sich an den Obersatz, den ich hier auch mit Vergnügen gehört habe. Selbstverständlich erkenne ich das Recht der Beamten an, den Konsumvereinen anzugehören. Das ist ein Obersatz, der hier aus dem Munde des Vertreters des Herrn Ministers als Ansicht des letzteren geäußert worden ist. Das Vertrauen nebenbei habe ich zu meinen Kollegen, den Regierungsräten bei der Eisenbahn, daß, wenn sie ein wirkliches Bedürfnis anerkennen, wenn sie sagen: hier muß bei aller Vorsicht doch ein Konsumverein angesetzt werden, sie das dann nach oben hin vertreten. Das ist bisher bei uns in

Preußen allgemein Beamtenart gewesen. Wir freuen uns, daß der Minister mit jener Deutlichkeit ausgesprochen hat: ihr habt das Recht, es zu tun, — wir erkennen aber gleichzeitig die Berechtigung einer Mahnung zur Vorsicht an. Und wenn wir uns hier dagegen verwahren, daß etwa von oben die Bedürfnisfrage gestellt wird, so glaube ich, das ist auch nicht die Absicht des Ministers gewesen.

Regierungsrat **Dr. Cuny** (Berlin): Ich möchte mich nur kurz zu der vom Herrn Verbandsanwalt vertretenen Ansicht äußern, daß die Behörden, speziell der Herr Minister, nicht das Recht hätten, die Bedürfnisfrage zu prüfen. Meine Herren, da ist zweierlei zu unterscheiden. Der Herr Minister ist an der Beteiligung der Beamten an der Verwaltung von Konsumvereinen im Vorstand oder Aufsichtsrat sehr erheblich interessiert, schon in seiner Eigenschaft als Arbeitgeber. Daß die Beteiligung der Beamten an der Verwaltung von Konsumvereinen bisweilen sehr viel Zeit in Anspruch nimmt und daß die Gefahr nahe liegt, daß diese umfangreiche Tätigkeit ungünstig auf die dienstliche Tätigkeit einwirkt, das liegt auf der Hand. Meine Herren, ich spreche da aus eigener Erfahrung. Ich habe früher selbst einem Aufsichtsrat eines Beamten-Konsumvereins angehört und weiß, was da zu tun ist.

Also ich möchte unter allen Umständen betonen, daß der Herr Minister sicherlich das Recht hat, die Bedürfnisfrage in der Hinsicht zu prüfen, ob es empfehlenswert ist, daß seine Beamten eine Nebenbeschäftigung dieser Art übernehmen. Es ist deshalb auch in den gemeinsamen Bestimmungen für alle Beamte die Vorschrift aufgenommen, daß es für die Übernahme jeder Art von Nebenbeschäftigungen der Genehmigung der vorgesetzten Behörde bedarf.

Etwas anders liegt die Frage, inwieweit der Minister die Bedürfnisfrage prüfen läßt, soweit es sich nur um die Teilnahme an Konsumvereinen handelt, nicht um die Teilnahme an der Verwaltung im Vorstande oder im Aufsichtsrate. In dieser Hinsicht muß ich mich vollständig dem anschließen, was der Herr Landrat Berthold gesagt hat: der Herr Minister ist in seiner Eigenschaft als Arbeitgeber sicherlich daran interessiert, wie seine Beamten und Arbeiter handeln. Es kann ihm nicht gleichgültig sein, ob sich seine Beamten in einen sehr mißlichen Gegensatz zu der Bevölkerung setzen, und da muß ich für den Herrn Minister durchaus das Recht in Anspruch nehmen, den Beamten einen Fingerzeig zu geben; denn darum handelt es sich.

(Heiterkeit.)

Ein Verbot ist durchaus nicht ergangen, wie ich nur wiederholen kann. Es ist nicht etwa den Beamten nur dann gestattet, an einem Konsumverein teilzunehmen, wenn die Direktion ein Bedürfnis anerkennt, sondern der Herr Minister hat nur seine Auffassung dahin ausgesprochen, daß die Beteiligung an einem Konsumverein nur dann wünschenswert sei, wenn ein wirkliches Bedürfnis vorliege.

Verbandsdirektor **Oppermann** (Magdeburg): Meine geehrten Herren! Ich bin sehr erfreut über die Debatte, sie wird recht viel Klarheit schaffen. Wir wissen ja genau, wohin die Ziele führen, die der Herr Minister vorgeschrieben hat. Wenn ein Herr Minister einen Wunsch äußert, so ist das nicht nur ein Wunsch, nein, das ist ein Befehl, das werden Sie zugeben.

(Sehr richtig!)

Ich weiß aber auch nicht, was der Herr Minister eigentlich erreichen will! Absolut nichts, es müßte denn sein, daß er ganz strikte den Beamten und Arbeitern befiehlt: ihr dürft keinem Konsumverein angehören. Denn wenn er seinen Beamten verbietet, was ich als berechtigt zugeben könnte, einem Vorstande, einem Aufsichtsrat anzugehören — ja, was bedeutet das? Nichts! Die Beamten werden schon Leute finden, die die Leitung und Führung der Vereine übernehmen. Also, meine Herren, es ist ein Schlag ins Wasser. Ich möchte wissen, wie er das eigentlich ändern will, das ist ja nicht denkbar.

Nun aber weiter! Angenommen, der Herr Minister hätte einmal das Recht zu sagen: ihr Beamten dürft keinem Konsumverein angehören. Gut, sie würden ausscheiden. Könnte dann der Herr Minister so weit gehen zu sagen: ihr Frauen von Beamten und Arbeitern dürft ihm auch nicht angehören? Das wäre die notwendige Konsequenz.

Meine Herren, was will da also eigentlich der Herr Minister? Er kann ja absolut nichts erreichen. Was die Beamten in ihrer freien Zeit tun, das kann ihm gleichgültig sein. Vielleicht kann er verbieten, daß der Beamte spazieren geht.

Der ganze Erlaß bedeutet faktisch gar nichts. Allerdings kann er eine nachteilige Wirkung für uns, die wir auf einem anderen Standpunkte stehen, doch haben, daß wir nämlich die reinen Arbeiter-Konsumvereine fördern, und dagegen haben wir allerdings viel Bedenken. Wir sagen, alle Stände sollen gleichmäßig in den Konsumvereinen vertreten sein, und wenn wir noch mehr reine Arbeiter-Konsumvereine, wie wir sie leider jetzt schon haben, bekommen, ich glaube, der Herr Minister wird es mit uns bereuen. Denn da sieht es allerdings nicht immer zum besten aus. Er hat, soviel ich weiß, in Magdeburg in dem Erlaß auch gesagt: die Leitung des Vorstandes und des Aufsichtsrats ist in sozialdemokratischen Händen, folglich habt ihr auszuscheiden. Ja, treibt nicht der Herr Minister sie geradezu in sozialdemokratische Hände, wenn er sagt: ihr Beamten, ihr staatserhaltenden Parteien sollt in den Konsumvereinen nicht sein? Es wäre wirklich zweckmäßig gewesen, wenn diese Erlasse nicht erfolgt wären.

(Bravo!)

Fabrikant **Stoff** (Reinickendorf): Meine Herren, bei den zweiten Ausführungen des Herrn Regierungsrats Dr. Cuny kam es darauf hinaus, daß die Bedürfnisfrage nur bei der Besetzung der Ämter gestellt werden soll. Ich muß leider anführen, daß die Bedürfnisfrage nicht bloß im Ressort des Herrn Eisenbahnministers in dieser Weise gestellt wird, sondern auch im Ministerium des Innern. Als vor zwei Jahren unsere Genossenschaft in Reinickendorf begründet wurde, war unser Amtsvorsteher Vorsitzender des Aufsichtsrats geworden. Als er an den Landrat des Kreises Niederbarnim das Ersuchen richtete, ihm die Genehmigung zur Übernahme dieses Postens zu erteilen, hat der Landrat ihn abschlägig beschieden,

(hört, hört!)

mit der Motivierung, es sei ein Nebenamt, und ein solches Nebenamt könne er ihm nicht genehmigen. Meine Herren, ich weiß nicht, wie weit solche Ämter wie diejenigen eines Aufsichtsrats bei einer Kreditgenossenschaft als Nebenämter überhaupt zu betrachten sind. Ich glaube wohl, das ist doch eine derartige privatwirtschaftliche Beziehung, die der betreffende Herr einging, daß man sie eigentlich nicht als Amt bezeichnen kann. Unter einem Amt verstehe ich immerhin etwas, was etwas einbringt, eine Beschäftigung, durch die jemand einem Erwerbe nachgeht, aber nicht daß einer sein schon ohnehin dem öffentlichen Interesse gewidmetes Wirken diesem öffentlichen Interesse noch weiter zur Verfügung stellt.

Ich will besonders anführen, daß unsere Genossenschaft sich speziell auf den Bezirk unseres Ortes erstreckt. Der Amtsvorsteher übernahm also in einem dem öffentlichen Wohle, dem Wohle unseres Ortes dienenden Institut die Oberleitung als Vorsitzender des Aufsichtsrats und hierzu wurde ihm seitens des Königlichen Landrats die Genehmigung versagt. Ich glaube nicht, meine Herren, daß ein derartiges Vorgehen dem allgemeinen Wohle dient, und möchte daher bitten, daß einmal prinzipiell zu dieser Angelegenheit Stellung genommen wird.

(Bravo!)

Anwalt **Dr. Crüger**: Meine Herren, die Mitteilung des Herrn S t o f f ist höchst beachtenswert. Ich kann gleich hinzufügen, daß wir ähnliche Erfahrungen auch außerhalb Reinickendorfs gemacht haben, daß die Genehmigung zur Übernahme eines Amtes im Aufsichtsrate oder Vorstand einer Kreditgenossenschaft Beamten sehr erschwert ist. Natürlich ist das besonders nachteilig bei einer neu gegründeten Kreditgenossenschaft, die den größten Wert darauf legt, daß sie, wenn ich mich so ausdrücken darf, die sogenannten Standespersonen an ihrer Spitze hat, denn selbstverständlich wird es der Genossenschaft leichter, über die ersten Schwierigkeiten hinwegzukommen, wenn die angesehenen Persönlichkeiten des Ortes in der Verwaltung sitzen. Ich bedaure daher auch stets, wenn die Behörde den Beamten Schwierigkeiten bei der Übernahme des Amtes macht.

Sie sehen, wie außerordentlich wichtig es ist, einen p r i n z i p i e l l e n S t a n d p u n k t einzunehmen,

(Sehr richtig!)

wie gefährlich es ist, wenn man auch nur im entferntesten sich bereit erklärt, Konzessionen zu machen, denn das führt zu ganz unabsehbaren Folgen.

Der Herr Regierungsrat Dr. Cuny hat in seiner zweiten Rede darauf aufmerksam gemacht: der Minister hat ein Recht, sich um die Nebentätigkeit seiner Beamten zu kümmern, schon wegen der Einwirkung auf die dienstliche Tätigkeit. Da stehe ich vollkommen auf dem Standpunkte des Herrn Regierungsrat Dr. Cuny und des Herrn Ministers. Das ist selbstredend, daß, wenn durch die Nebentätigkeit die Erfüllung der dienstlichen Obliegenheiten gefährdet wird, dann die Erlaubnis zur Übernahme der Nebentätigkeit nicht gegeben werden darf.

Der Erlaß des Ministers besteht aus zwei Teilen. In dem ersten Teil handelt es sich um die Einwirkung auf die dienstliche Tätigkeit; gegen diesen Teil richtet sich auch keineswegs unser Protest. Dann aber kommt im zweiten Teile der Herr Minister und sagt: Im Anschluß hieran gebe ich noch folgendes meinen Beamten und Arbeitern bekannt — und es folgen die weiteren Ausführungen, aus denen hervorgeht, was sich ja auch mit seinem früheren Standpunkte deckt: er wünscht nicht die Gründung von Konsumvereinen; Konsumvereine sollten die Arbeiter nur dann gründen, wenn ein Bedürfnis vorhanden ist, und das Bedürfnis — so sagt der Minister — sei nur bei dem Vorhandensein bestimmter Voraussetzungen gegeben. Meine Herren, hier wird die Bedürfnisfrage von der Behörde gestellt, sie prüft dieselbe, und wenn ich da Herrn Landrat Berthold richtig verstanden, ist auch er der Meinung, daß wir es nicht als zulässig anerkennen können, daß von oben her die Bedürfnisfrage für irgend eine Art von Genossenschaften gestellt wird. Ich will nicht weiter ausführen, daß ich ganz wie der Herr Landrat Berthold der Meinung bin: keine künstliche Züchtung von Genossenschaften — Gründung nur, wo ein wirkliches Bedürfnis vorhanden ist; aber ich sage: nur die, welche die Genossenschaften gründen, sollen das Bedürfnis prüfen, und es soll nicht von oben her in wohlwollendem oder weniger wohlwollendem Sinne zu einer bestimmten Genossenschaftsart Stellung genommen werden. Ich möchte aber gerade dem Ministerium für öffentliche Arbeiten anheimgeben, diese Grundsätze, die man hier den Konsumvereinen gegenüber vertritt, doch, wenn auch selbstredend nicht in der gleichen Form, sich einmal auch da klar zu machen, wo es sich um Baugenossenschaften handelt. Mir schwebt ein Fall vor aus Insterburg. Da haben wir eine tadellos funktionierende Baugenossenschaft. Und nun werden die Eisenbahnbeamten zusammenberufen und aufgefordert, eine zweite Baugenossenschaft zu gründen! Ich bin an und für sich Gegner dieser Absonderung der Beamten. Wir hatten in Insterburg eine Baugenossenschaft, die die Wohnungsbedürfnisse aller verschiedenen Berufsarten zu befriedigen imstande war. Man hätte froh sein sollen, daß den Beamten Gelegenheit gegeben war, mit den übrigen Kreisen des Bürgertums gemeinschaftliche Sache zu machen, statt dessen wurden sie aufgefordert: eine neue Genossenschaft zu gründen! Der ersten Genossenschaft hat man damit natürlich überdies noch einen schweren Schaden zugefügt. Ich habe bei meinem Bericht vorvorgestern schon Gelegenheit gehabt, darauf hinzuweisen, daß ich den Standpunkt der Haus- und Grundbesitzervereine insoweit vollkommen vertrete: man soll nicht künstlich Baugenossenschaften züchten, denn das führt zu ganz unhaltbaren Verhältnissen und Zuständen.

Ich wollte das nur hinzufügen, um darauf aufmerksam zu machen, wie man zu unhaltbaren Widersprüchen kommt, sowie man auch nur im entferntesten zugibt, daß von oben her die Bedürfnisfrage bei Gründung von Genossenschaften geprüft wird.

Meine Herren, stellen wir uns auf den Standpunkt, daß der Herr Minister **nicht** befugt ist, Anweisungen darüber zu geben, wo und wie die Arbeiter ihre Waren einzukaufen haben, sondern daß es Sache der Arbeiter ist, ob sie einen Konsumverein gründen oder nicht, daß im übrigen die Vorstands- und Aufsichtsratsstellen durch **Beamte** nur besetzt werden können, insoweit dieses möglich ist ohne Gefährdung der dienstlichen Interessen.

(Sehr richtig!)

Ich nehme aber Bezug auf soundsoviel Beamten-Konsumvereine, durch die von Gefährdung der dienstlichen Interessen keine Rede ist, kann mir aber im übrigen denken und weiß, daß es gerade im Eisenbahndienst solche Beamte gibt, die sagen müssen: wir sind nach unserer ganzen amtlichen Tätigkeit außer stande, ein Amt im Vorstand oder Aufsichtsrat zu übernehmen. Meine Herren, das muß respektiert werden, und wenn die Beamten selbst nicht die Einsicht haben, haben die Vorgesetzten sie darauf aufmerksam zu machen, daß sie nicht in der Lage sind, ein solches Amt zu übernehmen. Aber keine Voreingenommenheit gegen eine Genossenschaft! Man soll an den Konsumverein herantreten wie an jede andere Genossenschaft.

Meine Herren, ich erwähnte vorhin, ich hätte auch gern einen Modus gefunden, über diesen Antrag hinwegzukommen, wenn uns der Herr Minister hier in irgend einer Form eine befriedigende Erklärung hätte abgeben lassen, aber wir haben nur dasselbe gehört, was wir auch aus dem Erlaß herausgelesen. Jener Artikel in den „Berliner Politischen Nachrichten" hat den Erlaß in seinem Inhalt auch nicht im entferntesten berührt. Daß diese oder jene Zeitung hinterher nach dem Artikel in den „Berliner Politischen Nachrichten" ihre tiefste Reverenz und Verbeugung vor dem Minister gemacht hat — vielleicht war es der Leitung der Zeitung inzwischen auch sehr leid geworden, daß sie überhaupt scharf Stellung gegen den Minister genommen hat —

(Sehr gut! und Heiterkeit!)

das ist nicht entscheidend für uns. Ich würde wünschen, daß der Herr Minister der öffentlichen Arbeiten diese Sache nochmals einer möglichst wohlwollenden Prüfung unterziehen möchte und die Arbeiter darüber aufklärt, daß er ihnen keine Vorschriften machen wollte, ob sie Konsumvereine gründen sollen oder nicht, sondern daß er tatsächlich nur die dienstlichen Interessen dabei berücksichtigt sehen wollte. Dagegen werden wir selbverständlich nichts einzuwenden haben.

Verbandsdirektor Landrat **Berthold** (Blumenthal): Ich habe mir erlaubt, eben folgende Fassung zu finden — ob sie allen Intentionen entsprechen wird, weiß ich nicht, aber es ist vielleicht ein Weg, auf dem wir uns einigen können —:

„Auf Grund der Erklärungen, die der Vertreter des Herrn Ministers für öffentliche Arbeiten abgegeben hat, sieht der Allgemeine Genossenschaftstag den Antrag des Verbandes rheinisch-westfälischer Konsumvereine für erledigt an, indem er dabei sich einverstanden erklärt damit, daß bei Gründung von Konsumvereinen unter den Beamten und Arbeitern der Eisenbahnverwaltung mit aller Vorsicht verfahren wird, indem er aber zugleich dem Vertrauen darauf Ausdruck gibt, daß eine einseitige Entscheidung der Bedürfnisfrage von oben her nicht beabsichtigt wird."

Direktor **Welck** (Breslau): Meine Herren, gestatten Sie mir als Konsumvereinsleiter ein kurzes Wort zu dieser Angelegenheit. Ich denke, sie ist lediglich auf Grund unserer Erfahrungen zu behandeln, die wir auf den Allgemeinen Genossenschaftstagen gewonnen und vertreten haben. Vertreten ist zunächst stets der Grundsatz, daß Konsumvereine nur dort gegründet werden, wo ein praktisches Bedürfnis vorliegt. Diesen Rat hat die Anwaltschaft stets gegeben, und jede erfahrene Genossenschaftsverwaltung kann nur für diese Raterteilung eintreten. Hierbei entsteht aber die Kardinalfrage: wer soll beurteilen, ob ein Bedürfnis vorliegt? Nun, meine Herren, wenn Behörden oder Arbeitgeber über die von ihnen abhängigen Leute in dieser Frage urteilen sollen, so glaube ich, ist das nicht die richtige Instanz. Es ist dies lediglich Sache der Interessenten selbst, die selbstverständlich immer gut tun werden, bei Beurteilung der Frage erfahrene Genossenschafter zu Rate zu ziehen. Soll z. B. ein Konsumverein gegründet werden, und die Konsumenten eines Ortes sind der Ansicht, daß dies geschehen muß, so werden sie gut tun, einen Genossenschafter, der Erfahrung hat, hinzuzuziehen, und wenn sie in gemeinsamer Beratung zur Bejahung der Bedürfnisfrage kommen, dann muß die Gründung meines Erachtens auch geschehen und nicht abhängig sein von irgend einer anderen Stelle, die vielleicht nicht die praktischen Bedürfnisse so eingehend studiert hat wie die Interessenten selbst.

Die andere Frage, ob man einem Angestellten sagen kann: du sollst da und da deine Ware kaufen, ist in heutiger Zeit sicherlich nicht dahin zu beantworten, daß der Arbeitgeber seinen Einfluß insofern geltend machen soll, als er vorschreibt, wo seines Dafürhaltens der Angestellte im Interesse der allgemeinen Verhältnisse am vorteilhaftesten einkauft. Wir haben es bisher immer für selbstverständlich gehalten, daß jeder sich seine Bedürfnisse dort, und zwar so gut und billig beschafft, wo und wie er will: es hat auch sonst keine Grenze damit, abgesehen davon, daß eine solche Beeinflussung vielfach nur akademischen Wert haben kann und wird.

Dann ist die dritte Frage: soll ein Beamter — sagen wir mal ein Bahnbeamter — sich an der Verwaltung eines Konsumvereins oder einer anderen Genossenschaft beteiligen? Meine Herren! Wenn das Dienstinteresse leidet, wenn die Arbeitskraft des Betreffenden so in Anspruch genommen wird, daß er seinen Dienst nicht voll erfüllen kann, so ist es klar, daß er von der Verwaltung zurücktritt oder seine Tätigkeit in derselben einschränkt. Jedenfalls kann man keiner Behörde das Recht absprechen, zu sagen: der Angestellte kann bei seiner jetzigen Nebenbeschäftigung seine Pflicht nicht mehr so erfüllen, wie es das Dienstinteresse erfordert, und es muß ihm nahe gelegt werden, von dem Nebenamt zurückzutreten oder seine Tätigkeit herabzumindern.

Diese drei Fragen sind schon so oft auf Unterverbandstagen der Konsumvereine behandelt worden und auch auf Allgemeinen Genossenschaftstagen, daß Einmütigkeit darüber herrschen sollte, die bisherigen Grundsätze aufrecht zu erhalten. Und, meine Herren, es liegt für uns Konsumvereine, die wir dem Allgemeinen Verbande angehören und nach den Lehren Schulze-Delitzsch' arbeiten, doch kein Grund vor, in dieser Hinsicht irgend eine Änderung eintreten zu lassen.

Um so mehr hat uns der Erlaß des Herrn Ministers überrascht. Wir müssen denn doch etwas schwarz sehen solch einem Erlaß gegenüber, und es liegt im allgemeinen Interesse der Konsumvereine, wenn wir ihn nicht still hinnehmen, sondern uns ruhig und offen dagegen verwahren, daß in die Verhältnisse der Konsumvereine so tief eingegriffen wird. Die Form, die der Rheinisch-Westfälische Konsumvereinsverband gewählt hat, ist auch für den Herrn Minister und für keinen Menschen sonst verletzend, wir können den Antrag, den der Herr Referent gestellt hat, nur billigen und unterstützen.

Die Auslegung, die der Herr Regierungsrat Dr. Cuny und Herr Landrat Berthold vertreten haben, mag wohl vom Standpunkt der Behörde gerechtfertigt oder doch wünschenswert erscheinen, aber nach unseren Erfahrungen als Konsumenten, als Genossenschafter ist sie wohl doch nicht am Platze. Vor allen Dingen liegt für uns keine Veranlassung vor, eine Änderung gutzuheißen, die nur Scherereien zur Folge haben kann. Womit haben wir sie denn verdient? Die Konsumvereine, die gut geleitet werden, werden doch überall anerkannt als segensreiche Institute. Warum will man ihnen nun sagen: ihr seid doch nicht so leistungsfähig, ihr macht mal dem und dem Konkurrenz? Meine Herren, wohin kommen wir damit? Dann kommen wir dahin zu sagen: der Kleinbetrieb oder der Kleinkaufmann nimmt zwar einen höheren Preis, aber wir wollen im Interesse der Erhaltung dieser Einzelnen oder der Wenigen gern Opfer bringen. Dankbar hierfür aber würden die Konkurrenten, Warenhäuser usw., nur ganz kurze Zeit sein und — auch nur sein können! —

Also die Konsequenzen, die entstehen können, wenn wir derartige Erlasse hinnehmen — das ist der erste; möglicherweise kommen später noch mehr! — können wir nicht absehen.

Ich würde also auch bitten, den Antrag des Verbandes der Rheinisch-Westfälischen Konsumvereine anzunehmen und gegen diesen Erlaß des Herrn Ministers Verwahrung einzulegen.

(Bravo!)

Verbandsdirektor Justizrat **Dr. Alberti** (Wiesbaden): Meine Herren, die Diskussion hat gewiß aufklärend gewirkt. Einmal wird sie den Herrn Minister überzeugt haben, daß es nicht unsere Absicht ist, in die Privatverhältnisse zwischen Beamten und Untergebenen einzugreifen. Wir erkennen an, daß die Interessen des Dienstes gewahrt werden müssen. Andererseits aber ist es uns darum zu tun, den Beamten das Recht zu wahren, an unseren Bestrebungen teilzunehmen. Wir haben uns alle jedenfalls gefreut, daß der Erlaß nicht den Zweck hatte, den Beamten die Teilnahme an den Konsumvereinen und deren Verwaltung zu verbieten, daß vielmehr diese Auslegung des Erlasses eine mißverständliche ist. Ich kann wohl annehmen, daß das die Erklärungen des Herrn Regierungsrates waren. Meine Herren, ich lege großen Wert darauf, daß wir gerade diese letzte Erklärung akzeptieren und den Beamten zur Kenntnis bringen. Ich bin deshalb gern bereit — und die anderen Herren haben sich auch bereit erklärt — unseren Antrag dementsprechend zu ändern, denn ich bin fest überzeugt, es wird eine große Beruhigung hervorrufen, wenn die Mitglieder der Konsumvereine hören, daß der Erlaß diese Auslegung nicht hat und nicht haben soll, die er gefunden hat, und die Sie namentlich auch in Ihren Verhandlungen als die richtige äußerten. Diese Beruhigung ist die Hauptaufgabe unserer heutigen Verhandlungen.

Ich möchte daher vorschlagen, daß wir uns etwa auf folgende Resolution einigen. — Natürlich müssen wir Verwahrung dagegen einlegen, daß überhaupt die Gründung von einer anderen Stelle erfolgt als von den Gründern selbst; darüber waren die Herren, die sich zum Wort gemeldet, auch einig. — Ich würde also etwa sagen:

1. Der Allgemeine Genossenschaftstag legt Verwahrung dagegen ein, daß bei der Gründung von Genossenschaften die Bedürfnisfrage von einer anderen Stelle geprüft werden soll als von den Gründern der Genossenschaft selbst.
2. Er nimmt mit Genugtuung Kenntnis von der Erklärung des Vertreters des Herrn Ministers der öffentlichen Arbeiten, daß der Erlaß vom 29. Juni 1904 nicht den Zweck hat, den Eisenbahnbeamten die Teilnahme an Konsumvereinen und deren Verwaltung zu verbieten, daß diese Auslegung des Erlasses vielmehr eine mißverständliche ist.

Verbandsdirektor **E. Nolte** (Lüdenscheid): (Schlußwort.) Meine Herren, weder die Ausführungen des Herrn Ministers haben mich von der falschen Auffassung, die über unseren Antrag Platz gegriffen haben soll, überzeugen können, noch die Ausführungen des Herrn Landrats Berthold von der Nutzlosigkeit des Antrages meines Verbandes. Ich gebe aber zu, daß die Fassung des Antrages des Herrn Justizrat Dr. Alberti vielleicht insofern besser ist, als sie Klarheit schafft, während wir mit einem Protest vielleicht nicht weiter kommen. Daher ist es wohl richtiger, wir nehmen diesen Antrag Alberti an, durch den unsere Wünsche präzisiert werden, und ich bitte Sie deshalb um Annahme desselben.

(Bravo!)

Vorsitzender **F. X. Proebst** (München): Bei der Wichtigkeit des Gegenstandes würde ich bitten, daß Herr Dr. Alberti den Antrag, wie er zum Beschluß erhoben werden soll, nochmals verliest.

(Geschieht. — Zurufe: Sehr gut!)

Auf Antrag des Herrn Oppermann (Magdeburg) wird hinter „Eisenbahnbeamten" eingeschaltet: „und Arbeitern".

Der so veränderte Antrag wird durch Probe und Gegenprobe einstimmig angenommen.

XIII. Das Genossenschaftswesen im Lichte der Vertretung von Handwerk, Landwirtschaft und Handel.

Berichterstatter Anwalt **Dr. Crüger**: Meine Herren, die Absetzung dieses Punktes der Tagesordnung wird damit von mir begründet, daß ich zu Protokoll eine Erklärung folgenden Inhalts gebe:

„Mit Rücksicht auf die Anerkennung, die berufene Vertreter von Handwerk und Landwirtschaft auf dem diesjährigen Allgemeinen Genossenschaftstage den volkswirtschaftlichen Grundsätzen gezollt haben, die der Allgemeine Verband der auf Selbsthilfe beruhenden deutschen Erwerbs- und Wirtschaftsgenossenschaften bei den ihm zugehörigen Genossenschaften und in dem Genossenschaftswesen überhaupt vertritt;

in Erwägung, daß danach die Möglichkeit besteht, daß diese Grundsätze für die weitere Förderung des Genossenschaftswesens durch die Vertretungen von Handwerk und Landwirtschaft zugrunde gelegt werden, sehe ich davon ab:

Kritik zu üben an von verschiedenen Landwirtschafts- und Handwerkskammern in den letztjährigen Berichten dem Genossenschaftswesen gegenüber eingenommenen Standpunkt

und ziehe den Vortrag:

»Das Genossenschaftswesen im Lichte der Vertretung von Handwerk, Landwirtschaft und Handel«

von der Tagesordnung zurück.

(Beifall.)

Vorsitzender **F. X. Proebst** (München): Davon hat die Versammlung selbstverständlich nur Kenntnis zu nehmen.

Wir kommen weiter zu:

XIV. a) Bericht des Vorsitzenden des Engeren Ausschusses, Proebst (München), über die Tätigkeit des Engeren Ausschusses.

Da ich hier selbst Berichterstatter bin, bitte ich Herrn Justizrat Dr. Alberti, den Vorsitz zu übernehmen.

(Justizrat Dr. Alberti übernimmt den Vorsitz.)

Berichterstatter **Proebst** (München): Meine Herren, seien Sie außer Sorge, der Bericht, den ich Ihnen zu erstatten habe, ist sehr kurz, und Sie werden in wenigen Minuten von der Aufmerksamkeit, die Sie mir zuwenden, befreit sein.

Glücklicherweise war der Engere Ausschuß weder in seiner Frühjahrssitzung noch in der dem hiesigen Allgemeinen Genossenschaftstage unmittelbar vorausgegangenen Sitzung in der Lage, sich mit tief einschneidenden Angelegenheiten zu befassen. Von dem Plane der Vereinigung der Genossenschafts-Bank mit der Dresdner Bank hat der Herr Anwalt in der Frühjahrssitzung in Berlin dem Engeren Ausschuß einfach Mitteilung gemacht; zu einer Beschlußfassung war kein Anlaß gegeben, weil der Engere Ausschuß zu einer solchen Beschlußfassung keinerlei Zuständigkeit hat.

Im übrigen war die Tätigkeit des Engeren Ausschusses, wie gewöhnlich in Anspruch genommen durch die Vorbereitungen zum Allgemeinen Genossenschaftstage, durch die Entgegennahme der Berichte der Revisoren in bezug auf den Rechnungsdienst des Jahres 1903 und den Voranschlag für das Jahr 1905 und all die Dinge, die sich daran knüpften, ganz besonders aber durch die eingehende Besprechung des Berichtes des Herrn Anwalts. Sie können sich denken, da Sie selbst in der Lage sind, in der ersten Hauptversammlung alljährlich einen solchen umfassenden Bericht entgegenzunehmen, und der Herr Anwalt in gleicher Weise dem Engeren Ausschuß zweimal im Jahre einen solchen Bericht erstattet, daß daran eine lebhafte Diskussion sich knüpft und die Zeit des Engeren Ausschusses zum großen Teil davon in Anspruch genommen wird.

Der Gesamtausschuß hat unmittelbar vor dem hiesigen Allgemeinen Genossenschaftstage sich ebenfalls hier, wie es Vorschrift unserer Satzungen ist, versammelt und hat in sehr eingehender Weise sich über die vorhin erwähnte Fusion unterhalten, wobei es glücklicherweise gelungen ist, mancherlei Mißverständnisse zu beseitigen und eine allgemeine Übereinstimmung darin herbeizuführen, daß die Vereinigung der Genossenschafts-Bank mit der Dresdner Bank als im allgemeinen Interesse der Genossenschaften gelegen begrüßt werden kann.

Am Schlusse der Sitzung des Gesamtausschusses fand die Neukonstituierung desselben statt, und es wurde zum ersten Vorsitzenden Herr Justizrat Dr. Alberti und zu dessen Stellvertreter Herr Direktor Neugebauer hier gewählt. Die Schriftführerstellen blieben in gleicher Weise wie bisher besetzt: durch die Herren Plonz und Zabemach.

Der Engere Ausschuß wird seine Konstituierung erst heute nach Schluß der Hauptversammlung vornehmen, nachdem Sie die Neuwahlen an Stelle der ausscheidenden Mitglieder vorgenommen haben.

Das ist das Wichtigste, was ich Ihnen aus den Verhandlungen des Engeren Ausschusses mitzuteilen hätte; ich bin natürlich bereit, jeden weiteren etwa verlangten Aufschluß mit Unterstützung des Herrn Anwalts zu geben.

Stellvertretender Vorsitzender Verbandsdirektor Justizrat **Dr. Alberti** (Wiesbaden): Wird das Wort zu diesem Bericht gewünscht? — Das scheint nicht der Fall zu sein; dieser Punkt ist also erledigt.

Meine Herren, ich glaube in Ihrer aller Sinne zu sprechen, wenn ich unserem Herrn Vorsitzenden für seine Tätigkeit, die er hier nur sehr kurz skizziert hat, die aber eine außerordentlich rege und umfangreiche war, unsern herzlichen Dank ausspreche.

(Bravo!)

XIV. b) Wahlen von zwei Mitgliedern in den Engeren Ausschuß an Stelle der ausscheidenden Mitglieder.

(Nach dem Turnus scheiden aus Herr Oppermann, Herr Jordan.)

Die Herren Oppermann und Jordan werden durch Akklamation wiedergewählt und nehmen die Wahl an.

XV. Beschlußfassung über den Ort des nächsten Genossenschaftstages.

M. Hansen (Westerland): Sehr geehrte Herren! Der Sylter Kreditverein in Westerland sowie unsere Stadtvertretung haben sich erlaubt, Sie im nächsten Jahre zum 46. Genossenschaftstage nach Westerland auf Sylt einzuladen, und ich bitte Sie namens des Vereins wie namens der Stadtverwaltung dieser unserer Einladung freundlichst Folge zu leisten.

(Bravo!)

Meine Herren, ein Teil der hier anwesenden Genossenschafter wird schon das Nordseebad Westerland als Kurgast aufgesucht haben, um dort von angestrengter Arbeit neue Kraft für das Leben zu erwerben; den übrigen Herren aber, denen bisher nicht Gelegenheit gegeben war, das Bad näher kennen zu lernen, möchte ich einige kurze Worte darüber heute mitteilen.

Das Nordseebad Westerland, das nördlichste Bad unseres Vaterlandes, wurde vor zirka 50 Jahren aus kleinen Anfängen gegründet und hat sich infolge des dort herrschenden kräftigen Wellenschlages und der unvergleichlich schönen Strandverhältnisse zu dem herausgebildet, was es jetzt ist. Wir haben in der verflossenen Saison 18 000 Kurgäste in unseren Mauern beherbergt, welche Zahl noch in diesem Jahre bedeutend überschritten werden wird.

Die Verkehrsverbindungen nach Sylt sind, trotzdem der Ort fast an der Grenze des Deutschen Reiches liegt, außerordentlich günstige. Wir haben drei Verbindungswege. Die Genossenschafter der westlichen Provinzen würden am besten mit einem Dampfer des Norddeutschen Loyd von Bremerhaven direkt nach Sylt fahren. Im übrigen haben wir über Hamburg zwei Verbindungen: eine vermittelst der Nordsee-Linie Helgoland-Hörnum direkt nach Sylt, die andere mit den Schnellzügen über Hoyer-Schleuse direkt nach Sylt. Es ist mir bis jetzt nicht gelungen, bei der Staatseisenbahn Fahrpreisermäßigungen zu erzielen, wohl aber bei den anderen Routen. Z. B. hat die Nordsee-Linie sich verpflichtet, die Teilnehmer am Genossenschaftstage von Hamburg nach Sylt und zurück für 10 Mk. pro Person zu befördern, ein sehr mäßiger Preis, wenn man in Betracht zieht, daß mit den schönen Dampfern sozusagen fast die ganze Nordsee durchkreuzt wird.

Was die Raumverhältnisse Westerlands betrifft, so kann ich Ihnen die Versicherung geben, daß wir sehr wohl imstande sind, Sie alle aufzunehmen und allen Wünschen Rechnung tragen zu können, mögen es einfache Quartiere sein oder Quartiere, an die die weitestgehenden Ansprüche gestellt werden.

Ich will mich nicht weiter über die Schönheiten des Nordseebades Sylt aussprechen; darüber werden Sie zur Genüge schon gelesen und gehört haben. Ich möchte nur nochmals wiederholen: kommen Sie zu uns, es wird Ihnen da gefallen.

(Bravo!)

Allerdings können wir Ihnen nicht das bieten, was wir in dieser Woche in Breslau erlebt haben; das werden Sie auch nicht von uns erwarten. Wohl aber dürfen wir hoffen, daß Sie bei Ihrer Rückkehr nach Hause sagen werden:

Mein Sylt, mein schönes Westerland,
Es war zu schön am Nordseestrand.

(Lebhafter Beifall.)

Stellvertretender Vorsitzender Verbandsdirektor Justizrat **Dr. Alberti** (Wiesbaden): Meine Herren, ich glaube, Sie sind damit einverstanden, daß wir die Einladung mit Dank annehmen.

(Zustimmung!)

Ich selbst habe mich, als wir vor zwei Jahren den Unterverbandstag in Westerland abgehalten haben, persönlich davon überzeugt, daß sich Sylt für den Genossenschaftstag eignet. Ich möchte aber an die Herren von Sylt nochmals die Bitte richten, sich ja nicht Breslau zum Vorbild zu nehmen, desgleichen auch an diejenigen, die weiterhin die Absicht haben, Genossenschaftstage zu sich einzuladen. Breslau muß in der Beziehung einzig bleiben, und kein Verein solle versuchen, ihm nachzustreben.

Kaufmann **Reche** (Breslau): Meine Herren, ich habe nur ein Bedenken gegen den Vorschlag, und das besteht darin, ob wir im Westerland einen Saal von der Größe des Saales des Konzerthauses hier aufzutreiben vermögen, und ob es möglich sein wird, uns alle dort unterzubringen.

Stellvertretender Vorsitzender Verbandsdirektor Justizrat **Dr. Alberti** (Wiesbaden): Meine Herren, es steht uns das Kurhaus zur Verfügung. Es haben Ausmessungen stattgefunden, wonach anzunehmen ist, daß das Kurhaus genügt. Es ist auch nicht wahrscheinlich, daß Sylt so zahlreich wie Breslau besucht werden wird. Breslau hat vier große Vereine, darunter zählt der Konsumverein allein über 80000 Mitglieder, und da ist selbstverständlich ein zahlreicher Besuch gewährleistet. Der Sylter Verein ist nicht groß, und daher kann man annehmen, daß auch der Besuch nicht ganz so stark werden wird. Daß die Herren aus Sylt sich der Sache annehmen, können Sie daraus schließen, daß sie schon so weitgehende Verhandlungen gepflogen haben. Ich glaube also konstatieren zu können, daß wir uns im nächsten Jahre auf Sylt wiedersehen.

(Zustimmung.)

Wir kämen zum Schluß unserer Verhandlungen und ich erteile zunächst das Wort Herrn Anwalt Wrabetz.

Reichsratsabgeordneter **Wrabetz**, Anwalt des Allgemeinen Verbandes der deutschen Genossenschaften in Österreich: Meine sehr verehrten Herren, nur wenige Worte! Ich kann nicht von hier scheiden, ohne Ihnen im Namen des von mir vertretenen deutsch-österreichischen Verbandes wie in meinem eigenen Namen den herzlichsten Dank für die freundliche Aufnahme, die ich bei Ihnen gefunden, zu sagen. Seien Sie versichert, daß der Besuch der Genossenschaftstage im Deutschen Reiche für mich immer eine Reihe von Festtagen bedeutet, und daß ich daher so oft als möglich die Zeit ausnützen werde, um an Ihren Beratungen teilzunehmen.

(Bravo!)

Ich möchte nun weniger mit Rücksicht auf die verehrten Anwesenden als vielmehr mit Rücksicht auf verschiedene Leute bei uns zu Hause eine Erklärung abgeben. Ich habe mich nicht in besonderem Maße an Ihren Debatten beteiligt, weil ich es erstens nicht für nötig hielt, und dann, weil ich glaube, daß ein Gast sich eine gewisse Reserve auferlegen soll. Es scheint mir aber doch nötig zu sein, Ihnen mein Stillschweigen bei der heute verhandelten Frage, wobei es mich gejuckt und gezuckt hat, mich zum Worte zu melden, zu erklären.

Meine Herren, die heutige Verhandlung hat sich hauptsächlich mit einem preußischen Minister befaßt, und es schien mir nicht taktvoll für einen Ausländer zu sein, sich an der Kritik der Handlungsweise dieses Ministers zu beteiligen. Nun ist mir allerdings im Moment der Gedanke gekommen, ich könnte ja vielleicht für diesen preußischen Minister einen österreichischen supponieren und könnte mir denken, es habe diesen Erlaß ein österreichischer Minister herausgegeben, da würde ich etwas freier sprechen können. Aber da ist mir klar geworden, daß es auch nicht schön ist, wenn ich im Auslande an einem heimischen Minister Kritik übe.

(Heiterkeit.)

Das also ist der Grund meines Schweigens gewesen. Das aber will ich nicht verschweigen, daß ich voll und ganz auf der Seite des Herrn Referenten stehe und dem Beschlusse zustimme, den Sie gefaßt haben,
(Bravo!)

Und nun, meine Herren, erlauben Sie mir noch eine freundliche Einladung. Ich weiß, daß ein Teil von Ihnen den Internationalen Genossenschaftstag in Budapest, der in der Zeit vom 5. bis 8. September stattfindet, besuchen wird. Wir Österreicher haben unseren diesjährigen Allgemeinen Vereinstag aus diesem Grunde etwas hinausgeschoben und beschlossen, ihn in den Tagen vom 10. bis 12. September in Wien abzuhalten. Ich möchte natürlich alle Herren, insbesondere jene, welche von Budapest vielleicht über Wien zurückkehren, recht herzlich einladen, unseren Verhandlungen und Beratungen beizuwohnen.
(Bravo!)

Sachlich wird ja vielleicht der Unterschied nicht allzu groß sein oder doch nicht ein solcher, daß wir uns schämen müßten. Was die sonstigen außerhalb der Beratung gelegenen Veranstaltungen betrifft, so bleiben wir natürlich im allgemeinen gegen Ihre Veranstaltungen und gegen die Breslauer insbesondere zurück; aber an der alten Wiener Herzlichkeit und Gemütlichkeit soll es gewiß nicht fehlen, wenn jemand von Ihnen uns die Ehre erweist, unserem Vereinstage beizuwohnen. Ich habe das ganz besondere Vergnügen, konstatieren zu können, daß mein verehrter Freund Dr. Crüger uns diese Ehre schenken wird, was wir gewiß zu würdigen wissen werden.

Nun sage ich Ihnen ein herzliches Lebewohl und auf möglichst baldiges Wiedersehen! (Lebhafter Beifall.)

Henry W. Wolff, Vorsitzender des Internationalen Genossenschaftsverbandes: Meine Herren, verzeihen Sie, daß ich Sie nochmals belästige. Ich würde nicht das Wort genommen haben, wenn nicht in einer Zeitung eine Stelle meiner Rede beim gestrigen Festmahl falsch wiedergegeben wäre. Es ist in jener Zeitung so dargestellt, als ob ich irgend etwas gegen die Militärpolitik Ihres Landes hätte sagen wollen. Das lag mir ganz fern. Ich bin gestern Abend aufgefordert worden zu sprechen, ohne daß ich vorbereitet war, und ich war auch nicht gut aufgelegt. Vielleicht habe ich mich auch etwas unvorsichtig ausgedrückt, aber ich wollte nur sagen — wie ich das schon in Neustadt a/H. getan habe —, daß Ihre Genossenschaften dem Lande viel mehr materiellen Nutzen eingebracht haben als alle Kriege, um damit auszudrücken, wie hoch ich die Genossenschaften und ihre Erfolge schätze. Ich wollte durchaus nichts gegen Ihre Kriege und gegen die Militärpolitik Ihrer Regierung sagen. Es tut mir sehr leid, daß der betreffende Reporter das nicht verstanden hat, und ich danke Ihnen, daß Sie mir Gelegenheit gegeben haben, das Mißverständnis zu berichtigen.

Stellvertretender Vorsitzender Verbandsdirektor Justizrat **Dr. Alberti** (Wiesbaden): Ich möchte auch meinerseits feststellen, daß diese

Worte nicht gefallen sind. Herr Wolff hat ausgeführt, daß die Werke des Friedens die wirtschaftliche Lage des Volkes mehr heben als die Kriege. Darin haben wir ihm zugestimmt. Von dem, was in den Zeitungen steht, hat er nichts gesagt.

Ich bitte noch um die Ermächtigung, das im Protokoll festzustellen.

Verbandsdirektor **Kurz** (Stettin): Meine Herren, ich will Sie nur bitten, unserem alten guten Brauche zu folgen und den Herren, die die Leitung des Genossenschaftstages gehabt haben, zu danken für die Arbeit, die sie uns geleistet haben, ganz besonders aber auch denen zu danken, die den Vorsitz in den besonderen Abteilungen geführt haben. Wir schließen also alle ein, die sich einer ganz besonderen Mühewaltung für uns unterzogen haben, und wir verbinden mit diesem Dank zugleich den Wunsch, daß wir Sie alle ohne jede Ausnahme in denselben Stellen im nächsten Jahre wiedersehen mögen.

Meine Herren, ich bitte Sie, sich zum Zeichen dieses Dankes von Ihren Plätzen zu erheben.

(Die Anwesenden erheben sich.)

Stellvertretender Vorsitzender Verbandsdirektor Justizrat **Dr. Alberti** (Wiesbaden): Meine Herren, ich danke Ihnen für die freundliche Anerkennung; wir werden uns bemühen, alles das zu erfüllen, was Herr Kurz gewünscht hat.

Meine Herren, wir können gewiß nicht auseinandergehen, ohne auch von dieser Stelle den Dank an diejenigen auszusprechen, die uns hier in Breslau so überaus freundlich und gastlich aufgenommen haben. Wenn man schon die ganzen Einrichtungen zu unserer Festversammlung gesehen hat — wie hat das alles geklappt, wie war alles bis ins einzelne hinein vorbereitet! Und nicht allein diejenigen, die hier die Arbeit getan haben, — die ganze Stadt hat uns auf das gastlichste aufgenommen, alle Behörden, insbesondere die städtischen Behörden.

Meine Herren, wir haben es hier mit der Arbeit von vier Vereinen zu tun, die als Gastgeber aufgetreten sind, und auch ihnen schulden wir unseren Dank, und nicht allein denjenigen, die hier als Leiter hervorgetreten sind, sondern auch Vielen, Vielen, die mit ihrer Arbeit im Hintergrunde geblieben sind. Und tatsächlich große Arbeit ist geleistet worden.

Insbesondere möchte ich auch den Dank an diejenigen richten, die ihre poetische Begabung in den Dienst der Sache gestellt haben.

Nochmals möchte ich den Dank aussprechen für das schöne Geschenk, das uns Breslau übermittelt hat, und das bis in ferne Zeiten den Ruhm des Genossenschaftstages in Breslau verkünden wird und verkünden soll.

Meine Herren, mögen alle Vereine, die als Veranstalter von Genossenschaftstagen hervortreten, mit gleichem Eifer die Arbeit ausführen wie Breslau, mögen sie aber nie daran denken, daß Breslau das Beispiel ist, nach dem wir in Zukunft innerhalb und außerhalb der Versammlung arbeiten sollen. Wir nehmen das, was uns in reichem Maße hier geboten worden ist, mit Dank an und wir werden alle mit großer Befriedigung aus Breslau scheiden.

(Bravo!)

Ich schließe die Versammlung.

(Schluß der Sitzung 12 Uhr.)

III.

Zusammenstellung

der gefaßten Beschlüsse usw.

A. Gemeinsame Angelegenheiten aller Genossenschaften.

I. Bericht des Anwalts. — (Seite 44—70.)

II. Der Deutsche Genossenschaftstag nimmt Kenntnis von der Vereinigung der Deutschen Genossenschafts-Bank Soergel, Parrisius & Co., A.-G. mit der Dresdner Bank.

Er spricht die Erwartung aus, daß die Dresdner Bank die Aufgaben, welche ihr als Nachfolgerin der Deutschen Genossenschafts-Bank im Genossenschaftswesen gestellt und von ihr übernommen worden sind, dauernd erfüllen wird. — (Seite 70—73.)

III. Der Allgemeine Genossenschaftstag nimmt den Bericht über die Hilfskasse — die Ruhegehaltskasse — die Witwen- und Waisen-Pensionskasse deutscher Erwerbs- und Wirtschaftsgenossenschaften entgegen. — (Seite 73—75.)

IV. Der Allgemeine Genossenschaftstag wählt zu Mitgliedern des Vorstandes der Hilfskasse deutscher Erwerbs- und Wirtschaftsgenossenschaften nach § 8 des Statuts der Hilfskasse die Herren:

J. Kurz (Stettin), A. Jordan (Görlitz) und C. Neugebauer (Breslau). — (Seite 75.)

V. Der Allgemeine Genossenschaftstag nimmt den Antrag des Gesamtausschusses betreffend Änderung des Statuts des Allgemeinen Verbandes zum Zweck der Eintragung des Allgemeinen Verbandes in das Vereinsregister an und wählt Herrn Anwalt Dr. Crüger zum Vorstand des Vereins. — (Seite 75—78.)

VI. Der Allgemeine Genossenschaftstag beschließt die Aufnahme:

1. des Bauvereins zu Hamburg, Akt.-Ges.,
2. der Gemeinnützigen Baugesellschaft, Akt.-Ges. Hanau

in den Allgemeinen Verband gemäß § 4 des Statuts des Allgemeinen Verbandes. — (Seite 78.)

VII. Der Allgemeine Genossenschaftstag legt Verwahrung ein gegen alle Maßnahmen, die geeignet sind, den Kreditgenossenschaften die Annahme fremder Gelder zu erschweren oder gar unmöglich zu machen.

Insbesondere würde er, wie schon in dem Verbote des Sparkassenbetriebs unter der Bezeichnung Sparkasse, eine schwere Gefahr für die Kreditgenossenschaften und damit für unser ganzes Wirtschaftsleben erblicken,

a) in der Einführung des Scherlschen Prämiensparsystems,
b) in der Heranziehung der Reichspost zur Einsammlung der Sparbeträge,
c) in der gesetzlichen Begrenzung der von den Kreditgenossenschaften anzunehmenden Spardepositen. — (Seite 82—98.)

VIII. Der Allgemeine Genossenschaftstag beschließt, den Genossenschaften des Allgemeinen Verbandes wird empfohlen, bei Gründung und Leitung von Rohstoff-, Werk- und Magazingenossenschaften mit Rat und Tat behilflich zu sein, wobei folgende Grundsätze zu beachten sind:

a) Bei der Gründung ist die Bedürfnisfrage und die Lebensfähigkeit zu prüfen, die Mitwirkung einiger erfahrener, zur Geschäftsleitung geeigneter Personen sicher zu stellen und nur, wenn diese Fragen aller Voraussicht nach bejaht werden können, ist zur Gründung zu schreiten.
b) Es ist nach erfolgter Gründung darauf hinzuwirken, daß namentlich bei Rohstoff-, bei Ein- und Verkaufsgenossenschaften anfänglich der Geschäftsbetrieb innerhalb der durch die tatsächlichen Verhältnisse bedingten Grenzen gehalten wird und erst allmählich Hand in Hand mit dem Wachsen des eigenen Betriebskapitals einen immer größeren Umfang annimmt.
c) Das Prinzip der Barzahlung ist als eine der wesentlichsten Grundlagen der Handwerkergenossenschaften zu betrachten und durchzuführen.
d) Die einzelnen Genossenschaftsarten sind namentlich bei der Gründung streng auseinanderzuhalten.

e) Stets ist zu beachten, daß diese Genossenschaften niemals ihren Geschäftsbetrieb auf die Aufgaben einer Kreditgenossenschaft erstrecken dürfen.
(Seite 98—134.)

IX. Der Allgemeine Genossenschaftstag nimmt den Bericht über die Prüfung der Jahresrechnung für 1903 entgegen und erteilt die Entlastung. — (Seite 134—137.)

X. Der Allgemeine Genossenschaftstag setzt den Voranschlag der Einnahmen und Ausgaben für 1905 fest. — (Seite 137—138.)

XI. Der Allgemeine Genossenschaftstag nimmt Kenntnis von der Entscheidung des Reichsgerichts vom 11. Januar 1904 betreffend die Veröffentlichung des Mitgliederbestandes am Jahresschluß nach Maßgabe des § 33 des Reichsgesetzes betreffend die Erwerbs- und Wirtschaftsgenossenschaften und empfiehlt den Genossenschaften in Zukunft bei der Veröffentlichung des Mitgliederbestandes folgenden Grundsatz zu beachten:

Bei Angabe des Bestandes der Mitglieder, die am Jahresschlusse der Genossenschaft angehören, sind auch die ausgeschiedenen Mitglieder nicht mitzuzählen, deren Ausscheiden erst „zum Schlusse" des Geschäftsjahres §§ 65, 67, 68, oder, wie es in § 77 für den Fall des Todes heißt, „mit dem Schlusse" des Geschäftsjahres erfolgt ist. — (Seite 264—266.)

XII. 1. Der Allgemeine Genossenschaftstag legt Verwahrung dagegen ein, daß bei der Gründung von Genossenschaften die Bedürfnisfrage von einer anderen Stelle geprüft werden soll, als von den Gründern der Genossenschaft selbst.

2. Er nimmt mit Genugtuung von der Erklärung des Herrn Vertreters des Ministers der öffentlichen Arbeiten Kenntnis, daß der Erlaß vom 29. Juni 1904 nicht den Zweck hatte, den Eisenbahnbeamten und Arbeitern die Teilnahme an Konsumvereinen und an deren Verwaltung zu verbieten, daß diese Auslegung des Erlasses vielmehr eine mißverständliche ist. — (Seite 267—294.)

XIII. Der Anwalt gibt zu dem auf der Tagesordnung stehenden, von ihm in Aussicht genommenen Vortrag: „Das Genossenschaftswesen im Lichte der Vertretung von Handwerk, Landwirtschaft und Handel" folgende Erklärung ab:

„Mit Rücksicht auf die Anerkennung, die berufene Vertreter von Handwerk und Landwirtschaft auf dem diesjährigen Allgemeinen Genossenschaftstage den volkswirtschaftlichen Grundsätzen gezollt haben, die der Allgemeine Verband der auf Selbsthilfe beruhenden deutschen Erwerbs- und Wirtschaftsgenossenschaften bei den ihm zugehörigen Genossenschaften und in dem Genossenschaftswesen überhaupt vertritt;

in Erwägung, daß danach die Möglichkeit besteht, daß diese Grundsätze für die weitere Förderung des Genossenschaftswesens durch die Vertretungen von Handwerk und Landwirtschaft zugrunde gelegt werden, sehe ich davon ab,

Kritik zu üben an dem von verschiedenen Landwirtschafts- und Handwerkskammern in den letztjährigen Berichten dem Genossenschaftswesen gegenüber eingenommenen Standpunkt

und ziehe den Vortrag:

Das Genossenschaftswesen im Lichte der Vertretung von Handwerk, Landwirtschaft und Handel

von der Tagesordnung zurück."

(Seite 294.)

XIV. Der Allgemeine Genossenschaftstag nimmt den Bericht über die Tätigkeit des Engeren- und Gesamtausschusses durch den Vorsitzenden beider Ausschüsse entgegen. — (Seite 295/96.)

XV. Der Allgemeine Genossenschaftstag wählt zu Mitgliedern des Engeren Ausschusses die Herren:

Oppermann (Magdeburg) und Jordan (Görlitz).

(Seite 296.)

XVI. Der Allgemeine Genossenschaftstag wählt Westerland a/Sylt als Ort für die Abhaltung des Allgemeinen Genossenschaftstages des Jahres 1905. (Seite 296—298.)

B. Angelegenheiten der Baugenossenschaften.

XVII. Der Allgemeine Genossenschaftstag beschließt:

Es ist den Baugenossenschaften entschieden zu widerraten, zwecks Heranziehung weiterer Betriebskapitalien einen ausgedehnten Sparkassenverkehr einzuführen, weil durch einen solchen der Bestand der Baugenossenschaften gefährdet wird.

In eng begrenztem Umfange erscheint der Sparkassenverkehr zwar ungefährlich, indessen bringt ein so beschränkter Sparkassenverkehr den Baugenossenschaften keine nennenswerte Vorteile.

Neugegründete Baugenossenschaften sollten, wenn sie überhaupt den Sparkassenverkehr einführen, diesen auf die Mitglieder beschränken und auf einen Höchstbetrag für eine Spareinlage von je 1/4 des bezw. der übernommenen Geschäftsanteile.

In allen Fällen müssen geräumige Kündigungsfristen ausbedungen und muß mindestens 1/8 des Gesamtbetrages der Spareinlagen in leicht realisierbarer Weise angelegt werden.

Die von den Landesversicherungsanstalten ausreichend finanzierten Baugenossenschaften sollten die Einführung des begrenzten Sparkassenverkehrs nur dann erwägen, wenn es den Genossen in der Tat an einer anderen passenden Gelegenheit zur Anlegung ihrer kleinen Ersparnisse fehlt.

Als Sparkassenverkehr ist nicht aufzufassen die verzinsliche Annahme von à conto-Zahlungen auf die später fälligen Beträge für Mieten und Abträge.

(Seite 140—157.)

XVIII. Der Antrag des Spar- und Bauvereins Blumenthal, e. G. m. b. H. zu Blumenthal:

Der Allgemeine Genossenschaftstag empfiehlt den Baugenossenschaften, welche die von ihnen errichteten Gebäude in das Eigentum von Mitgliedern übergehen lassen und zu diesem Zweck mit den Hauserwerbern Miet- und Kaufverträge abschließen, diesen Geschäftszweig in der Bilanz und dem Geschäftsbericht nach folgenden Grundsätzen zur Darstellung zu bringen:

1. Die Erwerbshäuser sind, soweit über dieselben schon Erwerbsvertäge abgeschlossen sind, gesondert unter den Aktiven in der Bilanz aufzuführen, und zwar zu dem von den Genossen zu zahlenden Erwerbspreise.
2. Die Anzahlungen der Erwerber sind unter geeigneter Bezeichnung, z. B. „Hauserwerbskonto", „Amortisation der Hauserwerber" unter den Passiven aufzuführen.
3. In der Bilanz oder im Geschäftsbericht ist zum Ausdruck zu bringen:

   a) welche Erhöhung der unter 1 erwähnte Posten der Aktivseite durch Neuabschluß von Verträgen und der unter 2 erwähnte Posten der Passivseite durch Zahlungen im letzten Geschäftsjahre erfahren hat,

b) welche Verminderung bei den Posten zu 1 und 2 durch Bewirkung der Auflassungen und durch Aufhebung von Erwerbsverträgen eingetreten ist.

4. Der Geschäftsbericht soll angeben:

a) den Verkaufspreis der bisher von der Genossenschaft an die Mitglieder aufgelassenen Erwerbshäuser,

b) die Summe der von den Mitgliedern bei der Auflassung übernommenen Hypotheken.

c) den Betrag für den die Genossenschaft hinsichtlich der unter 2 erwähnten Hypotheken noch als persönliche Schuldnerin haftet.

wurde einer Kommission zur Vorberatung überwiesen. — (Seite 157.)

XIX. Ländlicher Arbeiterwohnungsbau und Baugenossenschaften. — (Seite 157—171.)

Der Allgemeine Genossenschaftstag spricht hierzu aus, daß die Ansiedlung von Arbeitern auf dem Lande von größter Bedeutung für die Bekämpfung der Landflucht ist, läßt aber dahingestellt sein, ob die genossenschaftliche Form geeignet, die Kolonisation durchzuführen.

XX. Der Antrag der Ersten Erfurter Baugenossenschaft für Arbeiter und Beamte zu Erfurt, e. G. m. b. H.:

In Erwägung, daß für die gesunde Entwicklung der Baugenossenschaften die Ansammlung eines entsprechend hohen eigenen Vermögens von der größten Bedeutung ist, empfiehlt der Allgemeine Genossenschaftstag den Baugenossenschaften, dahin zu wirken, daß das eigene Vermögen mindestens bis zu 15 % der fremden Betriebsmittel angesammelt wird. Dieses Verhältnis wird für eine gesunde Grundlage als normal bezeichnet.

wurde der zu Antrag IV gewählten Kommission überwiesen. — (Seite 172.)

XXI. Der Vortrag über Amortisationshypotheken und deren Wert für Baugenossenschaften

soll zunächst auf dem Unterverbandstag der Baugenossenschaften zur Verhandlung gestellt werden. — (Seite 172.)

C. Angelegenheiten der Kreditgenossenschaften.

XXII. Vortrag über: „Die Zinspolitik der Kreditgenossenschaften". — (Seite 173—186.)

XXIII. In Erwägung, daß die Kreditgenossenschaften unter Berücksichtigung des Beschlusses des Allgemeinen Genossenschaftstages zu Kreuznach (1902) die Gewährung von Kautionskredit vielfach unter die Geschäftszweige aufgenommen haben, dabei jedoch nicht überall bei den Behörden das erwartete Entgegenkommen finden,

richtet der Allgemeine Genossenschaftstag an die Behörden das Ersuchen, die Kreditgenossenschaften zu unterstützen in ihrem Bestreben, durch Gewährung von Kautionskredit, Handel- und Gewerbetreibenden die Beteiligung an Submissionen und die Bestellung von Kautionen zu erleichtern, und die zuständigen Stellen mit entsprechenden Anweisungen zu versehen. — (Seite 186—195.)

XXIV. Da der Vertrieb von Kellerwechseln bei der gewerbsmäßigen großen Ausdehnung, die er in den letzten Jahren gewonnen, eine außerordentliche Gefahr für die Genossenschaften bedeutet und es notwendig erscheint, diesem gemeingefährlichen Treiben überall entgegenzutreten, um die Kreditvereine nach Möglichkeit vor Schaden zu bewahren, so erklärt der Allgemeine Genossenschaftstag:

1. Es ist dringend nötig, eine Zentralstelle zu schaffen, welche die Aufgabe hat, den Vertrieb von Kellerwechseln aufzudecken, diesem gemeingefährlichen Treiben entgegenzutreten und alle Nachrichten, die ihr über den Austausch und Bezug von Kellerwechseln bekannt werden, an die Interessenten weiter gelangen zu lassen.
2. Den Kreditgenossenschaften ist dringend zu empfehlen, Anschluß an diese Zentralstelle mit der Verpflichtung zu suchen, alle Nachrichten, die ihnen über den Austausch und Bezug von Kellerwechseln bekannt werden, der Zentralstelle mitzuteilen, und alle Anfragen der Zentralstelle nach dieser Richtung hin sofort und rückhaltlos zu beantworten. — (Seite 105—206.)

XXV. Der Allgemeine Genossenschaftstag warnt die Kreditgenossenschaften aufs dringendste vor einer Überschreitung der von der Generalversammlung gezogenen Kreditgrenze und empfiehlt unter Hinweis auf den Beschluß des Allgemeinen Genossenschaftstages zu Gotha (1894) betreffend die Festsetzung der Kreditgrenze, diese im richtigen Verhältnis zur Vermögenslage der Genossenschaft zu halten. — (Seite 206—212.)

XXVI. In Erwägung, daß die Beleihung von Wertpapieren ohne Börsenkurs für die Volksbanken mit ernsten Unzuträglichkeiten und sogar mit Gefahren verbunden ist, weil

1. die Volksbanken bei Nichterfüllung der Verbindlichkeiten des Schuldners nur durch öffentliche Versteigerung des Pfandes aus demselben Befriedigung suchen können;
2. für die Festsetzung der Beleihungsgrenze solcher Wertpapiere ein zuverlässiger Maßstab fehlt, und deshalb dem Vorstand vorbehalten bleiben muß, nach seinem Ermessen diese Grenze zu bestimmen und auch — je nach den Umständen —, während das Geschäft schwebt, enger zu ziehen, was die Bankleitung leicht einem ungerechten Verdacht aussetzt, ohne doch die Bank selbst überall wirksam vor Verlusten zu schützen;

empfiehlt der Allgemeine Genossenschaftstag, bei solchen Lombardgeschäften, wenn sie nicht ganz vermieden werden können, die äußerste Vorsicht, insbesondere fortgesetzte Überwachung des inneren Wertes der fraglichen Wertpapiere. — (Seite 212—218.)

D. Angelegenheiten der Konsumvereine.

XXVII. Der Allgemeine Genossenschaftstag empfiehlt den Konsumvereinen bei der Revision der Lagerbestände und bei der Feststellung von Unterlagen für die Aufstellung der Bilanz die in der Anlage zur Tagesordnung*) enthaltenen Grundsätze zu beobachten. — (Seite 219—232.)

XXVIII. Der Allgemeine Genossenschaftstag empfiehlt den Konsumvereinen die Volksversicherung nach Maßgabe der Bedingungen des zwischen dem Allgemeinen Verbande und dem Allgemeinen deutschen Versicherungs-Verein in Stuttgart abgeschlossenen Vertrages den Mitgliedern bekannt zu geben und unter den Mitgliedern für die Volksversicherung zu wirken. — (Seite 232—246.)

*) Vgl. S. 22 ff. der vorliegenden „Mitteilungen“.

XXIX. Der Allgemeine Genossenschaftstag beschließt in Ergänzung des Beschlusses des Allgemeinen Vereinstages zu Karlsruhe (1885)*) betreffend die bei der Manko-Gewährung zu beobachtenden Grundsätze:

1. Das zulässige Manko kann zwar nach den besonderen Verhältnissen der Vereine verschieden hoch sein, doch sollte dasselbe über 1% des mankoberechtigten Warenausganges, auch wenn auf Zählwaren kein Manko gewährt wird, in der Regel nicht hinausgehen.
2. Zu widerraten ist, durch höheres Gehalt die Manko-Gewährung zu ersetzen.
3. Der Lagerhalter hat keinen Anspruch auf Auszahlung des die Höhe des Mankos nicht erreichenden Betrages; auch soll ein erzielter Überschuß nicht auf ein späteres oder früheres Manko verrechnet werden. — (Seite 246—250.)

XXX. Vortrag über die rationelle Brotversorgung. — (Seite 254—264.)

Von der Tagesordnung wurde **abgesetzt**:

Aus den gemeinsamen Angelegenheiten aller Genossenschaften:

Ausschluß von Genossenschaften.

---

*) Abgedruckt S. 25 der vorliegenden „Mitteilungen" (Anmerkung).

IV.

Bericht

über die

Verhandlungen der Verbandsrevisoren

auf dem

45. Allgemeinen Genossenschaftstage in Breslau

am 24. August 1904.

Verbandsdirektor Justizrat **Wolski** (Allenstein) eröffnete als Vorsitzender die nach der Anwesenheitsliste von 73 Personen besuchte Versammlung um $2^1/_4$ Uhr; die Protokollführung übernahm Verbandsrevisor Seibert (Wiesbaden).

Die Tagesordnung lautete:

1. Die Giroverbindlichkeiten.
   Referent: Verbandsrevisor Soerensen (Berlin).
2. a) Die Verbuchung der Amortisations- und Abschreibungsquoten.
   b) § 49 des Genossenschaftsgesetzes.
   Referent: Verbandsrevisor E. Kuckuck (Meiningen).
3. Die kalkulatorische Nachprüfung der Bilanz durch den Aufsichtsrat.
   Referent: Verbandsrevisor Dr. Schneider (Potsdam).
4. Welche Erfahrungen haben die Verbandsrevisoren in bezug auf die Bestimmung des Zinsfußes für Spareinlagen bei den Baugenossenschaften gemacht?
   Referent: Verbandsrevisor Scheidt (Hannover).
5. Die bücherliche Behandluug empfangener Kautionen resp. deren Einstellung in die Bilanz.
   Referent: Verbandsrevisor K. Michelmann (Blankenburg a/H.).
6. Wie ist eine Bestimmung in einem Genossenschaftsstatut, daß auch bei Wahlen die einfache Stimmenmehrheit entscheiden soll, aufzufassen?
   Ist darunter eine absolute oder relative Stimmenmehrheit zu verstehen?
   Referent: Verbandsrevisor Redslob (Halle a/S.).

Punkt 1 der Tagesordnung.

Verbandsrevisor **Soerensen** (Berlin): Wie Sie wissen, hat sich die vorjährige Revisorenkonferenz schon mit der Frage beschäftigt, wie die Giroverbindlichkeiten bei der Beurteilung der Bilanz einer Genossenschaft zu berücksichtigen sind. Zur Feststellung einer übereinstimmenden Ansicht konnte es damals nicht kommen und es wurde die Vertagung des Punktes beschlossen, indem der Herr Anwalt zugleich mich als Referenten bat, bis zur heutigen Konferenz weiteres Material herbeizuschaffen. Ich muß leider gestehen, daß ich, soweit es sich um statistisches Material handelt, nichts zur Stelle habe, ich bin aber auch der Ansicht, daß ich mit Hilfe desselben kaum in der Lage sein würde, die heute von mir zu behandelnden Fragen zu beantworten. Mein Thema habe ich heute etwas allgemeiner gestellt, um Gelegenheit zu haben, auch andere dazugehörige Punkte zu behandeln.

Betrachten wir die genossenschaftliche Literatur, so finden wir, daß nirgends eingehende und abschließende Abhandlungen über unser Thema geschrieben sind. Aufsätze finden sich in den Genossenschaftsblättern an folgenden Stellen: Jahrgang 1890 S. 37, 1891 S. 289, 1896 S. 402, 1901 S. 306. Weiter ist über Giroverbindlichkeiten bisher in Wiesbaden (Mitteilungen S. 207), Hannover (Mitteilungen S. 421) verhandelt und ebenso auf den letztjährigen Unterverbandstagen.

Aber auch in der Bankliteratur habe ich, so weit sie mir zur Verfügung stand, kaum einige Anhaltspunkte entdecken können, die mir für mein Thema verwertbar erschienen. Als bekannt setze ich voraus, daß den deutschen Notenbanken besondere gesetzliche Vorschriften zur Veröffentlichung ihrer Giroverbindlichkeiten gegeben sind. § 8 des Notenbankgesetzes von 1875, letzter Absatz heißt: „Außerdem sind in beiden Veröffentlichungen (wöchentlich und jährlich) die aus weiterbegebenen, im Inlande zahlbaren Wechsel entsprungenen, eventuellen Verbindlichkeiten ersichtlich zu machen“. Wertvoll sind auch die Kommissionsverhandlungen zu diesem Paragraphen, aus denen ich das Folgende hervorheben will: „Im § 7 des Gesetzes ist den Notenbanken verboten, Wechsel zu akzeptieren“ und in der Kommission wurde beantragt, daß hinzugefügt würde „oder im Inlande zahlbare Wechsel weiter zu indossieren“. Dieser Antrag wurde damit begründet, daß, wenn schon Ursache vorhanden sei, den Notenbanken das Akzeptieren von Wechseln zu untersagen, ganz die gleichen Ursachen auch gegen das Indossieren sprächen. Ja, es würden die Verpflichtungen durch das Weitergeben von Wechseln, aus dem ein Bürgschaftsverhältnis vermöge des Indossaments entspränge, noch in viel ausgedehnterem und übersichtlicherem Maße erweitert, als durch die bloßen Akzepte, welche zum mindesten in den einzelnen Buchungsposten unter dem Soll figurieren.

Dieser Antrag wurde abgelehnt, jedoch zu § 8 der vorhingenannte Absatz beschlossen, um dem Gedanken des Antragstellers in einem

Sinne gerecht zu werden, der wegen der unübersehbaren, aus dem Indossament entspringenden Verpflichtungen überhaupt die Summe der der Bank obliegenden Verpflichtungen verdunkelt sieht.

Ich bin auch der Ansicht, daß bei einer Revision des Handelsgesetzbuches darauf hinzuwirken ist, daß ein Kaufmann bei Aufstellung seiner Bilanz die Giroverbindlichkeiten als Erläuterung zur Bilanz anzugeben hat, denn ohne Kenntnis derselben ist es ganz unmöglich, sich ein richtiges Bild von der Güte der Bilanz zu machen. Wer weiß, ob bei dem früheren Bestehen einer derartigen Bestimmung nicht der Zusammenbruch der Leipziger Bank vermieden worden wäre. Hätte diese ihre gewaltigen Giroverbindlichkeiten im Geschäftsbericht angegeben, so wäre man schon früher auf die wahre Lage der Bank aufmerksam geworden und es hätte sich vieles vermeiden lassen. In dem Prozesse der Leipziger Bank haben die Buchsachverständigen übereinstimmend erklärt, daß die Buchführung der Bank ordnungsmäßig gewesen sei; dem kann ich aber nicht beipflichten. Die Leipziger Bank wußte ganz genau, daß die von ihr in die Welt gesetzten Akzepte der Casseler Trebertrocknungsgesellschaft keine eventuellen Verpflichtungen mehr waren, sondern daß sie allein dafür aufzukommen hatte, während ihr Regreßrecht an die Trebergesellschaft in bezug auf Wert gleich Null war; sie mußte daher die ihr bereits bekannten Verluste aus den weitergegebenen Wechseln bei Aufstellung der Bilanz zu ihrem wahrscheinlichen Betrage bilanzmäßig zum Ausdruck bringen.

Betreffs der Literatur ist noch hinzuweisen auf die Broschüre von Veit Simon „Betrachtungen über Bilanzen und Geschäftsberichte der Aktienbanken aus Anlaß neuerer Vorgänge", in der er die verschiedenen eventuellen Verbindlichkeiten der Banken, wie Giroverbindlichkeiten, Bürgschaften, zweiseitige Rechtsgeschäfte, Garantieverpflichtungen und Konsortialbeteiligungen einer eingehenden Betrachtung unterzieht. Diese Broschüre ist aus Anlaß des 50jährigen Dienstjubiläums des Reichsbankpräsidenten Dr. Koch als Sonderausgabe der Festschrift der juristischen Gesellschaft erschienen. Für uns interessant ist darin auch, was er bezüglich des Allgemeinen Verbandes erwähnt. Er schreibt wörtlich: „Die Frage der Ausweisung der Giroverbindlichkeiten durch die Jahresberichte ist seit langem Gegenstand eifriger Erörterungen im Kreise der Kreditgenossenschaften. Diesen fehlt regelmäßig das eigene Kapital, um dem Kreditbedürfnis der Mitglieder in vollem Umfange entsprechen zu können, sind sie doch in erster Linie auf dem Personalkredit der Genossen aufgebaut. Der allgemeine Verband der auf Selbsthilfe beruhenden deutschen Erwerbs- und Wirtschaftsgenossenschaften verlangt, daß die Kreditgenossenschaften die Verbindlichkeiten aus weiter gegebenen Wechseln zwar nicht in ihren Bilanzen, wohl aber in den jährlichen Geschäftsberichten ihrem vollen Umfange nach ziffernmäßig hervorheben. Dies mit solchem Erfolge, daß der Verband in seiner Statistik über den Stand der einzelnen Genossenschaften am Jahresschlusse eine ständige Rubrik hat: »Giroverbindlichkeiten der Genossenschaft am Jahresschluß«. Die Rubrik ist zumeist ausgefüllt;

Stichproben durch Einsicht von Berichten solcher zum Verbande gehöriger Berliner Genossenschaften, bei denen die Rubrik nicht ausgefüllt war, ergaben, daß diese nach Inhalt des Geschäftsberichtes überhaupt keine Giroverbindlichkeiten am Jahresschlusse hatten." In einer Anmerkung fügt er dann hinzu: „Da nur einige Stichproben gemacht wurden, so lassen sich hieraus keine zu weitgehenden Schlüsse ziehen. Die nicht zum Verbande Berliner Kreditgenossenschaften gehörigen Vereine geben in ihren Jahresberichten die Giroverbindlichkeiten zumeist nicht an."

Es erscheint eigentlich überflüssig, hier unter Fachleuten eine Definition der Begriffe „Giroverbindlichkeiten" zu geben. Der Vollständigkeit halber will ich es aber doch tun, besonders da sich im einzelnen Meinungsverschiedenheiten ergeben könnten. Giroverbindlichkeiten sind also die Verbindlichkeiten des Weitergebenden eines Wechsels, im Nichtzahlungsfalle seinen Nachmännern für den richtigen Eingang aufzukommen. Schon wenn man fragt, ob bei zum Inkasso hinausgesandten Wechseln Giroverbindlichkeiten übrigbleiben, so stößt man auf verschiedene Ansichten; so vertritt Herr Fricke-Weimar in einem Aufsatz in den Genossenschaftsblättern die Ansicht, daß Inkassowechsel bei Aufführung der Giroverbindlichkeiten im Geschäftsbericht nicht zu berücksichtigen sind. Ich vermag aber einen Unterschied zwischen rediskontierten und Inkassowechseln in dieser Beziehung nicht zu finden, wobei ich freilich annehme, daß auch Inkassowechsel bei Ausgang sofort über Wechselkonto ausgebucht werden. Wenn dies aber geschieht, so liegen die betreffenden Inkassowechsel nicht mehr im Wechselbestande, und wenn sie unter den Giroverbindlichkeiten auch nicht aufgeführt werden, so werden die Verbindlichkeiten aus diesen Inkassowechseln nirgends mitgezählt und doch bestehen sie unzweifelhaft noch.

Auf der letzten Revisorenkonferenz entstand auch die Frage, ob die Verbindlichkeiten aus Prima-Bankdiskonten, die zum Jahresschluß zur Beschaffung von Betriebsmitteln rediskontiert sind, unter den Giroverbindlichkeiten aufzuführen sind. Ganz zweifellos müssen sie mitgezählt werden, denn auch eine Prima-Bank kann zahlungsunfähig werden. Es steht jedoch jeder Genossenschaft frei, ihre Primadiskonten und Geschäftswechsel als Giroverbindlichkeiten im Geschäftsbericht getrennt aufzuführen. Dies wird sich besonders dann empfehlen, wenn eine Genossenschaft gewerbsmäßig für ihre Kundschaft Primadiskonten ankauft, und dann nnter Umständen sich recht große Summen ergeben würden.

Ich nehme an, daß Genossenschaften, die viel rediskontieren, ein Obligobuch führen, aus dem sie jederzeit die Höhe der laufenden Giroverbindlichkeiten erkennen können. In dies Buch werden alle weiterdiskontierten Wechsel eingetragen und nach Verfall gelöscht. Die Genossenschaft erhält nun gewöhnlich keine Nachricht, ob ein Wechsel bezahlt ist, sondern nur dann, wenn er unbezahlt geblieben ist. Es bleibt nun doch zweifelhaft, wann die Löschung vorgenommen werden soll, ob am Verfalltage, am Tage des vermutlichen Eintreffens der

Anzeige oder nach Ablauf der gesetzlichen Verjährungsfrist von drei Monaten. Erst nach Ablauf der letztgenannten Frist sind die Regreßansprüche der Nachmänner an die Genossenschaft zu Ende. Mit anderen Worten: die Angaben der Genossenschaften über ihre Giroverbindlichkeiten können auf absolute Zuverlässigkeit keinen Anspruch machen; sie wird sie entweder zu hoch oder zu niedrig angeben. Meines Erachtens wird man gut tun, in der Regel den Fälligkeitstag als den Löschungstag anzusehen.

Auf den letztjährigen Unterverbandstagen ist man übereingekommen, daß es nicht richtig ist, die Giroverbindlichkeiten in der Bilanz selbst aufzuführen, sondern nur als Erläuterung zur Bilanz im Geschäftsbericht. Bezeichnend ist nun, daß die deutschen Notenbanken trotz der gesetzlichen Vorschrift ihre Giroverbindlichkeiten nur auf einer Seite der Bilanz vor der Linie angeben, mithin also zweifellos die Giroverbindlichkeiten nicht in das System der doppelten Buchführung hineingezwängt haben. Andererseits ist aber in der vorhin von mir angezogenen Broschüre von Simon konstatiert, daß die englischen Banken das Giroobligo ihrem vollen Umfange nach in der Passivseite und die Gegenforderungen an die Vormänner mit dem gleichen Betrage in der Aktivseite aufführen. Für die Empfehlung dieser Buchungsart bei unseren Genossenschaften scheint mir jedoch kein Grund vorzuliegen.

Ich komme nun zu der für uns wichtigsten Frage, die uns auf dem letzten Verbandstage beschäftigte und die sich um die Einwirkung der Giroverbindlichkeiten auf das Verhältnis der Reserven zum Betriebskapital und des eigenen Vermögens zum fremden drehte. Sie wissen, daß ich damals für volle Berücksichtigung der Giroverbindlichkeiten eintrat. Auch heute stehe ich noch auf demselben Standpunkt, wenn ich auch geneigt bin, eine kleine Bedingung hinzuzusetzen, auf die ich noch später zurückkommen werde. Beschäftigen wir uns zunächst mit den Reserven.

In Kreuznach ist beschlossen worden, daß statutarisch die Reserven bis zu 10% des Betriebskapitals angesammelt werden sollen. Eine normal entwickelte und gut geleitete Kreditgenossenschaft wird man aber in der Praxis schon als gut fundiert betrachten können, wenn dies Verhältnis 5% beträgt. Wie in den damaligen Verhandlungen zum Ausdruck kam, soll als Betriebskapital eine Seite der Bilanz angesehen werden. Der damalige Referent ging von der Erwägung aus, daß das in dem Betriebskapital liegende Risiko bei Bemessung des Verhältnisses getroffen werden sollte. Dieser Grundsatz ist zweifellos als richtig anzuerkennen, nur will ich als Betriebskapital etwas anderes angesehen haben, als was damals in der Verhandlung festgestellt wurde, nämlich die eine Seite der Bilanz. Als Betriebskapital betrachte ich vielmehr das ganze werbende Kapital der Genossenschaft und das setzt sich zusammen aus der einen Seite der Bilanz plus Summe der Giroverbindlichkeiten. In dem werbenden Kapital liegt nun aber das Gesamtrisiko der Genossenschaft, denn in bezug auf

Risiko ist zwischen den im Bestande liegenden und den weitergegebenen, noch nicht fälligen Wechseln kein Unterschied zu finden.

Wie falsch es wäre, nur eine Seite der Bilanz als Betriebskapital anzusehen und wie gegenstandslos die statutarische Festsetzung der Reservenhöhe sein würde, mag ein Beispiel näher beleuchten. Angenommen eine Genossenschaft, die 100 000 Mark eigenes Vermögen hat, besitzt absichtlich oder auch unabsichtlich kein fremdes, angeliehenes Kapital, sondern beschafft sich die erforderlichen Betriebsmittel durch Weiterdiskontierung von Wechseln, von denen 300 000 Mark laufen sollen. Stellen wir dieser eine andere Genossenschaft mit demselben eigenen Vermögen gegenüber, die an Spareinlagen 300 000 Mark angesammelt hat, und keine Giroverbindlichkeiten besitzt, so müßte nach dem Statut die erste Genossenschaft 10% vom Betriebskapital gleich 10 000 Mark Reserven, die zweite dagegen 40 000 Mark ansammeln, trotzdem doch bei beiden Genossenschaften in bezug auf werbendes Kapital und auf Geschäftsrisiko durchaus kein Unterschied vorhanden ist. Dies Beispiel wird am klarsten meine Behauptung unterstützen.

Was soll man nun als Betriebskapital ansehen bei der Berechnung des Verhältnisses zwischen dem eigenen und dem fremden Vermögen? Ich glaube, meine Herren, das kann nach dem soeben Ausgeführten nicht mehr zweifelhaft sein. Wenn ich dies Verhältnis berechnen will, so will ich sehen, ob das eigene Vermögen dem Geschäftsumfang gegenüber ausreichend ist, ob dem in dem werbenden Kapital, also eine Seite der Bilanz-Giroverbindlichkeiten, ausgedrückten Gesamtrisiko ein genügendes, eigenes Vermögen gegenübersteht. Ich muß also als Betriebskapital dasselbe ansehen wie vorhin.

Eine kleine Einschränkung will ich machen. Schon vorhin erwähnte ich, daß sich einige Genossenschaften mit dem kommissionsweisen An- und Verkauf von Primadiskonten beschäftigen. Es ist ohne weiteres zuzugeben, daß das Risiko aus diesen Giroverbindlichkeiten nur ein ungemein geringes ist, und daß unter Umständen hier recht große Giroverbindlichkeiten zum Ausdruck kommen müßten. Wenn ich nun heute einen Antrag stellen könnte, so würde ich ihn folgendermaßen formulieren:

„Bei der Berechnung des Verhältnisses
1. der Reserven zum Betriebskapital,
2. des eigenen Vermögens zum fremden
sind die Giroverbindlichkeiten den fremden Geldern hinzuzurechnen. Verbindlichkeiten aus Primadiskonten bedürfen hierbei einer besonderen Behandlung."

Man kann mir nun nicht entgegenhalten, daß gerade bei Aufstellung der Bilanz am Jahresschlusse die Giroverbindlichkeiten am höchsten sein werden, denn ich will doch gerade sehen, ob auch dann, wenn der Status am angespanntesten ist, die Genossenschaft genügend eigenes Kapital für ihren Geschäftsumfang aufweist. Mir liegt ja nichts daran, die Lage der Genossenschaft zu erkennen, wenn sie am wenigsten Giroverbindlichkeiten besitzt, und es wäre nicht richtig, die

Durchschnittsverbindlichkeiten des ganzen Jahres zu eruieren, sondern es kommt einfach auf die Höhe der Giroverbindlichkeiten bei Aufstellung der Bilanz an.

Ich lege auch kein Gewicht darauf, ob eine gewisse Höhe der Giroverbindlichkeiten dauernd vorhanden ist, oder nur vorübergehend. Mit andern Worten, ich will bei jeder Prüfung einer aufgestellten Bilanz die Giroverbindlichkeiten dem Betriebskapital hinzugerechnet haben.

Was würde nun die Folge sein, wenn man meine soeben geäußerte Ansicht als die richtige anerkennen will? Würden z. B. die Giroverbindlichkeiten den fremden Anleihen und Spareinlagen nach § 49 Abs. 1 Gen.-Ges. hinzuzurechnen sein? Ich gebe meine Antwort einfach dahin ab, daß der Wortlaut des Paragraphen dazu keine Handhabe bietet, daß die Absicht des Gesetzgebers aber nur dann erreicht wird, wenn man dem Betriebskapital die Giroverbindlichkeiten hinzuzählt. Mein vorheriges Beispiel mit der Genossenschaft ohne Spareinlagen wird dies am besten beleuchten. Diese Genossenschaft hat keine fremden Gelder und beschafft sich 300000 Mark Betriebskapital durch Weiterdiskontieren von Wechseln. Um nun zu verhüten, daß die Beschaffung derartiger Betriebsmittel eine ungesunde Höhe im Verhältnis zum eigenen Kapital erreicht, soll der Generalversammlung das Recht eingeräumt werden, die Begrenzung mitzubestimmen. Da diese Genossenschaft angeliehene Gelder überhaupt nicht besitzt, wäre bei dieser Genossenschaft also der § 49 Abs. 1 vollkommen illusorisch, wollte man die Giroverbindlichkeiten nicht berücksichtigen.

Zum Schlusse, meine Herren, will ich noch einmal kurz resümieren, welche Fragen ich in meinem Thema berührt habe. Mir liegt daran festgestellt zu sehen:

1. was sind Giroverbindlichkeiten?
2. wann sind sie in der „Liste der Giroverbindlichkeiten" als gelöscht zu betrachten?
3. wie sind sie buchmäßig zu behandeln?
4. wie wirken die Giroverbindlichkeiten auf die Beurteilung der Bonität einer Bilanz?
5. wie sind sie in bezug auf § 49 Abs. 1 Gen.-Ges. zu behandeln?

Weiter käme noch in Betracht, ob gemäß § 23 des Preußischen Gewerbesteuergesetzes die Giroverbindlichkeiten als Anlage- und Betriebskapital anzusehen sind und weiter welche Wirkung sie auf das Liquiditätsverhältnis einer Bilanz ausüben.

Ich nehme an, daß mir die Debatte Gelegenheit geben wird auf die beiden letzten Punkte näher einzugehen.

Direktor **Thorwart** (Frankfurt a/M.): Der Umstand, daß dieser Gegenstand bereits zum dritten Male innerhalb der Revisoren-Konferenz behandelt werde, zeige, wie vielgestaltig derselbe sei; und wie sehr die Ansichten divergieren, ersehe man aus der Literatur; zu einem Beschlusse werde man deshalb auch heute kaum kommen. In England sei durch das Herkommen üblich und in Frankreich gesetzlich bestimmt, daß die Giroverbindlichkeiten in den Bilanzen anzugeben seien. Dies habe aber weder in England noch in Frankreich, wo diese Bestimmung als Formalität angesehen werde, verhindert, daß große Bankbrüche vorgekommen seien, wobei die Verluste aus weiter gegebenen Wechseln die erheblichste Rolle gespielt haben. Die englischen Bilanzen enthielten zwar die Giroverbindlichkeiten, seien aber sonst unvollständig oder unklar und ließen nicht erkennen, ob die Verhältnisse der Banken gesund sind. In unserem Notenbankengesetz habe man die deutschen Notenbanken gezwungen, die Giroverbindlichkeiten in den Wochenausweisen anzugeben; da aber die Notenbanken Wechsel nur mit vierzehntägiger Laufzeit weiter diskontieren dürfen, so sind ihre Giroverbindlichkeiten auf diese Zeit beschränkt.

Was das Weiterbegeben von Inkassowechseln betreffe, so enthalte dasselbe natürlich bis zu deren Eingang eine Verbindlichkeit. Nehme aber ein Verein von seinen Mitgliedern nur Wechsel zum Inkasso an und führe die Giroverbindlichkeiten daraus an, so werde dies, falls die Verbindlichkeiten groß sind, leicht einen falschen Eindruck machen, während tatsächlich das Risiko nur gering sei.

Die Löschung der Giroverbindlichkeiten am Tage der Fälligkeit der Wechsel vorzunehmen, sei nicht angängig, da man nicht wisse, ob sie schon Eingang gefunden haben; es müsse vielmehr eine angemessene Frist, etwa 5—8 Tage, zugesetzt werden.

Bei der Frage, ob die Giroverbindlichkeiten bei Berechnung des Verhältnisses der Reserven zum Betriebskapital dem fremden Kapital hinzuzurechnen seien, müsse man berücksichtigen, daß Giroverbindlichkeiten und hereingenommene fremde Mittel doch ganz verschiedene Dinge seien. Mit dem Weiterbegeben von Wechseln verschaffe man sich in den allermeisten Fällen kein dauerndes Betriebskapital, sondern nur vorübergehend, in größerem oder kleinerem Umfange; die Spareinlagen usw. aber bildeten ein gleichmäßiges, meist sogar wachsendes Betriebskapital. Je höher diese fremden Kapitalien steigen, desto geringer sollten natürlich die Giroverbindlichkeiten werden, weil man entsprechend weniger nötig haben sollte, frühere Anlagen wieder flüssig zu machen. Die Giroverbindlichkeiten seien meist dann am größten, wenn momentan der Geldbedarf am größten sei, z. B. zur Zeit der Ernte. Zu derselben Zeit seien natürlich aber die Spareinlagen am kleinsten, weil dann eben die Spareinleger ihr Geld zurückziehen. Ebenso seien zum Jahresschluß bekanntlich die Ansprüche an Kreditinstitute am bedeutendsten und die Giroverbindlichkeiten infolgedessen ebenfalls; ein richtiges Bild von der Lage eines Kreditinstituts gewinne man aber nicht aus der Bilanz zum Jahresschluß, sondern aus dem Durchschnitt der im Laufe des Jahres gezogenen Monats-Bilanzen und dem Durchschnitt der Giroverbindlichkeiten. Auf Grund solcher Durchschnittsberechnungen lasse sich eher eine Formel finden für die Berechnung des Verhältnisses der Reserven zu den fremden Betriebsmitteln.

Solange wir nicht über alle Punkte völlig klar seien, könnten einzelne Grundsätze nicht festgelegt werden; jedenfalls aber erhalte man von der Lage einer Kreditgenossenschaft kein klares Bild, wenn die Giroverbindlichkeiten ohne Erläuterungen und ohne Scheidung, z. B. Primadiskonten, weitergegebene Warenwechsel, zum Inkasso gegebene Wechsel u. a., bleiben.

Direktor **Wiglow** (Wittenberge): In Kreuznach habe er den Standpunkt vertreten, den auch die Anwaltschaft bisher immer eingenommen habe, daß als Betriebskapital nur das wirklich hereingenommene Geld (Geschäftsanteil, Reserven und fremde Gelder, Spareinlagen rc.) anzusehen sei und diesen Standpunkt nehme er heute noch ein. Zwischen diesem Geld und den Giroverbindlichkeiten bestehe doch ein großer Unterschied: jenes müsse unter allen Umständen zurückbezahlt werden, während für die Verbindlichkeiten aus weiterbegebenen Wechseln die Genossenschaft nur eventuell aufzukommen habe; diese Giroverbindlichkeiten hätten mehr bürgschaftsartigen Charakter. Die Kreuznacher Empfehlung, die Reserven auf mindestens 10% des Betriebskapitals anzusammeln, gehe schon sehr weit und er müsse davor warnen, in dieses Betriebskapital bei Feststellung des Maßstabes für die Reservefondshöhe die aus dem Wechselgiro entspringenden Bürgschaftsverpflichtungen einzubeziehen und dadurch jetzt, nachdem erst zwei Jahre seit dem Kreuznacher Beschluß vergangen, schon wieder eine neue, noch schwerer zu erreichende Minimalhöhe des Reservefonds aufzustellen.

Vorsitzender Verbandsdirektor Justizrat **Wolski** (Allenstein) vertrat die Ansicht daß aus dem Weitergeben von Inkassowechseln unbedingt *keine* Verbindlichkeiten entständen. Die Genossenschaft habe dem Einreicher dafür kein Geld gegeben und wenn der Wechsel unbezahlt bleibe, dann gibt sie ihn einfach zurück.

Die Frage, ob Giroverbindlichkeiten als Betriebskapital anzusehen seien, lasse sich nicht schablonenmäßig behandeln. Manche Vereine müßten im Laufe des Jahres Wechsel diskontieren, hätten aber am Jahresschluß keine Giroverbindlichkeiten; andere Vereine diskontierten im Laufe des Jahres nicht, sondern erst gegen Jahresschluß. Bei ersteren erschienen im Geschäftsbericht keine Giroverbindlichkeiten, während letztere vielleicht große Summen anführen müßten und doch könnten erstere während des Jahres weit mehr Wechsel weiterbegeben haben als letztere. Den Ausführungen des Herrn *Thorwart*, daß der Durchschnittsstand der Giroverbindlichkeiten in dem Geschäftsjahre als Maßstab zu gelten habe, müsse er deshalb beipflichten.

Wenn sich aber Vereine mit dem Weiterdiskontieren von Wechseln *dauernd* Betriebskapital verschaffen, dann müßten die Giroverbindlichkeiten unbedingt dem fremden Betriebskapital zugerechnet werden.

Direktor **Stüben** (Berlin): Die Löschung der Verbindlichkeiten könne erst dann erfolgen, wenn man erfahrungsgemäß annehmen könne, daß die Wechsel eingegangen seien. Die der Reichsbank übergebenen Wechsel könnten, wenn sie am dritten Tage nicht zurückgekommen seien, als eingegangen betrachtet werden; bei anderen Bankinstituten seien 5—6 Tage vorzusehen.

Verbandsrevisor **Seibert** (Wiesbaden): Darüber, daß die Giroverbindlichkeiten in den Geschäftsberichten anzuführen seien, wären wir alle einig, wie auch kein Zweifel bestehe, daß das Risiko für die Genossenschaft je nach der Art der Wechsel ein verschiedenes sei. Es scheine ihm deshalb das Richtige zu sein, in den Geschäftsberichten die Giroverbindlichkeiten mit entsprechenden Erläuterungen zu versehen, d. h. anzugeben, wieviel davon auf Ia Bankdiskonten, auf Geschäfts- und auf Inkassowechsel entfällt, den Jahresdurchschnitt beizufügen und nötigenfalls noch weitere Angaben zu machen.

Anwalt **Dr. Crüger**: Die Anschauungen betreffs der Giroverbindlichkeiten seien heute schon etwas andere als vor Jahren. Heute werde man kaum sagen, daß die Giroverpflichtungen nicht zu den Verbindlichkeiten der Kreditgenossenschaften gehören; die Genossenschaften arbeiteten eben in ganz anderem Umfange wie früher mit Wechseln. Wenn wir heute auch die Ausstände alle kennen, so wüßten wir damit doch noch nicht Bescheid über die Verhältnisse einer Genossenschaft.

Daß gerade der Allgemeine Verband die Frage der Giroverbindlichkeiten verfolge, werde von berufener Seite anerkannt

Von verschiedenen Seiten sei hervorgehoben worden, daß die Giroverbindlichkeiten nicht gleichmäßig behandelt werden dürften; man werde 3 Kategorien zu unterscheiden haben, nämlich Giroverbindlichkeiten aus

1. Inkassowechseln;
2. Wechseln, welche die Geldanlangen betreffen (Ia Bankdiskonten);
3. Wechseln, welche die Geldbeschaffung betreffen.

Die Giroverbindlichkeiten aus den beiden ersten Kategorien seien jedenfalls nicht dem Betriebskapital zuzurechnen und nicht in Rechnung zu bringen bei dem Verhältnis der Reserven zum Betriebskapital. Entscheidend seien die Giroverpflichtungen aus den Wechseln der dritten Kategorie, aber auch diese seien nicht gleichmäßig zu behandeln. Wo Vereine nur vorübergehend bei momentanem Geldmangel diese Wechsel weitergeben, seien sie dem Betriebskapital nicht zuzurechnen, aber es seien nicht ohne weiteres auszuschalten die Wechsel von Vereinen, welche, um den Saisonkredit zu befriedigen, zu Geld gemacht würden. Hier konzentriere sich zwar die Geldbeschaffung auf einen Zeitraum von 4—5 Monaten, allein das sei ebenso aufzufassen wie ein in dieser Zeit in Anspruch genommener Bankkredit.

Wo sich aber durch Vergleichung der Geschäftsberichte mehrerer Jahre zeige, daß mit dem Weiterdiskontieren von Wechseln dauernd Geld beschafft werde, da könne kein Zweifel bestehen, daß die Giroverbindlichkeiten als Betriebskapital aufzufassen und die Reserven danach zu berechnen seien.

Wenn wir von Geschäftswechseln sprechen, so sei aber dabei zu berücksichtigen, daß sich darunter häufiger auch Prolongationswechsel befänden, welche wieder anders zu betrachten seien als wirkliche Geschäftswechsel, die bei Verfall eingelöst werden.

Die Frage sei nun, ob die Einteilung der Wechsel in die bezeichneten 3 Kategorien gutgeheißen werde; bejahenden Falles könnten wir heute schon beschließen, den Genossenschaften zu empfehlen, die Giroverbindlichkeiten nach den drei Richtungen hin anzugeben, aber nicht in der Bilanz sondern im Geschäftsbericht, da für die Anführung in der Bilanz das Gesetz keine Handhabe biete. Aber auch wenn wir heute zu keinem definitiven Beschluß kämen, sei die Frage doch wesentlich geklärt worden und dies sei ja der Zweck unserer Besprechungen.

Direktor **Thorwart** (Frankfurt a/M.): Er habe stets gefordert und fordere heute noch, daß die Giroverbindlichkeiten am Jahresschluß angegeben würden, aber nicht in der Bilanz, sondern im Geschäftsbericht. In der sehr wichtigen Frage, ob dieselben in die Grenze nach § 49b des Genossenschaftsgesetzes einzubeziehen seien, schließe er sich den Ausführungen der Herren Justizrat Wolski und Dr. Crüger an.

Verbandsrevisor **Dörr** (Friedberg): Die von Herrn Seibert geäußerte Empfehlung, in den Geschäftsberichten die Giroverbindlichkeiten mit entsprechenden Erläuterungen zu versehen, halte er für richtig. Darüber, daß bei Vereinen, welche sich aus dem Weiterbegeben von Wechseln dauernd Betriebskapital verschaffen, die Giroverbindlichkeiten dem Betriebskapital hinzuzurechnen seien, sei auch er nicht im Zweifel.

Direktor **Dr. Meißner** (Berlin): Die Einteilung der Wechsel in drei Kategorien wie sie Herr Anwalt Dr. Crüger vorgeschlagen habe, leuchte ihm nicht ganz ein. Bei Weitergeben von Inkassowechseln könne man doch von Giroverpflichtungen der Genossenschaften nicht reden. Solche Wechsel würden dem Einreicher nicht gutgeschrieben bezw. er könne erst nach Eingang darüber verfügen; gebe man dieselben weiter, dann trete an die Stelle der Wechsel einfach eine Forderung aus dem Inkassoauftrag. Er glaube im übrigen, daß die Sache wohl geklärt sei: wir müßten darauf bestehen, daß sich der Umfang der Giroverbindlichkeiten aus dem Geschäftsbericht übersehen lasse. Zum Beweise, wie wichtig das sei, wolle er ein Beispiel aus seiner Praxis anführen: eine Genossenschaft mit zirka 80 000 Mark Vermögen habe bei seiner Bank Wechsel diskontiert, habe aber auch, wie er zufällig erfahren, einen hohen Diskontkredit bei der Reichsbank; jetzt, wo seine Bank dies wisse, betrachte sie natürlich diese Genossenschaft mit ganz anderen Augen.

Aber auch die Unterscheidung zwischen Ia Bankdiskonten und Geschäftswechseln könne er nicht empfehlen, da, wie das Beispiel der Leipziger Bank zeige, auch hier ein Risiko nicht ausgeschlossen sei.

Verbandsrevisor **Dr. Schneider** (Potsdam): Früher hätten einige Vereine die begebenen Wechsel in der Bilanz als Aktivum aufgeführt und die Giroverpflichtungen daraus als Passivum. Dies sei nicht dem Handelsgesetzbuch entsprechend. Die Spalte „Giroverbindlichkeiten" in der Tabelle der Anwaltschaft sei sehr alt und seinerzeit von Schulze-Delitzsch lediglich aufgenommen worden, um zu sehen, wie weit Vereine sich aus Wechseln Betriebskapital verschaffen. Inzwischen sei die Tabelle wesentlich erweitert worden, in dieser Beziehung aber sei es beim Alten geblieben. Herr Direktor **Thorwart** habe bereits darauf hingewiesen, daß der Stand der Giroverbindlichkeiten im Laufe des Jahres sehr verschieden sei; es erscheine deshalb wünschenswert, daß da, wo Vierteljahrsbilanzen aufgestellt werden, auch die Giroverbindlichkeiten festgestellt würden und die Durchschnittssumme in die Tabelle aufgenommen werde. Dann könne man eher beurteilen, ob der oder jener Verein vielleicht zu weit gehe. Übrigens gäben auch Bilanz und Geschäftsübersicht einen Anhalt für den Stand der Giroverbindlichkeiten: wo ein großer Wechselumsatz stattfinde, die Bilanz aber nur geringen Wechselbestand ausweise, könne man auf größere Giroverbindlichkeiten schließen. Jedenfalls aber ließen sich aus der Angabe des Durchschnittsstandes der Giroverbindlichkeiten zuverlässigere Schlüsse ziehen.

Direktor **Stüben** (Berlin) erklärte, daß auch seiner Meinung nach das Weitergeben von Inkassowechseln die Genossenschaften nicht mit Verpflichtungen belaste.

Direktor **Jäger** (Berlin) konnte einer Erweiterung des Jahrbuchs dahin, daß auch der Durchschnittsstand der Giroverpflichtungen angegeben werde, nicht beipflichten. Das Jahrbuch sei groß genug und in der Spalte „Giroverbindlichkeiten" seien heute noch sehr viele Fragezeichen zu finden; werde eine weitere Spalte eingefügt, dann gäbe es solcher Fragezeichen noch mehr.

Vorsitzender Verbandsdirektor Justizrat **Wolski** (Allenstein) faßte das Ergebnis der Besprechung dahin zusammen:

1. Die Giroverbindlichkeiten aus Inkassowechseln sind den Betriebsmitteln nicht zuzurechnen;
2. das Weiterbegeben von Ia. Bankdiskonten enthält für die Genossenschaften in der Regel kein Obligo, kann aber solches herbeiführen und ist deshalb unter die Giroverbindlichkeiten einzurechnen;
3. weitergegebene Geschäftswechsel sind in die Giroverbindlichkeiten einzubeziehen. Wird dadurch dauerndes Betriebskapital beschafft, so sind die daraus bestehenden Giroverbindlichkeiten als Betriebskapital aufzufassen und als solches bei Berechnung des Verhältnisses der Reserven zum Betriebskapital in Ansatz zu bringen;
4. die Giroverbindlichkeiten sind nicht in der Bilanz, sondern im Geschäftsbericht anzuführen und mit entsprechenden Erläuterungen zu versehen;
5. Giroverbindlichkeiten sind zu löschen, wenn sie als erledigt zu betrachten sind, d. h. nach einer Frist von ungefähr 3—6 Tagen.

Hiernach habe jede Genossenschaft zu beurteilen, was sie veröffentlichen solle.

Punkt 2a der Tagesordnung.

Verbandsrevisor **Kuckuck** (Meiningen): Die Anregung zu der Besprechung dieses Themas ist darauf zurückzuführen, daß im vergangenen Jahre auf dem Allgemeinen Genossenschaftstage in Danzig bei der Behandlung eines Antrages in den Verhandlungen der Baugenossenschaften über die Amortisation von Hypotheken verschiedene Auffassungen über die Art der Verbuchung der Amortisationen und der Abschreibungsquoten zutage traten.

Der Unterschied in der Buchungsweise ist folgender:

1. Es werden die Abschreibungs- und Amortisationsquoten von den betreffenden Aktiv- bezw. Passivkonten abgezogen und die Beträge abzüglich der vorgenommenen Abschreibungen und Amortisationen eingesetzt.

2. Das Grundstücks- und Hypothekenkonto bleibt in der ursprünglichen Buchhöhe bestehen, und die Abschreibungen und Amortisationen werden als besondere Konten in die Bilanz eingestellt. Es würde danach für die Amortisation der Hypotheken in den Aktiven ein Amortisationskonto und für die Abschreibungen an dem Grundstücks- und Gebäudekonto in den Passiven ein Abschreibungskonto zu bilden sein.

Herr Kollege Scheidt (Hannover) neigt der letzteren Buchung zu, und nach eingehender Überlegung hat dieselbe auch für die Amortisation von Hypotheken etwas für sich, wenn, wie es allgemein üblich ist, die amortisierten Beträge nicht im Grundbuche gelöscht werden. Es kommt dann in den Passiven der ganze Betrag der auf den Grundstücken eingetragenen Hypotheken zum Ausdruck, während in den Aktiven der Umfang der amortisierten Beträge ersichtlich ist. Dieses Verfahren würde zu empfehlen sein, wenn man von dem Standpunkte ausgeht, daß die Genossenschaft für alle auf den Grundstücken ruhenden Hypotheken voll aufzukommen hat, selbst wenn von den Hypothekengläubigern vielleicht in unredlicher Absicht über die amortisierten Beträge, welche als Eigentümerhypothek auf sie übergegangen sind, weiterverfügt worden ist. Von diesem Gesichtspunkte aus würde es allerdings zweckmäßig sein, in der Bilanz zum Ausdruck zu bringen, wieviel Hypothekenverpflichtungen die Genossenschaft besitzt. Ich bin aber der Ansicht, daß die bezeichnete Gefahr doch sehr gering ist, namentlich deshalb, weil im Grundbuch die näheren Amortisationsbedingungen eingetragen sind und es deshalb zweifelhaft erscheint, ob nicht auch ohne besonderen Eintrag im Grundbuche die Verminderung der Hypothek um die amortisierten Beträge von selbst eintritt. Mag jedoch diese Rechtsfrage so oder so zu beantworten sein, es ist immer zu berücksichtigen, daß die Amortisationshypotheken bei den hier in Frage kommenden Genossenschaften meist bei Instituten aufgenommen sind, z. B. bei den Landesversicherungsanstalten, bei denen die bezeichnete Gefahr so gut wie ausgeschlossen ist.

Es würde danach die aufgeworfene Frage lediglich als eine solche der Zweckmäßigkeit zu behandeln sein. Darüber dürfte wohl die Versammlung einer Meinung sein, daß freiwillige Abzahlungen auf eine Hypothek von dem Konto der letzteren abzusetzen sind. Wenn eine Genossenschaft auf den ihr gehörenden Grundstücken, z. B. dem Bankgebäude, eine Hypothek, sagen wir von 50000 Mark hat und trägt davon 25000 Mark ab, so wird sie das Hypothekenkonto mit 25000 Mark Resthypothek aufführen, auch wenn der abgezahlte Betrag noch nicht im Grundbuche gelöscht ist. Zu empfehlen wird allerdings in diesen Fällen aus den dargelegten Gründen die Löschung sein.

Behandelt man aber diese Abzahlungen in der beschriebenen Weise, so ist nicht zu ersehen, weshalb die nach einem bestimmten Plane erfolgenden Abzahlungen nicht ebenso gebucht werden sollen. Man erspart dadurch ein Konto, das Amortisationskonto, und vereinfacht die Bilanz, indem die Schulden nach ihrem wirklichen Stande eingestellt werden.

Was nun die Abschreibungen an den Grundstücken anlangt, so hat Herr Kollege Scheidt seinen Standpunkt damit begründet, daß es in § 261 Ziff. 3 des Handelsgesetzbuches für zulässig erklärt wird, die Grundstücke zum Herstellungs- bezw. Anschaffungswert einzustellen, wenn für die entstandene Wertverminderung ein Erneuerungsfonds gebildet wird. Diese Bestimmung ist für Aktiengesellschaften gegeben. Für die Genossenschaften bestehen besondere Vorschriften zur Aufstellung der Bilanz nicht, sondern es ist nur in § 7 Ziff. 2 G.G. bestimmt, daß das Genossenschaftsstatut die Grundsätze für die Aufstellung der Bilanz enthalten soll. Merkwürdigerweise sind die mir bekannten Statuten von Baugenossenschaften gerade in diesem Punkte oft lückenhaft, und auch in dem Musterstatut, welches in dem Handbuche für Baugenossenschaften von Wohlgemuth und Schneider enthalten ist, befindet sich nur die Bestimmung, daß die unverkauften Grundstücke zum Herstellungswert, jedoch nicht höher wie zu dem wahren, jederzeit realisierbaren Werte einzustellen sind. In dem Musterstatut für Kreditgenossenschaften befindet sich in § 61 die Vorschrift, daß die Immobilien und Mobilien nach Abschreibung der erforderlichen Abnutzungsprozente in die Bilanz einzustellen sind. Diese Bestimmung ist auch vielfach in die Statuten der Kreditgenossenschaften übergegangen, und es ergibt sich für diese Genossenschaften unzweifelhaft, daß die Abschreibungen von dem Konto abzusetzen sind. In erster Linie müssen sich die Genossenschaften nach den Bestimmungen des Statuts richten, es ist aber jedenfalls wünschenswert, wenn in das Statut gleichmäßig Bestimmungen aufgenommen werden, welche allgemein als zweckmäßig anerkannt worden sind. Die Revisorenkonferenz erscheint als Vertretung von Fachleuten besonders berufen, bestimmte Grundsätze hierfür aufzustellen.

Der Ausschuß, welcher auf Veranlassung des preußischen Ministers der öffentlichen Arbeiten im Jahre 1902 eingesetzt worden war zur Beratung von Grundsätzen für die Bilanzen und das Rechnungswesen von Baugenossenschaften, dem m. W. auch Herr Dr. Schneider angehört hat, hat es für zweckmäßiger erklärt, die Abschreibungen von dem Grundstücks- und Gebäudekonto zu kürzen. Auch ich stehe auf diesem Standpunkte, weil erstens die Buchungsform eine einfachere ist und zweitens die Bilanz den wirklichen Buchwert der Grundstücke klarer zum Ausdruck bringt. Ein in den Passiven erscheinender Erneuerungsfonds kann zu der irrtümlichen Auffassung führen, als ob es sich hier um einen besonderen Fonds handelt, welcher neben den Abschreibungen angesammelt worden ist. Es liegt auch die Gefahr nahe, daß dieser Fonds gelegentlich zu anderen Zwecken verwendet und dadurch seinem eigentlichen Zweck entzogen wird.

Ich bitte die anwesenden Herren, sich über den Punkt auszusprechen, damit wir möglichst zu einer einheitlichen Behandlung desselben kommen.

Verbandsdirektor Justizrat **Dr. Harnier** (Cassel): Amortisation und Abschreibung seien, wie der Herr Referent zutreffend ausgeführt hat, als ganz verschiedene Dinge streng auseinander zu halten. Die abgezahlten Beträge, bezüglich deren die Löschung im Grundbuch vorzunehmen sei, hätten in der Bilanz nichts mehr zu schaffen, da weder eine Hypothek noch eine Forderung bestehe, denn nach dem B.G.B. gehe durch Zahlung die Hypothek als solche zwar nicht unter, wohl aber alsbald und ohne einen besonderen Abtretungsmodus auf den zahlenden Schuldner über. Diesem stehe sie als „Eigentümer-Grundschuld" zu. Der bloße im Grundbuch noch verhandene Eintrag der Hypothek auf den Namen des Gläubigers sei also ohne Bedeutung, da ein Recht desselben nicht mehr bestehe.

Verbandsrevisor **Seibert** (Wiesbaden): Für die Beurteilung der Bilanz sei es wertvoll zu wissen, wie hoch sich die Gesamtabschreibungen beliefen. Diese könnten unter die Passiva als „Abschreibungskonto" aufgenommen oder an dem Aktivum „Immobilien" gekürzt werden und zwar derart, daß man vor die Linie den vollen Kostenpreis und die Abschreibungen setze und in die Hauptkolonne den Nettobetrag bringe. Das letztere vielfach angewandte Verfahren verdiene seines Erachtens den Vorzug, da bei der Bildung eines Abschreibungskontos unter den Passiven dieses leicht ohne weiteres den Reserven zugezählt werde, auch wenn der als Aktivum eingesetzte Kostenpreis der Immobilien den Zeitwert übersteige.

Vorsitzender Verbandsdirektor Justizrat **Wolski** (Allenstein) empfahl dagegen, die Immobilien nach dem Buchwert, also nach Abzug der Abschreibungen, in die Bilanz einzusetzen, die Abschreibungen aber im Geschäftsbericht anzugeben.

Verbandsrevisor **Scheidt** (Hannover): Richtig sei es, wenn die Amortisationen am Hypothekenkonto gekürzt und der Nettobetrag in die Bilanz gebracht werde. Betreffs der Abschreibungen aber sei es doch wesentlich für die Beurteilung der Bilanz — namentlich bei Baugenossenschaften —, daß man die Gesamthöhe der Abschreibungen ersehen könne und deshalb sei es im allgemeinen zweckmäßig, Kostenpreis und Abschreibungen getrennt von einander ersichtlich zu machen. Mit dem Buchwert allein sei nicht viel anzufangen. In Belgien sei gesetzlich bestimmt, daß die Abschreibungen unter die Passiven aufzunehmen seien, ebenso seien maßgebende Autoritäten für diesen Modus. Bei uns seien zweifellos beide Verbuchungsarten als zulässig zu betrachten.

Verbandsrevisor **Dr. Schneider** (Potsdam): In seinem Taschenbuch sei Bezug genommen auf den Beschluß des 1875er Vereinstages für Baugenossenschaften, daß Immobilien zu dem jederzeit realisierbaren Wert in die Bilanz aufzunehmen seien und dieser Grundsatz sei auch heute noch zutreffend und für Baugenossenschaften wichtig. Einzelne Baugenossenschaften hätten, nachdem Privatunternehmer viele Wohnungen hergestellt und zu billigen Preisen offeriert hätten, viele Mitglieder verloren und leerstehende Wohnungen bekommen; damit sei eine momentane Entwertung des Grundbesitzes verbunden, welcher selbstverständlich die Bilanz Rechnung tragen müsse. Das sei um so nötiger, als nur auf diese Weise die Ausscheidenden zur Deckung des Verlustes herangezogen werden und weitern Austritten von Mitgliedern vorgebeugt werden könnte.

Herr Kuckuck habe darin recht, daß die Vorschriften des Aktiengesetzes für Genossenschaften nicht unbedingt maßgebend seien; aber es sei nicht richtig, daß für letztere nur das Genossenschafsgesetz entscheide, vielmehr komme auch das Handelsgesetzbuch in Frage. Dies schreibe vor, daß die Vermögensstücke nach dem Wert einzusetzen seien, welchen sie zur Zeit der Bilanzziehung haben und daß zweifelhafte Aktive nach ihrem wahrscheinlichen Wert aufzunehmen, uneinbringliche ganz abzuschreiben seien. Diese Vorschrift sei auch für Baugenossenschaften maßgebend.

Direktor **Thorwart** (Frankfurt a/M.): Wenn man von den Immobilien regelmäßig einen bestimmten Prozentsatz abschreibe, dann werde man letzteren nach dem jeweiligen Buchwert berechnen und die Abschreibungsbeträge würden gegenüber dem ursprünglichen Anschaffungspreis immer kleiner. Deshalb machten es die Aktiengesellschaften vielfach so, daß sie ein besonderes Abschreibungskonto errichteten und die Immobilien zum Anschaffungswert einsetzten, sodaß die Abschreibungen jahraus jahrein in der Summe gleich groß bleiben.

Verbandsrevisor **Kuckuck** (Meiningen): Den von Herrn Seibert angeregten Modus (Anschaffungswert und Abschreibungen vor der Linie und Nettobetrag in die Hauptkolonne) halte er für gut; buchmäßig könne die Sache so behandelt werden, daß auf dem Immobilienkonto eine zweite Kolonne errichtet und summiert werde. Auf die Ausführungen des Herrn Dr. Schneider wolle er noch bemerken, daß er selbstverständlich nicht habe sagen wollen, daß das Handelsgesetzbuch für die Genossenschaften nicht zu berücksichtigen sei.

Vorsitzender Verbandsdirektor Justizrat **Wolski** (Allenstein) faßte das Ergebnis der Besprechung dahin zusammen:

Amortisationen sind unbedingt am Hypothekenkonto abzusetzen; für die Behandlung der Abschreibungen sind verschiedene Wege möglich, es hat aber etwas für sich, wenn die Bilanz zeigt, was abgeschrieben ist.

Punkt 2b der Tagesordnung.

Die Besprechung über „§ 49 des Genossenschaftsgesetzes" empfahl der Herr Anwalt auf nächstes Jahr zu verschieben und ersuchte den Referenten, Herrn Kuckuck, seinen Bericht vorher schriftlich ihm einzureichen. Er werde ihn drucken lassen und den Verbandsdirektoren und Revisoren bekannt geben, damit man vor der Revisorenkonferenz dazu Stellung nehmen könne. Überhaupt scheine es ihm aus dem gleichen Grunde empfehlenswert, künftig alle Referate voraus drucken zu lassen und bekannt zu geben.

Der Herr Referent sowie die Versammlung erklärt sich damit einverstanden.

Punkt 3 der Tagesordnung.

Der Vorschlag des Referenten, Herrn Dr. Schneider (Potsdam), diesen Gegenstand auch für nächstes Jahr zu reservieren und vorher seinen Bericht bekannt zu geben, fand ebenfalls die Zustimmung der Versammlung.

Punkt 4 der Tagesordnung.

Verbandsrevisor **Scheidt** (Hannover): Über die Frage, ob es den Baugenossenschaften zu empfehlen ist, den Sparkassenverkehr einzuführen, wird in der Separatsitzung der Baugenossenschaften verhandelt werden. Diese Frage soll also hier nicht angeschnitten werden. Es handelt sich hier vielmehr nur darum, ob die Herren Verbandsrevisoren in bezug auf die Bestimmung des Zinsfußes für Spareinlagen Erfahrungen gemacht haben, die zu Bedenken Veranlassung geben.

Die von mir revidierten Baugenossenschaften schlagen in bezug auf die Bestimmung des Zinsfußes der Spareinlagen zwei Wege ein. Der erste führt dahin, den Spareinlegern einen bestimmten Zinsfuß — ähnlich wie die Sparkassen — zu garantieren. Da nun aber dieser feste Zinsfuß mindestens so hoch festgesetzt wird wie der zeitige Zinsfuß einer mündelsicheren Sparkasse, so bilden die aus dem Sparkassenverkehr gewonnenen Summen jedenfalls für diejenigen Genossenschaften ein relativ teures Betriebskapital, die billige Hypotheken von den Landesversicherungsanstalten erhalten.

Diese Genossenschaften sind deshalb auch geneigt, keinen festen Zinssatz zu garantieren, sondern sie überlassen es der Generalversammlung in jedem Jahre, je nach dem erzielten Reingewinn den Zinssatz festzusetzen.

Dabei wird durchweg der Grundsatz befolgt, den Zinsfuß für Spareinlagen auf denselben Satz zu normieren, der als Dividende zur Verteilung kommt.

Zunächst scheint es nun aber tatsächlich gefährlich, der Generalversammlung die Bestimmung des Zinsfußes zu überlassen, weil eine von Spareinlegern stark besuchte Generalversammlung die Möglichkeit hat, den Zinsfuß auf Kosten des Dividendensatzes beliebig hoch zu normieren.

Dann ist es meines Erachtens auch durchaus verkehrt, für Spareinlagen grundsätzlich denselben Zinsfuß zu vergüten, der als Dividende zur Verteilung kommt, denn

1. die Spareinlagen können jederzeit zurückgezogen werden, während die Geschäftsguthaben bei bestehender Mitgliedschaft nicht zurückziehbar sind;
2. die Geschäftsguthaben gehören zu dem eigenen Vermögen, müssen also im Verlustfalle zur Deckung einer Unterbilanz neben den Reservefonds in erster Linie herangezogen werden;
3. nach den meisten Statuten wird die Dividende nur für volle Jahre, die Verzinsung der Spareinlagen dagegen für volle Monate gewährt.

Die Geschäftsguthaben unterliegen demnach einer längeren Kündigungsfrist, einem größeren Risiko, aber einer geringeren Verzinsung als die Spareinlagen.

Es ist deshalb im Interesse einer gesunden Finanzentwicklung notwendig, daß den Genossen durch die Aussicht, ihre Geschäftsguthaben höher als die Spareinlagen verzinst zu bekommen, ein Anreiz gegeben wird, verfügbare Gelder lieber auf Geschäftsanteilkonto als auf Spareinlagenkonto einzuzahlen, eine Notwendigkeit, die leider oft von den Baugenossenschaften — wie ich erfahren habe — außer acht gelassen wird.

Es wäre für mich sehr interessant zu erfahren, ob die Herren Verbandsrevisoren bei anderen Vereinen ähnliche Beobachtungen gemacht haben.

Verbandsdirektor Landrat **Berthold** (Blumenthal): Für die Verhandlungen der Baugenossenschaften sei ein Antrag vorgesehen, in welchem ein ausgedehnter Sparkassenbetrieb den Baugenossenschaften entschieden widerraten werde. Würden aber Spareinlagen angenommen, dann müsse damit für die Einleger ein kleiner Vorteil in Gestalt etwas höherer Zinsen verbunden sein, damit der Spartrieb angeregt werde. Für die Verzinsung müsse jedenfalls im voraus ein fester Satz bestimmt werden.

Verbandsrevisor **Michelmann** (Blankenburg a/H.): Die Verzinsung der Spareinlagen habe mit der Dividende gar nichts zu tun. Das angeliehene fremde Geld müsse auf alle Fälle verzinst werden, auch wenn sich ein Reingewinn nicht ergebe.

Vorsitzender Verbandsdirektor Justizrat **Wolski** (Allenstein) stellt die Ansicht der Versammlung dahin fest:

1. Die Bestimmung der Zinsvergütung an die Spareinleger ist nicht Sache der Generalversammlung, sondern von Vorstand und Aufsichtsrat.
2. Es ist ein fester Zinssatz im voraus zu bestimmen.

Punkt 5 der Tagesordnung.

Verbandsrevisor **Michelmann** (Blankenburg): Meine Herren! In Anbetracht der weit vorgerückten Zeit glaube ich in Ihrem Sinne zu handeln, wenn ich mich bei meinen Ausführungen größtmöglichster Kürze befleißige. — Veranlassung zur Empfehlung der Besprechung der bücherlichen Behandlung empfangener Kautionen resp. deren Einstellung in die Bilanz hat mir die nicht vereinzelt den Verhältnissen widersprechende Praxis gegeben. — Kautionsstellung erheischt je nach ihrer Art verschiedene bücherliche Behandlung. — An und für sich sind Kautionen Sicherstellungen für in Zukunft möglichenfalls entstehende Forderungen. — Die verschiedene Art, in welcher die Sicherstellung erfolgt, bedingt ihren rechtlichen Charakter und ihre bücherliche Behandlung. — Wird die Kaution durch die Gutsage, die Bürgschaft eines Dritten geleistet, so ist Ausstellung und Übergabe einer schriftlichen Bürgschaftserklärung erforderlich. Über die Hinterlegung der Bürgschaftsurkunde ist in geeigneter Weise eine Niederschrift in den Geschäftsbüchern zu bewirken. Genossenschaften, auf welche das Depotgesetz Anwendung findet, können zu dieser Niederschrift sehr wohl das Depotbuch verwenden. Für die anderen Genossenschaften empfiehlt sich, von der qu. Hinterlegung in einem besonderen Verzeichnisse Vermerk zu machen. — Hie und da fordert man als Sicherstellung lediglich die Hinterlegung eines Depotwechsels. Indes verlangt man solche Hinterlegung auch wohl von dem Bürgen zur Sicherstellung der Bürgschaft resp. zur Vereinfachung etwa nötiger Realisierung. Meist gibt man diesen Wechseln, und die Vorsicht ist nur gut zu heißen, die Form von Rektawechseln, also von nicht übertragbaren Papieren. Von der Hereinnahme solcher Urkunden ist wie von der Hereinnahme der Bürgschaftsurkunde Notiz zu machen. Jene Wechsel sind ja zunächst nur als Pfandobjekte zu erachten und darum als solche zu behandeln.

Werden zum Zwecke der Kautionsstellung vertretbare Sachen in der Weise verpfändet, daß dieselben nach beendetem Vertragsverhältnis in natura zurückzugeben sind, was z. B. bei Effekten die Zurückgabe derselben Stücke bedeutet, so bleiben die verpfändeten Objekte Eigentum der Hinterleger. Der Pfandempfänger haftet für den Fall des Verlustes des Pfandes z. B. durch Diebstahl oder Brand nur insoweit ihn ein Verschulden trifft. Dagegen kann der Kautionssteller im Falle des Konkurses des Kautionsempfängers abgesonderte Befriedigung fordern. Für die geschäftsmäßige Behandlung derartiger Kautionsstellung genügt auf seiten des Kautionsempfängers die Behandlung im Sinne des Depotgebers und für Geschäfte, auf welche dieses Gesetz Anwendung nicht findet, die Eintragung in ein dem Zwecke dienendes Verzeichnis. In gleicher Weise ist zu verfahren bei Verpfändung von Forderungen, z. B. bei Schuldschein-, Spareinlagen- und Hypotheken-Forderungen.

Wesentlich anders liegen die Verhältnisse, wenn bei der Kautionsstellung vereinbart wird, daß die hinterlegten Objekte resp. Werte von dem Kautionsempfänger in seinem Geschäftsbetriebe verwendet werden sollen resp. dürfen. Meist handelt es sich in solchen Fällen um die Hingabe von Inhaberpapieren oder barem Geld zur Verstärkung der Betriebsmittel des Kautionsempfängers. Des öfteren bietet sich Gelegenheit bei Ausschreibung von Vakanzen als Ausstellungsbedingung die Stellung einer Kaution in der erwähnten Form kennen zu lernen. So wenig ein solcher Brauch Beifall verdient, kommt er doch in der Praxis nicht nur vereinzelt vor. In diesen Fällen weiß also der Kautionssteller, daß das von ihm dem Kautionsempfänger gegebene Geld, die gegebenen Effekten in dem Geschäfte des letzteren als werbendes, mit arbeitendes Betriebsmittel verwendet werden soll. Darin liegt der Verzicht auf Rückgewähr derselben Stücke, derselben Münzen und zugleich der Wille die als Kaution gestellten Werte in das Eigentum des Kautionsempfängers übergehen zu lassen. Die Kautionsstellung nimmt den Charakter einer Darlehnsgewähr an. Im Falle des Konkurses des Kautionsempfängers tritt der Kautionssteller lediglich als Konkursgläubiger auf, das heißt er hat sich mit der Konkursdividende zu begnügen. Auf der anderen Seite entfällt allerdings etwaiger Verlust der Kautionswerte nicht dem Kautionssteller, sondern dem Kautionsempfänger zur Last. Dieser Rechtslage entsprechend sind von dem Kautionsempfänger das solchergestalt empfangene Geld, resp. die empfangenen Werte zu gunsten des Kautionsstellers in den Geschäftsbüchern, zunächst also durch Kasse resp. Memorial zu verbuchen. Auf diese Weise beeinflussen die so wie zuletzt geschildert gestellten Kautionen auch die Bilanzen.

Hierzu nahm das Wort nur Verbandsdirektor **Kurz** (Stettin), welcher darauf hinwies, wie unsinnig zuweilen in der Kautionsfrage verfahren werde. Ihm sei eine Genossenschaft bekannt, welche ein Vorstandsmitglied mit 2400 Mark Gehalt angestellt und von diesem 20000 Mark Kaution verlangt habe — und zwar in bar!

Punkt 6 der Tagesordnung.

Verbandsrevisor Rechnungsrat **Redslob** (Halle): Meine Herren! Bei den Revisionen habe ich gefunden, daß in einigen Vereinen bei den Wahlen von Vorstands- und Aufsichtsratsmitgliedern, die satzungsgemäß nach einfacher Stimmenmehrheit zu erfolgen hatten, nicht immer richtig verfahren war. Es bestand Unklarheit darüber, welche Stimmenzahl die einfache Majorität erfordert, insbesondere war man zweifelhaft, daß unter einfacher Stimmenmehrheit die absolute Stimmenmehrheit zu verstehen ist.

So waren z. B. in einem Vereine durch die Generalversammlung in einem Wahlgange drei Vorstandsmitglieder zu wählen. Nach den Vereinssatzungen hatte die Wahl nach einfacher Stimmenmehrheit zu erfolgen. Das Wahlergebnis war folgendes:

Abgegeben wurden 62 gültige Stimmzettel. Davon erhielten Stimmen:

Mitglied A. 60
„ B. 58
„ C. 25
„ D. 23
„ E. 20.

Hiernach waren von der Versammlung als gewählt angenommen die Mitglieder A., B. und C.

Da aber nach dem Erfordernis von einfacher Stimmenmehrheit in diesem Falle die Majorität 32 ist, so durfte das Mitglied C. mit nur 25 Stimmen nicht als gewählt gelten, sondern es hätte eine engere Wahl zwischen Mitglied C. und D. vorgenommen werden müssen.

Auch unter den Revisoren selbst bestehen in dieser Beziehung verschiedene Ansichten. Es liegt mir nun daran, auch andere Meinungen über die Sache zu hören, besonders betreffs der Auslegung einfacher Stimmenmehrheit bei den Wahlen.

Meine Ansicht zu dieser Frage ist die folgende:

Das Gesetz trifft keine Bestimmungen über die Art der Abstimmungen bei Wahlen. § 8 Ziffer 4 des Genossenschaftsgesetzes bestimmt nur, daß für Beschlüsse der Generalversammlung einfache Stimmenmehrheit als das Mindestmaß erforderlich ist.

Diese Bestimmung wird man auch ausdehnen müssen bei der Vornahme von Wahlen. Auch hier handelt es sich um die Fassung eines Beschlusses. So bestimmt auch § 27 des Bürgerlichen Gesetzbuches ausdrücklich, daß die Bestallung des Vorstandes durch Beschluß erfolgt.

Ebenso wie nun zu jedem anderen Beschlusse die erforderliche Stimmenmehrheit dadurch gebildet wird, daß eine Stimme über die Hälfte der gültigen Stimmen für den Beschluß abgegeben wird, so wird man auch nur dann eine Wahl als zustande gekommen annehmen können, wenn für die zu wählende Person mindestens eine Stimme über die Hälfte der gültigen Stimmenzahl abgegeben worden ist, das heißt — die absolute Stimmenmehrheit zustande gekommen ist. Relative Stimmenmehrheit wird nicht genügen können, denn diese ist gar keine eigentliche Mehrheit, sondern nur eine verhältnismäßige Minderheit.

Von diesem Gesichtspunkte aus dürften die Ausdrücke „einfache Stimmenmehrheit“ und „absolute Stimmenmehrheit“ als gleichbedeutend gelten, wie auch aus der besonderen Definition im § 251 des Handelsgesetzbuches zu entnehmen ist.

Anwalt **Dr. Crüger**: Die Frage sei nach dem Statut zu entscheiden; dies müsse so klar und deutlich gefaßt werden, daß Zweifel ausgeschlossen seien. Zweifelhaft sei, ob einfache und absolute Mehrheit gleichbedeutend sei.

Vorsitzender Verbandsdirektor Justizrat **Wolski** (Allenstein) vertritt die Ansicht, daß einfache und absolute Mehrheit dasselbe bedeuten.

Gegen 5 Uhr schloß der Vorsitzende die Versammlung.

V.

Rechnung und Voranschlag der Einnahmen und Ausgaben

des Allgemeinen Verbandes der auf Selbsthilfe beruhenden deutschen Erwerbs- und Wirtschaftsgenossenschaften.

A. Rechnung

über die Einnahmen, Ausgaben und Bestände der Kasse des Allgemeinen Verbandes der deutschen Erwerbs- und Wirtschaftsgenossenschaften für das Jahr 1903:

Laufende Nummer	Gegenstand	1. In 1902 vereinnahmt, aber in den Etat für 1903 gehörend ℳ	₰	2. In 1903 vereinnahmt, aber in den Etat für 1902 gehörend ℳ	₰	3. In 1903 auf den Etat für 1903 vereinnahmt ℳ	₰	4. In 1904 noch auf den Etat für 1903 zu vereinnahmen ℳ	₰	5. In 1903 schon vereinnahmt, aber auf den Etat für 1904 gehörend ℳ	₰	6. Auf den Etat für 1903 entfallen danach ℳ	₰
	I. Einnahmen.												
	A. Laufende.												
1.	Beiträge der Vereine zu den Kosten des Allgemeinen Verbandes:												
	Beiträge laut Einnahmeliste auf S. 310—382 der Mitteilungen über den Allgemeinen Genossenschaftstag in Danzig . . . . ℳ 60 991,55												
	abzüglich der schon in 1902 eingegangenen Beiträge (vgl. S. 346 der Mitteilungen über den Allgemeinen Genossenschaftstag in Kreuznach) . . . . „ 866,68												
	ℳ 60 124,87												
	zuzüglich der außerdem in 1903 eingegangenen und in obenbezeichneter Liste noch nicht enthaltenen Beiträge von:												
	Strausberg, Sp.- u. Darl.-V. für 1901 u. 1902 ℳ 71,75												

	Göttingen, Sp.= u. Bau=V. = 1903 . . . . = 10,—												
	Tarnowitz, V.=V. Ergänzung = 1902 . . . . = 8,—												
	Wittenberg, Schuhm.=Rohst.=Gen. für 1903 = 10,—												
	Burkhardtsdorf, Sp.=V.=V. Ergänz. = 1902 = 32,99												
	Kirchberg, V.=V. = = = = 11,28												
	Lobstädt, Sp.= u. V.=V. = = = = 7,86												
	Mörfelden, Sp.= u. V.=V. = = = = 10,88												
	Cathrinhagen, Konf.=V. für 1902 . . . . = 10,—												
	Furth i. W., Volksbk. . . . . = 10,— = 282,76	. .	.	. .	.	60 407	63	. .	.	. .	.	60 407	63
	Nach Genossenschaftsarten verteilen sich die Beiträge folgendermaßen: Kreditgenossenschaften . . . ℳ 49 603,67												
	Konsumvereinen . . . . . . = 8 565,38												
	Baugenossenschaften . . . . . = 1 575,42												
	Andere Genossenschaften . . . = 663,16												
	ℳ 60 407,63 wie oben.												
2.	Einnahme für verkaufte Mitteilungen, Musterstatuten, Flugschriften rc.	. .	.	. .	.	702	35	. .	.	. .	.	702	35
3.	Einnahme aus den Blättern für Genossenschaftswesen	. .	.	2 481	40	. .	.	1 947	15	. .	.	1 947	15
4.	Zinsvergütung auf Bestände bei der Deutschen Genossenschafts-Bank Soergel, Parrisius & Co., Aktien-Gesellschaft, und zwar auf Barguthaben . . . . ℳ 873,02 für Koupons vom Effekt.-Bestande . = 2 315,90	. .	.	. .	.	3 188	92	. .	.	. .	.	3 188	92
5.	Provisionen aus dem Inkasso von Versicherungsprämien	. .	.	. .	.	348	72	438	08	. .	.	786	80
	B. Außerordentliche.												
6.	Zum Begleiche von Differenzen aus der vorjährigen Rechnung eingezogen.	. .	.	. .	.	24	—	. .	.	. .	.	24	—
7.	Zahlung von der Stettiner Bank, e. G. m. b. H., Stettin (durchlaufender Posten)	. .	.	. .	.	94	35						
8.	Überweisung aus dem Schulze-Delitzsch-Stiftungs-Fonds (zur Herstellung und Beschaffung des Jahrbuchs für 1902 mitverwendet) ℳ 500,—												
	C. Bestand vom Vorjahre.												
	Bestand am 1. Januar 1903	. .	.	. .	.	30 011	66						
	Summe aller Einnahmen	. .	.	2 481	40	94 777	63	2 385	23	. .	.	67 056	85

Laufende Nummer	Gegenstand	1. In 1902 verausgabt, aber in den Etat für 1903 gehörend ℳ	₰	2. In 1903 verausgabt, aber in den Etat für 1902 gehörend ℳ	₰	3. In 1903 auf den Etat für 1903 verausgabt ℳ	₰	4. In 1904 noch auf den Etat für 1903 zu verausgaben ℳ	₰	5. In 1903 schon verausgabt, aber auf den Etat von 1904 gehörend ℳ	₰	6. Auf den Etat für 1903 entfallen danach ℳ	₰
	II. Ausgaben.												
	A. Nach dem Voranschlag.												
1.	Gehälter: Anwalt Dr. Crüger . . . ℳ 12 000,— Büreaupersonal . . . „ 12 385,—	.	.	.	.	24 385	—	.	.	.	.	24 385	—
2.	Büreaukosten (in Summe auf den Etat von 1903 ℳ 4302,98):												
	Büreaumiete	.	.	.	.	1 179	50	.	.	400	—	1 179	50
	Telephongebühren	.	.	.	.	182	—	.	.	45	—	182	—
	Heizungsmaterial und Gasverbrauch	.	.	.	.	241	95	.	.	.	.	241	95
	Schreibgebühren, Aktenheften	.	.	.	.	80	50	.	.	.	.	80	50
	Reinigung und Heizung der Büreauräume	.	.	.	.	240	—	.	.	.	.	240	—
	Schreibmaterial	.	.	.	.	758	40	.	.	.	.	758	40
	Inventarbeschaffung (Regale, Tische, Stühle)	.	.	315	20	205	30	.	.	.	.	205	30
	Krankenkassen- und Invalidenversicherungs-Beiträge	.	.	.	.	204	—	.	.	.	.	204	—
	Porto usw.	.	.	.	.	970	23	.	.	.	.	970	23
	Verschiedenes	.	.	.	.	231	60	.	.	.	.	231	60
3.	Reisekosten des Anwalts und seiner Stellvertreter zu den Verbandstagen	.	.	.	.	3 143	90	.	.	.	.	3 143	90
4.	Reisekosten und Diäten der Verbandsdirektoren zum Allgemeinen Genossenschaftstage	.	.	.	.	5 926	60	.	.	.	.	5 926	60
5.	Kosten des Jahrbuchs für 1902 laut besonderer Aufstellung am Schlusse	.	.	.	.	10 156	54	.	.	.	.	10 156	54
6.	Kosten des Allgemeinen Genossenschaftstages in Danzig	.	.	.	.	456	50	.	.	.	.	456	50
7.	Vergütung für Aufnahme der Verhandlungen des Allgemeinen Genossenschaftstages in Danzig	.	.	.	.	600	—	.	.	.	.	600	—
8.	Druck der Mitteilungen über den Allgemeinen Genossenschaftstag in Danzig	.	.	3 620	—	3 074	75	.	.	.	.	3 074	75

Bibliothek, Bücher, Zeitschriften, Buchbinderlohn:												
Bücher . . . . ℳ 498,05												
Zeitungen . . . . » 165,05												
Buchbinder . . . . » 193,50	. .	.	299	50	856	60	. .	.	. .	.	856	60
Kosten des Umzugs	. .	.	. .	.	283	85	. .	.	. .	.	283	85
Beitrag zur Hilfskasse	. .	.	. .	.	300	—	. .	.	. .	.	300	—
Zuschüsse zu den Ruhegehaltskassen-Beiträgen:												
für Anwalt Dr. Crüger . . . . ℳ 162,—												
» zwei Büreaubeamte . . . . » 120,—	. .	.	. .	.	282	—	. .	.	. .	.	282	—
Beitrag zum Internationalen Genossenschaftsverband	. .	.	. .	.	. .	.	50	—	. .	.	50	—
B. Auf den Dispositionsfonds verrechnet.												
Original-Korrespondenz, Sonderabdrücke, Flugschriften	. .	.	906	10	591	30	. .	.	. .	.	591	30
Besondere Reisen im genossenschaftlichen Interesse	. .	.	. .	.	897	45	. .	.	. .	.	897	45
Kränze zu Begräbnissen verstorbener Genossenschafter	. .	.	. .	.	74	50	. .	.	. .	.	74	50
Kränze zum Schulze-Delitzsch-Denkmal	. .	.	. .	.	60	—	. .	.	. .	.	60	—
Pflege der Grabstätte von Schulze-Delitzsch	. .	.	. .	.	. .	.	61	50	. .	.	61	50
Zuschuß zu den Kosten der Gründung eines Konsumvereinsverbandes in Süddeutschland	. .	.	. .	.	100	.	150	—	. .	.	250	—
Verschiedenes	. .	.	. .	.	38	20	. .	.	. .	.	38	20
Rückstellung des vom Etat 1903 vorhandenen Restbetrages auf Rechnung 1904	. .	.	. .	.	. .	.	2 027	05	. .	.	2 027	05
C. Nicht im Voranschlage vorgesehene Ausgaben.												
Reisekosten der Verbandsrevisoren zum Allgemeinen Genossenschaftstage in Danzig ℳ 1774,60, welche aus dem von der Deutschen Genossenschafts-Bank Soergel, Parrisius & Co. zur Verfügung gestellten Fonds bezahlt wurden.												
Ordnen der Bibliothek	. .	.	452	—	141	96	. .	.	. .	.	141	96
Ankauf von ℳ 10000 $3^{1}/_{2}$ proz. neuen Berliner Pfandbriefen à 99,20	. .	.	. .	.	9 920	—						

III. Abschluß.

Einnahmen in 1903, Summe der Kolonnen 2 und 3	ℳ 97 259,03
Ausgaben in 1903, Summe der Kolonnen 2, 3 und 5	„ 74 262,17
Bestand am 1. Januar 1904	ℳ 22 996,86

welcher vorhanden ist mit . . . . ℳ 116,57 in der Kasse und mit . . . . „ 22 380,29 bei der Deutschen Genossenschafts-Bank Soergel, Parrisius & Co., A.-G. Berlin . . . . ℳ 22 496,86

Hinzu kommen noch . . . . „ 500,— Guthaben beim Schulze-Delitzsch-Stiftungs-Fonds, welche dem Allgemeinen Verbande erst im Februar 1904 vergütet wurden, aber bei den Ausgaben für das Jahrbuch 1902 bereits verrechnet sind

ℳ 22 996,86 wie oben.

Im Depot bei der Deutschen Genossenschafts-Bank Soergel, Parrisius & Co., A.-G. Berlin, lagen am 31. Dezember 1903:

Nennwert	Papier		Kurswert
ℳ 45 000	3 proz. Preuß. Konsols zu 91,75	(Kurse vom 31. 12. 1903)	ℳ 41 287,50
„ 6 000	$3^1/_2$ proz. Bremer Anl. von 1899 100,30 . .		„ 6 018,—
„ 8 000	4 proz. Pirmasenser Anleihe 102,25		„ 8 180,—
„ 10 000	$3^1/_2$ proz. Kölner Stadtanl von 1902 99,90 .		„ 9 990,—
„ 10 000	$3^1/_2$ proz. neue Berliner Pfandbrf. 99,20 (Kurs vom 30. 9. 1903 dem Tage des Ankaufs . .		„ 9 920,—
			ℳ 75 395,50

Nachweis des Vermögens Ende 1903.

Kassenbestand und Bankguthaben		ℳ 22 496,86	
Guthaben beim Schulze-Delitzsch-Stiftungs-Fonds		„ 500,—	
Guthaben beim Verleger der Blätter für Genossenschaftswesen . . .	ℳ 1 947,15		
Guthaben beim Stuttgarter Versicherungsverein für Provision . . .	„ 438,08 =	„ 2 385,23	Summe der Einnahme-Posten Kolonne 4.
Guthaben für vorausbezahlte Miete für I. Quartal 1904 . . .	ℳ 400,—		
Guthaben für vorausbezahlte Telephongebühr für I. Quartal 1904 . . .	„ 45,— =	„ 445,—	Summe der Ausgabe-Posten Kolonne 5.
		ℳ 25 827,09	

ab: in 1904 zu verausgabende Beträge:

Beitrag zum Internationalen Genossenschaftsverband für 1903	ℳ 50,—		
Zuschuß zu den Gründungskosten eines neuen Verbandes	„ 150,—		
Pflege der Grabstätte von Schulze-Delitzsch	„ 61,50		
Verfügbarer Rest vom Dispositions-Fonds Etat 1903	„ 2 027,05 =	ℳ 2 288,55	Summe der Ausgabe-Posten

ab. Durchlaufender Einnahme-Posten Nr 7, der in der Rechnung 1904 in der Ausgabe erscheint			ℳ 94,35
			ℳ 23 444,19
dazu: Im Depot bei der Deutschen Genossenschafts-Bank Soergel, Parrisius & Co., A.-G. Berlin liegende Wertpapiere			= 75 395,50
Vermögen des Allgemeinen Verbandes Ende 1903			ℳ 98 839,69

Am Schlusse des Jahres 1902 berechnete sich der Vermögensstand wie folgt:

Kassenbestand und Bank-Guthaben	ℳ 30 011,66		
Guthaben beim Verleger der Blätter für Genossenschaftswesen	= 2 481,40 =	ℳ 32 493,06	
ab: in 1903 noch zu bezahlende Rechnungen	ℳ 5 560,75		
in 1902 nicht zur Verwendung gelangte Restbeträge der Etattitel:			
Inventarbeschaffung	= 315,20		
Ordnen der Bibliothek	= 452,— =	= 6 327,95	
		ℳ 26 165,11	
dazu: 45 000 ℳ 3proz. Preuß. Konsols	ℳ 41 265,—		
6 000 = $3^1/_2$proz. Bremer Anleihe	= 6 012,—		
8 000 = 4proz. Pirmasenser Anleihe	= 8 220,—		
10 000 = $3^1/_2$proz. Kölner Anleihe	= 10 000,—	= 65 497,— =	ℳ 91 662,11

Es hat somit gegen Ende 1902 eine **Vermögensvermehrung** von . . . . ℳ 7 177,58 stattgefunden.

Die Vermögensvermehrung ergibt sich auch aus nachstehender Berechnung:

Einnahmen auf den Etat von 1903 entfallend	ℳ 67 056,85
Ausgaben = = = = = =	= 59 857,77
Überschuß	ℳ 7 199,08

ab: Wertunterschied des Effektenbestandes gegen Ende 1902:

	31. 12. 02	31. 12. 03	Gewinn	Verlust
ℳ 45 000 3proz. Preuß. Konsols	91,70	91,75 =	ℳ 22,50	
= 6 000 $3^1/_2$proz. Bremer Anleihe	100,20	100,30 =	= 6,—	
= 8 000 4proz. Pirmasenser Anleihe	102,75	102,25 =		ℳ 40,—
= 10 000 $3^1/_2$proz. Kölner Anleihe	100,—	99,90 =		= 10,—
			ℳ 28,50	ℳ 50,—

Kursverlust	ℳ 21,50
wie oben	ℳ 7 177,58

Kosten des Jahrbuches für 1902.

Fragebogen und Liniaturen für die Statistik		M 433,60
Versendung der Fragebogen		" 97,65
Honorar für Bearbeitung des Jahrbuchs		" 1 200,—
Rechnungs- und Schreibhilfe bei Bearbeitung des Materials		" 1 697,72
Druck des Jahrbuches	M 6 664,30	
davon durch Zuwendung aus dem Schulze-Delitzsch-Fonds gedeckt	" 500,—	" 6 164,30
Versendung des Jahrbuchs		" 562,97
Gesamtkosten		M 10 156,24

Blätter für Genossenschaftswesen für 1903.

Einnahmen.

Abonnements auf 2546 Exemplare	M 13 016,50
Verkaufte einzelne Nummern	" 173,40
Inserate	" 2 937,65
	M 16 127,55

Ausgaben.

Satz, Druck, Buchbinder, Porto	M 6 497,09	
Papier	" 1 615,70	
Sonstige Spesen	" 520,26	
Honorare an die Mitarbeiter	" 3 600,20 =	M 12 233,25
Überschuß		M 3 894,30

Davon die Hälfte dem Verleger	M 1 947,15
die Hälfte dem Allgemeinen Verbande	" 1 947,15

Charlottenburg, 29. Februar 1904.

Dr. Crüger.

Lfde. Nr.	Der Voranschlag für das Rechnungsjahr 1903	war festgesetzt auf ℳ	₰	Es wurden vereinnahmt bezw. verausgabt ℳ	₰	Also mehr vereinnahmt bezw. verausgabt ℳ	₰	Also weniger vereinnahmt bezw. verausgabt ℳ	₰
	Einnahmen.								
1.	Jahresbeiträge der Genossenschaften	59 000	—	60 407	63	1 407	63	...	.
2.	Verkauf von Mitteilungen, Musterstatuten, Flugschriften	317	—	702	35	385	35	...	.
3.	Einnahme aus den Blättern für Genossenschaftswesen	2 350	—	1 947	15	...	.	402	85
4.	Zinsen auf Bestände bei der Deutschen Genossenschafts-Bank auf Wertpapiere ℳ 2 315,90, „ Barguthaben „ 873,02	2 500	—	3 188	92	688	92	...	.
5.	Provisionen aus dem Inkasso von Versicherungsprämien	529	—	786	80	257	80	...	.
	Nicht im Voranschlag festgesetzte Einnahmen.								
6.	Zum Begleiche von Differenzen aus der vorjährigen Rechnung eingezogen	...	.	24	—	24	—	...	.
7.	Zuwendung aus dem Schulze-Delitzsch-Stiftungsfonds (zur Beschaffung des Jahrbuchs für 1902 mit verwendet) ℳ 500,—	...	.	...	.	...	.	...	.
		64 696	—	67 056	85	2 763	70	402	85
	Ausgaben.								
	Nach dem Voranschlag.								
1.	Gehälter: Anwalt Dr. Crüger	12 000	—	12 000	—	...	.	...	.
	Büreaupersonal	12 640	—	12 885	—	...	.	255	—
2.	Zuschüsse zu den Ruhegehaltskassen-Beiträgen:								
	für den Anwalt	162	—	162	—	...	.	...	.
	für zwei Beamte	120	—	120	—	...	.	...	.
3.	Büreaukosten: Büreaumiete	1 800	—	1 179	50	...	.	120	50
	Telephongebühren	180	—	182	—	2	—	...	.
	Heizungsmaterial und Gasverbrauch	220	—	241	95	21	95	...	.
	Reinigung, Heizung	216	—	240	—	24	—	...	.
	Schreibgebühren, Aktenheften	100	—	80	50	...	.	19	50
	Übertrag	26 938	—	26 590	95	47	95	395	—

Lfde. Nr.	Der Voranschlag für das Rechnungsjahr 1903	war festgesetzt auf ℳ	₰	Es wurden verausgabt ℳ	₰	Also mehr verausgabt ℳ	₰	Also weniger verausgabt ℳ	₰
	Übertrag	26 938	—	26 590	95	47	95	395	—
3.	Büreaukosten: Schreibmaterial	500	—	758	40	258	40	...	.
	Inventarbeschaffung	...	.	205	80	205	30	...	.
	Krankenkassen- und Invaliden-Versicherungsbeiträge	168	—	204	—	36	—	...	.
	Porto usw.	1 500	—	970	23	...	.	529	77
	Verschiedenes	240	—	231	60	...	.	8	40
4.	Reisekosten des Anwalts und seiner Stellvertreter	3 700	—	3 143	90	...	.	556	10
5.	Reisekosten und Diäten der Verbandsdirektoren	6 500	—	5 926	60	...	.	573	40
6.	Kosten des Jahrbuchs für 1902	10 900	—	10 156	54	...	.	743	46
7.	Kosten des Allgemeinen Genossenschaftstages	400	—	456	50	56	50	...	.
8.	Vergütung für Aufnahme der Verhandlungen des Allgemeinen Genossenschaftstages	600	—	600	—	...	.	...	.
9.	Druck der Mitteilungen über den Allgemeinen Genossenschaftstag	3 500	—	3 074	75	...	.	425	25
10.	Versendungskosten der Mitteilungen	1 000	—	569	—	...	.	431	—
11.	Kosten von zwei Sitzungen des Engeren Ausschusses	1 300	—	1 155	—	...	.	145	—
12.	Auslagen des Vorsitzenden des Engeren Ausschusses und des Gesamtausschusses	200	—	182	59	...	.	17	41
13.	Bibliothek, Bücher, Zeitschriften rc.	1 000	—	856	60	...	.	143	40
14.	Beitrag zur Hilfskasse	300	—	300	—	...	.	...	.
15.	Beitrag zum Internationalen Genossenschaftsverband	50	—	50	—	...	.	...	.
16.	Dispositionsfonds	4 000	—	4 000	—	...	.	...	.
17.	Umzugskosten	300	—	283	85	...	.	16	15
	Nicht im Voranschlag vorgesehene Ausgaben.								
18.	Ordnen der Bibliothek	...	.	141	96	141	96	...	.
19.	Anlage von Barbeständen (nicht im Etat zu berücksichtigen)	...	.	...	.	...	.	...	.
		63 096	—	59 857	77	746	11	3 984	34

Es wurden danach ℳ 746,11 mehr vereinnahmt,
" 3 984,34 weniger verausgabt,
als im Voranschlag für 1903 festgesetzt waren.

Voranschläge über die Einnahmen und Ausgaben für 1904 und für 1905.

Lfde. Nr.	Gegenstand	für 1904 in Danzig beschlossen ℳ	für 1905 in Breslau beschlossen ℳ
	Einnahmen.		
1.	Jahresbeiträge der Genossenschaften . . .	57 500	57 852
2.	Verkauf von Mitteilungen, Musterstatuten, Flugschriften.	300	500
3.	Einnahmen aus den Blättern für Genossenschaftswesen	2 000	1 500
4.	Zinsvergütung für Bestände bei der Deutschen Genossenschafts-Bank, Berlin:		
	für Effekten	2 300	2 300
	„ Barguthaben	600	600
5.	Provision aus dem Inkasso von Versicherungsprämien	650	500
		63 350	63 752
	Ausgaben.		
1.	Gehalt des Anwalts	12 000	12 000
2.	Gehälter des Büreaupersonals	12 960	13 660
3.	Zuschüsse zu d. Ruhegehaltskassen-Beiträgen:		
	für den Anwalt.	162	162
	„ zwei Beamte	120	140
4.	Büreaukosten: Büreaumiete.	1 200	1 200
	Telephongebühr	180	200
	Heizungsmaterial.	230	240
	Reinigung, Heizung . . .	233	240
	Übertrag	27 085	27 842

Lfde. Nr.	Gegenstand	für 1904 in Danzig beschlossen ℳ	für 1905 in Breslau beschlossen ℳ
	Übertrag	27 085	27 842
4.	Büreaukosten: Schreibgebühren	100	200
	Schreibmaterial	500	750
	Porto, Frachten	1 500	1 300
	Verschiedenes	240	240
	Kranken- und Invalidenversicherung	175	200
5.	Reisekosten des Anwalts und seiner Stellvertreter	3 700	3 700
6.	Reisekosten u. Diäten der Verbandsdirektoren	6 500	6 500
7.	Kosten des Jahrbuchs für 1903 (in 1904 herzustellen) resp. für 1904 (in 1905 herzustellen)	11 200	10 670
8.	Kosten des Allgemeinen Genossenschaftstages	400	400
9.	Vergütung für Aufnahme der Verhandlungen des Allgemeinen Genossenschaftstages. .	600	600
10.	Druck der Mitteilungen über den Allgemeinen Genossenschaftstag	3 500	3 500
11.	Versendungskosten der Mitteilungen . . .	1 000	1 000
12.	Kosten von zwei Sitzungen des Engeren Ausschusses	1 300	1 300
13.	Auslagen des Vorsitzenden des Engeren Ausschusses und des Gesamtausschusses .	200	200
14.	Bibliothek, Bücher, Zeitschriften usw. . . .	1 000	1 000
15.	Beitrag zur Hilfskasse.	300	300
16.	Beitrag an den Internationalen Genossenschaftsverband	50	50
17.	Dispositions-Fonds	4 000	4 000
		63 350	63 752

VI.

Bericht

über den

Mitgliederbestand und die Mitgliederbewegung im Allgemeinen Verbande.*)

Die Mitgliederzahl des Allgemeinen Verbandes deutscher Erwerbs- und Wirtschaftsgenossenschaften betrug am 15. Oktober 1903 1656, bis zum 1. Januar 1904 sind dem Allgemeinen Verbande 9 Genossenschaften beigetreten, 274 Genossenschaften sind ausgeschieden; die Zahl der dem Allgemeinen Verbande angehörenden Genossenschaften verminderte sich danach bis zum 1. Januar 1904 um 265, sie betrug zu dieser Zeit 1391.

Die Bewegung des Bestandes bei den einzelnen Gattungen der Genossenschaften des Allgemeinen Verbandes in der Zeit vom 15. Oktober 1903 bis 1. Januar 1904 war folgende:

1. Kreditgenossenschaften.

Bestand am 15. Oktober 1903:		960 Genossenschaften 2c.
Zugang 2 Genossenschaften		
Abgang 5 Genossenschaften 2c.	= Abgang	3 "
Bestand am 1. Januar 1904:		957 Genossenschaften 2c.

2. Konsumvereine.

Bestand am 15. Oktober 1903:		527 Genossenschaften 2c.
Zugang 4 Genossenschaften 2c.		
Abgang 258 Genossenschaften	= Abgang	254 "
Bestand am 1. Januar 1904:		273 Genossenschaften 2c.

*) Vergl. die S. 405 der „Mitteilungen" angegebenen, im Laufe des Jahres 1904 noch eingetretenen, Änderungen.

3. Baugenossenschaften.

Bestand am 15. Oktober 1903:			110 Genossenschaften
Zugang 1 Genossenschaft			
Abgang 5 Genossenschaften	=	Abgang	4 "
Bestand am 1. Januar 1904:			106 Genossenschaften.

4. Rohstoffgenossenschaften.

Bestand am 15. Oktober 1903:			17 Genossenschaften
Zugang 0 Genossenschaft			
Abgang 0 "	=		— "
Bestand am 1. Januar 1904:			17 Genossenschaften.

5. Magazingenossenschaften.

Bestand am 15. Oktober 1903:			5 Genossenschaften
Zugang 0 Genossenschaft			
Abgang 1 "	=	Abgang	1 "
Bestand am 1. Januar 1904:			4 Genossenschaften.

6. Werkgenossenschaften.

Bestand am 15. Oktober 1903:			5 Genossenschaften
Zugang 0 Genossenschaft			
Abgang 0 "	=		— "
Bestand am 1. Januar 1904:			5 Genossenschaften.

7. Produktivgenossenschaften.

Bestand am 15. Oktober 1903:			15 Genossenschaften
Zugang 0 Genossenschaft			
Abgang 3 Genossenschaften	=	Abgang	3 "
Bestand am 1. Januar 1904:			12 Genossenschaften.

8. Sonstige Genossenschaften.

Bestand am 15. Oktober 1903:			17 Genossenschaften
Zugang 2 Genossenschaften			
Abgang 2 "	=		— "
Bestand am 1. Januar 1904:			17 Genossenschaften.

Von den 1391 Genossenschaften 2c. des Allgemeinen Verbandes gehören 1320 den Unterverbänden des Allgemeinen Verbandes an.

Die Zahl der Unterverbände des Allgemeinen Verbandes deutscher Erwerbs- und Wirtschaftsgenossenschaften beträgt 29; davon sind:

22 Unterverbände von Kreditgenossenschaften,
6 Unterverbände von Konsumvereinen,
1 Unterverband von Baugenossenschaften.

Den 29 Unterverbänden gehören an:

935	Kreditgenossenschaften 2c.,
241	Konsumvereine 2c.,
102	Baugenossenschaften,
42	andere Genossenschaften,
1320	Genossenschaften 2c.

Keinem dieser Unterverbände sind bis jetzt von den Genossenschaften des Allgemeinen Verbandes beigetreten:

22	Kreditgenossenschaften 2c.,
32	Konsumvereine 2c.,
4	Baugenossenschaften,
13	andere Genossenschaften,
71	Genossenschaften 2c.

Unter der Zahl der dem Allgemeinen Verbande deutscher Erwerbs- und Wirtschaftsgenossenschaften angehörigen Vereine befinden sich 9 Aktiengesellschaften, 3 Kommanditgesellschaften auf Aktien; zu Unterverbänden des Allgemeinen Verbandes gehören davon 5 Aktiengesellschaften, 1 Kommanditgesellschaft auf Aktien; keinem Unterverbande haben sich angeschlossen 4 Aktiengesellschaften, 2 Kommanditgesellschaften auf Aktien.

VII.

Liste der Verbandsgenossenschaften*)

am 1. Januar 1904.**)

Beitragsliste für 1903***)

1. Bayerischer Genossenschaftsverband.

Direktor: Herr M. Luber in München.
Stellvertreter: Herr Königl. Rat F. X. Proebst in München.
Verbands-Revisoren: die Herren Magistratsrat O. Feierabend und W. André in München, W. Finckh in Karlsruhe i. B., Luber in München.

(27 Vereine.)

a. Vorschußvereine.

		Beitrag M	Beitrag ₰
1.	Augsburg, Landwirtschaftlicher Kreditverein Augsburg, e. G. m. u. H., Herr A. Hederer. — Herr Dämpfle	100	—
2.	Dillingen a. D., Vorschuß- und Sparverein in Dillingen, e. G. m. u. H., Herr J. Rabini. — Herr K. Hardtmuth	10	—
3.	Dinkelsbühl, Kreditverein Dinkelsbühl, e. G. m. b. H., Herr Kellermann. — Herr W. Schmidt	100	—
4.	Eggenfelden, Kredit- und Sparkasse Eggenfelden, e. G. m. b. H., Herr Ludwig Straßner. — Herr Jakob Perl	10	—
5.	Furth i. W., Further Volksbank, e. G. m. u. H., Herr G. Nachreiner. — Herr A. Mühlbauer	10	—
6.	Ichenhausen b. Günzburg a. D., Spar- und Kreditverein, r. G. m. b. H., Herr J. Thaler. — Herr Kempfle	96	70
7.	Landshut (Niederbayern), Kreditverein Landshut, e. G. m. u. H., Herr Oskar Dallmer. — Herr M. Mayer	10	—
8.	Miesbach, Werk- und Kreditgenossenschaft Miesbach, e. G. m. b. H., Herr Anton Kohlndorfer. — Herr Carl Fohr	24	90
9.	München, Münchener Industriebank, e. G. m. b. H., Herr M. Luber. — Herr F. X. Proebst	100	—
10.	Nördlingen, Gewerbebank, e. G. m. b. H., Herr A. Wörlen. — Herr J. Baßler	100	—
11.	Passau, Passauer Handwerker-Kreditgenossenschaft, e. G. m. b. H., Herr Adolf Heindl. — Herr Sageder	10	—
12.	Schillingsfürst (Mittelfr.), Vorschuß- u. Kreditverein Schillingsfürst-Frankenheim, e. G. m. u. H., Herr L. Däuzer. — Herr Pflaumer	43	80
13.	Schrobenhausen (Oberbayern), Kreditverein, e. G. m. b. H., Herr Georg Leinfelder. — Herr L. Reißler	60	16
14.	Sonthofen, Genossenschaftsbank, e. G. m. u. H., Herr K. Alteneder. — Herr Franz Hämmerle	100	—
	Transport	775	56

*) Der erste Name hinter der Firma jedes Vereins ist der des Vorsitzenden des Vorstandes, der zweite der des Vorsitzenden des Aufsichtsrates. — Die Vorstände der Verbandsvereine werden dringend ersucht, eintretende Änderungen bezüglich dieser Namen gefälligst dem Anwalte bald mitzuteilen.

**) Vgl. auch die im Laufe des Jahres 1904 in dem Mitgliederbestande eingetretenen Veränderungen S. 405.

***) In der Beitrags-Kolonne sind die mit den Beiträgen rückständigen Vereine mit ? ? bezeichnet; bei den Vereinen, die erst 1904 beigetreten sind, deren Beiträge erst 1905 fällig werden, sind — — eingetragen. Dagegen sind die Vereine mit ** bezeichnet, welche die diesjährigen Beiträge bereits im Vorjahre entrichtet haben. Für 1904 schon bezahlte Beiträge siehe S. 408.

Nr.		Beitrag ℳ	₰
	Transport	775	56
15.	Traunstein (Bayern), Volksbank, e. G. m. b. H., Herr J. Wispauer jun. — Herr Seitz	100	—

b. Andere Genossenschaften.

Nr.		Beitrag ℳ	₰
16.	Augsburg, Baugenossenschaft Augsburg, e. G. m. b. H., Herr Rud. Rehm. — Herr Alfred Samm	10	—
17.	Augsburg, Hygienisches Bad, e. G. m. b. H., Herr Hch. Möhnle. — Herr Hermann Möhnle	10	—
18.	Augsburg, Genossenschaft für Rauhwarenverwertung, e. G. m. b. H., Herr D. Lacker. — Herr Joh. M. Baader	10	—
19.	Hersbruck, Werkgenossenschaft der vereinigten Schreiner in Hersbruck, e. G. m. b. H., Herr Leonhard Vogel. — Herr Frank	10	—
20.	Lauf b. Nürnberg, Werkgenossenschaft der vereinigten Handwerker in Lauf, e. G. m. b. H., Herr H. Bachmann. — Herr August Barth	10	—
21.	München, Baugenossenschaft München, e. G. m. u. H., Herr O. Feierabend. — Herr Eduard Müller, Fabrikant	44	—
22.	München, 1. Schreinergenossenschaft, e. G. m. u. H. (Magazin- und Rohstoff-Genossenschaft), Herr O. Lampl. — Herr J. Gröschl	10	—
23.	München, Münchener Schreiner-Produktivgenossenschaft II, e. G. m. b. H., Herr Michael Berndl. — Herr A. Häfelein	10	—
24.	München, Münchener Bau- und Sparverein, e. G. m. b. H., Herr Jakob Bradl. — Herr Rachlitz	18	80
25.	München, Rohstoffverein der Schuhmacherinnung in München, e. G. m. b. H., Herr M. Henneberger. — Herr Jos. Noder	10	—
26.	Perlach (Post München), Branntweinbrennerei Perlach, e. G. m. u. H., Herr Jos. Beisler sen. — Herr F. Kaffe	44	49
27.	Willing (Post Aibling), Brennerei, e. G. m. u. H., Herr Wieser. — Herr Seb. Hain	27	60
	Summa	1090	45

2. Verband der Kreditvereine zu Berlin.

Direktor: Herr E. Plonz, Berlin O., Frankfurter Allee 165.
Stellvertreter: Herr W. Prippenow in Berlin SO., Köpenickerstr. 96.
Verbands-Revisoren: die Herren P. Bauer und Dr. Schneider in Potsdam, O. Soerensen in Berlin.

(42 Vereine.)

a. Vorschußvereine.

Nr.		Beitrag ℳ	₰
28.	Berlin, Kreditverein der Friedrichstadt, e. G. m. u. H., Zimmerstraße 61, SW., Herr H. Jäger. — Herr R. Littmann	100	—
29.	Berlin, Louisenstädtische Bank, e. G. m. b. H., Köpenickerstr. 96, SO., Herr Wilh. Prippenow. — Herr Dr. med. Langerhans	100	—
30.	Berlin, Handels- und Gewerbebank Alt-Berlin, e. G. m. b. H., Stralauerbrücke 7, C., Herr E. Wandelt. — Herr San.-Rat Dr. Wiesenthal, Stralauerstraße 56, C.	100	—
31.	Berlin, Berliner Kredit- und Spar-Bank, e. G. m. u. H., Dresdenerstraße 70, S., Herr F. Ahlgrimm. — Herr G. Rudolph	10	—
32.	Berlin, Berliner Gewerbebank, e. G. m. u. H., Annenstr. 25, S., Herr G. Menge. — Herr G. Wiechert	10	—
33.	Berlin, Berliner Handelsbank, e. G. m. b. H., Ritterstr. 85, SW., Herr Peters. — Herr Kaufmann C. Hain	100	—
34.	Berlin, Genossenschaftsbank Wedding zu Berlin, e. G. m. u. H., Müllerstraße 1, N., Herr Jul. Jacobowitz. — Herr Architekt Lentz	100	—
35.	Berlin, Kreditverein der Potsdamer Torbezirke, e. G. m. b. H., Köthenerstraße 26, W., Herr Laukisch — Herr C. Bauch	25	49
	Transport	545	49

		Beitrag ℳ	Beitrag ₰
	Transport	545	49
36.	**Berlin**, Louisenstädtische Genossenschaftsbank, e. G. m. u. H., Wassertorstraße 22, S., Herr Siebenlist. — Herr Lehrer Berger.	10	—
37.	**Berlin**, Allgemeiner Beamten-Spar- und Darlehnsverein, e. G. m. u. H., Ritterstraße 125, S., Herr Schmid. — Herr Wende . .	40	75
38.	**Berlin**, Allgemeine Handels- und Gewerbebank, e. G. m. u. H., Kaiser Wilhelmstr. 29/30, C., Herr Jul. Brandes. — Herr Streu	10	—
39.	**Berlin**, Kreditverein der Oranienburger Vorstadt zu Berlin, e. G. m. b. H., Fennstraße 18, N., Herr Linke. — Herr Rentsch	15	80
40.	**Berlin**, Spar- und Kreditverein ehemaliger Kampfgenossen, e. G. m. b. H., Markgrafenstr. 65, Herr Fr. Pfanstiel. — Herr Peritz.	15	96
41.	**Berlin**, Genossenschaftsbank Berliner Restaurateure, e. G. m. u. H., Schäferstr. 5, SO., Herr Ferd. Schönicke. — Herr Neumann	10	—
42.	**Berlin**, Schönhauser Genossenschaftsbank zu Berlin, e. G. m. b. H., Schönhauser Allee 168a, N., Herr J. Herber. — Herr Schade	100	—
43.	**Berlin**, Gastwirtschaftliche Bank und Einkaufsgenossenschaft, e. G. m. b. H., Prenzlauerstraße 16, C., Herr W. Kluth. — Herr H. Schnegelsberg	35	56
44.	**Berlin**, Spar- und Kredit-Verein „Nord-Ost", e. G. m. b. H., Große Frankfurterstr. 37, NO., Herr P. Homann. — Herr W. Faster	100	—
45.	**Berlin**, Genossenschaftsbank Moabit zu Berlin, e. G. m. b. H., Turmstraße 15, NW., Herr L. Stüben. — Herr Lentz	100	—
46.	**Berlin**, Genossenschaftsbank des nördlichen Stadtviertels zu Berlin, e. G. m. u. H., Brunnenstraße 15, N., Herr Kaske. — Herr Fabrikant A. Haß	100	—
47.	**Berlin**, Bank für Handel und Gewerbe, e. G. m. b. H., Oranienstraße 61, S., Herr A. Schulz. — Herr Baudouin	81	59
48.	**Berlin**, Kreditverein des Spandauer Stadtviertels zu Berlin, e. G. m. u. H., Gormannstr. 1, N., Herr E. Hesse. — Herr R. Arming	100	—
49.	**Berlin**, Berliner Spar- und Kreditverein, e. G. m. b. H., Münzstraße 7, C., Herr Mansbacher. — Herr Rechtsanwalt Dr. Hentschel	10	—
50.	**Berlin**, Bankverein Gesundbrunnen, e. G. m. b. H., Badstraße 21, Herr R. Schröter. — Herr Ernst Busse	100	—
51.	**Berlin**, Genossenschaftsbank der Prenzlauer Torstadtteile, e. G. m. b. H., Prenzlauer Allee 41, Herr Hildebrand. — Herr Pickert .	100	—
52.	**Berlin**, Königstädtische Spar- und Darlehnskasse, e. G. m. b. H., Weberstraße 27, NO., Herr Joh. Sammet. — Herr Franz Theiß	22	61
53.	**Berlin**, Spar- und Vorschußverein zu Berlin, e. G. m. b. H., Großgörschenstr. 39, W., Herr Georg Wachner. — Herr Zarmack	10	—
54.	**Berlin**, Handwerker-Bank Wedding, e. G. m. b. H., Dalldorferstraße 14, N., Herr Gandow. — Herr J. Machowicz	12	34
55.	**Charlottenburg**, Charlottenburger Kreditverein und Sparkasse e. G. m. u. H., Goethestr. 12, Herr Bothe. — Herr Fränken .	51	02
56.	**Cöpenick**, Cöpenicker Vorschußverein, e. G. m. b. H., Herr E. Buwert. — Herr A. Hentschel	100	—
57.	**Eberswalde**, Eberswalder Kreditbank, e. G. m. b. H., Herr Stadtrat Krause. — Herr Brodt	83	18
58.	**Freienwalde a. O.**, Kreditbank zu Freienwalde a. O., e. G. m. b. H., Herr G. Kramer. — Herr E. Baeskow	55	07
59.	**Friedrichsberg**, Vorschußverein Lichtenberg-Friedrichsberg, e. G. m. u. H., Berlin O., Frankfurter Allee 165, Herr E. Plonz. — Herr A. Lehne	100	—
60.	**Friedrichshagen**, Kreditbank Friedrichshagen, e. G. m. b. H., Herr Ed. Lindenberg. — Herr C. Spuhn	98	31
61.	**Groß-Lichterfelde**, Groß-Lichterfelder Spar- und Darlehnskasse, e. G. m. b. H., Herr Hermann Franke. — Herr Stähr . . .	10	—
	Transport	2017	68

		Beitrag M	₰
	Transport	2017	68
62.	Neu-Weißensee b. Berlin, Genossenschaftsbank für Neu-Weißensee und Umgegend, e. G. m. u. H., Herr C. Warthul. — Herr A. Büttner	100	—
63.	Oberschöneweide, Spar- und Kreditbank in Oberschöneweide, e. G. m. b. H., Herr Bernh. Silchmüller. — Herr Gauert	10	—
64.	Pankow, Pankower Vorschußverein, e. G. m. b. H., Herr H. Albrecht. — Herr Tischlermeister O. Trops	?	?
65.	Reinickendorf, Genossenschafts-Bank Reinickendorf, e. G. m. b. H., Herr G. Stoff. — Herr Eiswerksbesitzer Carl Thater	10	—
66.	Rixdorf, Rixdorfer Vorschußverein, e. G. m. b. H., Herr H. Marggraff. — Herr Justizrat A. Bürkner	100	—
67.	Rixdorf, Darlehnsverein, e. G. m. b. H., Knesebeckstraße 100, Herr A. Radke. — Herr O. Hoppe	15	89
68.	Schöneberg b. Berlin, Schöneberger Genossenschaftsbank, e. G. m. b. H., Herr G. Müller (†). — Herr Draeger	100	—
	b. Andere Genossenschaften.		
69.	Eberswalde, Wirtschaftsgenossenschaft des Eberswalder Haus- und Grundbesitzer-Vereins, e. G. m. b. H., Herr J. P. Duvinage. — Herr F. Teveling	15	38
	Summa	2368	95

3. Konsumvereinsverband von Brandenburg, Pommern und angrenzenden Landesteilen.

Direktor: Herr A. Krüger in Berlin, N., Müllerstraße 3b, Konsumverein „Biene“.

Stellvertreter: Herr Schichtmeister Moritz in Rüdersdorf-Kalkberge.

Verbands-Revisoren: Herr A. Krüger in Berlin, Herr Bung in Berlin, O., Konsumverein „Vorsicht“.

(12 Vereine.)

		Beitrag M	₰
	Konsumvereine.		
70.	Berlin, Konsumverein „Biene“, Müllerstraße 3b, N., Herr A. Krüger. — Herr Werkführer Klausch	54	35
71.	Berlin, Konsumverein „Vorsicht“ zu Berlin, e. G. m. b. H., Schlesische Straße 43, SO., Herr O. Stephan. — Herr A. Braun	50	50
72.	Berlin, Beamten-Wirtschafts-Verein zu Berlin, e. G. m. b. H., Kronenstraße 66/67, W., Herr Becker. — Herr Kolwe	27	—
73.	Biesenthal, Konsumverein, Herr F. Stein. — Herr W. Schultze	10	—
74.	Cöpenick, Konsumverein „Vorwärts“ zu Cöpenick, e. G. m. b. H., Herr C. Giesemann. — Herr M. Jacoby	23	25
75.	Fürstenwalde a. Spree, Fürstenwalder Konsum- und Sparverein, e. G. m. b. H., Herr Paetz. — Herr Kiel	10	—
76.	Neudamm, Konsumverein „Biene“ zu Neudamm, Herr W. Stielecke. — Herr E. Hoffmann	42	50
77.	Pölitz, Pölitzer Konsum- und Sparverein, e. G. m. b. H., Herr C. Wolff. — Herr H. Schultz, Rentier	45	06
78.	Potsdam, Konsumverein zu Potsdam und Umgegend, e. G. m. b. H., Herr A. Schäfer. — Herr P. Porsch	?	?
79.	Rüdersdorf, Konsumverein „Tiefbau“, e. G. m. b. H., Herr Göbelsmann. — Herr Siegemann	64	50
	Transport	327	16

		Beitrag M	Beitrag ₰
	Transport	327	16
80.	Stargard i. Pommern, Stargarder Konsum- und Sparverein, e. G. m. b. H., Herr H. Benecke. — Herr Keidel	31	—
81.	Swinemünde, Swinemünder Konsum- und Sparverein, e. G. m. b. H., Herr Fellmann. — Herr M. Kaulitz	10	—
	Summa	368	16

4. Verband der Baugenossenschaften Deutschlands.

Vorstand: Herr Landrat Berthold in Blumenthal (Hannover), Herr Eisenbahndirektor a. D. K. Schrader in Berlin W., Steglitzerstraße 68, Herr Andresen in Hamburg.

Stellvertreter: Herr Spring in Berlin, Herr Meyer in Silberhütte (Anhalt).

Verbands-Revisoren: die Herren Dr. Fr. Schneider in Potsdam, Michelmann in Blankenburg a. Harz, Seibert in Wiesbaden, P. Förster in Friedland (Bez. Breslau), Kuckuck in Meiningen, Scheidt in Hannover, Wollenweber in Hannover, Schulz in Cassel, Weymuth in Cassel, W. Rinow in Allenstein.

(97 Vereine.)

Baugenossenschaften.

		Beitrag M	Beitrag ₰
82.	Alfeld a. L., Gemeinnütziger Bauverein, e. G. m. b. H., Herr C. Bernscheidt — Exz. von Kuhlmann, General z. D.	10	—
83.	Allenstein, Allensteiner Wohnungs-Baugenossenschaft, e. G. m. b. H., Herr Wolfgang Hassenpflug. — Herr Landrat Felix Krahmer	?	?
84.	Arnstadt, Bauverein, e. G. m. b. H., Herr Reiniger. — Herr Dr. Bielfeld	10	—
85.	Berlin, Berliner Baugenossenschaft, e. G. m. b. H., Steglitzerstraße 86, W., Herr K. Schrader. — Herr Dr. Paul Nathan .	100	—
86.	Berlin, Bau- u. Sparverein Finkenkrug, e. G. m. b. H., Weißenburgerstraße 67, N., Herr Paul Maruschke. — Herr Ed. Wagner	10	—
87.	Berlin, Baugenossenschaft des Vereins der Angestellten der Großen Berliner Straßenbahn, e. G. m. b. H., Leipziger Platz 14, W., Herr Otto Schellin. — Herr Bau- und Betriebsdirektor Marhold	*	*
88.	Blumenthal (Hannover), Spar- und Bauverein Blumenthal, e. G. m. b. H., Herr Vorarbeiter D. Brinkmann. — Herr Landrat Berthold	47	72
89.	Böllberg b. Halle a. S., Böllberger Hausgenossenschaft, e. G. m. b. H., Herr Max Günther — Herr Heinr. Huth sen., Wörmlitz	10	—
90.	Bramsche, Gemeinnütziger Bauverein, e. G. m. b. H., Herr Bocke. — Herr Pastor Hüster	10	—
91.	Brandenburg a. H., Bau- und Sparverein, e. G. m. b. H., Herr E. Lehmann. — Herr Kommerzienrat O. Metzenthin . . .	10	—
92.	Braunschweig, Braunschweiger Baugenossenschaft, e. G. m. b. H., Herr Rud. Teichs. — Herr Finanzrat Hassel	53	76
93.	Cassel, Arbeiter-Bauverein, e. G. m. b. H., Herr Rudolph. — Herr Bauinspektor Rehus	29	56
94.	Celle, Celler Bau- und Sparverein, e. G. m. b. H., Herr F. Jänicke. — Herr G. Riehm, Prokurist.	10	—
95.	Cöthen (Anh.), Bauverein Cöthen, e. G. m. b. H., Herr W. Schulze. — Herr Mälzereidirektor Deich.	10	—
96.	Düsseldorf, Staats-Eisenbahner-Bauverein, e. G. m. b. H., Herr F. Claesgens. — Herr Schmitz	10	—
	Transport	321	04

	Beitrag ℳ	₰
Transport	321	04
97. Eickel, Spar- und Bauverein zu Eickel, e. G. m. b. H., Herr Hülsmann. — Herr Fiedler	?	?
98. Einbeck, Spar-, Darlehns- und Bauverein, e. G. m. b. H., Herr Herm. Oppermann. — Herr Steinberg	10	—
99. Elberfeld, Eisenbahn-Bauverein zu Elberfeld, e. G. m. b. H., Herr K. Voigt. — Herr Reg.-Rat Zachariae	28	13
100. Elbingerode, Gemeinnütziger Bauverein, e. G. m. b. H., Herr Georg Maske. — Herr Wilh. Klein	10	—
101. Erfurt, Erste Erfurter Baugenossenschaft für Arbeiter und Beamte zu Erfurt, e. G. m. b. H., Herr W. Kretschmar. — Herr Reg.-Assessor Löffler	10	—
102. Erfurt, Baugenossenschaft Schmidtstädt, e. G. m. b. H., Herr Stichling. — Herr Fabrikbesitzer Ludw. Topf	10	—
103. Falkenberg (Bez. Halle a. S.), Baugenossenschaft für die Beamten und Arbeiter der Staats-Eisenbahn-Verwaltung zu Falkenberg, e. G. m. b. H., Herr Lewien. — Herr F. Fabel	25	40
104. Fulda, Bauverein für den Kreis Fulda, e. G. m. b. H., Herr Karl Kramer. — Herr Landrat Steffens	10	—
105. Görlitz, Spar- und Bauverein, e. G. m. b. H., Herr Deinert. — Herr Diakonus Walther Nithack-Stahn	10	—
106. Göttingen, Spar- und Bauverein, e. G. m. b. H., Herr H. Schodder. — Herr Rechtsanwalt Dr. Beyer	10	—
107. Greifenberg i. Pommern, Gemeinnütziger Bauverein Greifenberg, e. G. m. b. H., Herr C. Beckershaus, Königlicher Baurat. — Herr Lemcke	10	—
108. Halle a. S., Spar- und Bauverein zu Halle a. S., e. G. m. b. H., Herr Fr. Franzen. — Herr G. Meyer	?	?
109. Hamburg, Bau- und Sparverein zu Hamburg, e. G. m. b. H., jetzt Aktiengesellschaft, Herr Dr. Traun. — Herr Dr. von Duhn	?	?
110. Hamburg, Beamten-Wohnungs-Verein, e. G. m. b. H., Herr Fr. Kessinger. — Herr F. A. Zielke	*	*
111. Hanau, St. Joseph-Spar- und Bauverein, e. G. m. b. H., Herr Oehler, Kaplan. — Herr Dr. Malkmus	30	—
112. Hannover-Kleefeld, Kleefelder Baugenossenschaft, e. G. m. b. H., Herr H. Schaper. — Herr Hartung	19	63
113. Hannover, Beamten-Wohnungsverein zu Hannover und Umgegend, e. G. m. b. H., Herr H. Arnhold. — Herr Mohrmann, Professor	10	—
114. Harburg a. E., Harburger Kredit-, Konsum- und Bauverein, e. G. m. b. H., Herr August Bonus. — Herr Bethmann	10	—
115. Heiligenhaus, Gemeinnütziger Bauverein, e. G. m. b. H., Herr Tillmann. — Herr Bürgermeister Paul Freund (auch für 1902 im Rest)	?	?
116. Herne, Bauverein Herne, e. G. m. u. H., Herr Otto Mährlein. — Herr C. Thiem, Bergarbeiter	?	?
117. Hirschberg i. Schl., Spar- und Bauverein, e. G. m. b. H., Herr Wandrey. — Herr Rechtsanwalt Dr. Ablaß	15	73
118. Homburg v. d. H., Gemeinnützige Baugenossenschaft, e. G. m. b. H., Herr Gustav Leitzsch. — Herr Landrat Elbinghaus	10	—
119. Ilmenau i. Th., Ilmenauer Baugenossenschaft, e. G. m. b. H., Herr J. A. Bingold. — Herr Emil Breitschuh	10	—
120. Kirchheim b. Heidelberg, Baugenossenschaft Bezirk Heidelberg, e. G. m. b. H., Herr W. Grieser. — Herr Fr. Schweigert	*	*
121. Konstanz, Spar- und Bauverein, e. G. m. b. H., Herr Fr. Fakler. — Herr Fabrikant Schneider	13	80
Transport	573	73

		Beitrag	
		ℳ	₰
	Transport	573	73
122.	Kreuznach, Spar- und Bauverein, e. G. m. b. H., Herr Matthiae. — Herr Dr. F. Eichholz	16	33
123.	Kulmbach, Kulmbacher Bauverein, e. G. m. b. H., Herr L. Pensel. — Herr H. Limmer	10	—
124.	Langendreer, Langendreerer Baugenossenschaft, e. G. m. b. H., Herr Schlüter. — Herr Prietsch	?	?
125.	Langenöls, Bez. Liegnitz, Bauverein Langenöls, e. G. m. b. H., Herr Fabrikdirektor Nic. Rohwer. — Herr Fabrikdirektor Rob. Ruscheweyh	?	?
126.	Lauterberg a. Harz, Gemeinnütziger Bauverein Lauterberg a. H., e. G. m. b. H., Herr G. Haltenhoff. — Herr Bürgermeister Gehrig	10	—
127.	Leer (Ostfr.), Beamten-Wohnungsverein zu Leer, e. G. m. b. H., Herr And. Möring. — Herr Prof. G. Klages (auch für 1902 im Rest)	?	?
128.	Lehrte, Gemeinnütziger Bauverein, e. G. m. b. H., Herr E. Böcker. — Herr Dr. Ernst	10	—
129.	Limburg a. Lahn, Spar- und Bauverein, e. G. m. b. H., Herr Josef Steinebach. — Herr Bauinspektor Kersten	*	*
130.	Lingen, Bau- und Sparverein zu Lingen, e. G. m. b. H., Herr Jos. Kaiser. — Herr Joh. Meyer	10	—
131.	Luckenwalde, Luckenwalder Bauverein, e. G. m. b. H., Herr G. Pariser. — Herr Joh. Flashoff	10	—
132.	Ludwigshafen a. Rh., Baugenossenschaft Ludwigshafen, e. G. m. b. H., Herr Hans Lebender. — Herr Rechtsanwalt Hoyer	11	10
133.	Lübeck, Gemeinnütziger Bauverein, e. G. m b. H., Herr C. Colemann. — Herr F. Sauermann	26	—
134.	Magdeburg, Mieter-Bau- und Sparverein, e. G. m. b. H., Herr August Pitt. — Herr Richter	10	—
135.	Mannheim, Spar- und Bauverein, e. G. m. b. H., Herr F. Löwenhaupt jr. — Herr Fabrikant Esch	?	?
136.	Menslage, Gemeinnützige Ansiedelungsgenossenschaft für das Kirchspiel Menslage, e. G. m. b. H., Herr Ascherbohl. — Herr Wachhorst	10	—
137.	Merseburg, Merseburger Spar- und Bauverein, e. G. m. b. H., Herr O. Kühn. — Herr A. Dresdner	10	—
138.	Metz, Baugenossenschaft von Beamten in Metz und Umgegend, e. G. m. b. H., Herr Werner. — Herr Regierungs- und Schulrat Dr. Bayer	10	—
139.	Meuselwitz, Bau- und Sparverein zu Meuselwitz, e. G. m. b. H., Herr Max Lippmann. — Herr Funk	10	—
140.	Misburg, Gemeinnütziger Bauverein Misburg-Anderten, e. G. m. b. H., Herr Max Mahnke. — Herr Inspektor R. Müller in Hannover	10	—
141.	Mühlhausen i. Th., Spar- und Bauverein, e. G. m. b. H., Herr G. Franke. — Herr Trenkmann, Erster Bürgermeister	25	95
142.	Münden (Hann.), Gemeinnütziger Bauverein, e. G. m. b. H., Herr F. Iserloh. — Herr O. Gebraht	10	—
143.	Nordhorn, Gemeinnütziger Bauverein Nordhorn, e. G. m. b. H., Herr Lefers. — Herr E. Reins	10	—
144.	Oberursel, Oberurseler Bau- und Sparverein, e. G. m. b. H., Herr W. Baumann. — Herr Pfarrer Al. Heß	18	98
145.	Osterholz-Scharmbeck, Gemeinnütziger Bauverein Osterholz-Scharmbeck, e. G. m. b. H., Herr F. Riekrens. — Herr Dümling	10	—
146.	Osterode a. Harz, Osteroder gemeinnützige Baugenossenschaft, e. G. m. b. H., Herr Giesecke. — Herr von Allwörden	10	—
147.	Paderborn, Paderborner gemeinnützige Baugesellschaft, e. G. m. b. H., Herr A. Westphalen. — Herr Rud. Ullner	10	—
	Transport	832	09

		Beitrag ℳ	₰
	Transport	832	09
148.	Pirmasens, Spar- und Baugenossenschaft, e. G. m. b. H., Herr Philipp Schäfer. — Herr Oberamtsrichter Gerichten	10	—
149.	Posen, Posener gemeinnützige Baugenossenschaft, e. G. m. b. H., Herr Regierungs- u. Gewerberat Hägermann. — Herr Radomski	10	—
150.	Potsdam, Bau- und Sparverein für Eisenbahnbedienstete, e. G. m. b. H., Herr Schulze. — Herr L. Kunkel, Werkführer	23	71
151.	Quakenbrück, Spar- und Bauverein, e. G. m. b. H., Herr Hahn. — Herr Pastor Krämer	?	?
152.	Rauenstein, Spar- und Bauverein Rauenstein, e. G. m. b. H., Herr Müller. — Herr A. Michaelis, Spielwarenfabrikant . . .	10	—
153.	Rheda (Bez. Minden), Bau- und Sparverein zu Rheda, e. G. m. b. H., Herr Schulte-Mönting. — Herr Dr. Willy Engelhardt, Landrat.	?	?
154.	Rheinsberg (Mark), Bauverein zu Rheinsberg, e. G. m. b. H., Herr Paul Henke. — Herr Fabrikbesitzer Schanz.	10	—
155.	Ricklingen (Hannover), Gemeinnütziger Bauverein, e. G. m. b. H., Herr Dornbusch. — Herr Dr. Borgmann	10	—
156.	Rixdorf, Rixdorfer Spar- und Bauverein, e. G. m. b. H., Herr Andr. Fricke. — Herr Schulze	?	?
157.	Sarstedt, Gemeinnütziger Bauverein, e. G. m. b. H., Herr Pechau. — Herr Fritz Voß	17	61
158.	Schiltigheim, Bauverein Schiltigheim, e. G. m. b. H., Herr Aug. Kirrmann. — Herr Leo Ungemach	?	?
159.	Siegen, Siegener Baugenossenschaft, e. G. m. b. H., Herr Regierungsbaurat Grauhan. — Herr Eisenbahnbau- und Betriebsinspektor Benser	18	35
160.	Silberhütte (Anh.), Bauverein, e. G. m. b. H., Herr Carl Meyer. — Herr Dr. Carl F. Föhr	10	—
161.	Soest, Soester gemeinnütziger Bauverein, e. G. m. b. H., Herr F. Kerstin. — Herr Justizrat Wilh. Hennecke	?	?
162.	Spremberg i. L., Spar- und Bauverein, e. G. m. b. H., Herr E. Geißler. — Herr H. Feller	13	28
163.	Stendal, Gemeinnütziger Bauverein, e. G. m. b. H., Herr Meyer. — Herr Lokomotivführer Nicke	*	*
164.	Stettin, Beamten-Baugenossenschaft „Beamtenheim“, e. G. m. b. H., Herr Dieben. — Herr Reg.- und Baurat Storbeck . . .	22	10
165.	Stöcken b. Hannover, Gemeinnütziger Bauverein, e. G. m. b. H., Herr Ernst Geese. — Herr Maurermeister Carl Sandvoß . . .	25	—
166.	Tapiau (Kr. Wehlau), Bauverein, e. G. m. b. H., Herr Fr. Zacharias. — Herr Wagner, Bürgermeister	?	?
167.	Villingen (Baden), Baugenossenschaft Villingen, e. G. m. b. H., Herr Kaplaneiverwalter Jos. Lang. — Herr J. M. Mauthe . .	10	—
168.	Volmarstein, Spar- und Bauverein, e. G. m. b. H., Herr Franz Arndt, Pfarrer. — Herr Carl Winzerling jr.	10	—
169.	Weimar, Bauverein Weimar, e. G. m. b. H., Herr Ziemer. — Herr Rentner Behrend	10	—
170.	Wiesbaden, Spar- und Bauverein, e. G. m. b. H., Herr C. Heilhecker. — Herr Dr. Jünger (auch für 1899 und 1900 im Rest)	?	?
171.	Wiesbaden, Beamten-Wohnungs-Verein, e. G. m. b. H., Herr Regierungsrat Dr. Leymann. — Herr Regierungsrat Dr. Seibel	10	—
172.	Wilhelmsburg a. Elbe, Eisenbahn-Bauverein, e. G. m. b. H., Herr Korallus. — Herr Reg.-Assessor Keindorff	100	—
173.	Wilhelmsburg a. Elbe, Wilhelmsburger Spar- u. Bauverein, e. G. m. b H., Herr Kankowski. — Herr Krüger.	?	?
174.	Wilhelmshaven, Wilhelmshavener Spar- und Baugesellschaft, e. G. m. b. H., Herr W. Bauer. — Herr Friedr. Pflöger . . .	44	24
	Transport	1196	38

Nr.		Beitrag ℳ	₰
	Transport	1196	38
175.	Wittenberge (Bez. Potsdam), Bau- und Sparverein von Eisenbahn-Bediensteten, e. G. m. b. H., Herr Fiebig. — Herr Eisenbahn-Bauinspektor Wolfen	25	20
176.	Witzenhausen, Spar- und Bauverein, e. G. m. b. H., Herr E. Joseph. — Herr E. Staffel	10	—
177.	Wolfenbüttel, Spar- und Bauverein Wolfenbüttel, e. G. m. b. H., Herr Hugo Brand. — Herr Jul. Zwißler, Verlagsbuchh.	?	?
178.	Wülfel, Spar- und Bauverein Wülfel und Umgegend, e. G. m. b. H., Herr Carl Pagelsdorff. — Herr F. Meißner, Maurer	14	26
	Summa	1245	84

5. Verband der Fränkischen Vorschuß- und Kreditgenossenschaften.

Direktor: Herr Handelsschuldirektor H. Trotter in Miltenberg (Unterfranken).

Stellvertreter: Herr Kommerzienrat Limmer in Kulmbach.

Verbands-Revisoren: Herren H. Trotter in Miltenberg, Kuckuck in Meiningen.

(30 Vereine.)

Vorschußvereine.

Nr.		ℳ	₰
179.	Altdorf bei Nürnberg, Gewerbe- und Vorschußverein Altdorf, e. G. m. u. H., Herr H. Morath. — Herr G. Born	28	14
180.	Alzenau in Bayern, Kreditverein, e. G. m. u. H., Herr B. Zeller. — Herr P. Seipel	32	25
181.	Amorbach, Kreditverein, e. G. m. b. H., Herr Volkhardt. — Herr Jordan	34	47
182.	Ebensfeld, Vorschußverein, e. G. m. u. H., Herr F. Dütsch. — Herr Gutsbesitzer O. Fritsche	32	—
183.	Eltmann (Unterfr.), Vorschußverein für den Amtsgerichtsbezirk E., e. G. m. b. H., Herr J. Engelbrecht. — Herr Hauck	31	55
184.	Erlangen, Vorschuß- und Kreditverein Erlangen, e. G. m. b. H., Herr M. Häußler. — Herr Kränzlein, Kommerzienrat	12	85
185.	Gerolzhofen (Unterfr.), Vorschußverein zu Gerolzhofen, e. G. m. b. H, Herr J. Röder. — Herr Stadtrat P. Litz	79	27
186.	Kitzingen, Spar- und Vorschußverein Kitzingen, e. G. m. b. H., Herr F. Meuschel. — Herr Ignaz Plettinger	81	60
187.	Klingenberg (Bayern), Kreditverein, e. G. m. b. H., Herr Jos. Heßler jr. — Herr Thomas Gröhling	17	50
188.	Kulmbach, Gewerbe- und Vorschußverein für Kulmbach, e. G. m. b. H., Herr Kommerzienrat H. Limmer. — Herr W. Meußdörffer	100	—
189.	Lahm i. Itzgrund (Post Rattelsdorf), Itzgründer Kreditverein zu Lahm, e. G. m. u. H., Herr J. Elflein. — Herr Hülß	36	—
190.	Leutershausen (Mittelfr.), Gewerbe- und Vorschußverein, e. G. m. u. H., Herr Posthalter Leidig. — Herr Jaatz	26	28
191.	Lichtenfels in Bayern, Spar- und Kreditverein Lichtenfels, e. G. m. u. H., Herr S. Fischer. — Herr F. Rothlauf	11	17
192.	Ludwigsstadt i. Oberfr., Vorschußverein, e. G. m. u. H., Herr F. Wachter. — Herr F. Voll (auch für 1902 im Rest)	?	?
193.	Marktbreit, Kreditverein, e. G. m. u. H., Herr G. Michel. — Herr Kaufmann Ad. Hartmann	47	14
194.	Memmelsdorf (Post Bamberg), Kredit- und Sparverein im Itzgrund, e. G. m. b. H., Herr A. Prieger. — Herr Ökonom P. Och	29	54
	Transport	599	76

	Beitrag ℳ	₰
Transport	599	76
195. Miltenberg (Unterfr.), Kreditverein, e. G. m. b. H., Herr Herm. Trotter. — Herr M. Jung	100	—
196. Nürnberg, Nürnberger Spar- und Vorschußverein, e. G. m. b. H., Herr M. Kobl. — Herr A. Hammer	12	—
197. Obernburg b. Aschaffenburg, Landwirtsch. Kreditverein, e. G. m. u. H., Herr Antelmann. — Herr Reitz	10	—
198. Ochsenfurt, Kreditverein, e. G. m. u. H., Herr M. Aurich. — Herr A. Rappert	29	65
199. Prichsenstadt, Kreditverein, e. G. m. u. H., Herr Ebenauer. — Herr Wagnermeister N. Ebert	?	?
200. Röttingen a. T., Landwirtschafts- und Gewerbebank, e. G. m. u. H., Herr A. Lochner. — Herr B. Stephan	20	68
201. Rothenburg o. d. T., Vorschußverein, e. G. m. b. H., Herr F. Hübscher. — Herr Truckenbrodt	18	65
202. Schweinfurt, Kreditverein Schweinfurt, e. G. m. u. H., Herr A. Luther. — Herr P. Degner	32	95
203. Thurnau in Bayern, Gewerbe- und Vorschußverein für den Bezirk Thurnau, e. G. m. b. H., Herr F. Wölfel. — Herr Wilh. Eckenberger	17	35
204. Veitlahm (Post Mainleus), Vorschußverein Maingau, e. G. m. b. H., Herr Frhr. von Künßberg. — Herr Ökonom Th. Ströhlein	10	—
205. Weidenberg, Kreditverein, e. G. m. u. H., Herr Johann Stoll. — Herr Rummler	?	?
206. Wiesenbronn, Kreditverein, e. G. m. u. H., Herr L. Supp. — Herr Neubauer	10	—
207. Wiesentheid, Kreditverein, e. G. m. u. H., Herr M. Baumeister. — Herr A. Fackelmann	?	?
208. Zeil, Vorschußverein, e. G. m. u. H., Herr Burger. — Herr F. Burger	10	—
Summa	871	04

6. Verband Hessischer Vorschuß- und Kreditvereine.

Direktor: Herr Justizrat Dr. Harnier in Cassel.
Stellvertreter: Herr Reins in Cassel.
Verbands-Revisor: Herr Dörr in Friedberg i. Hessen.
Stellvertreter: Herr Reins in Cassel.
(25 Vereine.)

Vorschußvereine.

	ℳ	₰
209. Alsfeld, Alsfelder Vorschußverein, e. G. m. u. H., Herr Ernst Wenzel. — Herr Georg Bücking	84	25
210. Bad-Wildungen (Waldeck), Vorschuß- und Sparverein zu Ndr.-Wildungen, e. G. m. u. H., Herr Höbener. — Herr Otto Radtke	70	50
211. Biedenkopf, Volksbank, e. G. m. u. H., Herr Theodor Werner. — Herr Baptist Rehm	29	60
212. Butzbach, Vorschußverein, e. G. m. u. H., Herr Wilh. Heil. — Herr H. Steinhäuser V	100	—
213. Cassel, Kreditverein zu Cassel, e. G. m. b. H., Herr F. Reins. — — Herr Justizrat Dr. Harnier	100	—
214. Cassel, Allgemeiner Vorschußverein, e. G. m. u. H., Herr F. Unger. — Herr Bal. Köster	100	—
215. Eschwege, Vorschußverein, e. G. m. u. H., Herr R. Saame jr. — Herr Göbel	10	—
Transport	494	35

		Beitrag M	Pf
	Transport	494	35
216.	Friedberg i. Hessen, Vorschuß- und Kreditverein zu Friedberg, e. G. m. u. H., Herr J. Dörr. — Herr Adam Steinhäußer	100	—
217.	Fulda, Vorschuß-Verein zu Fulda, e. G. m. b. H., Herr Karl Künstler. — Herr A. Büttner	100	—
218.	Gießen, Gewerbebank zu Gießen, e. G. m. u. H., Herr Carl Loos. — Herr L. Petri II	100	—
219.	Großalmerode, Vorschußverein Großalmerode, e. G. m. u. H., Herr Fr. Herrmann. — Herr Kanzleigehilfe Aug. Ellenberger	10	—
220.	Grünberg in Hessen, Vorschußverein zu Grünberg, e. G. m. u. H., Herr A. Stammler, Fabrikant. — Herr J. Giller	100	—
221.	Hersfeld, Vorschußverein zu Hersfeld, e. G. m. u. H., Herr C. Hettler. — Herr Carl Zickendraht	100	—
222.	Homberg (Reg.-Bez. Cassel), Vorschuß- und Sparkassenverein zu Homberg, e. G. m. u. H., Herr Weber. — Herr Wiegand	100	—
223.	Lichtenau (Bez. Cassel), Spar- und Vorschußverein zu Hessisch-Lichtenau, e. G. m. u. H., Herr E. Rode. — Herr E. Wetz	56	94
224.	Marburg (Bez. Cassel), Vorschußverein zu Marburg, e. G. m. u. H., Herr Ehrhardt. — Herr Dr. C. Ochsenius	100	—
225.	Melsungen, Vorschußverein zu Melsungen, e. G. m. u. H., Herr G. Krafft. — Herr Fr. Steinbach	91	72
226.	Nauheim (Bad), Spar- und Vorschußverein, e. G. m. u. H, Herr P. Aletter. — Herr Ph. Müller	100	—
227.	Neukirchen bei Ziegenhain (Cassel), Vorschußverein zu Neukirchen b. Z., e. G. m. u. H., Herr Hörle. — Herr Roß	24	77
228.	Nordeck (Post Londorf), Vorschuß- und Sparkasse zu Nordeck, e. G. m. u. H., Herr Wisker. — Herr Kormann	22	07
229.	Reichelsheim i. d. Wetterau, Vorschuß- und Kreditverein zu Reichelsheim, e. G. m. u. H., Herr W. Coburger. — Herr Veith	53	23
230.	Rotenburg a. d. Fulda, Vorschußverein, e. G. m. u. H., Herr Georg Müller. — Herr H. Schaub	46	86
231.	Schlitz, Vorschußverein zu Schlitz, e. G. m. u. H., Herr M. Hoffmann. — Herr G. Schul	10	—
232.	Wächtersbach, Wächtersbacher Vorschußverein, e. G. m. u. H., Herr G. Kolb. — Herr L. Kolb	53	04
233.	Wetzlar, Vorschuß- und Kreditverein, e. G. m. u. H., Herr Fr. Heinzenberg. — Herr Götz	?	?
	Summa	1662	98

7. Verband der Kreditgenossenschaften der Lausitz und der benachbarten Landesteile.

Direktor: Herr O. Zademach in Guben.
Stellvertreter: Herr O. Fiedler in Forst i. L.
Verbands-Revisor: Herr Dr. Fr. Schneider in Potsdam.
(22 Vereine.)

a. Vorschußvereine.

		M	Pf
234.	Cottbus, Vorschußverein zu Cottbus, e. G. m. u. H., Herr E. Kittel. — Herr Rottka	100	—
235.	Crossen a. O., Vorschußverein zu Crossen a. O., e. G. m. u. H., Herr A. Schulz. — Herr Stadtsekretär Kutschbach	63	48
236.	Forst N.-L., Kreditkassenverein zu Forst i. L, e. G. m. u. H., Herr O. Fiedler. — Herr P. Högelheimer	100	—
237.	Frankfurt a. O., Vereinsbank zu Frankfurt a. O., e. G. m. b. H., Herr Schumann. — Herr Rohn	100	—
	Transport	363	48

		Beitrag M	₰
	Transport	363	48
238.	Fürstenberg a. O., Vorschußverein zu Fürstenberg, e. G. m. u. H., Herr W. Grosse. — Herr Schulz	10	—
239.	Fürstenwalde a. Spree, Spar- und Vorschußverein Fürstenwalde a. Spr., e. G. m. u. H., Herr H. Teschner. — Herr Großmann	29	25
240.	Görlitz, Vorschußverein zu Görlitz, e. G. m. u. H., Herr Nahmmacher. — Herr Lange	23	60
241.	Guben, Vorschußverein zu Guben, e. G. m b. H., Herr O. Zademach. — Herr E. Schulz	100	—
242.	Halbau, Vorschußverein, e. G. m. u. H., Herr Winckler. — Herr Paternoster	100	—
243.	Königs-Wusterhausen, Vorschußbank in K.-W., e. G. m. u. H., Herr Schmidt. — Herr H. Philippsborn	67	—
244.	Letschin, Kreditverein zu Letschin, e. G. m. u. H., Herr O. Zimmermann. — Herr R. Peyer	84	10
245.	Luckau i. Lausitz, Vorschußverein, e. G. m. u. H, Herr Louis Hengel. — Herr Drechslermeister C. Wagner	44	98
246.	Lübben i. Lausitz, Vorschußverein zu Lübben, e. G. m. u. H., Herr A. Köstlich. — Herr H. Rüde	100	—
247.	Lübbenau, Vorschußverein zu Lübbenau, e. G. m. u. H., Herr Oskar Winzler. — Herr Trüstedt	30	65
248.	Sagan, Spar- und Vorschußverein zu Sagan, e. G. m. b. H., Herr R. Thiel. — Herr Osburg	59	89
249.	Seelow, Vorschußverein, e. G. m. u. H., Herr L. Selge. — Herr Schneider	10	—
250.	Senftenberg i. Lausitz, Vorschußverein zu Senftenberg, e. G. m. u. H, Herr F. Lorenz. — Herr C. Grubann	76	51
251.	Sorau N.-L., Kredit- und Diskontoverein, e. G. m b. H., Herr G. Schäfer. — Herr C. Kaulfuß	100	—
252.	Spremberg, Kredit- und Sparbank, e. G. m. u. H., Herr A. Markert. — Herr Schittke	10	—
253.	Wendisch-Buchholz, Vorschußkasse, e. G. m. u. H, Herr Scherff. — Herr Weege	80	23
254.	Züllichau, Vorschußverein zu Züllichau, e. G. m. u. H., Herr A. Kittel. — Herr Laeske	25	05
	b. Andere Genossenschaften.		
255.	Görlitz, Schuhmacher-Rohstoff-Genossenschaft, e. G. m. b. H., Herr Paul Hartmann. — Herr E. Heßler	10	—
	Summa	1324	74

8. Verband der Konsumvereine der Lausitz und der angrenzenden Provinzen und Landesteile.

Direktor: Herr Jordan in Görlitz.
Stellvertreter: Herr Schätze in Görlitz.
Verbands-Revisor: Herr Dr. Fr. Schneider in Potsdam.
(24 Vereine.)

		Beitrag M	₰
	a. Konsumvereine.		
256.	Bautzen, Waren-Einkaufs-Verein zu Bautzen, e. G. m. b. H., Herr Salm. — Herr M. Grunert	23	55
257.	Calau N.-L., Konsumverein zu Calau, e. G. m. b. H, Herr Robert Schlesier. — Herr R. Hempel	12	45
258.	Cottbus, Neuer Konsumverein Cottbus, e. G. m. b. H., Herr G. Unger. — Herr O. Härtel	14	40
	Transport	50	40

		Beitrag	
		M	₰
	Transport	50	40
259.	Finsterwalde, Konsumverein, e. G. m. b. H., Herr R. Richter. — Herr H. Kaßner	38	25
260.	Gassen, Konsumverein, e. G. m. b. H, Herr Aug. Kunze. — Herr Bürger	18	85
261.	Görlitz, Konsumverein zu Görlitz, e. G. m. b. H., Herr Schubert. — Herr Schätze	100	—
262.	Groß-Schönau i. Sachsen, Konsumverein zu Groß-Schönau, e. G. m. b. H., Herr Carl Goldberg. — Herr C. Mylius	30	60
263.	Hoyerswerda, Konsumverein für Bedienstete der Behörden in Hoyerswerda, e. G. m. b. H, Herr B. Heine. — Herr Fr. Legeler, Zugführer	10	—
264.	Linderode O.-L., Konsumverein Linderode, e. G. m. b. H., Herr W. Winzker. — Herr E. Wilhelm, Webermeister	10	—
265.	Löbau i. Sachsen, Konsumverein zu Löbau, e. G. m. b. H., Herr H. Petzold. — Herr M. Weber	10	—
266.	Lübben i. Lausitz, Konsumverein zu Lübben, e. G. m. b. H., Herr A. Fuhrmann. — Herr Ad. Michel	13	35
267.	Muskau, Konsumverein zu Muskau und Umgegend, e. G. m. b. H., Herr G. Rhein. — Herr H. Blümel	10	05
268.	Ober-Cunnersdorf, Konsumverein zu Ober-Cunnersdorf, e. G. m. b. H., Herr Alwin Kay. — Herr Gustav Birnbaum, Zimmermeister	10	65
269.	Schreiberhau, Konsumverein zu Schreiberhau, e. G. m. u. H., Herr W. Schier. — Herr Strauch	19	95
270.	Senftenberg i. L., Konsumverein, e. G. m. b. H., Herr A. Kaiser. — Herr Fr. Lucas	10	—
271.	Sommerfeld (Bez. Frankfurt a. O.), Konsumverein zu Sommerfeld, e. G. m. u. H., Herr Stadtrat R. Knorr. — Herr A. Schulz	28	35
272.	Spremberg i. Lausitz, Konsumverein zu Spremberg, e. G. m. b. H., Herr A. Lenke. — Herr A. Schottka	31	05
273.	Tiefenfurt (Bez. Liegnitz), Konsumverein, e. G. m. b. H., Herr E. Milke. — Herr Gust. Neumann	14	85
274.	Vetschau, Gewerkvereins-Konsum Vetschau, e. G. m. b. H., Herr J. Bartsch. — Herr A. Wiesner	10	—
275.	Waldorf i. Sachsen, Konsum- und Produktiv-Verein Waldorf, e. G. m. u. H., Herr E. W. Müller. — Herr H. Steinitz	16	80
276.	Warmbrunn, Konsumverein Warmbrunn und Umgegend, e. G. m. b. H., Herr Aug. Hannack. — Herr Oberamtmann A. Mende	10	—
277.	Weißwasser O.-L., Konsumverein zu Weißwasser O.-L., e. G. m. b. H., Herr Robert Müller. — Herr Adolf Reimann	22	20
278.	Zittau, Konsumverein für Zittau und Umgegend, e. G. m. b. H., Herr G. Scholz. — Herr G. Hilzenbecher	25	95
	b. Andere Genossenschaften.		
279.	Vetschau, vormals A. Lehnigk, Maschinenfabrik, Fahrradwerke und Eisengießerei, e. G. m. b. H., Herr K. Emmelmann. — Herr W. Zerna	33	75
	Summa	525	05

9. Verband der Erwerbs- und Wirtschaftsgenossenschaften im Regierungs-Bezirk Magdeburg, Herzogtum Braunschweig und der Provinz Hannover.

Direktor: Herr Paul Feldheim in Burg bei Magdeburg.
Stellvertreter: Herr Schüßler in Gommern.
Verbands-Revisor: Herr K. Michelmann in Blankenburg am Harz; stellvertretender Verbands-Revisor: Herr J. Kobley in Halberstadt.

(43 Vereine.)

a. Vorschußvereine.

		Beitrag ℳ	₰
280.	Aken a. E., Spar- und Vorschußverein, e. G. m. u. H., Herr A. Zehle. — Herr G. Naumann	73	27
281.	Aken a. E., Bankverein, e. G. m. u. N., Herr Aug. Löffler. — Herr Schwalenberg	52	80
282.	Beetzendorf, Vorschußverein, e. G. m. u. H., Herr W. Blumenthal. — Herr C. Neubauer	43	70
283.	Bismark (Prov. Sachsen), Vorschußverein zu Bismark, e. G. m. u. H., Herr C. Derz. — Herr Arnold	10	—
284.	Blankenburg a. H., Vorschuß- und Sparverein, e. G. m. u. H., Herr J. Seemann. — Herr Franz Feyertag	23	42
285.	Burg b. M., Spar- und Gewerbebank zu Burg, e. G. m. b. H., Herr P. Feldheim. — Herr C. Hahn	100	—
286.	Calbe a. S., Calbenser Kreditverein, e. G. m. b. H., Herr L. Bucerius. — Herr C. Friedrich	23	70
287.	Calvörde, Spar- und Vorschußverein in Calvörde, e. G. m. u. H., Herr W. Beck. — Herr Kürschnermeister W. Graubner	37	32
288.	Cochstedt, Vorschußverein, e. G. m. u. H., Herr Fickert. — Herr Muhl	10	—
289.	Egeln, Kreditverein zu Egeln, e. G. m. u. H., Herr Kortum. — Herr Wehe	25	32
290.	Eichenbarleben, Spar- und Vorschußverein zu Eichenbarleben, e. G. m. b. H., Herr H. Pfeffer. — Herr C. Germelmann	57	46
291.	Gardelegen, Vorschußverein zu Gardelegen, e. G. m. u. H., Herr Hintze. — Herr Kaufmann C. Schmidt	100	—
292.	Genthin, Spar- und Gewerbebank zu Genthin, e. G. m. b. H., Herr Schrader. — Herr Mahlow	51	31
293.	Gommern, Spar- und Vorschußverein zu Gommern, e. G. m. u. H., Herr Schüßler. — Herr Michaelis	100	—
294.	Halberstadt, Kreditverein zu Halberstadt, e. G. m. b. H., Herr M. Heims. — Herr Grewe	39	90
295.	Hannover, Gewerbebank zu Hannover, e. G. m. u. H., Herr A. Renke. — Herr F. Barlsen	100	—
296.	Harzburg, Spar- und Vorschußverein zu Harzburg, e. G. m. b. H., Herr W. Thielemann. — Herr A. Zimmermann	60	70
297.	Hasselfelde, Vorschußverein zu Hasselfelde, e. G. m. u. H., Herr H. Görlitz. — Herr J. Heyser	48	42
298.	Helmstedt (Braunschweig), Spar- und Vorschußverein zu Helmstedt, e. G. m. u. H., Herr A. Niemann. — Herr W Schmidt	26	32
299.	Hornburg (Bez. Magdeburg), Vorschuß- und Sparverein, e. G. m. u H., Herr Hottendorf. — Herr Dr. Rack	52	63
300.	Langelsheim, Spar- und Vorschußverein, e. G. m. b. H., Herr Fritz Bosse. — Herr Bolte	10	—
	Transport	1046	27

		Beitrag ℳ	₰
	Transport	1046	27
301.	Lerbach, Privat-Sparkasse zu Lerbach, e. G. m. b. H., Herr W. Kratsch. — Herr L. Henze	22	53
302.	Magdeburg, Spar- und Vorschußverein der Eisenbahnbeamten zu Magdeburg, e. G. m. u. H., Herr Hülhof. — Herr Wolff	10	—
303.	Neuhaldensleben, Vorschußverein zu Neuhaldensleben, e. G. m. u. H., Herr Schulze. — Herr Sattlermeister August Keßner	20	05
304.	Osterburg, Vorschußverein zu Osterburg, e. G. m. u. H., Herr Ludwig Müller. — Herr C. Krafft	63	91
305.	Parey a. E., Spar- und Kreditbank, e. G. m. b. H., Herr H. Schubode. — Herr Köppen	40	—
306.	Quedlinburg, Vorschußverein zu Quedlinburg, e. G. m. u. H., Herr O. Fahlberg. — Herr Sattler	10	—
307.	Quedlinburg, Darlehnskassenverein zu Quedlinburg, e. G. m. u. H., Herr R. Roese. — Herr C. Bellstadt	10	—
308.	Rogätz, Spar- und Vorschußverein, e. G. m. b. H., Herr Alb. Junge. — Herr C. Blanke	*	*
309.	Salzwedel, Vorschußverein zu Salzwedel, e. G. m. b. H., Herr A. Freydanck. — Herr O. Brüder	32	75
310.	Schöningen, Kreditverein zu Schöningen, e. G. m. u. N., Herr C. Bode. — Herr Gustav Täger	45	60
311.	Schöppenstedt, Spar- und Vorschußverein Schöppenstedt, e. G. m. b. H., Herr Herm. Fricke. — Herr Döttinchen	10	—
312.	Seehausen in der Altmark, Vorschußverein, e. G. m. u. H., Herr G. Pintus. — Herr Balcke	21	45
313.	Stadtoldendorf, Vorschuß- und Sparverein zu Stadtoldendorf, e. G. m. b. H., Herr Grube. — Herr C. Armbrecht	23	09
314.	Steimke (Post Brome), Vorschußverein zu Steimke, e. G. m. u. H., Herr A. Wernecke. — Herr Ch. Böwing	43	46
315.	Stendal, Vorschußverein zu Stendal, e. G. m. u. H., Herr O. Wernicke. — Herr F. Schulze, Lehrer	100	—
316.	Stendal, Kredit- und Sparverein zu Stendal, e. G. m. u. H., Herr L. Kramer. — Herr F. Hellmund	100	—
317.	Tangermünde, Vorschußverein, e. G. m. u. H., Herr W. Neubauer. — Herr E. Saalfeld	56	39
318.	Werben a. E., Vorschußverein, e. G. m. u. H, Herr Winter. Herr F. Thormeyer	22	01
319.	Wolfenbüttel, Allgemeine Spar- und Kreditgenossenschaft zu Wolfenbüttel, e. G. m. b. H., Herr Chr. Rosenthal. — Herr Carl Lampe sen.	10	—
320.	Wolmirstedt, Vorschußverein, e. G. m. u. H., Herr Hermann Badewitz. — Herr Kaufmann Loß	36	30
	b. Andere Genossenschaften.		
321.	Aken a. Elbe, Schiffsversicherungsverein zu Aken a. E., e. G. m. u. H., Herr H. Zunder. — Herr Karl Becker	10	—
322.	Aken a. E., Schiffer-Havarie-Versicherungsverein Aken a. E., e. G. m. u. H., Herr Aug. Korn. — Herr C. Altenhordt	10	—
	Summa	1743	81

10. Verband der Erwerbs- und Wirtschaftsgenossenschaften am Mittelrhein.

Direktor: Herr Justizrat Dr. Alberti in Wiesbaden.
Stellvertreter: Herr G. Schmidt in Mainz.
Verbands-Revisor: Herr G. Seibert in Wiesbaden; stellvertretender Verbands-Revisor: Herr M. Neußer in Höchst a. M.

(71 Vereine.)

a. Vorschußvereine.

		Beitrag ℳ	₰
323.	Bieber (Kreis Gelnhausen), Vorschußverein zu Bieber, e. G. m. u. H., Herr Wolf. — Herr A. Link	31	98
324.	Biebrich-Mosbach, Vorschußverein zu Biebrich-Mosbach, e. G. m. u. H., Herr A. Berger. — Herr E. Schmölder	100	—
325.	Birstein, Spar- und Vorschußverein, e. G. m. u. H., Herr Dauth. — Herr Stein, Lehrer	30	18
326.	Bockenheim b. Frankfurt a. M., Bockenheimer Volksbank, e. G. m. b. H., Herr C. Stauffer. — Herr T. Meller	100	—
327.	Bonames, Spar- und Leihkasse, e. G. m. u. H., Herr H. Gönsch. — Herr P. Schneider (zu wenig)	8	52
328.	Bornheim b. Frankfurt a. M., Spar- und Hilfsverein, e. G. m. u. H., Herr Chr. Solzer. — Herr Ries	64	18
329.	Brandoberndorf, Vorschußverein, e. G. m. u. H., Herr Henkel. — Herr Johann Schmidt	43	12
330.	Braubach, Vorschußverein, e. G. m. u. H., Herr Wilh. Hummerich. — Herr R. Schinkenberger	100	—
331.	Camberg (Bez. Wiesbaden), Vorschußverein, e. G. m. u. H., Herr Krings. — Herr P. Haber, Buchbinder	36	10
332.	Caub, Vorschuß- und Kreditverein, e. G. m. u. H., Herr Dr. Hertling. — Herr W. Mayer	55	98
333.	Cronberg (Taunus), Vorschußverein für Cronberg und Umgegend, e. G. m. u. H., Herr B. Martin. — Herr G. Jamin	21	36
334.	Diez, Vorschußverein zu Diez, e. G. m. u. H., Herr Gustav Münch. — Herr Paul	100	—
335.	Driedorf (Bez. Wiesbaden), Vorschußverein, e. G. m. u. H., Herr Strobel. — Herr H. Betz	10	—
336.	Eibelshausen, Darlehnskassen- und Sparverein zu Eibelshausen, e. G. m. u. H., Herr H. Heiland. — Herr F. Heinz	37	—
337.	Eltville, Vorschußverein, e. G. m. u. H., Herr A. Liebler. — Herr G. F. Germersheimer	100	—
338.	Emmerichenhain, Vorschußverein Emmerichenhain, e. G. m. u. H., Herr Göbel. — Herr Alb. Müller	85	49
339.	Flörsheim, Vorschußverein zu Flörsheim, e. G. m. u. H., Herr W. Dienst. — Herr F. Keller	67	30
340.	Frankfurt a. M., Frankfurter Gewerbekasse, e. G. m. b. H., Herr Huber. — Herr G. Hoffmann	100	—
341.	Frankfurt a. M., Spar- und Darlehnskasse von Beamten der Königlichen Eisenbahn-Direktion zu Frankfurt a. M., e. G. m. b. H., Herr Schaefer. — Herr R. Zybell	10	—
342.	Geisenheim, Vorschuß- und Kreditverein zu Geisenheim, e. G. m. b. H., Herr A. Simmon (†). — Herr Anton Jung	95	33
343.	Geisenheim, Spar- und Leihkasse, e. G. m. u. H., Herr F. Weil. — Herr Feldmann	95	12
344.	Grävenwiesbach, Vorschußverein, e. G. m. u. H., Herr P. Müller. — Herr P. Jung	60	08
	Transport	1351	74

	Beitrag ℳ	₰
Transport	1351	74
345. Grenzhausen, Volksbank zu Grenzhausen, e. G. m. u. H., Herr Fr. Corcilius. — Herr O. Blum	100	—
346. Griesheim a. M., Vorschußverein, e. G. m. u. H., Herr Jakob Becker. — Herr P. Hafner	?	?
347. Griesheim a. M., Spar- und Hilfsverein zu Griesheim a. M., e. G. m. u. H., Herr Obenauf. — Herr Grünewald	31	30
348. Hachenburg (Westerwald), Vorschußverein, e. G. m. u. H., Herr W. Mergler. — Herr L. Dewald	100	—
349. Haiger, Vorschußverein, e. G. m. b. H., Herr C. Steinbrenner. — Herr Kaufmann A. L. Wehr	61	82
350. Hanau, Hanauer Kreditverein, e. G. m. u. H., Herr H. Nickel — Herr Fr. Roth	100	—
351. Hattersheim, Vorschußverein, e. G. m. u. H., Herr Wollstadt. — Herr W. Schweikart	24	63
352. Herborn (Bez. Wiesbaden), Volksbank zu Herborn, e. G. m. u H., Herr G. Weyell. — Herr Gabriel	76	62
353. Herschbach (Westerwald), Hilfs- und Sparkasse, e. G. m. u. H., Herr Koch II. — Herr Eberz	10	—
354. Höchst a. M., Vorschußverein Höchst a. M., e. G. m. u. H., Herr M. Neußer. — Herr C. Kayßer, Apotheker	100	—
355. Höhr, Kredit- und Vorschußverein zu Höhr, e. G. m. u. H., Herr Marzy. — Herr Peter	?	?
356. Holzappel, Vorschuß- und Sparkassenverein zu Holzappel, e. G. m. u. H., Herr Heinrich Schwarz. — Herr Schaub, Obersteiger	39	41
357. Homburg v. d. Höhe, Spar- und Vorschußkasse zu Homburg v. d. Höhe, e. G. m. b. H., Herr Fritz Nagel. — Herr F. Schick	100	—
358. Idstein, Vorschußverein, e. G. m. u. H., Herr Urban. — Herr Dr. med. Justi	100	—
359. Kirberg (Bez. Wiesbaden), Vorschußverein zu Kirberg, e. G. m. u. H, Herr Hofmann II. — Herr Th. Bücher	22	16
360. Kreuznach, Kreuznacher Volksbank, e. G. m. b. H., Herr P. Weinreis. — Herr Kaufmann J. Winckler	100	—
361. Langenschwalbach, Vorschuß- und Kreditverein zu Langenschwalbach, e. G. m. u. H., Herr Eduard Hild. — Herr Aug. Besier	100	—
362. Langenselbold bei Hanau, Vorschußverein, e. G. m. u. H., Herr Reuther. — Herr Müller	12	—
363. Limburg a. d. Lahn, Vorschußverein zu Limburg, e. G. m. u. H., Herr H. A. Hilf. — Herr Herber	100	—
364. Mainz, Mainzer Volksbank, e. G. m. b. H., Herr Reins. — Herr von Löhr	100	—
365. Marienberg (Westerwald), Vorschußverein zu Marienberg, e. G. m. u. H., Herr Keßler. — Herr Aug. Steup	39	17
366. Montabaur, Vorschußverein zu Montabaur, e. G. m. u. H, Herr Franz Stuntz. — Herr K. Kochem	?	?
367. Münster a. T., Spar- und Vorschußverein, e. G. m. u. H, Herr L. Bätz. — Herr F. J. Klarmann	10	—
368. Niederrad, Spar- und Leihkasse zu Niederrad, e. G. m. u. H., Herr Dürrstein. — Herr Fischer	83	42
369. Oberlahnstein, Volksbank, e. G. m. u. H., Herr P. Buß. — Herr F. Liere	33	20
370. Oberstedten b. Homburg v. d. Höhe, Spar- und Vorschußkasse „Frühling" zu Oberstedten, e. G. m. u. H., Herr Joh. Schaller. — Herr J. Streim	?	?
371. Offenbach a. M., Bankverein zu Offenbach a. M., e. G. m. u. H., Herr C. Drehwald. — Herr E. Heyne, Kommerzienrat	100	—
Transport	2895	47

	Beitrag ℳ	₰
Transport	2895	47
372. Oppenheim a. Rh., Spar- und Kreditverein, e. G. m. b. H., Herr F. Gallois (†). — Herr Bürgermeister C. Koch	100	—
373. Orb, Spar- und Kreditverein zu Bad Orb, e. G. m. u. H., Herr A. Becker. — Herr A. Schneeweis	29	17
374. Ransbach, Ransbach-Baumbacher Vorschußverein, e. G. m. u. H., Herr W. Gerharz. — Herr P. Knapp	66	20
375. Runkel, Vorschußverein, e. G. m. u. H., Herr Ch. Stöpler. — Herr Hemming	33	50
376. Schupbach, Vorschußverein, e. G. m. u. H., Herr W. Wagner. — Herr H. Schäfer	77	68
377. Seckbach b. Frankfurt a. M., Spar- und Hilfsverein, e. G. m. u. H., Herr W. Reul. — Herr G. Geschwindner	16	80
378. Selters (Westerwald), Vorschußverein zu Selters, e. G. m. u. H., Herr J. Preiser. — Herr Corzilius	?	?
379. Sindlingen a. Main, Spar- und Kreditverein, e. G. m. u. H., Herr Fr. Heub. — Herr Ludwig Koppey	10	—
380. Soden a. Taunus, Vorschußverein zu Soden a. T., e. G. m. u. H., Herr Dr. Hughes. — Herr Nickel	?	?
381. Steinau (Reg.-Bez. Cassel), Vorschußverein, e. G. m. u. H., Herr Romeiser. — Herr E. Kohlhepp	28	32
382. Straßebersbach, Kredit- und Sparkassenverein, e. G. m. u. H., Herr J. J. Thielmann. — Herr Schnell	11	39
383. Usingen, Vorschußverein zu Usingen, e. G. m. u. H., Herr G. Schweighöfer. — Herr H. W. Philippi	93	63
384. Wallmerod, Vorschußverein, e. G. m. u. H., Herr Fasel. — Herr Sturm	?	?
385. Wehen (Taunus), Vorschußverein zu Wehen, e. G. m. u. H., Herr Körner. — Herr J. Schneider	55	07
386. Weilmünster, Vorschußverein zu Weilmünster, e. G. m. u. H., Herr F. Eppstein. — Herr Fr. Schäfer	55	—
387. Wiesbaden, Vorschußverein zu Wiesbaden, e. G. m. u. H., Herr Karl Hild. — Herr Justizrat Dr. Alberti	100	—
388. Wiesbaden, Allgemeiner Vorschuß- und Sparkassenverein, e. G. m. b. H., Herr H. Meis. — Herr A. Wolff	100	—
389. Worms, Vereinsbank Worms, e. G. m. b. H., Herr G. Müller. — Herr Trumpler	100	—
b. Andere Genossenschaften.		
390. Frankfurt a. M., Mitteldeutsches Vereins-Sortiment, e. G. m u. H., Herr Moritz Abendroth. — Herr A. Bergstraeßer in Darmstadt	15	—
391. Frankfurt a. M., Spar- u. Bauverein für Eisenbahn Bedienstete, e. G. m. b. H., Herr Schäfer. — Herr Six, Stationsvorst. I. Kl.	75	82
392. Mainz, Rohstoffverein für Schuhmacher, e. G. m. b. H., Herr C. Daub. — Herr E. Lauterbach	11	63
393. Wiesbaden, Rohstoffverein für Schuhmacher, e. G. m. b. H., Herr E. Rumpf. — Herr A. Bürschens	12	41
Summa	3887	09

11. Verband der Norddeutschen Erwerbs- und Wirtschaftsgenossenschaften.

Direktor: Herr Rechtsanwalt Stech in Neu-Strelitz.
1. Stellvertreter: Herr Senator Stahr in Gnoien.
2. Stellvertreter: Herr R. Mayer in Stralsund.
Verbands-Revisor: Herr Soerensen in Berlin.

(50 Vereine.)

a. Vorschußvereine.

		Beitrag ℳ	₰
394.	Barth, Vorschußverein zu Barth, e. G. m. u. H., Herr C. Wallis. — Herr Foth	15	02
395.	Bergen a. R., Vorschußverein zu Bergen a. R., e. G. m. u. H., Herr F. Lübky. — Herr Maurermeister F. Freese	100	—
396.	Bützow, Vorschußverein zu Bützow, e. G. m. u. H., Herr H. Voß. — Herr M. Ahron	73	60
397.	Crivitz, Vorschußverein zu Crivitz, e. G. m. u. H., Herr E. Dresahl. — Herr W. Meybaum	11	09
398.	Demmin, Vorschußverein zu Demmin, e G. m. u. H., Herr Ockel. — Herr Witt	80	20
399.	Doberan in Mecklbg., Vorschußverein, e. G. m. u. H., Herr H. Struck. — Herr W. Bull	?	?
400.	Friedland in Mecklbg., Vorschußverein zu Friedland, e. G. m. u. H., Herr Fr. Schulz. — Herr W. Heinrichs	59	60
401.	Gadebusch, Vorschußverein, e. G. m. u. H., Herr J. Launburg — Herr H. Müller	24	16
402.	Gnoien, Vorschußverein zu Gnoien, e. G. m. u. H., Herr C. Hoffmann. — Herr Färber H. Kiesow	64	—
403.	Goldberg i. M., Vorschußverein, e. G. m. u. H., Herr H. Stephanus. — Herr Kohl	10	—
404.	Greifswald, Vorschußverein, e. G. m. u. H., Herr Albonico. — Herr Bürgermeister Dr. R. Schultze	36	17
405.	Grevesmühlen, Vereinsbank, e. G. m. b. H., Herr Evert — Herr F. Holst	12	83
406.	Grevesmühlen, Vorschußverein zu Grevesmühlen, e. G. m. u. H., Herr Kröncke. — Herr H. Hinz	13	06
407.	Güstrow, Vorschußverein zu Güstrow, e. G. m. b. H., Herr G. Engel. — Herr Bäckermeister C. Geist	37	59
408.	Gützkow, Vorschußverein zu Gützkow, e. G. m. u. H., Herr Jonas. — Herr G. Wendel, Seilermeister	10	—
409.	Hagenow i. M., Vorschuß-Verein zu Hagenow i. M., e. G. m. u. H., Herr E. Volbarth — Herr A. Blohm	10	—
410.	Kröpelin, Vorschußverein, e. G. m. u. H., Herr Thiel. — Herr Hansen	20	78
411.	Laage i. M., Vorschußverein zu Lage, e. G. m. u. H., Herr Bremer. — Herr Lange, Tischlermeister	31	46
412.	Lassan in Pommern, Vorschußverein zu Lassan, e. G. m. b. H., Herr G. Raesch. — Herr Aug. Menge	10	—
413.	Loitz, Vorschußverein zu Loitz, e. G. m. u. H., Herr W. Cummerow. — Herr Ernst Billig	29	02
414.	Lübtheen, Vorschußverein, e. G. m. u. H., Herr F. Schlie. — Herr O. Hoffmann	10	—
415.	Lübz, Vorschußverein zu Lübz, e. G. m. u. H., Herr Fr. Krohn. — Herr Planeth	10	—
416.	Malchow in Mecklbg, Vorschußverein zu Malchow, e. G. m. u. H., Herr Gustav Müller. — Herr Lange, Brauereibesitzer	34	65
417.	Mirow, Vorschußverein, e. G. m. u. H., Herr F. Barteld. — Herr Ed. Rehberg	12	66
	Transport	715	89

		Beitrag M	₰
	Transport	715	89
418.	Neubrandenburg in Mecklbg., Vorschußverein zu Neubrandenburg, e. G. m. u. H., Herr Rechtsanwalt Sauerwein. — Herr A. Kämpffer, Gymnasiallehrer	33	75
419.	Neubukow in Mecklbg., Vorschußverein zu Neubukow, e. G m. u. H., Herr W. Matz. — Herr Conrad Hesse	10	—
420.	Neu-Strelitz, Vorschußverein, e. G. m. u. H., Herr J. Degner. — Herr R. Seyberlich	26	55
421.	Pasewalk, Vorschußverein, e. G. m. b. H., Herr C. Zimmermann. — Herr Ebelt	78	55
422.	Prenzlau, Vorschußverein zu Prenzlau, e. G. m. u. H., Herr Hoff. — Herr Kirstein, Kaufmann	51	25
423.	Rehna in Mecklbg., Vorschußverein zu Rehna, e. G. m. u. H., Herr H. Dräger. — Herr J. Meyer	16	35
424.	Ribnitz in Mecklbg., Vorschußverein, e. G. m. u. H., Herr J. Schütt — Herr C. Taden	10	—
425.	Röbel, Vorschußverein, e. G. m. u. H., Herr Mahnke. — Herr Lemcke	30	89
426.	Rostock, Vorschußverein zu Rostock, e. G m. b. H., Herr Richard Schulz. — Herr Rechtsanwalt H. C. Müller	100	—
427.	Stargard in Mecklbg., Vorschußverein zu Stargard, e. G. m. u. H, Herr G. Becker. — Herr E. Müller, Lehrer	10	—
428.	Sternberg in Mecklbg., Vorschußverein zu Sternberg, e. G. m. u. H., Herr Schmidt. — Herr Sandberg	15	15
429.	Stralsund, Kreditverein zu Stralsund, e. G. m. u. H, Herr Reinh. Pieritz. — Herr R. Mayer	100	—
430.	Strasburg U.-M., Vorschußverein, e. G. m. b. H., Herr C. Stoll. — Herr W. Köhn	29	95
431.	Strelitz in Mecklbg., Vorschußverein zu Strelitz, e. G. m. u. H., Herr W. Stech. — Herr Brandt, Maurermeister	32	65
432.	Sülze in Mecklbg, Vorschußverein zu Sülze, e. G. m. u H., Herr H. Michaelsen. — Herr E. Jürgens	20	89
433.	Tessin i. M, Vorschußverein zu Tessin, e. G. m. u. H, Herr Spenz. — Herr L. Bröker	100	—
434.	Teterow, Vorschußverein zu Teterow, e. G. m. u. H., Herr C. L. Aescke. — Herr E. Groth	30	52
435.	Treptow a. Toll., Vorschußverein, e. G. m. u. H., Herr W. Breitsprecher. — Herr Rechtsanwalt Joseph	100	—
436.	Waren in Mecklbg., Vorschußverein zu Waren, e. G. m. u. H., Herr H. Dühring — Herr E. Klingenberg	71	64
437.	Warin in Mecklbg, Vorschußverein, e. G. m. u. H., Herr C. Just. — Herr K. Peters	13	86
438.	Wittenburg in Mecklbg., Vorschußverein, e. G. m. u. H, Herr Schiller. — Herr Maurermeister J. Krüger	18	—
439.	Woldegk in Mecklbg., Vorschußverein, e. G. m. u. H., Herr Otto Gundlach. — Herr R. Schulz	27	50
440.	Wolgast, Vorschußverein zu Wolgast, e. G. m. u. H., Herr H. Schwartz. — Herr W. Beyer	48	95
441.	Wustrow in Mecklbg., Vorschußverein zu Wustrow, e. G. m. u. H., Herr C. Röhl. — Herr H. Voß	24	36
	b. Andere Genossenschaften.		
442.	Malchow, Werkgenossenschaft Malchower Tuchfabrikanten, e. G. m. b. H., Herr Wilh. Becker. — Herr Aug. Kräse	10	—
443.	Malchow, Privatspinnerei zu Malchow, e. G. m. b. H., Herr Fr. Kreinbring. — Herr E. Kröplin	10	—
	Summa	1736	70

12. Verband der Vorschuß- und Kreditvereine von Nordwestdeutschland.

Direktor: Herr J. F. Wischmann in Heide i. Holst.
1. Stellvertreter: Herr Harbeck in Ploen.
2. Stellvertreter: Herr Brügmann in Altona.
Verbands-Revisor: Herr Dr. Fr. Schneider in Potsdam.
(47 Vereine.)

Vorschußvereine.

		Beitrag M	₰
444.	Altona, Kreditverein (mit Korporationsrechten), Herr Hermann Hoffmann. — Herr Rektor J. F. Dücker	100	—
445.	Altona, Kreditbank von 1870, e. G. m. b. H., Herr W. Brügmann. — Herr C. Niebuhr	90	59
446.	Altona, Genossenschafts-Bank, e. G. m. u. H., Herr Jul. Hohmann. — Herr C. Groth	27	75
447.	Barmstedt i. H., Kreditverein zu Barmstedt, e. G. m. u. H., Herr H. Starck. — Herr Brauereibesitzer H. B. Greve	20	—
448.	Bornhöved, Kreditverein Bornhöved, e. G. m. b. H., Herr F. J. Kirchner. — Herr Kaufmann D. Hauschild	10	—
449.	Bramstedt, Kreditverein, e. G. m. u. H., Herr Schmidt. — Herr P. Danielsen	88	31
450.	Bredstedt, Kreditverein zu Bredstedt, e. G. m. u. H., Herr M. Reimers. — Herr H. G. Gilde, Gerbereibesitzer	24	95
451.	Brunsbüttelhafen, Kreditverein, e. G. m. u. H., Herr C. L. C. Hecker sen. — Herr B. C. Feil, Rentier	10	—
452.	Burg i. Dithm., Burger Kreditverein, e. G. m. u. H., Herr H. Ehlers. — Herr J. Martens	19	55
453.	Dissau b. Lübeck, Spar- und Vorschußverein der Kirchengemeinde Curau in Dissau, e. G. m. u. H., Herr G. Wehde. — Herr H. Höppner	33	10
454.	Eckernförde, Eckernförder Kreditbank, e. G. m. u. H., Herr J. Arnemann. — Herr F. Jäger	100	—
455.	Elmshorn, Kreditverein zu Elmshorn, e. G. m. u. H., Herr L. Weyl. — Herr Stadtrat H. Thormählen	100	—
456.	Gaarden in Holstein, Kreditverein zu Gaarden, e. G. m. u. H., Herr Cäsar Stoppel. — Herr Fr. Jensen	84	20
457.	Garding, Gardinger Volksbank, e. G. m. b. H., Herr P. Hansen. — Herr J. J. Raabe	59	60
458.	Glückstadt, Kreditverein zu Glückstadt, e. G. m. b. H., Herr Schipmann. — Herr Baurat Glien	48	60
459.	Gravenstein, Kreditbank in Gravenstein, e. G. m. b. H., Herr H. Jacobsen. — Herr Petersen	100	—
460.	Hademarschen (Post Hanerau, Schlesw.), Kreditverein des Kirchspiels Hademarschen, e. G. m. u. H., Herr Harms. — Herr Liebich, Lederhändler	17	07
461.	Hamburg, Hamburg-Altona'er Kreditbank in Hamburg, e. G. m. u. H., (Neue Gröningstr. 10), Herr Kramer von Klausbruch. — Herr Jul. Maaß	100	—
462.	Heide i. Holst., Nordwestdeutsche Verbandskasse, e. G. m. b. H., Herr J. F. Wischmann. — Herr Justizrat Guth	11	75
463.	Heide i. Holst., Heider Volksbank, e. G. m. u. H., Herr J. F. Wischmann. — Herr Justizrat Guth	100	—
464.	Hohenwestedt, Kreditverein, e. G. m. u. H., Herr Wieben. — Herr H. Radbruch	23	50
465.	Husum, Husumer Volksbank, e. G. m. u. H., Herr Chr. Nordhorst. — Herr Homfeldt	98	32
	Transport	1267	29

		Beitrag M	₰
	Transport	1267	29
466.	Itzehoe, Kreditverein zu Itzehoe, e. G. m. u. H., Herr Onken. — Herr E. Düring, Stadtrat	10	—
467.	Lauenburg a. E., Vorschußverein, e. G. m. u. H., Herr L. Düver. — Herr F. Stehr	19	—
468.	Leck, Kreditverein zu Leck, e. G. m. u. N., Herr K. Herrmann. — Herr Petersen	24	42
469.	Lübeck, Lübecker Gewerbebank, e. G. m. b. H., Herr L. Wiegels. — Herr F. Sauermann	100	—
470.	Marne, Marner Kreditverein, e. G. m. u. H., Herr H. Bors. — Herr C. F. Thomas	53	29
471.	Meldorf, Meldorfer Kreditverein, e. G. m. u. H., Herr Voigt. — Herr C. F. Peters	31	55
472.	Neumünster, Gewerbebank Neumünster, e. G. m. b. H., Herr Joh. Zornig. — Herr H. Wessel, Privatier	10	—
473.	Neustadt in Holstein, Vorschuß- und Sparverein, e. G. m. u. H., Herr L. Thießen. — Herr Dose	32	—
474.	Niebüll, Kreditverein, e. G. m. u. H., Herr P. Cartensen. — Herr H. Schmicker	35	27
475.	Nortorf, Kreditverein, e. G. m. b. H., Herr H. H. Glißmann. — Herr Grell	25	70
476.	Oldenburg in Holstein, Oldenburger Kreditverein, e. G. m. b. H., Herr W. v. Pein. — Herr J. A. Thurau	13	07
477.	Pinneberg, Vorschußverein, e. G. m. u. H., Herr H. Steen. — Herr J. C. Harders	100	—
478.	Plön, Kreditverein, e. G. m. u. H., Herr Kaufmann Th. Harbeck. — Herr R. Junghans	73	60
479.	Preetz, Preetzer Kreditbank, e. G. m. u. H., Herr P. W. Brumm. — Herr Hotelier Lütjohann	78	65
480.	Segeberg, Vorschußverein, e. G. m. u. H., Herr A. Ingwersen. — Herr Stämmler	59	72
481.	Sonderburg, Kreditbank Sonderburg, e. G. m. b. H., Herr Dr. la Motte. — Herr P. G. Wind	100	—
482.	Stade, Spar- und Vorschußverein zu Stade, e. G. m. u. H., Herr H. Dankers. — Herr J. Bösch	100	—
483.	Stockelsdorf, Kreditverein, e. G. m. u. H., Herr P. Bruhns. — Herr A. Johnsen	100	—
484.	Tönning, Volksbank, e. G. m. u. H., Herr G. Poppe. — Herr Westensee	10	—
485.	Uetersen, Uetersener Kreditverein, e. G. m. u. H., Herr J. Granso. — Herr Carl Frese	93	05
486.	Wankendorf, Kreditverein zu Wankendorf, e. G. m. u. H., Herr Fr. Blunck. — Herr H. Banck	10	—
487.	Wesselburen, Wesselburener Volksbank, e. G. m. b. H., Herr G. Heim. — Herr R. A. Schumann	40	02
488.	Westerland a. Sylt, Sylter Kreditverein in Westerland, e. G. m. u. H., Herr F. Janßen. — Herr Hugo Oehme	46	32
489.	Wilster, Kreditverein zu Wilster, e. G. m. u. H., Herr H. Heldt. — Herr Röhr, Rektor	54	64
490.	Wyk a. Föhr, Föhrer Kreditverein, e. G. m. u. H., Herr Lorenz Petersen. — Herr Lind, Kaufmann	33	50
	Summa	2521	09

13. Verband der Oberbadischen Erwerbs- und Wirtschaftsgenossenschaften.

Direktor: Herr J. Stadler in Jestetten.
1. Stellvertreter: Herr Liebherr in Stockach.
2. Stellvertreter: Herr Baum in Radolfzell.
Verbands-Revisoren: Herr W. Findh in Karlsruhe i. B.; Herr Schumacher in Stuttgart, Sängerstr. 8..

(34 Vereine.)

Vorschußvereine.

Nr.		Beitrag M	₰
491.	Birkendorf (bad. Schwarzwald), Vorschußverein, e. G. m. b. H., Herr Keßler. — Herr Dr. Probst, Altbürgermeister	100	—
492.	Breisach, Vorschußverein Breisach, e. G. m. u. H., Herr H. Kohler. — Herr Carl Groschup	34	38
493.	Dangstetten (Amt Waldshut), Vorschußverein, e. G. m. u. H., Herr Wilhelm Haberstock. — Herr M. Binckert	22	10
494.	Donaueschingen, Vorschußverein, e. G. m. u. H., Herr Jul. Gutmann. — Herr H. Fischer	20	35
495.	Eigeltingen, Vorschußverein, e. G. m. u. H., Herr Albanus Orsinger. — Herr Paul Orsinger	48	70
496.	Endingen, Volksbank Endingen, e. G. m. u. H., Herr R. Schwabthaler. — Herr Walter Henninger	100	—
497.	Freiburg in Baden, Gewerbebank, e. G. m. u. H., Herr W. Fischer. — Herr Aug. Baumert	100	—
498.	Gailingen, Vorschußverein Gailingen, e. G. m. u. H., Herr Guggenheim. — Herr S. Veit	79	85
499.	Hagnau, Amt Überlingen (Baden), Vorschußverein Hagnau, e. G. m. u. H., Herr Georg Ehrlinspiel. — Herr Landwirt Bapt. Seyfried	40	96
500.	Jestetten, Vorschußverein, e. G. m. u. H., Herr J. Stadler. — Herr Ferdinand Fischer	100	—
501.	Kandern, Gewerbebank Kandern, e. G. m. u. H., Herr Wilhelm Berner. — Herr Georg Kammüller	40	12
502.	Konstanz, Vorschußverein Konstanz, e. G. m. u. H., Herr A. Schirmeister. — Herr F. Schneider	100	—
503.	Lörrach, Vorschußbank Lörrach, e. G. m. u. H., Herr J. Grether. — Herr H. Kern-Kern	100	—
504.	Markdorf, Vorschußverein, e. G. m. u. H., Herr C. Beck. — Herr Flemisch	10	—
505.	Meßkirch, Vorschußverein, e. G. m. u. H., Herr A. Mayer. — Herr C. Hauser, Bürgermeister	54	04
506.	Meßkirch, Kreditkasse Meßkirch, e. G. m. u. H., Herr Fr. Stadler. — Herr S. Stengele	69	70
507.	Möhringen a. Donau, Vorschußverein, e. G. m. u. H., Herr C. Schlegel. — Herr O. Kirner	10	—
508.	Müllheim i. Bad., Volksbank, e. G. m. u. H., Herr Hetzel. — Herr Nicolaus	72	30
509.	Neustadt i. Schwarzwald, Spar- und Kreditverein, e. G. m. u. H., Herr Winterhalder. — Herr J. Hall	61	60
510.	Pfullendorf, Kreditkasse Pfullendorf, e. G. m. u. H., Herr Scherer. — Herr Xaver Haberbosch	10	—
511.	Radolfzell, Vorschußverein, e. G. m. u. H., Herr Carl Voigt. — Herr Müller	92	15
512.	Säckingen, Vorschußverein Säckingen, e. G. m. b. H., Herr A. Müller-Degler. — Herr K. Schmidt	20	04
513.	Schopfheim, Vorschußbank Schopfheim, e. G. m. u. H., Herr Wilh. Müller. — Herr E. Sutter.	100	—
	Transport	1386	29

		Beitrag M	₰
	Transport	1386	29
514.	Singen, Vorschußverein Singen, e. G. m. u. H., Herr G. Waibel. — Herr Louis Sauter	41	35
515.	Staufen in Baden, Vorschußverein Staufen, e. G. m. u. H., Herr S. Stöckle. — Herr L. Groschuff	39	56
516.	Stetten am kalten Markt, Kredit- und Vorschußverein, e. G. m. u. H., Herr A. Sieber. — Herr Fiedel	48	47
517.	Stockach, Vorschußverein Stockach, e. G. m. u. H., Herr W. Liebherr. — Herr Joh. Brodmann	100	—
518.	Thengen, Vorschußverein Thengen, e. G. m. u. H., Herr Joh. Stüdle. — Herr Th. Wesle	89	20
519.	Thiengen (Amt Waldshut), Vorschußverein Thiengen, e. G. m. u. H., Herr H. Maier. — Herr C. Petri	100	—
520.	Todtnau, Spar- und Vorschußbank Todtnau, e. G. m. u. H., Herr Fr. Hermann. — Herr C. O. Keller	32	55
521.	Ueberlingen, Vorschußverein Ueberlingen, e. G. m. u. H., Herr Carl Hermann. — Herr F. Zimmermann, Apotheker	100	—
522.	Villingen in Baden, Vorschußverein Villingen, e. G. m. u. H., Herr J. Schleicher. — Herr Leo Storz	100	—
523.	Waldshut, Vorschußverein Waldshut, e. G. m. b. H., Herr R. Bayer. — Herr Tanner	42	20
524.	Zell im Wiesental, Bank für Gewerbe und Landwirtschaft Zell i. W., e. G. m. u. H., Herr J. Krückels. — Herr W. Fr. Kiefer	100	—
	Summa	2179	62

14. Verband der Ost- und Westpreußischen Erwerbs- und Wirtschaftsgenossenschaften.

Direktor: Herr Justizrat Wolski in Allenstein.
1. Stellvertreter: Herr Anbuhl in Insterburg.
2. Stellvertreter: Herr Landschafts-Syndikus Heidemann in Königsberg i. Pr.
Verbandsrevisor: Herr Rinow in Allenstein.

(89 Vereine.)

a. Vorschußvereine.

		M	₰
525.	Allenburg, Spar- und Vorschußverein zu Allenburg, e. G. m. u. H., Herr Kemsies. — Herr Erdtmann	?	?
526.	Allenstein, Allensteiner Vorschußverein, e. G. m. u. H., Herr Wolski. — Herr Bürgermeister Belian	55	45
527.	Allenstein O.-Pr., Ost- und Westpreußische Verbandskasse, e. G. m. b. H., Herr Wolski. — Herr Bürgermeister Belian	93	38
528.	Angerburg, Vorschußverein zu Angerburg, e. G. m. u. H., Herr A. Specovius. — Herr Gerichtssekretär Balzer	100	—
529.	Bartenstein O.-Pr., Vorschuß- und Kreditverein zu Bartenstein, e. G. m. u. H., Herr Kapp. — Herr Engelbrecht	24	01
530.	Bischofsburg, Kreditverein, e. G. m. u. H., Herr Bischoff. — Herr Apotheker Schnabel	46	97
531.	Bischofswerder W.-Pr., Vorschußverein zu Bischofswerder, e. G. m. u. H., Herr G. Höltzl. — Herr G. Brach	30	88
532.	Briesen W.-Pr., Vorschußverein, e. G. m. u. H., Herr P. Gonschorowski. — Herr F. Kiewe	85	96
533.	Christburg, Vorschußverein Christburg, e. G. m. u. H., Herr Döhring. — Herr Ohlenschläger	10	48
	Transport	447	13

	Beitrag ℳ	₰
Transport	447	13
534. Culmsee, Vorschußverein zu Culmsee, e. G. m. u. H., Herr A. Duncker. — Herr J. Döllning	38	66
535. Danzig, Vorschußverein zu Danzig, e. G. m. b. H., Herr Braun. — Herr Fey	100	—
536. Danzig-Langfuhr, Kreditverein deutscher Apotheker in Danzig, e. G. m. b. H., Herr R. Mattern. — Herr R. Hoosmann, Apothekenbesitzer in Dirschau	*	*
537. Danzig-Langfuhr, Langfuhrer Kreditverein, e. G. m. b. H., Herr F. Jantzen. — Herr Robe	15	15
538. Darkehmen, Vorschußverein zu Darkehmen, e. G. m. u. H., Herr F. Forche. — Herr E. Stephani	100	—
539. Deutsch-Crone, Vorschußverein zu Deutsch-Crone, e. G. m. u. H., Herr Arnold. — Herr F. Garms	22	36
540. Dirschau, Darlehnsverein zu Dirschau, e. G. m. b. H., Herr A. H. Claaßen. — Herr Zimmermann, Eisenbahn-Betriebssekretär	100	—
541. Drengfurt, Darlehnsverein, e. G. m. u. H., Herr Süß. — Herr R. Rohde	10	—
542. Elbing, Elbinger Handwerkerbank, e. G. m. u. H., Herr Carl Reiß. — Herr L. Monath	70	—
543. Freystadt W.-Pr., Kreditverein zu Freystadt, e. G. m. u. H., Herr E. Pose. — Herr H. Lindner	19	16
544. Garnsee W.-Pr, Vorschußverein, e. G. m. u. H., Herr R. Nicolai. Herr Gnuschke	20	19
545. Gilgenburg, Vorschußverein, e. G. m. u. H., Herr E. Fechter. — Herr H. Müller	100	—
546. Goldap, Vorschußverein, e. G. m. u. H., Herr H. George. — Herr Rechtsanwalt E. Carganico	84	14
547. Gollub, Vorschußverein, e. G. m. u. H., Herr H. Lewin. — Herr Moses Kiewe	16	56
548. Graudenz, Spar- und Kreditbank, e. G. m. u. N., Herr Pichottka. — Herr Grabowsky	10	—
549. Gumbinnen, Vorschußverein Gumbinnen, e. G. m. u. H., Herr Stadtrat Paul Reimer. — Herr Justizrat Quassowski	100	—
550. Guttstadt, Vorschußverein zu Guttstadt, e. G. m. u. H., Herr C. Hinz. — Herr Bartsch	88	16
551. Heiligenbeil, Vorschußverein zu Heiligenbeil, e. G. m. u. H., Herr Quosbarth. — Herr L. Schröder, Bürgermeister	10	35
552. Heilsberg O.-Pr., Heilsberger Vorschußverein, e. G. m. u. H., Herr Hein. — Herr A. Wolff, Buchdruckereibesitzer	100	—
553. Heinrichswalde O.-Pr., Vorschußverein zu Heinrichswalde O.-Pr., e. G. m. u. H., Herr Berner. — Herr Tiedemann	56	74
554. Hohenstein O.-Pr., Vorschußverein zu Hohenstein O.-Pr., e. G. m. u. H., Herr Dr. Fischer. — Herr H. Goering	25	34
555. Insterburg, Vorschußverein zu Insterburg, e. G. m. u. H., Herr Emil Anbuhl. — Herr Justizrat C. Scheu	100	—
556. Johannisburg O.-Pr., Neue Johannisburger Kreditgesellschaft, e. G. m. u. H., Herr Bury. — Herr Laube	57	37
557. Kaukehmen, Kreditgesellschaft zu Kaukehmen, e. G. m. u. H., Herr Gustav Schultz. — Herr Schiekopp	100	—
558. Königsberg i. Pr., Kreditgesellschaft zu Königsberg i. Pr., e. G. m. u. H., Herr L. Braun. — Herr Fleischauer	100	—
559. Königsberg i. Pr., Ländliche Genossenschaftsbank zu Königsberg i. Pr., e. G. m. u. H., Herr W. Stieren. — Herr Hermenau, Domänenpächter	57	01
560. Konitz W.-Pr., Vorschußverein, e. G. m. u. H., Herr Klotz. — Herr Rechtsanwalt Hasse	24	48
Transport	1972	80

		Beitrag ℳ	₰
	Transport	1972	80
561.	Kreuzburg O.-Pr., Kreditverein Kreuzburg O.-Pr., e. G. m. u. H., Herr Schuhmacher. — Herr Fr. Heß	55	75
562.	Labiau, Vorschußverein zu Labiau, e. G. m. u. H., Herr G. Matschuck. — Herr Rechtsanwalt Kuhn	37	75
563.	Landsberg O.-Pr., Vorschußverein zu Landsberg O.-Pr., e. G. m. u. H., Herr Ruhm. — Herr Koppenhagen	17	13
564.	Lessen W.-Pr., Vorschußverein Lessen, e. G. m. u. H., Herr Jacoby. — Herr Szpitter	69	89
565.	Liebstadt O.-Pr., Vorschußverein zu Liebstadt, e. G. m. u. H., Herr J. Kroll. — Herr Dossow, Hauptlehrer	10	49
566.	Löbau W.-Pr., Vorschußverein, e. G. m. u. H., Herr Obuch. — Herr Hache	10	—
567.	Lötzen, Vorschußverein, e. G. m. u. H., Herr G. Mallien. — Herr O. Czybulka	65	36
568.	Lyck, Vorschußverein zu Lyck, e. G. m. u. H., Herr Emil Ecker. — Herr P. Siebert	100	—
569.	Marggrabowa, Kreditgesellschaft zu Marggrabowa, e. G. m. u. H., Herr E. Papendiek. — Herr R. Hillmann	50	29
570.	Marggrabowa, Vorschußverein Marggrabowa, e. G. m. u. H., Herr Brachvogel. — Herr W. Prang	85	61
571.	Marienwerder W.-Pr., Vorschußverein Marienwerder, e. G. m. b. H., Herr Würtz. — Herr Prahl, Maler	100	—
572.	Mehlsack, Vorschuß- und Kreditverein zu Mehlsack, e. G. m. u. H., Herr Klingenberg. — Herr Joh. Holz	20	66
573.	Mohrungen, Vorschußverein zu Mohrungen, e. G. m. u. H., Herr R. Pieczonka. — Herr Astecker, Rechtsanwalt	49	73
574.	Mühlhausen O.-Pr., Vorschußverein zu Mühlhausen O.-Pr., e. G. m. u. H., Herr Schaumburg. — Herr Rentier H. Moeck	13	—
575.	Neidenburg, Vorschußverein zu Neidenburg, e. G. m. u. H., Herr Tolki. — Herr C. Finck	100	—
576.	Neuenburg W.-Pr., Vorschußverein Neuenburg, e. G. m. u. H., Herr Rose. — Herr Entz, Rechtsanwalt	22	20
577.	Neumark W.-Pr., Vorschußverein zu Neumark, e. G. m. u. H., Herr Liedke. — Herr Schubring, Baumeister	100	—
578.	Ortelsburg, Ortelsburger Kreditgesellschaft, e. G. m. u. H., Herr O. Reiner. — Herr Thalwitzer, Amtsvorsteher	32	40
579.	Passenheim, Vorschußverein zu Passenheim, e. G. m. u. H., Herr Klimmek. — Herr Hirschweh, Kaufmann	22	78
580.	Pillkallen, Vorschußverein Pillkallen, e. G. m. u. H., Herr Schroeder. — Herr Gutsbesitzer R. Bräkike	100	—
581.	Preußisch-Eylau, Vorschußverein zu Pr.-Eylau, e. G. m. u. H., Herr F. Bleyer. — Herr C. Scholl	36	32
582.	Preußisch-Holland, Vorschußverein Pr.-Holland, e. G. m. u. H., Herr L. Marquardt. — Herr Podzun, Bürgermeister	16	65
583.	Preußisch-Stargard, Vorschußbank, e. G. m. u. H., Herr Paul Arndt. — Herr Fabrikbesitzer Paul Münchau	10	—
584.	Prökuls (Kreis Memel), Vorschußverein, e. G. m. u. H., Herr P. Schneider. — Herr F. Ilgenstein	45	30
585.	Ragnit, Vorschußverein, e. G. m. u. H., Herr B. Quednau. — Herr C. Schlegelberger	90	50
586.	Rastenburg O.-Pr., Kreditverein zu Rastenburg, e. G. m. u. H., Herr H. Misling. — Herr Jacoby	100	—
587.	Rehden W.-Pr., Vorschußverein zu Rehden, e. G. m. u. H., Herr Dr. Hoffmann. — Herr Andres	50	25
588.	Rhein O.-Pr., Vorschußverein, e. G. m. u. H., Herr A. Haebel. — Herr C. Lemke	10	—
	Transport	3394	86

Nr.		Beitrag ℳ	₰
	Transport	3394	86
589.	Rosenberg W.-Pr., Kreditverein, e. G. m. u. H., Herr Hermsdorff. — Herr Schmidt	36	90
590.	Ruß O.-Pr., Vorschußverein, e. G. m. u. H., Herr Patzcker. — Herr Büchler	20	59
591.	Saalfeld O.-Pr., Vorschußverein, e. G. m. u. H., Herr Jankowsky. — Herr Kaufmann Weidmann	49	90
592.	Schippenbeil, Vorschußverein zu Schippenbeil, e. G. m. u. H., Herr C. L. Squar. — Herr H. Wosgien, Bürgermeister	37	46
593.	Schmalleningken, Vorschußverein zu Schmalleningken, e. G. m. u. H., Herr Görke. — Herr A. Großgerge	20	36
594.	Schwetz a. W., Vorschußverein, e. G. m. u. H., Herr St. Gärtig. — Herr A. Szpydowski	16	65
595.	Seeburg, Kredit- und Sparverein, e. G. m. u. H., Herr Walinski. — Herr Hermann	22	84
596.	Sensburg, Kreditgesellschaft Sensburg, e. G. m. u. H., Herr Czygen, Rechtsanwalt. — Herr Kaim, Gutsbesitzer	85	02
597.	Skaisgirren, Vorschußverein zu Skaisgirren, e. G. m. u. H., Herr C. A. Müller. — Herr Behrend, Gutspächter	87	54
598.	Soldau O.-Pr., Vorschußverein, e. G. m. u. H., Herr Koeßling. — Herr Wollmann	100	—
599.	Stallupönen, Vorschußverein Stallupönen, e. G. m. u. H., Herr O. Gonscherowski. — Herr E. Kuebart, Lehrer	97	37
600.	Stuhm, Vorschußverein zu Stuhm, e. G. m. u. H., Herr Block. — Herr F. Goerke	48	66
601.	Szibben (Post Heydekrug), Vorschußverein Heydekrug, e. G. m. u. H., Herr Michalowsky. — Herr Bumbullis, Obersekretär	100	—
602.	Thorn, Vorschußverein, e. G. m. u. H., Herr E. Kittler. — Herr C. Matthes	100	—
603.	Tilsit, Vorschußverein zu Tilsit, e. G. m. u. H., Herr G. Ruscke. — Herr Rechtsanwalt G. Cohn	100	—
604.	Wartenburg O.-Pr., Vorschußverein, e. G. m. u. H., Herr R. Lueck. — Herr Dr. Müller	47	48
605.	Wehlau, Vorschußverein zu Wehlau, e. G. m. u. H., Herr C. Tiedler. — Herr Jul. Luschnat	97	12
606.	Willenberg O.-Pr., Vorschußverein, e. G. m. u. H., Herr Müller. — Herr W. Hintz	42	22
607.	Wormditt, Vorschußverein, e. G. m. u. H., Herr R. Holzky. Herr E. Kraft, Kaufmann	36	72
608.	Zempelburg, Vorschußverein, e. G. m. u. H., Herr Rennwanz. — Herr A. Stutzki	10	—
609.	Zinten, Spar- und Vorschußverein Zinten, e. G. m. u. N., Herr Kroß. — Herr O. Ilgenstein	79	70
	b. Andere Genossenschaften.		
610.	Angerburg, Bau- und Sparverein zu Angerburg, e. G. m. b. H., Herr G. Maaß. — Herr Direktor Lehmann-Raschik	16	—
611.	Briesen W.-Pr., Vereinshaus-Gesellschaft, e. G. m. u. H., Herr Oskar Schüler. — Herr Gustav Günther, Zimmermeister	10	—
612.	Insterburg, Möbelmagazin der vereinigten Tischlermeister, e. G. m. u. H., Herr H. Sablowsky. — Herr Georg Heisler	10	—
613.	Pinschin bei Hochstüblau W.-Pr., Ackerbauverein, e. G. m. u. H., Herr Stanislaus von Thokarski. — Herr Dr. v. Wolzlegier	10	—
	Summa	4677	39

15. Verband Pfälzischer Kreditgenossenschaften.

Direktor: Herr Justizrat Gebhart in Zweibrücken.
Stellvertreter: Herr Regierungsdirektor Conrad in Speyer.
Verbands-Revisoren: die Herren G. Curschmann in Kirchheimbolanden, J. Lorenzen in Speyer, Flacho in Edenkoben.
(27 Vereine.)

Vorschußvereine.

		Beitrag M	₰
614.	Alsenz, Vorschußverein, e. G. m. u. H., Herr Hch. Wolf. — Herr J. Spuhler	65	48
615.	Bergzabern, Bergzaberner Volksbank, e. G. m. u. H., Herr F. W. Keßler. — Herr Dr. A. Stähler	100	—
616.	Bliescastel, Vorschußverein, e. G. m. u. H., Herr C. Hauck jun. — Herr C. Wies	27	34
617.	Dahn (Pfalz), Vorschußverein, e. G. m. u. H., Herr K. Fournier. — Herr J. Glaser	31	50
618.	Dürkheim a. Hardt, Dürkheimer Vorschuß- und Kreditverein, e. G. m. u. H., Herr A. Hammersdorf. — Herr S. Baermann	100	—
619.	Edenkoben, Volksbank Edenkoben, e. G. m. u. H., Herr Carl Flacho. — Herr N. Satter	100	—
620.	Germersheim, Volksbank, e. G. m. u. H., Herr F. W. Schneider. — Herr F. Batteiger	91	—
621.	Glan-Münchweiler, Vorschußverein, e. G. m. u. H., Herr J. Weber. — Herr G. Dürr	62	20
622.	Grünstadt i. Pfalz, Vorschußverein, e. G. m. u. H., Herr L. Lieberich. — Herr J. Schäffer	100	—
623.	Haßloch, Kreditverein, e. G. m. u. H., Herr J. Roth. — Herr Handschuh	17	45
624.	Homburg i. Pfalz, Vorschußverein Homburg, e. G. m. u. H., Herr Schäfer. — Herr Math. Biehl	100	—
625.	Kaiserslautern, Vorschußverein Kaiserslautern, e. G. m. u. H., Herr C. Th. Jacob. — Herr Chr. Karcher	100	—
626.	Kandel i. Pfalz, Kandeler Vorschußverein, e. G. m. u. H., Herr B. Gepel. — Herr Franz Haaf	63	28
627.	Kirchheimbolanden, Vorschußverein Kirchheimbolanden, e. G. m. u. H., Herr Georg Curschmann. — Herr G. Lang	100	—
628.	Kusel i. Pfalz, Vorschußverein, e. G. m. u. H., Herr J. A. Frank. — Herr H. Hirsch	60	50
629.	Landstuhl, Vorschußverein Landstuhl, e. G. m. u. H., Herr Richard Karthe. — Herr J. Dommasch	10	—
630.	Lauterecken, Vorschußverein Lauterecken, e. G. m. u. H., Herr Carl Hahn. — Herr Carl Keller	64	—
631.	Metz, Kreditverein für Lothringen in Metz, e. G. m. b. H., Herr Völker. — Herr Abbé Delles, Erzpriester	100	—
632.	Neustadt a. H., Neustadter Volksbank, e. G. m. u. H., Herr Johann Steuer. — Herr Jakob Louis, Weingutsbesitzer	100	—
633.	Obermoschel, Vorschußverein, e. G. m. b. H., Herr K. Schmidt. — Herr F Arnold	72	50
634.	Pirmasens, Pirmasenser Vorschußverein, e. G. m. u. H., Herr Schmidt. — Herr Gaubatz	10	—
635.	Rockenhausen i. Pfalz, Vorschußverein Rockenhausen, e. G. m. u. H., Herr H. Rudolph. — Herr G. Grogro	58	19
636.	St. Ingbert i. Pfalz, Vorschußverein St. Ingbert, e. G. m. u. H., Herr Joh. Friedrich. — Herr J. B. Martin	100	—
637.	Speyer, Speyerer Volksbank, e. G. m. b. H., Herr Johannes Lorenzen. — Herr Leschmann	100	—
	Transport	1733	44

	Beitrag ℳ	₰
Transport	1733	44
638. Weilerbach, Vorschußverein für Weilerbach und Umgegend, e. G. m. u. H., Herr Ad. Schmitt. — Herr Johann Henn, Mühlenbesitzer	41	03
639. Winnweiler, Vorschußverein zu Winnweiler, e. G. m. u. H., Herr J. Maier. — Herr C. Frank, Gutsbesitzer	100	—
640. Zweibrücken, Volksbank Zweibrücken, e. G. m. u. H., Herr M. Guggenheim. — Herr Rechtsanwalt K. Schuler	100	—
Summa	1974	47

16. Verband der Vorschuß- und Kreditvereine von Pommern und den Grenzkreisen der Mark Brandenburg.

Direktor: Herr Kurz in Stettin, Kaiser Wilhelmstr. 97.
Stellvertreter: Herr Apotheker Ziegel in Stettin.
Verbands-Revisor: Herr O. Soerensen in Berlin.
(38 Vereine.)

Vorschußvereine.

	ℳ	₰
641. Angermünde, Vorschußverein zu Angermünde, e. G. m. b. H., Herr Wiencke. — Herr Moschel, Fabrikbesitzer	66	35
642. Arnswalde, Kreditverein zu Arnswalde, e. G. m. u. H., Herr H. Sanft. — Herr Rechtsanwalt Krause	10	—
643. Arnswalde, Spar- und Vorschußkasse, e. G. m. u. H., Herr C. Strobusch. — Herr A. Mayer	10	—
644. Bahn, Vorschußverein zu Bahn, e. G. m. u. H., Herr Th. Bath. — Herr C. Bergemann	12	50
645. Belgard i. Pomm., Spar- und Kreditverein zu Belgard, e. G. m. u. H., Herr Klemp. — Herr Jacoby	57	90
646. Berlinchen, Vorschußverein zu Berlinchen und Bernstein, e. G. m. u. H., Herr Conrad. — Herr Rünger.	10	—
647. Bütow (Bez. Cöslin), Darlehnskassenverein, e. G. m. u. H., Herr Schirmacher. — Herr Scharmann	100	—
648. Cammin (Pommern), Vorschußverein zu Cammin, e. G. m. u. H., Herr J. Kempcke. — Herr Ratsherr Zubke	37	—
649. Cöslin, Vorschußverein zu Cöslin, e. G. m. u. H., Herr C. Groth. — Herr Strutz	10	70
650. Colberg, Vorschußverein, e. G. m. b. H., Herr W. Speck. — Herr R. Banck, Rechnungsrat	72	—
651. Cüstrin, Vorschußverein zu Cüstrin, e. G. m. b. H., Herr F. König. — Herr G. Fuhrmann.	13	30
652. Dramburg, Vorschußverein, e. G. m. b. H., Herr R. Heyn. — Herr O. Hollatz	65	80
653. Driesen, Driesener Gewerbebank, e. G. m. b. H., Herr F. Schönemann. — Herr Kaufmann Matthes	10	—
654. Fiddichow, Vorschußverein zu Fiddichow, e. G. m. u. H., Herr C. Wolter. — Herr Fabrikdirektor a. D. E. Pongé.	10	—
655. Fürstenfelde N.-M., Vorschußverein zu Fürstenfelde, e. G. m. u. H., Herr H. Sorge. — Herr Engel, Ackerbürger.	10	—
656. Gartz a. O., Vorschußverein, e. G. m. u. H., Herr Arndt. — Herr Petzel, Rentier	67	60
657. Gollnow, Kreditverein, e. G. m. u. H., Herr H. Voigt. — Herr Rentier Schalong	31	60
658. Greifenhagen, Vorschußverein, e. G. m. u. H., Herr A. Kobert. — Herr E. Reinholdt, Kupferschmiedemeister	39	64
Transport	634	39

		Beitrag M	₰
	Transport	634	39
659.	Königsberg N.-M., Vorschußverein, e. G. m. u. H., Herr Kap-herr. — Herr Lichtenberg	16	50
660.	Labes, Vorschußverein, e. G. m. u. H., Herr Matthias. — Herr W. A. Damerow	12	45
661.	Landsberg a. W., Landsberger Kreditverein, e. G. m. b. H., Herr Heinr. Peters. — Herr G. Philipp	100	—
662.	Massow, Vorschußverein zu Massow, e. G. m. u. H., Herr A. Marcks. — Herr Klamann, Schlossermeister	10	—
663.	Naugard, Vorschußverein zu Naugard, e. G. m. u. H., Herr A. Piper. — Herr A. F. Struck, Färbermeister	14	66
664.	Neudamm, Kreditgesellschaft zu Neudamm, e. G. m. b. H., Herr C. Bleißner. — Herr Jahn	100	—
665.	Neustettin, Vorschußverein, e. G. m. b. H., Herr Ahrenberg. — Herr Janke, Uhrmacher	100	—
666.	Oderberg i. M., Vorschußverein zu Oderberg, e. G. m. b. H., Herr F. Müller. — Herr F. Bewitz, Ackerbürger	10	—
667.	Penkun, Vorschußverein, e. G. m. u. H., Herr B. Stegemann. — Herr W. Birgils	15	30
668.	Schivelbein, Vorschußverein zu Schivelbein, e. G. m. b. H., Herr Kaufmann L. Borchardt. — Herr Piper	18	—
669.	Schlawe (Pomm.), Vorschußverein zu Schlawe, e. G. m. u. H., Herr J. Jütten. — Herr C. Panten	23	70
670.	Schwedt a. O., Vorschußverein zu Schwedt a. O., e. G. m. u. H, Herr J. Wippermann. — Herr Kaufmann F. Hartmann	40	—
671.	Soldin, Kreditgesellschaft Soldin, e. G. m. b. H., Herr A. Bahr. — Herr Bürgermeister Schulze	100	—
672.	Stargard i. P., Vorschußverein zu Stargard i. P., e. G. m. b. H., Herr Paul Buchholz. — Herr A. Burg	50	95
673.	Stettin, Stettiner Bank, e. G. m. b. H., Herr O. Below. — Herr J. Kurz	100	—
674.	Swinemünde, Vorschußverein zu Swinemünde, e. G. m. u. H., Herr W. Schröder. — Herr B. Fritzsche	100	—
675.	Ueckermünde, Vorschußverein, e. G. m. b. H., Herr Paepke. — Herr Wilh. Zepernick, Fabrikant	100	—
676.	Woldenberg, Kreditverein, e. G. m. u. H., Herr Bredereck. — Herr Böttcher	10	—
677.	Wollin, Sparkassenverein zu Wollin, e. G. m. u. H., Herr Th. Benitz. — Herr Kohlstock	10	—
678.	Wollin, Bankverein, e. G. m. u. H., Herr B. Meyers. — Herr Emil Günther	77	25
	Summa	1643	20

17. Verband der deutschen Erwerbs- und Wirtschaftsgenossenschaften der Provinz Posen.

Direktor: Herr L. Lewinsohn in Nakel a. Netze.
Stellvertreter: Herr Herbert in Bromberg.
Verbands-Revisoren: Herr L. Lewinsohn in Nakel a. Netze,
Herr Kuckuck in Meiningen;
stellvertretender Verbands-Revisor: Herr Herbert in Bromberg.

(36 Vereine.)

Vorschußvereine.

		M	₰
679.	Birnbaum, Vorschußverein, e. G. m. u. H., Herr O. Boß. — Herr G. Adam	23	23
	Transport	23	23

		Beitrag ℳ	₰
	Transport	23	23
680.	**Bojanowo**, Vorschußverein zu Bojanowo, e. G. m. u. H., Herr Louis Maetze. — Herr Dr. Seiler	37	14
681.	**Bromberg**, Bromberger Gewerbebank, e. G. m. u. H., Herr Rudolph Pohlmann. — Herr Gymnasiallehrer R. Braun	100	—
682.	**Bromberg**, Vorschußverein zu Bromberg, e. G. m. u. H., Herr W. Herbert. — Herr A. Kasprowicz	100	—
683.	**Crone a. d. Brahe**, Spar- und Kreditverein zu Crone a. d. Brahe, e. G. m. u. H., Herr Zander. — Herr Wilh. Heise	10	—
684.	**Czempin**, Vorschußverein, e. G. m. u. H., Herr Kielczewski. — Herr Xaver Nowakowski	40	30
685.	**Dobrzyca** (Posen), Vorschußverein, e. G. m. u. H., Herr A. Brandenburger. — Herr M. Heilmann	10	—
686.	**Filehne**, Vorschußverein zu Filehne, e. G. m. b. H., Herr Haensel. — Herr E. Zibell	50	40
687.	**Gnesen**, Vorschußverein, e. G. m. u. H., Herr Scheffler. — Herr Dr. Thiem	?	?
688.	**Grätz** (Posen), Grätzer Diskonto-Gesellschaft, e. G. m. u. H., Herr Silberberg. — Herr Howe	50	83
689.	**Inowrazlaw**, Vorschußverein zu Inowrazlaw, e. G. m. u. H., Herr B. Bielau. — Herr Th. Wettcke	100	—
690.	**Jutroschin**, Vorschußverein zu Jutroschin, e. G. m. u. H., Herr Karl Kycler. — Herr R. Domaczewski, Schuhmacher	36	44
691.	**Kempen** (Posen), Vorschußverein zu Kempen, e. G. m. u. H., Herr von Borke. — Herr J. Bloch	11	50
692.	**Kosten** (Posen), Vorschußverein zu Kosten, e. G. m. b. H., Herr A. Goldschmidt. — Herr H. Wagenknecht	52	20
693.	**Krotoschin**, Vorschußverein, e. G. m. u. H., Herr Braun. — Herr H. Wels, Baumeister	24	70
694.	**Lissa** (Bez. Posen), Vorschußverein zu Lissa, e. G. m. u. H., Herr B. Schild. — Herr F. Wurst	100	—
695.	**Meseritz**, Vorschußverein, e. G. m. u. H., Herr Donath. — Herr Fischer	58	27
696.	**Mrotschen**, Vorschuß- und Sparkassenverein zu Mrotschen, e. G. m. u. H., Herr O. Doerk. — Herr C. Erdmann	76	50
697.	**Nakel a. Netze**, Spar- und Vorschußverein zu Nakel, e. G. m. b. H., Herr G. Argelander. — Herr Salomon	100	—
698.	**Neutomischel**, Genossenschaftsbank zu Neutomischel, e. G. m. u. H., Herr W. Lutz. — Herr Th. Morzynski	15	80
699.	**Obersitzko**, Vorschußverein, e. G. m. u. H., Herr N. Podkomorski. — Herr Heinrich Stein	32	—
700.	**Pleschen**, Vorschußverein, e. G. m. u. H., Herr Dr. Peiser. — Herr Kock	12	85
701.	**Posen**, Posener Kreditverein, e. G. m. u. H., Herr R. Seidel. — Herr A. Simon	100	—
702.	**Punitz**, Vorschußverein zu Punitz, e. G. m. u. H., Herr Kreutzinger. — Herr E. Menzel	45	76
703.	**Rakwitz**, Vorschußverein zu Rakwitz, e. G. m. u. H., Herr Horn. — Herr M. Haase	62	64
704.	**Rawitsch**, Vorschußverein zu Rawitsch, e. G. m. u. H., Herr Th. Gollnisch. — Herr S. Abel	21	—
705.	**Samter**, Darlehnsverein, e. G. m. u. H., Herr Hartmann. — Herr Meier Kollenscher	54	15
706.	**Schneidemühl**, Vorschußverein zu Schneidemühl, e. G. m. u. H., Herr Nitske. — Herr F. Manthey, Oberstaatsanwaltschaftssekretär	76	—
	Transport	1401	71

	Beitrag M	₰
Transport	1401	71
707. **Schönlanke**, Vorschußverein, e. G. m. b. H., Herr Tobias. — Herr E. Hanow, Lehrer	100	—
708. **Schrimm**, Schrimmer Kreditverein, e. G. m. u. H., Herr Sigmund Unger. — Herr M. Hopp, Kaufmann	57	—
709. **Schulitz**, Spar- und Vorschußverein zu Schulitz, e. G. m. u. H., Herr Hintze. — Herr Behnke	32	04
710. **Wollstein** (Posen), Vorschußverein, e. G. m. u. H., Herr Scholz. — Herr O. Zeidler, Destillateur	100	—
711. **Wronke**, Neuer Kreditverein, e. G. m. u. H., Herr S. Friedländer. — Herr S. Kallmann	10	—
712. **Wronke**, Vorschußverein, e. G. m. u. H., Herr W. Eckert. — Herr Lippmann	17	18
713. **Xions**, Vorschußverein, e. G. m. u. H., Herr H. Schmolke. — Herr Schneidermeister H. Scheller	16	50
714. **Znin**, Zniner Kreditverein, e. G. m. u. H., Herr Schilling. — Herr W. Legal	100	—
Summa	1834	43

18. Verband der Kreditgenossenschaften von Rheinland, Westfalen, Lippe und Waldeck.

Direktor: (unbesetzt).

1. Stellvertreter: Herr Prof. Dr. Hindorf in Ruhrort.

2. Stellvertreter: Herr F. W. Bux in Coblenz.

Verbands-Revisor: Herr K. Michelmann in Blankenburg a. Harz.

(35 Vereine.)

a. Vorschußvereine.

	Beitrag M	₰
715. **Altena** i. W., Altenaer Volksbank, e. G. m. b. H., Herr C. F. Neuhaus. — Herr Georg Habighorst	10	—
716. **Arnsberg**, Arnsberger Gewerbebank, e. G. m. u. H., Herr H. Schulte. — Herr K. Zöfinger	100	—
717. **Arolsen**, Kreditverein zu Arolsen, e. G. m. b. H., Herr H. Schwaner. — Herr W. Menge	62	74
718. **Boppard**, Bopparder Kreditverein, e. G. m. u. H., Herr J. Scholtes. — Herr H. Noll, Bäckermeister	100	—
719. **Calcar** (Bez. Düsseldorf), Calcarsche Spar- und Darlehnskasse, e. G. m. u. H., Herr A. Driebel. — Herr J. Neuhaus	41	63
720. **Carden** a. d. Mosel, Kreditverein zu Carden, e. G. m. u. H., Herr Kohlbecher. — Herr Beckenkamp	43	77
721. **Coblenz**, Coblenzer Volksbank, e. G. m. u. H., Herr F. W. Bux. — Herr W. Krick	100	—
722. **Cöln** a. Rh., Cölner Gewerbebank, e. G. m. b. H., Herr J. Bux. — Herr Krick	100	—
723. **Cörrenzig** bei Linnich, Cörrenziger Volksbank, e. G. m. u. H., Herr H. Bauer. — Herr W. Esser	74	85
724. **Detmold**, Vorschußverein, e. G. m. u. H., Herr C. Sieg. — Herr Conrad Grote	53	28
725. **Dortmund**, Bankverein (Aktien-Gesellsch.), Herr G. Witscher. — Herr J. Brand	100	—
726. **Eckenhagen**, Eckenhagener Volksbank, e. G. m. b. H., Herr F. Branscheid. — Herr Lehrer A. Schmeis	38	—
Transport	824	27

Nr.		Beitrag ℳ	₰
	Transport	824	27
727.	Erkelenz, Volksbank Erkelenz, e. G. m. u. H., Herr Dr. J. Hermes. — Herr J. Hilgers	100	—
728.	Geilenkirchen-Hünshoven, Volksbank (Aktien-Gesellschaft), Herr C. Merckens. — Herr Dr. med. Rocks	100	—
729.	Gladbach (München-), Gladbacher Gewerbebank, e. G. m. u. H., Herr L. Gauwerky. — Herr A. Lamberts, Kaufmann	100	—
730.	Gronau i. W., Gronauer Volksbank, e. G. m. b. H., Herr Platzmann. — Herr A. Lindebaum, Kaufmann	10	—
731.	Homberg (Kr. Moers), Volksbank, e. G. m. b. H., Herr A. Hadstein. — Herr Aug. Siedenberg	?	?
732.	Jülich, Jülicher Volksbank, e. G. m. b. H., Herr W. Foegen. — Herr J. Eichhorn	100	—
733.	Kirchen a. S., Volksbank zu Kirchen, e. G. m. u. H., Herr Fr. Lerner. — Herr C. A. Gieseler	100	—
734.	Laasphe, Spar- und Vorschußverein zu Laasphe, e. G. m. u. H., Herr Jonas. — Herr Jones, Inspektor	15	35
735.	Lage i. L., Vorschußverein, e. G. m. u. H., Herr J. Rahmlow. — Herr Kanne	24	26
736.	Linnich, Linnicher Volksbank, e. G. m. u. H., Herr Josef Schwarz. — Herr H. Peltzer, Hotelier	41	08
737.	Meschede, Kreditverein, e. G. m. b. H., Herr F. Hoppe. — Herr Kaufmann Heinrich Oberliesen	44	80
738.	Moers, Gewerbebank Moers, e. G. m. b. H., Herr R. Schloer. — Herr Aug. Schultze	100	—
739.	Mülheim a. d. Ruhr, Mülheimer Bank (Aktien-Gesellschaft), Herr H. Engelbrecht. — Herr Herm. Doebel, Kaufmann	100	—
740.	Neunkirchen (Bez. Arnsberg), Spar- und Kreditverein, e. G. m. b. H., Herr Weinbrenner. — Herr Petri	?	?
741.	Paderborn, Vorschußverein, e. G. m. u. H., Herr Block. — Herr Rohde	58	05
742.	Radevormwald, Radevormwalder Volksbank Garschagen & Co. (Komm.-Gesellsch. a. A.), Herr J. Garschagen. — Herr W. Meskendahl	100	—
743.	Ruhrort, Vorschußverein, e. G. m. u. H., Herr Schreiber. — Herr Prof. Dr. Hindorf	30	05
744.	Sülbeck, Spar- und Vorschußverein Sülbeck, e. G. m. u. H., Herr H. Dehne I. — Herr H. Votermann	10	—
745.	Trarbach, Trarbacher Volksbank, e. G. m. u. H., Herr Castendyk. — Herr R. Heuser	100	—
746.	Treis a. d. Mosel, Treiser Kreditverein, e. G. m. u. H., Herr J. N. Simonis. — Herr Künster	41	—
747.	Werl (Bez. Arnsberg), Werler Kreditbank, e. G. m. u. H., Herr A. Mensing. — Herr Stampfer	100	—
748.	Wissen a. d. Sieg, Wissener Volkbank, e. G. m. b. H., Herr Schmitz. — Herr Müller	10	—
	b. Andere Genossenschaften.		
749.	Meschede, Sauerländischer Verein für Verwertung der Beeren, e. G. m. b. H., Herr Aloys Hoff. — Herr Fritz Meschede	13	12
	Summa	2121	98

19. Verband Rheinisch-Westfälischer Konsumvereine.

Direktor: Herr Fabrikant E. Nolte in Lüdenscheid.
1. Stellvertreter: Herr Fabrikant A. Noelle in Lüdenscheid.
2. Stellvertreter: Herr Fabrikbesitzer Steinweg in Lüdenscheid.
Verbands-Revisor: Herr Michelmann in Blankenburg a. Harz.

(30 Vereine.)

Konsumvereine.

		Beitrag ℳ	₰
750.	Altena i. Westf., Konsumverein Schwarzenstein-Linscheid-Hünengraben, e. G. m. b. H., Herr J. Koppermann. — Herr Albert Crusius	16	20
751.	Arnsberg, Spar- und Haushaltsverein, e. G. m. b. H., Herr Bertelt. — Herr Kucherti	12	91
752.	Asseln (Post Wickede-Asseln), Konsumverein „Gut Glück", e. G. m. b. H., Herr Fr. Baumeister. — Herr W. Gosewinkel	10	—
753.	Betzdorf a. d. Sieg, Konsumverein Betzdorf, e. G. m. b. H., Herr Rincke. — Herr Krause	21	30
754.	Bünde i. Westf., Konsumverein Bünde i. Westf. und Umgegend, e. G. m. b. H., Herr H. Kruse. — Herr C. Schröder	10	—
755.	Castrop, Konsumverein „Glückauf", e. G. m. b. H., Herr Rohe. — Herr Küper, Bergmann	59	80
756.	Dortmund, Konsumverein „Lokomotive", e. G. m. b. H., Herr M. Rongen. — Herr Mischel	18	16
757.	Driburg (Westf.), Konsumverein für Driburg, e. G. m. b. H., Herr Heinr. Eckert. — Herr H. Zumdieck	10	—
758.	Elberfeld, Beamten-Konsumverein, e. G. m. b. H., Herr C. Dietz. — Herr E. Winkels, Ober-Telegraphen-Assistent	28	55
759.	Elberfeld, Konsumverein „Gambrinus", e. G. m. b. H., Herr R. Weyerstall. — Herr Ph. Bauscher	*	*
760.	Enger i. Westf., Konsumverein Enger i. W. und Umgegend, e. G. m. u. H. (in Liquidation), Herr H. Heemeyer. — Herr Koring	10	—
761.	Ennigloh (Post Bünde i. W.), Konsumverein zu Ennigloh und Umgegend, e. G. m. b. H., Herr H. Nienaber. — Herr Schurmeier	11	40
762.	Eveking, Evekinger Konsumverein, e. G. m. b. H., Herr Carl Berg. — Herr Th. Berg	23	—
763.	Gütersloh, Konsumverein Gütersloh und Umgegend, e. G. m. b. H., Herr A. Schachtsieck. — Herr Hermjakob, Buchbinder	10	—
764.	Iserlohn, Iserlohner Konsumverein, e. G. m. b. H., Herr H. Quinke. — Herr L. W. Herbers	100	—
765.	Lennep, Lenneper Konsumverein, e. G. m. b. H, Herr Morgenstern. — Herr Raikowsky, Lehrer	12	90
766.	Lüdenscheid, Lüdenscheider Konsumverein, e. G. m. b. H., Herr A. Wegerhoff. — Herr Noelle	34	15
767.	Lütgendortmund, Konsumverein „Glückauf", e. G. m. b. H., Herr W. Schmitz. — Herr F. Partmann	10	—
768.	Neuenkleusheim (Post Olpe i. W.), Konsumverein Kleusheim, e. G. m. b. H., Herr Dettmer. — Herr Hamicke, Lehrer	10	—
769.	Olpe i. Westf., Konsumverein, e. G. m. b. H., Herr W. Bieker. — Herr Joh. Billmer	10	—
770.	Osterfeld i. Westf, Konsumverein, e. G. m. b. H., Herr Neuhöfer. — Herr Dresen	16	80
771.	Ottbergen, Konsumverein, e. G. m. b. H., Herr Wicke. — Herr Flöre	10	—
772.	Paderborn, Konsumverein zu Paderborn, e. G. m. b. H., Herr Ortner. — Herr Thöne	23	92
	Transport	469	09

	Beitrag ℳ	₰
Transport	469	09
773. Rhode bei Olpe, Konsumverein, e. G. m. b. H., Herr Fr. Halbe. — Herr J. Middel	10	—
774. Spenge i. Westf., Konsumverein Spenge i. W. und Umgegend, e. G. m. b. H., Herr W. Niemöller. — Herr H. Schüler	10	—
775. Wanne, Konsumverein „Selbsthilfe", e. G. m. b. H., Herr W. Heuer. — Herr H. Kaienburg	29	85
776. Werdohl, Werdohler Konsum- und Produktivverein, e. G. m. b. H., Herr Jac. Hoffmann. — Herr H. Thomée	26	35
777. Werther i. Westf., Konsumverein zu Werther in W. und Umgegend, e. G. m. b. H., Herr W. Wedekamp. — Herr W. Diembeck, Zigarrenarbeiter	10	—
778. Wesel, Weseler Beamten-Konsumverein, e. G. m. b. H., Herr Maus. — Herr Klenner, Prov.-Amts-Assist.	16	90
779. Wetter a. d. Ruhr, Konsumverein, e. G. m. u. H., Herr O. Küper. — Herr Fabrikbesitzer G. Gravemann	52	65
Summa	624	84

20. Unterverband der Vorschußvereine in der Provinz Sachsen und dem Herzogtum Anhalt.

Direktor: Herr E. Hartung in Merseburg.
1. Stellvertreter: Herr F. Thormann in Gollme (Kr. Delitzsch).
2. Stellvertreter: Herr Kaufmann in Cöthen.
Verbands-Revisor: Herr O. Soerensen in Berlin.

(37 Vereine.)

a. Vorschußvereine.

	ℳ	₰
780. Ballenstedt, Ballenstedter Vereinsbank, e. G. m. u. H., Herr W. Kranich. — Herr W. Reinacker, Schuhmachermeister	10	—
781. Belgern, Vorschußverein, e. G. m. u. H., Herr H. Berge. — Herr J. Rasche	?	?
782. Benneckenstein, Vereins-Spar- und Vorschußbank, e. G. m. u. H., Herr Ließmann. — Herr Pfarre	27	20
783. Brehna, Vorschußverein, e. G. m. u. H., Herr W. Meinhardt. — Herr Mahn	10	—
784. Cöthen (Anhalt), Vorschußbank zu Cöthen, e. G. m. u. H., Herr A. Ascherberg. — Herr G. Hundt	11	72
785. Crossen bei Zeitz, Vorschußverein, e. G. m. b. H., Herr M. Schneider. — Herr Steuer	10	—
786. Delitzsch, Vorschußverein zu Delitzsch, e. G. m. u. H., Herr E. Scholz. — Herr Büchner, Lehrer	24	96
787. Dommitzsch, Vorschußverein zu Dommitzsch, e. G. m. u. H., Herr Otto Lantzsch. — Herr Wilh. Hauser, Ökonom	72	—
788. Düben, Vorschuß- und Sparverein zu Düben, e. G. m. u. H., Herr Albert Simon. — Herr M. Schöne	77	63
789. Eckartsberga, Vorschußverein zu Eckartsberga, e. G. m. u. H., Herr C. Mirus. — Herr W. Menge, Schneidermeister	10	—
790. Eilenburg, Darlehnskassen-Verein in Eilenburg, e. G. m. u. H., Herr Rupp. — Herr W. Teichmüller	53	98
791. Ellrich am Harz, Spar- und Vorschußverein, e. G. m. u. H, Herr H. Tepper. — Herr H. Kellner, Schlächtermeister	?	?
792. Freiburg a. U., Vorschußverein zu Freiburg a. U., e. G. m. b. H., Herr B. Sachse. — Herr Rottig, Weinhändler	79	40
Transport	386	89

Nr.		Beitrag ℳ	₰
	Transport	386	89
793.	Gollme b. Landsberg b. Halle, Vorschußverein, e. G. m. u. H., Herr F. Thormann. — Herr G. Busse, Lehrer	70	54
794.	Gräfenhainichen (Bez. Halle), Vorschußverein, e. G. m. b. H., Herr E. Walther. — Herr Otto Sachtler	31	52
795.	Heringen a. Helme, Vorschußverein, e. G. m. u. H., Herr Meyer. — Herr Friedrich Heise	10	—
796.	Hohenmölsen, Vorschuß- und Sparverein, e. G. m. b. H., Herr C. Schulze. — Herr Lehrer Bahre	15	33
797.	Jessen (Bez. Halle a. S.), Vorschußverein, e. G. m. u. H., Herr Paul Raschig. — Herr E. Lausch	13	12
798.	Kemberg, Spar- und Kreditverein zu Kemberg, e. G. m. u. H., Herr B. Redlich. — Herr R. Thieme, Brauereibesitzer	20	68
799.	Kösen (Bad), Vorschußverein zu Kösen a. S., e. G. m. u. H., Herr Hertel. — Herr Uthpadel	?	?
800.	Liebenwerda, Spar- und Darlehnskasse, e. G. m. u. H., Herr O. Kaube. — Herr C. Flehmig	10	76
801.	Mansfeld, Spar- und Kreditbank, e. G. m. u. N., Herr Gustav Kellermann. — Herr G. Gebhardt	?	?
802.	Merseburg, Vorschußverein zu Merseburg, e. G. m. b. H., Herr F. Dürr. — Herr E. Richter	100	—
803.	Mücheln (Bez. Halle), Vorschußverein zu Mücheln, e. G. m. b. H., Herr L. Lerche. — Herr O. Apel	43	31
804.	Mühlberg a. E., Vorschußverein, e. G. m. b. H., Herr A. Teiche. — Herr Lindhorst	41	48
805.	Nienburg a. S., Vorschußverein, e. G. m. u. H., Herr Franz Knauf. — Herr C. Ruder	10	—
806.	Prettin, Vorschußverein zu Prettin, e. G. m. u. H., Herr A. Schurad. — Herr R. Plesse, Kaufmann	?	?
807.	Pretzsch a. E., Pretzscher Spar- und Leihbank, e. G. m. u. H., Herr Höffler. — Herr Hentschel	10	—
808.	Querfurt, Vorschußverein, e. G. m. b. H., Herr Trautmann. — Herr Carl Rückmar, Rentier	100	—
809.	Roitzsch, Vorschußverein, e. G. m. u. H., Herr B. Büchner. — Herr O. Apitzsch	10	—
810.	Roßleben, Vorschuß- und Kreditverein, e. G. m. u. H., Herr J. Bloßfeld. — Herr Harsing	25	55
811.	Schweinitz a. Elster, Nördliche Kreditbank des Schweinitzer Kreises, zu Schweinitz, e. G. m. u. H. (mit Zweigniederlassungen zu Schönewalde und Schlieben), Herr Roggan. — Herr Klempnermeister Günther	73	95
812.	Silberhütte (Anhalt), Zentralgenossenschaft, e. G. m. b. H., Herr A. Föhr. — Herr Dr. Föhr	?	?
813.	Wettin a. S., Vorschußverein zu Wettin, e. G. m. u. H., Herr Albert Herzer. — Herr F. Elster	?	?
814.	Wiehe (Bez. Halle a. S.), Vorschußverein zu Wiehe, e. G. m. u. H., Herr Moritz Heyne. — Herr Otto Wels	44	98
815.	Zörbig, Spar- und Vorschußverein zu Zörbig, e. G. m. u. N., Herr H. Wald. — Herr C. Nordt, Lehrer	45	—
	b. Andere Genossenschaften.		
816.	Mühlberg a. Elbe, Brauerei und Malzfabrik Mühlberg a. E., e. G. m. b. H., Herr D. Binne. — Herr A. Teiche	14	65
	Summa	1077	76

21. Verband der Konsumvereine der Provinz Sachsen und der angrenzenden Provinzen und Staaten.

Direktor: Herr G. Oppermann in Magdeburg, Moltkestr. 3.

Stellvertreter: Herren Ernst in Grund a. Harz und Rechnungsrat Redslob in Halle a. S.

Verbands-Revisoren; die Herren G. Oppermann in Magdeburg, Rechnungsrat L. Redslob in Halle a. S., Weise in Hasserode a/Harz, Lüttgenfeldstraße 1a, Kosahl in Holzminden, Stürmer in Clausthal-Zellerfeld.

(153 Vereine.)

a. Konsumvereine.

		Beitrag M	₰
817.	Ackenhausen (Post Gandersheim), Konsumverein f. A. u. Umgegend, e. G. m. b. H., Herr Heinr. Hauenschild. — Herr H. Kleimann	10	—
818.	Ahlshausen b. Salzderhelden, Konsumverein Ahlshausen, e. G. m. b. H., Herr C. Timpner. — Herr C. Friedhoff	10	—
819.	Altenau a. Harz, Konsumverein, e. G. m. b. H., Herr Böhm. — Herr Schraube, Königl. Oberförster	20	25
820.	Altenburg b. Naumburg a. S., Konsumverein zu Altenburg, e. G. m. b. H., Herr Carl Richter. — Herr G. Kramer	10	—
821.	Altflemmingen b. Naumburg a. S., Konsumverein zu Altflemmingen, e. G. m. b. H., Herr Carl Richter. — Herr O. Judersleben (für 1902 im Rest)	10	—
822.	Astfeld (Braunschweig, Post Langelsheim), Konsumverein Astfeld, e. G. m. b. H., Herr F. Netz. — Herr H. Bock, Maurer	10	—
823.	Atzendorf b. Förderstedt, Konsumverein, e. G. m. b. H., Herr S. Stille. — Herr R. Ostmann	10	—
824.	Barbis, Konsumverein zu Barbis, e. G. m. b. H., Herr W. Rojan. — Herr L. Picht	10	—
825.	Bartolfelde (Post Osterhagen), Konsumverein, e. G. m. b. H., Herr H. Rathmann. — Herr L. Peix	10	—
826.	Beddingen (Post Wolfenbüttel), Konsumverein, e. G. m. b. H., Herr L. Timpe. — Herr F. Papendorf	10	—
827.	Bitterfeld, Konsumverein, e. G. m. b. H., Herr O. Pisch. — Herr O. Küster	11	12
828.	Blankenburg a. H., Konsumverein Blankenburg a. H., e. G. m. b. H., Herr J. Thiel. — Herr W. Kühne	55	80
829.	Bodenfelde, Haushaltungs-Verein für Bodenfelde und Umgegend, e. G. m. b. H., Herr W. Grupe. — Herr C. Brauns	10	—
830.	Braunlage a. H., Konsumverein Braunlage a. H., e. G. m. b. H., Herr H. Rebe. — Herr Fritz Winkel, Forstwegewärter	10	95
831.	Braunschweig, Beamten-Konsumverein, e. G. m. u. H., Herr Günther. — Herr Leue, Eisenbahnsekretär	43	—
832.	Brehna, Konsumverein Brehna, e. G. m. b. H., Herr C. Beyer. — Herr F. Franke	10	—
833.	Broistedt, Konsumverein Broistedt, e. G. m. u. H., Herr H. Markworth. — Herr H. Hagemann	10	—
834.	Brückfeld b. Fürstenberg a. Weser, Brückfelder Konsumverein, e. G. m. b. H, Herr M. E. Nölle. — Herr O. Jürgens	10	—
835.	Burg bei Magdeburg, Konsumverein zu Burg, e. G. m. b. H., Herr C. Ahlert. — Herr Spinnmeister C. Haupt	69	75
836.	Burgscheidungen (Post Laucha), Konsumverein für Burgscheidungen und Umgegend, e. G. m. b. H., Herr L. Beyer. — Herr W. Bornschein	10	—
	Transport	350	87

	Beitrag ℳ	₰
Transport	350	87
837. Carsdorf, Konsumverein, e. G. m. b. H., Herr C. Hennicke. — Herr A. Bilke, Schneidermeister	10	—
838. Clausthal-Zellerfeld, Clausthal-Zellerfelder Konsumverein, e. G. m. b. H., Herr Schennen. — Herr v. Schieckfuß und Neudorf	86	25
839. Cramme bei Barum (Braunschweig), Konsumverein Cramme, e. G. m. u. H., Herr Maurer Chr. Beutnagel. — Herr C. Duerkop	10	—
840. Cröllwitz b. Halle a. S., Allgemeiner Konsumverein zu Cröllwitz bei Halle a. S., e. G. m. b. H., Herr C. Voigt. — Herr O. Oswald	10	—
841. Deersheim bei Wasserleben, Konsumverein, e. G. m. u. H., Herr C. Nehrkorn. — Herr Hundertmark	10	—
842. Dessau, Konsumverein Dessauer Beamten, e. G. m. b. H., Herr Henze. — Herr Dr. Wickenhagen	23	40
843. Dögerode b. Calefeld, Konsumverein zu Dögerode, e. G. m. u. H., Herr F. Paare. — Herr Aug. Biel	10	—
844. Dölau bei Halle a. S., Allgemeiner Konsumverein zu Dölau bei Halle a. S., e. G. m. b. H., Herr F. Damm. — Herr G. Damm	34	05
845. Dorste (Kreis Osterode am Harz), Konsumverein für Dorste und Umgegend, e. G. m. b. H., Herr C. Roddewig — Herr W. Raulf	11	10
846. Düben, Konsumverein, e. G. m. b. H., Herr O. Pönicke. — Herr A. Fritzsche	10	—
847. Echte, Konsumverein für Echte und Umgegend, e. G. m. u. H., Herr H. Sander. — Herr F. Bothe	10	—
848. Eilenburg, Waren-Einkaufsverein zu Eilenburg, e. G. m. b. H., Herr Müller. — Herr Reichelt	10	—
849. Eisdorf bei Gittelde, Konsumverein Eisdorf, e. G. m. b. H., Herr A. Bertram. — Herr Dunker	10	—
850. Elbingerode a. Harz, Elbingeroder Konsumverein, e. G. m. b. H., Herr E. Kohlrusch. — Herr Fr. W. Herdam	15	30
851. Ellrich a. Harz, Konsumverein, e. G. m. b. H., Herr L. Liebheit. — Herr Franz Kleinschmidt	?	?
852. Erdeborn bei Oberröblingen am See, Konsumverein, e. G. m. b. H., Herr F. Stiebritz. — Herr Carl Friedmann	11	36
853. Falkenberg bei Halle a. S., Konsumverein für Falkenberg und Umgegend, e. G. m. b. H., Herr Koselack. — Herr Knoche, Telegr.-Assistent	10	—
854. Fredelsloh, Konsumverein für Fredelsloh und Umgegend, e. G. m. b. H., Herr H. Thielebeule. — Herr Fr. Dörnter	10	—
855. Friedersdorf b. Bitterfeld, Konsumverein Friedersdorf, e. G. m. u. H., Herr Fr. Würker. — Herr H. Bassin, Schlosser	10	—
856. Fümmelse bei Wolfenbüttel, Konsumverein, e. G. m. b. H., Herr W. Schüßler. — Herr H. Wolters	10	—
857. Gandersheim, Konsumverein, e. G. m. b. H., Herr W. Nothdurft. — Herr A. Forge	10	—
858. Gardelegen, Konsumverein für Gardelegen und Umgegend, e. G. m. b. H., Herr E. Lawrenz. — Herr H. Schernikau	22	50
859. Gebhardshagen, Konsumverein, e. G. m. u. H., Herr H. Lindenberg. — Herr H. Ehlers	10	—
860. Gielde b. Börßum, Konsumverein, e. G. m. b. H., Herr H. Blume. — Herr Fr. Buhs	10	—
861. Gittelde, Konsumverein Gittelde, e. G. m. b. H., Herr A. Hellmann. — Herr A. Weißensee	10	—
862. Glöthe, Konsumverein Glöthe, e. G. m. b. H., Herr W. Schleysing. — Herr Waldmann	10	—
863. Gollme (Post Landsberg bei Halle a. S.), Konsumverein für Gollme und Umgegend, e. G. m. b. H., Herr Herm. Zille. — Herr Wilh. Metzger	15	60
Transport	750	43

	Beitrag ℳ	₰
Transport	750	43
864. Goslar, Konsumverein der Berg- und Hüttenleute, e. G. m. b. H., Herr Karl Knorr. — Herr A. Paulmann	82	06
865. Gräfenhainichen (Bez. Halle), Konsumverein für Gräfenhainichen und Umgegend, e. G. m. b. H., Herr H. Heinze. — Herr Louis Pulß	10	—
866. Groß-Salze b. Schönebeck a. E., Konsumverein, e. G. m. b. H., Herr Wilh. Weiß. — Herr W. Krühne	11	10
867. Grund am Harz, Konsumverein, e. G. m. b. H., Herr C. Ernst. — Herr Ehring	14	40
868. Halle a. S., Beamten-Konsumverein, e. G. m. b. H., Herr Richter. — Herr Geh. Baurat Reuter	100	—
869. Halle a. S., Neuer Konsumverein für Halle a. S. und Umgegend, e. G. m. b. H., Herr R. Dockhorn. — Herr Wilh. Stahlmann	10	—
870. Hameln, Konsumverein Hameln, e. G. m. b. H., Herr G. Bien. — Herr Karl Gärtner, Eisenbahntelegraphenmeister	16	35
871. Harlingerode, Konsumverein, e. G. m. b. H., Herr A. Petri. — Herr Willgerodt	12	45
872. Harriehausen, Konsumverein zu Harriehausen und Umgegend, e. G. m. b. H., Herr W. Grotjahn. — Herr W. Alms	10	—
873. Harzburg, Konsumverein „Bündheim-Harzburg", Herr H. Homann. — Herr C. Dehne	19	50
874. Heinsen bei Polle in Braunschweig, Konsumverein zu Heinsen, e. G. m. b. H., Herr Ch. Söffge. — Herr W. Söffge	10	—
875. Helmstedt (Braunschweig), Konsumverein, e. G. m. b. H., Herr H. Eckhardt. — Herr Fr. Knigge	10	—
876. Höhnstedt b. Teutschenthal, Konsumverein Amtsbezirk Höhnstedt, e. G. m. b. H., Herr Karl Achilles. — Herr F. Schoffig	10	—
877. Holzminden, Konsumverein zu Holzminden, e. G. m. b. H., Herr Mittmann. — Herr Kofahl, Baugewerkschullehrer	40	50
878. Holzweißig, Konsumverein Holzweißig und Umgegend, e. G. m. b. H., Herr Aug. Winter. — Herr O. Rauchfuß	17	—
879. Jerstedt b. Goslar, Konsumverein, e. G. m. b. H., Herr Remmert. — Herr Paul, Stationsarbeiter	10	—
880. Ildehausen, Konsumverein „Ildehausen und Umgegend", e. G. m. b. H., Herr C. Wolff. — Herr T. Müller	10	—
881. Ilsenburg, Konsumverein, e. G. m. u. H., Herr Herm. Ebeling. — Herr H. Wiehle	19	65
882. Imbshausen, Konsumverein für Imbshausen und Umgegend, e. G. m. u. H., Herr Friedrichs. — Herr Freiherr von Stralenheim	10	—
883. Immendorf (Braunschweig), Konsumverein Immendorf, e. G. m. b. H., Herr H. Meyer. — Herr W. Lehmberg	10	—
884. Kaltendorf (Post Oebisfelde), Beamten-Konsumverein Kaltendorf, e. G. m. b. H., Herr Blanck. — Herr Fehlhaber	10	—
885. Kemberg, Konsumverein Kemberg und Umgegend, e. G. m. b. H., Herr Franz Becker. — Herr Albert Nitzschke	10	—
886. Königslutter, Konsumverein, e. G. m. b. H., Herr C. Kramer. — Herr C. Bachmann	22	20
887. Langelsheim (Braunschweig), Konsumverein, e. G. m. b. H., Herr Chr. Pahl. — Herr C. Schwarze	17	10
888. Lauchstädt, Konsumverein Lauchstädt, e. G. m. b. H., Herr C. Tille. — Herr Fr. Keil	10	—
889. Lautenthal, Konsumverein zu Lautenthal, e. G. m. b. H., Herr H. Sievers. — Herr C. Harzig	19	80
890. Lauterberg am Harz, Konsumverein, e. G. m. b. H., Herr C. Meier. — Herr H. Apel	18	30
Transport	1290	84

		Beitrag ℳ	₰
	Transport	1290	84
891.	Lebenstedt (Post Salder), Konsumverein, e. G. m. u. H., Herr H. Bortfeld. — Herr Chr. Schamlodt	10	—
892.	Lerbach am Harz, Konsumverein, e. G. m. u. H., Herr H. Hase. — Herr W. Wolf	11	50
893.	Lettin b. Halle a. S., Allgemeiner Konsumverein Lettin b. Halle a. S., e. G. m. b. H., Herr E. Bürger. — Herr A. Widau	25	02
894.	Lichtenberg in Braunschweig, Konsumverein Lichtenberg, e. G. m. b. H., Herr C. Fischer. — Herr A. Dernedde	10	—
895.	Liebenburg (Hannover), Konsumverein Lewe-Liebenburg, e. G. m. b. H., Herr F. Busch. — Herr W. Bosse	10	—
896.	Liebenwerda, Konsumverein für Liebenwerda und Umgegend, e. G. m. b. H., Herr C. Muntau. — Herr Fabrikbesitzer Paul Reiß	10	—
897.	Limlingerode (Post Tettenborn), Konsumverein Limlingerode, e. G. m. b. H., Herr H. Eisfeld. — Herr Heidecke, Landwirt	10	—
898.	Lobmachtersen (Post Barum, Braunschweig), Konsumverein Lobmachtersen, e. G. m. u. H., Herr H. Niemeyer. — Herr Fr. Homann	10	—
899.	Moringen b. Northeim, Konsumverein Moringen und Umgegend, e. G. m. b. H., Herr L. Werl. — Herr Storre	10	—
900.	Münchehof am Harz, Konsumverein, e. G. m. b. H., Herr K. Kolle. — Herr E. Rieke	10	—
901.	Neudorf b. Harzgerode, Konsumverein Neudorf-Silberhütte, e. G. m b. H., Herr L. Gille. — Herr W. Bock	10	—
902.	Neuhaldensleben, Konsumverein Neuhaldensleben, e. G. m. b. H., Herr O. Nitsche. — Herr Kaufmann H. Uffrecht	29	55
903.	Niedereichstädt (Post Schafstädt), Konsumverein, e. G. m. u. H., Herr C. Kirsten. — Herr A. Kanja	10	—
904.	Niemegk bei Bitterfeld, Konsumverein Niemegk, e. G. m. b. H., Herr F. Quilitzsch — Herr K. Schneider	10	—
905.	Nordhausen, Beamten-Konsumverein zu Nordhausen, e. G. m. b. H., Herr Lorenz. — Herr Lumm	10	—
906.	Northeim, Konsumverein Northeim, e. G. m. b. H., Herr Fritz Nolte. — Herr Hugo Wolle	13	50
907.	Oker a. H., Konsumverein, e. G. m. b. H., Herr Palm. — Herr Bräuning	34	05
908.	Oldenrode b. Ildehausen, Konsumverein, e. G. m. b. H., Herr W. Robbin. — Herr Sannemann	10	—
909.	Opperhausen bei Kreiensen, Konsumverein zu Opperhausen und Umgegend, e. G. m. b. H., Herr A. Greune. — Herr H. Müller	10	—
910.	Osterhagen, Konsumverein, e. G. m. u. H., Herr C. Leunig. — Herr L. Schomburg	10	—
911.	Osterode a. H., Konsumverein, e. G. m. b. H., Herr Schaber. — Herr Rektor Espe	32	11
912.	Othfresen, Konsumverein Othfresen-Heißum, e. G. m. b. H., Herr W. Lange. — Herr W. Müller	10	—
913.	Ottenstein (Braunschweig), Konsumverein, e. G. m. b. H., Herr Fr Wiedbrauck. — Herr H. Lüning	10	—
914.	Pouch, Konsumverein zu Pouch, e. G. m. b. H., Herr W. Lehmann. — Herr Reinhold Wust	11	10
915.	Rittierode bei Salzderhelden, Konsumverein Rittierode, e. G. m b. H., Herr H. Oppermann. — Herr Aug. Oppermann	10	—
916.	Rösa, Konsumverein Rösa, e. G. m. b. H., Herr R. Naumann. — Herr W. Heinold jr.	10	—
	Transport	1637	67

		Beitrag ℳ	₰
	Transport	1637	67
917.	**Roitzsch**, Konsumverein, e. G. m. b. H., Herr Herzig. — Herr F. Schumann, Zimmerer	10	—
918.	**Roßlau a. Elbe**, Sachsenbergischer Konsumverein, e. G. m. b. H., Herr Fr. Krüger. — Herr Ingenieur Wilh. Passow	10	—
919.	**Rühle** (Post Bodenwerder), Konsumverein, e. G. m. b. H., Herr Fr. Mayerhenke. — Herr A. Schünemann	10	—
920.	**Rüningen** b. Braunschweig, Konsumverein zu Rüningen, e. G. m. b. H., Herr Schmalkoke. — Herr J. Habekost, Maurer	10	—
921.	**Salza** (Harz), Konsumverein zu Salza und Umgegend, e. G. m. b. H., Herr August Küster. — Herr O. Grimm	10	—
922.	**Salzdahlum** (Post Wolfenbüttel), Konsumverein Salzdahlum, e. G. m. b. H., Herr H. Bosse. — Herr C. Baars	10	—
923.	**Sankt-Andreasberg**, Konsumverein, e. G. m. b. H., Herr A. Bock. — Herr Werner, Bergassessor	19	50
924.	**Schafstädt** (Bez. Halle a. S.), Konsumverein, e. G. m. b. H., Herr Teichmann. — Herr M. Hölzig	10	—
925.	**Schiepzig** b. Salzmünde, Allgemeiner Konsumverein zu Schiepzig, e. G. m. b. H., Herr H. Triebel. — Herr A. Regall	10	—
926.	**Schladen** a. Harz, Konsumverein, e. G. m. u. H., Herr W. Unverhau. — Herr H. Becker, Maurer	10	—
927.	**Schochwitz** b. Salzmünde, Konsumverein Schochwitz, e. G. m. b. H., Herr Fr. Rosenbaum. — Herr Karl Narrasch	10	—
928.	**Schönhagen** (Hannover), Konsumverein, e. G. m. b. H., Herr K. Brandt. — Herr Philipps, Lehrer	10	—
929.	**Schraplau**, Konsumverein, e. G. m. b. H., Herr Rabe. — Herr Ehring, Aufseher	10	—
930.	**Schwemsal** (Post Düben), Konsumverein Schwemsal, e. G. m. b. H., Herr H. Martin. — Herr Ferd. Kläring	10	—
931.	**Steigra** b. Querfurt, Konsumverein, e. G. m. u. H., Herr Lautenschläger. — Herr F. Pänzer	10	—
932.	**Steina** bei Herzberg im Harz, Konsumverein, e. G. m. b. H., Herr Fr. Morich. — Herr Fr. Lauenstein	10	—
933.	**Stiege**, Konsumverein Stiege, e. G. m. b. H., Herr Fr. Rienäcker. — Herr H. Lutze	10	—
934.	**Stöckey** (Post Tettenborn), Konsumverein, e. G. m. b. H., Herr Polle. — Herr H. Echtermeyer	10	—
935.	**Stolberg** a. Harz, Konsumverein, e. G. m. b. H., Herr Zeidel. — Herr Louis Koch	?	?
936.	**Straßberg** a. Harz, Konsumverein Straßberg a. H., e. G. m. b. H., Herr Rob. Marschhausen. — Herr Ortsschulze C. Ermisch	10	—
937.	**Tettenborn**, Konsumverein Tettenborn, e. G. m. b. H., Herr Fr. Hieser. — Herr K. Engelmann	10	—
938.	**Teutschenthal**, Konsumverein Amtsbez. Teutschenthal, e. G. m. b. H., Herr K. Koch. — Herr F. Ködderitz	44	70
939.	**Thiede**, Konsumverein Thiede, e. G. m. b. H., Herr W. Bahldiek. — Herr K. Löhr	15	90
940.	**Torgau**, Allgemeiner Konsumverein für Torgau und Umgegend, e. G. m. b. H., Herr Bellin. — Herr Woche, Stationsassistent	18	23
941.	**Trebitz** a. Elbe, Konsumverein Trebitz a. E. und Umgegend, e. G. m. b. H., Herr E. Wend. — Herr G. Deumich	10	—
942.	**Trebra** b. Nordhausen, Konsumverein zu Trebra, e. G. m. b. H., Herr C. Wolff. — Herr F. Hoffmann	10	—
943.	**Upen** (Post Othfresen), Konsumverein Upen, e. G. m. b. H., Herr Broihan. — Herr C. Berkefeldt	10	—
944.	**Uslar**, Uslarer Konsumverein, e. G. m. b. H., Herr A. Müller. — Herr Th. Hoffmann	10	45
	Transport	1966	45

		Beitrag ℳ	₰
	Transport	1966	45
945.	Wansleben (Amtsbezirk Langenbogen), Allgemeiner Konsumverein Wansleben, e. G. m. b. H., Herr Th. Thomas. — Herr A. Dietrich, Bergmann	12	30
946.	Wasserleben, Konsumverein, e. G. m. u. H., Herr R. Elies. — Herr W. Köhler	10	—
947.	Wernigerode, Wernigeröder Konsumverein, e. G. m. b. H., Herr W. Lange. — Herr Gehlhardt, Lehrer	10	—
948.	Werningerode bei Bleicherode, Konsumverein, e. G. m. b. H., Herr K. Küchenthal. — Herr K. Bundfuß	10	—
949.	Westerhof bei Echte, Konsumverein, e. G. m. b. H., Herr W. Benshausen. — Herr W. Marienhagen	10	—
950.	Westerode am Harz, Konsumverein Westerode und Umgegend, e. G. m. b. H., Herr Heinr. Bothe. — Herr A. Reinecke	10	—
951.	Wettin a. S., Konsumverein, e. G. m. b. H., Herr F. Riedel. — Herr Fr. Valentin	17	50
952.	Wiedemar (Post Glesien), Konsumverein für Wiedemar und Umgegend, e. G. m. b. H., Herr Ed. Lehmer. — Herr Franz Knötzsch, Zimmerer	10	—
953.	Wildemann, Konsumverein, e. G. m. b. H., Herr Alb. Kopp. — Herr A. Schäder	10	33
954.	Willershausen bei Echte, Konsumverein, e. G. m. u. H., Herr Aug. Johanning. — Herr H. Klaproth	10	—
955.	Windhausen (Post Gittelde), Konsumverein Selbsthilfe zu Windhausen, e. G. m. u. H., Herr Aug. Schrader. — Herr H. Wiese	10	—
956.	Wittenberg (Bezirk Halle), Konsumverein, e. G. m. b. H., Herr W. Wagner. — Herr Zimmer, Lehrer	10	83
957.	Wittenberg (Bezirk Halle), Beamten-Konsumverein, e. G. m. b. H., Herr P. Schneider. — Herr Künnemann	10	—
958.	Wolfen (Post Jeßnitz, Anh.), Konsumverein, e. G. m. b. H., Herr O. Hoffmann. — Herr W. Naumann	10	—
959.	Wolfenbüttel, Beamten-Konsumverein, e. G. m. b. H., Herr Garbe. — Herr Kramer, Amtsvogt	10	—
960.	Wolfshagen bei Wolfenbüttel, Alter Konsumverein, e. G. m. b. H., Herr A. Pahl. — Herr H. Pahl	10	—
961.	Woltwiesche (Braunschw.), Konsumverein, e. G. m. u. H. (in Liquidation), Herr H. Bollmann. — Herr H. Bolling	10	—
962.	Wulften a. Harz, Konsumverein, e. G. m. u. H., Herr Heise. — Herr W. Lohrengel	10	—
963.	Zappendorf, Allgemeiner Konsumverein, e. G. m. b. H., Herr K. Kloß. — Herr Ferd. Holzhause	14	25
964.	Zöschen, Konsumverein Zöschen und Umgegend, e. G. m. b. H., Herr G. Suderlau. — Herr G. Quirin	10	—
965.	Zscherben b. Schlettau a. Saale, Allgemeiner Konsumverein zu Zscherben, e. G. m. b. H., Herr G. Schaaf. — Herr Alb. Koch	10	50
	b. Andere Genossenschaften.		
966.	Magdeburg, Rohstoff-Association der Schneidermeister, e. G. m. u. H., Herr R. Voigt. — Herr C. Bach	20	90
967.	Magdeburg, Rohstoff-Association der Schuhmacher zu Magdeburg, e. G. m. u. H., Herr W. Gummert. — Herr W. Hille	10	—
968.	Magdeburg, Verkaufsgenossenschaft der Schneidermeister, e. G. m. b. H., Herr O. Zacher. — Herr H. Heinze	10	—
969.	Wolfenbüttel, Rohstoff-Genossenschaft der Schuhmachermeister zu Wolfenbüttel, e. G. m. b. H., Herr L. Bode. — Herr W. Kassel	10	—
	Summa	2243	06

22. Verband Sächsischer Erwerbs- und Wirtschaftsgenossenschaften.

Direktor: Herr Aug. Friedr. Hüfner in Chemnitz.
Stellvertreter: Herr M. Sauer in Leipzig.
Verbands-Revisor: Herr Edwin Rüdiger in Chemnitz.

(35 Vereine.)

a. Vorschußvereine.

		Beitrag ℳ	₰
970.	Altmittweida, Spar- und Kreditverein, e. G. m. b. H., Herr R. Müller. — Herr Franz Müller	14	89
971.	Aue i. Erzg., Spar- und Kreditverein für Aue i. Erzg. und Umgegend, e. G. m. b. H., Herr Paul Berndt. — Herr M. O. Borrmann	10	—
972.	Auerbach im Vogtl., Spar- und Vorschußverein zu Auerbach, e. G. m. b. H., Herr Emil Wolf. — Herr H. Stelzner	100	—
973.	Borstendorf, Spar- und Vorschußverein zu Borstendorf, e. G. m. u. H., Herr C. Oehme. — Herr E. Wittig	18	72
974.	Burkhardtsdorf, Spar- und Vorschußverein, e. G. m. u. H., Herr C. Schüppel. — Herr Gemeindevorsteher und Strumpffaktor C. W. Weinhold	15	29
975.	Chemnitz, Spar- und Kreditverein, e. G. m. u. H., Herr A. F. Hüfner. — Herr R. Glöckner	100	—
976.	Claußnitz bei Bienenmühle, Spar- und Vorschußverein, e. G. m. u. H., Herr H. Körner. — Herr E. M. Lippmann	20	31
977.	Deutschneudorf, Sparverein, e. G. m. u. H., Herr Louis Reichelt. — Herr C. Hofmann, Bäckermeister	10	—
978.	Euba bei Chemnitz, Spar- und Kreditverein, e. G. m. u. H., Herr F. E. Morgenstern. — Herr J. Felber	22	50
979.	Glauchau, Glauchauer Spar- und Kreditbank, e. G. m. b. H., Herr Th. Neugebauer. — Herr A. J. Scholze	10	—
980.	Heidelberg bei Seiffen, Spar- und Vorschußverein für Heidelberg, Seiffen und Umgegend, e. G. m. u. H., Herr Leberecht Wagner. — Herr H. F. Fischer in Seiffen	15	84
981.	Kirchberg i. S., Vorschußverein, e. G. m. u. H., Herr Zeidler. — Herr Klug	40	36
982.	Königstein a. Elbe, Kreditverein, e. G. m. b. H., Herr J. Naumann. — Herr H. Schiffner	32	25
983.	Leipzig, Leipziger Kreditbank, Aktien-Gesellschaft, Herr G. Heinrich. — Herr Rob. Zwicker	100	—
984.	Leipzig, Spar- und Gewerbebank zu Leipzig, e. G. m. u. H., Herr M. Sauer. — Herr Otto Göttel	100	—
985.	Leipzig, Allgemeine deutsche Spar- und Vorschußkasse für Lehrer, e G. m. b. H., Herr L. Tillich. — Herr Frz. Trentler	17	52
986.	Leubsdorf i. Sachs., Spar- und Vorschußverein „Eintracht“ zu Leubsdorf, e. G. m. u. H., Herr J. R. Pauli. — Herr Gutsbesitzer F. E. Loose	13	22
987.	Lobstädt, Spar- und Vorschußverein für Lobstädt und Umgegend, e. G. m. u. H., Herr Georg Erler. — Herr T. Thiele, Gutsbesitzer	89	30
988.	Meißen, Kreditverein zu Meißen. e. G. m. b. H., Herr O. Reinhard. — Herr Herrmann	100	—
989.	Mittweida, Kreditverein, e. G. m. u. H., Herr Hermann Schulze. — Herr Eduard Weise	10	—
990.	Mügeln (Bez. Leipzig), Kreditverein zu Mügeln, e. G. m. b. H., Herr Striegler. — Herr Prüfer	47	97
991.	Olbernhau, Spar- und Vorschußverein Olbernhau, e. G. m. b. H., Herr A. Windisch. — Herr Ant. Uhlmann	15	—
	Transport	903	17

		Beitrag ℳ	₰
	Transport	903	17
992.	Ottendorf (Bezirk Leipzig), Sparverein, e. G. m. u. H., Herr Geißler. — Herr Bruno Dietze, Gutsbesitzer	10	—
993.	Penig i. Sachsen, Vorschuß- und Sparverein, e. G. m. u. H., Herr H. Kühn. — Herr O. Ziegenspeck	17	56
994.	Pulsnitz i. Sachsen, Spar- und Vorschußverein, e. G. m. b. H., Herr R. Borkhardt. — Herr Paul Raupach	49	52
995.	Radeberg, Radeberger Volksbank, e. G. m. b. H., Herr Max Schulze. — Herr Stadtverordneter G. Hänsel	10	—
996.	Radeburg, Spar- und Kreditverein, e. G. m. u. H., Herr C. Klein. — Herr Haugk	17	17
997.	Reudnitz-Leipzig, Spar- und Vorschußverein für Reudnitz und Umgegend, e. G. m. u. H., Herr M. Köhler. — Herr Kaufmann Ed. Zieger	100	—
998.	Seiffen, Spar- und Vorschußverein für Seiffen und Umgegend, e. G. m. u. H., Herr Beyer. — Herr F. Hetze	10	—
999.	Siebenlehn, Vorschußverein, e. G. m. b. H., Herr Fr. G. Müller. — Herr Th. Polster	10	—
1000.	Thum, Vorschußverein, e. G. m. u. H., Herr A. Böttger. — Herr Rob. Altmanspacher	62	55
1001.	Trebsen i. Sachsen, Spar- und Vorschußverein, e. G. m. u. H., Herr C. Friedrich Scheibe. — Herr H. Haferkorn, Rentier	60	14
1002.	Wermsdorf, Spar- und Vorschußverein, e. G. m. u. H., Herr P. Otto. — Herr Nitzsche	80	22
1003.	Zwenkau, Zwenkauer Vorschußverein, e. G. m. u. H., Herr B. Kloß. — Herr Bruno Müller	17	40
	b. Andere Genossenschaften.		
1004.	Chemnitz, Chemnitzer Beerdigungsanstalt „Frieden“, e. G. m. b. H., Herr Arthur Kinzel. — Herr Ferd. Hacke	10	—
	Summa	1357	73

23. Verband der Erwerbs- und Wirtschaftsgenossenschaften Schlesiens.

Direktor: Herr C. Neugebauer in Breslau, Büttnerstr. 28/31.

1. Stellvertreter: Herr B. Dziekan in Breslau.

2. Stellvertreter: Herr Göhlich in Breslau.

Verbands-Revisoren: die Herren P. Förster in Friedland (Bez. Breslau), H. Schoedon in Gleiwitz, M. Scholz in Öls, Oscar Hoffmüller in Breslau, Louis Spitz in Cosel (Schles.).

(87 Vereine.)

		ℳ	₰
	a. Vorschußvereine.		
1005.	Bauerwitz, Vorschußverein zu Bauerwitz, e. G. m. u. H., Herr Jos. Stanjeck. — Herr T. Felbier	31	80
1006.	Bernstadt i. Schl., Vorschußverein, e. G. m. b. H., Herr Hugo Sturtz. — Herr Weiß, Kaufmann	32	32
1007.	Beuthen O.-Schl., Vorschußverein, e. G. m. u. H., Herr S. Guttmann. — Herr J. Böhm	15	20
1008.	Breslau, Vorschußverein zu Breslau, e. G. m. b. H., Büttnerstraße 28/31, Herr C. Neugebauer. — Herr Kopisch	100	—
1009.	Breslau, Breslauer Volksbank, e. G. m. b. H., Breitestr. 15, — Herr B. Dziekan. — Herr August Rudolph	100	—
	Transport	279	32

		Beitrag ℳ	₰
	Transport	279	32
1010.	Brieg (Reg.-Bezirk Breslau), Vorschußverein zu Brieg, e. G. m. u. H., Herr Spieske. — Herr Korn	50	43
1011.	Bunzlau, Vorschußverein zu Bunzlau, e. G. m. u. H., Herr Bischoff. — Herr C. Hoffmann	21	10
1012.	Canth, Vorschußverein, e. G. m. u. H., Herr G. Ende. — Herr Vogt	39	24
1013.	Cosel i. Schl., Vorschußverein in Cosel, e. G. m. u. H., Herr Spitz. — Herr Ed. Schubert	100	—
1014.	Cosel i. Schl., Hypotheken-Versicherungs- und Tilgungsverein, e. G. m. u. H., Herr Winkler. — Herr Fränkel	10	—
1015.	Freiburg i. Schl., Vorschußverein zu Freiburg i. Schl., e. G. m. b. H., Herr Regent. — Herr Suppe	100	—
1016.	Freystadt i. Schl., Volksbank zu Freystadt i. Schl., e. G. m. b. H., Herr Jos. Hanke. — Herr Gustav Kloß	13	65
1017.	Friedland (Reg.-Bez. Breslau), Vorschußverein, e. G. m. b. H., Herr P. Förster. — Herr H. Lillge	52	12
1018.	Glatz, Vorschußverein zu Glatz, e. G. m. u. H., Herr Bormann. — Herr J. Täuber	59	10
1019.	Gleiwitz, Vorschußverein, e. G. m. b. H., Herr H. Schoedon. — Herr P. Kullrich	100	—
1020.	Glogau, Vorschußverein zu Glogau, e. G. m. u. H., Herr F. Cleemann. — Herr Alois Meyer	30	13
1021.	Goldberg i. Schl., Vorschußverein, e. G. m. u. H., Herr O. Dütschke. — Herr Rentier W. Rösler	10	—
1022.	Groß-Neundorf bei Neisse, Vorschußverein zu Groß-Neundorf, e. G. m. b. H., Herr A. Zacher. — Herr A. Lorenz	100	—
1023.	Groß-Strehlitz, Vorschußverein, e. G. m. b. H., Herr Rud. Müller. — Herr Herden, Amtsgerichtsrat	42	—
1024.	Groß-Wartenberg, Vorschußverein zu Wartenberg, e. G. m. b. H., Herr H. Wieczoreck. — Herr C. Hoffmeister	10	—
1025.	Grottkau, Vorschußverein, e. G. m. u. H., Herr Paul Wandrey. — Herr Hartmann	100	—
1026.	Grünberg i. Schl., Vorschußverein zu Grünberg, e. G. m. b. H., Herr O. Speich. — Herr F. Winkler, Spediteur	36	72
1027.	Guttentag, Vorschußverein, e. G. m. b. H., Herr F. Hencinski. — Herr Dr. Janietz, Hauptlehrer	14	40
1028.	Habelschwerdt, Vorschußverein, e. G. m. u. H., Herr Aug. Zanger. — Herr Ratsherr Paul	27	05
1029.	Hirschberg i. Schl., Vorschußverein zu Hirschberg, e. G. m. b. H., Herr H. Beer. — Herr Kaufmann Th. Lüer	100	—
1030.	Kattowitz O.-Schl., Spar- u. Handelsbank zu Kattowitz O.-Schl., e. G. m. b. H., Herr Max Fröhlich. — Herr Bürgermeister Pohlmann	100	—
1031.	Krappitz, Vorschußverein zu Krappitz, e. G. m. b. H., Herr D. Schmula. — Herr Kimmel	90	—
1032.	Kreuzburg O.-Schl., Vorschußverein, e. G. m. b. H., Herr Steinke. — Herr Wallmann, Ökonomierat und Major a. D.	32	—
1033.	Landeshut i. Schl., Vorschußverein zu Landeshut, e. G. m. u. H., Herr Klenner. — Herr Fr. Seidel, Hotelbesitzer	10	—
1034.	Lauban, Vereinsbank, e. G. m. b. H., Herr Heinrich Opitz. — Herr W. König	19	80
1035.	Leobschütz, Volksbank, e. G. m. u. H., Herr J. Kreisel. — Herr C. Hoffmann sen.	38	85
1036.	Lewin bei Glatz, Vorschußverein zu Lewin, e. G. m. u. H., Herr W. Mader. — Herr Ardelt	29	—
	Transport	1614	91

		Beitrag ℳ	₰
	Transport	1614	91
1037.	Liegnitz, Vorschußverein zu Liegnitz, e. G. m. b. H., Herr Hoheisel. — Herr Lochmann, Bäckermeister	12	75
1038.	Liegnitz, Kreditverein zu Liegnitz, e. G. m. u. H., Herr H. Wilde. — Herr Glasemann	60	45
1039.	Löwen i. Schl., Vorschußverein zu Löwen, e. G. m. u. H., Herr Dr. med. Basset. — Herr Loewy, Rechtsanwalt	37	35
1040.	Lublinitz, Vorschußverein zu Lublinitz, e. G. m. u. H., Herr Louis Schlesinger. — Herr Ziemann, Rechtsanwalt und Notar	10	—
1041.	Lüben i. Schl., Vorschußverein, e. G. m. u. H., Herr A. Kullmann. — Herr Andersſohn	10	—
1042.	Mittelschreibendorf (Post Schreibendorf, Kr. Strehlen), Kredit-, Spar- und Konsumverein, e. G. m. u. H., Herr Scholz. — Herr Rosenberger in Gläsendorf	10	—
1043.	Münsterberg i. Schl., Vorschußverein zu Münsterberg, e. G. m. b. H., Herr Hirschberg. — Herr Negwer	88	—
1044.	Namslau, Vorschußverein zu Namslau, e. G. m. b. H., Herr C. Kricke. — Herr W. Ploschke, Kantor	34	10
1045.	Naumburg a. Qu., Vorschußverein zu Naumburg a. Qu., e. G. m. b. H., Herr Knebel. — Herr J. Kindler	36	17
1046.	Neisse, Vorschußverein zu Neisse, e. G. m. b. H., Herr H. Niklas. — Herr Erbs	100	—
1047.	Neurode, Vorschußverein zu Neurode, e. G. m. b. H., Herr A. R. Sindermann. — Herr F. Orban	90	12
1048.	Neusalz a. O., Vorschußverein, e. G. m. u. H., Herr E. Fiedler. — Herr M. Adam	40	04
1049.	Neustadt O.-Schl., Vorschußverein, e. G. m. u. H., Herr A. Haase. — Herr C. Zeisner	21	19
1050.	Nimptsch, Vorschußverein, e. G. m. b. H., Herr Tänzer. — Herr Schneider, Rentier	36	85
1051.	Öls i. Schl., Vorschußverein zu Öls, e. G. m. b. H., Herr T. Herrmann. — Herr C. Kaschner	92	80
1052.	Ohlau, Vorschußverein zu Ohlau, e. G. m. b. H., Herr Paul Hanke. — Herr Carl Weinert	100	—
1053.	Oppeln, Vorschußverein zu Oppeln, e. G. m. b. H., Herr R. Hattwich. — Herr Burghardt	100	—
1054.	Ostrowo (Bez. Posen), Vorschußverein zu Ostrowo, e. G. m. u. H., Herr Goldstein. — Herr Spohn, Professor	17	60
1055.	Ottmachau, Ottmachauer Volksbank, e. G. m. b. H., Herr Dr. Wottge. — Herr H. Opitz	70	—
1056.	Ottmachau, Vorschußverein, e. G. m. b. H., Herr Karl Kriegisch. — Herr J. Nußmann	40	92
1057.	Parchwitz, Vorschußverein zu Parchwitz, e. G. m. u. H., Herr Neumann. — Herr Nixdorf	10	—
1058.	Patschkau, Vorschußverein zu Patschkau, e. G. m. u. H., Herr E. Stritzke. — Herr W. Nentwig	10	—
1059.	Polkwitz, Vorschußverein, e. G. m. u. H., Herr Schinck. — Herr Gutsbesitzer Asheuer	14	32
1060.	Prausnitz (Bez. Breslau), Vorschußverein Prausnitz, e. G. m. b. H., Herr Carl Sachtschale. — Herr C. Obst	10	—
1061.	Priebus, Vorschußverein zu Priebus, e. G. m. b. H., Herr H. Jung — Herr Kellner	10	—
1062.	Raudten (Bez. Breslau), Vorschußverein zu Raudten, e. G. m. u. H., Herr Müller. — Herr Dr. Wünn	10	—
1063.	Reichenbach (Bez. Breslau), Vorschußverein, e. G. m. b. H., Herr A. Gottwald. — Herr Schmidt	54	50
	Transport	2742	07

		Beitrag ℳ	₰
	Transport	2742	07
1064.	Reinschdorf b. Bösdorf, Vorschußverein zu Reinschdorf, e. G. m. u. H., Herr P. Hoffmann. — Herr Bauerngutsbesitzer A. Jüttner in Geltendorf	10	—
1065.	Reinschdorf b. Bösdorf, Vorschuß- und Kreditverein des Neisse-Grottkauer Landkreises, e. G. m. u. H., Herr H. M. Grützner. — Herr Carl Müller	15	—
1066.	Rosenberg O.-Schl., Vorschußverein, e. G. m. u. H., Herr A. Jaschke. — Herr Kucharski	10	—
1067.	Schweidnitz, Vorschußverein zu Schweidnitz, e. G. m. u. H., Herr G. Hornig. — Herr Flittner	30	—
1068.	Sprottau, Vorschußverein zu Sprottau, e. G. m. u. H., Herr O. Lechner. — Herr Elsner	10	—
1069.	Steinau a. O., Vorschußverein zu Steinau, e. G. m. u. H., Herr Kienhoff. — Herr G. Hauck	10	—
1070.	Strehlen i. Schl., Vorschußverein und Sparkasse zu Strehlen, e. G. m. u. H., Herr Hartmann. — Herr G. Deter	16	16
1071.	Striegau, Vorschußverein zu Striegau, e. G. m. b. H., Herr Oskar Pollack. — Herr Brauereibesitzer Thiel	74	60
1072.	Tarnowitz, Vorschußverein, e. G. m. u. H., Herr Sobanja. — Herr Schubert	100	—
1073.	Trachenberg i. Schl., Vorschußverein, e. G. m. b. H., Herr Berger. — Herr Franke	10	—
1074.	Voigtsdorf b. Warmbrunn, Spar- u. Vorschußverein zu Voigtsdorf, e. G. m. b. H., Herr Ernst Hoffmann. — Herr W. Scharf, Schneidermeister	43	90
1075.	Waldenburg i. Schl., Vorschußverein zu Waldenburg, e. G. m. u. H., Herr A. Schäl. — Herr L. Alde, Stadtrat	100	—
1076.	Wansen, Vorschußverein zu Wansen, e. G. m. b. H., Herr M. Paul. — Herr E. Jürgas	100	—
1077.	Wansen, Volksbank, e. G. m. b. H., Herr R. Nowag. — Herr B. Thienel	100	—
1078.	Warmbrunn, Vorschuß- und Sparverein, e. G. m. u. H., Herr O. Fiebig. — Herr A. Bergmann, Hof-Juwelier	10	—
1079.	Warmbrunn, Kredit- und Sparverein, e. G. m. u. H., Herr E. Grund. — Herr M. Leipelt	?	?
1080.	Winzig, Vorschußverein zu Winzig, e. G. m. b. H., Herr E. Kliem jr. — Herr Rud. Flöter, Lehrer	33	66
1081.	Wünschelburg, Vorschußverein, e. G. m. u. H., Herr Niesel. — Herr Waz	10	—
1082.	Wüstegiersdorf, Vorschußverein, e. G. m. b. H., Herr Paul Bürgel. — Herr O. Vogt, Hauptlehrer	55	13
1083.	Wüstewaltersdorf, Vorschußverein, e. G. m. u. H., Herr Jul. Gocksch. — Herr Geh. Kommerzienrat Dr. E. Websky	16	43
1084.	Zobten a. B. (Bez. Breslau), Vorschußverein zu Zobten, e. G. m. u. H., Herr C. Paul. — Herr G. Hübner, Zimmermeister	99	—
1085.	Zülz, Vorschuß- und Sparverein, e. G. m. b. H., Herr C. Wiedorn. — Herr Dr. Reichelt	30	40
	b. Andere Genossenschaften.		
1086.	Breslau, Breslauer Genossenschafts-Buchdruckerei, e. G. m. b. H., (Ursulinerstraße 1), Herr Oskar Zuchold. — Herr E. Spreer, Schriftsetzer	10	—
1087.	Breslau, „Viktoria", Transportgeschäft selbstfahrender Schiffer, e. G. m. b. H., Herr R. Hamm. — Herr E. Klempin	21	78
1088.	Festenberg, Festenberger Holz-Industrie-Verein, e. G. m. b. H., Herr H. Schwarz. — Herr Julius Heilmann	16	95
	Transport	3675	08

		Beitrag ℳ	₰
	Transport	3675	08
1089.	Leobschütz, Abfuhrgenossenschaft „Leobschütz“, e. G. m. b. H., Herr B. Liebisch. — Herr Rob. Luft	10	—
1090.	Schweidnitz, Abfuhrgenossenschaft Schweidnitz, e. G. m. b. H., Herr G. Flittner. — Herr Th. Bliehmann	10	—
1091.	Schweidnitz, Waren-Einkaufs-Verein, e. G. m. b. H., Herr Wilh. Spaeth. — Herr Carl Schäfer	10	—
	Summa	3705	08

24. Verband der Konsumvereine der Provinz Schlesien.

Direktor: Herr Stadtältester Kletke in Breslau, Bahnhofstr. 5.

Stellvertreter: Herr Moritz Mundry in Breslau.

Verbands-Revisor: Herr Dr. Fr. Schneider in Potsdam.

(16 Vereine.)

Konsumvereine.

		ℳ	₰
1092.	Borsigwerk, Konsum- und Sparverein Borsigwerk, e. G. m. b. H., Herr J. Jacob. — Herr A. Märklin, Generaldirektor	50	57
1093.	Breslau, Breslauer Konsumverein, Sternstr. 4a, Herr J. Kringel. — Herr Stadtältester Gustav Kopisch	100	—
1094.	Breslau, Konsum- und Sparverein zu Breslau, e. G. m. b. H., Herr J. Kringel. — Herr Stadtältester Gustav Kopisch	10	—
1095.	Glatz, Konsumverein Glatz, e. G. m. b. H., Herr Karl Daniel. — Herr Eisenbahn-Stations-Assistent Mohr	17	10
1096.	Gleiwitz, Konsumverein Gleiwitz, e. G. m. b. H., Herr Thomas. — Herr Vogel, Kgl. Eisenbahn-Bauinspektor	18	75
1097.	Hohenlohehütte, Konsumverein Hohenlohehütte, e. G. m. b. H., Herr Alb. Puschmann. — Herr Winkler, Obersteiger	42	68
1098.	Kattowitz (O.-Schl.), Konsumverein Kattowitz, e. G. m. b. H., Herr Stegner. — Herr Eisenbahn-Rechnungs-Direktor Bason	16	12
1099.	Laurahütte, Konsum- und Sparverein Laurahütte, e. G. m. b. H., Herr Novinsky. — Herr May, Hüttendirektor	68	85
1100.	Lipine, Neuer Konsumverein, e. G. m. b. H., Herr A. Sandkühler. — Herr Bruckisch, Bergwerksdirektor	78	24
1101.	Michalkowitz O.-Schl., Konsumverein Michalkowitz, e. G. m. b. H., Herr Otto Schweinitz. — Herr Paul Eckert	16	89
1102.	Neustadt O.-Schl., Konsumverein, e. G. m. b. H., Herr Nentwig. — Herr Kunze	57	—
1103.	Rosdzin, Konsumverein Rosdzin-Schoppinitz, e. G. m. b. H., Herr v. d. Oelsnitz. — Herr Königl. Bergrat Bernhardi	98	21
1104.	Saarau, Saarauer Konsumverein, e. G. m. b. H., Herr Paul Albrich. — Herr R. Rehberg	31	35
1105.	Schlegel, Konsumverein Schlegel, e. G. m. b. H., Herr Jos. Strangfeld. — Herr W. Friedrich	10	—
1106.	Wüstegiersdorf, Konsumverein, e. G. m. b. H., Herr F. Kunze. — Herr Fritz Drews	51	26
1107.	Zaborze, Konsumverein Königin Louise-Grube, e. G. m. b. H., Herr Salzbrunn. — Herr Maschinenwerkmeister Wischnowski	24	92
	Summa	691	94

25. Verband der Erwerbs- und Wirtschaftsgenossenschaften der Provinzen Starkenburg und Oberhessen.

Direktor: Herr Stein in Darmstadt.
Stellvertreter: Herr Weitzel in Darmstadt.

Verbands-Revisoren: die Herren Stein und L. Habicht in Darmstadt, Fr. Thorwart in Frankfurt a. M.

(23 Vereine.)

a. Vorschußvereine.

		Beitrag ℳ	₰
1108.	Alsfeld, Alsfelder Volksbank, e. G. m. u. H., Herr W. Vogeley. — Herr Koch	49	20
1109.	Babenhausen i. H., Babenhäuser Vorschuß- und Kreditverein, e. G. m. u. H., Herr G. P. Roth. — Herr Grünewald	25	—
1110.	Darmstadt, Darmstädter Volksbank, e. G. m. b. H., Herr Stein. — Herr Wittmann	100	—
1111.	Dieburg, Vorschuß-, Spar- und Kreditverein, e. G. m. u. H., Herr Wilhelm Offenstein. — Herr J. Enders	100	—
1112.	Eberstadt (Kr. Darmstadt), Spar- und Kreditverein Eberstadt, e. G. m. u. H., Herr D. Mahr. — Herr Rückert	95	10
1113.	Fürth i. Odenwald, Spar- und Kreditverein Fürth i. O., e G. m. u. H., Herr J. A. Schmitt. — Herr Neithart	23	96
1114.	Groß-Gerau, Volksbank, e. G. m. u. H., Herr Fr. Diehl. — Herr W. Völker	77	50
1115.	Heppenheim a. Bergstr., Vorschuß- und Kreditverein Heppenheim, e. G. m. u. H., Herr H. Metzendorf. — Herr J. Bock	100	—
1116.	Kelsterbach a. M., Spar- und Vorschußverein Kelsterbach, e. G. m. u. H., Herr J. Bommarius. — Herr Lud. Georg	22	—
1117.	Klein-Gerau (Post Groß-Gerau), Vorschußverein, e. G. m. u. H., Herr Lipp. — Herr Laumann	17	90
1118.	Lampertheim, Vorschuß- und Sparkassenverein in Lampertheim, e. G. m. u. H., Herr H. Geißler. — Herr Philipp Schmidt I, Landwirt	100	—
1119.	Lorsch (Hessen), Volksbank Lorsch, e. G. m. u. H., Herr A. Huba. — Herr W. Ludwig	27	36
1120.	Mörfelden bei Frankfurt a. M., Spar- und Vorschußverein, e. G. m. u. H., Herr H. Nelius. — Herr Schwappacher III	25	36
1121.	Münster bei Dieburg i. Hessen, Spar- und Leihkasse Münster, e. G. m. u. H., Herr J. Roßkopf. — Herr Joh. Ad. Huter	38	26
1122.	Neu-Isenburg bei Frankfurt a. M., Isenburger Gewerbebank, e. G. m. u. H., Herr Joh. A. Pfeiffer. — Herr Joh. Pfaff II	38	—
1123.	Neu-Isenburg, Spar- und Leihkasse I, e. G. m. u. H., Herr Frz. Schäflein. — Herr Friedr. Fries	13	71
1124.	Neu-Isenburg, Spar- und Leihkasse II, e. G. m. u. H., Herr C. Reitz. — Herr Jakob Pous, Bürgermeister	100	—
1125.	Ober-Mörlen, Pfennig-Spar- und Leihkasse, e. G. m. u. H., Herr Kaspar Heil. — Herr P. Fritz II	10	—
1126.	Pfungstadt, Vorschuß- und Kreditverein, e. G. m. u. H., Herr Peter Theiß. — Herr H. W. Jckes	30	50
1127.	Reichelsheim i. Odenwald, Spar- und Kreditverein Reichelsheim, e. G. m. u. H., Herr Treusch. — Herr Röder	71	50
1128.	Rüsselsheim a. M., Spar- und Vorschußverein, e. G. m. u. H., Herr Gras. — Herr F. Treber IV	55	60
	Transport	1120	95

	Beitrag ℳ	₰
Transport	1120	95
b. Andere Genossenschaften.		
1129. Darmstadt, Rohstoffverein der Schuhmacher, e. G. m. u. H., Herr O. Kochhasen. — Herr J. Müller	10	—
1130. Seligenstadt a. M., Rohstoffverein für Schuhmacher zu Seligenstadt a. M., e. G. m. u. H., Herr G. Rachor. — Herr J. Rover	10	—
Summa	1140	95

26. Konsumvereinsverband für Bayern, Württemberg und Baden.

Direktor: Herr Magistratsrat O. Feierabend in München, Lindwurmstraße 64.

Stellvertreter: Herren Rechtsanwalt Schmittberger in München und Kirsch in Karlsruhe i. B.

Verbands-Revisoren: Herren Blöß in Ulm, Brecht in München, Hischmann in Pforzheim, Raucher in Karlsruhe i. B., Stromenger in Immenstadt.

(10 Vereine.)

	Beitrag ℳ	₰
Konsumvereine.		
1131. Donaueschingen, Konsumverein Donaueschingen, e. G. m b. H., Herr Kölble. — Herr M. Gänshirt	28	72
1132. Ersingen b. Pforzheim, Konsumverein Ersingen, e. G. m. b. H., Herr Joh. S. Reiling. — Herr J. Doller	10	—
1133. Frankfurt a. M., Eisenbahn-Konsumverein Frankfurt a. M., e. G. m. b. H., Herr Michels. — Herr Eisenbahn-Direktions-Präsident Thomé.	36	75
1134. Haunstetten, Produktiv- und Konsumverein der Haunstetter Spinnerei und Weberei, e. G. m. b. H., Herr Matth. Waigel. — Herr Ad. Deschler	23	10
1135. Immenstadt-Blaichach-Sonthofen (Bayern), Konsum- und Sparverein Immenstadt-Blaichach-Sonthofen, e. G. m. b. H., Herr W. Stromenger. — Herr A. Probst	97	70
1136. Karlsruhe (Baden), Lebensbedürfnisverein Karlsruhe, e. G. m. b. H., Herr Fr. Maucher. — Herr K. Kirsch, Oberrechnungsrat	100	—
1137. Mariannenthaler Glashütte bei Schnappach i. Pfalz, Konsumverein Mariannenthaler Glashütte, e. G. m. u. H., Herr L. Weingardt. — Herr Georg Best	17	—
1138. München, Konsumverein München, e. G. m. b. H., Herr A. Brecht. — Herr Feierabend	100	—
1139. Pforzheim, Konsumverein Pforzheim, e. G. m. b. H., Herr E. Hischmann. — Herr Carl Gruner	94	82
1140. Ulm (Württemberg), Konsumverein, e. G. m. b. H., Herr J. Weishaar. — Herr Demmler	100	—
Summa	608	09

27. Verband Thüringischer Vorschußvereine.

Direktor: Herr Rechtsanwalt Dr. Meng in Meiningen.
1. Stellvertreter: Herr Fricke in Weimar.
2. Stellvertreter: (unbesetzt).
Verbands-Revisor: Herr Kuckuck in Meiningen.

(102 Vereine.)

a. Vorschußvereine.

		Beitrag M	₰
1141.	Allstedt (Großh. Sachsen), Bankverein Allstedt, e. G. m. b. H., Herr Karl Christen. — Herr Richard Abicht	32	48
1142.	Altenburg (Sachsen-Altenburg), Kreditverein zu Altenburg, e. G. m. b. H., Herr Gust. Hammer. — Herr G. A. Fahr . .	100	—
1143.	Auma (Sachsen-Weimar), Spar- und Vorschußverein, e. G. m. u. H., Herr A. Kittelmann. — Herr F. Kolbe	19	20
1144.	Berka a. d. Ilm, Spar- und Vorschußverein zu Berka a. d. Ilm, e. G. m. u. H., Herr Blume. — Herr Seyfarth.	10	—
1145.	Berka a. d. Werra, Spar- und Vorschußverein zu Berka a. d. Werra, e. G. m. u. H., Herr Karl Göring. — Herr R. Trebing	29	15
1146.	Blankenburg b. Rudolstadt, Vorschußverein zu Blankenburg, e. G. m. b. H., Herr C. Scheller. — Herr Wilh. Vollrath . .	42	03
1147.	Blankenhain (Thüringen), Vorschußkassenverein zu Blankenhain, e. G. m. u. H., Herr H. Sorge. — Herr Haase	10	—
1148.	Bürgel bei Jena, Vorschuß- und Sparverein zu Bürgel, e. G. m. u. H., Herr O. Peterlein. — Herr O. Kunze, Schlossermstr.	10	—
1149.	Buttstädt, Vorschuß- und Sparverein zu Buttstädt, e. G. m. b. H., Herr Aug. Schimmel. — Herr Kittler	56	70
1150.	Camburg a. S., Spar- und Vorschußverein zu Camburg, e. G. m. b. H., Herr C. Förster. — Herr F. Mühlberg	35	80
1151.	Coburg, Spar- und Vorschuß-Bank zu Coburg, e. G. m. b. H., Herr C. Windorf. — Herr Goebel.	100	—
1152.	Cölleda, Spar- und Darlehnsverein für Cölleda und Umgegend, e. G. m. u. H., Herr H. Börner. — Herr prakt. Arzt Dr. Gottlöber	41	84
1153.	Dermbach (Feldabahn), Vorschußverein zu Dermbach, e. G. m. u. H., Herr Mittermüller. — Herr Bürgermeister Pfaff	21	79
1154.	Dietendorf (Sachsen-Coburg-Gotha), Spar- und Vorschußverein Dietendorf, e. G. m. u. H., Herr F. Gräser. — Herr Zimmermeister A. Wipprecht	10	54
1155.	Dornburg a. S., Spar- und Vorschußverein, e. G. m. u. H., Herr C. Kunze. — Herr W. Otto	10	—
1156.	Ebeleben, Spar- und Vorschußkasse, e. G. m. b. H., Herr E. Junge. — Herr J. Ehrhardt.	40	34
1157.	Eisenach, Gewerbebank, e. G. m. b. H., Herr Otto Köhler. — — Herr Pfeiffer	26	38
1158.	Eisenberg (Sachsen-Altenburg), Kredit- und Sparverein, e. G. m. b. H., Herr B. Fritsch. — Herr R. Weickardt	100	—
1159.	Eisfeld, Spar- und Vorschußverein, e. G. m. u. H., Herr H. Blechschmidt. — Herr M. Sonnefeld, Bürgermeister	100	—
1160.	Erfurt, Erfurter Vorschußbank, e. G. m. b. H., Herr F. Kalb. — Herr J. Jacobslötter	79	85
1161.	Friedrichroda, Gewerbebankverein zu Friedrichroda, e. G. m. u. H., Herr Kämpf. — Herr Paul Willweber	49	09
1162.	Geisa, Vorschuß- und Sparverein, e. G. m. u. H., Herr Brehler. — Herr Kammandel	68	71
1163.	Gera (Reuß), Gewerbebank zu Gera, e. G. m. b. H., Herr Aug. Funke. — Herr Stadtrat Karl Haase	100	—
	Transport	1093	90

		Beitrag ℳ	₰
	Transport	1093	90
1164.	Gera b. Elgersburg, Spar- und Vorschußverein, e. G. m. u. H., Herr Franz Keiner. — Herr Rektor O. Schüller	10	—
1165.	Gerstungen, Vorschußverein, e. G. m. b. H., Herr M. Steinmetz. — Herr A. Voigt	20	61
1166.	Gotha, Gewerbe- und Landwirtschaftsbank zu Gotha, e. G. m. b. H., Herr P. Langenhan. — Herr Justizrat E. A. Müller	100	—
1167.	Gräfenroda, Spar- und Vorschußverein zu Gräfenroda, e. G. m. u. H., Herr Herm. Fuchs. — Herr Vincenz Griebel	63	64
1168.	Gräfenthal, Spar- und Vorschußverein zu Gräfenthal, e. G. m. u. H., Herr Richard Grosch. — Herr A. H. Pröschold	48	40
1169.	Gräfinau a. Ilm, Spar- und Vorschußverein, e. G. m. u. H., Herr Albert Haase. — Herr Knaußt	22	73
1170.	Greiz, Spar- und Vorschußbank zu Greiz, e. G. m. b. H., Herr A. Hohlfeld. — Herr C. Möricke, Kaufmann	84	20
1171.	Harras bei Eisfeld, Spar- und Vorschußverein zu Harras, e. G. m. u. H., Herr F. K. Wöhner. — Herr Landwirt Ed. Schilling	10	—
1172.	Hasenthal, Spar- und Vorschußverein, e. G. m. u. H., Herr Georg Peterhänsel. — Herr Wiedemann	32	47
1173.	Heldburg, Spar- und Vorschußverein zu Heldburg, e. G. m. u. H., Herr L. Neß. — Herr August Frebel	27	81
1174.	Helmershausen (Rhöngebirge), Spar- und Vorschußverein zu Helmershausen, e. G. m. u. H., Herr Bach. — Herr Böhler	16	20
1175.	Hermsdorf in S.-A., Kredit- und Sparverein, e. G. m. b. H., Herr O. Hutzelmann. — Herr Eduard Lauckner	10	—
1176.	Hildburghausen, Vereinsbank zu Hildburghausen, e. G. m. b. H., Herr G. Weickert. — Herr von Löscke, Rentier	100	—
1177.	Ichtershausen, Spar- und Vorschußverein zu Ichtershausen, e. G. m. u. H., Herr L. Geisenheimer. — Herr W. Voigt	10	—
1178.	Jena, Gewerbe- und Landwirtschafts-Bank, e. G. m. u. H., Herr Zacher. — Herr C. Köhne	100	—
1179.	Ilmenau, Vorschuß- und Sparverein zu Ilmenau, e. G. m. b. H, Herr Rud. Tromsdorf. — Herr Louis Hertzer	61	22
1180.	Judenbach bei Sonneberg (Thüringen), Spar- und Vorschußverein zu Judenbach, e. G. m. u. H., Herr C. Heß. — Herr M. Eichhorn	10	—
1181.	Kaltennordheim, Vorschußverein zu Kaltennordheim, e. G. m. u. H., Herr Tietze. — Herr W. Rabich, Rektor	63	79
1182.	Königsee in Thüringen, Vorschußverein, e. G. m. b. H., Herr Dr. List. — Herr R. Heumann	41	30
1183.	Kreuzburg a. d. Werra, Spar- und Vorschußverein, e. G. m. u. H., Herr Aug. Schellhas. — Herr J. Strube	10	—
1184.	Langensalza, Vorschußverein Langensalza, e. G. m. b. H., Herr W. Schröter. — Herr Aug. Schröter	11	88
1185.	Lauscha, Spar- und Vorschußverein Lauscha, e. G. m. u. H., Herr H. Müller. — Herr Greiner-Wirt	89	30
1186.	Lengsfeld (Stadt-), Spar- und Vorschußverein, e. G. m. u. H., Herr H. Lindemann. — Herr W. Pertermann	17	45
1187.	Leutenberg (Schwarzburg-Rudolstadt), Spar- nnd Vorschußverein zu Leutenberg, e. G. m. b. H., Herr H. Fein. — Herr H. Ziermann	59	92
1188.	Lichte b. Wallendorf (Sachsen-Meiningen), Vorschußverein zu Lichte, e. G. m. b. H., Herr O. Meisel. — Herr Ulbrich, Modelleur	14	32
1189.	Lobenstein (Reuß), Spar- und Vorschußverein, e. G. m. b. H., Herr Chr. Tamm. — Herr Teich	10	—
1190.	Magdala, Landwirtschaftlicher Vorschuß- und Sparverein, e. G. m. u. H., Herr K. Gebstedt. — Herr C. Seidel, Tischlermeister	12	86
	Transport	2152	—

		Beitrag	
		ℳ	₰
	Transport	2152	—
1191.	**Mehlis in Th.**, Spar- und Vorschußverein zu Mehlis, e. G. m. u. H., Herr E. Philipp. — Herr Emil Melzer	94	25
1192.	**Meiningen**, Vorschußverein Meiningen, e. G. m. u. H., Herr Kaufmann Albin Brodführer. — Herr G. Dittmar	100	—
1193.	**Meuselbach**, Vorschußverein, e. G. m. u. H., Herr Aug. Voigt. — Herr Emil Jahn	26	57
1194.	**Mühlhausen i. Thür.**, Gewerbebank zu Mühlhausen in Thür., e. G. m. b. H., Herr A. Grosse. — Herr Gottfr. Beireiß	35	50
1195.	**Mühlhausen i. Thür.**, Vorschußverein, e. G. m. u. H., Herr H. Aemilius. — Herr C. Neumann	68	62
1196.	**Münchenbernsdorf**, Vorschußverein zu Münchenbernsdorf, e. G. m. u. H, Herr C. E. Schneider. — Herr E. Riedel	46	88
1197.	**Neuhaus a. Rennw.**, Spar- und Vorschußverein zu Neuhaus, Schmalenbuche und Igelshieb, e. G. m. u. H., Herr A. Beck. — Herr Müller	14	52
1198.	**Neustadt bei Coburg**, Gewerbebank, e. G. m. u. H., Herr M. Gräf. — Herr E. Patschke	34	60
1199.	**Neustadt a. d. Orla**, Vorschußverein zu Neustadt a. d. O., e. G. m. b. H., Herr C. F. Oehlschlägel. — Herr G. Senfft, Lehrer	43	82
1200.	**Oberlind bei Sonneberg** (Sachsen-Meiningen), Spar- und Vorschußverein zu Oberlind, e. G. m. u. H., Herr C. Dorst. — Herr J. Englert	81	36
1201.	**Ohrdruf**, Gewerbebank zu Ohrdruf, e. G. m. u. H., Herr E. Seeber. — Herr Franz Albrecht	100	—
1202.	**Ostheim v. d. Rhön**, Vorschuß- und Sparverein zu Ostheim v. d. Rhön, e. G. m. u. H., Herr R. Streng. — Herr L. Wienröder, Gerbermeister	16	20
1203.	**Pößneck**, Spar- und Vorschußverein zu Pößneck, e. G. m. b. H., Herr B. Gradler. — Herr Kaufmann F. Schwenke	100	—
1204.	**Rodach bei Coburg**, Vorschußverein, e. G. m. u. H., Herr F. Höllein. — Herr C. Götz	15	94
1205.	**Ronneburg** (Sachsen-Altenburg), Kreditverein, e. G. m. b. H., Herr Ernst Walther. — Herr Paul Albrecht, Rentier	23	55
1206.	**Rudolstadt**, Vorschußverein, e. G. m. b. H., Herr G. Ortloff. Herr Herm. Liebmann	100	—
1207.	**Ruhla**, Spar- und Vorschußverein zu Ruhla, e. G. m. u. H., Herr H. Heinemann. — Herr A. Zeiß	32	29
1208.	**Salzungen**, Spar- nnd Vorschußverein, e. G. m. u. H., Herr H. Bachmann. — Herr Joh. Wehner, Fabrikant	100	—
1209.	**Schalkau**, Spar- und Vorschußverein Schalkau, e. G. m. u. H., Herr G. Zinner. — Herr J. G. Steiner	89	20
1210.	**Schleiz**, Schleizer Vorschußverein, e. G. m. b. H., Herr O. Walter. — Herr G. Nestmann	100	—
1211.	**Schleusingen**, Vorschußverein zu Schleusingen, e. G. m. u. H., Herr Bäcker. — Herr Rechtsanwalt Ogilvie	77	65
1212.	**Schmalkalden**, Vereinsbank zu Schmalkalden, e. G. m u. H., Herr R. Strecker. — Herr Grebe	100	—
1213.	**Schmölln** (Sachsen-Altenburg), Kreditverein, e. G. m. b. H., Herr H. Zippel. — Herr Rüger	26	30
1214.	**Schwarzburg**, Vorschußverein, e. G. m. u. H., Herr M. Voigt. — Herr F. Wenzel	16	17
1215.	**Schweina**, Spar- und Vorschußverein, e. G. m. u. H., Herr Joh. Georg Otto. — Herr Val. Munk	38	30
1216.	**Sonneberg** (Sachsen-Meiningen), Spar- und Vorschußverein, Sonneberg, e. G. m. b. H., Herr A. Florschütz. — Herr A. Luge	100	—
	Transport	3733	72

		Beitrag ℳ	₰
	Transport	3733	72
1217.	Sonnefeld, Spar- und Vorschußverein, e. G. m. u. H., Herr W. Gutsel. — Herr G. Lösch, Fabrikant	10	79
1218.	Stadt-Ilm, Vorschußverein zu Stadt-Ilm, e. G. m. b. H., Herr H. von Bamberg. — Herr C. Dornheim	21	73
1219.	Steinheid (Sachsen-Meiningen), Spar- und Vorschußverein zu Steinheid und Siegmundsburg, e. G. m. u. H., Herr M. Köhler. — Herr Ferd. Walter	23	68
1220.	Stützerbach, Spar- und Vorschußverein zu Stützerbach, e. G. m. u. H., Herr E. W. Greiner. — Herr Schulze	43	96
1221.	Suhl, Spar- und Vorschußverein, e. G. m. b. H., Herr Steigleder. — Herr Aug. Hartung	31	37
1222.	Tabarz (Post Großtabarz), Landwirtschaftliche Kreditkasse Cabarz-Tabarz, e. G. m. b. H, Herr Otto Völker. — Herr Kaufmann J. A. Goering	30	73
1223.	Tann a. d. Rhön, Vorschußverein, e. G. m. u. H., Herr Leyh. — Herr A. Hofmann, Schuhmachermeister	32	82
1224.	Tannroda b. Weimar, Vorschußverein zu Tannroda, e. G. m. u. H., Herr Karl Haupt. — Herr Schmiedeknecht	10	—
1225.	Teichel b. Rudolstadt, Spar- und Vorschußverein zu Teichel, e. G. m. b. H., Herr Karl Scheller. — Herr Oskar Ritze	10	—
1226.	Themar, Spar- und Vorschußverein zu Themar, e. G. m. u. H., Herr L. Krämer. — Herr Emil Blau	26	23
1227.	Treffurt, Vorschußverein, e. G. m. u. H., Herr G. Rühling. — Herr König	13	50
1228.	Unterneubrunn, Spar- und Darlehnskasse, e. G. m. b. H., Herr Victor Otto. — Herr Aug. Hörnlein, Glasermeister	10	—
1229.	Unterweißbach (Schwarzburg-Rudolst.), Spar- und Vorschußverein, e. G. m. b. H., Herr Rud. Mann. — Herr Abicht	10	—
1230.	Vacha a. W., Erster Vorschußverein, e. G. m. u. H., Herr W. Schimmelpfeng. — Herr A. Schoen	29	95
1231.	Vieselbach, Vorschuß- und Sparverein zu Vieselbach, e. G. m. u. H., Herr H. Schleif. — Herr A. W. Meinhardt	44	84
1232.	Walldorf b. Meiningen, Spar- und Vorschußverein, e. G. m. u. H., Herr B. Lindemann. — Herr H. Nagler, Schultheiß	17	04
1233.	Wasungen, Spar- und Vorschußverein, e. G. m. u. H., Herr R. Sorge. — Herr Aug. Jung	13	23
1234.	Wechmar b. Gotha, Spar- und Vorschußverein, e. G. m. u. H., Herr Karl Stichling I. — Herr Rektor B. Mohrhardt	25	60
1235.	Weimar, Vorschuß- und Sparverein zu Weimar, e. G. m. u. H., Herr Rich. Fricke. — Herr Raumer	100	—
1236.	Zeulenroda, Vorschußverein, e. G. m. b. H., Herr Gustav Becher. — Herr Frz. Beck	35	93
	b. Andere Genossenschaften.		
1237.	Bürgel (Thüringen), Braugenossenschaft Bürgel, e. G. m. b. H., Herr Otto Kunze. — Herr Franz Schindler, Kontorist	10	—
1238.	Gera b. Elgersburg, Braunsteinhandelsverein zu Gera b. E., e. G. m. u. H., Herr F. Keiner. — Herr Ed. Siegfried	10	—
1239.	Schleiz, Braugenossenschaft Schleiz, e. G. m. b. H., Herr H. Ruckdeschel. — Herr W. Weisker, Hofkonditor	10	—
1240.	Stadt-Ilm, Schuhmacher-Rohstoff-Genossenschaft, e. G. m. b. H., Herr A. Knauf. — Herr Th. Licht	10	—
1241.	Weimar, Schuhmacher-Rohstoffverein, e. G. m. b. H., Herr B. Rodegast. — Herr R. Märtin	10	—
1242.	Weimar, Weimarische Schuhfabrik, e. G. m. b. H., Herr B. Rodegast. — Herr W. Willner	10	—
	Summa	4335	12

28. Verband der Unterbadischen Kreditgenossenschaften.

Direktor: Herr Wilh. Finckh in Karlsruhe i. B., Westendstr. 25.
Stellvertreter: Herr Schäfer in Baden.
Verbands-Revisoren: Herren Wilh. Finckh in Karlsruhe i. B. und C. Schumacher in Stuttgart, Sängerstraße 8.
(47 Vereine.)

		Beitrag M.	Pf.
	Vorschußvereine.		
1243.	Achern, Vorschußverein Achern, e. G. m. u. H., Herr C. Wilhelm. — Herr J. Hund	94	54
1244.	Baden (Baden), Vorschußverein Baden, e. G. m. u. H., Herr Ch. Schäfer. — Herr Oberst	100	—
1245.	Boxberg, Vorschußverein zu Boxberg, e. G. m. u. H., Herr Uiffinger. — Herr Kilian	19	40
1246.	Bretten, Vorschußverein Bretten, e. G. m. u. H., Herr Georg Kögler. — Herr Karsch	100	—
1247.	Bruchsal, Gewerbebank Bruchsal, e. G. m. u. H., Herr W. Nast. — Herr Paul Metzger	100	—
1248.	Buchen (Baden), Vorschußverein Buchen, e. G. m. u. H., Herr W. Emele. — Herr Aug. Wittemann	72	42
1249.	Bühl (Baden), Vorschußverein Bühl, e. G. m. u. H., Herr Brenzinger. — Herr G. Dühmig	100	—
1250.	Durlach, Volksbank Durlach, e. G. m. u. H., Herr H. Voit. — Herr F. Kindler	100	—
1251.	Eberbach a. N. (Baden), Vorschußverein Eberbach, e. G. m. u. H., Herr Herm. Seibert. — Herr Lorenz Knab	79	53
1252.	Eppingen, Vorschußverein Eppingen, e. G. m. u. H., Herr K. Metzger. — Herr Roller, Rentamtmann	100	—
1253.	Ettenheim, Vorschußverein Ettenheim, e. G. m. u. H., Herr Ph. Henninger. — Herr Franz Blank	56	25
1254.	Ettlingen, Volksbank Ettlingen, e. G. m. b. H., Herr F. Lichtenfels. — Herr Kurt von Landwüst	57	73
1255.	Feudenheim, Darlehnskassenverein, e. G. m. u. H., Herr G. Bentzinger V. — Herr J. Rihm	49	48
1256.	Gengenbach, Vorschußverein, e. G. m. u. H., Herr Pfaff. — — Herr Bertsch	40	25
1257.	Hardheim, Vorschußverein, e. G. m. u. H., Herr A. Kuhn. — Herr Rebel	34	17
1258.	Heidelberg, Gewerbebank, e. G. m. u. H., Herr Ph. Hefft. — Herr A. Scherer	100	—
1259.	Heidelberg, Heidelberger Volksbank, e. G. m. b. H., Herr C. Dünkel. — Herr Dr. W. Ullrich	100	—
1260.	Kappelrodeck (Amt Achern), Vorschußverein Kappelrodeck, e. G. m. u. H., Herr Rud. Köninger. — Herr Joh. Wörner	85	68
1261.	Karlsruhe i. Baden, Vereinsbank Karlsruhe, e. G. m. u. H., Herr Peter. — Herr Stadtrat A. Willser	100	—
1262.	Karlsruhe-Mühlburg in Baden, Mühlburger Kreditbank, e. G. m. u. H., Herr C. Roth. — Herr Assekuranzbeamter Ph. Karcher	100	—
1263.	Kirchheim b. Heidelberg, Vorschußverein Kirchheim, e. G. m. u. H., Herr J. Kaltschmitt. — Herr Wilh. Grieser	52	65
1264.	Knielingen, Spar- und Darlehnskasse, e. G. m. u. H., Herr J. Huber. — Herr Siegel	54	71
1265.	Krautheim, Vorschußverein, e. G. m. u. H., Herr J. Meixner. — Herr Ziegler	35	07
	Transport	1731	88

		Beitrag M	₰
	Transport	1731	88
1266.	Ladenburg, Vorschußverein Ladenburg, e. G. m. u. H., Herr F. Agricola. — Herr M. Blaeß	100	—
1267.	Lahr, Lahrer Gewerbebank, e. G. m. u. H., Herr Rittershofer. — Herr C. Meyer	100	—
1268.	Langenbrücken i. Baden, Vorschußverein Langenbrücken, e. G. m. u. H., Herr A. Häfner. — Herr J. Ziegelmeyer	80	10
1269.	Legelshurst, Vorschußverein Legelshurst, e. G. m. u. H., Herr J. Göpper. — Herr Erhardt	32	90
1270.	Mannheim, Mannheimer Bank (Akt.-Ges.), Herr Jacob Stoll. — Herr J. Daut	100	—
1271.	Mannheim, Mannheimer Gewerbebank, e. G. m. b. H., Herr J. Schaeffler. — Herr J. Leonhard	100	—
1272.	Mosbach (Baden), Vorschußverein Mosbach, e. G. m. u. H., Herr Schumann. — Herr Krauß	100	—
1273.	Neckarbischofsheim, Vorschußverein Neckarbischofsheim, e. G. m. u. H., Herr A. Weißert. — Herr N. Graebener	100	—
1274.	Neckargemünd, Vorschußverein Neckargemünd, e. G. m. u. H., Herr C. Kredell. — Herr Friedr. Schaefer	100	—
1275.	Oberkirch (Baden), Vorschußverein Oberkirch, e. G. m. u. H., Herr A. Droll. — Herr Ruch	100	—
1276.	Offenburg (Baden), Vorschußverein Offenburg, e. G. m. u. H., Herr L. Fabricius. — Herr F. Hauger, Kaufmann	100	—
1277.	Pforzheim, Vorschußverein Pforzheim, e. G. m. u. H., Herr W. Hepp. — Herr Ludwig Weber, Rentier	100	—
1278.	Rastatt, Vorschußverein, e. G. m. u. H., Herr Wenk. — Herr Franz Degler	100	—
1279.	Sasbach (Amt Achern), Vorschußverein Sasbach, e. G. m. u. H., Herr A. Berger. — Herr E. Kühner	100	—
1280.	Schwetzingen, Volksbank, e. G. m. u. H., Herr C. Gailsdörfer. — Herr M. Kleinschmidt	100	—
1281.	Sinsheim a. Elsenz, Vorschußverein Sinsheim, e. G. m. u. H., Herr E. Speiser. — Herr Lud. Schick, Gemeinderechner	100	—
1282.	Stein (Amt Bretten), Vorschußverein Stein, e. G. m. u. H., Herr F. Müller. — Herr L. Schmidt, Steuererheber	26	76
1283.	Tauberbischofsheim, Spar- und Vorschußverein, e. G. m. u. H., Herr Dr. A. Stöcker. — Herr J. Reindl	100	—
1284.	Teutschneureuth, Spar- und Vorschußverein, e. G. m. u. H., Herr Gräber. — Herr J. Glutsch	33	91
1285.	Waibstadt, Vorschußverein zu Waibstadt, e. G. m. u. H., Herr Hubert Wittmann. — Herr Herm. Hofherr	100	—
1286.	Weinheim, Weinheimer Vorschußverein, e. G. m. u. H., Herr Zinkgräf. — Herr A. Platz, Fabrikdirektor	100	—
1287.	Wiesloch, Vorschußverein Wiesloch, e. G. m. u. H., Herr E. Riese. — Herr J. Ziegler	100	—
1288.	Zell a. H., Gewerbebank Zell a. H., e. G. m. u. H., Herr Jos. Muhr. — Herr Winterhalter	96	05
1289.	Zeuthern, Kreditbank Zeuthern, e. G. m. u. H., Herr T. Schmitt. — Herr M. Diehl	32	05
	Summa	3833	65

29. Verband der Kreditgenossenschaften von West-Brandenburg und den angrenzenden Landesteilen.

Direktor: Herr Reichstagsabgeordneter Carl Blell in Brandenburg a. H.
Stellvertreter: Herr Bürgermeister E. Dörfel in Pritzwalk.
Verbands-Revisor: Herr Soerensen in Berlin.
(31 Vereine.)

Vorschußvereine.

		Beitrag ℳ	₰
1290.	Brandenburg a. H., Brandenburger Bankverein, e. G. m. b. H., Herr G. Deichmann. — Herr C. Blell sen.	100	—
1291.	Cöpenick, Kreditverein zu Cöpenick, e. G. m. b. H., Herr P. Stöcker. — Herr Gruner	100	—
1292.	Cremmen, Havelländischer Spar- und Vorschußverein, e. G. m. u. H., Herr Ullrich. — Herr Klempnermeister Wobeser	40	—
1293.	Friesack, Vorschußverein, e. G. m. u. H., Herr J. Borsdorff. — Herr E. Krüger	54	10
1294.	Gransee, Vorschuß- und Sparverein, e. G. m. u. H., Herr H. Ruder. — Herr E. Voigt	20	08
1295.	Havelberg, Vorschußverein zu Havelberg, e. G. m. b. H., Herr G. Keil. — Herr Fr. Broder	100	—
1296.	Kyritz (Priegnitz), Vorschuß- und Sparverein zu Kyritz, e. G. m. u. H., Herr C. Conrad. — Herr Ziegeleibesitzer Karlapp	82	22
1297.	Lehnin (Mark), Vorschuß- und Sparverein, e. G. m. u. H., Herr J. Rosenberg. — Herr C. Schmidt	10	—
1298.	Luckenwalde, Vorschußverein, e. G. m. u. H., Herr H. Freye. — Herr Gustav Mewes, Zimmermeister	47	30
1299.	Meyenburg i. Priegnitz, Vorschußverein zu Meyenburg, e. G. m. u. H., Herr Camin. — Herr Witte	10	—
1300.	Nauen, Vorschußverein, e. G. m. u. H., Herr H. Woellner. — Herr C. Kleinod	71	35
1301.	Neu-Ruppin, Vorschuß- und Sparverein, e. G. m. u. H., Herr H. Haupt. — Herr O. Insel	100	—
1302.	Neustadt a. Dosse, Vorschuß- und Sparverein, e. G. m. u. H., Herr Voigt. — Herr H. Reppenthin, Hotelbesitzer	27	45
1303.	Oranienburg, Vorschußverein zu Oranienburg, e. G. m. u. H., Herr Fr. Meves. — Herr G. Kiesow	100	—
1304.	Perleberg, Vorschußverein, e. G. m. u. H., Herr M. Siemon. — Herr W. Müller, Kaufmann	85	70
1305.	Pritzwalk, Vorschuß- und Kreditverein zu Pritzwalk, e. G. m. u. H., Herr E. Dörfel. — Herr A. Hoepfner	73	50
1306.	Putlitz, Vorschußverein zu Putlitz, e. G. m. u. H., Herr J. F. Knaak. — Herr F. Gerke	100	—
1307.	Rathenow, Rathenower Bankverein, e. G. m. u. H., Herr R. Rödel. — Herr C. Heidepriem	100	—
1308.	Rheinsberg (Mark), Vorschuß- und Sparverein, e. G. m. b. H., Herr Julius Hirschfeld. — Herr Stadtverordneter G. Ladewig	55	92
1309.	Rhinow, Darlehnskasse, e. G. m. u. H., Herr C. Oehlert. — Herr F. Barenthin	52	20
1310.	Rüdersdorf (Kalkberge), Vorschußverein zu Kalkberge-R., e. G. m. b. H., Herr P. Lübkes. — Herr Aug. Würzburg, Rentier	100	—
1311.	Spandau, Kreditverein zu Spandau, e. G. m. u. H., Herr Ritzhaupt. — Herr C. Kirschstein	100	—
1312.	Steglitz, Spar- und Darlehnskasse, e. G. m. b. H., Herr Max Schaack. — Herr Königlicher Baurat Techow	10	—
	Transport	1539	82

		Beitrag M	Pf
	Transport	1539	82
1313.	Trebbin (Kreis Teltow), Vorschußbank, e. G. m. u. H., Herr Rappach. — Herr Appelhans	10	—
1314.	Treuenbrietzen, Vorschußverein zu Treuenbrietzen, e. G. m. u. H., Herr Louis Knape. — Herr Jul. Lehmann, Rentier	35	20
1315.	Werder a. H., Werdersche Kredit- und Sparbank, e. G. m. u. H., Herr C. Unger. — Herr Lehmgrübner	45	40
1316.	Wilsnack, Vorschußverein, e. G. m. u. H., Herr August Backstein. — Herr Ulrich	10	—
1317.	Wittenberge (Bez. Potsdam), Vorschußverein zu Wittenberge, e. G. m. u. H., Herr E. Wiglow. — Herr J. Runge	100	—
1318.	Wittstock, Vorschußverein zu Wittstock, e. G. m. u. H., Herr E. Bohn. — Herr P. Lüdecke	92	40
1319.	Wusterhausen a. D., Vorschuß- und Sparverein zu Wusterhausen a. D., e. G. m. u. H., Herr Lud. Lutz. — Herr G. Treuter	63	—
1320.	Zehdenick, Vorschußverein zu Zehdenick, e. G. m. u. H., Herr O. Bechstein. — Herr J. Heubel, Ratsherr	77	90
	Summa	1973	72

Vereine, welche zu keinem Unterverbande gehören.

a. Vorschuß- und Kreditvereine.

(22 Vereine.)

		M	Pf
1321.	Berlin W., Behrenstr. 35, Deutsche Genossenschafts-Bank Soergel, Parrisius & Co., Aktienges. (durch Fusion 1904 in die Dresdner Bank übergegangen)	100	—
1322.	Berlin, Genossenschaftsbank des Stralauer Stadtviertels zu Berlin, e. G. m. b. H., C., Kaiser Wilhelmstr. 10, Herr F. Werner. — Herr Jul. Törmer	100	—
1323.	Bitterfeld, Spar- und Vorschußverein zu Bitterfeld, e. G. m. u. H., Herr Th. Kleeberg. — Herr E. Holländer	60	—
1324.	Cöthen (Anhalt), Vorschußverein zu Cöthen, e. G. m. u. H., Herr C. Stöber. — Herr Carl Köhler	55	60
1325.	Eisenach, Kreditbank Eisenach, Akt.-Ges., Herr A. Vollborn. — Herr Justizrat Dr. Wernick	100	—
1326.	Frankfurt a. M., Deutsche Genossenschafts-Bank Soergel, Parrisius & Co., Aktienges. (durch Fusion 1904 in die Dresdner Bank übergegangen)	100	—
1327.	Gerabronn, Landwirtschafts- und Gewerbebank, e. G. m. b. H., Herr J. Landauer. — Herr Dill	100	—
1328.	Hannover, Vorschußvereinsbank zu Hannover, e. G. m. b. H., Herr A. Nonne. — Herr Lüssenhop	100	—
1329.	Herschbach (Westerwald), Vorschußverein, e. G. m. u. H., Herr A. Schmidt. — Herr Kaufmann Altmann	10	—
1330.	Iserlohn, Volksbank, Aktien-Gesellschaft, Herr Otto Vogel. — Herr W. Bleckmann	100	—
1331.	Michelstadt i. Odenwald, Volksbank, e. G. m. b. H., Herr Wilh. Krebel. — Herr J. Schmucker V	31	41
1332.	Neunkirchen b. Saarbrücken, Vorschußverein Neunkirchen, e. G. m. b. H., Herr W. Chr. Müller. — Herr Martin Hoffmann	?	?
1333.	Nieheim (Kr. Hörter), Vorschußverein, e. G. m. u. H., Herr C. Müller. — Herr Maurermeister F. Schäfer	19	78
	Transport	876	79

		Beitrag ℳ	₰
	Transport	876	79
1334.	Norden, Norder Genossenschaftsbank, e. G. m. u. H., Herr J. C. Westermann. — Herr ter Hell	100	—
1335.	Potsdam, Potsdamer Kreditbank (Akt.-Ges.), Herr P. Bauer. — Herr C. Blume	100	—
1336.	Raguhn, Gewerbebank, e. G. m. u. H., Herr P. Pascharius. — Herr Ed. Reichel	20	—
1337.	Rinteln, Vorschußverein zu Rinteln, e. G. m. b. H., Herr C. Wagner. — Herr Holzhändler H. Schröder	21	32
1338.	Sondershausen, Vorschußkassen-Verein (mit Korporationsrechten), Herr R. Merten. — Herr G. Mücke	29	77
1339.	Ulm, Gewerbebank, e. G. m. b. H., Herr Dr. Oßwald. — Herr E. C. Beckert	100	—
1340.	Varel (Oldenburg), Vorschuß- und Kreditverein, e. G. m. u. H., Herr Aequistapace. — Herr C. Dirks	40	84
1341.	Wiernsheim, Spar- und Vorschußbank, e. G. m. u. H., Herr Seitter. — Herr Stadtschultheiß Seitter	44	35
1342.	Zeitz, Spar- und Vorschußbank (Akt.-Ges.), Herr Hebestreit. — Herr O. Günther	100	—
	Summa	1433	07

b. Konsumvereine.

(32 Vereine.)

Vereine mit * (im Text) auch für 1902 im Rest.

		ℳ	₰
1343.	Altenfeld (Schwarzb.-Sondersh.), Konsumverein, e. G. m. u. H., Herr Wilh. Wenzel. — Herr W. Becker . . . . *	?	?
1344.	Barnstorf, Landwirtschaftlicher Konsumverein, e. G. m. u. H., Herr L. Middendorf. — Herr H. Reeßing . . . . *	?	?
1345.	Brachstedt, Konsumverein Brachstedt und Umgegend, e. G. m. b. H., Herr F. Meye. — Herr Fr. Meißner . . . . *	?	?
1346.	Dahme (Mark), Konsumverein, e. G. m. u. H., Herr Ed. Götze. — Herr Carl Vieth . . . . *	?	?
1347.	Eberswalde, Konsumverein „Ameise", Eberswalde, e. G. m. b. H., Herr O. Waymeyer. — Herr P. Schneider (auch für 1901 im Rest)*	?	?
1348.	Eversen b. Celle, Konsumverein für Eversen und Umgegend, e. G. m. b. H., Herr W. Heins. — Herr Aug. Buhr	?	?
1349.	Groß-Hehlen (Post Celle), Konsumverein, e. G. m. b. H, Herr Heinr. Brandt. — Herr H. Heuer. . . . . *	?	?
1350.	Hirschbach b. Schleusingen, Konsumverein „Einigkeit" zu Hirschbach, e. G. m. b. H., Herr Emil Schlott. — Herr H. Dietz . *	?	?
1351.	Königsee i. Thüringen, Konsumverein, e. G. m. b. H., Herr Carl Schulz. — Herr Ludwig Edelmann, Vers.-Inspektor . . *	?	?
1352.	Langreder (Post Wennigsen), Haushaltsverein Langreder, e. G. m. b. H., Herr H. Schlingmann. — Herr H. Kösel	?	?
1353.	Lauban, Waren-Einkaufsverein zu Lauban, Aktiengesellschaft, Herr C. Wittich. — Herr G. Massow	100	—
1354.	Magdeburg, Eisenbahn-Beamten-Konsumverein, Herr Eckardt. — Herr Rabold	100	—
1355.	Meiningen, Konsumverein Meiningen, e. G. m. b. H., Herr C. Bodenschatz. — Herr Hugo Müller, Bankbeamter	44	55
1356.	Mutterstadt, Konsumvereinigung Mutterstadt, e. G. m. b. H., Herr Adam Krick III. — Herr Fr. Renner II.	*	*
1357.	Naumburg a. S., Konsumverein und Produktivgenossenschaft „Utilitas", e. G. m. b. H., Herr H. Kämpfe. — Herr H. Demuth*	?	?
1358.	Neudaberstädt b. Melchendorf (Post Erfurt), Waren-Einkaufs- und Herstellungs-Verein zu Neudaberstädt, e. G. m. b. H., Herr Scholz. — Herr Umbreit, Zugführer. . . . . *	?	?
	Transport	244	55

		Beitrag ℳ	₰
	Transport	244	55
1359.	Neuhaus a. Rennwege, Konsumverein Neuhaus a. R., e. G. m. b. H., Herr C. Müller. — Herr Carl Müller . . . . . *	?	?
1360.	Nörten b. Northeim (Hann.), Konsumverein für Nörten und Umgegend, e. G. m. b. H., Herr C. Weidehaus. — Herr A. Biesenthal	10	—
1361.	Obernkirchen (Bez. Kassel), Konsumverein Obernkirchen, e. G. m. b. H., Herr Beith. — Herr Bode, Bergmann	?	?
1362.	Oberoderwitz, Konsumverein Oderwitz, e. G. m. b. H., Herr Wilh. Glathe jun. — Herr L. Träger	18	30
1363.	Rosenheim (Bayern), Konsumverein, e. G. m. b. H., Herr Chr. Menzel. — Herr J. Staber	?	?
1364.	St. Johann b. Saarbrücken, St. Johann-Saarbrücker Eisenbahn-Konsumverein, e. G. m. b. H., Herr Marx. — Herr Müller, Eisenbahn-Betriebssekretär	92	13
1365.	Scharley, Konsumverein Scharley, e. G. m. u. H., Herr B. Fipper. — Herr H. Rege[illegible]ly	37	44
1366.	Scheie b. Bückeburg, Konsumverein in Scheie, e. G. m. b. H., Herr H. Küster. — Herr F. Möller . . . . *	?	?
1367.	Schwiebus, Konsumverein Schwiebus und Umgegend, e. G. m. b. H., Herr Aug. Paech. — Herr Paul Kramm	*	*
1368.	Treuenbrietzen, Konsumverein I, Herr C. Otto. — Herr F. Lubitz	16	85
1369.	Unterlauchringen (Post Oberlauchringen), Konsumverein „Lauffenmühle", e. G. m. b. H., Herr Strittmalter. — Herr David Hirt, Direktor	?	?
1370.	Waldsassen, Konsumverein Waldsassen und Umgegend, e. G. m. b. H., Herr C. Fischer. — Herr Clemens Mehnert . . . *	?	?
1371.	Wardböhmen (Post Bergen b. Celle), Konsumverein Wardböhmen und Umgegend, e. G. m. b. H., Herr G. Rogge. — Herr H. Ahrens . . . . *	?	?
1372.	Weilimdorf (Oberamt Leonberg, Württemberg), Konsumverein Weilimdorf, e. G. m. b. H., Herr M. Rößler. — Herr W. Geiger	?	?
1373.	Wilhelmsburg, Wilhelmsburger Konsumverein, e. G. m. b. H., Herr Saland. — Herr Henniges . . . . *	?	?
1374.	Winzenburg, Konsumverein für Winzenburg und Umgegend, e. G. m. b. H., Herr Friedr. Hillebrecht. — Herr Fr. Forkefeld.*	?	?
	Summa	419	27

c. Andere Genossenschaften.

(17 Vereine.)

		Beitrag ℳ	₰
1375.	Berlin, Wirtschaftsgenossenschaft Berliner Grundbesitzer, e. G. m. b. H., C., Burgstraße 1d, Herr Paul Günther. — Herr Julius Horber, Ingenieur	10	—
1376.	Berlin, Genossenschaft der Berliner Dienstmänner, e. G. m. u. H., Lützowstr. 23, W., Herr Gustav Rostock. — Herr G. Steindorf .	10	—
1377.	Berlin, Vereinigte Stellmachermeister Berlins, Nutzholz-Verkaufsgenossenschaft, e. G. m. u. H., Lohmühlenstr. 6, SO., Herr O. Schneider. — Herr O. Schröder	10	90
1378.	Berlin, Berliner Spar- und Bauverein, e. G. m. b. H., NW., Sickingenstr. 7, Herr L. Schmidt. — Herr W. Naase, Schlosser	52	25
1379.	Berlin, Technische Revisions-Vereinigung „Elektrowacht", e. G. m. b. H., NW., Kalwinstr. 14, Herr Dr. W. Hefter. — Herr Carl Grade, Bücherrevisor	?	?
	Transport	83	15

		Beitrag M.	Pf.
	Transport	83	15
1380.	**Bremen**, Schuhmacher-Rohstoffverein, e. G. m. b. H., Herr C. Huismann. — Herr C. Zweibarth	?	?
1381.	**Bremen**, Eisenbahn-Spar- und Bauverein Bremen, e. G. m. b. H., Herr A. Gille. — Herr J. Schießle	?	?
1382.	**Charlottenburg**, Deutsche Naturheil-Krankenhaus-Genossenschaft, e. G. m. b. H., Fräulein Minna Kube. — Herr Hans Meier	?	?
1383.	**Delitzsch**, Schuhmacher-Rohstoff-Genossenschaft, e. G. m. u. H., Herr A. Brade. — Herr Geißler	10	—
1384.	**Ebersbach** i. S., Oberlausitzer Genossenschafts-Buchdruckerei, e. G. m. b. H., Herr Emil Behnert. — Herr Rob. Rudolph	10	—
1385.	**Hannover**, Vereinsbuchdruckerei zu Hannover, e. G. m. b. H., Herr Georg Klapproth. — Herr C. Schöning	10	—
1386.	**Insterburg**, Ländlicher Wirtschaftsverein, Zentralgenossenschaft ostpreußischer landwirtschaftlicher Genossenschaften, e. G. m. u. H., Herr C. Schweiger. — Herr C. Maul	100	—
1387.	**Karlsruhe** i. Baden, Mieter- und Bauverein, e. G. m. b. H., Herr Delisle. — Herr Keil, Oberpostassistent	20	—
1388.	**Luckenwalde**, Schuhmacher-Assoziation, Herr E. Sievert. — Herr J. Lippke	10	—
1389.	**Schleswig**, Arbeiter-Bauverein, e. G. m. b. H., Herr Dr. Wollenweber. — Herr A. Leonhard	?	?
1390.	**Ueckermünde**, Ziegelei-Genossenschaft zu Ueckermünde, e. G. m. b. H., Herr J. F. Schultz. — Herr A. Olwig	100	—
1391.	**Wittenberg** (Bez. Halle a. S.), Schuhmacher-Rohstoffgenossenschaft, e. G. m. b. H., Herr Otto Weinstädt. — Herr Wilhelm Wagner	10	—
	Summa	358	15

Änderungen im Bestande der Mitglieder des Allgemeinen Verbandes.

(Abgeschlossen am 15. November 1904.)

Ihre Mitgliedschaft zu Ende 1904 haben **gekündigt**:

a. **Kreditgenossenschaften**: unter Nr. 64, 428, 1030, 1033, 1321, 1326, 1329, 1334.

b. **Konsumvereine**: unter Nr. 74, 272, 278, 760, 961, 1345, 1347, 1350, 1351, 1356, 1357, 1359, 1364, 1367, 1372.

c. **Baugenossenschaften**: unter Nr. 105.

d. **Andere Genossenschaften**: unter Nr. 23.

Seit 1. Januar 1904 sind dem Verbande **beigetreten**:

Zu Verband 1: Taufkirchen, Branntwein-Brennerei, e. G. m. b. H.

" " 2: Berlin, Spar- und Kreditgenossenschaft Eintracht, e. G. m. b. H.

Zu Verband 4: Hanau, Baugesellschaft, Aktiengesellschaft.
" " 10: Nastätten, Vorschuß- u. Kreditverein, e. G. m. u. H.
" " 11: Bergen a. Rg., Kanalisationsgenossenschaft, e. G. m. b. H.
" " 14: Lyck, Kreditverein, e. G. m. u. H.
Tuchel, Vorschußverein zu Tuchel, e. G. m. u. H.
" " 15: Oberstein, Obersteiner Volksbank, e. G. m. u. H.
" " 16: Friedeberg N/M., Vorschußverein zu Friedeberg N/M., e. G. m. b. H.
Stettin, Einkaufsgenossenschaft d. Vereins Stettiner Kaufleute, e. G. m. b. H.
" " 18: Elberfeld, Elberfelder Häuteverwertung, e. G. m. b. H.
" " 19: Soest, Beamten-Konsumverein, e. G. m. b. H.
" " 20: Helbra, Volksbank Helbra, e. G. m. b. H.
" " 21: Calbe a/Milde, Konsumverein Calbe, e. G. m. b. H.
Dettum, Konsumverein zu Dettum, e. G. m. b. H.
Dörnten, Konsumverein, e. G. m. b. H.
Erfurt, Waren-Einkaufs- u. Herstellungs-Abteilung des Thüringer Beamten-Vereins, e. G. m. b. H.
Gitter, Konsumverein, e. G. m. b. H.
Pohritzsch, Konsumverein, e. G. m. b. H.
" " 23: Gleiwitz, Schuhmacher-Rohstoffverein für Gleiwitz und Umgegend, e. G. m. b. H.
" " 26: Lichtenfels, Verkehrs-Konsumverein, e. G. m. b. H.
Eisenach, Nord und Süd, Einkaufsgenossenschaft für Luxuswaren, Porzellan, Steingut, Glas, Beleuchtungsartikel, Haus- und Küchengeräte, e. G. m. b. H.
" " 27: Ranis, Spar- und Vorschußverein zu Ranis, e. G. m. b. H.

Restbeiträge für 1902.

Verb.-Nr.	a. Kreditvereine.	ℳ
1	Furth i. W., Volksbank . . .	10,—
5	Kitzingen, Sp.- u. V.-V. (Erg.)	17,88
5	Lichtenfels i. Bayern, Sp.- u. Kr.-V. (Ergänzung) . . .	2,80
5	Memmelsdorf, Kr.- u. Sp.-V. (Ergänzung)	24,23
10	Griesheim a. M., V.-V. (Erg.)	31,92
	" " " f. 1901 (Ergänzung)	6,61
10	Montabaur, V.-V. (Ergänzg.)	43,25
10	Soden a. Taunus, V.-V. . .	10,17
11	Doberau i. Meckl., V.-V. . .	10,—
14	Marienwerder, V.-V.	84,64
16	Woldenberg, Kr.-V.	10,—
18	Homberg, Volksbank	10,—
18	Trarbach, Volksbank	100,—
20	Kösen, V.-V.	10,—
20	Mansfeld, Sp.- u. Kr.-Bank (Ergänzung)	26,51
20	Merseburg, V.-V. (Ergänzg.)	2,24
20	Silberhütte, Zentr.-Gen. . .	10,—
20	Wettin a. S., V.-V.	10,—
20	Wiehe, V.-V. (Ergänzung) .	8,81
22	Burkhardtsdorf, Sp.- u. V.-V. (Ergänzung)	32,99
22	Kirchberg i. S., V.-V. (Erg.)	11,28
22	Lobstädt, Sp.- u. V.-V. (Erz.)	7,86
23	Tarnowitz, V.-V. (Ergänzg.)	8,—
25	Lorsch, Volksbk. (Ergänzung).	15,40
25	Mörfelden, Sp.- u. V.-V. (Erg.)	10,88
25	Reichelsheim, Sp.- u. Kr.-V. (Ergänzung)	25,84
27	Berka a. Ilm, Sp.- u. V.-V. (Ergänzung)	18,78
27	Schwarzburg, V.-V. (Erg.) .	14,93
27	Treffurt, V.-V. (Ergänzung)	25,88
29	Steglitz, Sp.- u. Darl.-Kasse (Ergänzung)	10,—
—	Coethen, V.-V.	50,—
	" " (Ergänzung) .	5,60
—	Herschbach, V.-V.	10,—
—	Raguhn, Gewerbebank . . .	20,—
	Transport . .	696,50
	Transport . .	696,50
—	Varel, V.- u. Kr.-V.	27,32
	" " f. 1900/01	70,64
—	Viernsheim, Sp.- u. V.-V. .	43,10
—	Michelstadt, Volksbank . . .	44,24
	Summa . .	881,80

Verb.-Nr.	b. Konsumvereine.	ℳ
3	Potsdam, Konf.-V.	10,—
21	Altflemmingen, Konf.-V. . .	10,—
21	Altenburg, Konf.-V.	10,—
—	Cathrinhagen, Konf.-V. . . .	10,—
—	Meiningen, Konf.-V.	44,55
—	Mettlach, Konf.-V.	38,10
	" " f. 1900 u. 01	74,85
—	St. Johann bei Saarbrücken, Eisenb.-Konf.-V.	100,—
	Summa . .	297,50

Verb.-Nr.	c. Baugenossenschaften.	ℳ
4	Brandenburg a. H., Bau- u. Sp.-V.	10,—
4	Halle a. S., Sp.- u. Bau-V.	23,74
4	Hannover-Kleefeld, Bau-Gen. (Ergänzung)	8,—
4	Konstanz, Sp.- u. Bau-V. (Ergänzung)	2,83
4	Stettin, Beamten-Baugenoss. „Beamtenheim" (Ergänzg.)	8,—
4	Wülfel, Sp.- u. Bau-V. (Erg.)	3,18
	Summa . .	50,75

Verb.-Nr.	d. Andere Genossenschaften.	ℳ
10	Frankfurt a. M., Mitteldt. Ver.-Sortim.	27,—
11	Malchow, Privatspinnerei . .	10,—
—	Ückermünde, Ziegelei-Gen. . .	100,—
—	Berlin, Genossensch. d. Berliner Dienstmänner	10,—
—	Ebersbach, Oberlauf. Genoss.-Buchdruckerei	10,—
	Summa . .	157,—

Beiträge von ausgeschiedenen Genossenschaften.

Strausberg, Sp.- u. Darl.-V., für 1901 u. 02	ℳ	71,75
Crailsheim, Gewerbebank . .	"	100,—
Guben, Waren-Einkaufs-V. .	"	21,40
Wiesbaden, Gewerbehallen-V.	"	10,—
Heyerode, Konf.-V.	"	11,75
Hoym, Konf.-V.	"	10,—
Tangerhütte, Allg. Konf.-V. .	"	16,35
Transport	ℳ	241,25
Transport	ℳ	241,25
Freiburg i. B., Lebensbed.-V.	"	100,—
Ludwigshafen a. Rh., Konf.-V.	"	100,—
Apolda, Konf.-V.	"	89,40
Gotha, Waren-Eink.-V.	"	62,70
Lauscha, Konf.-V.	"	67,35
Suhl, Konf.-V. „Selbsthülfe" .	"	57,15
Summa . .	ℳ	717,85

Beiträge für das Jahr 1904.

Verb.-Nr.	a. Kreditvereine.	ℳ
9	Rogätz, Sp.- u. D.-V. . . .	10,—
14	Konitz i. Westpr., D.-V. . .	36,—
	Summa . .	46,—

	b. Konsumvereine.	
8	Schwiebus, Konf.-V.	10,—
19	Soest, Beamten-Konf.-V. . .	10,—
19	Elberfeld, K.-V. „Gambrinus"	10,—
21	Dörnten, Konf.-V.	10,—
—	Mutterstadt, Konf.-Vereinig. .	10,—
	Summa . .	50,—

Verb.-Nr.	c. Baugenossenschaften.	ℳ
4	Berlin, Baugen. der Vereins der Angestellten der Großen Berliner Straßenbahn . .	10,—
4	Hamburg, Beamt.-Wohn.-V..	10,—
4	Kirchheim b. Heidelberg, Baugenossenschaft	10,—
4	Limburg a. Lahn, Sp.- u. Bauverein	12,21
4	Stendal, Gemeinnütz. Bau-V.	10,—
	Summa . .	52,21

	d. Andere Genossenschaften.	
23	Gleiwitz, Schuhm.-Rohstoff-V.	10,—

Aufrechnung.

Beiträge für 1903		ℳ 57 574,42
Restbeiträge:		
Kreditvereine	ℳ 881,80	
Konsumvereine	„ 297,55	
Baugenossenschaften	„ 50,75	
Andere Genossenschaften	„ 157,—	„ 1 387,05
Beiträge von ausgeschiedenen Genossenschaften.		„ 717,85
Beiträge für 1904:		
Kreditvereine	ℳ 46,—	
Konsumvereine	„ 50,—	
Baugenossenschaften	„ 52,21	
Andere Genossenschaften.	„ 10,—	„ 158,21
	Summe der Beiträge	ℳ 59 837,53

Verteilung der Beiträge nach Genossenschaftsarten:

Kreditgenossenschaften	ℳ 50 969,35
Konsumvereine	„ 6 313,11
Baugenossenschaften	„ 1 569,67
Andere Genossenschaften	„ 985,40
wie oben	ℳ 59 837,53

Zusammenstellung der in der vorhergehenden Liste aufgeführten Unterverbände mit Angabe der von denselben an den Allgemeinen Verband abgeführten Beiträge der Genossenschaften.

		Seite	Beiträge ℳ	₰
1.	Bayerischer Genossenschaftsverband	346	1090	45
2.	Verband der Kreditvereine zu Berlin	348	2368	95
3.	Konsumvereinsverband von Brandenburg, Pommern und angrenzenden Landesteilen	349	368	16
4.	Verband der Baugenossenschaften Deutschlands	353	1245	84
5.	Verband der Fränkischen Vorschuß- und Kreditgenossenschaften	354	871	04
6.	Verband Hessischer Vorschuß- und Kreditvereine	355	1662	98
7.	Verband der Kreditgenossenschaften der Lausitz und der benachbarten Landesteile	356	1324	74
8.	Verband der Konsumvereine der Lausitz und der angrenzenden Provinzen und Landesteile	357	525	05
9.	Verband der Erwerbs- und Wirtschaftsgenossenschaften im Regierungsbezirk Magdeburg, Herzogtum Braunschweig und der Provinz Hannover	359	1743	81
10.	Verband der Erwerbs- und Wirtschaftsgenossenschaften am Mittelrhein	362	3887	09
11.	Verband der Norddeutschen Erwerbs- und Wirtschaftsgenossenschaften	364	1736	70
12.	Verband der Vorschuß- u. Kreditvereine von Nordwestdeutschland	366	2521	09
13.	Verband der Oberbadischen Erwerbs- und Wirtschaftsgenossenschaften	368	2179	62
14.	Verband der Ost- und Westpreußischen Erwerbs- und Wirtschaftsgenossenschaften	371	4677	39
15.	Verband Pfälzischer Kreditgenossenschaften	373	1974	47
16.	Verband der Vorschuß- und Kreditvereine von Pommern und den Grenzkreisen der Mark Brandenburg	374	1643	20
17.	Verband der Deutschen Erwerbs- und Wirtschaftsgenossenschaften der Provinz Posen	376	1834	43
18.	Verband der Kreditgenossenschaften von Rheinland, Westfalen, Lippe und Waldeck	377	2121	98
19.	Verband Rheinisch-Westfälischer Konsumvereine	379	624	84
20.	Unterverband der Vorschußvereine in der Provinz Sachsen und dem Herzogtum Anhalt	380	1077	76
21.	Verband der Konsumvereine der Provinz Sachsen und der angrenzenden Provinzen und Staaten	386	2243	06
22.	Verband Sächsischer Erwerbs- und Wirtschaftsgenossenschaften	388	1357	73
23.	Verband der Erwerbs- u. Wirtschaftsgenossenschaften Schlesiens	392	3705	08
24.	Verband der Konsumvereine der Provinz Schlesien	392	691	94
25.	Verband der Erwerbs- und Wirtschaftsgenossenschaften der Provinzen Starkenburg und Oberhessen	394	1140	95
26.	Verband der Konsumvereine in Bayern, Württemberg und Baden	394	608	09
27.	Verband Thüringischer Vorschußvereine	398	4335	12
28.	Verband der Unterbadischen Erwerbs- und Wirtschaftsgenossenschaften	400	3833	65
29.	Verband der Kreditgenossenschaften von West-Brandenburg und den angrenzenden Landesteilen	402	1973	72
	Genossenschaften, die keinem Unterverbande angehören	304—305	2205	49
	Summa		57574	42

VIII.

Liste der Verbandsgenossenschaften

nach dem Alphabet und nach Genossenschaftsgattungen geordnet.

Laufende Nummer	Nr. des Verbandes	Kreditgenossenschaften rc.
		a. Kreditgenossenschaften.
1	28	**Achern.**
2	9	**Aken** a. E., Sp.- u. V.-V.
3	9	**Aken** a. E., Bank-V.
4	14	**Allenburg.**
5	14	**Allenstein,** V. u. D.-V.
6	14	**Allenstein,** Ost- u. Westpreuß. Verb.-K.
7	27	**Allstedt.**
8	15	**Alsenz.**
9	6	**Alsfeld,** V.-V.
10	25	**Alsfeld,** Vks.-Bk.
11	18	**Altena** i. W.
12	27	**Altenburg.**
13	5	**Altdorf.**
14	22	**Altmittweida.**
15	12	**Altona,** Kred.-V.
16	12	**Altona,** Kred.-Bank von 1870.
17	12	**Altona,** Genoss.-Bk.
18	5	**Alzenau.**
19	5	**Amorbach.**
20	14	**Angerburg.**
21	16	**Angermünde.**
22	18	**Arnsberg.**
23	16	**Arnswalde,** Kred.-V.
24	16	**Arnswalde,** Sp.- u. V.-K.
25	18	**Arolsen.**
26	22	**Aue** i. Erzgeb.
27	22	**Auerbach** i. Voigtl.
28	1	**Augsburg.**
29	27	**Auma.**
30	25	**Babenhausen.**
31	28	**Baden.**
32	16	**Bahn.**
33	20	**Ballenstedt.**
34	12	**Barmstedt.**
35	14	**Bartenstein.**
36	11	**Barth.**
37	23	**Bauerwitz.**
38	9	**Beetzendorf.**
39	16	**Belgard** i. P.
40	20	**Belgern.**
41	20	**Benneckenstein.**
42	11	**Bergen** auf Rügen.
43	15	**Bergzabern.**
44	27	**Berka** a. Ilm.
45	27	**Berka** a. Werra.
46	—	**Berlin,** Stralauer Stadtv.
47	2	**Berlin,** Friedrichstadt.
48	2	**Berlin,** Louisenstädt. Bank.
49	2	**Berlin,** Alt-Berlin.
50	2	**Berlin,** Kred.- u. Sp.-Bk.
51	2	**Berlin,** Gew.-V.
52	2	**Berlin,** Berliner Handelsbank.
53	2	**Berlin,** Wedding.
54	2	**Berlin,** Kred.-V. der Potsdamer Torbez.
55	2	**Berlin,** Louisenstädt. Gen.-Bk.
56	2	**Berlin,** Allg. Beamten-Sp.- u. Darl.-V.
57	2	**Berlin,** Allg. Hdls.- u. Gew.-Bk.
58	2	**Berlin,** Kred.-V. der Oranienburger Vorstadt.
59	2	**Berlin,** Deutsche Gen.-Bk. S., P. u. Co., A.-G.
60	2	**Berlin,** Spar- u. Kredit-Verein ehemal. Kampfgenossen.
61	2	**Berlin,** Genossenschafts-Bank Berliner Restaur.
62	2	**Berlin,** Gen.-Bk. Moabit.
63	2	**Berlin,** Genossenschafts-Bk. des nördlichen Stadtviertels.
64	2	**Berlin,** Schönhauser Gen.-Bk.
65	2	**Berlin,** Gastw.-Bank rc.
66	2	**Berlin,** Sp.- u. Kr.-V. Nordost.
67	2	**Berlin,** Bk. f. Handel u. Gew.
68	2	**Berlin,** Kr.-V. d. Spandauer Stadtviertels.
69	2	**Berlin,** Berliner Sp.- u. Kr.-V.
70	2	**Berlin,** Bk.-V. Gesundbrunnen.
71	2	**Berlin,** Gen.-Bk. der Prenzlauer Torstadtteile.
72	2	**Berlin,** Königstädtische Sp.- u. Darl.-K.
73	2	**Berlin,** Sp.- u. V.-V.

Laufende Nummer	Nr. des Verbandes	Kreditgenossenschaften ꝛc.
74	2	**Berlin**, Handw.=Bk. Wedding.
75	16	**Berlinchen.**
76	23	**Bernstadt.**
77	23	**Beuthen** O.=Schl.
78	10	**Bieber.**
79	10	**Biebrich=Mosbach.**
80	6	**Biedenkopf.**
81	13	**Birkendorf** (bad. Schwarzwald).
82	17	**Birnbaum.**
83	10	**Birstein.**
84	14	**Bischofsburg.**
85	14	**Bischofswerder.**
86	9	**Bismark.**
87	—	**Bitterfeld.**
88	9	**Blankenburg** a. Harz.
89	27	**Blankenburg** i. Th.
90	27	**Blankenhain.**
91	15	**Bliescastel.**
92	10	**Bockenheim.**
93	17	**Bojanowo.**
94	10	**Bonames.**
95	18	**Boppard.**
96	10	**Bornheim** b. Frankfurt a. M.
97	12	**Bornhöved.**
98	22	**Borstendorf.**
99	28	**Boxberg.**
100	12	**Bramstedt.**
101	29	**Brandenburg** a. H.
102	10	**Brandoberndorf.**
103	10	**Braubach.**
104	12	**Bredstedt.**
105	20	**Brehna.**
106	13	**Breisach.**
107	23	**Breslau**, V.=B.
108	23	**Breslau**, Volks=B.
109	28	**Bretten.**
110	23	**Brieg.**
111	14	**Briesen** W.=Pr.
112	17	**Bromberg**, Gew.=B.
113	17	**Bromberg**, V.=B.
114	28	**Bruchsal.**
115	12	**Brunsbüttelhafen.**
116	28	**Buchen.**
117	28	**Bühl.**
118	27	**Bürgel.**
119	16	**Bütow.**
120	11	**Bützow.**
121	23	**Bunzlau.**
122	12	**Burg** i. Dithm.
123	9	**Burg** b. Magdeburg.
124	22	**Burkhardtsdorf.**
125	27	**Buttstädt.**
126	6	**Butzbach.**
127	9	**Calbe** a. S.
128	18	**Calcar.**
129	9	**Calvörde.**
130	10	**Camberg.**
131	27	**Camburg.**
132	16	**Cammin.**
133	23	**Canth.**
134	18	**Carden** a. M.
135	6	**Cassel**, Kr.=B.
136	6	**Cassel**, All. V.=B.
137	10	**Caub.**
138	2	**Charlottenburg.**
139	22	**Chemnitz.**
140	14	**Christburg.**
141	22	**Clausnitz** b. Bienenmühle.
142	18	**Coblenz.**
143	27	**Coburg.**
144	9	**Cochstedt.**
145	27	**Cölleda.**
146	18	**Cöln.**
147	29	**Cöpenick**, Kr.=B.
148	2	**Cöpenick**, V.=B.
149	18	**Cörrenzig.**
150	16	**Cöslin.**
151	—	**Cöthen**, V.=B.
152	20	**Cöthen**, V.=Bk.
153	16	**Colberg.**
154	23	**Cosel**, V.=B.
155	23	**Cosel**, Hyp.=Vers.= u. Tilg.=B.
156	7	**Cottbus**, V.=B.
157	29	**Cremmen.**
158	11	**Crivitz.**
159	10	**Cronberg.**
160	17	**Crone** (Brahe).
161	7	**Crossen** a. O.
162	20	**Crossen** b. Zeitz.
163	16	**Cüstrin.**
164	14	**Culmsee.**
165	17	**Czempin.**
166	15	**Dahn.**
167	13	**Dangstetten** (Amt Waldshut).
168	14	**Danzig.**
169	14	**Danzig=Langfuhr**, Kr.=B.
170	14	**Danzig=Langfuhr**, Kred.=B. deutscher Apotheker.
171	14	**Darkehmen.**
172	25	**Darmstadt.**
173	20	**Delitzsch.**
174	11	**Demmin.**
175	27	**Dermbach.**
176	18	**Detmold.**
177	14	**Deutsch=Crone.**
178	22	**Deutschneudorf**, Sp.=B.

Laufende Nummer	Nr. des Verbandes	Kreditgenossenschaften rc.
179	25	Dieburg.
180	27	Dietendorf.
181	10	Diez.
182	1	Dillingen a. Donau.
183	1	Dinkelsbühl.
184	14	Dirschau.
185	12	Dissau b. Lübeck.
186	11	Doberan.
187	17	Dobrzyca.
188	20	Dommitzsch.
189	13	Donaueschingen.
190	27	Dornburg.
191	18	Dortmund, Akt.-Ges.
192	16	Dramburg.
193	14	Drengfurt.
194	10	Driedorf.
195	16	Driesen.
196	20	Düben.
197	15	Dürkheim.
198	28	Durlach.
199	27	Ebeleben.
200	5	Ebensfeld.
201	28	Eberbach a. N.
202	25	Eberstadt.
203	2	Eberswalde.
204	20	Eckartsberga.
205	18	Eckenhagen.
206	12	Eckernförde.
207	15	Edenkoben.
208	9	Egeln.
209	1	Eggenfelden.
210	10	Eibelshausen.
211	9	Eichenbarleben.
212	13	Eigeltingen.
213	20	Eilenburg.
214	27	Eisenach, Gew.-Bk.
215	—	Eisenach, Kred.-Bk. Akt.-Ges.
216	27	Eisenberg.
217	27	Eisfeld.
218	14	Elbing.
219	20	Ellrich a. H.
220	12	Elmshorn.
221	5	Eltmann, V.-B.
222	10	Eltville.
223	10	Emmerichenhain.
224	13	Endingen.
225	28	Eppingen.
226	27	Erfurt, Erf. V.-Bk.
227	18	Erkelenz.
228	5	Erlangen.
229	6	Eschwege.
230	28	Ettenheim.
231	28	Ettlingen.
232	22	Euba.
233	28	Feudenheim.
234	16	Fiddichow.
235	17	Filehne.
236	10	Flörsheim.
237	7	Forst N.-L.
238	7	Frankfurt a. O.
239	10	Frankfurt a. M., Gew.-Kasse.
240	—	Frankfurt a. M., Deutsche Gen.-Bk., A.-G.
241	10	Frankfurt a. M., Sp.- u. D.-K. von Beamt.
242	13	Freiburg i. B.
243	23	Freiburg i. Schl.
244	20	Freiburg a. U.
245	2	Freienwalde a. O.
246	14	Freystadt W.-Pr.
247	23	Freystadt (N.-Schl.).
248	6	Friedberg i. H.
249	23	Friedland (R.-B. Breslau).
250	11	Friedland i. Mecklbg.
251	2	Friedrichshagen.
252	27	Friedrichroda.
253	2	Friedrichsberg.
254	29	Friesack.
255	7	Fürstenberg a. O.
256	16	Fürstenfelde N/M.
257	7	Fürstenwalde.
258	25	Fürth i. Odenwalde.
259	1	Furth i. W.
260	6	Fulda.
261	12	Gaarden.
262	11	Gadebusch.
263	13	Gailingen.
264	9	Gardelegen.
265	12	Garding.
266	14	Garnsee.
267	16	Gartz a. O.
268	18	Geilenkirchen-Hünshoven, A.-G.
269	27	Geisa.
270	10	Geisenheim, V.- u. Kr.-B.
271	10	Geisenheim, Spar- u. Leihkasse.
272	28	Gengenbach.
273	9	Genthin.
274	27	Gera (Reuß).
275	27	Gera b. Elgersburg.
276	—	Gerabronn.
277	15	Germersheim.
278	5	Gerolzhofen.
279	27	Gerstungen.
280	6	Gießen.
281	14	Gilgenburg.

Laufende Nummer	Nr. des Verbandes	Kreditgenossenschaften ꝛc.
282	18	Gladbach (München).
283	15	Glan-Münchweiler.
284	23	Glatz.
285	22	Glauchau.
286	23	Gleiwitz.
287	23	Glogau.
288	12	Glückstadt.
289	17	Gnesen.
290	11	Gnoien.
291	7	Görlitz.
292	14	Goldap.
293	23	Goldberg i. Schl.
294	11	Goldberg i. Mecklbg.
295	20	Gollme.
296	16	Gollnow.
297	14	Gollub.
298	9	Gommern.
299	27	Gotha.
300	20	Gräfenhainichen.
301	27	Gräfenroda.
302	27	Gräfenthal.
303	27	Gräfinau.
304	17	Grätz.
305	10	Grävenwiesbach.
306	29	Gransee.
307	14	Graudenz.
308	12	Gravenstein.
309	16	Greifenhagen.
310	11	Greifswald.
311	27	Greiz.
312	10	Grenzhausen.
313	11	Grevesmühlen, Vereins-Bk.
314	11	Grevesmühlen, V.-V.
315	10	Griesheim, V.-V.
316	10	Griesheim, Sp.- u. Hilfs-V.
317	18	Gronau i. W.
318	6	Großalmerode.
319	25	Groß-Gerau.
320	2	Groß-Lichterfelde.
321	23	Groß-Neundorf.
322	23	Groß-Strehlitz.
323	23	Groß-Wartenberg.
324	23	Grottkau.
325	23	Grünberg i. Schlesien.
326	6	Grünberg i. Hessen.
327	15	Grünstadt.
328	7	Guben.
329	11	Güstrow.
330	11	Gützkow.
331	14	Gumbinnen.
332	23	Guttentag.
333	14	Guttstadt.
334	23	Habelschwerdt.
335	10	Hachenburg (Westerland).
336	12	Hademarschen.
337	11	Hagenow i. Mecklbg.
338	13	Hagnau (Amt Überling., Bad).
339	10	Haiger.
340	7	Halbau.
341	9	Halberstadt.
342	12	Hamburg, Hamburg-Altonaer Kred.-Bk.
343	10	Hanau.
344	9	Hannover, Gew.-Bk.
345	—	Hannover, Vorschußvereinsbk.
346	28	Hardheim.
347	27	Harras bei Eisfeld
348	9	Harzburg.
349	27	Hasenthal.
350	9	Hasselfelde.
351	15	Haßloch.
352	10	Hattersheim.
353	29	Havelberg.
354	12	Heide, Vls.-Bk.
355	12	Heide, Nordwestd. Verb.-Kasse.
356	28	Heidelberg, Gew.-Bk.
357	28	Heidelberg, Volks-Bk.
358	22	Heidelberg b. Seiffen (Königr. Sachsen).
359	14	Heiligenbeil.
360	14	Heilsberg.
361	14	Heinrichswalde.
362	27	Heldburg.
363	27	Helmershausen.
364	9	Helmstedt.
365	25	Heppenheim.
366	10	Herborn.
367	20	Heringen.
368	27	Hermsdorf S.-Altbg.
369	10	Herschbach, Hilfs- u. Sparkasse.
370	—	Herschbach, V.-V.
371	6	Hersfeld.
372	27	Hildburghausen.
373	23	Hirschberg.
374	10	Höchst a. M.
375	10	Höhr.
376	20	Höhenmölsen.
377	14	Hohenstein O.-Pr.
378	12	Hohenwestedt.
379	10	Holzappel.
380	6	Homberg (Reg.-Bez. Cassel).
381	18	Homberg (Kr. Mörs).
382	10	Homburg v. d. Höhe, Sp.- u. V.-K.
383	15	Homburg (Pfalz), V.-V.
384	9	Hornburg.

Laufende Nummer	Nr. des Verbandes	Kreditgenossenschaften rc.
385	12	**Husum.**
386	1	**Ichenhausen.**
387	27	**Ichtershausen.**
388	10	**Idstein.**
389	27	**Jena.**
390	20	**Jessen** (Bez. Halle).
391	13	**Jestetten.**
392	27	**Ilmenau.**
393	17	**Inowrazlaw.**
394	14	**Insterburg.**
395	14	**Johannisburg.**
396	—	**Iserlohn,** Volksb., Akt.-Ges.
397	12	**Itzehoe.**
398	27	**Judenbach.**
399	18	**Jülich.**
400	17	**Jutroschin.**
401	15	**Kaiserslautern.**
402	27	**Kaltennordheim.**
403	15	**Kandel.**
404	13	**Kandern.**
405	28	**Kappelrodeck** (Amt Achern).
406	28	**Karlsruhe.**
407	28	**Karlsruhe-Mühlburg.**
408	23	**Kattowitz.**
409	14	**Kaukehmen.**
410	25	**Kelsterbach.**
411	20	**Kemberg.**
412	17	**Kempen.**
413	10	**Kirberg.**
414	22	**Kirchberg.**
415	18	**Kirchen** a. S.
416	28	**Kirchheim** b. Heidelberg.
417	15	**Kirchheimbolanden.**
418	5	**Kitzingen.**
419	25	**Klein-Gerau.**
420	5	**Klingenberg.**
421	28	**Knielingen.**
422	16	**Königsberg** N.-M.
423	14	**Königsberg** i. Pr., K.-Ges.
424	14	**Königsberg** i. Pr., Ldl. G.-V.
425	27	**Königsee.**
426	22	**Königstein.**
427	7	**Königs-Wusterhausen.**
428	20	**Kösen.**
429	14	**Konitz.**
430	13	**Konstanz.**
431	17	**Kosten.**
432	23	**Krappitz.**
433	28	**Krautheim.**
434	14	**Kreuzburg** O.-Pr.
435	27	**Kreuzburg** a. d. Werra.
436	23	**Kreuzburg** O.-Schl.
437	10	**Kreuznach.**
438	11	**Kröpelin.**
439	17	**Krotoschin.**
440	5	**Kulmbach.**
441	15	**Kusel.**
442	29	**Kyritz.**
443	11	**Laage** i. M.
444	18	**Laasphe.**
445	16	**Labes.**
446	14	**Labiau.**
447	28	**Ladenburg.**
448	18	**Lage** i. L.
449	5	**Lahm** i. Itzgrund.
450	28	**Lahr.**
451	25	**Lampertheim.**
452	23	**Landeshut** i. Schl.
453	16	**Landsberg** a. d. W.
454	14	**Landsberg** O.-Pr.
455	1	**Landshut** (Bayern).
456	15	**Landstuhl** (Pfalz).
457	9	**Langelsheim.**
458	28	**Langenbrücken.**
459	27	**Langensalza.**
460	10	**Langenschwalbach.**
461	10	**Langenselbold.**
462	11	**Lassan.**
463	23	**Lauban.**
464	12	**Lauenburg** a. E.
465	27	**Lauscha.**
466	15	**Lauterecken.**
467	12	**Leck.**
468	28	**Legelshurst.**
469	29	**Lehnin.**
470	22	**Leipzig,** Kr.-V., Akt.-Ges.
471	22	**Leipzig,** Allg. Deutsche Spar- u. V.-K. für Lehrer.
472	22	**Leipzig,** Spar- u. Gew.-B.
473	27	**Lengsfeld.**
474	23	**Leobschütz,** Volks-B.
475	9	**Lerbach.**
476	14	**Lessen** W.-Pr.
477	7	**Letschin.**
478	22	**Leubsdorf.**
479	27	**Leutenberg.**
480	5	**Leutershausen.**
481	23	**Lewin.**
482	27	**Lichte** b. Wallendorf i. S.-M.
483	6	**Lichtenau** i. Hessen.
484	5	**Lichtenfels** i. B.
485	20	**Liebenwerda,** Sp.- u. D.-K.
486	14	**Liebstadt.**
487	23	**Liegnitz,** K.-V.
488	28	**Liegnitz,** V.-V.
489	10	**Limburg** a. Lahn.

Laufende Nummer	Nr. des Verbandes	Kreditgenossenschaften ꝛc.
490	18	Linnich.
491	17	Lissa.
492	27	Lobenstein.
493	22	Lobstädt.
494	14	Löbau W.-Pr.
495	13	Lörrach.
496	14	Lötzen.
497	23	Löwen.
498	11	Loitz.
499	25	Lorsch.
500	23	Lublinitz.
501	7	Luckau.
502	29	Luckenwalde.
503	5	Ludwigsstadt.
504	7	Lübben.
505	7	Lübbenau.
506	12	Lübeck.
507	23	Lüben.
508	11	Lübtheen.
509	11	Lübz.
510	14	Lyck, V.-V.
511	27	Magdala.
512	9	Magdeburg, Sp.- u. V.-V. d. Eisenb.-Beamt.
513	10	Mainz.
514	11	Malchow.
515	28	Mannheim, Akt.-Ges.
516	28	Mannheim, Gew.-Bk.
517	20	Mansfeld.
518	6	Marburg.
519	14	Marggrabowa, K.-Ges.
520	14	Marggrabowa, V.-V.
521	10	Marienberg.
522	14	Marienwerder.
523	13	Markdorf.
524	5	Marktbreit.
525	12	Marne.
526	16	Massow.
527	27	Mehlis.
528	14	Mehlsack.
529	27	Meiningen.
530	22	Meißen.
531	12	Meldorf.
532	6	Melsungen.
533	5	Memmelsdorf i. Unterfr.
534	20	Merseburg.
535	18	Meschede.
536	17	Meseritz.
537	13	Meßkirch, V.-V.
538	13	Meßkirch, K.-K.
539	15	Metz.
540	27	Meuselbach.
541	29	Meyenburg (Priegnitz).
542	—	Michelstadt.
543	1	Miesbach.
544	5	Miltenberg.
545	11	Mirow.
546	23	Mittelschreibendorf, Kred.-, Sp.- u. Kons.-V.
547	22	Mittweida.
548	13	Möhringen a. D.
549	25	Mörfelden.
550	18	Mörs.
551	14	Mohrungen.
552	10	Montabaur.
553	28	Mosbach.
554	17	Mrotschen.
555	20	Mücheln.
556	22	Mügeln, Bez. Leipzig.
557	20	Mühlberg a. E.
558	27	Mühlhausen i. Th., Gew.-B.
559	27	Mühlhausen i. Th., V.-V.
560	14	Mühlhausen i. Ostpr.
561	18	Mülheim a. Ruhr, Mülh. Bk., Akt.-Ges.
562	13	Müllheim i. B.
563	1	München, Ind.-Bk.
564	27	Münchenbernsdorf.
565	25	Münster b. Dieburg i. Hessen.
566	10	Münster i. T.
567	23	Münsterberg.
568	17	Nakel.
569	23	Namslau.
570	29	Nauen.
571	16	Naugard.
572	6	Nauheim (Bad).
573	23	Naumburg a. Qu.
574	28	Neckarbischofsheim.
575	28	Neckargemünd.
576	14	Neidenburg.
577	23	Neisse.
578	11	Neubrandenburg.
579	11	Neubukow.
580	16	Neudamm.
581	14	Neuenburg W.-Pr.
582	9	Neuhaldensleben.
583	27	Neuhaus a. R.
584	25	Neu-Isenburg, Gew.-B.
585	25	Neu-Isenburg, Sp.- u. Leihk. I.
586	25	Neu-Isenburg, Sp.- u. Leihk. II.
587	6	Neukirchen bei Ziegenhain (Cassel).
588	14	Neumark W.-Pr.
589	12	Neumünster, Gew.-Bk.
590	—	Neunkirchen b. Saarbr.
591	18	Neunkirchen (Bez. Arnsberg).

Laufende Nummer	Nr. des Verbandes	Kreditgenossenschaften 2c.
592	23	Neurode.
593	29	Neu-Ruppin.
594	23	Neusalz a. O.
595	15	Neustadt a. d. Haardt.
596	27	Neustadt a. d. Orla.
597	23	Neustadt O.-Schl.
598	27	Neustadt b. Coburg.
599	12	Neustadt i. Holstein.
600	29	Neustadt a. d. Dosse.
601	13	Neustadt i. Schwarzwald.
602	16	Neustettin.
603	11	Neustrelitz.
604	17	Neutomischel.
605	2	Neu-Weißensee.
606	12	Niebüll.
607	10	Niederrad.
608	6	Nieder-Wildungen.
609	—	Nieheim (Kr. Höxter).
610	20	Nienburg a. S.
611	23	Nimptsch.
612	6	Nordeck.
613	—	Norden.
614	12	Nortorf.
615	1	Nördlingen.
616	5	Nürnberg, Sp.- u. V.-B.
617	28	Oberkirch.
618	10	Oberlahnstein.
619	27	Oberlind b. Sonneberg.
620	25	Obermörlen.
621	15	Obermoschel.
622	5	Obernburg.
623	2	Oberschöneweide.
624	17	Obersitzko.
625	10	Obersteden.
626	5	Ochsenfurt.
627	16	Oderberg.
628	23	Oels.
629	10	Offenbach.
630	28	Offenburg i. Bad., V.-B.
631	23	Ohlau.
632	27	Ohrdruf.
633	22	Olbernhau.
634	12	Oldenburg i. Holst.
635	23	Oppeln.
636	10	Oppenheim
637	29	Oranienburg.
638	10	Orb.
639	14	Ortelsburg.
640	9	Osterburg.
641	27	Ostheim v. d. Rhön.
642	23	Ostrowo.
643	22	Ottendorf, Bez. Leipzig.
644	23	Ottmachau, V.-B.
645	23	Ottmachau, Bks.-V.
646	18	Paderborn.
647	2	Pankow b. Berlin
648	23	Parchwitz, V.-B.
649	9	Parey.
650	11	Pasewalk.
651	1	Passau.
652	14	Passenheim.
653	23	Patschkau.
654	22	Penig.
655	16	Penkun.
656	29	Perleberg.
657	28	Pforzheim.
658	13	Pfullendorf.
659	25	Pfungstadt.
660	14	Pillkallen.
661	12	Pinneberg.
662	15	Pirmasens.
663	17	Pleschen.
664	12	Plön.
665	27	Pößneck.
666	23	Polkwitz.
667	17	Posen.
668	—	Potsdam, Kred.-V., Akt.-Ges.
669	23	Prausnitz.
670	12	Preetz.
671	11	Prenzlau.
672	20	Prettin.
673	20	Pretzsch.
674	14	Pr.-Eylau.
675	14	Pr.-Holland.
676	14	Pr.-Stargard.
677	5	Prichsenstadt.
678	23	Priebus.
679	29	Pritzwalk.
680	14	Prökuls.
681	22	Pulsnitz.
682	17	Punitz.
683	29	Putlitz.
684	9	Quedlinburg, V.-B.
685	9	Quedlinburg, D.-K.-V.
686	20	Querfurt.
687	22	Radeberg.
688	22	Radeburg.
689	18	Radevormwald, Komm.-Ges. a. A.
690	13	Radolfzell.
691	14	Ragnit.
692	—	Raguhn.
693	17	Rakwitz (Posen).
694	10	Ransbach.
695	28	Rastatt.
696	14	Rastenburg.

Laufende Nummer	Nr. des Verbandes	Kreditgenossenschaften 2c.
697	29	**Rathenow.**
698	23	**Rawitsch.**
699	17	**Rawitsch.**
700	14	**Rehden** W.-Pr.
701	11	**Rehna** i. Mecklenburg.
702	6	**Reichelsheim** i. d. Wetterau, V.- u. K.-V.
703	25	**Reichelsheim** i. Odenwald, Sp.- u. K.-V.
704	23	**Reichenbach** i. Schl.
705	2	**Reinickendorf** b. Berlin.
706	23	**Reinschdorf** b. Bösdorf, V.-V.
707	23	**Reinschdorf** b. Bösdorf, V.- u. Kr.-V.
708	22	**Reudnitz.**
709	14	**Rhein** O.-Pr.
710	29	**Rheinsberg.**
711	29	**Rhinow.**
712	11	**Ribnitz.**
713	—	**Rinteln.**
714	2	**Rixdorf,** V.-V.
715	2	**Rixdorf,** Darlehns-V.
716	15	**Rockenhausen.**
717	27	**Rodach** b. Coburg.
718	11	**Röbel.**
719	5	**Röttingen** a. T.
720	9	**Rogätz.**
721	20	**Roitzsch.**
722	27	**Ronneburg** (Sachs.-Altenbg.).
723	23	**Rosenberg** O.-Schl.
724	14	**Rosenberg** W.-Pr.
725	20	**Roßleben.**
726	11	**Rostock.**
727	6	**Rotenburg** a. d. Fulda.
728	5	**Rothenburg** ob der Tauber.
729	27	**Rudolstadt.**
730	29	**Rüdersdorf.**
731	25	**Rüsselsheim.**
732	27	**Ruhla.**
733	18	**Ruhrort.**
734	10	**Runkel.**
735	14	**Ruß** O.-Pr.
736	14	**Saalfeld** O.-Pr.
737	13	**Säckingen.**
738	7	**Sagan.**
739	27	**Salzungen.**
740	9	**Salzwedel.**
741	17	**Samter.**
742	15	**St. Ingbert.**
743	28	**Sasbach** (Amt Achern).
744	27	**Schalkau.**
745	1	**Schillingsfürst.**
746	14	**Schippenbeil.**
747	16	**Schivelbein.**
748	16	**Schlawe.**
749	27	**Schleiz.**
750	27	**Schleusingen.**
751	6	**Schlitz.**
752	27	**Schmalkalden.**
753	14	**Schmalleningken.**
754	27	**Schmölln** (Sachsen-Altenburg).
755	17	**Schneidemühl.**
756	2	**Schöneberg** b. Berlin.
757	9	**Schöningen.**
758	17	**Schönlanke.**
759	9	**Schöppenstedt.**
760	13	**Schopfheim.**
761	17	**Schrimm.**
762	1	**Schrobenhausen.**
763	17	**Schulitz.**
764	10	**Schupbach.**
765	27	**Schwarzburg.**
766	16	**Schwedt** a. O.
767	23	**Schweidnitz.**
768	27	**Schweina.**
769	5	**Schweinfurt.**
770	20	**Schweinitz.**
771	14	**Schwetz.**
772	28	**Schwetzingen.**
773	10	**Seckbach.**
774	14	**Seeburg.**
775	9	**Seehausen** i. Altm.
776	7	**Seelow.**
777	12	**Segeberg.**
778	22	**Seiffen.**
779	10	**Selters.**
780	7	**Senftenberg.**
781	14	**Sensburg.**
782	22	**Siebenlehn.**
783	20	**Silberhütte,** Zentralgen.
784	10	**Sindlingen** a. M.
785	13	**Singen.**
786	28	**Sinsheim** a. d. Elsenz.
787	14	**Skaisgirren.**
788	10	**Soden.**
789	14	**Soldau.**
790	16	**Soldin.**
791	12	**Sonderburg.**
792	—	**Sondershausen.**
793	27	**Sonneberg.**
794	27	**Sonnefeld.**
795	1	**Sonthofen.**
796	7	**Sorau.**
797	29	**Spandau.**
798	15	**Speyer,** Vks.-V.
799	7	**Spremberg.**

Laufende Nummer	Nr. des Verbandes	Kreditgenossenschaften ꝛc.	Laufende Nummer	Nr. des Verbandes	Kreditgenossenschaften ꝛc.
800	23	**Sprottau.**	853	23	**Trachenberg.**
801	12	**Stade.**	854	18	**Trarbach.**
802	27	**Stadt-Ilm.**	855	1	**Traunstein.**
803	9	**Stadt-Oldendorf.**	856	29	**Trebbin.**
804	14	**Stallupönen.**	857	22	**Trebsen.**
805	11	**Stargard** i. M.	858	27	**Treffurt.**
806	16	**Stargard** i. Pomm.	859	18	**Treis** a. d. Mosel.
807	13	**Staufen** i. Baden.	860	11	**Treptow** a. T.
808	29	**Steglitz** b. Berlin.	861	29	**Treuenbrietzen.**
809	9	**Steimke.**	862	13	**Ueberlingen.**
810	28	**Stein,** Amt Bretten.	863	16	**Ueckermünde.**
811	10	**Steinau** (Reg.-Bez. Cassel).	864	12	**Uetersen.**
812	23	**Steinau** a. O.	865	—	**Ulm.**
813	27	**Steinheid.**	866	27	**Unterneubrunn.**
814	9	**Stendal,** B.-B.	867	27	**Unterweißbach.**
815	9	**Stendal,** K.- u. Sp.-V.	868	10	**Usingen.**
816	11	**Sternberg** i. M.	869	27	**Vacha** a. W., erster V.-V.
817	13	**Stetten** a. k. M.	870	—	**Varel.**
818	16	**Stettin.**	871	5	**Veitlahm.**
819	13	**Stockach.**	872	27	**Vieselbach.**
820	12	**Stockelsdorf.**	873	13	**Villingen.**
821	11	**Stralsund,** K.-V.	874	23	**Voigtsdorf.**
822	11	**Strasburg,** U.-M.	875	6	**Wächtersbach.**
823	10	**Straßebersbach.**	876	28	**Waibstadt.**
824	11	**Strelitz.**	877	23	**Waldenburg** i. Schl.
825	23	**Strehlen.**	878	13	**Waldshut.**
826	23	**Striegau.**	879	27	**Walldorf** b. Meiningen.
827	27	**Stützerbach.**	880	10	**Wallmerod.**
828	14	**Stuhm.**	881	12	**Wankendorf.**
829	18	**Sülbeck.**	882	23	**Wansen,** V.-V.
830	11	**Sülze.**	883	23	**Wansen,** Volks-V.
831	27	**Suhl.**	884	11	**Waren.**
832	16	**Swinemünde.**	885	11	**Warin.**
833	14	**Szibben,** V.-V. Heydekrug.	886	23	**Warmbrunn,** Kr.- u. Spp.-V.
834	27	**Tabarz** (S.-C.-Gotha).	887	23	**Warmbrunn,** V.- u. Spp.-V.
835	9	**Tangermünde.**	888	14	**Wartenburg** O.-Pr.
836	27	**Tann** a. d. Rhön.	889	27	**Wasungen.**
837	27	**Tannroda.**	890	27	**Wechmar.**
838	23	**Tarnowitz.**	891	10	**Wehen.**
839	28	**Tauberbischofsheim.**	892	14	**Wehlau.**
840	27	**Teichel.**	893	5	**Weidenberg** (Bayern).
841	11	**Tessin.**	894	15	**Weilerbach.**
842	11	**Teterow.**	895	10	**Weilmünster.**
843	28	**Teutschneureuth.**	896	27	**Weimar.**
844	27	**Themar.**	897	28	**Weinheim.**
845	13	**Thengen.**	898	7	**Wendisch-Buchholz.**
846	13	**Thiengen.**	899	9	**Werben.**
847	14	**Thorn.**	900	29	**Werder** a. H.
848	22	**Thum.**	901	18	**Werl.**
849	5	**Thurnau.**	902	22	**Wermsdorf.**
850	14	**Tilsit.**	903	12	**Wesselburen.**
851	13	**Todtnau.**	904	12	**Westerland** a. Sylt.
852	12	**Tönning.**	905	20	**Wettin** a. S.

Laufende Nummer	Nr. des Verbandes	Kreditgenossenschaften 2c.
906	6	**Wetzlar.**
907	20	**Wiehe.**
908	—	**Wiernsheim.**
909	10	**Wiesbaden,** V.-V.
910	10	**Wiesbaden,** Allg. V.- u. Sp.-K.-V.
911	5	**Wiesenbronn.**
912	5	**Wiesentheid.**
913	28	**Wiesloch.**
914	14	**Willenberg** O.-Pr.
915	29	**Wilsnack.**
916	12	**Wilster.**
917	15	**Winnweiler.**
918	23	**Winzig.**
919	18	**Wissen.**
920	29	**Wittenberge.**
921	11	**Wittenburg.**
922	29	**Wittstock.**
923	11	**Woldegk.**
924	16	**Woldenberg.**
925	9	**Wolfenbüttel.**
926	11	**Wolgast.**
927	16	**Wollin,** Spark.-V.
928	16	**Wollin,** Bank-V.
929	17	**Wollstein.**
930	9	**Wolmirstedt.**
931	14	**Wormditt.**
932	10	**Worms.**
933	17	**Wronke,** V.-V.
934	17	**Wronke,** Neuer Kr.-V.
935	23	**Wünschelburg.**
936	23	**Wüstegiersdorf.**
937	23	**Wüstewaltersdorf.**
938	29	**Wusterhausen** a. D.
939	11	**Wustrow.**
940	12	**Wyk** auf Föhr.
941	17	**Xions.**
942	29	**Zehdenick.**
943	5	**Zeil.**
944	—	**Zeitz,** Sp.- u. V.-V., Akt.-Ges.
945	28	**Zell** a. H.
946	13	**Zell** i. W.
947	14	**Zempelburg.**
948	27	**Zeulenroda.**
949	28	**Zeuthern.**
950	14	**Zinten.**
951	17	**Znin.**
952	23	**Zobten** a. B., V.-V.
953	20	**Zörbig.**
954	7	**Züllichau.**
955	23	**Zülz.**
956	15	**Zweibrücken.**
957	22	**Zwenkau.**

Laufende Nummer	Nr. des Verbandes	Konsumvereine
		b. Konsumvereine.
1	21	**Ackenhausen.**
2	21	**Ahlshausen.**
3	19	**Altena** i. W.
4	21	**Altenau** a. H.
5	21	**Altenburg** b. Naumburg a. S.
6	—	**Altenfeld** (Schwzb.-Sondersh.)
7	21	**Altfemmingen.**
8	19	**Arnsberg.**
9	19	**Asseln-Wickede.**
10	21	**Astfeld.**
11	21	**Atzendorf.**
12	21	**Barbis.**
13	—	**Barnstorf,** Landw. Kons.-V.
14	21	**Bartolfelde.**
15	8	**Bautzen.**
16	21	**Beddingen.**
17	3	**Berlin,** Biene.
18	3	**Berlin,** Vorsicht.
19	3	**Berlin,** Beamten-Wirtsch.-V.
20	19	**Betzdorf** a. d. Sieg.
21	3	**Biesenthal.**
22	21	**Bitterfeld.**
23	21	**Blankenburg** a. H.
24	21	**Bodenfelde.**
25	24	**Borsigwerk.**
26	—	**Brachstedt.**
27	21	**Braunlage** i. H.
28	21	**Braunschweig,** Beamten-K.-V.
29	21	**Brehna.**
30	24	**Breslau,** Kons.-V.
31	24	**Breslau,** Kons.- u. Sp.-V.
32	21	**Broistedt.**
33	21	**Brückfeld.**
34	19	**Bünde** i. W.
35	21	**Burg** b. M.
36	21	**Burgscheidungen.**
37	8	**Calau.**
38	21	**Carsdorf.**
39	19	**Castrop.**
40	21	**Clausthal-Zellerfeld.**
41	8	**Cöpenick,** Vorwärts.
42	8	**Cottbus,** Neuer Kons.-V.
43	21	**Cramme.**
44	21	**Cröllwitz** b. Halle a. S.
45	—	**Dahme.**
46	21	**Deersheim** b. Wasserleben.
47	21	**Dessau,** Beamten-Kons.-V.
48	21	**Dögerode** b. Calefeld.
49	21	**Dölau** b. Halle a. S.
50	26	**Donaueschingen.**
51	21	**Dorste,** Kr. Osterode a. H.

Laufende Nummer	Nr. des Verbandes	Konsumvereine
52	19	**Dortmund.**
53	19	**Driburg.**
54	21	**Düben.**
55	—	**Eberswalde.**
56	21	**Echte.**
57	21	**Eilenburg.**
58	21	**Eisdorf** b. Gittelde.
59	19	**Elberfeld,** Beamten-Konf.-V.
60	19	**Elberfeld,** Konf.-V. Gambrinus.
61	21	**Elbingerode** a. H.
62	21	**Ellrich** a. H.
63	19	**Enger** i. Westf.
64	19	**Ennigloh.**
65	21	**Erdeborn** b. Oberröblingen.
66	26	**Ersingen** b. Pforzheim.
67	19	**Eveking.**
68	—	**Eversen** b. Celle.
69	21	**Falkenberg** b. Halle.
70	8	**Finsterwalde.**
71	26	**Frankfurt** a. M., Eisenbahn-Konf.-V.
72	21	**Fredelsloh.**
73	21	**Friedersdorf** b. Bitterfeld.
74	21	**Fümmelse.**
75	3	**Fürstenwalde** a. Spree.
76	21	**Gandersheim.**
77	21	**Gardelegen.**
78	8	**Gassen.**
79	21	**Gebhardshagen.**
80	21	**Gielde** b. Börßum.
81	21	**Gittelde** a. H.
82	24	**Glatz.**
83	24	**Gleiwitz.**
84	21	**Glöthe.**
85	8	**Görlitz,** Konf.-V.
86	21	**Gollme.**
87	21	**Goslar.**
88	21	**Gräfenhainichen.**
89	—	**Groß-Hehlen.**
90	21	**Groß-Salze.**
91	8	**Groß-Schönau.**
92	21	**Grund.**
93	19	**Gütersloh.**
94	21	**Halle** a. S., Beamten-Konf.-V.
95	21	**Halle** a. S., Neuer Konf.-V.
96	21	**Hameln.**
97	21	**Harlingerode.**
98	21	**Harriehausen.**
99	21	**Harzburg-Bündheim.**
100	26	**Haunstetten.**
101	21	**Heinsen** b. Polle.
102	21	**Helmstedt.**
103	—	**Hirschbach** b. Schleusingen.
104	21	**Höhnstedt.**
105	24	**Hohenlohehütte.**
106	21	**Holzminden.**
107	21	**Holzweißig.**
108	8	**Hoyerswerda.**
109	21	**Jerstedt** b. Goslar.
110	21	**Ildehausen.**
111	21	**Ilsenburg.**
112	21	**Imbshausen.**
113	21	**Immendorf** (Braunschweig).
114	26	**Immenstadt-Blaichach.**
115	19	**Iserlohn.**
116	21	**Kaltendorf.**
117	26	**Karlsruhe** i. Baden.
118	24	**Kattowitz.**
119	21	**Kemberg.**
120	—	**Königsee.**
121	21	**Königslutter.**
122	21	**Langelsheim.**
123	—	**Langreder.**
124	—	**Lauban,** W.-Eink.-V., Akt.-Ges.
125	21	**Lauchstedt.**
126	24	**Laurahütte.**
127	21	**Lautenthal** a. H.
128	21	**Lauterberg** a. H.
129	21	**Lebenstedt.**
130	19	**Lennep.**
131	21	**Lerbach** b. Osterode a H.
132	21	**Lettin** b. Halle a. S.
133	21	**Lichtenberg** (Braunschweig).
134	21	**Liebenburg** (Hannover).
135	21	**Liebenwerda.**
136	21	**Limlingerode.**
137	8	**Linderode.**
138	24	**Lipine.**
139	21	**Lobmachtersen.**
140	8	**Löbau** i. Sachs., Konf.-W.
141	8	**Lübben.**
142	19	**Lüdenscheid.**
143	19	**Lütgendortmund.**
144	—	**Magdeburg,** Eisenb.-Beaamten-Konf.-V.
145	26	**Mariannenthaler Glasshütte** b. Schnappach i. Pfcalz.
146	—	**Meiningen.**
147	24	**Michalkowitz** O.-Schl.
148	21	**Moringen.**
149	21	**Münchehof.**
150	26	**München.**
151	8	**Muskau.**
152	—	**Mutterstadt.**
153	—	**Naumburg** a. S.
154	—	**Neudaberstädt** (Post Erfurt).

Laufende Nummer	Nr. des Verbandes	Konsumvereine
155	3	**Neudamm.**
156	21	**Neudorf** b. Harzgerode.
157	19	**Neuenkleusheim.**
158	21	**Neuhaldensleben.**
159	—	**Neuhaus** a. R.
160	24	**Neustadt** O.-Schl.
161	21	**Nieder-Eichstädt.**
162	21	**Niemegk** b. Bitterfeld.
163	—	**Nörten.**
164	21	**Nordhausen.**
165	21	**Northeim.**
166	8	**Ober-Cunnersdorf.**
167	—	**Obernkirchen.**
168	—	**Ober-Oderwitz.**
169	21	**Oker** a H.
170	21	**Oldenrode** b. Ildehausen.
171	19	**Olpe** i. Westf
172	21	**Opperhausen** b. Kreiensen.
173	19	**Osterfeld** i. Westf.
174	21	**Osterhagen.**
175	21	**Osterode** a. H.
176	21	**Othfresen-Heißum.**
177	19	**Ottbergen.**
178	21	**Ottenstein** (Braunschweig).
179	19	**Paderborn.**
180	26	**Pforzheim.**
181	3	**Pölitz.**
182	3	**Potsdam.**
183	21	**Pouch.**
184	19	**Rhode** b. Olpe.
185	21	**Rittierode.**
186	21	**Rösa.**
187	21	**Roitzsch.**
188	24	**Rosdzin** O.-Schl.
189	—	**Rosenheim.**
190	21	**Roßlau.**
191	3	**Rüdersdorf.**
192	21	**Rühle.**
193	21	**Rüningen** b. Braunschweig.
194	24	**Saarau.**
195	21	**Salza** a. Harz.
196	21	**Salzdahlum.**
197	21	**St. Andreasberg.**
198	—	**St. Johann-Saarbrücken,** Eisenbahn-Kons.-V.
199	21	**Schafstädt.**
200	—	**Scharley.**
201	—	**Scheie.**
202	21	**Schiepzig** b. Salzmünde.
203	21	**Schladen.**
204	24	**Schlegel.**
205	21	**Schochwitz** b. Salzmünde.
206	21	**Schönhagen.**
207	21	**Schraplau.**
208	8	**Schreiberhau.**
209	23	**Schweidnitz.**
210	21	**Schwemsal.**
211	—	**Schwiebus.**
212	8	**Senftenberg.**
213	8	**Sommerfeld.**
214	19	**Spenge** i. Westf.
215	8	**Spremberg.**
216	3	**Stargard** i. Pommern.
217	21	**Steigra** b. Querfurt.
218	21	**Steina** b. Herzberg i. Harz.
219	21	**Stiege** a. Harz.
220	21	**Stöckey** (Post Tettenborn).
221	21	**Stolberg** a. Harz.
222	21	**Straßberg** a. H.
223	3	**Swinemünde.**
224	21	**Tettenborn.**
225	21	**Teutschenthal.**
226	21	**Thiede.**
227	8	**Tiefenfurt.**
228	21	**Torgau.**
229	21	**Trebitz** a. Elbe.
230	21	**Trebra** b. Nordhausen.
231	—	**Treuenbrietzen.**
232	26	**Ulm.**
233	—	**Unterlauchringen.**
234	21	**Upen.**
235	21	**Uslar.**
236	8	**Vetschau.**
237	8	**Walddorf.**
238	—	**Waldsassen.**
239	19	**Wanne.**
240	21	**Wansleben.**
241	—	**Wardböhmen.**
242	8	**Warmbrunn.**
243	21	**Wasserleben.**
244	—	**Weilimdorf.**
245	8	**Weißwasser.**
246	19	**Werdohl.**
247	21	**Wernigerode.**
248	21	**Werningerode** b. Bleicherode.
249	19	**Werther** i. Westf.
250	19	**Wesel.**
251	21	**Westerhof** b. Echte.
252	21	**Westerode** a. H.
253	19	**Wetter.**
254	21	**Wettin** a. S.
255	21	**Wiedemar.**
256	21	**Wildemann,** Kons.-V. I.
257	—	**Wilhelmsburg.**
258	21	**Willershausen** b. Echte.
259	21	**Windhausen** b. Gittelde.

Laufende Nummer	Nr. des Verbandes	Konsumvereine
260	—	**Winzenburg.**
261	21	**Wittenberg** (Bez. Halle), Kons.-V.
262	21	**Wittenberg** (Bez. Halle), Beamten-Kons.-V.
263	21	**Wolfen.**
264	21	**Wolfenbüttel**, Beamt.-Kons.-V.
265	21	**Wolfshagen.**
266	21	**Woltwiesche.**
267	24	**Wüstegiersdorf.**
268	21	**Wulften** a. H.
269	24	**Zaborze** O.-Schl.
270	21	**Zappendorf.**
271	8	**Zittau.**
272	21	**Zöschen.**
273	21	**Zscherben.**
		c. Baugenossenschaften.
1	4	**Ahlfeld** a. L., Gemeinn. Bauverein.
2	4	**Allenstein**, Allenst. Wohnungs-Baugen.
3	14	**Angerburg**, Bau- u. Spar-V.
4	4	**Arnstein**, Bauverein.
5	1	**Augsburg**, Baugen.
6	4	**Berlin**, Berl. Baugenossenschaft.
7	—	**Berlin**, Berliner Spar- und Bauverein.
8	4	**Berlin**, Bau- und Sparverein Finkenkrug.
9	4	**Berlin**, Baugen. der Angestellt. der groß. Berl. Straßenb.
10	4	**Blumenthal** (Hann.), Spar- u. Bauverein.
11	4	**Bölberg** b. Halle a. S., Hausgenossenschaft.
12	4	**Bramsche**, Gemeinn. Bau-V.
13	4	**Brandenburg** a. H., Bau- und Sparverein.
14	4	**Braunschweig**, Braunschweiger Baugenossenschaft.
15	—	**Bremen**, Eisenbahn-Spar- und Bauverein.
16	4	**Cassel**, Arbeiter-Bauverein.
17	4	**Celle**, Bau- und Sparverein.
18	4	**Cöthen**, Bauverein.
19	4	**Düsseldorf**, Staats-Eisenbahn-Bauverein.
20	4	**Eickel**, Spar- und Bauverein.
21	4	**Einbeck**, Spar-, Darl.- u. Bauverein.
22	4	**Elberfeld**, Eisenbahn-Bau-V.

Laufende Nummer	Nr. des Verbandes	Baugenossenschaften
23	4	**Elbingerode**, Gemeinn. Bauverein.
24	4	**Erfurt**, 1. Erf. Bau-Gen. für Arbeiter und Beamte.
25	4	**Erfurt**, Baugenossenschaft Schmidtstädt.
26	4	**Falkenberg** (Bez. Halle), Baugenossenschaft f. d. Beamten und Arbeiter der Staats-Eisenb.-Verw.
27	10	**Frankfurt** a. M., Spar- u. Bauverein für Eisenb.-Bedienst.
28	4	**Fulda**, Bauverein für den Kreis Fulda.
29	4	**Görlitz**, Spar- und Bauverein.
30	4	**Göttingen**, Spar- u. Bauverein.
31	4	**Greifenberg** i. P., Gemeinn. Bauverein.
32	4	**Halle** a. S., Spar- u. Bau-V.
33	4	**Hamburg**, Bau- u. Sparverein.
34	4	**Hamburg**, Beamt.-Wohnungs-Verein.
35	4	**Hanau**, St. Joseph-Spar- und Bauverein.
36	4	**Hannover**, Beamt.-Wohnungs-Verein.
37	4	**Hannover-Kleefeld**, Bau-Genossenschaft.
38	4	**Harburg** a. E., Kons.- u. Bauverein.
39	4	**Heiligenhaus**, Gemeinn. Bauverein.
40	4	**Herne**, Bauverein.
41	4	**Hirschberg** i. Schl., Spar- u. Bauverein.
42	4	**Homburg** v. d. H., Gemeinn. Baugenossenschaft.
43	4	**Ilmenau**, Baugenossenschaft.
44	—	**Karlsruhe** i. B., Mieter- und Bauverein.
45	4	**Kirchheim** b. Heidelbg., Baugen. Bezirk Heidelberg.
46	4	**Konstanz**, Spar- u. Bauverein.
47	4	**Kreuznach**, Spar- u. Bauverein.
48	4	**Kulmbach**, Bauverein.
49	4	**Langendreer**, Baugenossensch.
50	4	**Langenöls**, Bauverein.
51	4	**Lauterberg** a. H., Gem. Bau-V.
52	4	**Leer** (Ostfr.), Beamt.-Wohn.-V.
53	4	**Lehrte**, Gemeinn. Bauverein.
54	4	**Limburg** a. d. Lahn, Spar- u. Bauverein.
55	4	**Lingen**, Bau- und Sparverein.

Laufende Nummer	Nr. des Verbandes	Baugenossenschaften
56	4	**Luckenwalde**, Bauverein.
57	4	**Ludwigshafen** a. Rh., Baugen.
58	4	**Lübeck**, Gemeinn. Bauverein.
59	4	**Magdeburg**, Mieter-Bau- und Sparverein.
60	4	**Mannheim**, Spar- u. Bau-V.
61	4	**Menslage**, Gemeinnützige Ansiedelungsgenossenschaft.
62	4	**Merseburg**, Spar- und Bauverein.
63	4	**Metz**, Baugenossenschaft von Beamten in Metz.
64	4	**Meuselwitz**, Bau- und Sparverein.
65	4	**Misburg**, Gemeinn. Bauverein
66	4	**Mühlhausen** i. Th., Spar- u. Bauverein.
67	1	**München**, Baugenossenschaft.
68	1	**München**, Bau- u. Sparverein.
69	4	**Münden** (Hann.), Gemeinn. Bauverein.
70	4	**Nordhorn**, Gemeinn. Bau-V.
71	4	**Oberursel**, Bau- und Spar-V.
72	4	**Osterholz-Scharmbeck**, Gem. Bauverein.
73	4	**Osterode** a. H., Gemeinn. Baugenossenschaft.
74	4	**Paderborn**, Gemein. Bauges.
75	4	**Pirmasens**, Spar- u. Baugen.
76	4	**Posen**, Pos. Gemeinn. Bau-G.
77	4	**Potsdam**, Bau- u. Spar-V. f. Eisenbahnbed. zu Potsdam.
78	4	**Quakenbrück**, Spar- u. Bauverein.
79	4	**Ravenstein**, Spar- u. Bau-V.
80	4	**Rheda**, Bau- und Sparverein.
81	4	**Rheinsberg** (Mark), Bauverein.
82	4	**Ricklingen** (Hann.), Gemeinn. Bauverein
83	4	**Rixdorf**, Spar- u. Bauverein.
84	4	**Sarstedt**, Gem. Bau-V.
85	4	**Schiltigheim**, Bau-V.
86	—	**Schleswig**, Arbeiter-Bauverein.
87	4	**Siegen**, Baugen.
88	4	**Silberhütte** (Anhalt), Bau-V.
89	4	**Soest**, Gemeinn. Bauverein.
90	4	**Spremberg**, Spar- u. Bau-V.
91	4	**Stendal**, Gemeinn. Bauverein.
92	4	**Stettin**, Beamten-Baugen.
93	4	**Stöcken** b. Hannover, Gemeinn. Bauverein.
94	4	**Tapiau**, Bauverein.
95	4	**Villingen** (Baden), Baugen.
96	4	**Volmarstein**, Spar- und Bauverein.
97	4	**Weimar**, Bauverein Weimar.
98	4	**Wiesbaden**, Spar- u. Bau-V.
99	4	**Wiesbaden**, Beamten-Wohn.-Verein.
100	4	**Wilhelmsburg**, Eisenb.-Bauverein.
101	4	**Wilhelmsburg**, Spar- u. Bauverein.
102	4	**Wilhelmshaven**, Spar- und Bau-Gesellschaft.
103	4	**Wittenberge**, Bau- u. Spar-V. von Eisenbahn-Bediensteten.
104	4	**Witzenhausen**, Spar- und Bauverein.
105	4	**Wolfenbüttel**, Spar- u. Bauverein.
106	4	**Wülfel**, Spar- und Bauverein.

d. Rohstoffgenossenschaften.

1	—	**Berlin**, Verein. Stellmachermeister.
2	—	**Bremen**, Schuhm.-Rohst.-Ass.
3	25	**Darmstadt**, Rohst.-V. d. Schuhmacher.
4	—	**Delitzsch**, Schuhmacher-Rohst.-Genossenschaft.
5	7	**Görlitz**, Schuhm.-Rohst.-Ass.
6	—	**Insterburg**, Ländl. Wirtschaftsverein.
7	—	**Luckenwalde**, Schuhm.-Ass.
8	21	**Magdeburg**, Rohstoff-Ass. der Schneider.
9	21	**Magdeburg**, Rohstoff-Ass. der Schuhmacher.
10	10	**Mainz**, Rohstoff-Verein für Schuhmacher.
11	1	**München**, Rohstoff-Verein der Schuhmacher-Innung.
12	25	**Seligenstadt**, Rohstoff-Verein für Schuhmacher.
13	27	**Stadtilm**, Schuhmach.-Rohst.-Genossenschaft.
14	27	**Weimar**, Schuhmacher-Rohst.-Verein.
15	10	**Wiesbaden**, Rohstoff-Verein f. Schuhmacher.
16	—	**Wittenberg** (Bz. Halle), Schuhmacher-Rohst.-Gen.
17	21	**Wolfenbüttel**, Ass. der Schuhmachermeister.

Laufende Nummer	Nr. des Verbandes	Andere Genossenschaften
		e. Magazingenossenschaften.
1	14	**Insterburg,** Möbelmagazin der vereinigten Tischlermeister.
2	21	**Magdeburg,** Verkaufsgenossenschaft vereinigter Schneidermeister.
3	1	**München,** I. Schreiner-Gen.
4	1	**München,** Schreiner-Produkt. Gen. II.
		f. Werkgenossenschaften.
1	—	**Berlin,** Dienstmänner.
2	23	**Festenberg,** Festenberger Holzindustrie-Verein.
3	1	**Hersbruck,** Werkgenossenschaft der vereinigten Schreiner.
4	1	**Lauf** b. Nürnberg, Werkgenoss. der vereinigten Handwerker.
5	11	**Malchow** i. M., Werkgenossenschaft der Tuchfabrikanten.
		g. Produktivgenossenschaften.
1	23	**Breslau,** Genossenschafts-Buchdruckerei.
2	27	**Bürgel,** Braugenossenschaft.
3	—	**Ebersbach,** Oberlausitzer Gen.-Buchdruckerei.
4	27	**Gera** bei Elgersburg, Braunsteinhandels-Verein.
5	—	**Hannover,** Vereinsbuchdruckerei
6	11	**Malchow** i. M., Privatspinn.
7	20	**Mühlberg** a. E., Brauerei und Malzfabrik.
8	1	**Perlach,** Branntwein-Brennerei
9	27	**Schleiz,** Braugenossenschaft.
10	8	**Vetschau,** vormals A. Leinigk, Maschinenfabrik, Fahrradwerke und Eisengießerei.
11	27	**Weimar,** Weimarische Schuhfabrik.
12	1	**Willing** in Oberbayern, Brennerei.
		h. Sonstige Genossenschaften.
1	9	**Aken** a. E., Schiffsversich.-V.
2	9	**Aken** a. E., Schiffer-Havarie-Vers.-V.
3	1	**Augsburg,** Hygienisches Bad.
4	1	**Augsburg,** Genossenschaft für Rauhwarenverwertung.
5	—	**Berlin,** Wirtschafts-Genossenschaft Berliner Grundbesitz.
6	—	**Berlin,** Techn. Revis.-Vereinig.
7	23	**Breslau,** Viktoria, Transportgeschäft selbstfahr. Schiffer.
8	14	**Briesen** W.-Pr., Vereinshaus-Gesellschaft.
9	—	**Charlottenburg,** Deutsche Naturheil-Krankenh.-Gen.
10	22	**Chemnitz,** Beerdigungs-Anstalt „Frieden".
11	2	**Eberswalde,** Wirtschafts-Gen. des Eberswalder Haus- und Grundbesitzer-Vereins.
12	10	**Frankfurt** a. M., Mitteldeutsches Vereins-Sortiment.
13	23	**Leobschütz,** Abfuhr-Gen.
14	18	**Meschede,** Sauerländ. Verein f. Verw. d. Beeren.
15	14	**Pinschin** b. Hochstüblau, Ackerbauverein.
16	23	**Schweidnitz,** Abfuhr-Gem.
17	—	**Ueckermünde,** Ziegelei-Gen.

Wichtige Schriften zum praktischen Gebrauche der Genossenschaften.

Alberti, Dr. A., Das Bürgerliche Gesetzbuch und Handelsgesetzbuch nach ihrer Wirkung für die Genossenschaften. (Berlin, J. Guttentag, 1900.)

Blätter für Genossenschaftswesen. Organ des Allgemeinen Verbandes deutscher Erwerbs- und Wirtschaftsgenossenschaften. L. Jahrg. (Berlin, J. Guttentag.)

Sachregister der Innung der Zukunft (1854—1865) und der Blätter für Genossenschaftswesen (1866—1900) von Direktor H. Jäger. (Berlin, J. Guttentag, 1901.)

Crüger, Dr. H., Die Erwerbs- und Wirtschaftsgenossenschaften in den einzelnen Ländern. (Jena, 1892.)

— Die Errichtung von industriellen Rohstoff-, Magazin-, Werk- und Produktivgenossenschaften. (1892.)

— Vortrag über die Grundsätze, Ziele und Erfolge der Genossenschaften nach Schulze-Delitzsch, gegenüber den Bestrebungen und Leistungen der Genossenschaften nach dem System Raiffeisen usw. (1894, „Mitteilg." Genoss.-Tag Gotha.)

— Die Spar- und Darlehnskassenvereine nach dem System Raiffeisen. (Morgenstern, Breslau, 1894.)

— Die Besserung der wirtschaftlichen Lage des Handwerks durch Rohstoffgenossenschaften. (Guttentag, Berlin, 1894.)

— Die Angriffe gegen die Konsumvereine und die Mittel zur Abwehr derselben. (1894.)

— Getreide-Absatzgenossenschaften. (Heft 136 der Volkswirtschaftlichen Zeitfragen". Berlin, 1896.)

— Neubearbeitung von „Vorschuß- und Kreditvereine als Volksbanken" von Schulze-Delitzsch. (6. Aufl., 1897 — 7. Aufl., Berlin, 1904.)

— Die Aufgaben unserer Organisation. Neudruck nach einem Referat, gehalten auf den Unterverbandstagen im Jahre 1898.

— Der heutige Stand des deutschen Genossenschaftswesens. 1898. (Berlin, Leonhard Simion Nachf.)

— Jahrbuch des Allgemeinen Verbandes der auf Selbsthilfe beruhenden deutschen Erwerbs- und Wirtschafts-Genossenschaften für 1897 (des Jahresberichts neue Folge). I. Jahrg. (39. Folge des Jahresberichts.) — J. Guttentag, Berlin, 1898, II. Jahrg. 1899, III. Jahrg. 1900, IV. Jahrg. 1901, V. Jahrg. 1902, VI. Jahrg. 1903, VII. Jahrg. 1904.

— Zur Kritik der Agitation gegen die Konsumvereine. (Sonderabdruck aus: „Die Lage des Kleinhandels in Deutschland".) 1899. Siemenroth & Troschel, Berlin.

— Mitteilungen über die Allgemeinen Genossenschaftstage. (J. Guttentag, Berlin.)

— Anleitung zur Gründung von Handwerkergenossenschaften. (J. Guttentag, Berlin, 1900.)

Crüger, Dr. H., Gewerbliches Genossenschaftswesen, Warenbazare und Großwarenhäuser. Vortrag Calw, 1899.
— Die Internationalen Genossenschafts-Kongresse in Paris im Jahre 1900. (Heft 5, „Genossenschaftliche Zeit- und Streitfragen".) — (J. Guttentag, Berlin, 1901.)
— Handel und Genossenschaftswesen. (Heft 192 der „Volkswirtschaftlicher Zeitfragen". Berlin, 1902.)
— Das Genossenschaftswesen im Dienste des Handwerks. Vortrag Durlach, 1903.
— siehe auch Parisius und Crüger.
Deutscher Genossenschafts-Kalender. (Hildburghausen, 1886—1899.)
Gebhart, Justizrat, Vorträge zum Bürgerlichen Gesetzbuch und Handelsgesetzbuch. (Heft 7, „Genossenschaftliche Zeit- und Streitfragen".) — (J. Guttentag, Berlin, 1903.)
Genossenschaftliche Zeit- und Streitfragen. (J. Guttentag, Berlin.)
Heft 1: Parisius, Kreditgenossenschaften nach Schulze-Delitzsch, 1895. — 2. Aufl., 1898.
Heft 2: Crüger, Dr. H., und Jäger, H., Rohstoffgenossenschaften der Handwerker, 1896.
Heft 3: Wernicke, Dr., Umsatzsteuer und Konsumvereine. 1898.
Heft 4: Parisius, Schulze-Delitzsch und Alwin Sörgel, Beiträge zur Geschichte der deutschen Genossenschaftsbewegung. 1899.
Heft 5: Crüger, Dr. H., Die internationalen Genossenschafts-Kongresse in Paris im Jahre 1900 (1901).
Heft 6: Meyer, Dr. Willy, Die Untersuchung der Nahrungs- und Genußmittel zum Gebrauche für Konsumvereine. 1902.
Heft 7: Gebhart, Justizrat, Vorträge zum Bürgerlichen Gesetzbuch und Handelsgesetzbuch usw. 1903.
Handbibliothek für das deutsche Genossenschaftswesen. (J. Guttentag, Berlin.) Herausgegeben von Dr. Hans Crüger, Anwalt des Allgemeinen Verbandes der auf Selbsthilfe beruhenden deutschen Erwerbs- und Wirtschaftsgenossenschaften.
1. Band: Vorschuß- und Kreditvereine als Volksbanken. Praktische Anweisung zu deren Einrichtung und Gründung von Schulze-Delitzsch. 7. Auflage. Neu bearbeitet von Anwalt Dr. Hans Crüger. 7 Mk., gebd. 8 Mk.
2. Band: Die Buchführung für Vorschuß- und Kreditvereine. Praktische Anweisung zur Einrichtung und Führung der Bücher für Kreditgenossenschaften aller Art. Von Verbandsrevisor Albert Vollborn in Friedenau-Berlin. 7 Mk., gebd. 8 Mk.
3. Band: Handbuch für Konsumvereine. Praktische Anweisung zu deren Einrichtung und Gründung von G. Oppermann und H. Häntschke. 3. umgearbeitete Auflage, von Dr. Fritz Schneider. 6 Mk., gebd. 7 Mk.
4. Band: Taschenbuch für Baugenossenschaften, Bau- und Sparvereine. Eine Anweisung für deren Gründung und Einrichtung von Wohlgemuth, weil. Direktor des Verbandes der Bau-

genossenschaften Deutschlands. Nach dessen Tode vollendet und bearbeitet von Dr. Fritz Schneider, zurzeit Revisor des Verbandes der Baugenossenschaften Deutschlands u. a. V., nebst einer Anleitung zur Buchführung von E. Spring. 6 Mk., gebd. 7 Mk.

5. Band: Das Bürgerliche Gesetzbuch und das Handelsgesetzbuch, systematisch dargestellt für die Genossenschaften, nebst Formularen für deren Geschäftsverkehr. Von Rechtsanwalt Dr. A. Alberti, Direktor des Verbandes der mittelrheinischen Erwerbs- und Wirtschaftsgenossenschaften in Wiesbaden. 2 Mk., gebd. 2,50 Mk.

6. Band: Anleitung zur Gründung von Handwerkergenossenschaften. Nebst Statuten, Geschäftsanweisungen und Formularen für den Verkehr mit dem Registergericht. Von Anwalt Dr. Hans Crüger. 2,50 Mk., gebd. 3 Mk.

7. Band: Das Reichs-Hypothekenrecht. Eine kurzgefaßte Darstellung unter besonderer Berücksichtigung der Rechtsverhältnisse der Genossenschaften nebst Formularen für deren Geschäftsverkehr. Mit einem Anhang, enthaltend eine Zusammenstellung der für den derzeitigen Geltungsbereich des Reichs-Hypothekenrechts maßgebenden landesgesetzlichen Vorschriften. Von Gerichtsassessor Dr. E. Scholz. 1 Mk., gebd. 1,50 Mk.

Häntschke, H., Die redlichen Pioniere von Rochdale. Übersetzung aus dem Englischen des G. J. Holyoake. (Leipzig, 1888.)

— Gewinnbeteiligung der Arbeit in dem Familisterium von Guise. (Berlin, 1890).

— Die gewerblichen Produktiv-Genossenschaften in Deutschland. (Charlottenburg, 1894.)

— siehe auch Oppermann und Häntschke.

Jäger, H., Sachregister der Innung der Zukunft (1854—1865 und der Blätter für Genossenschaftswesen (1866—1900). — (J. Guttentag. Berlin, 1901.)

— siehe auch Dr. Crüger und H. Jäger (bei Genossenschaftlichen Zeit- und Streitfragen.)

Musterstatuten und Geschäftsanweisungen für Kredit-, Konsum-, Rohstoff-, Magazin-, Produktiv-, Werk-, Baugenossenschaften.

Oppermann, G., Die doppelte kaufmännische Buchführung, insbesondere für Konsumvereine. (Berlin, 1869.)

— und **Häntschke,** Handbuch für Konsumvereine. 2. Aufl., 1899. (J. Guttentag, Berlin.)

— — 3. Aufl., 1904 — neu bearbeitet von Dr. F. Schneider.

Parisius, L., Das Preußische Gesetz, betreffend die privatrechtliche Stellung der Erwerbs- und Wirtschaftsgenossenschaften. (Berlin 1868.)

— Das Genossenschaftsgesetz für den Norddeutschen Bund. (Berlin, 1868.)

— Das Reichsgesetz, betreffend die Erwerbs- und Wirtschaftsgenossenschaften. Textausgabe mit Anmerkungen. 1889. — 10. Aufl., Berlin, 1903.

— und **Crüger,** Kommentar zum Reichsgesetz, betreffend die Erwerbs- und Wirtschaftsgenossenschaften — 1890. — 4. Aufl. (Berlin, 1903.)

— — Formularbuch zum Reichsgesetz, betreffend die Erwerbs- und Wirtschaftsgenossenschaften. 3. Aufl. Berlin, 1900.

Praebst, F. X., Die Grundlehren der deutschen Genossenschaften. (München, 1875 und 1884.)
— Das Genossenschaftsgesetz vom 1. Mai 1889. Kommentar. (Nördlingen, 1889.)
— Schulze und Raiffeisen. Aus dem Bericht über die Generalversammlung des Bayerischen Genossenschaftsverbandes. (München, 1894.)
Richter, E., Die Konsumvereine. Ein Not- und Hilfsbuch für deren Gründung und Einrichtung. (Berlin, 1867.)
Schneider, Dr. F., Anweisung für Konsumvereine usw. (Berlin, 1869.)
— Mitteilungen über die deutschen Baugenossenschaften. (Leipzig, 1875.)
— Taschenbuch für Konsumvereine. (Leipzig, 1883.)
— siehe auch Wohlgemuth und Dr. Schneider.
— Neubearbeitung von „Handbuch für Konsumvereine" (Oppermann und Häntschke). — 3. Aufl., Berlin, 1904.
Scholz, Dr. E., Das Reichs-Hypothekenrecht. Eine kurzgefaßte Darstellung unter besonderer Berücksichtigung der Rechtsverhältnisse der Genossenschaften nebst Formularen für deren Geschäftsverkehr usw. (J. Guttentag, Berlin, 1901.)
Schulze-Delitzsch, Assoziationsbuch für deutsche Handwerker und Arbeiter. (Leipzig, 1853.)
— Die arbeitenden Klassen und das Assoziationswesen in Deutschland. (Leipzig, 1858. 2. Aufl., 1863.)
— Kapitel zu einem deutschen Arbeiter-Katechismus. 1863.
— Die nationale Bedeutung der deutschen Genossenschaften. (Berlin, 1865.)
— Abschaffung des geschäftlichen Risikos durch Herrn Lasalle. (Berlin, 1866.)
— Die Gesetzgebung über die privatrechtliche Stellung der Erwerbs- und Wirtschaftsgenossenschaften. (Berlin, 1869.)
— Die Entwicklung des Genossenschaftswesens in Deutschland. (Berlin, 1870.)
— Die Genossenschaften in einzelnen Gewerbszweigen. (Leipzig, 1873.)
— Die Raiffeisenschen Darlehnskassen in der Rheinprovinz und die Grundkreditfrage für den Kleinbesitz. (Leipzig, 1875.)
— Den Raiffeisenschen Darlehnskassen zur Verständigung. (Berlin, 1877.)
— Nachtrag zur Verständigung an die Förderer und Leiter der Raiffeisenschen Kassen. (Leipzig, 1877.)
— Material zur Revision des Genossenschaftsgesetzes. (Leipzig, 1883.)
— Vorschuß- und Kreditvereine als Volksbanken. 7. Aufl., neu bearbeitet von Dr. Hans Crüger. (J. Guttentag, Berlin, 1904.)
Schwanitz, Genossenschaftliches Hilfsbüchlein. (Ilmenau, 1886.)
Thorwart, Die doppelte Buchführung und ihre Anwendung für Vorschuß- und Kreditvereine. (Wiesbaden, 1890. — 2. Aufl., 1898.)
Vollborn, A., Die Buchführung für Vorschuß- und Kreditvereine. (J. Guttentag, Berlin, 1900.)
Wohlgemuth und Dr. Schneider, Taschenbuch für Baugenossenschaften, Bau- und Sparvereine. (J. Guttentag, Berlin, 1899.)

FSC
www.fsc.org
MIX
Papier | Fördert gute Waldnutzung
FSC® C083411

Kolibri 360 GmbH
Ferdinand-Jühlke-Straße 7
99095 Erfurt, Deutschland
produktsicherheit@kolibri360.de